順治 — 嘉慶朝

清實錄經濟史資料

商業手工業編·貳

《〈清實錄〉經濟史資料》課題組成員：

陳振漢　熊正文　蕭國亮

李　湛　殷漢章　葉明勇

武玉梅　羅熙寧

北京大學出版社
PEKING UNIVERSITY PRESS

三、各省糧食貿易和各地糧價

（一）概況

（**康熙四八、一一、庚寅**）上諭大學士等：今京城米價甚貴，朕聞小米一石，須銀一兩二錢，麥子一石，須銀一兩八錢。爾等與九卿會議，如何可以平價。江浙前兩年無收，今年大熟，米價仍未平者，亦必有故。李光地奏曰：今人口甚多，即如臣故鄉福建一省，戶口繁息較往年數倍，米價之貴，蓋因人民繁庶之故。上曰：生齒雖繁，必令各得其所始善。今河南、山東、直隸之民，往邊外開墾者多。大都京城之米，自口外來者甚多。口外米價，雖極貴之時，秫米一石，不過值銀二錢，小米一石，不過值銀三錢，京師亦常賴之。（聖祖二四〇、一〇）

（**康熙五一、四、乙亥**）上諭大學士等曰：從來米價騰貴，由於收成歉薄。比來屢歲豐登，米價並未平減，或有謂蒸燒酒用米太多，故米價騰貴。蒸燒酒多用高粱，則高粱宜貴，其他米穀宜賤，而高粱價值並未增於別種米穀，別種米穀價值，亦未減於高粱。或有謂殷實人家，多屯米糧謀利。夫年歲不可必，多屯之後，若遇豐年，則米價必減，賤賣不能得利，屯糧糶賣之人，預籌及此，必不敢多屯也。今地少人稠，各處人民往邊外居住耕種者甚多，比年又皆豐收，附近京師之人俱賴此穀，大有裨益。而米價終未賤者，皆生齒日繁，閒人衆多之故耳。（聖祖二五〇、八）

（**康熙五五、五、壬申**）諭大學士等曰：閱今歲督撫等奏摺，陝西、山西、河南、山東等省，二麥豐收，乃京師麥價，未見甚減。京師所賴者，山東、河南之麥。此兩省俱通水路，不知一年販米幾何？或沿途富商大賈，豫行收買，以致京師麥價不減，亦未可知。從前江南、浙江所買湖廣、江西米數，及湖廣、江西賣去米數，該督撫俱具摺奏聞，大有裨益。今山東、河南除陸路販賣者，無庸稽察外，自水路買米麥穀數目，可否照湖廣、江西督撫具摺奏聞之處，爾等會同九卿，確議具奏。（聖祖二六八、一六）

（**康熙五五、六、丁巳**）大學士九卿等遵旨議覆：河南、山東與京師甚近，兼之連年豐收，乃京師麥價未見甚減者，皆由商賈富戶等豫行收買所致。應行文河南、山東巡撫，查明由水路北來，賣與商賈麥穀數目，每月繕摺奏聞。仍行文直隸巡撫，凡本處商賈及沿途富戶，有多買者，俱嚴行禁止。從之。（聖祖二六九、三）

（**康熙五六、四、丁酉**）諭大學士九卿等：近來米價，必不能如往年之賤。昔大學士張英曾奏，桐城縣米價，銀一兩可得三石。現今四川米價亦復如此，雲南、廣西、貴州米價亦不甚貴。大抵户口稀少，則米價自賤。今太平日久，生齒蕃息，安能比數十年前之米價乎？户口殷繁，固是美事，然當豫籌安養之策。今將米石運送各處，或平糶，或賑濟，不過僅可餬口，未必即能充裕。張伯行曾奏，於永平府設立社倉，永平知府近日行之甚苦。社倉之法，既屬難行，通倉米石有餘，不如運送各州縣爲便……。又諭曰：從前工部及光禄寺，每年動用錢糧數千餘萬，近俱節省，減至數萬。但節用之事，有益於此，即無益於彼。近來舖户招買，頗有難於辦理者，以此故耳。如欲禁止浙江養蠶織帛，亦屬甚易，然衣布者多，則布價更昂於帛，亦未可知。朕記從前曾禁貂鼠，而諸項皮張，竟與貂皮同價。總之天下事，託諸空言則易，見諸實事則難。行文與辦事，固不同也。（聖祖二七二、四）

（乾隆七、四、辛丑）大學士等議覆：湖南巡撫許容奏稱，乾隆六年秋冬，江蘇、福建、湖北，委員赴湖南採買穀石。嗣聞價貴徹回。廣東委員奉諭不論時價高下，務必買回。竊計聞貴停買，則徒費跋涉；而雖貴亦買，又虛糜帑金。請預咨知會，以免臨時周章等語。應如所奏。行令湖廣、江西督撫，以乾隆七年爲始，於秋收之後，自七八月至十二月，將本地附近水次各屬穀價，咨報安徽、江蘇、閩浙、兩廣，俾得審擇而行。若遇各省必須採買，而江廣等處又值價昂，亦准在存倉穀內撥運。秋成照數買補還倉。得旨：即依議行。（高宗一六四、三〇）

（乾隆八、四、己亥）籌平米價以裕民食。諭：朕惟萬民以食爲天，八政以農爲本。朕御極以來，重農貴粟，薄賦輕徭，諸如籌積貯、蠲米税，凡所以爲民食計者，既周且悉。直省地方，宜乎糗粱充裕，價值平減，閭閻無艱食之慮矣。乃體察各處情形，米價非惟不減，且日漸昂貴，不獨歉收之省爲然，即年穀順成，并素稱産米之地，亦無不倍增於前。……細求其故，實係各省添補倉儲，爭先糴買之所致。……朕思天下米價頻增，乃民食不足之漸，大有關係。當今各省督撫，從長妥計。其常平原額固不可缺，至於鄰省採買，及捐監收米之例，俱應一概暫停。俟豐稔之後，米價如常，再徐徐辦理。（高宗一八九、一）

（乾隆一二、九、辛亥）諭軍機大臣等：各省督撫開報米糧價值，用以驗年時之豐歉，審民食之盈虛，必當確核時值，據實入告。固不可故爲減少，亦不得有意加增。前曾降旨，令將價增價減之處，比照上月填註，原欲知實在情形。乃近見各省所報，大抵多稱價貴，有連年豐稔，而僅開價中，或仍開價貴者。豈通屬竟無價賤之處，歷歲總無價賤之時？即一府一縣之中,豈無上月價昂,下月價減者?蓋緣督撫所奏,悉據州縣開送,地方官若照實價申報,則採買時不得浮開,是以豫爲之地,此亦情理所有。不知奏報稍有不實,則民生之盈絀,必致壅於上聞,非朕勤恤民生之本意。嗣後各督撫,務必隨時確訪實在市價,不得一任屬員隨意開送,又不可因朕此旨,有意將米價裁抑少開,以圖粉飾。古太師陳物價以觀民風,漢刺史問羊得馬,民不敢欺,傳稱循吏。況六府八政首重穀食,是曰民天,其亟加之意,毋僞毋隱。俟奏事之便,傳諭知之。(高宗二九九、一四)

(**乾隆一二、一二、戊辰**)諭:軍機大臣等議覆,西安巡撫徐杞所奏,民間糧石,有奸徒射利,豫先給銀,賤價定買,及囤戶居奇等弊。應令各省督撫,不時嚴飭地方有司查禁等語。所議固屬現在應行之事,然督撫奉到部文,不過轉行各屬,出示禁約,多一番文告而已。有司之果否實力奉行,及奉行而於米價之貴賤實在有無裨益,尚未可知也。朕思米穀爲民生日用所必需,而邇年以來,日見騰貴,窮黎何以堪此?即如川湖素稱產米,而川撫紀山,則以商販雲集,米價騰湧爲奏。湖北督撫,則以江南被災,資楚糧接濟,以致本省米貴爲奏。又如直隸一省,向藉八溝糧石,今歲畿輔尚屬有秋,而八溝亦以搬運太多而貴。夫商販流通,貴則徵賤,間或暫時翔湧,何至連歲遞增,有長無落?若謂囤戶居奇,此實弊藪,然自地方官力所能禁,何至全不奉行,任其壟斷累民?而督撫漫無覺察,竟無一實力嚴禁,著有成效者。若謂戶口繁滋,則自康熙年間以來,休養生息,便應逐漸加增,何獨至今日而一時頓長?若謂水旱偏災,則亦向來所有,何以從來未聞如此之貴?且亦當歉者貴,而豐者賤,又何至到處皆然,豐歉無別?若謂康熙年間,倉儲有銀無米,雍正年間,雖經整飭,尚未詳備。今則處處積貯,年年採買,民間所出,半入倉庚,未免致妨民食。此說似乎切近。然在當時分省定額,悉經該督撫分別酌議,自按各省情形,且至今足額者寥寥,亟需採買,所在皆是,藉以備荒撥賑,難議停止。設或果由於此,則當切實敷陳,商酌妥辦,不當聽其自然,而不爲之所也。朕反覆思之,不能深悉其故,亦未得善處之方。夫人事不修,則民生不裕,今日政治之闕失何在?所以致此者何由?米豆關稅,業經通免,雖不可因此遽求奏效,而於米價宜不爲無補,又何以價不日減,轉益日增?今使復徵,不且較此更增乎?朕自御極以來,宵旰勵精,勤求民隱,閭閻疾苦,無或壅於上聞,乃不能收斗米三錢之益,而使赤子胥有艱食之累,殊益焦勞。各督撫身任封疆,於民生第一要務,必當詳悉熟籌,深究其所以然。如果得其受病之由,尤當力圖補救。乃各省督撫或不以介意,或歸咎於鄰封,或責過於商販,而應作如何辦理之處，並未籌及。可傳諭各督撫，令其實意體察，詳求得失之故，據實陳奏。或朕所舉諸條之外，別有弊端，俱宜確切入告。務期實有裨益，以裕民天。更不得因諭旨中偶及免稅一節，誤會朕旨，以謂意在仍徵米稅也。（高宗三〇四、一六）

（**乾隆一三、一、甲寅**）［是月］河南巡撫碩色覆奏：糧貴之源，大概由於生齒日繁。以一省而論，或此貴而彼賤，則由於豐歉不齊；或初賤而後貴，則由於商賈囤販。居今日而籌民食，惟在首嚴囤積之禁。至於採買官穀，原爲地方備不時之需。若恐妨民食，不爲採買，設有緩急，其何以恃？況定例價平則買，價貴則停，並不致病民。是以豫省除歸陳等屬，被災糶賑各穀，暫緩買補，其餘平糶穀石，俱令採買。得旨：此亦不過一端耳，正恐未中病源也。俟各省奏到日細酌之。（高宗三〇七、二七）

（**乾隆一三、三、癸丑**）［是月］護理安徽巡撫布政使舒輅覆奏：糧貴固由戶口繁滋，而連年採買過多，實爲切近。隔省採買，脚價不貲。若多減價平糶，則耗經費；若照例減銀出易，是市米貴而官米亦貴。況官倉米藏州縣，即發四鄉平糶，所恤不過村莊市井，窮鄉僻壤，總不能及，不若暫停採買。然積貯備賑，未便竟置不議。請查明各州縣糧儲，未動用，照舊存貯；其動用尚有原額之半者，不必再購；不及半者，俟本地豐收買補。現存糧石，非實在歉收，不得輕糶或照例出易。本地買補，不必遠求他省。此數年內，些小賑卹，俱給以銀。年歲豐歉不齊，即一省中高低互異，從前惟大災大祲，方一賑卹，小災則聽民以有易無，從無每歲賑卹之事。況江南地窄民稠，借工趁食，力田之家，十不二三。今賑卹惟江南獨多，而浙江、山東、河南次之，湖廣等省又次之，滇黔等省最少。豈彼省獨無歉歲？皆因向未習慣，未敢妄冀。而江南等省，習慣成熟，一有水旱，輒引領而望。臣愚以爲民氣之驕，當漸裁抑。如遇實在災祲，自當撫恤蠲賑，其些小偏災，惟令各撫督率地方官隨時調劑，毋容特爲賑卹。得旨：俟各省覆奏到齊日，交軍機處密議。此奏知道了。（高宗三一一、二八）

（**乾隆一三、三、癸丑**）［是月］江西巡撫開泰覆奏：米貴之故，不盡由囤戶商販採買積貯，大抵由於生齒日繁，地方官奉行未善。各省田畝，初値銀數兩者，今値十數兩。即使山角溪旁，徧墾種植，所補殊微。兼之歲收不齊，偏災屢告，巧於謀利之徒，本處不償其慾，猶將壟斷鄰封。乃地方官當青黃不接，及秋成稍歉，動輒矜張，爲藉口高擡之助。而其禁囤戶也，庸懦之員，倚胥役爲耳目，弊未克釐，價已暗長。其採買也，數少者尚寬期辦理，數多者恐米穀不繼，爭先購糶，遠近傳播，觀望居奇。臣以爲百姓日用之圖，徐持之則不擾，如上諸弊，惟在竭力開導整飭，勿勤始怠終。他若商販運賣，救濟堪資，積貯備荒，綢繆宜豫。米穀之貴，縱或由斯，亦不得深咎。特是辦理採買，略有不當，難保米價不昂，雖隨時籌畫，不須膠執。而久停者將大買，不若不待久停，通融辦理之爲愈。請各省倉穀，糴借數少，歲收在七分以上者，仍於本省採買。倘懸缺數多，歲收在七分以下，請將捐監專歸本省交納本色，視足額爲限，再赴部報捐。得旨：知道了。俟奏齊併議也。（高宗三一一、二九）

（**乾隆一三、三、癸丑**）[是月]署理湖北巡撫彭樹葵覆奏：湖北在康熙年間，戶口未繁，俗尚儉樸，穀每有餘。而上游之四川、湖南，人少米多，商販日至，是以價賤，遂號稱產米之鄉。迨戶口漸增，不獨本地餘米無幾，即川南販運亦少，穀寡價昂，勢所必至。且民生既繁，爭相置產，田價漸貴，農家按本計利，但願價增無減。兼之官與商接踵採買，奸牙乘機擡價，年復一年，有長無落。今欲價平，必酌減官買。即如湖北州縣內，山深地僻，外商不至之處，一歲之出，儘供一歲之食。非遇荒歉，每石不過三四錢，可爲明驗。請凡常平倉原貯穀，有全不足額，及六分以下者，仍採買，其買有十之六七，并額外添貯，俱暫停，俟生俊捐穀補額。所有穀價，均貯庫，遇偏災，銀穀兼賑。每青黃不接時，不拘存七糶三例，視價稍昂，立即出糶，倘市價原屬中平，倉穀不虞霉變，亦無庸泥定出糶，以免秋後買還。至湖北囤積之弊，較他省爲少，惟有嚴懲無故擡價，使奸牙斂迹。得旨：俟各省奏到齊時，交廷臣詳議也。（高宗三一一、三三）

（**乾隆一三、三、癸丑**）[是月]湖南巡撫楊錫紱覆奏：米穀之貴，由於買食者多。買食之多，由於民貧。積漸之勢有四，一曰戶口繁滋，一曰風俗日奢，一曰田歸富戶，一曰倉穀採買。採買之弊，我皇上所謂處處積貯，年年採買，民間所出，半入倉庾，未免致妨民食，蓋已洞悉情形。戶口繁滋，則今日海宇實在情形。聖諭謂自康熙年間以來，休養生息，便應逐漸加增，何至一時頓長？以臣觀之，實亦未嘗不係漸增。臣生長鄉村，世勤耕作，見康熙年間，稻穀登場時，每石不過二三錢。雍正年間，則需四五錢，今則必需五六錢。蓋戶口多則需穀亦多，雖數十年間，荒土未嘗不加闢，然至今日而無可墾之荒矣。臣謂由於風俗日奢者，國初人經亂離，備嘗艱苦，風尚儉樸。迨安居樂業，數十年後，子弟有笑其祖父之樸陋者矣。衣食競求佳麗，婚喪務期美觀。始於通都大邑，今則荒徼山僻之農民，亦漸習奢靡。平時揭借爲常，力田所入，抵債去其大半，餘又隨手花銷，甫交冬春，即須糴米而食。農民口食，亦取給於市，則價焉得不長？臣謂由於田歸富戶者，國初地餘於人，則地價賤；承平以後，地足養人，則地價平；承平既久，人餘於地，則地價貴。向日每畝一二兩者，今七八兩；向日七八兩者，今二十餘兩。貧而後賣，既賣無力復買；富而後買，已買不復賣。近日田歸富户者，大約十之五六。舊時有田之人，今俱爲佃户，歲入難敷一年口食，必需買米接濟。而富户非善價不肯輕售，實摻低昂之權。夫均田之法，既難施行，惟風俗奢靡，尚可勸禁。但人情由儉入奢易，由奢入儉難，止可徐徐化導。至於常平積貯，藉以備荒，誠難停止。然有應調劑者，積貯以足敷賑濟而止，不必過多。即以湖南言之，州縣之倉，有貯五六萬者，府倉有貯七八萬者，未免過多。應飭各省將定額再加細核，有過多者，酌裁十之一二；已買足者，於平糶時，存銀歸庫；未買足者，即不必再買。又額外收捐監穀，與其久貯，不如逐歲賣之。又常平糶三，爲出陳易新計耳，其實豐年原無資於平糶，而倉穀堅好，亦有可貯數年者，請不必限定每年糶三。年歉多糶固可，如年豐即不糶亦可。蓋多糶一石，小民未必多受一石之益，而少買一石，即受少賣一石之惠。竊以爲目今養民之政，尤當專意講求者，莫如水利一事。雨暘偶愆，事所常有，果蓄洩有資，自非異常水旱，豈即坐視無收？今江湖河港之水利，其在通都孔道者，固已逐一整頓，然山鄉僻壤，舊有陂塘堰壩，閱久湮廢者不少。又一鄉一隅，水泉隔遠，塘井不足，雖可疏引開濬，而地屬有主，倡率無人，遂多因循。大約民間百畝之田，有一二畝陂塘，即可救蔭，而愚民昧於遠計，寧爭此一二畝歲收之穀，不知偶值少雨，并百畝而棄之。若親民之官，爲之指示開導，當無不爽然悟者。請責成道府，督率州縣，講求水利，何處舊跡宜復，何處新工宜興，熟籌設法。果有實效，題與議敘，否則參處。未必非補救米貴之一道。得旨：俟各省議覆到齊日交議。汝此奏尚覺留心，非尋常敷衍之文也。（高宗三一一、三四）

（**乾隆一三、三、癸丑**）[是月] 兩廣總督策楞覆奏：各省經辦常平，未免心懷欲速，不計年歲價值，嚴限催督。而不肖有司，甚或扣價勒派，并有爭勝求奇，於常平外另立名色，截買商販米糧，留以接濟隣封，應援通省。提鎮營協，亦交口言積貯，別置營倉。捐監又需本色。以官弁紳衿之全力，萃於一二產米之鄉，價值自必頓昂。於此時能疏通調劑，尚不致日漸昂貴。奈州縣惟知積貯有關考成，督撫大員，又亟求米價之平，爲之多方籌辦，於是竟靡年不貴矣。約有四事，一在官爲抑價。米貴之區，官必先爲定價，不許再長。今日拏囤户，明日訪米牙，每日糧單，必令親遞，另立循環簿，上下稽查。沿途商船，發令箭差押。市井牙儈，日奔走公庭，吏役需索刁難，一切使費，仍貫入米價之中，欲減轉增，商人更聞而裹足。一在勸諭開糶。

村落一二殷實良民，家有儲蓄，不過求價而沽。即囤積之家，計權子母，一至青黃不接，亦即出糶，以圖別爲經營，否亦賣舊買新，決不肯久貯。且歉收之地，不患價昂，而患無接濟，有米之戶，何妨姑緩以聽其自糶，并以備不時之需。乃地方官一遇米價稍貴，即勒令減價開糶，并有豫封厫座者，名爲勸諭，實則勒派。如或不遵，目爲囤戶而坐以罪，從此有米之家，不敢稍留餘步，鄉隣亦幾於告貸無門。而奸徒久不甘心於富戶，目擊官府之抑勒，益視爲弱肉可欺，強借強搶之刁風滋起，而米益視爲奇貨矣。一在稽查出境。客船販米出境，關津有意留難。更有好事之徒，倡爲鄉禁，結黨強阻，或勒索重賄，或竟不放行。告發到官，又以本地民食不敷，從輕完結。雖非顯行遏糶，實則禁其復來。夫商人販運，無非冀覓微利，公私阻滯，展轉遲留，運到地頭，又或有司風聞產地之值，先爲酌定賣價，所得不償所出，良商必畏避不前矣。一在禁止質當。貧農耕作之際，家中所有，靡不在質庫之中，待至秋成，逐件清理，禦冬之具，更所必需，每以食米轉換寒衣，交春又以寒衣易穀。年來官之查察頗密，當商恐蹈囤積之愆，遇有米糧，已不願抵當。近又有囤當米穀之禁，於是窮民不得不賣米以贖當，青黃不接，又不得不買米以救飢。向者出入於當鋪，每石不過錢許之利，今則買米必須現銀。買價與賣價相較，每石多至六七錢，少亦三四錢。且以從前粗有儲粟之農，亦出而零買糧食，墟市之人愈衆，米糧之價愈增矣。以上四者，又於辦理不善之後，刻意以求速平，卒之在在增昂，亦不自知流弊至此。若不暫停採買，將豐年仍同歉歲，終無平減之時。且各直省常平倉額穀，共二千八百萬，縱有賑糶，加以屢年捐監及社倉穀，仍不下三千萬石。積貯已備，即或一省不敷，鄰省亦可通融。再如近年取帑賑卹，何止萬萬，大概給銀，可見有銀便可買食。請將各省常平倉穀，總以現在存倉之數爲額。其四面不通水路之州縣，如存穀不敷，統在各該省現存數內撥補，此後不必再增。如遇小災，賑銀；大災，銀米兼賑。再平糶時，若照例減銀五分及一錢，小民沾惠無幾，並請成熟之年，每石減銀一錢，荒歉減銀二錢。其糶價仍以足敷買補爲率。倘再有缺，委員在價平處，照時價採買，不得委諸州縣，派累地方，亦不必限定部價。所有常平捐監事例，及當米之禁，并各營所設之倉，概請停罷，生俊仍歸戶部報捐。其官爲抑價，勒令有米之家開糶，以及借稽查名色，阻遏商船，均行嚴禁。庶妨穀之事悉除，在官採買有節，商運流通，民間之米日多，價值可望漸減。總之治粟如治水，澄之則清，淆之則濁，必知真確，方可施行。如尚在兩歧，不妨姑緩。若觀望風氣，好事喜功，到官百度未遑，即以裕倉儲、平米價是亟，羽書絡繹於道路，告示徧布於城鄉，縱

使一時獲濟，必貽他日隱憂。今日米價之昂，實籌辦之過，非法之弊也。得旨：俟奏齊詳議。（高宗三一一、四〇）

（乾隆一三、三、癸丑）［是月］雲貴總督張允隨覆奏：米貴之由，一在生齒日繁，一在積貯失劑，而偏災商販囤積諸弊不與焉。天下沃野，首稱巴蜀。在昔田多人少，米價極賤。雍正八九年間，每石尚止四五錢，今則動至一兩外，最賤亦八九錢。查貴州舊案，自乾隆八年至今，廣東、湖南二省人民，由黔赴川就食者，共二十四萬三千餘口。其自陝西、湖北往者，更不知凡幾。國家定蜀百餘年，戶口之增，不下數十百萬，而本地生聚，尚不在此數。一省如此，天下可知。此時勢之不得不貴者，況加以採買之不已乎？夫積貯非病，病在處處積貯；採買非失，失在年年採買。積貯之計，京師根本而外，次重莫如西北沿邊各省。若東南澤國，舟楫通行，商米源源接濟，歲歉每荷截漕，貧民領銀，得以餬口，儘可銀米兼賑，不必盡賴倉儲。康熙年間，有銀無米，賑濟未始不辦。今普天下有城社處，皆積貯米穀，繩以一定之價，限以必盈之額。本地不敷採買，遠購鄰封，有盤運水腳之費，有波濤沉失之憂。每新穀上市，價值本平，一聞採買，立即增長。蓋商販買米，價賤則買，價貴則止，操縱自由。官買補倉儲，例有定限，價貴不得不如額買足。牙儈習知其然，因得肆其把持之術，遂使豐處與災地同憂。及至平糶，地方官恐不敷買補，名爲減價，實則無幾，民未受積貯之利，先受米貴之害。救時急務，莫如暫停採買，暫停之議，止可行於東南澤國、商賈四達之區，不可行於沿邊重地、舟楫不通之所。即暫停省分，亦非聽其倉額虛懸，良法終廢。俟二三年後，民間稍有留餘，仍於豐年，略仿古人平糶之法，酌量收買，使無穀賤傷農之患。則目前米價可平，而經久倉儲漸裕，庶策之兩全者也。至滇黔兩省，道路崎嶇，富戶甚少，既無商販搬運，亦無囤戶居奇，夷民火種刀耕，多以雜糧苦菝爲食。常年平糶，爲數無多，易於買補，與他省情形迥別。乃近年米價亦視前稍增者，特以生聚滋多，廠民雲集之故。近開鑿金沙江，川米流通，滇屬東、昭二府，向來米價最貴之處，漸獲平減。上年滇省夏雨愆期，秋成稍薄，臣慮米價翔湧，飭各屬將應買穀價暫存，以俟今秋買足。數月來，米價並無增長，此亦可爲暫停採買之驗。得旨：俟奏齊交議。（高宗三一一、四四）

（乾隆一三、三、癸丑）［是月］［貴州按察使介錫周］又奏米貴之由。黔省崇山峻嶺，不通舟車，土瘠民貧，夷多漢少。既無搬運商販，亦未接濟隣封。本地小販，不過肩挑背負，並無囤積壟斷諸弊。豐則米賤，歉則米貴,自必然之理。而黔省山田,處處皆是,向來不至大荒。如水潦,則低窪淹沒,而高阜悉得霑足,常有七八分收成。歲旱,則高阜乾枯,而低窪反獲倍收,秋成亦三四五分。所以黔中民苗,從無逃散之事,如因倉儲採買,致妨民食,黔省節年買補,早足原額,各處積貯米穀,已有一百二十餘萬。每年尚有支放餘米三萬六千餘石。惟古州等處新疆,暨荔波一縣,制兵月糧,每年採買屯苗一萬三千餘石。各府州縣,則每年俱將餘米平糶,不用買補。偶或平糶過多,照數按年採買,亦不致民間所出,半入倉庾。再如戶口繁滋,黔省地方遼廓,土曠人稀,亦與南北省人稠地窄相殊。是皆非黔省米貴之所以然也。臣於雍正四年,初蒞黔省,彼時京斗米一石,不過四錢五分及五錢有零。省會暨衝衢各郡邑,人煙疏散,舖店無幾,士庶一切酬酢,率皆質樸,偏遠鄉曲,從無酒肆。自雍正五六年以來,新自四川割歸遵義一府五屬,湖南割歸開泰、青溪五縣,廣西割歸永豐、荔波各州縣,兼以開闢古州等處新疆,添設文武弁兵,駐鎮其地,幅員日廣,加以銀銅黑白鉛廠,上下游十有餘處,每廠約聚萬人數千人不等,游民日聚。現今省會及各郡縣,舖店稠密,貨物堆積,商賈日集。又如士庶一切冠婚喪祭,爭趨繁華,風俗日奢。且新疆大村小寨,暨各處僻鄉,釀酒日多。是皆川粵江楚各省之人,趨黔如鶩,並非土著民苗。現今豐收之年,亦須七八九錢一石,歲歉即至一兩一二錢至二兩不等。此黔省米貴之原委也。計惟有崇儉禁奢,清查酒肆,通都郡邑,官為定數,新疆村寨,一概禁止。尤在勸開墾,懲奸民,興水利,以開其源。緣黔省雖節年首報開墾,而山坡箐林,尚多荒土,每有外來遊民,往赴力墾。無奈地棍即思攘奪,或壓為佃戶,或踞為本業,以致開墾無成,遊民隱忍而去。而水源低下之地,或應築壩以壅之,水源隔遠之處,或應開渠以引之,小民工本無資,多致困守瘠土。更或水源須過他姓之山,更隸隔縣之界,豪強出而爭佔,則群力廢返。應飭令地方官,凡遇報墾荒山,務即親履勘明,給照為業。其無力引水之田,則照例官借工本,限年完項,分別升科。土棍豪強,嚴加懲處。如此則地無遺利,家有餘粟矣。得旨:知道了,恐亦扞格難行之處也。(高宗三一一、四六)

(乾隆一三、四、己卯) 策試天下貢士鄭忄等二百六十四人於太和殿前。制曰:……農桑,王政之本也。列聖重熙累洽,休養蕃滋,思所以裕其衣食,亦既屢申勸課之令矣。而人不能無遺力,地不能無遺利,果游惰蠹之,追呼擾之歟?抑荒萊不闢,耒耜不勤,司牧者漫不知省,而大吏惟以簿書期會爲急，即著之功令，用以爲殿最，率具文從事歟？邇年米價之貴徧天下，朕多方籌畫，稅免矣，而騰湧如故；倉發矣，而市值仍昂。豈皆有司之奉行未善歟？或且欲停採買以紓其急，嚴囤戶以暢其流，禁富民之射利以裕其所出，果皆切中事情歟？採買停，則所在倉庾，不數年而告匱，緩急將何以濟？青黃不接之時，市無現糧，貧民翹首官倉，使粒米無存，有司能坐視而不爲補救歟？生穀止有此數，積於官必虧於民，其較然者，然積之害與散之利，當熟籌之，而非明著其由，何以使官民兩利？至水旱偏災，朕不惜帑藏，廣爲賑卹，而實惠之未能下逮者，其弊安在？山東被災較重，前後截漕撥帑，費既不貲，且命大臣臺諫，往莅其事，而流移捐瘠，何以勞來而安集之？古荒政之切於時事，可行者有幾？先事之綢繆，既無及矣，獨不思所以善其後歟？乘時雨之霑漑，招流亡，貸籽種，給牛具，播種而耰之，以待有秋，非要務歟？（高宗三一三、三二）

（**乾隆一三、四、癸未**）［是月］陞任浙江巡撫顧琮覆奏：浙省米貴緣由。杭、嘉、湖三府，樹桑之地獨多；金、衢、嚴、寧、紹、台六府，山田相半；温、處二府，山多田少。向資江楚轉輸，近歲江楚價昂，商賈至者無幾，此致貴之由一。地接江閩二省，商旅絡繹，以有限之米穀，供無窮之取攜，此致貴之由二。杭、嘉、紹、寧、台、温六府，東際海，商漁出入，米穀隨之，自外入者無多，自内出者難計，奸徒射利，每有透越，此致貴之由三。伏思江楚米貴，販運不前，並無調劑之術。鄰省商旅往來，斷無裹糧之理。海洋禁例，非不甚嚴，但必將積年販米出洋奸棍，訪獲一二，置諸重法，庶可示儆。如果透漏無虞，則内地米穀，自免消散。至常平積貯一事，惟在權其緩急輕重，歉歲宜停，豐年應補。常平本額，不可不存，續議加增，可以酌減。其商賈居奇，法宜懲儆，惟嚴禁囤積，俾使疏通。田多業戶，蓋藏頗裕，於青黃不接之時，出售亦爲有益。得旨：此等豈汝之識見所能辦？既經奏到，俟議。（高宗三一三、四四）

（**乾隆一三、四、癸未**）［是月］甘肅巡撫黃廷桂覆奏：甘省糧價，時貴時賤，總視年歲豐荒，不關生齒多寡。且民貧土瘠，無巨本囤戶，亦無重貲商販，不出四封，緩急獲濟，非徒無損，而且有益。又邊疆積貯最要，東南山險，別省商販不通，歲歉難資接濟，歲豐無處出售，必借採買以爲權衡。臣抵任初，飭屬於市集之期，民買所餘，官爲收買，實屬兩便。就甘省而籌補救，總宜廣爲儲蓄。得旨：俟彙議可也。（高宗三一三、四七）

（**乾隆一三、五、乙酉**）又諭：近閱浙省奏報，米價較前增長。訪求其故，因上年御史湯聘條陳嚴禁囤戶，通行各省，而常安奉行不善，以致於此。蓋浙西一帶地方，所產之米，不足供本地食米之半，全藉江西、湖廣客販米船由蘇州一路接濟。向來米船到浙，行户揭貯棧房，陸續發糶，鄉市藉以轉輸。即客販偶稀，而棧貯乘時出售，有恃無恐。是以非遇甚歉之歲，米價不至騰涌，向來情形如此。近因申囤户之禁，地方官并棧貯而禁之，商販無停貯之所，本地無存積之糧，來船稍阻，入市稍稀，則人情惶惶，米價頓長數倍。近日爲此説者頗衆。看此情節，大概市井之事，當聽民間自爲流通，一經官辦，本求有益於民，而奉行未協，轉多扞格。曩者京師辦理錢價，屢變其法，迄無成效，乃以不治治之，即小有低昂，亦不見其驟長，至於倍價，此其前車也。可傳諭巡撫方觀承，令其度量時勢，斟酌辦理，務令便民，使市價日見平減，而密察牙行蠹棍，以防流弊。勿使多設科條，縱用胥役，致滋擾累，此民生切要之圖，故諄諄諭及，該撫其善體此意，并將此旨傳諭江南督撫知之。（高宗三一四、六）

（乾隆一三、五、癸丑）是月，安徽巡撫納敏覆奏：米價致貴之由，不在商販之囤積，而在州縣之採買，米穀在官者多，在民者少，宜暫緩採買，以平穀價。得旨：俟交議。（高宗三一五、四六）

（乾隆一三、五、癸丑）署理廣西巡撫鄂昌覆奏：廣西米貴，由於廣東搬運太繁。然西省田多，東省人聚，商販流通，亦足相濟。惟在勸民留有餘之糧，不可盡糶，并禁囤户。得旨：俟彙議。（高宗三一五、四九）

（乾隆一三、六、癸亥）陝西巡撫陳宏謀覆奏：米價日增，原非一時頓長，實由生齒日繁。補救之方，一在開闢地利。各省沃土，皆已開墾，山坡水濱，曠土尚多。但地氣淺薄，種一年，須歇一二年。一經勘報升科，每致賠累，小民疑畏不前。請輕減畝數，給照爲業，不許豪強爭佔。並將零星五畝長不升科舊例，再爲推廣，俾多留餘地，以爲墾治工力。凡關水利，隨時興修，如工費浩繁，官爲借給，工力計議，悉聽於民，則既無妄費，又免阻撓。一在廣積倉儲。從前走額，原不爲多，今欲多貯，而專恃採買，徒昂市價。且存貯一處，轉運不易。請各省近水州縣，沿河水陸馬頭，設倉分貯。山陝雖舟楫不通，而濱臨黃渭之州縣，亦可建倉。再令捐納貢監，悉在本地報捐本色。再秋收後，窮民願將米穀完納地丁者聽。收穀不拘一途，可省採買，貯穀不拘一處，可省運費。積貯既多，原可借糶；有備無患，莫善於此。得旨：俟彙議酌行。（高宗三一六、一五）

（乾隆一三、六、壬午）雲南巡撫圖爾炳阿覆奏：米價之貴，總由於生齒日繁，歲歲採買。竊以爲除沿邊各省，照額買貯外，其內地各省未買之額穀，似可暫停。俟二三年後，視豐歉再辦。脱需賑濟，可兼用銀。存七糶三之例，亦宜變通。如一省歲收，不無上中下之差，或糶一，或糶二，或糶三，總視上中下爲權衡，則紅腐無虞，而買補可減。再赴滇時，經由楚中，見黃酒之多，更甚於燒酒，江浙尤甚。所耗米糧，幾與饔殮相等。況食飽而止，酒則濡首無度，所耗更甚於食。又燒酒易醉，黃酒可以多飲，燒酒可用雜糧蒸熬，黃酒必需糯米，所耗又甚於燒鍋。黃酒一禁，自皆改種粳稻。請仿禁燒鍋例，槽坊悉除，零酤罔禁。又如塋葬步數，各有例限，近來惑於風水，務求宏敞，此風江浙荊楚多有之，江西爲甚。請凡廢田產爲墳墓者，令地方官勸導，勿致額外多占。富家造園至十百畝不等，更應查禁。至滇省多山，糧鮮出入，囤户所積無多，黃酒本不多造，蒸熬止許用秕稗苦莜等麤糧。俗不奢華，糧價亦不甚賤者，由於出產五金，外省人民，走廠開採，幾半土著，且本省生齒亦繁故也。惟有教民勤力開墾，使無遺利。得旨：俟會議。（高宗三一七、三一）

（**乾隆一三、七、丁酉**）又諭：朕因近年米價日昂，再三籌畫，以生穀止有此數，聚之官者多，則留之民者必少，不得不將直省常平穀數，斟酌變通，悉準康熙雍正年間舊額，已經降旨通行。又經派撥江西米十萬石，運蘇接濟。近又據楊錫紱奏請買穀二十萬石，令江蘇委員赴長沙接運。更有開泰奏請備撥穀二十萬石，現在降旨，令該督撫等會商妥議，似豫籌之處，已爲有備。可傳諭尹繼善、安寧酌量所屬收成光景，詳悉查明。若舊額已足，即可不必採買，爲民間留有餘之粟，以裕倉箱，庶可望價值漸平。倘於舊額實係未敷，必應補足，仍須照例採買，亦當斟酌籌畫，期於妥協，勿致張皇，以昂市價。該督撫等悉心會酌，奏聞。（高宗三一八、四四）

（**乾隆一三、七、甲子**）兩江總督尹繼善覆奏：米糧日貴，由於户口繁滋，偏災偶被，田畝不盡種穀，倉儲爭相購買，且造酒躍麴耗費。查各處常平額貯，每省有二三百萬，出納拘於期限，使有用之穀，積而不用，誠不如散在民間。然倉儲不可空虛，況年來百物騰湧，並非官爲採買，無不價增，可知採買特米貴之一端。應將已足額者，加謹收貯，毋庸多增；未足者，俟豐年酌買。倘市價未平，統以收捐本色監穀，通融彌補，不得於價貴時爭購，非值青黃不接，市糧缺乏，不得濫糶，亦不必拘糶三之例，設需給賑。除本處米穀過少，自應於別屬撥濟，若一隅偏災，儘可給銀買食。倘米價略昂，不妨據實請增折價，較之遠地撥運，稽遲多費，不但節省，而且有益。如此辦理，則採買不必全停，貢監總收捐本色。設遇米貴，仍宜減價，以廣招徠。至於食用耗費，則就兩江而論，釀酒數千家，獲利既重，爲業日多，約計歲耗糯米數百萬石，躧麵小麥又數百萬石。民間將肥田種糯，竟有一縣種糯多於種稻者。竊思釀酒難於驟禁，惟有嚴禁廣種糯稻。請嚴行各州縣，統計田畝，諭民以百分之一種糯，餘俱種粳，如違罰穀入官。種粳種糯，工作收穫相同，價值亦無甚懸殊，果能勸導有方，誰肯干禁。又有將高阜改種烟草、甘蔗，低窪改種菱藕等物，每年照舊輸糧，實則不種五穀。應令地方官諄切勸諭，令其自行改復，嚴禁後來。至於種烟，原干例禁，即行翻毀。責成鄉保，稽查懲治，至於辦理之法，惟有以不治治之。若不悉心體會，而祇紛查囤戶棧房，禁鋪戶當米，民間存貯，多設科條，縱用胥役，徒多擾累，無益於民。得旨：俟彙齊議奏遵行。（高宗三一九、三四）

（乾隆一三、八、辛亥）山東巡撫阿里袞覆奏：米貴由於生齒日衆，逐未遂多。凡布帛絲棉之屬，靡不加昂。而錢價昂貴，尤與米穀相表裏。農民糶米，銀少錢多，商鋪收糧，以錢價合銀計算。康熙年間，每銀一兩，易錢一千，少亦九百餘文，今止易七百餘文。是米價已暗加二三錢，況價值本增，故益覺頓長難落。至於倉貯，每年採買，與賑數比較，有絀無盈。是以各省定額，買足者寥寥，則倉米仍多散在民間，未可歸咎積貯。惟是官買與民買不同，體質必期乾潔，斗斛務求豐盈，且穀價早晚不同，報銷未便低昂。取辦一時，以致牙行爭先長價。補救之方，一、修治農工，同田耕種，穫有厚薄，由於人力不齊。江浙等省土窄，一夫耕不過十餘畝，日夕霑塗，故所產多。北地多旱田易種，一夫亦不過種二十餘畝，乃狃於廣種薄收之說。田多之家，既不多招佃戶，佃戶又止圖多種，工愈分，力愈薄，逢年不能豐足，遇災多歸廢棄。請飭地方官勸導田多之家，多招佃戶，約計一夫二十五畝爲率。工專力勤，可盡地利，兼使游手貧民，漸歸本業。一、補助耕作。田畝耰鋤之時，尤關緊要，有力者多雇人夫，無力者無門稱貸，或畏重利不借，束手坐視。請於青黃不接時，查雨後鋤芸缺本之戶，即於平糶穀價酌借銀錢，令秋後照原價還穀，免其加息。不願借領者聽。仍勸富民出資，借給佃戶，秋後薄取其息。庶得盡力，不致失時。一、商販宜流通，而囤戶亦不必嚴禁。商販出賣之貴賤，總視收買之價爲權衡。康熙年間，豈無商販，而平減自若，成本少也。今米價原貴，豈能責其賤鬻？在產米之本境，或不免責過商販，米少之處，全資販濟。至於囤戶，當其收買，農末有相資之益，及其出糶，青黃獲接濟之資。況米糧不利久貯，貿遷惟在求售，待價則有之，經年閉藏則未也。禁之過嚴，無人收買，止憑官牙賣於外販，遂至本境無所存貯，爲累更甚。惟當於春夏糧貴時，勸令發糶，不許擡價居奇。一、採買宜酌量妥辦。西北各省，離江廣窵遠，非買於本地，即購自鄰封。

應視價平，從公收買，價昂即停，不許豫期傳集牙行，責令糴買官穀。至江浙等省，必須赴川、楚、江西等處採買，不必先行咨會，俟委員到日，一如市集交易，公平糴賣。將實價開送該地方官，核明與市價相符，據實詳咨核銷。則產地不致聞風驟長，而商賈亦免於爭買擡價。一、錢法宜變通。錢法與銅勱爲子母，銅價平，則錢應加重，銅價貴，則錢應減輕。今錢一文，重一錢二分，每錢一千，重七勱八兩。以現今錢價計算，約值銀一兩三錢有餘，每勱值銀一錢七分有奇。若銷造器皿，粗重者值銀二錢四五分，細巧者倍之。各省所出礦銅，僅敷鼓鑄，江浙二省，商辦洋銅，供鑄外，所餘無幾。而民間銅器日增，銅價益昂，奸民燬錢製器，是以鑄局加添，而錢不充裕。請將錢文再減輕二分，每年餘銅不少，錢價漸減，亦與米價不無裨益。此外如興水利，勸樹畜，崇節儉，謹蓋藏，禁止躧麴燒鍋，偷漏出洋，多栽烟葉等項，章程具在，惟在實力奉行。得旨：候彙議。（高宗三二三、四五）

（乾隆一四、三、辛酉）署湖廣總督新柱奏：米糧騰貴，其原不一。屯户厚貲廣貯，漢口鹽船滿載，借商販之名居奇，然出售仍散在閭閻，不致耗散。惟奸徒乘稽查不及，搬運出洋，暗中消耗，實爲民食之害。應嚴禁屯户，毋許聚船販運，並飭員弁，於通洋口岸，嚴查禁懲。報聞。（高宗三三六、三四）

（乾隆一四、三、庚午）大學士等議覆：各省督撫查奏米貴之由，熟籌補救，雖因地制宜，各有不同，而爲常平買穀，請緩請停者大半。應遵前旨，以雍正年間倉貯舊額爲準，通計減穀千有餘萬石。民間即多此數流通，美利周溥。存糴之法，又經議定平買貴停，可不致昂米價。其請捐收本色，亦因採買妨民，借茲酌劑。又稱開墾疏濬以興利，通販禁囤以濟乏。躧麴燒鍋，並行禁止。均在各督撫悉心飭屬辦理，毋庸另議。從之。（高宗三三七、一三）

（乾隆一四、五、己酉）諭軍機大臣等：辰垣具奏，米糧復稅以後，價值轉覺平減，可知米價之低昂，全不在米稅之免徵復徵等語。此事經朕熟籌數載，免稅於貧民無益，復稅亦於市價無增，固一定不易之理，朕早灼見其然。不待辰垣之奏也。（高宗三四〇、八）

（乾隆一四、六、戊寅）軍機大臣等議覆：署江蘇巡撫覺羅雅爾哈善遵旨查奏，米貴之由，實緣捐監採買。欲平米價，須停捐採，欲停捐採，須停平糴，當自少貯始。康熙年間，倉無定額，當仿照大意，直省各府、直隸州，各貯穀四五萬石，以備大災協撥。每年出易，或間年出易，聽牧守自行調劑。凡採買平糴及納穀捐監之例概停。再各府州遇水旱重災，方准撥穀協濟，偏災酌賑以銀，總勿輕動倉穀等語。查蘇省常平倉，經臣等議照雍正年間舊額爲准，現存穀尚贏，原無庸採買。設遇歉收米貴，亟須調劑，又當隨宜採辦。至各省倉糧，例於每歲青黃不接，存七糶三，秋後價平買補，或該處糧價平減，州縣詳明免糶，亦所時有。若如所奏停止，不惟紅朽可虞，且貧民嗷嗷待哺，接濟無資，殊失常平本意。應令該撫通盤籌算，如在常平額外無庸買補，其額穀或有動用，并煮賑兵米必需等款，仍酌買備用。再該省倉糧既經減額，或值偏災，自應酌賑以銀。設被災較重，本境鄰封同屬歉收米貴，亦宜察看情形妥辦。從之。（高宗三四二、三）

　　（乾隆一六、七、庚午）［軍機大臣等］又議覆：大學士江南河道總督兼管兩江總督事務高斌奏，外省米貴緣由，請停蠆買之令一摺。據稱，比年江西、湖廣、安徽，產米之區，米價較前加貴，由官爲採買，數盈千萬，以致市價驟昂，轉病本地民食。請將動項委員蠆買一事，長遠停止。查發帑蠆買，誠不免市價漸增，然必著例停止，恐緩急無以接濟。應令督撫因時制宜，如可稍緩，不妨暫存庫項。倘需米孔亟，則擇米多價賤處，委員照時價採買，價長即停。并禁牙儈借端居奇。（高宗三九四、八）

　　（乾隆一七、八、壬寅）又諭：前因直省米價，多由採買致昂。諭令覈計倉儲實數，得有十分之三四，即可不必亟資買補，乃指豐稔有秋，足敷民食者言。今據蔣炳所奏，約計豫省本歲收成，合計可得八分。而通覈常平倉穀，較之原額僅及十分之五，則西成未爲豐裕，而常平所貯，爲數太少。且秦晉接壤，尚需接濟。此又不可泥於前旨，所當因地制宜。或於價賤之處，陸續收買，不必尅期取足，令奸商聞風擡價，致於民食有妨。將此諭蔣炳知之。（高宗四二〇、一六）

　　（乾隆一八、六、甲辰）諭軍機大臣等：御史沈景瀾請嚴販米出洋之禁一摺。所奏亦非實在情形。外洋諸國，決無仰食於中國之理。從前洋商船隻，尚有載回米石者，其漁船多帶米石，或以資近島居人。及洋面匪船，是不可不禁耳。至臺灣產米素裕，閩省之漳泉等郡，向來尚資臺米接濟，乃謂由內地帶往，不更爲倒置乎？各省米價之貴，不盡由於販米出洋，而查禁之法，惟在實力奉行，不在多定禁例。著將此摺鈔寄沿海各督撫，令其閱看。并將各該省現在如何查禁，是否仍有透漏，與內地米價，究竟有無妨礙，各據實奏聞。（高宗四四一、三）

　　（乾隆二三、五、己亥）諭軍機大臣等：地方米價貴賤，關係民生，是以各省撫臣例應按月奏報。今閱阿思哈五月中旬奏到，乃係二月三月米糧時價，遲滯至此，則此兩月以來米價長落，又何由而知之？如此虛應故事，甚

非慎重民食之意。阿思哈著傳旨申飭。(高宗五六二、一九)

（乾隆二四、一二、壬辰）又諭：御史羅典請定市肆米價。……今年夏間得雨已遲，恐米糧易致翔貴，先經發倉平糶，以裕民食。及甘霖霑霈，大田仍獲丰收，惟節候已晚，自不能致豐稔，市價未即平減，職此之故。然使非六月內得蒙甘澤，物價之騰踊，伊於何底，迨時屆冬令，復就各廠接糶麥麨、豆石、草束，並豫借三品以下官員俸米，俾糧石充裕，市儈不得囤積居奇。所以酌量調劑之法，不過如此。自開倉以來，糧價每石減銀二三錢不等，此人所共知者。若該御史所奏，市肆貿易米麨，定以升斗，限以價值，無論市價不貳，早爲子輿所譏，物理斷不可行。即專爲撙減廠價而論，亦恐販賣居奇者，愈得因緣爲奸，而貧民何從得濟？國家令行禁止，固無所不可，至以米價強勒市人，則初無此政體。羅典乃欲援鹽法以例穀數，則又所謂遁辭知其所窮耳。……著將原奏發還，并通行宣諭知之。(高宗六〇三、二)

（乾隆二五、三、戊辰）又諭：朕命沿河督撫查北上商販運米船隻，自去歲至今春，實不爲少。今又據阿爾泰奏，東省臨清關，自二月初旬開壩以來，共驗放過商船麥石八萬餘石，雜糧九萬餘石，俱經飛輓北上等語。穀麥關係民食，全資商販流通，源源接濟，市價自就平減。上年近京收成稍歉，因於京城內外，設法分廠平糶，並先期支放俸米，以平市價。然此特係補偏救弊之一策，其實懋遷有無，彼此轉輸不匱，乃閭閻餬口常計所資。今臨清關口，既常有商舶銜尾北來，畿輔左近穀價，何以未能大減？恐其中臨河各州縣，現因糧艘需備剝運，辦理不善，或藉名多封車船，以致商人輓運不無留滯，病商因而病民，甚有關係。著派侍郎錢汝誠，給事中朝銓，會同方觀承於直隸至德州沿河一帶，前往悉心察勘。務令舟車無阻，食貨充裕，稱朕念切民依至意。(高宗六〇九、一二)

（乾隆二五、四、壬午）欽差侍郎錢汝誠等奏：臣等自直隸至德州，沿河察看，北上商船不下數百餘隻，所載米麥可及十數萬石，沿河市鎮糧價，有減無增。至漕運剝船，俱係旗丁向民和雇。臣等復公議出示，凡商船北販，於卸載後，地方官不得封捉。查豫省糧食，亦由衛河販入直境，現經知會東豫上游，一體辦理，並知會阿爾泰，於臨清關商船，亦隨到隨放。得旨：好。(高宗六一〇、八)

（乾隆三二、一二、甲戌）諭軍機大臣等：李質穎奏鳳陽關盈餘較少一摺，內稱，因夏秋水漲，豫省米豆商船，過關稀少，尚屬事所應有。至稱泗州一帶秋成稍薄，外來商販無多等語，所奏殊未明晰。該處收成既歉，正藉外來糧石以資接濟，商人趨利如鶩［鷲］，估舶益當雲集，何以商販轉少於往年？揆之情理，實不可解。若云該處舊產糧石，每歲外來商人搬運者多，今年因偶被偏災，收成歉薄，商船不赴該境采糴，亦應聲敘明白，豈可如此含糊入告？著傳諭李質穎，將實在情形詳悉覆奏。尋奏：鳳陽關坐落壽州正陽鎮，凡豫省米豆，自西而東，俱在關報稅。兼該處素產米糧，商販採糴者亦來交稅。今該地收成減薄，而糧價較豫省相去無幾，是以無外境糧食來糴。但既已歉收，誠如諭旨所云，商船亦不復赴該境采糴。報聞。（高宗八〇〇、一四）

（乾隆三七、一〇、癸未） 又諭：前因徐績奏報糧價單內，各屬多註價昂，當即批諭，今年山東既獲豐收，何以米價尚昂者多，令其查明覆奏。今據奏到，該省所報糧價，因乾隆三十年①，前護撫黃叔琳奏准，將貴賤昂平分爲等則，歷來以次酌定，照此填註等語。所奏太屬拘泥。徐績平日尚屬明曉吏治者，何以不通達事體若此。朕令各督撫按月奏報糧價，原以米穀爲民食所關，期於市糴貴賤，時得周知。若如該撫所辦，尚以三十年前定價爲率，自是不過依樣套寫，全不足憑矣。於朕軫民依勤省歲之旨，毫無裨益，又安用此虛文敷衍爲耶？昨薩載奏，江蘇省秋收實有十分，而糧價單內又註有價貴字樣。曾經傳旨詢問，似亦係相沿舊式。恐各省類此者正多，不可不明白宣諭。米糧價值贏縮，固視乎歲收豐歉，及閱歲既久，生齒日繁，則用物廣而需值自增，乃係一定之理。即各省買補倉糧，屢請增價可知矣。方今海寓承平一百二十餘年，戶口益滋，每歲難於數計。且不必以遠論，自乾隆三年至今，亦已三十餘年，當時之所謂貴價，即係邇來之所謂賤價，黃童白叟，當亦無不共知。乃欲執三十年以前之等則，爲三十年以後之奏報，與膠柱刻舟之見何異？況天下無不食米之人，米價既長，凡物價夫工之類，莫不準此遞加。若固執前事，亦能一概比而同之乎？夫厚生利用，首以粒食爲先，誠以民愈庶，富愈難。不得不於豐亨豫大之時，切保泰持盈之儆，所謂守成之難，端在於是。此非朕厭聞米價之貴，蓋期奏報之據實。各督撫莫錯會朕意，嗣後當飭屬周咨市價，率以三五年前後爲準，覈實詳明，列單具奏。不得蹈襲積年陋習，徒以刻板具文塞責。著將此通行傳諭知之。（高宗九一九、一三）

---

① "十"字疑衍。按黃叔琳於乾隆二年補山東布政使，四年丁母憂，二十年卒於家。護撫應在此二至四年期間，與下文據三十七年所言"三十年前"相符。

（乾隆四一、二、癸卯）署四川總督文綬奏：蜀省產米，下游各省均資接濟，前因籌辦兵糧，請於夔關截禁。今大兵即日竣事，業經停止發運，無須採買，應仍聽其流通。現檄遵照開禁。得旨：是。（高宗一〇〇二、三）

（乾隆五〇、八、乙酉）又諭：本日據特成額奏，湖南省糧價雨水情形一摺。內稱，通省雨暘順敘，早稻現已陸續登場，統計收成分數，實有八分有餘等語。是本年湖廣被旱災區，專在湖北之武、漢、荊、襄等府州屬，而湖南一省，州縣中不過有四五縣得雨稍遲，其餘七十廳州縣，則已早慶秋成，米糧漸次入市。湖廣雖分南北兩省，實與同省無異。今因湖北災區，賑糶需用米石較多，尚向四川、江西二省越境採買，湖南境壤毗連，該處商民情同桑梓。著傳諭特成額，即於湖南各屬，出示曉諭，不論市集鄉城，遇有湖北商販入境，斷不可居奇遏糶。並勸令該處商民，多運米石，到湖北被旱各府州屬糶賣。似此以南省之有餘，補北省之不足，於商販民食，均有裨益。再本年江蘇、安徽二省，被旱地方較廣，該二省地狹民稠，向來豐收之年，米糧僅敷本地口食，若稍遇歉收，即須仰給於四川、湖廣、江西之米。其四川商販，載米至安徽、江蘇糶賣者，必經由湖北，聞江西商販，則由九江一帶，順流迤抵安省、江寧、蘇州等處，鮮有逆水載往湖北上游者。若因湖北現在採買，或將四川運往江南米船於中路邀截，不令其東下，或將下游江西之米，令其逆流赴楚售賣，則在商販既非所願，而安徽、江蘇二省，現在年成歉薄，又無商販接濟，該處民食必至拮据，亦非通盤籌畫之道。著傳諭特成額、李世傑、舒常、吳垣，止須督飭所屬，招商出示，一面給票採買，一面平價應糶。俾商賈等運回楚省，速濟災區民食。其四川省運往江南之米，斷斷不可於中途攔截遏糶，其江西下游商販，亦難強令其逆輓入楚。如此通盤籌畫，於湖北、安徽、江蘇三省民食，均勻接濟，更屬有裨。該督等務宜實力妥辦，毋令不肖官吏奸商等稍有遏抑攔阻，致滋弊竇也。仍將如何酌籌、接濟、糶販之處，會商妥協，迅速具奏，以慰厪念。（高宗一二三六、二九）

（乾隆五〇、八、戊戌）又諭：據吳垣奏，籌辦採買糶販事宜，接濟民食一摺。內稱，四川產米最廣，現仍招商採買。倘彼處商民自行販運到楚，如欲速赴江蘇、安徽者，毋許攔截阻滯，若自願沿途銷售，亦聽其自便，俾湖北、江蘇、安徽三省，俱得均勻接濟等語。所辦甚好。為大臣者，皆當如此存心，不分畛域方是。江蘇、安徽，向皆仰給於川楚等省。諺云：湖廣熟，天下足。今湖北被旱地方較多，勢不能不藉川米，以資口食。如湖北商人赴川採買，李世傑當明切曉諭，令川省民人，毋得居奇遏糶，使以川省之有餘，濟湖北之不足。而川省商販米船到楚，湖北民人，不可狃於平日之糧價平減，不肯加增價值，希圖賤糴，致令商販無所獲利，裹足不前。特成額、吳垣當出示勸諭，以湖北民人，因地方繁庶，豐年不知撙節，粒米狼戾，以致上天示譴，被旱成災。今鄰省販運到境，災民口食有資，益當共相引咎，激發天良。即販商圖利，索價稍昂，亦應增值糴買，稍費己貲，俾商人得霑餘潤，亦弭災徼福之道。如此明切開導，庶商販得有利息，自當源源而來，可無缺乏。至川省米船過楚，運赴安徽、江蘇者，湖北省亦不可盡數截留，庶上下兩江，均資接濟。如此則四川、江西米船，皆接續前往，安徽、江蘇二省米糧，自應湊集。其本省商民亦不得觀望居奇，過昂其價。薩載、書麟務須飭屬徧行曉諭，俾米糧流通，價值不至騰踴。似此通盤籌辦，彼此照應，則三省歉收地方，均有裨益。將此各傳諭知之。仍將如何招徠勸諭情形，迅速覆奏。（高宗一二三七、一二）

（乾隆五〇、八、辛丑）諭軍機大臣等：據舒常奏，本年湖北省被旱，屢有民人赴江西販賣糧食，當即飭令該府縣留心稽查，毋許遏糴居奇。並揀派道府，前往督率妥辦，剴切傳諭，乘時糴糶。遇有川省運往江南之米，不得中途攔截。其江西下游商販，亦聽其運赴安徽、江蘇出賣。倘湖北來江商販眾多，產米之地，一時未能應糴，即將常平等倉穀石，先行開糴等語。所辦俱好。覽奏略慰。江西係產米之鄉，江浙等處仰給該省。今經舒常妥協經理，因時調劑，幷先行開倉出糶，以供轉運，俾商販通行無阻，湖北、江浙等省，自當米糧滙集，接濟有資，市價不至騰踴，於災區均有裨益。將此遇便傳諭特成額等，並諭舒常知之。（高宗一二三七、二一）

（乾隆五〇、八、乙巳）又諭：據李世傑覆奏，籌辦楚省赴川販買米石一摺，稱本年川省均慶有秋，現已剴切示諭商民，毋許囤積。並令量存本家一年口糧外，其餘悉行發糶。兼派司道往來稽察，務使楚省商販，到川隨處可以糴買，不致留難。設有不敷，即將倉穀開糴。總期楚省米足敷用，川省價不增昂。其川省運往江南米船，於到關納稅時，即於稅票上註明前往江南販賣字樣，移明湖北驗票放行等語。所辦甚屬妥協，深慰厪注。川省產米最廣，今歲又慶秋成，所有積貯米糧，經該督明切勸諭商民，儘數出糶。復派大員督察，俾商販得以通行。其運往江南米船，均於稅票註明，前途可無攔截之慮。且湖南之米，現已陸續運往湖北，而安徽、江蘇二省，又可取給江西，則各省災區，米糧自當滙集，小民口食有資。著將李世傑奏到之摺，鈔寄特成額等閱看。並著該督等，將李世傑設法辦理之處，及朕節次所降諭旨，一併詳晰出示，令知四川、江西商販源源而至，米糧日漸充盈，足資接濟，民食可無虞拮据。本地商民，自不致觀望居奇。如此遍行剴切曉諭，庶糧價漸就平減，災黎均有裨益。將此各傳諭知之。(高宗一二三七、二六)

(乾隆五〇、九、戊午)諭：據李世傑奏，現在欽遵諭旨，將附近水次各州縣常平義倉等穀，先碾動三十萬石，令各州縣收貯。俟楚販至境，設市集之米，不敷應糶，即將倉米按照每月報部時價發糶等語。所辦甚好。前因江浙等省，皆仰給川米，惟恐湖北商民赴川販運，該省產米，或有未敷。特諭李世傑，即將常平義倉等穀，先行開糶，以資接濟。今據該督奏到，已遵旨將倉穀碾動三十萬石，俟楚販到境，按照時價發糶。又同日據舒常奏，楚省商船過境已有一千三百餘隻，從江西販去米穀，約有數十萬石等語。是楚省米糧已經滙集，四川、江西二省，自必將餘米運往江浙販賣。安徽、江蘇、浙江各災區，既有兩省之米，源源接濟，小民口食有資，免朕南顧之憂。覽奏爲之稍慰。將此通諭知之。(高宗一二三八、二四)

(乾隆五〇、九、甲子)又諭：據特成額奏，酌撥湖南倉穀碾運湖北，俾下游民食，得資接濟。又督催川南米船，由湖北速下江浙。並恐商賈趨利，見湖北米糧價昂，就近糶賣，不即東下江浙，即將官穀發往糶濟，以平市價。庶商賈見楚省糧價減落，多趨江浙，更可獲自然之效。現在飛飭鄰近水次州縣各倉內，動穀碾米，并於兩省各派道府大員，迅速妥辦等語。所辦甚好。該督能如此存心，不分畛域，仰體朕節次降旨，一視同仁至意，方得大臣之體，甚屬可嘉。特成額著交部議敘，以示獎勵。湖北米石，既有湖南接濟，而江西、四川各商販，又可源源而下。是湖北、江浙災歉之區，均可無虞缺乏。商販流通，自可以平市價而裕民食，略紓朕南顧之憂矣。將此通諭知之。(高宗一二三九、六)

(乾隆五〇、一〇、丙午)[湖廣總督特成額]又奏：…至沿江客米，自九月後，到過湖南船九百餘隻，四川船二百餘隻，[湖北]米價較前漸減。(高宗一二四一、二〇)

(乾隆五三、一二、庚子)諭軍機大臣等：昨因琅玕奏，浙省歲時豐稔，穀價平減，請不拘年限，乘時採買，以補倉儲等語。所辦甚是。已降旨通諭各督撫，酌量情形，仿照辦理。本日據浦霖奏，湖南中米價自一兩一錢四分至一兩四錢八分，甚屬平賤。民間稔事屢豐之後，蓋藏本屬充盈，現遍行出示曉諭，一切概從節儉，以期家給人足等語。湖南省屢歲豐收，米價一律平減，若不豫爲調劑，恐有穀賤傷農之慮。朕意若該省倉儲正須買補，爲數較多，自應先儘本省採買；若本省倉儲本屬足數，或採買無多，可以接濟隣省，則湖北、安徽、江西三省，本年被水之區，收成不免歉薄，而該三省又皆地居湖南下游，一水可通，脚價亦不至多費。著傳諭畢沅、書麟、浦霖等，即彼此通盤札商，如湖南米石充裕，可敷就近何省採買之用，即酌量數目，先咨會浦霖查照，再派員赴湖南採辦運回。則各省倉儲，既可乘時補足，而湖南亦不至有穀賤之患，自爲一舉兩得。若湖南僅敷本省買補，而江西、湖北、安徽，無須採買接濟，則又當據實奏明停止。此事惟在各督撫等體察情形，隨宜妥辦，不必固有此旨，稍存遷就也。（高宗一三一八、三二）

（乾隆五四、閏五、乙巳）諭軍機大臣等：本日閱長麟奏山東省五月分糧價單內，所開各府屬高粱、黃豆價值，較上月稍增等語。東省本年雨水調勻，麥收豐稔，糧價自應平減，何以高粱、黃豆價值轉覺稍增？恐係奸牙市儈知將來糧價必定減落，趁此大田未經收穫之前，故擡市價，暗中漁利，以備將來平減地步，亦未可定。不可不留心查察，以杜商賈居奇之弊。至東省今歲收成既經豐稔，恐穀賤傷農，亦當豫爲籌備。昨據梁肯堂奏，豫省各屬，二麥豐收，乘麥多價賤之時，酌買麥石，抵補倉穀等語。所有東省倉穀，應行買補之處，著傳諭長麟，乘此時糧價平賤，即照豫省所辦，酌量動項採買，以實倉儲。並著該撫嚴飭所屬，按照時價，公平買補，毋任短價勒派，致滋弊竇。（高宗一三三一、九）

（乾隆五九、一〇、辛巳）又諭：向來各省奏報糧價，多有不實，朕披閱所開清單，每以價增奏報者多，即遇豐收之年，亦僅報至價平而止，此蓋劣員爲買補倉穀之計耳。本日陳淮奏，九月分江西各府糧價俱註價賤，何以各省糧價均不按照時價據實具奏？年歲豐歉不齊，市集糧食價值隨時長落，寧有各省皆同有增無減之理。此皆由地方官積習相沿，朦混捏飾，督撫等率據屬員稟報之價，開單具奏，以爲採買侵漁地步，所奏實不足信。若云江西年成好，則湖南、四川亦多好年成，何從未見奏賤價耶？朕廑念民依，無時或釋，原非欲各督撫競爲粉飾諱災也。（高宗一四六三、二一）

（二）各省區情況

1. 奉天、直隸、山東

（康熙一八、一、乙巳）山東巡撫趙祥星疏言：康熙十七年，東省雨澤愆期，秋成歉薄。除見在賑濟外，請將常平倉穀、贖緩積穀，動支接賑。得旨：據奏山東米價騰貴，百姓饑饉，深軫朕懷。該撫速委地方賢能官員，動支倉穀賑濟，以救飢民，副朕愛民至意。（聖祖七九、二）

（康熙三三、一一、癸酉）又諭曰：密雲、順義附近地方，今年米穀未收，除常平倉米穀平價照常糶賣外，并將前轉運積貯之米，每月發千石，平價糶之。遣戶部賢能司官各一員，監視糶賣。(聖祖一六五、一一)

（康熙三四、八、癸巳）諭大學士等：去歲朕見此處［密雲縣］高粱結實者少，粃者多，米價騰貴，高粱一斗幾三百錢，故將通倉米，令運一萬石至此處，五千石至順義縣，減時價發糶，米價稍平，一斗百錢，民以不困。北地寒冷，米穀多至失收，今河水方盛，著將通倉米，運至密雲、順義各一萬石，令貯倉備用。(聖祖一六八、一)

（雍正三、八、辛巳）諭倉塲總督：今年米價騰貴，可將廒內舊貯米石，減價平糶。并行文直隸總督，凡近水州縣可通舟楫者，俱令赴通倉領運，平糶便民。(世宗三五、一四)

（乾隆二、八、壬戌）諭總理事務王大臣：直屬地方，夏秋之間，雨水過多，高阜平原，秋成可望，低窪之處，祇可補種秋麥，收成之期，須待來春。現今糧價日漸昂貴，民食未免艱難，朕心深爲軫念。前於天津北倉，截留漕米五十萬石，原爲備賑之用，若於此時，即將截留之米，酌撥被水州縣，減價糶賣，以平時價，待各處秋成之後，糧食流通，再酌量停止，實於民生有益。著派侍衛部員等前往，會同該督李衛，悉心商酌，應撥米石若干，其如何減價分糶之處，著派出之侍衛、部員，會同該地方官，妥協辦理。(高宗四八、四)

（乾隆二、八、乙酉）侍衛五十七奏：爲會同總督李衛，將截留天津漕米，分發被水州縣平糶。業於霸州分設鄉城兩廠，減價開糶。但緣該處新糧，日漸登場，又有鄰邑文安等縣雜糧流通，米價不甚昂貴，是以糶者無幾。請每石再減百文，以制錢九百爲度。得旨：若糶者寥寥，則應暫停，以爲冬月賑濟之用。其商之督臣李衛，並各處分糶者。(高宗四九、一五)

（乾隆三、三、丙子）奉天將軍博第奏：請禁商人販賣米糧。得旨：禁止賣米，本非善務。錦州地方，所收雖薄，然口內之人有去買者，即彼處較口內低賤可知矣。爾所禁者非是。(高宗六五、一七)

（乾隆三、五、戊午）諭大學士鄂爾泰等：觀博第所奏，奉天所屬，雨水調勻，各種禾苗，皆獲豐稔，米豆價甚賤，米一石銀四五錢，高粱一石銀三錢餘。可寄信博第，不可因年豐歲稔，稍不留心，任意濫費。當於價賤時，照時價買貯。本省即不用，運至直隸各省亦好。尋據奏覆，上年直隸總督李衛遣員來盛京，採買糧米，所有旗倉賣米銀三千一百餘兩，民倉賣米銀二萬六千六百餘兩，今即動用此項，照時價採買。但採買過多，恐價即騰

貴，是以暫行停止，俟秋收時再行買貯。得旨：嘉獎。（高宗六八、五）

（**乾隆三、五、甲戌**）又諭：近看李衛辦事甚屬粗率，不似從前，昨已降旨訓諭。今覽奏報雨水麥收情形之摺，其中錯謬之處甚多。如奏稱連日忽陰忽雨，現在入土尺許，尚未透足等語。天下豈有得雨尺許，而尚未透足之理？明係雨澤短少而為此捏飾之奏。觀此，則從前所報未必尺許者，竟屬全無雨澤矣。又稱，麥收已畢，市價平減，誠恐麥賤傷農等語。自古穀賤傷農之說，原指屢豐之後而言，然亦非常理。況直隸地方舊歲既屬歉收，今年麥秋長短不一，以此日之情形，而為麥賤傷農之說，豈不背謬乎？又伊所開米價單內，保定府稻米，每一倉石，價銀二兩六錢至二兩七錢五分，稱為價中，大名府稻米，每一倉石，價銀一兩七錢五分至二兩一錢四分，稱為價賤，豈有如此米價而尚得為中，尚得為賤乎？朕念切民依，固不肯以年歲歉薄委咎於督撫，然亦豈可置之不問？蓋督撫身膺民社之職，凡遇雨暘年穀，最緊要之事，當倍極周詳慎重，庶能上感天和，下紓民困。今陳奏於朕前者尚且如此，則其辦理措施豈能妥協？大出朕意料之外。尋據李衛奏覆，備陳感悚。得旨：汝先不是此樣人，其所以忽而至此者，朕實不能解其故。慎之勉之。（高宗六九、一九）

（**乾隆三、九、己卯**）[山東巡撫法敏]又奏：東省米麥時價現在增減之數。得旨：據奏東省收成頗好，何米價增者多而減者少耶？（高宗七七、二二）

（**乾隆三、一二、丁未**）[直隸總督孫嘉淦]又奏報：霸州、文安等六十八州縣被災，現在賑濟一切情形。並查明銀米兼賑之蘇州等二十四州縣，前督臣李衛酌定米一斗，折給制錢一百文，準之目今時價，不能買米一斗，請酌量加增。除已經賑給外，嗣後照依時價，每斗折給制錢一百三十文。得旨：所奏俱悉。照所請行。（高宗八三、三七）

（**乾隆四、八、甲辰**）護理山東巡撫布政使黃叔琳奏：前奉頒發抄錄湖廣督臣德沛奏報糧價貴賤式樣，遵行繕奏。近因單內填註價中字樣，東省各府，不論貴賤一例俱填價中。請嗣後以適中之價為準，稍增者為價昂，大增者為價貴，稍減者為價平，大減者為價賤，不得概填價中。得旨：如此甚是，此原係汝等錯會矣！（高宗九九、三三）

（**乾隆五、一、辛未**）山東巡撫碩色奏：賑期將竣，麥收尚遙，恐糧價昂貴，貧民仍屬難支。應分別糶借，一體辦理。得旨：如此留心民瘼，朕甚嘉之。（高宗一〇九、二〇）

（**乾隆六、二、丁酉**）戶部議覆：熱河副都統達勒黨阿疏稱，熱河滿洲兵丁，每年應支米石，半係折銀放給，石作銀一兩。查每年秋收，米價賤時，石值銀八九錢，或一兩上下，春夏價昂，石值銀一兩三四錢，或一兩五六錢不等。請將從前賞給滋生銀內抽出一千兩，設米廠一座，於價昂時，較民間稍減平糶，秋收價賤時買補，所餘利息，歸入兵丁紅白賞賜。應如所請。從之。(高宗一三六、四)

(乾隆七、三、乙丑) [直隸總督高斌]又奏各屬米價。得旨：二兩以外，尚得謂之中價乎？此意即隣於諱災，亦不可也。(高宗一六三、一九)

(乾隆七、一二、戊申) 戶部議准：寧古塔將軍鄂彌達等奏稱，今歲黑龍江齊齊哈爾地方，歉收糧貴，吉林烏喇地方，各糧俱豐收價賤。其癸亥年應行發賣之倉糧一萬一千石，毋庸發賣。並於義倉現貯糧二萬一百石內，發出九千石，移咨黑龍江將軍。俟明年冰融，派該處官兵，由水路運至齊齊哈爾等處，照時值減價賣給兵丁，將銀解還臣署。除應賣倉糧，毋庸補足外，其義倉之九千石，在吉林烏喇照數購買。從之。(高宗一八一、一五)

(乾隆八、四、癸丑) 署山東巡撫布政使包括奏：東省各屬缺雨，糧價漸增，似宜暫爲變通，酌定減價糶賣，以便窮民。如價在八錢以上者，以七錢糶賣，七錢以上者，減去一錢，七錢以下者，減去五分，在年穀順成之秋，仍可照價買補，設稍不敷，准照例通融撥補。至亢旱價貴地方，如止存七糶三，恐不敷接濟，應請不拘糶三成例，就各屬倉儲多寡，戶口繁簡，酌定多糶，以惠閭閻。價平之處，仍照例糶三。得旨：此亟應辦理之事。知道了。(高宗一八九、二四)

(乾隆八、八、丁卯) 又諭：山東今歲偶被偏災，現在開倉賑濟。但積貯未能在在充裕，如有倉穀不敷之州縣，勢必銀穀兼賑。向例折銀五錢，作穀一石，按口散給。朕思東省被災之地，穀價必昂，五錢之價，恐有不敷。著加恩每穀一石，於舊例外再增一錢折給，俾領賑貧民，購買不致艱難，共霑實惠。該部即遵諭行。(高宗一九九、二)

(乾隆八、八、乙亥) [戶部]又議覆：直隸總督高斌奏稱，直屬各州縣被旱，應行賑恤事宜。應如所請。查明戶口，題報辦理。至乏食貧民，搬移外出，並老弱殘疾，及外省流民，應行撫恤資送之處，令該督遵照臣部議覆御史周祖榮條奏辦理。其各州縣極貧次貧各戶，應加賑接賑之處，該督遵旨因時熟籌，分別妥辦。如應賑戶口衆多，撥運米石不敷，或路遠難運者，銀米兼賑。每米一斗，折銀一錢五分，不必易錢，致多寡互異。其散米，酌量飢民日可往返處，於四鄉設廠，示期放賑，運費動項撥給題銷。各屬貧民，外出歸來者，一體賑恤。如十月前歸來者，仍補賑一月。被災旗戶，分別查明，照民人月分，動井田屯穀賑恤，無井田處，即於本處常平倉糧內給。應賑竈戶,該管大使查明造冊,移該州縣散賑。乏食貧士,照貧民例,動存公銀兩,交教官散給。即動司庫錢糧,委員採買鮮好麥種,查賑之便,查明無力者,每畝借給五倉升,麥收後追還免息。其查賑官盤費飯食,及造冊紙張價值等項,該督遵旨辦理。停徵蠲緩事宜,勘明分別具題核議。從之。(高宗一九九、四)

(乾隆八、一〇、丁卯)戶部議覆:直隸總督高斌疏稱,天津、河間等屬災區,現俱藉賑資生,賑畢即當青黃不接之時,米價不能平減。請將採買口外多餘米石,運至被災各屬減價平糶。應如所請。從之。(高宗二〇三、五)

(乾隆八、一二、乙卯)諭:山東今歲濟、東、武三府,偏被旱災,雖現在加恩蠲賑,但念來歲麥秋未接之候,被災獨重之區,遽行停賑,小民難以謀生。著於今冬例賑之外,將陵縣、德平、平原、德州、德州衛、惠民、樂陵、海豐、濱州、商州、霑化、武城等十二州、縣、衛,成災六、七、八、九分之極貧者,加賑兩個月,七、八、九分之次貧者,加賑一個月。其糧即於撥穀截漕內,通融散給。其或本色借糶需用,即照恩加一錢之例,均勻折給。此十二州、縣、衛,成災五分之戶,不得與賑者,仍照例酌借口糧。該部遵諭速行。(高宗二〇六、九)

(乾隆九、二、辛酉)大學士等議覆:巡視南漕御史王興吾奏稱,直隸、山東,去歲偶有偏災,米價昂貴,請將本年重運漕船所帶餘米,暫准糶賣,於德州、天津等處,報明押運員弁,每船以十石為率,且令天津巡漕御史實力稽查,毋許於十石外多行糶賣。應如所請。得旨:依議速行。(高宗二一〇、一八)

(乾隆九、四、辛未)諭戶部:前因山東德州、海豐等五州、縣、衛,上年被旱,今春又復少雨,已降旨加賑四月一個月,以濟貧民。今據喀爾吉善奏稱,德平、陵縣、平原、商河、濱州、霑化、惠民、利津八州縣,雨澤未沛,二麥黃萎,小民艱於謀食,請照德州等五處之例,加賑一個月等語。今四月將盡,而該撫始行奏請,殊屬遲緩,著飭行。所請依議速行。所需米石,即於截漕內補給;如有不敷,即照每穀一石,折銀六錢之例,動項折補。該部即行文山東巡撫喀爾吉善,令其速為辦理。(高宗二一五、一四)

(乾隆九、一二、壬申)是月,直隸總督高斌奏各屬糧價。得旨:今秋如此有收,而米價究未大減,是何也?(高宗二三一、一五)

(乾隆一〇、四、辛未)[山東巡撫喀爾吉善]又奏覆:……至米稅蠲而糧價未平,蓋因戶口日繁,饔飧升斗,取給於商者甚眾。商賈計盡錙銖,惟知網利,如遇平減,若輩即裹足不前矣。此過關米糧雖多,而米價之所以未

平也。得旨：所奏俱悉。（高宗二三九、四〇）

（乾隆一〇、八、己巳）直隷提督保祝奏：密雲、古北一帶平糶事宜，命臣督率料理，臣於張三營叩送鑾輿後，趕緊回署。沿途察看近日情形，自七月後兩次得雨，晚禾秋成可望，兼之平糶，糧價漸減。得旨：看此情形，自熱河至張三營，現在平糶，小民得以接濟，而隨行衆人，亦可免昂價食米之患。且兩次得雨，晚田可望薄收，是無可辦之事矣。朕所慮者，兩間房至要亭一帶，經過時見晚田將萎，恐得雨亦無及，似應即爲平糶，以安民心。汝應即回古北口查辦爲妥。此處之事，交恒文可也。（高宗二四七、一〇）

（乾隆一〇、八、己巳）[直隷提督保祝]又奏：臣遵旨即回古北，酌辦平糶。查自密雲以至古北相隔百里，應分三處出糶。今設密雲一處，再於要亭相去八里之石匣城設立一處，古北城設立一處。至兩間房去古北甚近，且民戶亦屬無多，即令赴古北糶買。其無力貧民，不能糶買者，地方官業已請賑，不須借給。得旨：所奏俱悉。（高宗二四七、一一）

（乾隆一〇、八、己巳）[直隷提督保祝]又奏：臣前因熱河停止平糶，隨照會熱河道富勒赫，確查是否可停。今據覆稱，該處停糶後，米價未增，且秋成不遠，無須再糶。至密雲、古北一帶，將來新穀登場，糧價日減，其平糶亦可停止。得旨：所奏俱悉。朕至宣化，將閱鎮標武備，汝等其豫爲料理。（高宗二四七、一一）

（乾隆一〇、九、壬申）又諭：據巡撫喀爾吉善奏，濟寧、魚臺、滕縣、嶧縣、郯城、臨清衛、海豐七州、縣、衛偶被偏災，現在查明賑卹。所需賑糧，如倉貯不敷，就近撥濟，再有不足，銀穀兼賑，每穀一石，照例折銀五錢等語。朕思被災之地，穀價必昂，災民所領折價，恐或不敷買食。著於舊例每石五錢之處，再增一錢折給，俾得從容購買，以示朕加惠災黎之意。該部即遵諭速行。（高宗二四八、五）

（乾隆一〇、一二、丁卯）是月，直隷古北口提督馬爾拜奏：古北、石匣、密雲等處，自八月平糶迄今，市集米價，每倉石價銀一兩三四分不等，較之未開糶前頗減。應暫停平糶，俟來春青黃不接時，糧價昂貴，再行咨會督臣，將存剩米石，減糶接濟。得旨：是，知道了。（高宗二五五、二六）

（乾隆一一、八、庚辰）又諭：山東省東平等州、縣、衛，秋禾偶被偏災，現在降旨賑卹，照例銀穀兼賑。惟是折賑銀兩，向例每穀一石，折銀五錢，今被災較重，穀價必昂，恐災民所領折價，不敷買食。上年濟寧等處，被水賑濟，曾降旨每石六錢折給。此次東平等州、縣、衛，折賑銀兩，亦著加恩照前增給，俾災民從容購買。該部即行文該撫知之。（高宗二七三、一）

（乾隆一二、一、庚申）署山東巡撫直隸布政使方觀承奏：東省各屬上年被水，米穀缺乏，即有收之處，亦因商販價增。查現在糧價，較價平之年，均屬昂貴，所有平糶，非尋常出陳易新可比。應請將市價每石六七錢以上至八錢者，酌減一錢，其在八錢以上至一兩者，統以七錢出糶。向後若再增長，均照時價酌減三錢。再上年截留漕糧，尚有賑剩米，應即酌派各屬領回，先儘此項減糶。如有乏食農民，請借口糧者，並准借給，秋後按一米二穀免息還倉。再東省開糶，多在二月下旬，災區貧民，待食甚殷，應請於二月初開糶。得旨：甚妥。令屬員等實力奉行可也。（高宗二八三、一九）

（乾隆一二、二、庚寅）直隸總督那蘇圖奏，遵旨訓飭營員一摺。得旨：覽奏俱悉，實力行之。近日頗覺有望雨之意，宣化災餘之區與慶雲積歉之地，皆朕所軫念也，近日光景如何，并何以料理之處，明白速奏來。尋奏：宣郡上年被災給賑，且各屬豐收，糧價平減，貧民安帖。臣恐被雹六分以上之戶，不無拮据，前經借給口糧籽種。至慶雲、鹽山上年均有六七分收成，春麥已種，現亦得雨。得旨：覽奏俱悉。（高宗二八五、一八）

（乾隆一二、四、壬申）諭軍機大臣等：據山東巡撫阿里袞奏報米糧價值摺內，東昌萊州等屬米麥俱貴，彼處民情若何？可傳諭阿里袞留心體察。其所奏雨澤，尚有未霑足之五十五州縣，及未報到之三十七州縣。據稱已飭布政司詳察妥議，先時籌備等語。從來備荒無奇策，惟在處置合宜而奉行得法。如其有意從寬，則濫冒侵漁，漫無稽覈，奸民轉生望恩倖澤之心，挾制鬧賑，或由此益长刁風。如其有意從嚴，覈實裁減，則州縣又謂上司意在節省錢糧，轉啟諱飾匿災之弊。可傳諭阿里袞，體悉此意，先事豫籌，務在慮之以周詳，而出之以鎮靜。庶臨事不至周章，窮黎得霑實惠，奸徒不致逞刁，地方亦均得安輯矣。（高宗二八八、二八）

（乾隆一二、五、癸巳）諭軍機大臣等：山東兗州、濟南、泰安一帶，得雨均未霑足，際此青黃不接之時，聞各該處米麥雜糧價，日漸增長。以粟米而論，每倉石市價自一兩四五錢至一兩七八錢不等，其餘麥豆價值，可以類推。（高宗二九〇、四）

（乾隆一二、九、乙卯）諭：山東被水之齊河等州縣，成災加賑。有因倉糧不敷，銀穀兼賑者，定例每穀一石，折銀五錢。但思東省連歲歉收，今年被災，亦非尋常可比。現在糧價高昂，照例折價，恐不敷購買。所有加賑口糧，著加恩於每石五錢之外，增銀一錢折給，俾窮黎得資接濟。此出格外特恩，不得引爲成例。該部遵諭速行。（高宗二九九、二〇）

（乾隆一五、七、丁巳）又諭軍機大臣等：總督方觀承覆奏今歲直屬年景一摺。據稱上年報水四十一州縣廳內，成災者十處，輕災不賑者十七處，而通省收成，仍實有八分。今年被水共有四十八處，雖被水較大，而偏災情形，略與上年相等，大勢無礙豐稔等語。此時成災與不成災，尚未確查。每詢問外來召見人員，俱稱沿途河水汎溢，積潦未即消減。將來西成光景，果能如昨歲分數，誠爲過望之喜，惟冀速晴耳。又聞直屬有米價昂貴之處，有稱較山西更貴者，未知確否？或因陰雨泥濘，馱運維艱，市肆增價以償脚費，亦事之所有，但恐窮民因此益加拮据。該督亦宜留心查察，詳悉奏聞。一併傳諭知之。尋奏：臣途次經由之唐、沙、磁、滹、泜、洺等河，悉已消落。聞保定以北，連晴以來，道路田間積水，亦日消涸。至直屬糧價，向每於秋收前必增長，緣陳糧漸少，新穀未登之故。今年加以陰雨泥濘，四鄉米糧入市者稀，又或增價以償脚費，誠如諭旨，皆致貴之由也。臣前已通飭各屬，如糧價稍昂，即將倉穀零星平糶，照市價少減，一俟四鄉赴賣糧多，即行停止。省城自有官糶，市價已定。臣沿途所查，糧價雖昂，諒亦不至比山西更貴，且米貴之地，亦惟城市貧民拮据，故官糶最爲有益。得旨：覽奏俱悉。（高宗三六九、二）

（乾隆一六、五、壬戌）又諭：今歲自春入夏，雨澤霑足，目今晴久，漸覺炎亢，雖不似常年雨短時盼望殷切，而京師情形，亦於日內得雨爲佳。未知直屬各州縣，近來光景若何？聞玉田、豐潤等處，秋禾出土未齊，頗有望雨之意。該督可查明實在情形，即速具奏。再各鄉平糶米石辦理若何，米價錢價較前是否稍平，亦著一一查明，速行詳悉奏聞。尋奏：直隸本年二三四月，雨水調勻，麥禾暢茂。五月以來，惟宣屬報稱雨足，餘皆雨少。臣留心體訪，僉稱地土溫潤，秋苗漸長，此時轉宜稍燥，名曰挐苗，且二麥將收，有雨恐復戀青，俟麥盡登場，接種晚穀時，亦不爲遲。現今各屬，二麥收成，合算九分，實屬豐稔。保定麥價，每石已減三錢有餘，天津糧石減價三錢，河間、正定、大名等府屬，漸減一二錢，餘處亦未增長。至玉田、豐潤秋禾出土未齊，殊有望雨之意。臣查問京東一帶，據禀永平、豐潤各處，秋苗已齊，惟玉田未全，聞係耕種稍遲之故。該處於本月初十日得雨後，雖未續獲，亦不至旱。再各鄉糶廠，自本月十八九等日開糶以來，赴買者常數千人，現檄霸昌道魯成龍、通永道僧保住，往來稽查，彈壓奸民囤販滋弊。至糶廠每銀一兩，收錢八百二十文，俱係隨時兌換。民間錢文流通，並未增長。得旨：覽奏俱悉。（高宗三八九、二一）

（乾隆一六、九、辛巳）諭：山東濟南等屬，今年夏秋，被水成災，該撫現在籌辦賑卹。但查東省折賑之例，每穀一石，給銀五錢。該省當積歉之後，雖連獲豐稔，而民間元氣，究未大復，今又值此偏災，米價自屬昂貴。若照常例折賑，恐其不敷購買。著加恩每穀一石，折銀六錢，俾被災窮黎，得資餬口，以示軫卹。該部遵諭速行。（高宗三九九、三）

（乾隆二〇、一一、癸酉）諭：據白鍾山奏，東省鄒縣等州縣，秋禾偶被偏災，照例銀穀兼賑，所有濟寧等五州縣，被災較重等語。此次東省偏災較重，地方糧價自必漸昂，若照定例，每穀一石折賑銀五錢，貧民買食不敷，不無拮据。著加恩將濟寧、蘭山、郯城、日照、利津五州縣，於每穀一石，折賑銀五錢之外，增給銀一錢，俾災民糴食充裕，以示優卹。該部遵諭速行。（高宗五〇〇、六）

（乾隆二一、閏九、庚子）諭：山東金鄉等州縣，本年窪地秋禾被水，其成災處所，已令該撫酌量撫卹，銀穀兼賑。但金鄉、魚臺、濟寧、嶧縣、滕縣等五州縣，地臨湖河，被災較重，若照每穀一石折給五錢之例，價值恐有不敷。著加恩於五錢之外，增給銀一錢，俾窮黎糴食寬裕，以示軫卹。該部即遵諭行。（高宗五二二、四）

（乾隆二二、七、丙午）直隸總督方觀承覆奏：魏縣、元城、大名等處災黎，屢沐恩施，均無失所。惟糧價日昂，懇將折賑穀價，平糶官米，分別增減。至魏縣城，臣曾查勘地勢，體察民情，似應遷建縣治。但事關重大，俟積水全消，田禾收割後，再行詳勘妥議另奏。得旨：有旨諭部。諭：直隸之魏縣、元城、大名等處，猝被水災，業經降旨，加恩賑卹。但念被水各處，商販難通，糧價漸昂，其折半賑銀，若照每穀一石折銀五錢之例支給，未免不敷買食。著加恩將魏縣、大名、元城、清河凡有應賑之區，每穀一石加銀一錢，折給銀六錢。至動撥倉穀減糶，若僅照市值略為減價，則間閻未必受平糶之益。著照現在驟長市價每石減銀三錢，俟城鄉道路通行，米糧充裕，即行停止，以節倉儲。該部即遵諭行。（高宗五四三、六）

（乾隆二二、七、戊午）諭：東省濟寧、金鄉、魚臺、鄒、嶧、滕縣等被水州縣，近因漳水漫溢，已涸已種地畝，復被淹沒，業降旨先行急賑一月。其未經涸出至今尚淹者，本未種植，向例非禾苗被淹，不得報災，但此等災地，兩年顆粒無收，待哺嗷嗷，情尤可憫。著加恩照已種復淹地畝，一體賑卹，以蘇民困。再該處需食饑民甚眾，穀價未免稍昂，若照每石折給銀五錢之例，恐不敷買食。著再加恩每石增給銀一錢，俾市糴寬裕，不致拮据。至濟寧衛及滋陽、汶上、菏澤、陽穀等縣，續經被水之處，亦著該撫查明，照例賑卹。務使災黎得霑實惠，用副朕痌瘝一體至意。（高宗五四三、三二）

（乾隆二三、二、丙戌）奉天府府尹恩丕奏：錦州府屬之錦、寧、義三州縣，乾隆二十一、二兩年，徵收退地黑豆，現停運通，恐難久貯。且上年豆收歉薄，市價現昂，請令各該州縣，每石減市價五分，酌數出糶。得旨：如所請行。（高宗五五七、三八）

（乾隆二四、六、庚午）諭：口外多倫諾爾等處，因爾來糧價稍昂，商販稀少，恐民間食米未能源源相繼。著該督嚴諭四旗八溝等處，不許違例遏糶，俾商販流通，用資接濟。其八溝、塔子溝地方，蒙古王公台吉等屬下殷實之户，所收粟穀，不無待價觀望，未肯乘時出售，並著理藩院行文該王公台吉等，曉諭屬下，各出所藏，照時價售賣，在伊等可以得價獲利，而邊口米糧，日見充裕，實屬兩有裨益。該衙門遵諭速行。（高宗五八九、九）

（乾隆二七、一、壬寅）山東巡撫阿爾泰奏：東省各屬現在穀價，每石自八錢至一兩二三錢不等，雖未甚昂，但向前青黃不接，應豫爲調劑。請將平糶穀價，每石九錢至一兩者，減銀五分；一兩以上至一兩二錢者，減銀一錢；至一兩三四錢者，減銀二錢；如九錢以下，則價值尚平，無庸減糶。至春耕之時，貸給籽種口糧，應將存倉商社麥穀，先行出借。其常平所貯，性不耐久之高粱麥豆，酌量借糶兼行。報聞。（高宗六五二、八）

（乾隆二七、一、甲子）是月，直隸總督方觀承奏：直屬上年水災，糧值增昂，向前青黃不接之時，尤宜豫籌減糶。現酌量本年情形，應請照乾隆二十五年例，每石一兩五錢至八錢者，減銀一錢；一兩八錢至二兩者，減銀二錢；二兩一錢以上，統減銀三錢；其一兩五錢以下，仍遵定例。得旨：依議速行。（高宗六五三、一七）

（乾隆二八、四、壬子）盛京將軍舍圖肯、奉天府府尹耀海等奏，承德、遼陽、海城、蓋平、鐵嶺、錦縣、寧遠、廣寧、義州九州縣，粟米價自八錢至一兩四錢不等，高粱價自五錢五分至八錢四分不等。（高宗六八五、一九）

（乾隆二九、三、辛巳）是月，直隸總督方觀承奏：東西兩淀子牙河挑濬各工，計用人夫不下三數萬。河淀僻遠之地，需米既多，即恐價貴。查上年由奉天買回粟米，貯天津北倉，今尚存一萬九千餘石，其米經由海運，帶潮難資久貯，請分運工次平糶。按夫役十名，給票一張，見票發米，非做工人，嚴禁冒買。計每石成本，加以此次運費，合銀一兩四錢上下，現在時價二兩內外不等，酌擬每石糶銀一兩七錢。力作窮民，既免貴糶，其糶價盈餘，尚可充修葺北倉之用。得旨：甚好。（高宗七〇七、二一）

（乾隆三〇、一〇、辛未）是月，直隸總督方觀承奏：今歲豐收倍於常年,凡可貯米之倉,均應買足。查中關地方,有倉二十間,可貯米一萬二千餘石。喀喇河屯通判所屬之鞍匠屯,有倉三十間,上年買貯額一萬石,尚可添貯五千石。又熱河宮倉內,有空廒十間,可貯米七千餘石。張三營宮倉內,有空廒五間,可貯米八千餘石。該兩倉久虛滲漏,已委員修理。共計添米三萬二千石,均在各該處採買,米價自八錢至一兩不等。再八溝廳產米最廣,每石不過七錢,應請採買二萬石,交該處同知,運赴遵化州收貯。得旨:嘉獎。(高宗七四七、一九)

(乾隆三一、八、丙寅)諭軍機大臣等:據裘日修等奏,大興、宛平二縣,八月糧價各有增長。詢之經紀,僉稱目下商販甚多,是以市價稍增。當此連歲豐收,糧食充牣,早晚長落不定,惟有聽其自然,價將不禁而自減。若官為示禁,則恐轉致居奇等語。京畿連歲豐稔,本年收成又復有八九分,市集價值不應轉貴於前。看來大、宛兩縣,向來所報糧價,率皆以多報少,即如夏月戶部奏豆價,其明驗也。此次或因裘日修欲覈實奏報,是以轉覺加增,則此時所報貴價,未必非即從前實價。抑或實有奸商射利,因新糧尚未登場,故爾居奇昂價。或因山東地方歲收稍歉,販運者多,是以糧價稍長。雖不必官為示禁,致吏胥輩藉端滋擾,然亦不可不察其致貴之由。著傳諭舒赫德、方觀承密行察訪,據實奏聞。并著裘日修將前後糧價虛實情形,具摺覆奏。尋方觀承奏:雄縣、白溝河、霸州、蘇家橋等處,有河間、天津商民,因與德州、臨清一水可通,多在水次收買粟米,轉販射利。然於鄰省歉地有益,未便概行禁阻。且此時新糧未盡登場,民間趕種秋麥,收攬秸藁,正在忙時,田多糧裕之家,又不似小戶急圖售價,故市集米糧不免時多時少,價亦時貴時賤。報聞。(高宗七六七、一四)

(乾隆三一、九、丁丑)諭軍機大臣等:據方觀承覆奏大、宛二縣糧價增昂情形摺內稱,訪有河間、天津商民,因與德州、臨清一水可通,多在水次收買,轉販射利,然於鄰省歉地民食有裨,未便概行禁止。惟各處奸牙,聞此風聲,並非水次,曾無外販,亦復故昂其價,而附京附省為尤甚等語。糧價隨時低昂,雖物情所常有,但此等奸牙囤戶,風聞鄰省需米,借端昂價,冀以居奇牟利,實屬可惡。著傳諭舒赫德、方觀承等,密速查訪,如有似此奸牙積蠹,擇其尤甚者,立即查拏嚴究,懲治一二,以儆駔儈而裕民食。但不可虛張聲勢,紛紛出示諭禁,徒致滋擾,轉於事無裨。並將此諭令知之。(高宗七六八、一一)

(乾隆三二、一、甲午)山東巡撫崔應階奏:東省歷城等處,上年收成歉薄,春月東作方殷,農民有需買食,恐商賈藉以居奇。請將官倉米麥雜糧，照時價減糶。每石價在一兩以下者減銀五分；一兩一錢以下，減銀一錢；一兩二錢以下，減銀一錢五分。倘青黃不接，穀價增長，價在一兩二錢以上者，均照每石一兩出糶，秋成後，仍足敷買補之價。得旨：好。俾貧民皆得實惠，毋致胥役中飽可也。（高宗七七七、三三）

（乾隆三四、一、壬子）山東巡撫富明安奏：東省各屬糧價較昂，應籌減糶。請將每石九錢至一兩者，減五分；自一兩以上至一兩一錢者，減一錢；至二錢者，減一錢五分；至三錢者，減二錢；其自一兩三錢至五六錢，統以一兩一錢為率。有需借口糧者，先盡米麥雜糧及社倉糧石出借，不敷，酌動常平。報聞。（高宗八二七、二一）

（乾隆三七、一、乙丑）山東巡撫徐績奏：各屬穀價，現低昂不一，東作將興，青黃不接。請按時價酌減平糶。穀價每石銀九錢下，無庸減糶；九錢至一兩減五分；昂至一兩一錢，減一錢；一兩二錢減一錢五分；一兩三錢，減二錢；再昂，官糶總以一兩一錢為率。貧民借給口糧。報聞。（高宗九〇一、二四）

（乾隆三七、二、乙未）山東按察使國泰奏：歷城去歲歉收，交春米價漸昂。緣本城富商，囤積居奇，雖糶官米，難平市價。現飭該管官嚴查，令將貯糧酌中取價出糶，并禁胥役需索。此外歉收各屬，有囤糧網利者，令一體查辦。得旨：此等事行之妥，固善，不然，有弊無益也。（高宗九〇三、三九）

（乾隆四〇、九、辛酉）又諭〔軍機大臣等〕：前據周元理奏報直屬秋成分數，宣化府闔屬通計，係約收十分，何以本日奏到糧價單內，該府價值，轉視上月加增，殊不可解。著傳諭周元理即行查明，據實覆奏。尋奏：宣屬收穫較遲，該府所報，係八月十五日以前糧價，其時尚未收穫，米價交新脫陳之候，易至增昂，是以八月糧價，較七月加增。報聞。（高宗九九一、五）

（乾隆四〇、一一、丙子）諭軍機大臣等：據劉浩奏，辦理布達拉工程夫匠，所需口食米石等項，請交熱河道明山保，豫行採買等語。此事不應交地方官辦理。工程需用夫匠，俱係發價和雇，其各人日用口食，原當聽其隨便自買。劉浩即計及夫匠眾多，恐市中米麫，一時不敷，只可於管理工程人員內，擇其誠妥者，代為豫購，隨時散給。已交劉浩妥協辦理矣。但聞熱河一有採買之信，糧價業已加昂，今歲口外豐稔勝常，不應米價轉致騰踊，此必係奸民等，豫思居奇牟利，於民食甚有關係，不可不早為查辦。著傳諭明山保，實力飭查該處糧價，是否不至日增，設法諭禁，勿使閭閻食貴，如有

奸商齊行長價之事，查出即行重治數人，以示懲儆。如或視爲具文，惟明山保是問，將此傳諭明山保知之。(高宗九九六、五)

（乾隆四一、一、壬寅）是月，直隸總督周元理奏：各災區遵旨展賑，例應銀米各半兼放，即於河南存貯薊糧內撥運。但此項倉儲，必俟二三月內始能運到，難於接濟。應請照例每米一石以銀一兩二錢，全行折給，俾領賑各戶，自行買食。報聞。(高宗一〇〇一、二四)

（乾隆四三、一二、乙亥）山東巡撫國泰奏：東省麥收歉薄，現在穀價，每石七錢至一兩不等。(高宗一〇七三、一二)

（乾隆四四、七、戊申）戶部議覆：山東巡撫國泰奏稱，博興縣上年二麥失收，市穀每石價一兩六錢二分，民苦食貴。(高宗一〇八七、二二)

（乾隆四六、一〇、丁丑）又諭：本日據國泰將山東省九月分糧價開單進呈，朕詳加披閱。所開各屬米麥等項，一律俱稱價賤。此內如登、萊、青等府，並未被水，米糧或不致昂貴；至如曹、兗等府，夏間因儀封漫水，被淹甚重，米價安能平減？即其附近各屬，穀價尚恐騰踊，欲求其平而不可得，豈有通省各府，竟未加增，一律價賤之理？是所開糧價單，止係任憑各屬稟報，隨意填寫。國泰並未寓目查覈，將謂朕亦不過批一覽字，亦不寓目乎？地方米價增減，關係民生，封疆大吏，安可如此漫不經心耶？將此諭令據實明白回奏。尋奏：東省本年麥收，俱皆豐稔。惟窪地秋禾，間被水淹，輕者每縣不過十之一二，重者不過十之三四。其餘高地，仍屬有收。統計秋成分數，原在八分以上。泰安、東昌、沂州、萊州、登州五府，臨清一州，糧價較八月減落。濟南一府，大米麥子，與上月同，武定、兗州、曹州、青州四府，濟寧一州，大米亦與上月同。餘小米、麥、豆、高粱等價，均較八月稍增。惟現在場工甫畢，民間餘糧，正皆出易，所增之數，每石不過數分至一錢零，實皆未至昂貴。報聞。(高宗一一四二、一七)

（乾隆四七、九、丁未）諭軍機大臣等：本日鄭大進奏到各屬糧價單內，所開價值，增多減少。今歲直隸秋收分數，前據該督奏報，通省統計八分有餘，何至近時糧價，較前月遞增？是否因入秋以後，七八月間，雨澤稍覺稀少，直隸各屬不無缺雨之處，以致米價昂貴，或係奸商因新穀將次登場，故昂其值，豫爲少減價之地，亦未可定。著傳諭鄭大進，即行查明，據實具奏。尋奏：收穫甫竣，新穀尚未集市，是以糧價較七月稍增，至大名、廣平等府，曾於九月初得雨數寸，惟保定、河間等府，現在望雨。報聞。(高宗一一六四、三八)

（乾隆四八、二、甲子）山東巡撫明興奏：東省上年秋收，雖九分有餘，但有被水、被潮成災之處，春月糧價，未能甚平，應籌減糶。請將市價每穀一石，銀九錢至一兩者，減五分；一兩以上，至一錢者，減一錢；至二錢者，減一錢五分；至三錢者，減二錢；至四錢者，減二錢五分。將來市價再增，隨時酌減，總不得過三錢之數。至借給口糧，照例先動社穀，次及常平雜糧，秋後易還。報聞。（高宗一一七四、九）

（**乾隆五〇、一、庚辰**）山東巡撫明興奏：東省自去年秋冬以來，雨雪稀少，春月糧價漸增。請循照歷年平糶之例，量爲減糶。除穀價每石在九錢以下者，價值本平，毋庸減糶外，其價在九錢以上，至一兩者，每石減銀五分；一兩以上，至一兩一錢者，每石減銀一錢；一兩一錢以上，至一兩二錢者，每石減銀一錢五分；一兩二錢以上，至一兩三錢者，每石減銀二錢；一兩三錢以上，有增至一兩四錢者，每石減銀二錢五分。其有酌借口糧者，照例先動社穀，次及常平雜糧穀石，覈實給領，秋後徵還。報聞。（高宗一二二三、一六）

（**乾隆五〇、三、乙卯**）直隸總督劉峩奏：直屬入春以來，正定迤北，雨雪均已霑透，其廣平、順德二府，所得雨雪，僅二三四寸不等，而大名府屬，則並未同霑。現在各該府米價漸增，請將大名、廣平、順德三府，不拘常例，准於三月底、四月初間，即行平糶。並令查明實在粟米市價，如在二兩一錢以上者，每石准其減價三錢；一兩八錢以上者，每石減銀二錢；如一兩八錢以下，仍照常例減銀一錢。按州縣之大小，准其減糶倉米二三千石，以平市價而裕民食。得旨：如所議行。（高宗一二二六、七）

（**乾隆五二、二、丙寅**）軍機大臣奏：遵旨將李國梁所奏，古北口米價較貴，應否平糶，與劉峩、李國梁、梁肯堂，公同酌議。查口外現在米價，與京師不甚懸殊，約俟三四月間，價或未減，須籌接濟。承德府各州縣，均有常平義社等倉，應交總督劉峩，屆期查看情形，於倉貯米穀內，減糶十分之三。報聞。（高宗一二七五、三九）

（**乾隆五三、三、壬辰**）是月，直隸總督劉峩奏：上年宣化等屬，被旱成災，糧價較昂，現在官爲減糶。若僅照歉收例，每石減銀一錢，仍形拮据，請將宣化等七州縣，並張家口、獨石口及災邑毗連之延慶、赤城、龍門等三州縣，一體查明市價，如在一兩六錢以上者，每石減一錢五分；一兩八九錢以上者，每石減二錢，併令零星糶賣，以濟災黎。得旨：自應如此。該部知道。（高宗一三〇一、四四）

（**乾隆五四、三、戊辰**）諭軍機大臣等：奉天所屬之廣寧等七城，上年被災，經慶桂查奏，業已加恩展賑一月矣。至錦州所屬地方，雖詢據慶桂，該處上年並未被災，但向來錦州等處所產米糧，俱販至永平售賣。今據劉峩奏，永平地方，因上年盛京販運稀少，市價稍昂，永平商販轉有載米出關之事。可見錦州、寧遠一帶，户鮮蓋藏，民食究不能充裕。著傳諭都爾嘉、宜興、奇臣，即行體察情形，如果民力拮据，應須賑貸，或酌量接濟之處，即行據實奏聞，勿得稍存諱飾。尋奏：錦州、寧遠二處，上年雖未成災，而秋收僅止六分有餘，市集糧石稀少。已飭該處地方官，將實在貧難户口，不論旗民，動支存倉米石，借給一月口糧，分作二年帶徵完款。並不拘常例，再行減價平糶。報聞。（高宗一三二四、二六）

（**乾隆五四、三、戊辰**）直隸總督劉峩奏：永平府屬，因五十三年，奉天秋收稍歉，商販稍少，糧價較昂。請將該府屬七州縣倉糧，不拘常例，查明市價在一兩六錢以上者，每石減銀一錢五分；在一兩八九錢以上者，每石減銀二錢；二兩以上者，每石減銀三錢，零星糶賣，以裕民食。得旨：如所議行。（高宗一三二四、三〇）

（**乾隆五四、一〇、癸亥**）山東巡撫覺羅長麟奏：本年山東收穫豐稔，自六月以來，糧價日平。惟至九月間，有外來商販流通，糧價稍有增長。得旨：增價者，蓋運販直隸者多耳。然於本處無礙乎？（高宗一三四〇、二二）

（**乾隆五四、一〇、乙亥**）山東巡撫覺羅長麟奏：東省糧價本平，茲有外來商販，轉運既多，本地市價，稍形增長。在災地得食，豐區獲利，原係兩有裨益之事；但恐奸儈見商販日多，乘機囤積，希圖日後居奇。現飭州縣營員，密訪懲治。批：此慮是，然不可露此意，反滋居奇也。（高宗一三四一、一〇）

（**乾隆五七、閏四、丁丑**）諭軍機大臣曰：吉慶覆奏，山東通省各屬，俱經得雨，惟德州一處，微雨飄灑，不成分寸，已飭該州，將倉貯麥石高粱，酌量出糶，以平市價等語。因思直隸景州一帶，與德州境壤毗連，前據該督奏報，景州得雨僅止三寸。今未據續報得有雨澤，是景州河間一帶，總未得有透雨，麥收未免歉薄，自應酌籌借糶，以濟民食。著傳諭梁肯堂，即將景州一處，並查明河間、新城、涿州一帶缺雨處所，飭令各該屬，將常平、社、義倉穀，酌量動用，先行平糶，並借給籽種口糧，以平市價而資接濟。該督務督飭所屬，妥爲經理，俾小民得霑實惠，以副軫念。仍將各該處現在曾否得雨之處，即行覆奏，以慰厪注。並著吉慶將德州一處，是否亦應借給籽種口糧之處，一併覆奏。將此諭令知之。（高宗一四〇二、一九）

（**乾隆五七、五、壬子**）諭軍機大臣等：據江蘭奏，直隸、河南，附近山東處所，商販至東糶買糧食者，車馱相接於道，恐市儈抑勒居奇，節經密飭地方官，不動聲色，妥爲經理等語。所辦尚是。本年直隸地方，雨澤稀少，麥收歉薄，糧價不免昂貴，必須各處商販，源源接濟。茲赴東糴買糧食者，相接於道，正應聽其販賣流通轉運。著傳諭梁肯堂、穆和藺、吉慶，務宜飭屬設法招徠，固不可使市儈居奇，尤不可稍有阻遏。庶商販雲集，糧價日臻平減，俾兩省小民，易於糴食，於災區大有裨益。（高宗一四〇四、二四）

（**乾隆五七、九、壬寅**）又諭：據宜興奏，奉天所屬地方，七月至八月，氣候晴暖，禾稼收穫登場，秋收約有七八分，市集米穀充盈，小民購買甚易等語。而所開糧價單內，粟穀高粱米豆等項價值，俱比上月貴至三錢五分，及九分至五六分不等。奉天各屬，今歲收成豐稔，糧價自應平減，何以轉較上月加增？各省督撫每月所報糧價，往往多就輕減之價開報，本不盡實。即如順天府，凡遇內廷採買之項，均開貴價，而每月糧價，率以平減奏報，其意不過欲圖好看。今奉天府所報糧價單內，粟穀等項，既比上月價值加增，則該處市價之昂，更當不止於所報之數。豈有收成豐稔，而糧價轉增之理？或係市儈等見秋成刈穫，米穀充盈，將來米價必當減落，是以豫將糧價擡高，爲漸次減落，何可得有贏餘地步。而該府尹等，不加詳察，遽即率行開報。人心貪利，日流日下，此等弊習，亦不獨奉天一省爲然，京師各省，皆在所不免。該督撫等，自應飭令地方官，曉諭各鋪戶市販等，以年歲豐嗇不齊，總當隨時按照時價糶賣，其豐收年分，更應平價出售，豈得豫留地步，轉致豐歲價騰，民皆貴食。若因米穀豐登，惟恐價值漸落，豫行擡高，以圖牟利居奇，是祇知有增無減，伊於何底？似此封殖病民，豈公平貿易之道？此後務宜各知悛改，若仍前故擡價值，必當查明，從重究辦。如此明白曉諭，庶各鋪戶等，知所顧忌，不敢任意居奇，小民共受食賤之利。但該督撫等，仍不得因有此旨，輒將所開糧價，止就輕減價值開報，希圖朦混塞責，總應據市集實價，比較上月增減，詳悉呈覽。朕於民食攸關，無不細加披覽，不厭精詳。倘該督撫視爲具文，虛開粉飾，亦斷難逃朕鑒察也。將此通諭知之。（高宗一四一二、一三）

（**乾隆五九、四、癸酉**）諭軍機大臣曰：福寧奏，歷城縣稟報省城於初九日得雨二寸。又章邱、臨邑、陵縣、惠民、商河等縣，各報得雨一二寸等語。一二寸之雨，並未深透，仍不足以資霑潤。現在曾否續降甘霖，著即查明速奏。又閱所奏三月分糧價單內，濟南、武定二府，米價均較上月加增二三分不等，麥子一項，加增四分。雖青黃不接之時，糧價向不免昂貴，但增至一二分，尚不爲多，若增至四分，民食恐不無拮据。著傳諭福寧，務須留心察看，所有麥價增至四分之各州縣，或有應酌量平糶者，即一面辦理，一面奏聞。不可因前有糧價不止增昂之奏，稍存迴護諱飾。（高宗一四五一、三）

（乾隆五九、六、乙酉）是月，盛京將軍宗室琳寧等奏：盛京年穀豐收，現奉有豆麥減稅之旨，商販自更踴躍。第恐小民囤積以待價昂，亟應訪查嚴辦。得旨：此不可。應去其甚者示警。（高宗一四五五、二五）

（乾隆五九、一〇、丁巳）又諭曰：宜興等奏，奉天地方，本年秋成較好，米糧充足，現在直隸、山東各商，至奉天省買運米糧，絡繹不絕，遵旨實力稽查，毋使擡價居奇等語。直隸、山東被水地方，收成較為歉薄，市集糧石，自不能充裕。今商販人等，前往奉天買運，糧石流通，實於小民口食有裨。著傳諭該府尹等，督飭各屬詳加曉諭，凡有至奉天販運糧石者，務須平價出糶，毋得遏糴居奇，以資接濟。將此諭令該將軍知之。（高宗一四六二、八）

（乾隆六〇、一〇、乙酉）諭軍機大臣曰：伯麟等奏，盛京所屬，除錦縣寧海一隅被旱外，其餘各州縣秋收皆好，新糧雲集，直隸、山東等省，多有商船往來販運等語。復閱所開糧價清單，內有較上月稍貴之處，本年直隸秋收，通計在八分以上，山東則九分有餘，並未聞有歉收之處，盛京糧價，既較上月增貴，何以商販等尚紛紛前往販運？因查閱梁肯堂、玉德所奏糧價單，逐加比較，如黑豆一項，奉天府屬較之上月貴至二分，而比之直隸、山東，尚賤至三錢、八錢不等。粟米一項較上月貴四分，而較之直隸、山東，亦賤至五六錢不等。自係該府尹等所奏糧價，就該處上月價值互相比較，不免稍增；而比之直隸、山東時價，則所賤尚多。是以商販圖得利益，爭先前往。目下新糧登市，商船雲集，於閭閻生計，更有裨益。該府尹等，惟當留心訪察，不可使市儈遏糴居奇，俾商民兩便，方為妥善。（高宗一四八八、二〇）

（嘉慶二、四、丁酉）諭軍機大臣等：平糶糧石之事，不可輕易舉行。京師向遇糧價稍增之年，一辦平糶，商販聞風，即有居奇擡價之弊。現據景安奏，豫省雨水霑足，二麥暢茂，早禾亦皆透發，一經招徠復業，糧價即可漸平。此時景安，惟當招集流散，妥為撫綏，趁此雨澤優霑之時，趕種大田，庶使流移復業，民氣漸紓，市集糧價，不求其平而自平矣。將此諭令知之。（仁宗一六、一五）

（嘉慶八、六、壬寅）諭軍機大臣等：德文等奏報奉天府屬九州縣、錦州府屬四州縣，五月分各色穀價清單一摺。奉天府屬稻米價值，自二兩至三兩八錢，錦州府屬稻米價值，自三兩三錢至三兩八錢，其餘別色穀價，亦多增長。

盛京糧價本賤，今昂貴若此，旗民生計不無拮据。德文等理宜籌畫，或平價糶賣，或將如何籌辦之處具奏。今摺內僅以旗民俱各樂業、比户安輯具奏，於地方之事，竟不存心。錦州府所屬地方，曾遇蝗蝻，此時糧穀究竟有無被災之處，摺內亦未提及，甚屬非是。除將德文、良貴申飭外，其穀價昂貴之州縣，或平價糶賣，或應如何籌辦，此間蝗蝻或已除淨，或尚未除淨，究竟糧穀成災與否，務必據實奏聞，不可稍有隱飾。(仁宗一一六、二一)

(嘉慶一一、一一、壬子) 諭軍機大臣等：御史程國仁條奏豫杜回漕積弊一摺。據稱囤貯回漕米石，大半在通州迤南河西務楊村一帶地方。該處係糧運所經，爲京内營城稽察不到之地，而運米出京，又總在回空全竣訪拏稍懈之時，各幫運丁，知於抵通前有處買補，遂於受兑時折色短收等語。漕糧爲天庚正供，不容絲毫短紬，乃奸商販運牟利，於糧船經行處所，豫爲囤貯。運丁等知有回漕米石可以買補，違例多帶貨物，未能如數受兑，亦屬情事所有，必須嚴行查禁，以除錮弊。著秦承恩派委妥員，密訪囤米奸商，毋任存貯販運。並著吉綸曉諭各幫運丁，於受兑盤驗時，不得顆粒缺額，以重漕儲而杜積弊。(仁宗一七〇、一八)

(嘉慶一九、三、乙卯) 諭内閣：前據刑部奏，審訊王三等勾通天津鋪户販運米石出城，恐有回漕情弊，當降旨交那彥成查究。兹據那彥成奏稱，天津煙户稠密，惟藉商販米石接濟。刑部訊出該鋪户盧德等，自上年四月至今共買運細稑米一萬四千餘石，於全漕似無大礙等語。奸商私運米石出城，本干例禁。京城居民繁庶，百倍天津。此項私運稑米一萬四千餘石，若云可濟天津民食，獨不計都城民食驟少此數乎？况天津一帶爲漕艘經過通津，正係回漕弊藪，豈可不嚴密查禁？著那彥成仍派員確查。該處私運米石，若實係細米零星售買，無庸究辦，儻將粗米攙混，影射回漕，即嚴拏按律懲辦，以除積弊。並著刑部將王三等再行提訊，該鋪户等所買米石，如有賣給旗丁回漕情弊，即確訊某幫某丁，開單咨行該督，按名查拏究辦。(仁宗二八八、一七)

(嘉慶二三、一二、己卯) 又諭：王鼎等奏，懲辦把持囤積一摺。鋪户積存米石，例有定額，今東安縣鋪户囤積糧食，數至六七萬石之多，殊干例禁。著王鼎等即派任銜蕙前往查辦。除各鋪所囤糧食，准其每種酌留一百六十石外，餘俱押令流通糶賣，以平市價。其該縣應行買補倉儲，亦令照該鋪原買價值，公平發價採買，不得抑勒剋扣，所有恃符阻撓之郭懷春、張禮泰、李錫章、王大志、楊廷賜，均著革去監生，以示懲儆。如再有抗違，即行解部治罪。(仁宗三五二、二)

(嘉慶二四、一二、庚子) 又諭：王鼎等奏，查獲違例囤積店户，請勒令平糶一摺。涿州馬頭村南北二店，囤貯糧食，至二萬三千餘石之多，該店戶違例居奇，實於民食有礙。著照所議，即飭該州關傳各囤戶，除未逾例限者，聽其隨時出糶外，其逾限各戶，勒令於明年二月初間，酌覈市價，量減二成，即在該二店設廠糶賣。由各囤戶自行經手，承買之人，分別男婦，不得過三斗。該店戶如能辦理妥協，從寬免罪，若仍復欺詐弊混，即行按律懲辦。(仁宗三六五、一三)

2. 河南、山西、陝西、蒙、疆

(康熙五六、一〇、癸卯) 又諭曰：……今年各處皆豐收，河南連年大熟，石米價銀五錢。(聖祖二七四、一三)

(康熙六一、八、庚辰) 諭大學士等：據署理甘肅巡撫盧詢奏稱，六七月連次得雨，又復概稱甘肅所屬，地氣寒涼，見今夏麥，正在收穫，有五六分者，有七八九分者，米價尚未能平。朕臨御寰區，殷殷以生民爲念。凡各省人至，必詳詢雨澤及收穫分數，今年聞甘州、肅州田禾甚嘉。年羹堯摺奏，朕已洞悉。且雨澤雖數百里之內尚有不同，況甘州、肅州，所屬地方遼闊，有數千里乎？盧詢並不詳察，聽信浮言，以奏摺斷不發出，將闔屬地方，一概草率具奏。盧詢於地方事務，漫不經心，奏朕之事，不加敬慎，妄行陳奏，甚屬狂妄浮躁不堪，殊玷署理之職。著嚴飭行，如再冒昧陳奏，著拏解交送刑部。(聖祖二九八、一三)

(康熙六一、一二、戊辰) 戶部議覆：河南巡撫楊宗義疏稱，河南所屬不近水次州縣，徵收折色米一十五萬一千三百八十石，每石折銀八錢，照例節省一錢五分，解部。存銀六錢五分，令糧道採買。今年秋收歉薄，市價每石需銀一兩五六錢，與部內所定之價，大相懸殊。且恐採買如許漕糧，米價更貴，貧民艱於得食。請將附近水次州縣應徵本色，現在徵收，其不近水次州縣折色銀兩，徵銀，解部。或於來年秋後豐收，分作三年採買搭運，應行令該撫，將此項徵收折色銀兩，於本年內，採買一半米石起運。其餘一半銀兩，收貯庫內，陸續採買，於來年盡數起運。得旨：今年應徵本色米石，照常運送。其應買米石，俱免其運送，著折銀解部。(世宗二、三〇)

(乾隆一、一、己未) 諭總理事務王大臣：聞山西地方，糧價昂貴。如平陽、汾州、蒲州等府屬，米麥價值，每石賣至二兩之外，太原、潞安、澤州等府屬，亦一兩五錢至一兩九錢不等。小民無力者，糶食維艱，朕心深爲軫念。茲當青黃不接之時，宜籌惠濟之道。查該省常平積穀無多，而社倉之穀，尚有二十餘萬石。除照例出借外，其餘應酌減價值，及時發糶，以裕民食。俟秋成豐稔，買補還倉。該撫可嚴飭各屬，悉心辦理，毋許鋪戶囤積，吏胥中飽，俾貧民實霑利益。可諭該部即速行文晉省。（高宗一一、一八）

（乾隆一、二、甲戌）戶部遵旨議覆：都察院左都御史孫嘉淦、山西巡撫覺羅石麟奏稱，平、蒲、解、絳等處，地窄人稠，向賴陝省商販，小民不致艱食。自西陲軍興，陝省禁糶，加以上年歉收，糧價日長。今大兵已徹，軍需自少，請勅下陝西撫臣，停其禁糶，俾晉屬民食有資。應如所請。又議山西巡撫覺羅石麟奏，請於平、蒲、解、絳等處，開倉借糶，以濟民食。亦應如所請。得旨：依議速行。（高宗一二、一八）

（乾隆三、一一、戊寅）[直隸總督孫嘉淦]又奏：前督臣李衛，遵旨移咨晉省，將附近直隸各府屬何處米穀價平，可以流通，查明酌議。嗣准晉撫石麟咨覆，與直隸接壤之大同等三府州屬，糧價未甚平減，且山路崎嶇，不通舟楫，每站腳價二錢，運穀不過一倉石有餘。准之直隸時價，並無減省。晉省米糧，流通直隸之處，似屬難行。報聞。（高宗八一、三〇）

（乾隆四、一、戊辰）諭大學士等：朕覽張楷奏報西安各屬糧價摺內，延安府屬，大米每倉石二兩二錢至二兩九錢二分，同州府屬，大米每倉石一兩一錢二分至三兩二分。朕思大米之價，至於二兩九錢、三兩，則太覺昂貴，即小米亦有價貴之處，恐民人難以餬口，將來青黃不接之時，其勢必逐漸加增。可寄信與張楷，令其酌看本地情形，留心料理，毋得膜視。再，伊所開同州府屬米價，自一兩一錢二分至三兩二分，何以一府之中，貴賤相懸如此？或係錯寫，或別有緣故，著一併查明回奏。（高宗八五、四）

（乾隆四、五、丁卯）諭軍機大臣等：朕訪聞得甘省米糧價值，如粟米一項，西寧則每石三兩六錢二分，涼州則二兩九錢二分；小麥一項，西寧則每石二兩九錢七分，涼州則二兩六錢二分，皆以京倉斗計算。雖西寧、涼州糧價，歷來較他處本昂，而照朕訪聞之數，則未免昂貴，小民難以餬口。又聞武威等處乏食窮民，頗不安靜，目下開倉平糶，借給口糧，民情稍覺安帖。爾等可密寄信與鄂彌達、元展成，令其悉心籌畫，善爲料理。務令糧價不致高昂，小民不致失所。（高宗九三、一一）

（乾隆四、一一、壬申）諭：寧夏供支滿兵糧草，向係每年採買散給，共計白米一千五百餘石，粟米七千餘石，草一十三萬束，其所定部價，白米、粟米每石價銀一兩，草一束價銀一分。今聞該地方自上年被災之後，新、寶二縣田地被水淹浸，不能耕種，已少產糧數十萬石。目下糧草之價，日漸昂貴，所定官價不敷採辦，勢必貽累小民。著將乾隆五年應支滿兵糧草，白米每石加銀一兩，粟米每石加銀五錢，每草一束加銀一分，如此，則價值增添，官民易於辦理，但係格外之恩，後不爲例。該部可即行文該督撫知之。（高宗一〇五、一六）

（**乾隆五、一、壬子**）山西巡撫覺羅石麟遵旨詳議：給事中朱鳳英條奏，山西太原、汾州二府屬，糧價昂貴，請就陝通商協濟。查陝省運糧，舟楫僅可至蒲州府與絳州所轄地方，若蒲、絳等處糧價昂貴，猶可藉陝省接濟。太、汾二府，舟楫難通，陸運多山，每米一石，需脚價銀一兩二三錢不等，再加陝省糧價，水程運費等項，已浮於本省現在之糧價。無論商販不肯行此本利全虧之事，即官運官賣，徒糜公費，於民食無益。科臣朱鳳英通商之議，似可無庸舉行。現在太、汾二府糧價，較往年時價，所增無幾。且上年省北大、朔等府州，暨口外地方，俱獲豐收，客商赴太、汾二府貿易者，源源不絕，米糧日見充足。況太、汾二府屬，所存倉穀尚多，倘將來青黃不接，時價昂貴，亦可循例開倉，借糶並行。若平、蒲、解、絳等處，遇米價昂貴之時，仍照原議，咨陝省督撫，開禁通商，以資民食。得旨：九卿議奏。尋議：應如所請。從之。（高宗一〇八、四）

（**乾隆七、九、乙酉**）山西巡撫喀爾吉善奏報：秋收豐稔，糧價平減，口外歸綏一帶，麥禾尤屬豐收，糧價比內地更賤。得旨：欣慰覽之。汝已去數年，況目下秋成無事，可於冬至後起程來京陛見。（高宗一七五、三四）

（**乾隆七、一一、乙酉**）［署川陝總督馬爾泰］又奏：潼關至西安一路，目下糧價頗昂。緣該處俱與晉省接壤，一水可通，共販運過各色糧三十九萬餘石。聞所販多係富商大戶，藉以囤積生財，又爲蹧麴之用，若聽其源源搬運，必致陝西糧價驟不能平，殊於民食有關，當稍示禁遏。得旨：所奏俱悉。（高宗一七九、三四）

（**乾隆八、五、辛亥**）陝西巡撫塞楞額奏：陝省麥收豐稔，而糧價未減，實緣晉省商販運買所致。私囤夥販過多，入秋勢必增價。晉省麥收既薄，秋禾缺雨，豫省隣陝各邑，亦多歉收。伏念秦晉兩省，相隔一河，即豫省亦可由渭入黃，順流而下，均可接濟。但須先期備辦，酌量收麥，不致臨時有誤。而隣省得有官糧，商販不致居奇，即陝省市價，亦不昂貴。得旨：所見甚屬可嘉。晉省似可不必。豫省開封一帶，至今未得透雨，汝應先措十萬石以內，速商之該撫，一面辦理，一面奏聞。若彼省此際得雨，無庸接濟，則

留以爲本省之用，亦屬便舉也。(高宗一九三、二一)

(乾隆八、七、丁未) 諭軍機大臣等：向來山西一省，民間需用小麥雜糧，本省時有不足，多往關中販運。近聞該省督撫，於關中限數放行，不許照常運載，以致山西糧食缺少，市價日昂。朕思山、陝，雖分兩省，均屬朕之赤子，難分畛域，且平陽、蒲州兩處，與陝西之西安、同州尤爲切近。今年陝西二麥豐收，秋成可望，本年米糧，既屬充裕，自應使商販流通，以資接濟。庶山西民人，無艱食之患。爾等可寄信與塞楞額知之。(高宗一九七、一五)

(乾隆八、七、庚戌) 山西巡撫劉於義奏：聞喜縣得雨稍遲，米價昂貴，現飭開倉平糶，每粟一石，隨時價酌減銀二錢。其無力者，酌借倉穀，俟將來勘定被災分數，照例賑卹。其平陽府屬各州縣，亦令地方官隨時覺察，倘米價增昂，亦照聞喜縣辦理。得旨：所奏俱悉。(高宗一九七、二五)

(乾隆九、五、乙巳) 戶部議准：綏遠城建威將軍補熙疏稱，善岱、崑都崙、和林格爾、清水河、托克城，五處民人，借過籽種及額徵草折銀兩，請照綏遠城駐防兵馬米豆折銀之例，兼收粟米，每倉石折銀一兩五分，黑豆八錢五分，穀每倉石五錢零，作銀交收，免其加耗。所需脚價，亦准照運本色之例，於司庫存公耗羨項內領給。從之。(高宗二一七、二六)

(乾隆一〇、一〇、庚申) 戶部等部議覆：河南巡撫碩色奏，被水各屬，一切賑卹事宜。一、加賑穀石，宜通融撥濟。應如所請。永城、鹿邑不敷賑穀，准於鄰近虞城、睢州等處撥濟，來年麥熟買補。一、加賑口糧，宜銀穀兼賑。應如所請。除倉儲有餘之商邱、柘城仍給本色外，永城、鹿邑、夏邑，銀穀兼賑。穀一石，折給銀六錢。一、加賑口糧，宜陸續支放。應如所請。按月散給，仍於來春青黃不接時，借糶接濟。一、被災地方，宜以工代賑。應如所請。鹿邑、柘城、永城、商邱坍塌城垣，動項興修，夏邑積水未涸，城垣暫停興修。得旨：依議速行。(高宗二五一、八)

(乾隆一〇、一二、庚戌) 戶部議覆：陝西巡撫陳宏謀疏稱，陝省連年米價昂貴，所有增貯豫備兵米，若執定乾隆四年定議，每石給價銀七錢一分四釐，不敷採買。請咸、長二縣，米每石定價銀一兩，近省州縣，米每石，連運費給銀一兩一錢。如價再昂，即行停止，價平，陸續買足。應如所請。咸、長二縣，米一石給價一兩，近省州縣，米價如咸、長二縣支給。運費令該撫按程遠近，分別核銷。從之。(高宗二五四、二二)

(乾隆一一、九、壬戌) 又諭：河南鄢陵等二十六州縣，今歲夏末秋初，雨水過多，窪下之區，秋禾被淹，致有偏災。已據該撫奏明，酌借貧民口糧麥種，照例先賑一月。惟是轉瞬寒冬，恐災黎餬口無資，朕心軫念，著巡撫碩色，查明該州縣被災輕重，酌定加賑月分，奏明辦理。其加賑口糧，在倉儲充裕之州縣，均動支本色倉穀散給。此內永城、鹿邑、夏邑、睢州、柘城、淮寧、太康、扶溝八州縣，據奏倉穀不敷散賑，准其銀穀兼賑。但以銀兼賑，定例每石折給銀五錢。被災州縣，糧價必昂，照定例折給，恐不敷購買，著加恩於定例之外，每石加給銀一錢，俾貧民得以從容買食。巡撫碩色，督率屬員，悉心經理，務使災黎得霑實惠。該部即遵諭速行。（高宗二七五、一五）

（**乾隆一二、一〇、丙寅**）諭：河南被災州縣，歸陳二屬之商邱等一十六州縣，加賑口糧，銀穀兼賑。每石例給銀五錢。朕念歸陳二屬，係積歉之區。穀價未免昂貴，貧民買食，不無拮据。著加恩增給銀一錢，俾得餬口有資，均霑實惠。（高宗三〇〇、一四）

（**乾隆一七、一〇、丁巳**）陝甘總督黃廷桂等奏：准山西撫臣阿思哈來咨，山西省蒲、解二府州屬本年秋旱，米糧短少，飭商赴陝採買。今延、榆、鄜、綏等處，採買過多，市價漸增。查榆林府屬葭州、府谷、神木、榆林、懷遠等處，常平倉均貯有溢額米石，盡可咨會晉省，令赴榆林購運。於彼省民食有濟，而倉貯亦可免陳積。得旨：甚好。（高宗四二五、一八）

（**乾隆一九、一〇、乙亥**）甘肅巡撫鄂昌奏：肅州輓運出關軍糧，車戶口食繁多。現在關外糧價騰貴，查安西一廳五衛，共存小麥六萬八千餘石，應糶賣以平市價。除河州衛非軍糧行走之路，毋庸出糶外，其赤金、靖逆、石柳溝、安西四衛，并安西廳，酌糶小麥一萬五千石。得旨：依議速行。（高宗四七五、二八）

（**乾隆二二、七、乙未**）諭：河南被災州縣，已屢降旨該撫等加意撫卹。從來賑濟之道，銀便於米，且該省被災之後，將來糶借正繁，皆須倉粟接濟。現在散賑，著概以銀錢折給。但向例銀米兼放，配搭均勻，每粟一石，祇折銀六錢。今專用銀錢，若仍照舊例折給，民間買食，恐有不敷。著加恩於定例六錢之外，每石加給一錢，俾災地貧黎，謀食寬裕。該撫其董率屬員，核實經理，務令小民均霑實惠，用副朕格外優卹至意。該部即遵諭行。（高宗五四二、九）

（**乾隆二三、七、癸丑**）甘肅巡撫吳達善奏：甘省豫備明年一二萬兵一歲口糧，現在雹水偏災等邑，尚需賑糶，宜因時變通，急籌買補。查目下糧價最平處，莫如河東鞏昌所屬，最貴莫如河西肅州。然以鞏昌最賤之糧，加費運肅，合銀四兩上下，不若本處買補，每石二兩三錢內外，轉多節省。請無論河東西，除災地外，其成熟之廳州縣衛，夏秋收成後，各就本地購買，倘妨民食即止。得旨：如所議行。（高宗五六七、二七）

（**乾隆二三、八、丙子**）諭曰：黃廷桂奏，甘省河東、河西州縣內，有雨澤愆期，不及補種秋禾之處，目前即應照例銀糧兼賑。但該處現在糧價頗昂，若照部價，每石一兩折給，不敷買食。請於部價之外，河東每石加銀二錢，河西每石加銀三錢等語。該省連歲辦理軍需，繼以雨澤愆期，不及播種，糧價自不免昂貴，即照該督所請加增之數折給。恐尚不敷，著加恩於部價外，河東每石加銀三錢，河西每石加銀四錢，俾民間買食寬裕，以示格外軫恤至意。（高宗五六九、一一）

（**乾隆二四、一、丙戌**）諭：甘省河東河西各屬，上年偶被偏災，業已加恩，多方撫卹。但念該省地處邊隅，民生素稱寒瘠，現在時屆春初，小民方勤東作，至青黃不接之際，例賑既停，閭閻未免拮据。著再加恩，將河東之皋蘭、金縣、靖遠、會寧、武威、古浪、平番、永昌、山丹、碾伯、鹽茶廳、花馬池等十二廳州縣上年被災處所，無論極次貧民、災分輕重，俱一體加賑三個月，仍准銀米兼賑。其餘應行酌借口糧者，並著照例查辦，俾窮黎得以接濟，用資力作。至皋蘭省會之地，以及平番、古浪、武威、靖遠、張掖、肅州等屬，糧價較貴，而關外之安西五衛，價值尤昂，雖該督等現在減價平糶，然照常例酌減，恐仍不足以平市價，著再加恩將粟米每石減糶銀二兩四錢，小麥每石減糶銀二兩二錢，庶貧民不致艱於買食。該督撫等其董率屬員，悉心查辦，務使農民普霑實惠。該部即遵諭行。（高宗五七八、六）

（**乾隆二四、一、甲辰**）諭軍機大臣等：副都統什兆來京，詢知涼州米價昂貴，每石價至四兩以上，蓋由甘省現辦軍需，上年又間有被災之處，糧價不能驟平。然此尚係冬間價值如此，其入春後青黃不接時，勢必有增無減。（高宗五七九、一一）

（**乾隆二四、八、壬辰**）諭：甘省連年歉收，倉貯尚未充裕，明歲春耕，一切籽種口糧，皆須酌借。向來原有折銀借給之例，但念該處現在糧價稍昂，若照每石折給銀一兩之數，購買尚覺不敷。著加恩自今冬明春，各屬災地及勘不成災處所，應借籽種口糧，河西每石折借銀一兩四錢，河東每石折借銀一兩三錢，俾農民耕作有資，不致拮据，用示體卹。該部即遵諭行。（高宗五九四、二二）

（乾隆二四、九、戊申朔）諭：晉省各屬，今歲夏秋，間有偶被偏災之處。現據該撫照例查勘題報，所需撫賑口糧，例應本折兼給。該省被災之後，時價不無稍昂，所給折色，著加恩每石折銀一兩六錢，俾災黎買食充裕，以示體恤。該部即遵諭行。(高宗五九六、一)

（乾隆二四、一一、甲子）又諭：甘省折賑，向例每石給銀一兩。上年因該地方歲事歉收，恐貧黎買食不敷，已降旨，河東每石加銀三錢，河西每石加銀四錢。今皋蘭等各屬被災地方，糧價尚未平減，朕心深為軫念。著再加恩，將皋蘭、靖遠、金縣、平番、固原、鹽茶廳、環縣、古浪、安定、會寧、新寧、隆德、靈州、花馬池、中衛、狄道、河州、碾伯等各州縣賑糧折價，俱於前加每石三錢四錢外，河西、河東每石再各加給銀三錢，俾窮黎足敷買食，以示惠養邊氓至意。該部遵諭速行。(高宗六〇一、四)

（乾隆二五、二、乙巳）山西巡撫鄂弼奏：晉省上年災區糧價昂貴，請照各屬市價，大加酌減。其價在四兩以上者，每米一倉石，酌減三錢；三兩以上者，減二錢五分；二兩以上者，減二錢。通飭各屬，開倉碾糶。及出糶豫米各廠，均照減價畫一平糶，每人每月，買米不得過三升。道府稽查監糶，臣仍嚴行察訪。得旨：好。盡心料理，查弊為要。勉之。(高宗六〇七、二〇)

（乾隆二五、六、壬寅）辦理陝甘總督事甘肅巡撫吳達善奏：甘省連年因旱歉收，今歲自春徂夏，雨水調勻，禾苗豐茂，市價平減。其從前各災地展賑平糶之期，俱於五月停。尚有撥運糧石未經起程者，概飭停止；在途者，即於所到截留貯倉。據布政司等稟報，計可節省運費銀四十餘萬兩。得旨：節費猶其小者。所喜在吾民得免溝壑也。(高宗六一五、一七)

（乾隆二六、一一、庚午）山西巡撫鄂弼奏：晉省倉儲久懸，請乘本歲豐收買補。第各屬穀價，止岢嵐等二十七州縣，每石八錢至一兩以內，其太平等四十三州縣，自一兩一錢至一兩七八錢不等，如照部定一兩以內為準，採買無多，應定為一兩二錢收買。得旨：允行。(高宗六五〇、一一)

（乾隆二八、一一、丁卯）理藩院奏：鄂爾多斯之齊旺班珠爾兵借支米石。得旨：榆林所貯之米，雖為兵餉而設，向無借與蒙古之例，然伊等皆係朕奴僕，現屆荒旱，朕甚憫之。著加恩照齊旺班珠爾所請，所有貧乏之大口三千二百二十口、小口五千九百八十口，由榆林所貯米石內，每人支給二斗，十斗折價銀一兩，俟明年秋熟，令將銀兩交納該地方官員。(高宗六九八、一三)

（乾隆三〇、八、乙丑）諭軍機大臣等：據楊應琚奏，鞏昌府屬，於七月間地動。業經降旨加恩撫卹。而該督另摺所奏，又有赴蘭鞏等府，採買糧石，以供兵糈民食等語。鞏昌府屬，現在被災，雖據稱秋成可望豐收，而一經採買，價值必增，閭閻食用，不免拮据。所有鞏昌府屬，自應停其採買。至甘省產米素少，而烏嚕木齊、闢展屯田處所，連歲豐稔，米糧充裕，若能設法運至內地，則以有餘濟不足，似屬兩便。惟是程途稍遠，輓運恐多糜費。但該省安西等處，糧價向頗昂貴，若覈計沿途脚費，較買價有減無浮，即可通融籌辦。倘以新疆經運爲艱，則或由烏嚕木齊、闢展，運至巴里坤，再接運至甘省，陸續轉遞，自覺事半功倍。否則於官郵隨便帶運，或聽民間負販流通，俱無不可。如此源源接濟，於甘省民食，自有裨益。著傳諭楊應琚，將各項情形，徐爲通盤計算，悉心籌畫，是否可行之處，詳晰奏聞。（高宗七四三、七）

（**乾隆三二、二、甲子**）山西巡撫彰寶奏：大同府屬大有倉，併渾源州倉，實存黑豆二萬二百五十九石。經前撫臣奏准，每石變價一兩四錢六分，解司估餉。惟接年豐稔，豆價平減，已在一兩以內，州縣未能出糶。若照時值售賣，較原定成價虧缺，且市豆充裕，減價亦難速售。查現貯豆，乾隆二十五年出易歸倉，並不陳久，請停止變價，照數存貯。仍將大同、渾源二處每年額徵支兵新豆，與大有等倉舊存豆，按年出陳易新，更換支放。得旨：是。（高宗七七九、二四）

（**乾隆三四、三、己丑**）河南巡撫阿思哈奏：光州等各屬，上年收穀無多，現值青黃不接，米價翔湧，應多減價值平糶。請將被災極重之光山、固始、息縣、商城，每石在九錢八錢以上者，減二錢，七錢以上者，減一錢五分；被災次重之信陽、羅山，每石八錢以上，減一錢五分。得旨：嘉獎。（高宗八三〇、一〇）

（**乾隆四三、三、辛未**）陝甘總督勒爾謹奏：甘省連城、紅山二土司地方，因上年疊被災傷，口食維艱，籽種缺乏。請照乾隆二十四、二十九等年例，賞借口糧籽種。每糧一石，折銀一兩，於麥熟後，分作三年扣還。得旨：允行。（高宗一〇五二、一五）

（**乾隆四三、一二、乙酉**）陝西巡撫畢沅奏報得雪。得旨：欣慰覽之。摺內稱，晉豫接壤，商民多從渭河販運糧石接濟，已飭屬任其流通。批：更可嘉。又稱，本地糧價因此漸增。又批：此自不能免。又稱，榆林、綏德一帶秋禾被霜，現飭該處於歲內豫行借糶。又批：更好。（高宗一〇七三、二五）

（**乾隆四七、四、丙申**）又諭：據喀寧阿、明亮奏，查辦烏嚕木齊各州縣採買糧石浮開價值一案。內稱該處採買糧石，自三十九年以後，其時糧麥價值平賤，各州縣並不照市賣實價報覈，即如小麥，每京石用銀不過八九錢，至一兩九分不等，而州縣仍以每石一兩八九錢具報。訊據各員供認，每石剩銀三四錢及五六錢。統計各員歷年侵冒銀兩，自一萬兩至數百兩不等，並訊出各員餽送索諾木策凌銀兩，自一千兩至數千兩不等等語。（高宗一一五五、二九）

（乾隆四七、一一、乙未）諭軍機大臣等：本日李世傑奏到，九月分糧價單內，其黑豆一項，市價自五錢起至八九錢不等，價值尚稱平減。目下京師黑豆，價值頗昂，較之豫省，計增至一倍有餘。（高宗一一六八、五）

（乾隆四七、一一、壬戌）是月，河南巡撫李世傑奏：豫省本年豆價，河南、南陽二府屬中，有賤至五六錢者。價雖減於河北，然不近水次，運費頗多。惟開封及彰、懷、衛三府，豆價八九錢及一兩不等，而運腳較省於他處。現於四府各屬縣中，擇價值較平、附近水次者，行令公平採買三萬石，分爲兩運交兌開行。下部知之。（高宗一一六九、二一）

（乾隆四八、一二、己未）陝西巡撫畢沅奏：榆林、綏德二屬，田多砂鹵，今年秋稼不登，民食匱乏。臣前與藩司酌商，分撥延安常平倉糧四萬七千五百石，運送綏、榆，以備賑糶。但明春借給籽種，支放兵糧等事，需糧甚多，恐不敷用。現屆展賑之候，祇可暫予折色。其運到之糧，撙節以待明春之用。批：可謂用心調劑。好。又奏：臣仍與藩司悉心籌畫，將被災各屬應需糧石，通盤覈算，務必先事寬爲儲備，以免鞭長莫及之虞。批：更是。又奏：榆林、綏德二屬，撫卹加賑，既予折色，但正當糧稀價貴，若仍照普賑之例，大口給銀六釐，小口減半，勢必不敷買食。請照以銀折賑之例，大口給銀一分，小口減半。得旨：好，即有旨諭。（高宗一一九四、四）

（乾隆四九、一〇、己酉）諭軍機大臣等：據何裕城奏，豫省各處鄉民，見春收有望，多將家藏糧石，運往衛輝一帶售賣。恐有奸商市儈，乘機囤積，隨嚴行禁止等語。商儈希圖牟利，見糧石雲集，賤買貴賣，從中壟斷居奇，最爲可惡。不特應行禁止，一經查出，即當從重治罪，俾知懲儆。但衛輝一帶，本年收成歉薄，恐遠近商民，聞該處查禁過嚴，或致裹足不前，於貧民生計，轉爲無益。著何裕城轉飭地方官，當於衛輝境內，留心嚴密稽察。如果有奸商在彼囤積，即行查拏治罪。仍出示曉諭安分商民，俾糧石源源運往售賣，以資民食而平市價，方爲妥善。將此傳諭知之。（高宗一二一七、一五）

（乾隆五〇、四、庚子）又諭：據農起奏，……即如本日另單所奏各屬糧價,於汾州等處米糧,尚稱價中。該處雨澤缺少,米糧自必昂貴。本日詢之梁敦書,據稱該處乾麫每觔大錢三十七八文至四十文不等,小米每市升約需大錢四十文。似此市值,尚得謂之價中耶?可見該撫所奏不實。(高宗一二二九、三一)

(乾隆五〇、五、丁卯)諭:據農起奏,查勘太原、汾州、沁州、遼州、隰州、平定州所屬各州縣,從前雖俱缺雨,嗣於四月十六、七、八、二十八、九及五月初一、二等日,連得透雨數次,入土六七寸不等,甚爲優渥,麥收尚好,秋禾播種,俱已出土數寸,並未成災。惟查各屬地方前次借糶倉糧將已辦竣,目下雖經得雨,秋收尚早,所有太原、汾州等屬,應請照歉年減價二錢之例,再將常平倉穀,酌量續糶。其平陽、蒲州等屬,麥收較歉,應請於減糶之外,再行酌借口糧,並請將本年錢糧,緩至秋成後徵收等語。平陽、蒲州等屬麥收既歉,著即賞恤兩個月口糧,餘著照所請,速行分別平糶,酌借緩徵,以資接濟而紓民力。(高宗一二三一、六)

(乾隆五二、四、庚子)諭軍機大臣等:現在京城缺雨,麥價較昂,小民口食所需,自宜豫籌調劑。向聞豫省大河以南,上年麥收豐稔,今春復雨水調勻,該處麥價頗爲平減,每觔止須制錢七八文。若量爲採買,運送京城,以資接濟,豈不甚有裨益。但恐商民聞知京城麥價昂貴,在豫採買,不無居奇牟利,或致京城市價,未能得減,而河南本省麥價,轉致加增,亦不可不慮。著傳諭畢沅密爲訪察該處實在情形,除商民自行糶買者,聽其自便,以資流通外,若能採買四五萬石,仍可於該處民食市價兩無妨礙,即奏聞派員妥協辦理運京。若實與豫省民情不便,或於彼處市價轉致加昂,亦即據實奏明。不可因有此旨,稍涉遷就。至該省麥價,現雖甚賤,若採買運京,自當照彼處市價,每觔酌加二三文,於豫省民人,亦可稍霑餘潤。畢沅惟當酌籌妥辦,期於兩得其益,以副朕厪念民食,哀多益寡之意。(高宗一二七八、三)

(乾隆五三、四、辛丑)諭軍機大臣等:上年豫省麥收豐稔,歸德、陳州各府屬麥價,每石止需七八百文不等。東省迤南各府,二麥亦屬豐收,各該處民户,自必尚有蓋藏。現在豫省河北及東省泰安以北州縣,雖盼澤甚殷,而大河迤南暨兗、沂、登、萊各府屬,據該撫等奏,業經得有透雨,二麥仍可有收。是各該處不但麥價不致昂貴,並當有贏餘出糶。兹缺雨各屬,糧價既昂,在小民自不能親赴別屬糶食,其豐收州縣殷實之户,亦未必肯將多餘麥石自行運往糶賣接濟。若酌動官項,派員於糧賤之處採買,運至缺雨之處,減價平糶,以本省之有餘,濟本省之不足,豈不兩有裨益。畢沅、長麟亦思及此乎，何以未曾奏及？著傳諭該撫等，即速遵照妥辦，並將如何酌辦，可得若干石即敷接濟，及現在曾否得雨情形，迅速覆奏，以慰廑注。（高宗一三○二、一六）

（**乾隆五五、九、己丑**）諭軍機大臣等：前據勒保奏，甘省本年暘雨應時，田禾暢茂，通省收成約計八分有餘，覽奏深爲欣慰。本日又據該督奏到糧價清單，朕詳加披閱，蘭州、鞏昌等各府屬俱有較上月稍增字樣。該省收成既通計八分有餘，當此新糧入市，價值應日就平減，何以此次糧價單內，轉比上月稍增？殊不可解。著傳諭勒保，即將糧價因何較增之處，查明據實覆奏，毋稍迴護。（高宗一三六二、二九）

（**乾隆五七、九、丁未**）諭軍機大臣曰：秦承恩……奏報七月分俱係註寫價中。朕詳加披閱，內延安、鳳翔各府糧價，二兩上下，謂之價中尚可，其西安、榆林、同州各府，價至三兩有餘，即屬昂貴，該撫亦應據實填寫價貴具奏，何得仍註價中？若三兩有餘尚可謂之中，必至何等方謂之昂貴耶？……秦承恩著傳旨嚴行申飭。仍著將該省收成實有幾分，及西安等府糧價三兩以上，因何仍註價中之處，據實覆奏。（高宗一四一二、二九）

（**乾隆五八、三、乙巳**）又諭曰：秦承恩奏陝西省正月分糧價單，內開西安府屬之耀州、同官、興平，榆林府屬之葭州、神木，同州府屬之白水，邠州屬之長武等各州縣，糧價俱貴。上年陝西咸寧等州縣，夏秋被旱，收成稍歉，節經降旨撫卹，賑借兼施。今耀州等州縣糧價較貴，現在正屆青黃不接之時，閭閻生計，不無稍形拮据，朕心深爲廑念。著傳諭秦承恩察看情形，如有應行酌借籽種口糧，俾資接濟之處，即行詳細查明，一面實力辦理，以副朕軫念民依至意。仍即速行奏聞。（高宗一四二四、一七）

（**乾隆五九、九、丙午**）諭軍機大臣曰：勒保奏七月分糧價清單，朕詳加披閱。內惟涼州、秦州二屬各色糧價，俱比上月稍減，其餘減者甚少，且一律填註價中。本日又據該督奏，通省秋收分數九分有餘。甘省係沿邊瘠薄之區，秋收九分有餘，即屬上稔，該省值此豐收之後，糧價亦當逐漸平減，何以各府屬價值尚皆填註價中，可見地方官視爲具文，約略申報。該督復以此等照例開單，朕未必寓目，亦遂不加檢閱，照舊繕寫，率行入告，竟成印板文章。試思糧價本以重民食而廑知依，若任意填註，又安用每月虛詞瀆奏爲耶？勒保著傳旨申飭。昨令軍機大臣檢出糧價單式，發交各督撫閱看。著傳諭該督，嗣後奏報糧價，務須飭屬確切採訪，據實填開，勿得仍前疎忽干咎。（高宗一四六一、二〇）

（乾隆六〇、三、辛未）又諭曰：秦承恩奏陝西省二月分糧價清單，朕詳加披閱，所開各屬米麥等價，有比上月較增自一二三分至一錢數分以上及二錢者，當此青黃不接之時，各省市集糧價隨時增長，本所常有。其每石增加四五分以下者，爲數尚屬無多，祇可聽其自然。若驟增至一錢以上者，即屬糧價昂貴，小民不無艱於糴食。向來各州縣設立常平社義等倉，原爲因時調劑，減糶酌借，以便民食，何未據該撫籌議及此？著傳諭秦承恩查明各該屬糧價，因何至增長一錢以上，並應否即將倉存穀石，隨時糶借，以平市價而濟民食之處，一面認眞妥辦，據實覆奏，以副朕廑念民依至意。（高宗一四七五、九）

（乾隆六〇、六、甲午）諭軍機大臣曰：蔣兆奎奏，太原等九府屬，並遼州各直隸州屬及歸綏道所屬，於五月二十前後並六月初一日等日得雨，自二三四寸及深透不等一摺。昨因詢據拉旺多爾濟摺差福祿稱，察哈爾正紅、鑲紅二旗地方，暨綏遠城，俱未得雨，山西沿邊一帶與該處接壤，恐亦未獲醲膏，已有旨詢問蔣兆奎矣。本日又閱該撫所奏糧價單內，如遼州、代州及歸綏道所屬米糧價值，俱較上月貴至八九分及一錢不等，雖青黃不接之時，糧價稍增，亦常有之事，但究屬昂貴。遼州、代州皆係近邊，歸綏道所屬俱係綏遠城一帶地方，該處糧價增長，自因雨澤稍稀所致。看此情形，福祿所稱缺雨之處，不爲無因。沿邊及口外一帶，固止係該省中之一隅，第小民覓食維艱，亦不可不亟爲調劑。即如直隸省今年雨水調勻，可卜豐收，而熱河現因晴霽日久，糧價稍增，已命設廠煮賑，豈可因口外不過一隅，致貧黎稍有失所。著再傳諭蔣兆奎，即速查明沿邊及口外各屬，是否情殷望澤，田禾有無妨礙，如有應行接濟者，即一面妥爲辦理，據實奏聞，毋得稍存諱飾，以副朕軫念民依至意。（高宗一四八〇、二〇）

（乾隆六〇、八、戊申）諭軍機大臣曰：秦承恩奏陝西秋禾約收分數一摺，覽奏稍慰。但細閱所奏糧價單內，西安等府屬之大米，價至三兩五錢至二兩數錢不等，雖該省民食向以麥田爲重，其大米祇係殷實之家出價糴食，並非小民尋常食用所需，但市價至三兩有餘，未免昂貴。即此一項而論，恐別項糧食，亦不無價值稍增。看來陝省收成，尚視直隸、山西之不若，雖業經加恩緩徵，恐尚未能充裕。著傳諭秦承恩等，仍當留心查察，如尚有應須調劑之處，或借或糶，酌量辦理，毋得稍有諱飾，致令失所。並令將情形若何速奏。（高宗一四八五、二五）

（乾隆六〇、一一、辛亥）又諭：前因秦承恩奏，皋蘭、固原二州縣市價中平，應飭照額共採買糧十八萬石。並照向定章程，上色不得過二兩，下色不得過一兩二錢，照時價購買等語，當經降旨詢問勒保。茲據奏稱，甘省從前奏定章程，原係專指市集時價而言，如時價在二兩及一兩二錢以內，即屬平減，始准採買。若在二兩及一兩二錢以外，即屬價昂，雖值採買之時，亦應停止等語。所奏頗爲明晰。各省採買，自應視市價之長落以爲准。如市價平減，當嚴查所屬，毋許其浮開肥橐。一遇價昂，即飭停止，以防勒買病民。如此辦理，原爲得當。宜綿現已接篆，著傳諭該督，如查明該處倉糧實在不敷動支，或仿照五十六年之數，酌量採買，敷用即止。仍嚴密稽察，毋許該州縣有從中侵肥勒派累民等事，方爲妥善。（高宗一四九〇、六）

（**嘉慶二、六、乙酉**）又諭：陸有仁奏，甘省四月分糧價，較上月加增一二分至四五分不等，恐該處民食拮据。著傳諭英善，迅即赴甘，查明各屬糧價昂貴地方，有應行平糶及酌加臟借各事宜，奏聞妥辦。務令民食不致缺乏，糧價平減。（仁宗一八、一一）

（**嘉慶二、七、甲戌**）又諭：英善奏甘肅各屬五月分糧價單，朕詳加披閱，糧價多係中平，惟鞏昌等屬，較上月稍貴。英善惟當察看情形，如有需平糶之處，即飭屬妥爲辦理，若無需平糶，即可不必周章。仍當隨時體察調劑，俾民食饒裕，糧價平減，方爲妥善。將此傳諭知之。（仁宗二〇、五）

（**嘉慶二、一二、庚戌**）諭軍機大臣等：書麟奏烏嚕木齊十月分糧價單，所開各屬糧價，俱較上月增貴。烏嚕木齊地方，向來糧價最爲平減，即稍貴之時，尚比內地爲賤，況十月正值收穫之後，市糧充裕，何以價值轉致增昂？著傳諭書麟即將糧價因何增貴，於民食有無妨礙之處，據實覆奏。（仁宗二五、八）

（**嘉慶一一、四、乙巳**）諭軍機大臣等：據方維甸奏報陝省雨水二麥情形，並另開二月分各屬糧價清單，俱註明價貴字樣。因思陝省前此軍興之際，飛芻輓粟，需用浩繁，其時大米價值，貴不過五兩有零。邇來地方綏靖，休養生息已及數年，何以該省糧價，較用兵之時轉覺昂貴。且西安、同州、鳳翔各府屬，素稱膏腴之壤，物產豐饒，尤不應糧價騰湧一至於此。朕廑念民依，宵旰不忘，今閱該撫奏到陝省糧價，實深軫念。封疆大吏，代朕撫循百姓，於地方糧價昂貴，當思設法調劑，非一奏可以塞責。刻下市價是否漸平？或應平糶倉糧，或應購買米石以資接濟？陝省與四川毗連，川省米穀充盈，前諭勒保辦米二十萬石運閩應用，此項米石業經停止運閩。方維甸若需向川省購買米石，即一面奏聞，一面咨會勒保通融籌辦，庶於陝省民食有裨。將此諭令知之。（仁宗一五九、三五）

（**嘉慶一三、五、乙巳**）諭內閣：方維甸奏，嘉慶十年陝省採買供支兵糧麥石，因該省被災，遠赴托克托城採買，價值較昂，每麥一石需銀二兩九錢。援照六年成案，每石止准銷銀二兩二錢六分二釐，其不敷之六錢三分八釐，仍行捐賠歸款。所有應銷麥石銀四萬二千九百七十八兩，可否免其再減，請旨辦理等語。陝省前次採買供支兵糧麥石，因本境難以購買，遠赴山西托克托城採辦，需價較昂，非例價可以報銷，所奏自係實在情形。所有陝省嘉慶十年採買麥石請銷銀四萬二千九百七十八兩，著加恩准其報銷，毋庸再行議減。(仁宗一九五、一八)

(嘉慶一九、閏二、癸未) 以葉爾羌糧貴，平糶倉麥。(仁宗二八六、二六)

3. 江蘇、安徽、浙江、福建

(康熙二〇、一一、戊寅) 戶部議覆：福建總督姚啟聖疏言，福州等府，夏秋亢旱，米價日增。請於廣東之潮州、浙江之平陽，買米平糶。查海禁未開，恐有不肖之徒，借端販賣，應不准行。得旨：閩省被災，准其赴潮州等處買米接濟。如有借端通海者，事覺，將該督撫及押運官，一并治罪。(聖祖九八、二〇)

(康熙三八、六、戊戌朔) 諭大學士等：當今凡事俱可緩圖，惟吏治民生最難刻緩。諺云：湖廣熟，天下足。江浙百姓，全賴湖廣米粟。朕南巡江浙，詢問地方米貴之由，百姓皆謂數年來，湖廣米不至，以致價值騰貴。然楚省官吏，並未奏報水旱。又聞湖南百姓甚苦，皆由興永朝、王樑、楊鳳起三人相繼擾害所致。見任總督李輝祖，爲人誠實，辦事頗優，但俱係于成龍薦舉，欲其不徇情面，將從前廢弛整理，斷斷不能。李輝祖可召進京，以侍郎用。原任左都御史郭琇，前爲吳江縣知縣，居官甚善，百姓至今感頌，其人亦有膽量，無朋比。郭琇著補授湖廣總督，令馳驛赴任。(聖祖一九三、一三)

(康熙四七、六、乙丑) 戶部議覆：江蘇巡撫于準疏言，江寧等府屬，入夏久雨，米價騰貴。請將前截留分貯各州縣米石，盡行平糶發賣。至本地戶口繁庶，產米不敷所食，全賴外省客米接濟。今湖廣、江西等省，俱嚴禁販米出境，以至米商裹足，米價愈增。并請特敕各督撫開禁，聽商販賣，庶江南米價可平。均應如所請。得旨：速依議行。(聖祖二三三、六)

(康熙四九、八、辛卯) 福建巡撫許嗣興疏言：閩省各屬，本年春夏之交，雨水霑足。自六月終至七月初，雨澤稀少。泉州、漳州二府，及福寧一州，地方亢旱，米價騰貴。至閏七月十一日以後，漸次得雨，米價稍平。得旨：督撫係封疆大吏，水旱情形，理應及時奏報。福建泉漳等處，五六月旱災，督撫並未據實上聞，至閏七月得雨後，始行具奏，殊屬溺職。著嚴飭行。(聖祖二四三、一〇)

(康熙五五、九、甲申) 又諭曰：聞山西、陝西今歲收穫較往年甚豐，但西邊見有軍務，沿邊一帶地方錢糧及舊欠錢糧，應予蠲免。其在軍前綠旗兵丁所借錢糧，免其坐扣。今歲湖廣收成亦好，湖南大熟，湖北微不及江西，雖覺稍旱，究亦無妨。江浙素稱豐富，朕前巡幸南方時，米價每石不過六七錢，近聞竟貴至一兩二三錢，如此民何以堪？今江浙兩省被災地方錢糧，作何蠲免之處，爾等會同詳議具奏。前張伯行曾奏，江南之米，出海船隻帶去者甚多，若果如此，亦有關係，洋船必由乍浦、松江等口出海，稽察亦易。聞臺灣之米尚運至福建糶賣，由此觀之，海上無甚用米之處。朕理事五十餘年，無日不以民生爲念，直隸今年米價稍昂，朕發倉糧二十萬石，分遣大臣巡視散賑，米價即平，小民均沾實惠。若內而九卿科道，外而督撫提鎮，悉體朕軫念蒼生至意，則天下無不理之事矣。(聖祖二六九、一七)

(雍正一三、一〇、乙未) [福建布政使張廷枚]又奏報糧價，并賑卹臺灣被風難民。得旨：據奏米石價值及雨水情形，知道了。(高宗五、五二)

(乾隆三、七、丁丑) 諭：江南地方，今年五月雨澤短少，六月雖經得雨，未能霑足，朕心甚爲憂慮。已屢降諭旨，令該督撫豫爲籌畫，悉心經理。今思冬月即徵收漕糧之期，田畝既苦歉收，則官糧難以輸納。著該督撫出示暫停徵收。將是否成災，及成災分數，逐一確查。其成災者，自應照例題請豁免，即不成災之處，收成既薄，需米孔殷，亦應照雍正十二年之例，每米一石，折銀一兩徵收。計算此時米價，在小民辦納，已省一半之費，而地方多留米穀，於民食又大有裨益。該部可即速行文，諭江南督撫知之。(高宗七三、一〇)

(乾隆三、一〇、戊申) 是月，兩江總督那蘇圖奏：江南今年被旱，刑部郎中王概奏請，將山東沿海州縣米石，聽商販運接濟。部議以現准直隸商販，再運江南，恐不足供兩省之用。奉旨行文山東巡撫，查明妥議。查江南旱災，業已蠲緩折徵，分別賑濟。山東年雖豐稔，所產多係裸糧，江南民不便食。又江、廣產米之地，一水相通，官買商販絡繹，價不甚昂，山東裸糧，販至恐難發賣。至米穀出洋，例禁綦嚴，目下販運直隸，係因時變通之特恩。江南與直隸，情形不同，未便援引，致滋透漏。且山東沿海州縣，不過登、萊、青一帶，誠如部議，民間有限之糧，不足供兩省之用，似可無庸舉行。惟徐、邳、海、通一帶，接壤山東，民俗相近，裸糧亦可濟用。只須就近於濟寧等處販買，毋庸遠藉海運，得旨：所見甚是，知道了。(高宗七九、一六)

(乾隆三、一〇、戊申) 江西巡撫岳濬遵旨奏明：本年撥運閩穀二十萬石，係用漕斛兌交，因請亦用漕斛採買還倉，並無向來缺額借此浮買補足掩飾之弊。得旨：知道了。但汝各屬，何以有倉斛、漕斛之異耶？撥閩省之米用漕斛，其補項自應漕斛，然則各屬出入，究竟以何斛耶？(高宗七九、一九)

(乾隆三、一二、丙戌) [戶部] 又議准：閩浙總督郝玉麟奏，浙江全省各屬，多有被災，現屆秋成，米價每石至一兩七八錢不等，來春勢必更貴。除飛飭勸諭商販，多方販運，糶賣接濟外，請將閩省差赴江、楚等處，已經報買之四萬有餘石，移濟浙江。江南上下兩江本年被旱，兵部左侍郎吳應棻等，奏請將江西、湖南撥運閩省穀石內，改撥二十萬石，截留兩江，不敷，即將閩省應領若干，一總撥給。閩省備儲之穀，統俟明年收成後，會同江西、湖廣等省督撫，查明地方情形，妥議題請辦理。得旨：依議速行。(高宗八二、一九)

(乾隆四、九、癸酉) [閩浙總督郝玉麟] 又會同署理福建巡撫布政使王士任奏：閩省各屬豐收，糧價平減，實為近年罕覯。惟霞浦縣下塘、寧德縣南埕地方歉收，應加撫恤。至各屬上年平糶穀石，現飭上緊買補。得旨：覽奏曷勝欣慰。夫有收而不圖積貯，則倉穀無足數之日矣。可亟留心也。(高宗一〇一、二二)

(乾隆五、九、丁丑) 戶部議准：閩浙總督宗室德沛奏，新設福鼎縣，界連浙省，兵民商賈叢集，倘遇歉歲，米價必至騰貴，請添捐監穀二萬石。從之。(高宗一二六、一四)

(乾隆七、四、辛丑) 欽差侍郎周學健、調任兩江總督那蘇圖、安徽巡撫張楷奏請：將原賑至本年三月止之宿州、靈璧、虹縣、宿州衛四處被災十分至七八分之極次貧，并原賑至二月止之宿州等四處被災六分之極貧，與鳳陽、臨淮、懷遠、潁上、霍邱、泗州、五河、鳳陽衛、鳳中衛、長淮衛十處被災十分至七八分之極次貧，即以借給一個月口糧，作為加賑。其原賑至本年正月止之鳳陽、臨淮等十處被災六分之極貧，與定遠、亳州、蒙城、太和、壽州、鳳台、天長、盱眙、泗州衛九處被災之極貧，亦即以借給兩個月口糧作為加賑。此內有已借者，免令徵還，未借者，均照月數按戶散給。其逃荒回籍及收養流民未經領賑者，補給。至宿州等四處，原無六分災次貧，其五分災貧民與鳳陽等十九處六分災次貧、五分災貧民，俱係例不賑給，現亦酌借接濟。其平糶糧價，照下江每石減銀二錢之例辦理。得旨：如所請行。下部知之。（高宗一六四、三一）

（**乾隆七、七、丙戌**）[兩淮鹽政準泰] 又奏：揚郡米價驟貴，請以鹽義倉積穀，撥發江都、甘泉兩縣，於城外四廂，設廠平糶，比照市價，每石減銀二錢。得旨：如此料理，甚慰朕懷也。（高宗一七一、二七）

（**乾隆七、一二、甲午**）欽差侍郎周學健、直隸總督高斌、兩江總督宗室德沛、安徽巡撫張楷奏：上江連年撥賑平糶，倉貯空虛，應及時買補，接濟來春。但本年江北大荒，而湖廣、江西又有失收之處，時價在一兩二錢上下，較昂於各屬原糶一兩內外之價，實難責其賠墊。懇將今年採買，准以一兩二錢為率，設價再昂，即停止，後不為例。得旨：如所請行。該部知道。（高宗一八○、一三）

（**乾隆七、一二、乙未**）諭；江南山陽、阜寧、安東、清河、桃源、淮安、大河等七縣衛，疊被水浸，黎民困苦。今年賑濟夏災時，每米一斗，照例折銀一錢。嗣因地方米價昂貴，一錢之價不能買米一斗，朕加恩增至一錢二分。今部中將秋災案內米價，准其折給一錢二分，而夏災案內，仍照一錢之數，此遵定例辦理者。但山陽等七縣衛，被水較他處更重，自應格外施恩，著將夏災所賑米價，准與秋災一例報銷，每米一斗，准折銀一錢二分。該部可即傳諭江南督撫等知之。（高宗一八○、一三）

（**乾隆八、四、丁亥**）閩浙總督那蘇圖、福建巡撫劉於義奏：臺屬常年買穀，每石四錢，從前穀賤，足敷購買，近年穀價運費，約需五六錢不等，請酌增價。奉部駁與定例不符，但穀價委係增長，仍請在泉、漳等府盈餘項下，每石加銀五分，歲豐不以為例。得旨：著照所請行。該部知道。又諭：著戶部存記，俟二三年後請旨。（高宗一八八、六）

（**乾隆八、七、庚戌**）[江蘇巡撫陳大受] 又奏：……查江蘇等屬，向來平價，米每石一兩二錢、穀六錢，如市價在此數以內，即令買補。如市價長至此數，即行停止。（高宗一九七、二二）

（**乾隆八、九、己酉**）江蘇巡撫陳大受奏：海州、贛榆、沭陽三州縣，疊遭荒歉，米價頗昂。賑恤口糧，請照上年折賑之案，每斗仍折銀一錢二分。其餘溧水、高淳等縣偏災，仍照定例，每斗折銀一錢。得旨：著照所請行。該部知道。（高宗二○一、三五）

（**乾隆八、一○、乙卯**）江蘇巡撫陳大受奏：海州、沭陽、贛榆三州縣，疊被荒歉，米價頗昂，現在賑卹口糧，若照例每米一斗折銀一錢，不敷買食。

請照上年折賑之案，每斗仍折銀一錢二分。得旨：允行。(高宗二〇二、二二)

（乾隆九、二、癸酉）諭：……今江南米價，時值一兩七、八錢不等。(高宗二一一、一八)

（乾隆九、二、戊寅）福建漳州鎮總兵雷澤遠奏報：閩省雨澤應時，米價平減。漳泉悍習，現在督率將弁，努力整飭。得旨：不在文言，只宜實力行之。漳泉積習，豈可期移易於旦夕者耶。(高宗二一一、二九)

（乾隆九、七、甲辰）浙江巡撫常安奏報：杭、嘉、湖、寧、紹、嚴、台、溫處九府，雨水應期，早禾已收，糧價平減。惟金華、衢州二府屬，自六月以來，雨澤稀少，早禾不無傷損，業經委員勘驗，量借籽種，俾令乘時補種雜糧。得旨：所奏俱悉。又批：浙省亦不甚遠，此事何不早奏？斯而可緩？孰不可緩？再如此，將以玩視民瘼罪汝矣。(高宗二二一、三三)

（乾隆一〇、一、戊寅）閩浙總督馬爾泰、福建巡撫周學健奏：福、興、漳、泉四府糧食，向皆仰給臺郡，所有八社倉穀，採買時每石定價銀三錢六分，平糶時四錢。去歲臺郡豐收，自應及時採買，而穀價較前已昂。請將本年應買之穀，准於四府平糶盈餘銀內，照時價加增，總不出八年奏定四錢五分之數，令及早買貯。得旨：允行。下部知之。(高宗二三二、四)

（乾隆一〇、一、庚辰）諭：據安徽署撫準泰奏稱，上年徽寧等屬，秋被水災，急需賑濟。其中歙縣、休寧、婺源三縣，產米素少，經臣等奏請，於撥協本色之外，將不敷之米，照依乾隆七年米貴折賑之例，每石給銀一兩二錢，部議未准。但查徽屬之歙、休、婺三縣所需賑糧，頗覺浩繁。該地山環嶺障，不通舟楫，輓運維艱，目今豫撥之米，已經散給，尚多不敷，而災歉之後，糧價漸昂，仰懇俯照原題，每米一石，折銀一兩二錢，俾山僻災黎，得以隨時買食等語。徽州所屬三縣，上年山水暴發，淹沒田廬，雖係偏災，然猝不及防，民困可憫。且彼地僻處萬山之中，平日米少價貴，非他處可比。其散賑不敷之米，著照準泰所請，准以一兩二錢給發，以示優恤。他處不得援以為例。(高宗二三二、五)

（乾隆一一、一二、己卯）諭：據兩江總督尹繼善奏稱，上下江被災之地，蒙恩加展賑恤月分，所需賑糧，為數既多，應本折兼放等語。查向例本折兼放，每米一石折銀一兩。朕思災輕州縣，猶可按例給發，若被災較重之州縣，亦照舊折給，民食自覺艱難。著將上江災重之宿州、靈璧、虹縣、泗州、五河、亳州六州縣，下江災重之邳州、宿遷、睢寧、桃源、清河、安東、阜寧、沛縣、海州、沭陽十州縣，來年加展月分之折價，每米一石加增

二錢，俾災黎俱霑實惠。該部速行知之。（高宗二八一、五）

（乾隆一二、二、庚寅）［福建巡撫陳大受］又奏：查臺地採買定價，先係每石四錢，續經奏准加銀伍分。前發銀八萬兩，買穀二十萬石，係仍照四錢原價。若照廳縣所報各時價，核計穀二十萬石，該銀十四萬一千三百二十餘兩。且官穀較市穀，必須乾圓潔淨，斗斛較滿，並運費等項，勢皆取足於民番。官價僅敷一半，海洋要區，短價派累，恐釀事端。臣再四詳酌，所有未買穀九萬二千餘石，應請仍俟本年秋收後，再行酌買。至臺地積貯，較內地爲歉，如青黃不接時，米價加昂，必資平糶。其已買之十萬七千餘石，併請暫貯臺倉，再看早稻收成若何定奪。得旨：所見雖深謀之意也，而究屬一偏。審如是，則臺米爲不可恃矣。不知歷來閩省所恃者乃臺米也，此語一出，將臺員與奸販，皆得生風居奇，而此事乃大壞矣。果有其弊，亦惟去其弊耳。因噎廢食，昔人所戒，不謂汝之意見，乃出於此也。（高宗二八五、二二）

（乾隆一二、三、癸卯）軍機大臣等議覆：福建巡撫陳大受奏，內地採買臺灣米穀，應俟豐年價賤，委員赴買，不必拘作年例。並將買數價值，明白曉諭民番，以杜影射私買之陋習。應如所請。但臺郡索稱產米之區，漳泉一帶，藉以酌濟民食，該撫又不得因一時收成未獲豐稔，遂視停買爲常例，不爲內地久遠之策。應令該撫悉心詳查，務使內地可以接濟，臺郡亦不至缺乏。從之。（高宗二八六、二三）

（乾隆一三、五、癸巳）諭軍機大臣等：據安寧奏稱：蘇州府城百姓，因米價昂貴，刁民顧堯年倡首喧鬧。（高宗三一四、二五）

（乾隆一三、五、丁酉）諭軍機大臣等：蘇州刁民聚衆鬧鬧一案，……朕聞得安寧於上年冬月曾傳諭城內紳士，勸其減價出糶，紳士畏懼，將所貯糧食悉行私賣，以致棧米所存無幾，價值因而愈昂。……著［尹繼善］一併查明，據實奏聞。尋奏：奸民聚衆一案，臣奉旨後，即赴蘇會同安寧秉公嚴辦，作速歸結。至安寧傳諭紳士平糶，原有其事，但謂因此致紳士畏懼，將糧食私賣，棧米無存，則係傳言之過。報聞。（高宗三一四、三二）

（乾隆一五、三、壬申）前任安徽巡撫衞哲治奏：安省各屬倉糧，例於青黃不接之際，減價糶濟民食。貴池、石埭、合肥、壽州、鳳陽、臨淮、懷遠、靈壁、虹縣、鳳臺、潁上、霍邱、泗州、盱眙、五河、滁州、全椒、和州等處，上年秋禾被水，目下已經賑竣，惟距麥收尚遠，貧農糶食維艱。應請每米一石，減價一錢，使災民得霑實惠。其餘豐收各屬，有需平糶之處，仍照例減銀五分。均於麥收後停。報聞。（高宗三六一、二〇）

（乾隆一六、四、庚辰）又諭：據德文奏稱，楚省正二月間，雨水過多，米價由一兩四五錢，增至二兩不等。向來楚省民食，全賴川省商販，近因川米稀少，若麥秋有望，即可接至秋成。倘再陰雨連綿，二麥歉收，米價自必倍加昂貴。請勅下川督，曉諭商販，輓運來楚，以平市價等語。……今歲湖北因上年稍歉，故正二月間，米價自一兩一二錢至五六錢不等，雖未至二兩，而民食已艱。臣當即飭開倉平糶，禁止囤積，并勸諭富民出糶。一面檄行宜昌、荊州等府，將四川、湖南商船催赴漢口。但商民因聞下游江、浙、江西米價更昂，米船到漢，每多過而不留，有米之家，因復觀望。臣復飭地方官勸諭到漢商民，令其就近酌糶。目今川江水長，商帆接至，下路米多價平，上游去者自少，且二麥指日登場，接濟有資，自不致有缺乏。得旨：覽奏俱悉。（高宗三八六、二〇）

（乾隆一六、五、乙丑）浙江提督吳進義奏：撥往溫台漕米五萬石，作十幫裝載。用海船九十九隻，各派弁兵押運，於四月內，自乍浦開行。節據營員稟報，撥赴台郡米四萬石，於五月中旬到齊，押運弁兵，亦俱先後回營。并稱二麥收成，民情安帖，米價較前已減。得旨：覽奏稍慰。此等奏報須實，不可存粉飾之念。（高宗三八九、三一）

（乾隆一六、閏五、辛巳）諭軍機大臣等：……高斌等奏，查目下蘇城上米次米，每石市價二兩一二錢不等，不致漸昂。其上年截漕米，係散派各州縣，即有餘剩，於青黃不接時平糶，無可通融。長、元、吳三縣餘剩截漕，將次糶完，現擬接糶倉穀。至蘇城富戶存米，每年六七月間，始行出糶，現已上市。再聞江西、湖廣早稻頗豐，六月望後，商販踵至，自可日漸平減。目前偶貴，可以無慮。得旨：覽奏稍慰。仍望秋成大有，始釋此懷耳。（高宗三九一、三）

（乾隆一六、八、丁未）諭：浙東被災各屬，所有應行借給撫卹之處，經該督撫等籌畫，每米一石，折銀一兩二錢，每穀一石，折銀六錢。此雖係按照折價成例辦理，但念該省今年亢旱，非尋常偏災可比，當此米價昂貴之時，若仍按常例折給，恐災黎不足以資餬口。著加恩每米一石折銀二兩，每穀一石折銀一兩二錢。此次該省，凡有應行折賑之處，俱照此給發。俾閭閻易於糴食，副朕軫卹民艱至意。該部遵諭速行。（高宗三九六、一八）

（乾隆一六、八、壬子）諭軍機大臣等：……［浙江］目下米價，每石二兩以外，在被災地方，亦不爲甚昂。（高宗三九七、五）

（乾隆一六、八、庚申）又諭：前因浙省需米孔殷，曾經傳諭尹繼善、王師，遇有鄰省赴浙米船，毋任地方官取便多買，并令催趲前進。今據江蘇布政使郭一裕奏報，江省雖間有水旱不齊之處，不過一隅偏災，其餘各屬，早稻晚禾，可稱豐稔。目下米價，每石自一兩八錢至二兩不等，是該省情形，較之兩浙大爲懸殊。封疆大吏，雖守土攸分，自朕視之，均屬一體。該督撫自應仰體朕心，不得稍存此疆彼界之見。其間凡有可爲浙省協力助理者，亟宜留心籌畫。所有赴浙米船，自應遵照前旨，作速催趲前進。至地方米價平減之時，屬員取便多買，勢所必至，尤應加意撙節，使鄰封藉以接濟。現在江省本地既獲豐收，又與江、廣產米之鄉相去甚近，自可轉輸接濟，民間米糧想不因此有增長之患也。著再傳諭該督撫知之。（高宗三九七、二〇）

（乾隆一六、一〇、甲辰）諭：江南安徽屬績溪等二十餘州縣衛、江蘇屬江浦等十餘州縣衛偏災，應賑口糧，該督撫等現在分別查辦。但定例每米一石，折銀一兩，較之時價，稍有不敷，窮黎艱於購食。著將上下江折賑米石，加恩每石加給銀二錢，以資買糴。該部即遵諭行。（高宗四〇〇、一一）

（乾隆一六、一〇、丁巳）又諭曰：……朕覽吳進義摺奏，浙省米價，統在二兩之間等語。從前永貴籌辦災務，張皇失措，喀爾吉善到浙後，亦多係隨同辦理。今該處米價，若不過二兩之間，在他省已爲中價，災地得此情形自屬舒展。吳進義以武職大員，尚能留心入告，該督撫身任封疆，獨不應將現在米糧平減之處，隨時奏聞，慰朕軫念耶？喀爾吉善等，究何以不行奏及，著將吳進義原摺鈔寄，令其閱看。若係該提督有意粉飾，並非據實之詞，即著該督等具摺參奏。一併傳諭知之。尋奏：……至浙省晚禾收穫，米價漸平，提臣吳進義所奏，並無粉飾。得旨：吳進義雖不粉飾，而汝等恐不無粉飾之念，轉令朕懸念災區矣。（高宗四〇一、一三）

（乾隆一六、一一、壬辰）江蘇巡撫莊有恭奏：今歲浙省歉收，遵旨廣開海禁，又准浙撫臣永貴咨，浙商販米數十石及數百石者，在蘇州採買，均有浙省藩司及溫、處、台、寧四府印照。查蘇城兩月之間，賣米二十三萬九千零，有照者僅十之一。恐此數十萬石米，或藉名浙販，透漏營私，於江浙兩省民食有妨。今咨明浙省督撫，嗣後各府商販來蘇，均照溫、處、台、寧之例，憑印照驗放。江蘇客商，買米赴浙者，亦如之。俟海運停止後，亦停給照。得旨：甚是，知道了。（高宗四〇三、二四）

（乾隆一八、九、庚午）又諭：江南揚徐各屬被水成災，屢經降旨加意撫綏，截留漕糧，撥運川米，以資賑卹。又恐撥運過多，致各省米貴，並令

銀米兼賑。但照定例，又慮災地不敷糴食，著加恩每石增給銀二錢，俾災民買食寬裕。該部即遵諭行。(高宗四四七、三)

(乾隆一八、一〇、庚子) 諭：前因江南揚、徐被災各屬，銀米兼賑，恐照例價給銀，不敷糴食，加恩每石增給銀二錢。今上江鳳、泗各屬，被災亦重，其折賑銀兩，亦著照下江之例加給。俾災民買食寬裕，均霑實惠。該部遵諭速行。(高宗四四九、六)

(乾隆一九、一一、丁酉) 又諭：聞得臺灣米價甚貴，每石至二兩三錢。臺郡素爲產米之鄉，即內地之漳泉諸郡，方且資其接濟，價貴如此。該處民番雜居，風俗刁悍，一切彈壓地方，尤當豫爲留心，毋致滋生事端。可傳諭該督喀爾吉善，令將臺郡米價現在有無平減，民番情形是否安貼，並應作何設法調劑，及如何撫綏彈壓，以裕民食，以安海疆之處，一面辦理，一面作速據實奏聞。尋奏：查臺郡商船，每歲帶運糴濟漳泉，餘米二十萬石。又北路社船十隻，帶穀回廈糴賣，亦有數萬石。又徵收供粟，運赴內地，支給各營兵穀八萬餘石，臣現將官穀停運，商船餘米減半，社船禁止，以裕臺屬儲備。至現在臺郡及鳳山、諸羅、彰化等縣米價，每石二兩二錢及五錢不等。總由民間積穀之家，不肯廣糴，以致價未能平。至臺地災民現在撫卹口糧，足資民食。惟該處青黃不接，轉在隆冬，查各屬現積穀四十萬石，當批飭速於歲內開倉，分廠平糶。并密飭鎮道大員，董率稽查。節據稟覆，各邑被災後，民番寧帖，實無滋事。得旨：覽奏稍慰。臺穀既不撥運，則漳泉青黃不接之時，亦宜一併慮及。(高宗四七七、一五)

(乾隆二〇、一〇、戊申) 諭浙江杭、湖、紹等府屬，今秋雨水過多，偶被偏災，朕屢降旨，令該督撫加意撫綏蠲緩，並截漕備用。現今已屆冬令，災民口食維艱，朕心深爲軫念。著將被災較重之山陰、會稽、餘姚、上虞、安吉五州縣，極貧加賑三個月，次貧加賑兩個月。仁和、歸安、烏程、德清、長興、武康、諸暨、蕭山八縣，曹娥、金山、鳴鶴、下砂四場，湖州守禦一所，被災稍輕之處，極貧加賑兩個月。次貧加賑一個月。并准其銀穀兼賑。該處現在糧價未免稍昂，若照例折給，猶恐貧民不敷買食。再著加恩，每穀一石，折銀七錢；每米一石，折銀一兩四錢。該督撫等分委妥員，實力查辦，毋任胥吏乘機侵蝕，務俾災黎均霑實惠，該部遵諭速行。(高宗四九八、一二)

(乾隆二〇、一二、辛丑) 諭：今年浙江所屬地方，偶被偏災之處，前經降旨，銀米兼賑，并加恩每米一石，加銀二錢，以資買食。其安徽一省，雖據鄂樂舜奏稱，十月、十一月內先後本折兼賑，民情寧帖，現在已經放給本色等語。但該地既已被災，嗣後如有給放折色之處，應照江蘇、浙省之例，每石加給折價銀二錢，俾小民得沾實惠。該部遵諭速行。（高宗五〇二、一）

（乾隆二一、三、丁酉）是月，江蘇巡撫莊有恭奏：沿海州縣地僻，米販本少，米價昂至三兩四五錢。（高宗五〇九、二三）

（乾隆二二、九、甲午）諭：今歲上下兩江淮、揚、徐、鳳、海、潁、泗等屬，秋禾被水成災。現經照例先行撫卹一月口糧，銀米兼賑。其折賑定例，每米一石，折銀一兩，但念該處積歉之後，糧價未免稍昂，若照例折給，恐貧民不敷買食。著加恩將各屬應給正賑折價，每石增給銀二錢，俾得謀食寬裕，以示格外軫卹至意。（高宗五四六、六）

（乾隆二六、五、庚戌）諭軍機大臣等：江蘇上年收成豐稔，民間食用充裕，所有糧石時價，自應平減。今據安寧奏到，上米二兩五分，次米一兩八錢，麥一兩一錢，註明俱屬貴價。此等價值，既係昂貴，則比較日常平減之時，每石實價若干，摺內並未詳開，所奏殊不明晰。且三月糧價，至此時始繕摺具奏，亦屬延緩。著傳諭安寧，將春季米麥價貴，及現在是否平減各情形，查明據實具奏。尋奏：查蘇城米價，以每石二兩上下爲貴，一兩五錢上下爲中，一兩上下爲賤。麥，每石一兩爲貴，七八錢爲中，五六錢爲賤。上年春季米，每石二兩五錢以外，今茲二兩五分，已不爲貴。現在四月分米麥價，較春季少長四五分，然民間尚以爲平價。得旨：以後諸事留心勉力，毋得圖逸苟安。（高宗六三六、一五）

（乾隆三四、二、辛巳）江蘇巡撫彰寶奏：江省上年被災各州縣，應酌籌減糶。請將每石價一兩七錢者，減一錢；一兩八錢至二兩者，減二錢；二兩以外，減三錢。再淮安、揚州、通州各屬，常平倉儲俱撥缺，現通融咨商鹽政，俟鹽場開倉，准令民竈一體買食。離場較遠州縣，并請於鹽義倉內，撥運協濟。得旨：如所議行。（高宗八二九、二四）

（乾隆三四、一〇、乙丑）又諭曰：高晉奏買補缺額倉穀一摺，初謂該省籌補倉儲，似設法自鄰省購辦。已批如所議速行。後經軍機大臣等請旨，因思今歲江蘇等屬濱江沿河州縣，間被偏災，地方糧價未能平減，若於各該處就近採買，則市價增昂，有礙閭閻食用。而採買例有官價，即稍爲加增，仍較市値減多。若照所定之價勒令購買，商賈或虧成本，勢必裹足不前；若盡依市價公平交易，恐原價不敷，亦難責令承辦之員賠墊。況江蘇接濟民食，江廣販運米船，恐地方承辦奉行不善，祇就該處運到商船截買，捏稱赴外採辦，圖省運脚，甚至吏役等藉端滋累，均所不免。是民間既無由買食商米，商販亦不如市糶之便易流通，於民食倉儲均無裨益。著傳諭高晉，就江省現在情形，熟籌妥辦。如果探聽江廣產米豐收之鄉，價平糧足，自應專派妥員，齎價前赴該省隨宜購覓，令各州縣領回，以備給發本色之用，一水之便，亦不致多費脚價也。若就近買補，於穀貴之年，必滋流弊，斷不可行。其應買補倉糧，俟歲豐減價時，再行補額。將此詳諭高晉知之。（高宗八四五、七）

（**乾隆三四、一〇、戊寅**）是月，兩江總督兼管江蘇巡撫高晉奏：江蘇各屬，應需採買缺額穀五十餘萬石。請以現存行月糶價盈餘銀兩，撥補採買。查大江以南，民食專藉米糧，江北一帶，兼食米麥雜糧，現在麥豆價值，每石自九錢至一兩三錢，較米價平減，且可就近採買。應令淮、揚、徐、海、通等五府州屬，不拘麥豆，擇其價平者購買。得旨：如所議速行。（高宗八四五、五九）

（**乾隆三四、一二、乙亥**）兩江總督高晉覆奏：遵查江蘇所屬州縣，糧價現未平減。委員向各產穀省分探聽，價亦高昂，自應遵旨暫停採買。惟是本年被災各屬，來春正需借糶兼行，倉穀多有不敷，如江寧、高淳、六合、江浦、陽湖、無錫、江陰、宜興、丹陽、鹽城、泰州、東臺、興化、通州等十四州縣缺額過多，必須通融籌撥。查江寧司倉現貯從前捐監米九千餘石，請撥補江寧、高淳、六合三縣。其餘倉儲不敷州縣，即在鄰近稍裕之各縣協撥。得旨：如所議行。（高宗八四九、二六）

（**乾隆三七、三、乙丑**）安徽巡撫裴宗錫奏：鳳、泗所屬州縣及鳳陽等衛，上年被災，現米每石，價一兩四五錢不等。（高宗九〇五、三六）

（**乾隆三七、九、丁巳**）諭軍機大臣等：據薩載奏，江蘇省秋禾收成，俱實有十分，及檢閱糧價單，則於徐州府屬下，註有價貴字樣，其餘各府，亦俱係價中，殊不可解。今年江蘇豐稔倍常，米糧必甚饒裕，價值自應平減，何以徐州時價尚貴，而各府亦仍屬中平？十分豐收之年，不應如此，自來從無十二分收成之事，然必如何方能米穀價平乎？若非糧價單不足爲憑，即係收成分數，未必盡實。著傳諭薩載，即行查明據實覆奏。尋奏：奉諭轉飭確查，據江寧、蘇州兩藩司覆稱，開報糧價，係將上中糙三色米價，折中計算，價在二兩外者，註價貴，一兩五六錢，註價中，一兩二三錢，註價平。近年各項糧價平減，惟大米價，尚在一兩五六錢以上，是以江蘇等屬，概註價中。至徐州府屬，種稻甚少，大米由豫省及揚屬販往，脚價較重，現二兩至二兩七錢不等，故註價貴。其實本處所產雜糧，俱屬平減。得旨：因徐續奏米糧價，所降諭旨甚明，足見汝等依樣畫葫蘆，無二實心任事者，亦

不止此一事也。(高宗九一七、一六)

（**乾隆四一、二、丁卯**）江蘇巡撫薩載奏：被災歉收之上元、江寧等州縣，本年平糶，應將每石一兩七錢者，減一錢；一兩八錢至二兩者，減二錢；二兩以外，減三錢。成熟州縣，照依前價減糶，以五分、一錢、一錢五分爲等。如價在一兩以內，無庸平糶。報聞。(高宗一〇〇三、三三)

（**乾隆四一、三、戊寅**）安徽巡撫李質穎奏：安慶廬州府被災各屬，應豫籌減糶。查各屬米價，每石自一兩二錢至二兩不等。(高宗一〇〇四、一一)

（**乾隆四三、九、癸巳**）又諭：本日楊魁奏報各屬七月分糧價單內，如江寧、蘇州、鎮江、揚州等府屬米麥時價，俱注有比上月減字樣，殊爲不解。今歲江寧等屬，夏間均各短雨，及得雨以後，亦未能一律補種晚禾，秋收未免歉薄，何以四郡糧價，轉較上月有減？或係川省商販，於文綏未辦以前，業已運至江省，因而米價漸平，抑或安徽未經被災之處，悉已成熟，米糧較多，各商因得運販下江，源源接濟，以致市價平減。著傳諭楊魁，即將實在情形，查明據實覆奏。尋奏：閏六月以前，雨少水淺，商米不能軱運入市，糧價稍增。迨七月連得透雨，河港水長，販運流通，且松、太等屬秋收本豐，餘米出糶，是以市價比前平減。得旨：覽奏稍慰。(高宗一〇六六、一八)

（**乾隆四四、二、甲申**）安徽巡撫閔鶚元奏：安徽太平、廬州、鳳陽、潁州、六安、泗州、滁州、和州等府州屬，上年災歉，雖疊經賑卹，現屆青黃不接，糧價增長，請減價平糶。市價每石一兩四錢上，減一錢；一兩七錢上，減一錢五分；二兩上，減二錢。麥、豆每石照市價減一錢。雜糧，減五分。其因隣災區，米價亦增之州縣，照存七糶三，分別減糶。價一兩五錢上，每石減五分，一兩五錢內，不減糶。報聞。(高宗一〇七七、四二)

（**乾隆四六、七、甲子**）諭軍機大臣：閔鶚元奏，江蘇崇明縣猝被潮災，民間蓋藏盡失，請照乾隆十二年崇邑災案，移會安徽撫臣，准令崇商於本年額買米石外，寬餘加買，以資接濟等語。此係救災之事，亟應爲者，已於摺內批示矣。崇邑猝被風潮，議籌民食最爲急務，所有該縣商民赴上江採買米石，應如所請，即移會安徽撫臣，准其於定額外，寬餘加買，以裕民食。(高宗一一三七、三〇)

（**乾隆四八、二、丁丑**）江蘇巡撫閔鶚元奏：上年歉收各屬，糧價較昂，應分別減糶。請將每石米價一兩七錢者，減一錢；八錢至二兩者，減二錢；

二兩以外，減三錢，麥價一兩四五錢，豆價一兩二三錢，均減一錢，麥至一兩六錢外，豆至一兩四錢外，均減二錢。得旨：覽。（高宗一一七五、二）

（乾隆四八、三、丁未）安徽巡撫富躬奏：安省上年被災各屬，瞬屆青黃不接，應豫籌減糶。請將米價每石一兩四錢以上，減一錢；至七錢以上，減一錢五分；至二兩以外，減二錢。麥豆，照市價減一錢，雜糧，減五分。至成熟州縣，照存七糶三之數，一兩五錢以上者，均減五分。報聞。（高宗一一七七、一）

（乾隆五〇、三、戊寅）安徽巡撫書麟奏：亳州等處，自上年賑貸以來，本年正月，復將被災稍重之亳州貧民，概行加賑一月。茲瞬屆青黃不接，糧價漸增，據布政使陳步瀛，議請將上年被災各屬，市價每石在一兩四錢以上者，減銀一錢；一兩七錢以上者，減銀一錢五分；二兩以外者，減銀二錢。如有請糶麥豆者，每石照市價減銀一錢，其餘雜糧，每石照市價減銀五分。至成熟州縣，應就現在倉貯，酌量地方情形，如價在一兩五錢以上，每石減銀五分，價在一兩五錢以內者，概不准其出糶。倘有存倉米穀及麥豆雜糧，實在年久，不堪再貯者，仍遵存七糶三之例，隨時出陳易新，無庸減價。所糶錢文，照市價易銀，解貯司庫，分別麥熟秋成，飭發購買還倉。臣覆查所議平糶價值，均係酌量情形辦理，應請准其照辦。報聞。（高宗一二二七、二三）

（乾隆五〇、九、乙卯）又諭：據福崧奏，浙江杭、嘉、湖三府屬，雨澤愆期，秋成不免歉薄。外省米船到浙稀少，糧價較前漸增。體察情形，歲內民食，尚不至於缺乏，至明歲青黃不接之時，恐米少價昂。請照乾隆四十三年之例，招商販運閩省臺灣倉穀，以資糶濟等語。前浙西杭、嘉、湖三府屬缺雨歉收，已節次降旨，令該撫飭屬開倉平糶，俾市價不至日增。雖現在民食有資，而明歲青黃不接之時，本境米糧漸少，外省商販不前，必須豫爲籌畫。今該撫請招商販運臺灣倉穀，以資接濟，是亦籌辦之一法。閩浙境壤毗連，雅德係兩省總督，浙西民食，該督亦應悉心籌辦。著傳諭雅德，飭屬俟浙省商人至臺灣販運時，妥爲照料。俾商販迅速開行，得以源源赴浙，米糧充裕，於糶濟方爲有益。至福崧奏，請派員赴四川採買，所辦亦屬可行。前已節次諭令李世傑，遇有各省赴川販買米糧，該處不得居奇，並諭湖北省毋得攔截，則販運可以流通，浙省米糧，自更爲充足。將此傳諭雅德，仍將籌辦情形，速行具奏。並諭福崧知之。（高宗一二三八、一九）

（乾隆五〇、九、癸酉）諭軍機大臣等：前經降旨雅德，令其飭屬俟浙省商人至臺灣販運時，妥爲照料，俾迅速開行。本日據雅德奏，浙省各屬缺雨，現在開倉平糶一摺。另片稱閩省晚禾茂實，糧價平減，並未言及海運米石接濟浙省，看來雅德猶有畛域之見。閩浙兩省俱係總督所轄，遇有地方災旱，自應視同一律，酌量挹彼注茲。今浙西秋成既薄，米販復稀，閩省境壤毗連，本年秋收又屬豐稔，自當以閩省之有餘，補浙省之不足，乃福崧已籌辦具奏，而雅德竟無一語奏及，殊非通融調劑之道。各省總督，往往於駐劄之省，意存護庇，而於兼轄省分不免稍爲歧視，殊不知同一總督所轄，而不爲之通融酌劑，設小民以災旱失所，總督能逭其責耶？將此傳諭知之。並著速飭所屬，於浙省商販到臺時，平價應糶，不使守候居奇，以資接濟。（高宗一二三九、二二）

（乾隆五一、四、己卯） 諭軍機大臣等：據書麟奏，安省常平、豫備二倉，存貯麥豆，若照向年平糶章程，每石減銀一錢，未免仍虞食貴，請按照市價，分別減銀二錢三錢等語。安省上年被旱成災，米豆價值昂貴，自應減價平糶，以資接濟，原爲災黎之計。但從前京師平糶時，多由鋪戶私自雇人，充作貧民，前往糶買，藉以囤積漁利，轉致百姓不得實惠。今安省減價平糶，恐此等奸商漁利，在所不免。著傳諭書麟，務須加意留心，督飭所屬，實力稽查，勿使奸商刁販假充貧民，藉端取利，俾窮黎得以賤價糶買，口食有資，方爲妥善。（高宗一二五二、一一）

（乾隆五一、六、乙亥） 諭軍機大臣等：據閔鶚元奏到，江蘇省四月分糧價清單，內開蘇、常兩府屬米麥價，及太倉州屬麥豆價，俱比上月加增等語。江蘇上年雨澤短缺，歲收稍歉，民間糧價較增，尚爲事所應有。至本年蘇、常等屬，前據該撫等奏報春雨霑渥，麥收約計十分，當此民食充裕之時，一切米麥等項，市價自當漸就減落，即或未能頓減，應亦不過照前，斷無轉比上月加增之理。此必係奸商爲富不仁，知本年春熟豐收，糧食勢在必減，豫行增價糶賣，至麥收穀賤時，少爲減價，尚可與上月相同。似此有增無減，伊於何底？市儈伎倆，最爲可惡。朕厪念民依，無時暫釋，遇各省陳奏糧價，一一詳加檢閱，先事咨籌。督撫身任封疆，於關係民生事件，尤宜時刻留心。如該處有奸商擡價居奇之事，務須訪查確實，嚴行究辦，懲一儆百，使奸商無所施其伎倆，而窮民得霑實惠，方爲妥善。著傳諭李世傑、閔鶚元，即飭屬嚴密查辦。並將蘇、常、太倉各屬糧價，因何開列價增之處，據實覆奏。尋奏：江蘇地方，全賴客米接濟，糧價增減，視以爲準。本年自正月起至四月止，正值蘇杭糧艘北上之時，河道擁擠，江楚米商來蘇者，僅販到五萬餘石。彼時二麥雖豐，尚未刈穫，是以價值翔湧。至四月後，商販絡繹，麥已豐收，遂漸次平減。查五月下旬，已較四月減去三四錢不等。報

聞。（高宗一二五六、四）

（**乾隆五二、四、甲寅**）又諭：向來閩省內地民食，全賴臺灣稻田豐熟，得以源源接濟。現在賊匪林爽文等糾衆滋事，農民未能及時栽種，朕心深爲軫念。通省民食，關係緊要，必須豫爲籌畫，俾糧食充裕，市價不致翔踴，方爲妥善。浙省溫、處一帶，與閩省毗連，從前該省商販，往往由海道運至閩省接濟。現距秋收之期尚遠，彼時閩省竟無須鄰省接濟，固屬甚善，倘民食稍有未敷，即應設法早爲調劑，俾得有備無患。李侍堯統轄閩、浙兩省，著會同徐嗣曾悉心酌議，豫行知照浙省，屆期如有必須接濟之處，即委員採買，務令裒多益寡，民食無虞缺乏。至閩省因有臺灣之事，內地糧價，自不免稍昂。倘有奸商乘機囤積，居奇射利，最爲可惡。著該督等飭屬密訪嚴查，一經拏獲，即應從重懲辦一二，以儆其餘，不可稍存姑息。（高宗一二七九、四）

（**乾隆五四、一、乙亥**）安徽巡撫陳用敷遵旨覆奏：上年安省被水各屬，均係一隅偏災，民食無虞缺乏。各州縣中米價，自一兩二錢五分至二兩不等。臣已飛札湖南撫臣確查，如湖南水次糧價，比安省稍減，不致多費運脚，臣即酌提銀兩派員赴運。如湖南穀石，僅敷本省之用，或與安省糧價不相上下，即毋庸往返購運，仍責成該管府州，就各地方情形，勒限買補。得旨：是，知道了。（高宗一三二一、九）

（**乾隆五四、八、庚午**）諭軍機大臣等：據琅玕奏報雨水糧價情形，摺內稱浙省各府屬地方，於六月內，節次得雨普徧，即仁和等十三縣，於上中二旬未獲優霑，亦已於七月初七、初十等日連得大雨，高下深透，均可一律豐收等語。該省雨澤既經霑足，收成可期豐稔，則各屬米麥價值自應日就平減，乃閱該撫糧價單內，有每石比上月較增一二分至四五分不等之處，而摺內未據敍及增價緣由，殊不可解。若年歲果屬豐登，市價何以轉臻昂貴？該撫所奏未免自相矛盾。著傳諭琅玕，即將該省糧價，因何轉有增加之處，查明據實覆奏。（高宗一三三七、四）

（**乾隆五五、六、戊午**）又諭曰：伍拉納奏福建省四月分糧價單，內開福州府屬，上米每石銀一兩三錢至二兩二錢二分；臺灣府屬，上米每石銀一兩七錢八分，至二兩五錢等因。向來臺灣爲產米之區，一歲三熟，糧食最爲充裕，價值亦甚平減，福建省內地各屬，俱藉臺灣米石，陸續內運，以資接濟。是臺灣米價，較之內地本應平賤，何以此次所開糧價，福州所屬僅係二兩二錢，而臺灣反至二兩五錢？其中殊有關係，此必因前年勘辦林爽文軍需所用米石較多，其時價值不無昂貴，而地方官至今尚沿習舊時糧價，設令官買，必致易於冒銷，故隨意具報。該督亦未留心查覈，僅照所報文稟依樣具奏，以致所開臺灣米價，反貴於內地。該處自前年平定以後，一切兵民糧戶，皆安居樂業，耕作如故，並未拋荒田畝，則一歲所收多餘米石，自必照常運往內地銷售。何以該處反致短少昂貴？著傳諭伍拉納，即將臺灣糧價如何較內地轉增，及該處田畝是否尚有拋荒，或其中另有別故，查明據實覆奏。並著奎林、萬鍾傑，將以上指出各情節，一并詳晰另摺具奏，毋得稍有隱飾迴護。尋伍拉納奏：臺灣究因兵燹之後，民鮮蓋藏，牛具籽粒，不無拮据，且一經收穫，留貯稍多，市肆糶賣較少，糧價轉昂。現早稻豐收，可期平減。至官買冒銷之弊，惟有隨時留心體察。報聞。（高宗一三五六、一七）

（**乾隆五五、九、丙午**）臺灣鎮總兵奎林、按察使萬鍾傑等奏：臺灣向來所出稻穀，原較內地充裕，糧價甚賤。自林爽文滋擾，民多失業，米價昂貴。於五十三年平定，百姓陸續歸耕，糧價日減。至地方官每月所報糧價，雖與市價相符，仍不免豫爲採買地步，冒昧開報。惟有細心體察，不使稍有混冒。得旨：何處無弊，查之以實可也。（高宗一三六三、四二）

（**乾隆五八、五、丙辰**）諭軍機大臣曰：浦霖奏雨水糧價情形，摺內稱三月分通省米價，雖較上月微有加增，而覈計仍屬中平。如有市價漸增，必須官爲接濟，即將常平倉穀酌量出糶等語。所見殊屬非是。閩省自近年以來，連歲豐收，而本年又復雨水調勻，早禾已經揚花吐穗，豐登可以豫期。其三月分米價漸增之故，不過市儈壟斷伎倆，見今歲有秋，可卜米糧充裕，先將價值豫行擡高，以爲將來減落地步，仍可復還原價。若該撫遽以市價漸增，即思將倉穀平糶，愚民無知，竟似歲涉歉收，將糧石紛紛囤積，轉致糧價增昂，於民食有礙，而奸儈仍藉以射利。此等市價長落，祇可聽其自便，不必官爲辦理。所謂民可使由，不可使知也。況該撫摺內稱，三月分米價稍增，而覈計仍屬中平，是更無庸亟思開倉平糶，致啟奸商囤積擡價等弊。將此傳諭知之。（高宗一四二九、一四）

（**乾隆六〇、四、甲午**）諭曰：吉慶奏，……閩省漳、泉一帶米價昂貴，現飭沿海各縣，遇有閩商來浙採買，無許居奇阻遏，並將各州縣倉穀碾米十萬石雇船運往等語。此事昨據浦霖奏，請赴浙採買，已有旨令吉慶等幫同辦理。茲該撫尚未接奉諭旨，即豫先籌備，所辦尚是。惟當督飭所屬，迅速運往，以濟民食，方爲妥善。（高宗一四七六、二一）

（**乾隆六〇、七、癸酉**）諭軍機大臣曰：……再據魁倫奏，漳泉等處米價，自二兩七錢至三兩二錢等語。因命軍機大臣，將順天府奏京城糧價比較,漳泉米價貴至八錢及一兩三錢不等,雖較春夏間糧價已屬大減,但每石尚至三兩左右,究未免昂貴。著傳諭該督撫上緊設法調劑,以平市價而便民食。(高宗一四八三、一七)

(乾隆六〇、八、戊申)又諭曰:陳淮奏七月分糧價,較之上月又減銀二分至五分不等之語。覽奏欣慰。本年江省雨水調勻,夏收豐稔,市集糧價,日就平減,將來晚禾登場之後,當較六七兩月價值更賤,他處聞風販糴,諒必源源而來。著傳諭陳淮,務當督飭所屬,嚴禁市儈囤戶人等,無使攙價居奇,以期商販流通,俾隣近歉收地方得資接濟,不可意存畛域,致有遏糴也。(高宗一四八五、二六)

(乾隆六〇、一二、甲午)諭軍機大臣曰:魁倫奏,……臺灣米價,現糶二兩四五錢不等,商船間有進口等語。商船內渡,漳泉一帶米價自漸平減,該署督等尚當隨時調劑,設法招徠,務俾臺米源源內運,漳泉糧價大減,小民無復食貴之虞。(高宗一四九三、七)

(乾隆六〇、一二、癸卯)諭軍機大臣曰:姚棻奏雨水糧價情形一摺,據稱,延平、邵武等府糧價比九月稍減,福州及漳、泉三府遞有加增,至臺灣府屬秋收未能一律豐稔,米價尚在二兩以上,合計通省各屬豐歉不一,而豐收之處較多等語。所奏殊屬含混。閩省地方,臺灣向稱三熟,即漳、泉二府並內地各府屬,皆賴臺地收成豐稔,米石流通,方可接濟通省。其餘各屬山多田少,即使秋成較稔,亦僅可自給,豈能沾及他屬?今延平、邵武等府,糧價雖屬平減,而漳、泉二府現有加增,臺灣米價在二兩以上,亦屬昂貴,則產米之地未爲豐旺,其餘各屬米糧自必更形短絀。乃姚棻尚稱合計通省豐收之處較多,竟不免有諱飾之意,殊屬非是。姚棻著傳旨申飭,並著傳諭魁倫等,將閩省各屬現在糧價是否不至騰貴,民食有無妨礙,及如何設法調劑,俾小民口食有資之處,據實覆奏,毋得稍有隱飾。(高宗一四九三、一八)

(嘉慶一、五、庚午)諭軍機大臣等:姚棻奏雨水糧價情形一摺。閱所開單內,泉州府屬米價,自二兩五錢至三兩有餘,漳州府屬米價,自二兩八錢至三兩三錢不等。是該二府糧價尚屬昂貴,應於摺內另行聲明,何得與福州等府價中之處,一併列入。豈米價至三兩有餘,尚不爲昂,必至四五兩方爲價貴乎?朕念切民瘼,各省糧價清單,無不詳加披閱。閩省漳、泉二府,前因米價稍昂,節次降旨,飭令妥爲調劑,此二處尤繫朕懷,宜另詳悉奏聞者。豈姚棻以此項糧價清單,朕並不寓目,率行任意填寫耶?姚棻何不留心民事若此!著傳旨申飭。並著將漳、泉二府糧價是否漸就平減,臺米曾否可以接濟,民食有無拮据之處,留心查察,妥爲籌辦,毋得稍有諱飾。(仁宗

五、一九)

（嘉慶二、七、甲申）諭軍機大臣等：朱珪奏，廬州、鳳陽、滁州所屬，得雨未能深透。又披閱閏六月糧價單內，有較上月貴至二三分者。江南地方，得雨較易。如此時該處已得透雨，田禾暢茂，可望有秋，而糧價亦隨時平減，則已。儻雨澤尚未霑足，糧價仍屬加增，該撫務當察看情形，有應需接濟之處，即據實速奏。將此傳諭知之。（仁宗二〇、一四）

（嘉慶一四、七、乙酉）諭內閣：……即如浙江省本年並無水旱偏災，所產米穀，自足供閭閻粒食，市價亦應平賤。乃據該御史〔潘恭辰〕稱，自三、四、五等月以來，每米一石，自制錢三千三四百文起至三千八九百文不等，甚爲昂貴。（仁宗二一六、一二）

（嘉慶一四、八、辛卯）又諭：本日給事中史祐奏：……近年蘇松、常鎮，秋收豐稔，川廣米販又多，而去歲五六月以來，米價驟貴，賣銀五兩有零至四兩以外，皆由該關海禁不嚴等語。…著該督撫密訪詳查，大加整頓。（仁宗二一七、四）

（嘉慶一四、八、乙巳）諭軍機大臣等：穆克登布奏澍雨頻霑、田禾暢茂情形。及閱所開糧價，而淮安、海州竟貴至四兩七八錢之多，……顯係食米多出外洋……所致。著阿林保、蔣攸銛實力整頓，認真查禁。（仁宗二一七、一六）

（嘉慶一九、八、丙子）諭軍機大臣等：御史張鑒奏，浙江省五六月間缺雨，田禾枯槁，米價騰貴。地方官禁舖戶增價，各舖戶因成本既貴，難於虧折賤賣，是以一石以上皆不肯賣，甚有停止歇業者。又浙省商販之米，聚於長安鎮，爲米商四集之所。該省大員飭委嚴查囤戶，未免滋擾，以致富戶不敢置買多米。外來之米既少，必更形短缺等語。各省地方豐歉不齊，全賴商販流通，各就產米盈餘之區，源源接濟，則民食尚不致匱乏。浙省民稠地狹，即遇豐收之年，亦資外來米穀協濟。若因一時米貴，抑勒各舖戶減價出糶，又以嚴查囤戶爲名，索詐擾累，本地殷戶既不敢多存米石，外省米商又裹足不前，將來本境之米食盡，明春青黃不接之時，窮黎必致坐困。著顏檢即查明該省歉收情形，市糧價值，斟酌盈虛，出示曉諭。務俾商販米石源源而來，米糧既多，其價自減，方於民食有益。不可膠柱鼓瑟，祇取給於目前，而不通籌全局也。將此諭令知之。（仁宗二九五、八）

4. 四川、湖北、湖南、江西

（康熙四八、七、乙亥）諭大學士等曰：偏沅巡撫趙申喬、湖北巡撫陳詥、江西巡撫郎廷極等奏，湖廣、江西稻穀豐收，沿江販米甚多。而近日江浙米價愈貴，朕爲民生計，時切憂勞，輾轉思之，上江之米，不禁其沿江而下者，特欲使江浙米價平耳。今富豪之家，廣收湖廣、江西之米，囤積待價，於中取利，雖米船沿江而下，而糶賣之米愈少，此事關係貧民甚大。爾大學士及九卿諸臣，皆國家倚賴之人，所以爲民生憂慮者，必與朕同，當何如有濟於民，著公同詳議速奏。（聖祖二三八、七）

　　（**康熙四八、七、己卯**）大學士九卿等遵旨議覆：江西、湖廣產米甚多，但恐富豪奸商廣收米石，囤積圖利，以致貧民愈困。應檄各該督撫，選委廉能官員，凡有名馬頭，令其嚴行察訪。如有富豪人等將市米囤積者，即令在囤積之處，照時價發糶，不許囤積，違者以光棍例治罪。其有販米私出外洋者，令沿途文武官弁嚴查禁止，使湖廣、江西販買之米，俱入江南浙江地方，則米價自平，似於貧民有益。上諭大學士等曰：朕因湖廣、江西之米，商販由江而下者多，而江浙米價不減，故命爾等會議。閱爾等所議，與朕意迥殊，如照爾等所議定例，禁止囤積米石，則胥役借此稽查，徒滋需索而已，不但於百姓無益，反至受害矣。爾等但言其枝葉，未嘗究其本源。朕意以爲必於本源之地清查，自無收買囤積之弊。湖廣、江西之米，或江浙客商，或土著人民，某人於某處買米石若干，清查甚易。應行文湖廣、江西督撫，委賢能官，將有名馬頭大鎮店，買賣人名姓及米數，一併查明，每月終一次奏聞。并將奏聞之數，即移知江浙督撫。湖廣、江西之米，不往售於江浙，更將何往？此米衆所共知，則買與賣，不待申令，而米之至者多，即大有利於民也。可將朕諭旨宣示在京九卿，令檄行湖廣、江西、江南、浙江督撫。（聖祖二三八、八）

　　（**康熙四八、九、丙午**）又諭［大學士］曰：近來科道言事，必有所倚藉，方始上疏。至有關國計民生者，全不念及。如朕因江浙年歲歉收，米價騰貴，令江西、湖廣米商報名，不許積囤，沿海一帶禁約不許出洋，聞江浙米價皆平矣。科道何不言及耶？朕凡遇饑荒，即蠲本年錢糧及歷年逋欠，又留漕賑濟，但恐民未必得沾實惠。聞江南有催徵蠲免錢糧，以償己之虧空者，科道何以不行指參？（聖宗二三九、八）

　　（**雍正二、四、丙辰**）諭：……近聞楚省穀石，現價四、五錢不等。（世宗一八、一八）

　　（**乾隆一、二、辛卯**）諭大學士張廷玉：湖南爲產米之鄉，向來米價平時，每石不過七八錢。近聞湖南省城，米價騰貴，自正月二十四五以後，每石貴至一兩七八錢不等，民間有艱食之慮。爾可密寄信與史貽直、鍾保，即

速計議作何料理。似應將常平倉穀，減價平糶，以濟民食。將來青黃不接之時，更宜豫爲籌畫，毋致閭閻受困。（高宗一三、二四）

（**乾隆一、三、甲子**）［署湖廣總督史貽直］又奏報：楚南糧價，漸次平減，俟昂貴時，當即減糶。得旨：米價騰貴之語，原屬風聞，卿等身任地方，如此辦理自是。四五月間，米價昂貴，固宜豫籌。至於黔省兵革之後，倘若應須接濟，尤不可不早爲慮及也。（高宗一五、三三）

（**乾隆三、九、己卯**）湖廣總督宗室德沛奏：江南今年歉收，採買楚省穀石甚多，兼以閩浙等省亦陸續來楚採買，以致米價騰貴。（高宗七七、二一）

（**乾隆四、九、癸酉**）湖南巡撫馮光裕奏：楚南各屬豐收，而米價不能平者，皆由奸牙囤積之故，現在嚴行禁止。除江南、湖北委員採買，必不可緩外，其本省應加貯之處，容另籌奏聞。得旨：此見甚是。妥協相機辦理可也。（高宗一〇一、二三）

（**乾隆五、閏六、己酉**）户部議覆：湖南巡撫馮光裕疏稱，……自寶慶府城起，歷邵陽、靖州等處，……米價每升一分五釐。（高宗一二〇、二九）

（**乾隆六、七、甲戌**）户部議覆：署湖南巡撫許容奏稱，乾州、鳳凰、永綏三廳，俱係新闢苗疆，在萬山之中，產穀有限。其赴倉糶買，類皆踰山越嶺，跋涉往回，糶穀一斗，所減不滿三釐。請嗣後豐年平糶，聽其照市價隨時酌減，仍與以限制。鳳所每穀一石，不得過八分之數；乾廳之穀，每石亦不得過五分；綏廳之米，每石亦不得過一錢。臣部以減價過多，秋成不敷買補，必致帑項有虧，且恐奸户開囤積之端，州縣滋冒銷之弊，於民食亦無裨益。應毋庸議。得旨：照該撫所請。（高宗一四六、二九）

（**乾隆七、八、丙辰**）湖南巡撫許容奏：近日米價增貴，因商販源源搬運，鄰封官買，亦有咨會，理無禁遏。竊計湖廣雖熟，在湖廣且難以言足也。得旨：所奏俱悉。各省採買，固非湖廣之所願，而各省嗷嗷待哺之民，尤幸有此也。若祇爲湖廣而行遏糶之政，非朕一視同仁之心也。（高宗一七三、三九）

（**乾隆七、一二、己酉**）户部議准：湖北巡撫范燦奏稱，被災各州縣衛，散賑不敷穀一十餘萬石，自應動項折賑。第乾隆七年地丁銀，除被災各屬，照例蠲緩外，其餘各州縣衛，尚未徵全，不敷酌動。應請在封貯銀內借給十萬兩，照每石五錢之例，分給折賑。俟乾隆八年地丁銀解部，照數歸還。得旨：依議速行。（高宗一八一、一六）

（**乾隆八、一一、己酉**）四川巡撫紀山奏：川省松潘，地處極邊，節氣寒冷，不產稻穀，全賴成都、龍安等府接濟。本年因郭羅克頑番一案，駐兵

及差使往來，需米愈多，市價昂貴。請於灌縣倉穀內，動撥六千石，運往平糶。得旨：應如是調停者。(高宗二〇五、二五)

（**乾隆九、一、戊申**）江西巡撫塞楞額奏：江右民多刁悍，家鮮蓋藏。近來米價貴於曩昔，倘措施稍有未協，貽誤正自不淺。得旨：數年以來，米貴之弊，各處皆然，是應平日留心撙節，方可有備無患耳。至察吏爲安民之本，尤當加意，而正己率屬，則在爾之自立何如耳。(高宗二〇九、一五)

（**乾隆一二、一、庚申**）湖北巡撫陳宏謀奏：湖北冬春連得雨雪，夏收可望豐稔，各屬米價平減，上年被水等處，目下正在加賑，小民不致失所。(高宗二八三、一八)

（**乾隆一二、四、丙子**）又諭曰：戶部議覆，四川巡撫紀山，奏請滿城應買穀石，悉照時價採買，并給運費一事，朕已降旨依議。但從前係本地採買，今因本地價昂，分發新繁等五縣採買，而各縣穀價，仍未減於本處，轉增腳費。是於折價八錢五分內，雖有留餘，惟是向來兵丁止扣除六錢，今又加增，如此酌辦，是否於兵丁有累。著傳諭紀山，令其查明奏聞。尋奏：查新繁等五縣穀價，較省城每石賤二三分，加以運費，每倉斗穀一石，總不過三錢七八分，以二穀一米計算，每米一石，亦不過七錢五六分，較之各兵中米一石，折銀八錢五分，除坐扣穀價運費外，尚餘銀一錢。是分發採買，米價雖稍增於從前，實仍於兵丁有益。報聞。(高宗二八九、一一)

（**乾隆一三、一、己酉**）戶部議准：四川巡撫紀山奏稱，松潘地處苦寒，鮮產稻穀。其食米全賴成都府屬之灌縣，龍安府屬之江油、彰明二縣商販。米價苦昂，每倉石二兩四錢，若止減價一錢平糶，兵民買食仍艱，請酌減二錢。從之。(高宗三〇七、一七)

（**乾隆一六、四、庚辰**）又諭：據德文奏稱，楚省正二月間，雨水過多，米價由一兩四五錢增至二兩不等……等語。……今歲湖北因上年稍歉，故正二月間，米價自一兩一二錢至五六錢不等，雖未至二兩，而民食已艱。(高宗三八六、二〇)

（**乾隆一六、六、戊申**）諭軍機大臣等：近聞江西米價甚昂，其最貴之處，有每石需價三四兩者。前據該撫於閏五月十七及本月初八等日摺奏，因上年贛州、吉安、臨江等府，晚禾稍歉，米石不能運省出售，湖廣上江米船，到省亦少，是以省城糧價稍昂。但亦止稱二兩二三錢，與所聞殊不相符。此或係道路傳聞之過當，抑係該撫前摺奏報稍減，不無存粉飾之見。著傳諭舒輅，令其即速查明，據實具奏。至碾米平糶外，作何設法籌辦，以裕民食處，該撫悉心酌議。並近日雨暘若何，民情若何，詳查據實速行奏聞。

尋奏：江西省城，四月分糧價，每倉石銀一兩六七錢，至五月中旬，長至二兩二三錢。隨照常例，開倉出糶，復碾米設廠平糶，旋減至二兩及一兩九錢不等。餘各屬總在二兩之內，惟廣信府屬之弋陽、貴溪等縣，至二兩五六，亦不出三兩之外。至於四兩，實係道路傳聞。現在省城穀價，因早禾登場，已減至一兩五錢一石，其各屬亦經漸減。得旨：覽奏俱悉。（高宗三九二、一九）

（乾隆一六、六、甲子）江西布政使王興吾奏：江西去年收成原不十分豐稔，本年五月以後，米價漸增。詳准撥運豐城等七縣之穀，合省城南、新二縣倉穀，碾米平糶，每日以五百石爲度。目下早穀登場，價漸平減，人情安帖。得旨：此事所奏頗遲，看汝謹慎自守則有餘，而察吏安民諸務，則未見奮勉也。慎之。（高宗三九三、一九）

（乾隆一六、七、丙戌）又諭……〔江西巡撫舒輅〕尋奏：前因廣信府屬之上饒、玉山、廣豐、弋陽、貴溪等五縣，并撫州府屬之東鄉、饒州府屬之鄱陽二縣，閏五月雨水愆期，糧價昂貴。且廣屬與浙省衢州連壤，恐聞彼處情形，民易滋釁，是以平糶時，委員彈壓。嗣得透雨，補種晚禾，民情亦遂安帖。節次奏報，係就當日情形，未能詳審大局，以致辦理周章，非敢故爲張大，有意粉飾。得旨：總之汝器小易盈，心無定見，所以諸事乖張耳。（高宗三九五、一七）

（乾隆一六、八、丁未）戶部議覆：湖廣總督阿里袞奏稱，通山、當陽二縣漕糧，向例每石連耗共徵折色一兩二錢五分，但近年楚北米價較昂，即屬豐年，總未能平至一兩二三錢之下。（高宗三九六、二一）

（乾隆一六、一二、己未）諭軍機大臣等：暫署兩廣總督新柱密陳，江西米價昂貴，及浙省赴江請糶情形一摺，皆據泉州府知府曾曰瑛所稟入告。該員莅任閩省，雖因汀郡民食起見，而其於鄰省收成米價，逐一詳細採訪。朕披覽之初，頗以爲能留心民瘼。轉思該員當係籍隸江西省，考其履歷果然，則曾曰瑛所稟，或出於桑梓之私情，而非盡屬公論矣。江西上饒等七州縣，今歲雖被偏災，調任巡撫舒輅，於一切賑卹事務，辦理亦多未協。但如所稟，浙省赴江請糶，按戶派買，減給官價，貽閭閻賠累之苦，或未免過甚其詞，然亦未必盡屬無因。著將新柱此奏，密行抄寄鄂昌，令將江西本年收成實在分數，米糧價值，并浙省赴江請糶有無派累滋擾，確切情形，密行察訪，據實奏聞。如有應行設法調劑者，亦即一面妥協辦理，一面奏聞，毋得稍涉隱諱。尋奏：廣、饒二府，得雨甚遲，收成六分，米價自一兩七錢至二兩六錢。其餘各屬，收成皆八分以上，米價自一兩七錢至二兩不等。至浙省並無請糴派累之事。現已檄各屬勸民興販,并鹽商等願出銀一萬兩,赴川廣販米。又先動司庫糴貯溢額穀價銀二萬兩,委員赴湖廣採買。再南安、贛州二府屬,現有存倉溢額穀,已令酌撥協濟。得旨:覽奏俱悉。(高宗四〇五、一〇)

(**乾隆一七、六、戊午**)署四川布政使覺羅齊格奏:川省五月以後,各處米價較昂。查上年秋成,原未十分豐稔,本年夏熟,亦止八分。又因下游江浙歉收之處,商販倍多,糧價陡長。但本年秋收後,倉儲買補,既不可緩,商客販運,又不便禁,兼之外省流寓日增,民間日食,有增無減,欲市價之平,恐難豫必。除臨時酌辦外,現與督臣籌畫調劑,務使民食無缺。得旨:覽。又批:所慮是,與督臣商議,無已,倉儲之補,或可緩耳。(高宗四一七、二七)

(**乾隆二〇、一二、戊辰**)署湖廣總督碩色、湖北巡撫張若震奏:湖北漢口鎮,本年米價每石銀一兩二三錢。近因江南販運,增至一兩八九錢。(高宗五〇三、二二)

(**乾隆五〇、一〇、丙午**)[湖廣總督特成額]又奏:……至沿江客米,自九月後,到過湖南船九百餘隻,四川船二百餘隻,米價較前漸減。(高宗一二四一、二〇)

(**乾隆五一、閏七、戊寅**)又諭:本日何裕城奏到六月分糧價單一摺,內價中者甚屬寥寥,餘俱價貴,自係該省實在情形。蓋緣去年湖北、安徽、江、浙等省前往糴買米石接濟,該省米石運出稍多,以致市價昂貴,亦未可定。是否如此,著傳諭何裕城遇便據實覆奏,嗣後該撫所奏糧價單,均應照此覈實開報,毋得因朕有此旨,稍存虛飾也。(高宗一二六〇、二二)

(**乾隆五一、八、己酉**)又諭:本日據何裕城奏到七月分糧價單,各府屬縣分,開註價貴者居多,本年江西省收成尚屬豐稔,即鄰近各省,亦俱雨水調勻,並未有前赴該省糴運糧米之事,何以各屬米麥豆價轉昂?著傳諭何裕城,將該處情形據實具奏,亦不可因有此旨,輒將價貴者改為平減,致有諱飾也。尋奏:江西糧價,查自去年至本年七月,因運往湖北、安徽等省米穀共一百餘萬石,市值因此稍昂,現晚稻豐登,糧價日就平減。嗣後惟有覈實具奏,不敢虛飾。報聞。(高宗一二六二、三〇)

(**乾隆五四、一二、戊午**)諭軍機大臣等:據李世傑奏川省十月分各屬米糧價值,披閱所報單內,打箭鑪地方,秈米每石銀五兩五錢零,小麥每石五兩零,與該處接壤地方價值一兩上下者,大相懸殊。因思打箭鑪地在邊陲,即係明正土司地方,本非產米之處,該處番人雜處,民戶無多,皆以青稞、油麥充食，無藉米糧。即有他處運往糧石，不過地方官衙門買食，亦與民食無關。若民間日食所需，果如所開價值，則閭閻生計維艱，更屬難資餬口。自係該處地官方向因承辦軍需，故將米糧多報價值，以為開銷地步，陋習相沿，未能覈實。李世傑亦僅據屬員稟報，照例具奏，未及詳查，竟成印板俗文。著傳諭孫士毅，即行查明打箭鑪米糧市價究竟若干，據實具奏。若該處民間向不以米糧充食，嗣後糧價單內，祇須開報青稞、油麥，其米麥等項，即可毋庸列入。（高宗一三四四、一四）

（乾隆六〇、七、丙寅）諭曰：畢沅等奏，大兵勦辦苗匪，運付口糧，湖南省於轉運較便之水次各州縣，覈其倉儲額數，酌量撥動碾米，解應供支。覈計通省常平額貯穀石，動用不及十分之二三，委無購之廛市，擾及閭閻各弊等語。前因官兵勦捕逆苗，需用米石稍多，若向市肆採買，恐民間米價或致增昂，曾降旨飭詢該督等，令其妥協辦理。今據奏，碾運米糧，俱於附近州縣倉儲動撥，並不向民間採買。楚南連歲豐稔，通省糧價中平，現在早稻登場，糧價更漸減落，農有餘粟，民不知兵。該督等所辦尚是，覽此稍慰。所有湖南辦理糧運司道府州縣，俱著交部議敘。（高宗一四八三、一）

（乾隆六〇、九、壬戌）諭軍機大臣曰：孫士毅奏到川省各屬七月分糧價清單，朕詳加披閱，各府州屬所開麥豆等項價銀，俱有較貴一分及二分字樣。四川素稱天府，地屬膏腴，無水旱之災，秋成常獲豐稔。即如本日據孫士毅摺內，稱該省雨暘時若，各屬無不豐登，何以糧價轉有增貴之處？此必係地方官因年歲豐收，豫為採買地步，是以先將糧價擡高，以便採買時開報貴價，希圖浮銷，而又不免勒買，欲占兩邊便宜，實昧良無厭，朕披覽之下，即已洞悉隱微。此事自不獨川省為然，如山東等省，現在奏請採買，恐似此擡高價值情事，均在所不免。朕辦理庶政，無微不入。此等外省矇混之習，豈能於朕前嘗試耶？著傳諭孫士毅，並各省督撫，嗣後辦理採買等事，務須從實妥辦，毋得稍涉虛浮。但朕此旨祇為杜絕地方州縣藉端浮冒之弊，並非欲粉飾太平。該督撫等不可誤會朕意，因有此旨，即意存虛飾，甚至勒令屬員，將糧價減數具報，致有諱災之事，方為不負委任。（高宗一四八六、五三）

（乾隆六〇、一一、丁巳）諭軍機大臣等：據孫士毅奏到九月分四川省各屬糧價清單，內順慶、龍安、嘉定等府，並綿州、酉陽州、打箭鑪等處，麥子青稞每石價銀較七月間有貴至一分者。本年四川省年歲豐收，糧食充裕，價值自當平減，何以順慶等處麥稞價值轉有加增？雖僅貴至一分，究屬增長，未免有妨民食，自係該處奸商等見現在糧米豐登，有意高擡糧價，以爲減落地步，亦未可定。民間糧價，長落無定，原不能官爲經理，但於民食攸關，不可不留心查察。著傳諭孫士毅，即查明順慶等府各屬麥稞價值，因何較上月稍增，是否有妨民食，或須調劑，即行飭屬妥辦，務期糧價日就平減，俾小民不致有食貴之虞，方爲妥善。（高宗一四九〇、一二）

（嘉慶二、六、丙子）又諭：姜晟奏〔湖南〕四月分糧價，多有較上月貴至三、四、五分不等。或因廣西、貴州現赴該省採買糧石，爲數略多，以致時價增長，查明據實具奏。並著該撫留心體訪，嚴禁市儈居奇，俾市價漸臻平減。（仁宗一八、七）

（嘉慶七、九、己丑）諭內閣：給事中魯蘭枝奏，謹陳籌荒一得一摺。本年江西省閒被水旱，收成歉薄，業經加恩緩徵給賑，並撥兩淮鹽義倉穀十萬石，運往平糶，以資接濟。但此次被荒之地較廣，自須商販米運流通，更於民食有裨。惟該給事中所稱該省士民，有願赴川買米者，請官給路票一節，此不可行。地方殷實之戶，誼切桑梓，運買濟糶，自應各從其便，若令赴官領票，轉多一番擾累。至沿途遏抑，例禁綦嚴，著飭諭經過各關口，遇有運米船隻過境，祇須驗明並無夾帶私貨，立即放行，不得勒索分文。並諭該督撫嚴禁沿途刁民，勿許強留阻奪，庶商販聞風踵至。（仁宗一〇三、一八）

（嘉慶八、閏二、丙子）諭內閣：秦承恩奏，江西南昌、瑞州等屬糧價過昂，請旨大加減糶等語。南昌、瑞州各屬地方，上年偶値偏災，收成歉薄，節經加恩賑卹，並諭令減價平糶。茲據奏糧價較之常年，增長過倍，若僅照例減糶，則祇一錢，即至減亦不過三錢，恐市價一時不能驟平。自應大爲調劑，以濟民食。著將南昌、瑞州等屬，糧價在二兩四五錢者，每石減銀二錢，價在二兩六錢至二兩八錢者，每石減銀三錢，價在二兩九錢至三兩一錢者，每石減銀四錢，價在三兩二錢至三兩四錢者，每石減銀五錢，統俟市價平復，再行停止。該撫即督率地方官，認真經理，務期於小民生計實有裨益，毋任胥吏市儈從中滋弊。以副朕惠愛黎元至意。（仁宗一〇九、五）

（嘉慶一九、三、丙午）平糶湖北當陽縣倉穀。（仁宗二八七、二〇）

5. 兩廣、雲、貴

（康熙五二、三、庚子）諭大學士九卿等：朕聞廣東米價騰貴，每石賣至一兩八九錢至二兩不等。將軍管源忠，亦因米貴具摺奏聞。朕軫念天下民生，無閒遠邇，雖邊徼之外，視之猶輦轂之旁也。粵地素號產米之鄉，從無價高至一兩以上及二兩者。茲米價驟增，小民必致艱食，督撫係封疆大吏，凡有關地方事務，隨所見聞，應即據實陳奏。今萬里情形，朕已周悉，而伊等漫無奏報，殊屬懈忽。前福建歲荒米貴，朕特旨截漕數十萬，由海道轉運賑濟，諭旨方頒，市價立平，於地方大有裨益。今廣東亦宜照福建截漕海運。朕因詳詢投誠海賊陳尚義等，目今截留江南漕糧，可否由海轉運廣東，據稱截江南漕糧，由海轉運，八九日可至福建，自福建八九日可抵廣東。但此事關係重大，非微賤所敢身任，現今風勢不順，斷不可轉運，必至八九月後北風漸利，始可轉運等語。朕意於八九月後，將水師營戰船裝載米石運送，易於到廣，而兵丁亦并可熟練水務。其天下地丁錢糧，前已於三年內，全免一周。今粵地米價翔湧，若將本年地丁錢糧，仍行催徵，則民力維艱，難免輸將之苦。應將本年地丁錢糧，停其催徵。遣趙申喬等，前往廣東，會同督撫，將朕軫念民生至意，刊示宣布，以慰輿情。再恩詔內，有賞賚綠旗兵丁一款，即令趙申喬等乘便動支彼處庫帑，親行核實，按名逐一散給，俾各沾實惠。爾等會同確議具奏。又諭曰：國家幅員甚大，水旱豐歉勢有不齊，凡遇歉收之年，督撫等但據實速報，則或蠲賑，或停徵，先期酌行，於百姓乃有裨益。至所奏地方官員捐俸賑濟，皆虛名而已，何益之有？州縣為親民之官，科目出身之人，亦多有迂疏不能辦事者。惟張鵬翮任浙江巡撫時，闔省錢糧，七年全完。馬齊任山西巡撫時，亦全完七年錢糧。其餘各省，報數年錢糧全完者，未之有也。（聖祖二五四、九）

（康熙五二、六、辛卯）戶部題：廣東省米價騰貴，總督趙弘燦、巡撫滿丕，隱匿不報，應交吏部議處。上諭大學士等曰：趙弘燦、滿丕，居官不善，於地方之事，不思効力，務為隱匿是實。聞奉差大人至廣東時，民人懼怵，焚香迎接。奉差係國家大臣，督撫獨非大臣乎？觀此可知民情所向矣。廣東米價，先增至三兩一石，今止需一兩六錢矣。朕留意民瘼，悉心採訪，諸凡地方之事，此處不報，他處必有奏報者。即如盛京之事，盛京不報，但問烏喇往來之人，即知之矣。朕前巡幸江南時，預聞江南有賊，後果有一念和尚叛案。總之事貴預防，朕聽政年久，一聞地方荒歉等事，皆先為籌畫措辦，以消患於未萌。乃督撫等，不留心預防，及至地方有事，謂皇上自能辦理，豈可謂之大臣乎？此事俟趙申喬到時再議。（聖祖二五五、一〇）

（雍正七、八、癸丑）諭內閣：……又據廣東督撫布按等奏稱，今年粵東雨澤均調，百穀順成，合計通省米價，自八錢至五六錢，實粵省從來希有之事。（世宗八五、八）

（雍正七、一一、甲戌）貴州巡撫張廣泗進呈黔省瑞穀。得旨：朕從來不言祥瑞，是以從前降旨，自雍正五年以後，各省所產嘉禾，俱停進獻。今據貴州巡撫張廣泗奏稱，新闢苗疆，風雨應時，歲登大有，所產稻穀粟米之屬，自一莖兩穗至十五六穗不等，稻穀每穗四五百粒至七百粒之多，粟米每穗長至二尺有奇。特將瑞穀呈覽，並繪圖附進。朕覽各種瑞穀，碩大堅好，迥異尋常。又據廣西巡撫金鉷摺奏，粵西通省豐收，十分者十之九，九分者十之一，穀價每石自二錢以至三錢二三分，乃粵西未有之事。朕思古州等處苗蠻，界在黔粵之間，自古未通聲教，其種類互相讎殺，草菅人命，又常越境擾害鄰近之居民，劫奪往來之商客，以致數省通衢，行旅阻滯，迂道然後得達。而內地犯法之匪類，又往往逃竄藏匿其中，此實地方之患，不得不為經理者。今總督鄂爾泰籌畫周至，調度有方，巡撫張廣泗敬謹奉行，殫心奮力，地方寧謐，和氣致祥，感召天和。黔粵二省，歲登大稔，而黔省磽瘠之區，苗夷新辟之地，又蒙天賜瑞穀，顯示嘉徵，以表封疆大臣之善績。朕心實為慶幸。若歸美於朕，朕不居也。著將張廣泗所進瑞穀圖，交與武英殿繪畫刊刻，頒賜各省督撫，俾觀覽之，共知勉勵。（世宗八八、五）

（**雍正一三、九、乙丑**）廣西巡撫金鉷奏：年穀順成，每米一石，價二錢三四分至六七分不等，得旨：各省奏報收成分數，務期確實，勿以粵西路遠，而稍有粉飾也。（高宗三、四〇）

（**乾隆二、一、乙巳**）諭總理事務王大臣：廣東高、雷、廉三府，素稱產米之鄉，即海南瓊州一府，每年仰食斯地，官民隔海買運為常。聞今歲雨澤愆期，又兼颶風一次，秋成歉薄，且海南買運，倍於往時，雖經督撫撥運廣州府屬倉糧，前往瓊州接濟，而公私採買尚多，以致米價漸昂。向來每一倉石，價銀七錢上下者，今則增至一兩一錢以外，若至青黃不接之時，勢必更加昂貴。（高宗三五、一）

（**乾隆二、二、戊子**）［署廣西巡撫楊超曾］又奏報粵西米糧時價，并陳明自上年七月後，雨水稀少，晚禾收成不及十分。得旨：覽。（高宗三七、二五）

（**乾隆三、七、戊辰**）戶部議准：湖廣總督宗室德沛奏稱，黔省入夏以來，貴陽上下，米價昂貴。請將湖南額運黔米二萬石，碾送清江，聽黔省接運平糶。至此米原係協濟兵食，請再於秋後補運二萬石，交貯清江，以作來歲兵糧之用。從之。（高宗七三、三）

（**乾隆六、七、丙申**）諭軍機大臣等：前因廣東潮陽等縣，辦理平糶不善，百姓罷市，鬧入官署，已屢降諭旨令王安國查辦。……嘉應則本處米價，每石賣至一兩五錢。（高宗一四八、六）

（**乾隆七、三、丙子**）諭軍機大臣等：朕覽王安國奏報廣東各府米價一摺，內開瓊州府正月米價，上米每石價銀一兩一錢至一兩九錢，中米每石價銀一兩至一兩八錢六分，下米每石價銀八錢四分至一兩八錢二分。朕思米糧

時價，固有不同，但一月之內，相隔時日無多，不應貴賤懸殊至此，此奏甚屬錯謬。可寄信詢問之。(高宗一六三、一)

(乾隆七、一一、乙酉)[左都御史管廣東巡撫事王安國]又奏：廣西柳、慶二府，因儲備古州軍需，禁運出境，穀船來東者較少，本年雖幸豐收，米價漸平，然終不如往年。臣惟有以儉樸先民，教以撙節，並勸導有餘之家，不拘多寡，捐輸社倉，酌予鼓勵，為貧民通有無之計。至各府州縣平糶穀石，應買補還倉者，現飭酌量收買，明年青黃不接時，尚敷糶借。得旨：覽奏稍慰。至米價踴貴，實各省之隱憂，汝等當留心也。(高宗一七九、三五)

(乾隆七、一一、乙酉)廣西巡撫楊錫紱奏：粵西運東穀石，所交價值，係照從前之例，每石四錢，核之今歲情形，實不敷採買。現飭各府州縣酌量，如在五錢五六分以內可購者，即行買補，如價值因此轉昂，即停買。俟年底確查，實有若干不能買補者，再據實咨部，以俟下年。得旨：如此辦理，恐倉項無足額之日矣。(高宗一七九、三六)

(乾隆七、一一、乙酉)[廣西巡撫楊錫紱]又奏：粵西目下米價，較往年固昂，然當晚稻收成之後，又加以此兩月內，蕎麥、黃豆等項，頗獲豐收，以此時情形而論，尚可毋庸概禁商販。俟來春酌量情形，如應行禁止，當一面辦理，一面奏聞。得旨：所奏俱悉。民以食為天，風化所由係也，此而不留心，孰當留心者。以後慎為之。(高宗一七九、三六)

(乾隆八、一、甲申)廣東布政使託庸奏：粵東產米無多，向藉鄰省商米接濟，上年商販較少，廣、肇、惠、潮、嘉五府州，市價稍昂。各該處應補平糶倉穀，已詳明督撫，暫停採買，民情皆安靜樂業。得旨：好，知道了。然倉穀亦不便聽其久虛也。(高宗一八三、一六)

(乾隆八、二、甲寅)貴州總督兼管巡撫張廣泗奏報：上年米價未甚平減，春間復恐加昂，當飭屬減價平糶。其糶價與買價懸殊者，並停買補。至冬雪春膏，均屬沾足。得旨：覽奏稍慰朕懷。但米價昂貴，為近來各省通病，不可不留心也。(高宗一八五、三五)

(乾隆八、閏四、壬午)廣州將軍署兩廣總督策楞奏：桂林米價，每石已至二兩以上。(高宗一九一、一九)

(乾隆八、七、庚戌)[廣西巡撫楊錫紱]又奏：粵西桂林、柳州二府，前五月缺雨，米價騰貴。臣是以暫禁梧關之米東下，令赴桂、柳糶賣。茲米價已平減，仍行弛禁。得旨：汝等遏糶之見，朕甚不取也。(高宗一九七、二七)

(乾隆九、七、戊子)戶部議覆：廣西布政使唐綏祖奏稱，乾隆七年，粵東廣、肇、惠、潮等處，米價騰貴。督臣慶復，酌撥西省倉穀二十一萬石，運東平糶，每石定價四錢，交該處於秋收後買補。嗣後桂林米價日增，每石至六七八錢不等，原議定價，不敷採買，請動司庫銀兩，增添買補等語。查穀價低昂，原視歲收豐歉，如歲豐價減，即照定價買補還倉。或實有不敷，應飭該司，隨時酌量，動項墊買，移明東省，照數補解還穀。得旨：依議行。（高宗二二〇、一八）

（乾隆一一、七、乙未）戶部議准：原署廣西巡撫託庸奏稱，百色產米有限，從前價賤。自設鎮後，兵米數千餘石，取辦一隅，米價昂貴，不稍變通，將來兵民交困。查南寧府屬，與百色相近，該處米價之貴，春夏为甚。請自乾隆丁卯年始，將右江鎮春夏二季兵米，於宣化等三州縣額徵內，撥支本色，秋冬二季，仍赴司庫支領折色。其左江鎮不敷之處，應於潯州府屬湊撥。從之。（高宗二七〇、二）

（乾隆一三、五、乙酉）又諭：據兩廣總督策楞奏報廣東雨水情形摺內，稱廣州府於四月初三等日均得大雨，惟山岡磽瘠之地望雨甚殷，各屬大概相等。又稱，春間雨水常有，而盈尺之雨，尚未一例普霑。廣、韶等九府，米價稍貴，賴廣西之米，源源而來，無慮再增。又稱，二麥收成七八分，但種者無多，僅供農人接濟等語。……其岳濬所奏得雨情形，大略相同，可一併傳諭，令其實力豫為辦理，不可稍存粉飾之見。（高宗三一四、五）

（乾隆一三、六、壬午）護理貴州巡撫布政使恒文覆奏：黔省邇年米價雖未平減，亦不甚增。即如乾隆十一、十二、十三年以來，總不過八九錢、一兩上下。（高宗三一七、三二）

（乾隆一三、七、癸卯）諭福建廈門港仔尾地方，因今歲米價昂貴，刁民營兵等，欲照平糶官價向米舖買米，乘機搶攩舖户米豆等物。（高宗三一九、八）

（乾隆一五、八、丙戌）諭軍機大臣等：粵東距京遙遠，所轄地方，山海交錯。各屬晴雨情形，俟彙齊摺奏，到京之日，與農時相隔已久，殊為無益。嗣後著停其彙單奏報。但約略奏雨水停匀，及或過或不及足矣。至米糧時價一項，係閭閻生計攸關，原應隨時奏聞。乃閱該省所奏，以五月分糧價，直至八月中旬方到，為時甚屬濡滯。著傳諭該撫蘇昌，嗣後糧價，令其按時速行奏報，不得仍前延緩。（高宗三七一、二）

（乾隆二三、五、庚戌）諭軍機大臣等：據調任兩廣總督陳宏謀等，陸續奏到廣東米價昂貴，為從前所未有，請概准平糶各摺。看來辦理未免過於張皇，且未將近日所以致此之由，逐一悉心體究。向來粵東並非產米之鄉，一切糧價，較之別省，原不甚平減。但其地素稱沃土，所居多富商大賈，日用相安，由來已久。即去歲該省奏報收成，亦並無災祲，何至價直翔貴若此？陳宏謀到任之初，曾有籌辦採運一事，在伊意以爲盡心民瘼，而不自知其失之太鋭。奏摺内甚至有諭令赴楚員役假裝牙估情事，其措置過當，已可概見。因而本省射利之徒，乘勢居奇，轉以爲得售其計，地方市價，日漸騰踊，亦情理所必有者。如京城從前糧價錢價，多有因辦理失宜，轉致日益昂貴，皆由司事者未得調濟之道，以致若此，亦其明驗也。楊應琚任粤多年，並未聞歲有增價，今何以一年之間，情形逈不相侔耶？著將各原摺抄録傳寄閲看。令該督悉心量度粤省情形，並伊在任時一切通融調度，隨時籌辦，有無成規之處，一面速行奏聞，一面速行密寄信李侍堯妥協辦理外，可將此傳諭楊應琚知之。尋奏：粤東民食，大半藉資西省，善爲招徠，商販方源源而至。臣前任每諭地方官，遇應補倉項採買，不得將西販穀船中途截買，并令本地富户收買速售，俾迅速回棹轉運，可使流通價減，惟以體卹西販，爲籌辦東省民食之要。茲遵旨悉心量度。臣上年來閩時，約計粤西倉貯穀一百數十萬石。現今東省米價增昂，莫若倣閩省商運温台倉穀之例，將附近東省之梧、潯等府屬存倉穀，定以撥運數目，并脚價若干，曉諭東省商民，齎本赴糴，一切水脚等費，聽商自出，糴價令西省於秋收價平時購補。庶官民兩無所擾，粤西米價無慮增昂，東省倉儲免致彌補。得旨：所奏可謂深達時務，簡明妥當之極，足見卿爲國家幹材，不負封疆重寄也。（高宗五六三、一三）

（乾隆二三、五、庚戌） 又諭：前據陳宏謀奏，粤東米價昂貴，酌籌平糶，并買運穀石接濟。今復據鐘音會同具奏，内稱該省現在米糧，爲從前未有之價，而宋邦綏摺内，亦稱二月間米價昂貴，平糶稍減。及三月下旬，又復驟長等語。……今陳宏謀已經調任，著傳諭李侍堯，詳悉體訪，推究一切，鎮静妥辦，有應設法調濟；俾商賈輻輳，糧食充裕，民免艱食者，可即據實具奏。尋奏：粤東早收漸次登場，五月份糧價遞減。六月上旬，省城暨各屬所報，俱較三月大落。現查照前督臣楊應琚招徠之法，加意妥辦，並札知廣西撫臣鄂寶，轉飭桂、平、梧、潯等府，凡遇米船來東，隨時放行，不得稍阻。至商運官穀一節，茲屆早收，市價已平，可不須辦。得旨：甚妥。（高宗五六三、一五）

（乾隆三一、七、庚寅） 諭軍機大臣等：據楊應琚奏報，滇省五月分糧價，内雲南府屬白米紅米，每石竟至四兩一二錢之多，其餘各屬，亦有貴至三兩以外者。該省僻處邊陲，山田旱地居多，所産米糧，僅供本省食用，雖無外來搬運之虞，而商販不通，撥運不便，亦難資鄰省接濟。市糴爲民食所係，不可不亟爲熟籌。前此該督摺奏，曾有禁止游手無藉之徒，混入滇省，亦撙節冗食之一道。現今糧價昂貴，著傳諭該督，即就彼處情形，通盤籌畫，或有可以裕其源而節其流，俾閭閻生計，永資利賴之處，悉心妥議具奏。(高宗七六五、九)

(乾隆三一、七、丁酉) 大學士管雲貴總督楊應琚奏：滇省六月望前，節次得有透雨，糧價平減，民情歡悅。得旨：欣悅覽之。卿去，正所謂一路福星耳。(高宗七六五、二一)

(乾隆三四、三、辛亥) ［前任雲貴總督明德］又奏：雲南各標鎮協營，歲需兵米，州縣供支，有徵收本色者，有徵收折色採買者。今各營兵缺出停補，俱有餘剩米石。查採買兵米，每石定價一兩，現在時值自一兩數錢至二三兩不等。而連年辦理軍需，各屬常平倉穀，亦多動缺，應請將扣缺米，令各營繳米還倉。將來應扣者概停，其動項採辦者，下年即將上年扣存米按數扣除，不敷，再行購買。其徵收本色者，將扣存米易穀，補還常平缺數，有餘，於米貴時平糶，價交司庫充餉。得旨：如所議行。(高宗八三一、一九)

(乾隆三八、閏三、戊辰) 諭軍機大臣等：李湖奏本年正月分糧價，永昌府屬豆價，每倉石至四兩五錢零。永昌自停辦軍務以來，已歷三載，現在留駐防兵無幾，所需豆石，諒亦有限，何以豆價仍然昂貴，每石至四兩五錢之多？又單內各府屬米麥等價，如雲南府屬白米，自一兩三錢至一兩九錢五分，普洱府屬小麥，自九錢七分至一兩一錢，相去尚不甚相懸。其餘即有倍加者。而大理府屬米價，竟自七錢五分至三兩二錢一分，小麥，五錢八分至二兩九錢四分，增長至四五倍有餘。同係一項糧食，何至價值低昂若是？況去歲滇省收成，一律豐稔，更不應貴賤懸殊。看來此等糧價，該撫並未覈實，不過舊式相沿，率據州縣呈報，虛應故事。上年因徐績奏報糧價，以三十年前之貴賤，分爲等則，依樣套寫，全不足憑。曾降旨通諭各省，毋得蹈襲積年陋習，徒以刻板具文塞責。今李湖此摺，仍未免故轍相循。李湖平日尚屬留心民事者，何漫不經意若此？著傳諭該撫，將永昌豆價因何至今昂貴，又各府屬米麥等價因何貴賤懸殊數倍之處，詳悉據實覆奏。嗣後仍須留心確覈開報，毋再率略干咎。尋奏：查永昌統轄四屬，惟保山、永平兩縣，間種南豆。緣土性未宜，從前餧養軍需騾馬，改用料米。三十五年以後，秋防馬匹，俱照軍需餧養之例，日給料米三升，並未用豆。上年又值豐收，而保山、永平開報豆價，較米尤貴，顯屬造報不實，現已飭查。至大理府屬之雲龍、浪穹，山多田少，並與鹽井銅廠毗連，價值易長。趙州土瘠戶繁，民食全資販運，市米稍短，價即倍增。又楚雄府屬之廣通、大姚，昭通府屬之恩安、大關、魯甸、永善等處，非廠地錯鄰，即兵民環處，指多食貴，勢所必然。其同屬價平之處，或因負戴崎嶇，或因路遙費重，運濟艱難，是以米不出境。以上各府州屬，糧價貴賤，似難畫一。再滇省糧價，向由州縣按旬徑報，並未責成本管上司彙轉，是否確實，無從覈正。今蒙諭指飭，現在嚴查，逐一更正，不敢稍有迴護。報聞。（高宗九三〇、一四）

（乾隆五〇、一一、乙亥）廣西巡撫孫永清奏：粵西各屬徵折倉穀，本年應買十萬八百餘石，現因粵東及楚省商販絡繹，市價漸昂，應請暫停採買，以便接濟鄰省。得旨：如此方是，所見可嘉。（高宗一二四三、二一）

（乾隆五一、五、戊申）諭軍機大臣等：據李慶棻奏到三月分糧價單，朕詳加披閱。其糧價之最貴者，如黎平府屬上米、中米，每倉石自一兩七分至一兩五錢零不等，而單內則註價中，其貴陽及安順府屬上米，每倉石不過五錢有餘，乃單內亦一律註價中字樣。貴州米糧本賤，其市價一兩有零者，在他省已不為昂，該撫註價中字樣，尚屬有因。至市價五錢有零之府分，較之一兩以外者，價值大相懸殊，自應分別註價平字樣，而該撫亦一例開寫價中，殊屬非是。地方糧價，關係民生口食，李慶棻何漫不經心若此？將此傳諭知之。（高宗一二五四、八）

（乾隆五二、一〇、庚申）又諭：據孫永清奏八月分糧價單，內稱平樂、潯州、南寧、太平、柳州、慶遠等屬糧價，與上月稍增等語。粵西地方，本年春夏以來，雨水調勻，麥收豐稔，目下又屆秋禾成熟之後，該處糧價，自應日就平減，何以轉致昂貴？因思本年廣東收成略歉，前據孫士毅等奏，委員前赴湖南一帶採買米石，豫備平糶，因廣西與該省毗連，商販人等，或俱就近向廣西糴買，以致糧價稍增，亦未可定。或因臺灣逆匪滋事，添調該省兵丁及貴州調赴官兵，俱由該省料理出境，需用人夫口食較多，該處糧價不免暫加昂貴，尚屬事之所有。倘係奸商等囤積居奇，恐嗣後米價漸就平減，若不豫擡價值，則將來減落後，不能獲利，是以豫為擡高，為將來糶賣地步。此等壟斷之習，最為可惡，不可不嚴加究治。著傳諭孫永清，飭屬嚴查，如有此等奸商囤戶，一經訪出，即從重懲治一二人，以儆其餘。庶奸商不敢任意居奇，而糧價不致昂貴。將此傳諭孫永清知之，並著將該省糧價，究因何與上月轉增之處，據實查明覆奏。（高宗一二九一、三六）

（乾隆五三、四、庚子）諭軍機大臣曰：孫永清奏報雨水糧價情形一摺，內稱桂林省城，仲春以來，得雨優渥，高下田畝，俱已乘時翻犁播種，二麥漸次結實。並據平樂等十一府州屬稟報，雨水二麥情形，均與省城大概相同。及閱該撫開報糧價，又稱桂林、梧州、南寧、太平四府屬較上月稍增，轉瞬即屬青黃不接，當酌量借糶倉穀等語。所奏殊未明晰。粵西桂林等處，既據該撫奏稱雨水調勻，大田業經播種，二麥俱已結實，是該省春膏極爲霑足，麥田可卜豐收，何以復有糧價稍增之處？況粤西向來年歲多屬豐稔，從無報災之案，廣東尚藉其資糶。乃該撫上年即奏請採買楚米，以資接濟，自因該省民倉不能充裕，是以借資鄰省。但粤西收成素非歉薄，或係該處奸商囤積居奇，以致民間糧食昂貴，否則農民遊惰者多，不能盡力畎畝，此皆地方大吏應行整飭之事。著傳諭孫士毅、孫永清，確切查明粤西桂林等屬，因何糧價較上月稍增，是否商販囤積，抑係該省近年來農政漸弛所致，即行據實具奏，毋得稍有迴護。尋奏：粤西上年收成止有七分，積貯本少，現在東省糶運者多，正值青黃不接，米價稍增，實由於此。至奸商囤積，遊惰拋荒，均係地方要務，惟有認眞查辦，不敢稍涉迴護。得旨：以實爲之。（高宗一三〇二、一三）

（乾隆五四、閏五、庚戌）諭：前據富綱奏，雲南通海等五州縣，於五月十四日連次地震，親往查辦。業降旨令該督確實妥辦，照乾隆二十八年江川等處地震之例賑給，並將應納條公等項，一體蠲免矣。茲據查明，通海等五州縣城垣官署，俱有坍壞，民居並多倒塌，間有傷斃人口之處，共賑銀九千九十餘兩，需穀一萬九千三百五十餘石，各於本處倉存內動支，如有不敷，照例折銀五錢等語。此次通海等處同時地震，情形較重，小民倉猝被災，殊堪軫惻，若僅每石折給五錢，爲數尚少，恐不敷買食。著再施恩，加倍折給銀一兩。所有已經散給者，仍即按數補發。該督撫當不時查察，督同所屬，如數補給，毋任官吏從中稍有剋扣侵漁，務使災民均霑實惠。其坍塌房屋，傷斃人口，仍照二十八年之例，妥爲撫卹。該督撫其率屬加意稽查，實力辦理，以副朕惠恤災黎，有加無已至意。至各州縣及佐雜等，衙署坍塌，例給銀兩，不敷修葺，並著准其加倍借給，展限扣還，以示體卹。該部即遵諭速行。（高宗一三三一、一四）

（乾隆五七、九、癸卯）諭：……本日據譚尚忠奏，滇省各屬，今歲雨暘時若，禾稼豐登，及閱所報糧價，亦多有較上月增昂者。可見此等弊習，各省皆然。該督撫所奏糧價，亦俱不過視爲具文，並不實心覈辦。朕之所以再三訓飭者，並非以糧價不應增長，欲督撫止就輕減價值開報，以爲粉飾之具。所恨人心不古，相習成風。在市儈等既專圖牟利，每遇稔收之歲，即豫防價值漸減，先行擡高，以爲將來獲利地步。衹圖封殖，不顧病民，致使豐歲價騰，有增無減。而地方州縣，又因虛開貴價，遇採買時，即可照貴價報銷，希圖沾潤。是以雖遇年穀豐登，市價平減之時，亦復浮開呈報。督撫等又不加詳察，率據所報之價，開單具奏。似此官民交相爲弊，風氣日趨日下，以致不能感召天和，時有水旱災浸，其故未必不由於此。朕當先以爲愧自責。嗣後各該督撫等，務宜各加愧勵，留心查察，嚴飭所屬州縣，以穀價貴賤，民食攸關，每月糧價，務須覈實呈報。不得因有採買等事，先行浮開數目，以便任意侵肥。並將年歲豐嗇不齊，糧價低昂，總當隨時按照時價糶賣，其豐收年更應平價出售。若惟知利己，擡價居奇，即使獲利一時，而封己病民，既官法所必究，亦天理所不容，斷不能任其壟斷之處，剴切曉諭各舖户市販等，令其家喻户曉，各知悛改。若該州縣及舖户等，有仍前浮開擡價等弊，一經查出，即行隨案嚴懲。而尤要於平日潔己化民，庶可肅清積習，轉移風氣，而小民等亦可共受賤食之利。若各督撫等，誤會朕意，輒將各屬糧價任意抽減，虛詞奏報，希圖朦混塞責，更非封疆大吏實心教民之道。或因市儈有擡價居奇之事，地方州縣辦理不善，轉任胥吏等借端騷擾，小民未受其益，而商販反先受其累，又何裨實政耶？各該督撫等，惟當善體朕意，留心民瘼，使官民各知儆愧，風俗漸臻淳厚，庶冀感召麻和，共用綏豐之福，不負朕諄諄訓勉之意。將此再行通諭知之。（高宗一四一二、一五）

（**乾隆六〇、四、壬寅**）諭軍機大臣曰：朱珪奏到廣東省閏二月分糧價清單，朕詳加披閱。所開各屬米糧價值，每石有比上月較增至一二分者。當此青黃不接之時，各省市集糧價隨時增長，本所常有，其每石增加一二分，爲數尚屬無多，祇可聽其自然。但究恐小民不無艱於糴食。向來各州縣設立常平、社、義等倉，原爲因時調劑，減糶酌借，以便民食。著傳諭朱珪，查明現在糧價增長各該屬地方，應否即將倉存穀石酌量平糶，以平市價而濟民食之處，認眞妥辦，據實覆奏，以副朕軫念民依至意。尋奏：現據廣、韶、惠、潮、肇、廉等府屬，具報開倉平糶，及紳衿捐穀出糶，社義各倉源源相繼，糧價漸平。得旨：欣慰覽之。諒汝不爲飾辭也。（高宗一四七七、一〇）

（**乾隆六〇、一一、癸亥**）又諭曰：朱珪奏地方雨水糧價情形一摺。閱所開糧價單內，廣州等府米價，有較上月貴二分至七八分不等者。廣東本年雨水調勻，秋成尚屬豐稔。現據該署督奏，各處商販穀船，連檣輻湊，是市集糧石充盈，價值自應平減，何以較上月糧價轉有增昂？是否係該處市儈，因收成較好，豫抬價值，以爲將來減落地步，或係地方官爲採買起見，將糧價有意多開，以便採買時可以浮冒，均未可定。著傳諭朱珪留心查察。至現在市價既較上月稍有增昂，於民食究竟有無妨礙，並著查明覆奏，以慰厪念。（高宗一四九一、三）

（**嘉慶一五、三、丁丑**）以廣東高州、廉州一帶歉收，糧價增昂，命酌量平糶。（仁宗二二七、二四）

（三）海外沿海糧貿

（康熙四八、七、戊寅） 戶部議覆：浙江巡撫黃秉中等疏言，浙省寧波、紹興二府，人稠地窄，連年薄收，米價騰貴。台州、溫州二府，上年豐熟，米價頗賤。請給殷實商民印照，將台州、溫州之米，從內洋販運入寧波、紹興，令沿海防訊官兵，驗照放行，以浙省之米，接濟浙省之民，實有裨益。應如所請。從之。（聖祖二三八、七）

（康熙五四、三、癸亥） 戶部議覆：署奉天將軍前鋒統領伯唐保住疏言，盛京近海錦州等處米，運至直隸、山東發糶，請將直隸、山東船隻，撥往運送。應如所請。上諭大學士等曰：唐保住所奏及部議俱非。將此米留本處，限定數目，往來客商有願買者，糶之，即可完矣，何用撥船往運耶？（聖祖二六二、一四）

（乾隆八、六、己巳） 給事中陳大玠奏：閩省去歲薄收，督臣奏請截留浙漕十萬石，海運至閩平糶。經御史沈廷芳奏，奸商泛海，購米逐利，凡產米之地，不許洋船夾帶越漏。竊思沈廷芳係浙人，臣係閩人，浙閩之民，皆我皇上赤子。今閩人全賴海運撥賑，且商船出入，原有行戶保認，官員稽查。請申明舊例，無庸禁止，以滋商民之累。得旨：此事著該部議奏。陳大玠只宜就事論事，疏中閩人、浙人之說，先分畛域，立言失體，著飭行。（高宗一九五、九）

（乾隆一一、一二、庚寅） ［兩江總督尹繼善］又奏：海州連歲荒歉，今秋復被重災，節年撥發銀穀，災黎雖廢更生，而官粟勢難常繼。該州介在海濱，內地商米，必須涉黃渡海，方達州境。即城外海口，近接山東日照等縣，然客販每由海道收入江南之劉河口發賣，運赴海州者頗少。乾隆八年，經前撫臣陳大受奏明，咨會東省，米商收泊海州者，先儘居民舖戶收買。不能全買者，官為動帑，照時價買貯，仍按原價糶濟民用，俾商船源源販運，遵行在案。茲據知州許松佶詳稱，現在米糧價增，將來官米恐尚不敷平糶，請循例招商措本，出口赴東省採買濟賣，無庸發帑收買。臣查該州積歉之餘，招商運販，原屬因地制宜，應如所請試行。但能常川接濟售銷，即為商民兩便，若糧販滙集，行銷積滯，請仍照八年奏明之例，妥協辦理。得旨：知道了。仍應留心體察妥辦，不可謂奏聞了事也。（高宗二八一、二四）

（乾隆一二、一、癸卯） 軍機大臣等，會同陞任福建巡撫周學健議奏：臣周學健前請令漳、泉二府商民，給照赴臺買運，部議未准，無非慎重海防之意。但由臺達厦，水程僅十餘更，中隔澎湖一島，亦兵民聚居之所。臺雖海外，與內地呼吸相通，較之江浙遠隔大洋，情形迥別。況江、浙、閩省往來販洋之艘，皆屬巨艦，到處可往，若臺廈商船，梁頭不過一丈以內，總在臺廈往來渡載，並不能越洋販運。查漳、泉二府商人，赴臺貿穀，既不致透越外洋，自於民食有益。應如所奏。嗣後如遇臺郡豐稔之年，應聽漳、泉二府商賈，及在臺之漳、泉二府民人，自十月起至次年二月止，於地方官處，請照買運。倘買運過多，臺郡米穀昂貴，與臺郡並非豐稔之年，仍令該道府等詳報停止。如有夾帶影射、逗遛私往等弊，不時嚴查。其應作何給照盤驗關會之處，請飭交該督撫等，詳悉妥議章程辦理。從之。（高宗二八二、一三）

（**乾隆一二、二、丙戌**）大學士等議覆：福建巡撫陳大受奏稱，暹羅產米甚多，向例原准貿易，向來獲利甚微，興販者少。今商人等探聽暹羅木料甚賤，易於造船。自乾隆九年以來，買米造船運回者，源源接濟，較該國商人自來者尤便。但無牌照可憑，稽查未為嚴密，且恐守口兵役，藉端索詐，致阻商民急公之念。應請給牌照，以便關津查驗。其無米載回，只造船載貨歸者，應倍罰船稅示儆。均應如所請。從之。（高宗二八五、六）

（**乾隆一二、七、壬寅**）大學士等議覆：閩浙總督喀爾吉善等奏稱，前據陞任福建巡撫周學健條奏，漳、泉二府商民，許給照赴臺買米，在臺居住之漳、泉二府商民，亦許將米運回發賣。經軍機大臣議准，行令妥定章程。查漳、泉二府，產米不敷民食，商民赴臺收買，甚屬簡便。請嗣後買米商民，令本縣給文赴泉防同知換照過臺，呈明臺防同知，移知臺灣府，准其購買。於鹿耳門出口時，臺防同知驗數填照，到廈之日，令泉防同知移知漳、泉二府，聽其發賣。倘照內米數不符，或由小口出入，并不在漳、泉發賣，將該商究處。若出口已久，逾期不返，將該商家屬審究。仍令該同知及在汛武員嚴束兵役，毋許需索，如違查參。至周學健奏，在臺流寓之漳、泉二府民人，准將餘米運回發賣。查此等流寓民人，若有餘米，本地自可出售，不必遠涉重洋，應照舊停止等語。均應如所奏辦理。從之。（高宗二九四、二〇）

（**乾隆一三、閏七、丁巳**）又諭：據盛京將軍阿蘭泰奏稱，錦州應運天津等處米糧四萬石，已催令商人裝載，委員催趲，速令起程。其海城等處運往直屬之四萬石，俱經起運等語。阿蘭泰辦理甚屬妥協。可傳諭詢問那蘇圖，此項糧石，曾否運到，並收過若干，現貯何處，將來作何動用，目下米價若何，一并查明奏聞。尋奏：七月十一日，商人運回雜糧七千餘石到津，為數無多，糧價未能遽減，然尚不昂貴。至此項米，係商人自備貲本，領照

採買，應聽商人自行糶賣。得旨：是，知道了。（高宗三二〇、五）

（乾隆一四、三、癸丑）浙江巡撫方觀承奏：溫州府爲閩浙商賈叢集之地，烟戶繁多，米糧不通外販，易形絀乏。去冬糧少價昂，士民請通乍浦海運，臣以海禁所關，未便暫弛。查台州府黃巖、太平二縣，與溫州相連，海道係内港，非外洋，不在禁内。路止三百餘里，順風乘潮，朝發夕至。查明殷實商民，給票買運，仍飭營汛稽查。得旨：覽奏稍慰，仍應加意調劑。（高宗三三六、一三）

（乾隆一四、四、乙未）奉天將軍阿蘭泰等奏：現據各海口東商領票來奉買糧，照數裝運外，尚有餘糧二十餘萬石。奉省市糧平減，無需商貯，而東省望米甚亟，請以此項餘糧，由海運往接濟，實爲有益。得旨：著照所奏即行。該部知道。（高宗三三九、一〇）

（乾隆一四、五、乙亥）山東巡撫準泰奏：東省今歲二麥豐登，又增商販奉糧二十萬石，請停運直穀，即貯天津，以備緩急。從之。（高宗三四一、三一）

（乾隆一四、六、庚寅）又諭：據江蘇巡撫雅爾哈善奏稱，江省民間用豆甚廣，向藉東省商豆接濟。今自上年冬底至今半載，並無東省豆船至江，不惟關稅缺少，現今豆價昂貴，民食有礙。恐因查禁糧食他往，以致阻隔商船，當即咨查東省，未准移覆。請勅令山東撫臣，查照舊例，聽商販豆。由海運江，出口入岸，設照稽查以杜偷漏等語。豆穀爲民間日用所必需，理當聽其彼此流通，以資接濟。即恐其偷運外洋，亦祇宜設法稽查，豈可一例禁阻？準泰既准雅爾哈善來咨，即應查照辦理，乃置之不問，所謂越人視秦人之肥瘠，漠然不以介意。且雅爾哈善既經奏到，而該撫至今並未具摺奏聞，大臣留心民瘼者，固如是乎？著傳諭申飭準泰，毋得遏糴厲民，使商販不前，有妨食用，并著明白回奏。尋奏：臣於五月二十七日，准蘇撫來咨，隨檄藩司確查，嗣據詳稱青、萊、膠等屬，歲歉豆昂，販運稀少，並非禁阻等語。即於本月初九日移覆，統計僅有十日，實未遲逾。至鄰封彼此咨查，事所時有，是以未經奏聞。得旨：此奏終有護短之意，朕不喜也。今歲東省禾豆，俱可望有收，則汝又以何詞支飾耶？（高宗三四二、二三）

（乾隆一六、六、甲子）[閩浙總督喀爾吉善等]又奏：閩省環山濱海，地窄人稠，本地所產米穀，每不敷民間日食，浙省所議通商採買二事，均屬難行。第溫台一帶，積歉之後，又值旱災，即弛禁招商，一時難望接濟。惟有一面於臺郡各廳縣備貯項下，陸續撥運，一面先於廈門廳倉，并鄰近之興化、莆田各倉，先撥四萬石，由廈門雇募商船，委員押赴溫台。其所撥臺

穀，俟收買後，即就近歸還廈門，并興化、莆田各倉。得旨：如所議行。（高宗三九三、二二）

（乾隆一六、八、癸卯）諭軍機大臣等：朕閱潘思榘摺，內稱本年六月內，收入廈口洋船二十隻，帶回米五千三百餘石。又暹羅商船一隻，買回食米四千石等語。閩浙各處，現在需米孔殷，外洋產米處所，商人既可隨便帶回，若使官爲辦理，多多益善，轉運流通，豈不於民食更有裨益？但慮官辦或致外夷多疑，即乘勢居奇，多方掯勒，必致價值日益昂貴，并使商船來往亦不能隨便攜帶，轉不若仍聽商人自行買運，尚可資其緩急。著傳諭喀爾吉善、潘思榘，令其會同酌量，就閩省情形，若無此慮，可即於暹羅等國產米之處，官爲購運。或先行試買，看其嗣後可以源源接運，不致啓番人掯勒之弊，抑或應仍聽商人陸續運帶之處，一一詳籌妥協，速行奏聞。尋奏：臣等體察情形，番邦幅員甚狹，米價雖賤，餘米無多，且番情趨利如鶩，聞中國遣官採買，必致居奇昂價，似應欽遵諭旨，仍聽商人自行買運。至夷商運至內地糶賣者，乾隆八年，已蒙恩旨，酌免貨稅，於懷柔招徠之典，已屬周詳。其內地商人，如有運米至二千石以上者，隨時酌獎。報聞。（高宗三九六、一五）

（乾隆二四、四、庚申）又諭：據官著奏，奉天運木回空船隻，向俱收買蔴豆，壓載回津。今津屬米價稍貴，請順帶米穀以資平糶等語。上年奉天收成豐稔，米穀頗多，現在津屬糧價既昂，挹彼注茲，自可通融接濟。已傳諭奉天將軍，酌量籌畫，聽其採買運載。該鹽政即行出示，曉諭受雇船戶人等，令其於運木回空時，即可裝載來津出糶，則市價可平，而民食亦自當充裕矣。其如何稽察，毋致透漏出洋處，著方觀承、官著會商辦理。（高宗五八四、一七）

（乾隆二四、一一、丙子）〔閩浙總督楊廷璋〕又奏：杭、嘉、湖偏災米貴，臺米海運可通，北風正發，請先於福、興、泉、寧四府屬近港處倉穀，動撥十萬石，諭浙商買運糶濟。仍飭臺屬，如數派撥，俟南風起，運入內地補倉。得旨：甚好。如所議行。（高宗六〇一、三五）

（乾隆三二、六、壬戌）吏部議覆：前任兩廣總督楊應琚疏稱，南海縣民人李成瑞運洋米入內地，出糶以濟民食。請議敘給以九品頂戴。應如所請。從之。（高宗七八七、二〇）

（乾隆三四、四、庚申）諭軍機大臣等：高晉等奏，審擬蔣自遂等捏造海糧假票一案，已批交三法司覈擬速奏矣。此等匪徒，造票煽惑愚民，實屬不法，一經訪獲，自應按律定擬，以示懲創。但江蘇地面，何以多有此等犯案，屢懲不悛，皆由該地方官平時不能善爲教導所致。海票之說，本屬荒唐，究所從來，大約起於明末倭船混行之時，借端煽誘，容或有之。本朝百餘年來，時際昇平，海疆寧謐，各處口岸肅清。惟有名可考之船行估舶，往來貿易，此外從無形跡可疑船隻，敢於闌入海口，安得有散賣米票之事？不過地方一二奸徒，意圖哄騙財物，憨不畏死，覆轍相承，仍甘蹈法網。（高宗八三二、一二）

（乾隆三五、七、戊辰） 諭軍機大臣等：刑部議駁李侍堯審擬受賄縱私之把總吳定振一本。所駁甚是，已依議行矣。吳定振，身爲把總，領兵出洋巡哨，見林亞攬米船停泊，即帶同兵丁莫裕揚等，持棍上船，以致莫裕揚，用棍打傷水手陳亞應身死。兵丁乃係聽其指使之人，自應按律擬議，不得專坐莫裕揚以擅殺之罪。且吳定振於查獲私米之後，復敢索銀賣放，並一任兵丁等夥同詐贓，殊干法紀。乃該督將莫裕揚擬以絞抵，而於吳定振，僅以計贓擬流改遣，實屬輕縱。李侍堯歷任封疆，平時遇事，尚知認真，近日所辦，看來漸不如前，伊年力壯盛，又曾任刑部堂官，非不諳律例者。此案定擬，因何舛謬若此？著傳旨申飭，並令明白回奏。尋奏：查吳定振帶兵巡哨，在葛洲洋，見有船灣泊，前往查問。船戶林亞攬，因載有私米，恐被查出，水手陳亞應等，即開駕欲逃，並聲言擲石抗拒。吳定振見其情狀慌張，匪形顯露，遂帶兵莫裕揚等，持棍過船查驗。莫裕揚見陳亞應站立船頭，輒用棍毆其手腕，跌磕船旁。吳定振即時喝止，各兵遂不復動手。臣提犯質訊時，各供明確，是吳定振當日實無主使喝令情事。至帶兵持棍上船一節，汛弁巡洋，原准攜帶軍械，過船查驗，又其專責。今林亞攬之船既已匪形顯露，則吳定振之帶兵持棍過船，實爲查匪起見，與無端滋事者不同，似未便因此而即坐以主使之罪，轉令擅打致死之莫裕揚得以爲從末減。今臣覆檢原案，再四酌覈，吳定振之罪，究在於查獲私米後，不即移送文員審究，膽敢得錢賣放。此則其貪縱不法，計贓科罪，僅止擬流，臣以其情浮於罪，是以從重擬以改遣新疆。而莫裕揚將尚未拒捕之陳亞應，輒毆致斃，正與擅殺之例相符，是以將莫裕楊擬抵。此臣愚昧定讞始末，謹據實覆奏。得旨：這回奏情節，該部詳議具奏。（高宗八六五、一四）

（乾隆三七、一〇、戊寅） 又諭［軍機大臣等］：據倉場侍郎申保奏，奉天每年額解黑豆，多以守凍天津致被潮浥。因於本年行令直督飭屬早催船隻受兌，並咨奉天將軍等於船到即行起運。茲已當冬令，豆石尚未見到，應奏明飭查等語。所奏甚是。運京豆石，原備各圈領用及官員承買之用，自應迅速抵通，以免濡遲黴變。本年既經申保等先期分咨催運，何以又致遲延？況奉天所屬海口，一水直達天津，商船興販，每歲可以往返二三次，此人所共知。何以官運豆船，年僅一來，猶復動致經時守凍？明係委員等承辦不力，並將潮濕豆石攙雜，藉詞展轉稽延所致。該將軍等，何不及早嚴飭妥辦，所司何事？著傳諭增海、朝銓、博卿額、塘古泰等，將因何轉運遲誤緣由明白回奏。如其中查有情弊，亦即據實參奏，毋少瞻徇。（高宗九一九、六）

（乾隆四六、七、甲子）諭軍機大臣等：……至[閔鶚元奏]摺内又稱，鎮洋縣之劉河口，與崇明縣之施家港口，對面濟渡，商賈帆檣，往來如織。現在曉諭商民，准其販米糶賣，截至年底，再行確察情形，分別停止等語。劉河口、施家港二處海口，往來商船既多，伊等豈有不攜帶食米？若有多餘，亦豈有不聽其隨時販賣之理？是向來所稱查禁者，仍屬有名無實，可見外省辦理諸務，僅顧一面，殊爲陋習。著傳諭閔鶚元，并令將該海口實在商販船隻情形，據實覆奏。尋奏：米糧出口，例禁綦嚴，不獨船頭編列某縣某號某人，照内復註明人數，計程按日，每人帶食米一升五合，不得多載。文武員弁，各顧考成，久經奉行罔懈，現在暫准對渡販運，尤當實力稽查，不許透漏。報聞。（高宗一一三七、三〇）

（乾隆五〇、一〇、癸未）諭軍機大臣等：據鄂寶等奏，奉天所屬地方，本年秋收豐稔，一切市糧價值，較前均有減落，現在查禁奸商收買囤積等語。……現查天津航海商船，領照赴奉者八百餘隻，其運回糧石，不下數十萬石，俱經運赴直隸之大名、廣平，河南之臨漳，以及山東德州、東昌、臨清、濟寧一帶糶賣。報聞。（高宗一二四〇、一二）

（四）北京及附近糧市、糧價

（康熙三三、二、丁亥）諭大學士等：通州倉米平價發糶，米價頓減，於民大有裨益。又沿河一帶州縣，已截留山東漕運糶與百姓，誠恐不肖地方官員或增價發糶，或糶與販賣之人，以致百姓不沾實惠。著巡撫郭世隆不時巡察。（聖祖一六二、一一）

（康熙四三、二、丙申）以京城米價騰貴，命每月發通倉米三萬石，運至五城平糶。（聖祖二一五、一〇）

（康熙四三、一一、戊戌）諭大學士等：明歲春間正青黃不接之時，當自正月爲始，於京師及通州地方發倉米，照今年例平糶。爾等會同户部議奏。（聖祖二一八、一）

（康熙四八、一一、庚寅）上諭大學士等曰：今京城米價甚貴，朕聞小米一石，須銀一兩二錢，麥子一石，須銀一兩八錢。……口外米價雖極貴之時，秋米一石，不過值銀二錢，小米一石不過值銀三錢。（聖祖二四〇、一〇）

（康熙五二、二、丁丑）諭吏部尚書兼管倉場事務富寧安等：朕聞米價比往年稍昂，緣今歲天下各省人民，來集者甚多，米價故較往年翔貴。今倉內米數充足，先發一萬石，照時價減糶，則來集之民，可以賤價得米，而京城米又得盈餘，於民生大有裨益。若一萬石不敷，再發一萬石糶賣。爾等將價值定議具奏。（聖祖二五三、一三）

（康熙五五、五、壬戌）諭學士等曰：京畿地方，至今雨未霑足，朕心不勝焦勞。自密雲至口外，田禾甚佳，及問各處來人，俱云尚有雨水不足之處。念京城人民輻輳，就食者多，且太平日久，人口滋生，多至數倍。以此平素間，諄諄以此事面諭衆大臣，今值暵旱之際，若再不亟爲籌畫，爲君爲臣者，所理何事乎？閱此次報內，米價又長，八旗官兵糧米，定例於八月內支放。今若候至八月，米價必愈加騰貴，著於五月初十日起，即行支放。至京城米石，若仍行減糶，甚爲有益。著再發米三萬石，交與原派賣米官員，減價糶賣。爾等傳諭戶部。（聖祖二六八、一三）

（康熙五五、五、乙丑）諭扈從諸臣曰：今歲米價甚昂，頃曾降旨，將八月所放之米，令即支給。目前雨水之時，應於未雨之先，即將此米給與衆人，始爲有益。今年四月前甚旱，既雨之後，又恐多雨，都統、副都統、參領等，於此等處，未必能實心籌畫，倘雨水過多，道路泥濘，車輛難行，勢必至米糧潮濕抛棄，於軍民全無實惠。著將此旨，傳示八旗都統等。（聖祖二六八、一四）

（康熙六〇、四、丙辰）諭戶部：朕覽京畿所報米價甚貴，著侍郎張伯行於京通倉內，量發米石，減價糶賣。內務府莊頭所交穀石，見在州縣收貯，亦著派滿漢賢能司官，減價糶賣。正值穀價騰貴之時，恐有偷盜倉內米石者，著提督等，不時緝拏。爾部遵諭速行。（聖祖二九二、九）

（雍正四、五、庚申）諭都察院：聞京城近日米價騰貴，恐有奸人囤積射利，因天氣連陰，借此擾亂。著都察轉飭五城，曉諭各行户，不得過高價值，勒索小民，儻有囤積遏糶，不遵勸諭者，該城御史密行察訪，從重治罪。將京倉好米發五萬石分給五城，每城領米一萬石。照例立廠，委員平糶，俟市價平減，即行停止。其未糶之米，即存貯該城。將來或市價復昂，即將此米平糶。若此米用完，仍需平糶，著都察院再行請旨。（高宗四四、四九）

（雍正八、一、己亥）諭八旗都統等：數年來，荷蒙天眷，米價甚賤。

爾等八旗米局，係將兵丁所關之米發賣。若米價甚賤，不能賣完，則積貯日久，米色易變。朕以爲此等米石，宜俟下季發米之時，視各佐領下兵丁分內應領之米，將局內米照數給發，即行文倉場衙門，照數坐扣，則兵丁既可就近得米，而局內積貯之米，亦不致變色糜爛矣。（高宗九〇、一七）

（**雍正八、一二、庚戌**）諭內閣：今年直隸近河地方，雖有被水一二處，而其餘州縣，俱各十分收穫，何以京城及通州米價，皆至昂貴？著大學士詢問九卿，現今直屬米價若干，將所知逐一開明，並將如何使京城及各處米石價平之處，詳議具奏。尋議：目今米價，較春間俱屬浮貴，五城各廠，買米人多，每至擁擠。請於每城暨通州，各添一廠，將成色米石廣爲減糶。至城內八旗，及通州左右兩翼米局，係收買之好米，請照春間市價，量加五六分糶賣。如從前價值稍浮，請照現議價值發賣。並行令步軍統領、順天府府尹，嚴查窩囤之弊。又定例，每年春季，以二月給俸米，三月放甲米，今請於辛亥年春季俸甲米，各先期一月支放。秋季亦照此例。其各處賣米之錢，請照戶部從前所奏，於每月兵餉內量加支放，俾米價錢價俱各疏通。至於成色米石，價值既賤，尤便民間，應隨時發糶，不必拘定米數。俟米價既平，應停之時，戶部再行奏聞。從之。（高宗一〇一、五）

（**乾隆二、四、辛酉**）諭總理事務王大臣：邇來雨澤愆期，民間米價，較前稍長。且因從前倉場條奏，官倉稉米甚多，春季官兵祿廩，全以稉米支給，是以老米價值更昂。現在五城存廠米石甚少，而赴買者甚眾，當此青黃不接之時，若不豫爲籌畫，恐奸商居奇，市價難於平減。著戶部作速行文倉場，將存倉老米，每城撥二千石，照減定價值發糶，如有不敷，再行撥給。嗣後支放祿廩之時，各色米石，應照舊例搭放，不必一季全放稉米。如倉場各倉老米數少，不足支放，而稉米過多，慮致紅朽，應令辦漕省分，如何通融辦理之處，該部詳議具奏。（高宗四〇、三）

（**乾隆二、四、癸亥**）又諭步軍統領鄂善：朕因雨澤愆期，米價較前稍長，今將通倉米石運京平糶，以便小民。若有不肖之徒，串通胥役，假冒貧民，賤買貴賣，或興販窩囤，就中取利，致使閭閻不能均霑實惠，殊非朕愛恤斯民之意。爾步軍統領衙門，嚴行稽察，并傳諭五城該管各員，實力巡緝。如有奸民猾吏，違禁趨利，即拏交刑部治罪。（高宗四〇、九）

（**乾隆二、四、壬午**）戶部奏：京師雨澤愆期，五城設立十廠，已經減價平糶，若於京師四鄉添設八廠，廣行糶賣，民食可無匱乏。如芒種前得沛甘霖，即無庸再行設廠。一切事宜，應豫行料理。得旨：所奏是。依議。芒種前如不得雨，即照此辦理，其監糶侍衛，著於乾清門侍衛內派往。（高宗

四一、二四)

(**乾隆二、五、癸巳**) 諭大學士等：昨據户部奏，京城四鄉設立米廠，以資平糶。(高宗四二、八)

(**乾隆二、六、庚辰**) 諭總理事務王大臣：朕因今春雨澤愆期，米價昂貴，恐小民有艱食之虞，令於京城附近地方，設立八廠，發倉貯米石，減價糶賣。特派御前侍衛官員等前往辦理。伊等敬謹奉行，辦理妥協，殊屬可嘉。著交部議敘具奏。(高宗四五、六)

(**乾隆二、閏九、庚午**) 總理事務王大臣奏請：暫緩今冬平糶，俟明年正二月青黄不接之際，再行請旨。得旨：據爾等奏請於明年正二月，派員平糶，恐爲時太遲，民食未能接濟。朕意或於本年十一月、十二月間，設廠開糶。著詢問總督李衛，令其妥議具奏。(高宗五二、二六)

(**乾隆二、一二、癸丑**) 是月，總督倉場户部侍郎宗室塞爾赫奏：酌撥稜米二萬石，交通州米廠平糶。得旨：著照所請速行。該部知道。(高宗五九、二二)

(**乾隆三、二、丁亥**) 大學士會同户部議：直隸總督李衛奏稱，現在各州縣，有糧食略少之處，已先行酌量開糶，離京稍遠百姓，已有接濟。又據奏，近京米價若長，應聽部臣辦理，仍派京員監糶。至被水州縣内，如固安、東安、永清、涿州等處，請撥運通倉米平糶，止須地方官料理，毋庸派京員。查京城十廠，半居城外，現經奏准添給粳稜米三萬石，近京百姓，就近赴糶。四鄉設廠，似可暫緩。其請撥米之處，查通倉現存稜米，尚可通融撥給三四萬石，如奉天等處，購買於二月前半月運到，即毋庸再動通倉稜米，倘或需時，仍令該督酌量奏撥。至奏稱通州人户殷繁，歲内經倉場侍郎奏請，添撥四年之成色米湊賣，請再寬裕酌撥。應令倉場查明，前米曾否賣完，並有無需用，咨報户部查辦。又奏稱，去秋天津府衆商，出資買米三萬餘石，請於二月初旬分廠開糶。應令事竣日，查明造報，分別獎勵。得旨：固安等四州縣，撥運通倉米石之處，著照該督所請行，令酌定數目報部。餘依議速行。(高宗六二、五)

(**乾隆三、四、癸未朔**) 户部奏：京城自設廠平糶以來，市價漸減，請每廠再各添稜米三千石接濟，俟八旗米局平糶時停止。得旨：此奏是，依議即行。此米糶賣完時，如八旗米局，可以接濟，將此廠奏聞停止，如尚不能，該部再行請旨。(高宗六六、一)

(**乾隆三、一一、戊辰**) 户部議：古北等口運來米豆雜糧，已交八旗米局存貯者，令各該米局，在内城發糶。嗣後運到雜糧，俱交五城，於城外關

廂存貯,來春開放平糶。得旨:所議甚好,著照所請行。(高宗八一、九)

(**乾隆六、六、壬寅**)戶部議覆:巡視東城給事中吳元安奏稱,向來京通各倉氣頭廒底成色米石,分發五城十廠,減價糶賣,各以正副指揮分司其事,並將米數移會五城御史等,酌量某廠堆積多寡,分別應行赴領與否,以杜霉浥之累,而清虧空之源。近年以來,倉監督徑檄正副指揮,並不移會五城,指揮與監督以情意之厚薄,分米色之低昂,恐不能一律流通,必致有浥爛不行者。請嗣後仍照前移會五城,酌派領糶。至於糶米錢文,解交戶部,定例一六投批,五十交錢。近則輾轉遲延,不即發實收。請交御史等,飭令按日投批,查驗實收,以杜那新掩舊之弊。應如所請。從之。(高宗一四四、一二)

(**乾隆八、六、己未**)諭:今年既多閏月,又值炎暑,商販米糧,到來較遲。近日雖經得雨,尚未霑足,米價比往年增長。應將京倉官米,速行發糶,以平市價,俾八旗五城兵民,俱得霑惠。如何辦理之處,著戶部速議具奏。再黑豆價值,近亦漸貴,官私馬匹,俱須餵養,亦應酌量平糶。著該部一併議奏。尋議:查八旗米局,現存自數百石至千餘石不等。臣部行文各該旗,將米石平糶,俟將次糶完,再酌撥接濟。至五城地方,擬於京倉撥發每城一千石,開廠設糶。不敷,臨期酌撥。其黑豆舊存數千石,不敷糶用。查河東二省已到新豆,業經上倉。臣等酌議,聖駕啟行後,京師馬駝隨營者多,空七、八、九、十等月關支料豆,可以通融辦理。計內務府共二十七局,每局發一千石平糶。或有奸胥滋事,責成各該管官稽查。得旨:著步軍統領、順天府尹,一併稽查。餘依議速行。(高宗一九四、一四)

(**乾隆八、七、庚戌**)步軍統領舒赫德奏:年逢閏月,來京就食者多,應禁奸商興販。已照例傳知內外各城門,除三四石之米仍舊放行,倘有車載馬馱,至十數石以上者,俱盤詰攔阻。復不時遣人躧拏興販奸商,量米多寡,情罪重輕,酌加懲治,米交近廠減價糶賣,所賣錢文,仍給本人。得旨:好。知道了。(高宗一九七、二〇)

(**乾隆八、八、己卯**)戶部侍郎三和等奏:京城米價漸平,所有八旗與內務府米局,及五城米廠平糶米,應請暫停派撥。如關倉後,米價或長,臣等再行酌量奏明辦理。得旨:覽。(高宗一九九、八)

(**乾隆八、一〇、丙寅**)又諭:近聞京師黑豆價值昂貴,今回鑾在即,扈從官兵馬匹進京,用豆益多。戶部現存官豆,應行平糶,著在京戶部堂官,即行查明定議,速奏請旨。尋議:請照內務府八旗二十七局,每局各先發五百石,及時平糶。從之。(高宗二〇三、四)

（乾隆八、一一、己未）諭：京師米價昂貴，現在平糶，尚恐未能驟減。明年八旗春季甲米，向於二月給放者，著改於正月初十日放起。（高宗二〇六、一二）

（乾隆九、二、丙寅）户部議奏：京師上年豆價昂貴，已酌發京倉官豆平糶。今黑豆市價尚昂，旗民需豆甚殷，請將倉貯豆，仍按八旗內務府二十七局，每局各再撥五百石，共一萬三千五百石，及時平糶。價仍照前，每石市平銀一兩。并交九門提督、順天府府尹稽察，毋致奸民囤積販賣。得旨：依議速行。（高宗二一一、八）

（乾隆九、三、庚辰）户部議覆：直隸總督高斌奏稱，京城豆價日昂，原議以保安、宣化、萬全三州縣存貯屯豆，運京平糶。應及時運貯附近倉廠，分發八旗官局。得旨：依議速行。（高宗二一二、一）

（乾隆九、五、丁亥）順天府府尹蔣炳奏：天時亢旱，糧價日昂，請於四路同知駐劄處，分設四廠平糶。東路之通州，西路之盧溝橋，北路之沙河三廠，各發米三千石，南路之黃村六千石，即令該同知就近管理。通州廠交通永道，沙河廠交霸昌道，盧溝橋、黃村二廠，派御史一員前往，督察稽查。得旨：著照所請速行。仍照乾隆二年之例，遣御前侍衛等，即行前往，一同查辦。通州著永興去，沙河著德保去，盧溝橋、黃村著馬爾拜去。（高宗二一六、一八）

（乾隆九、五、丙午）欽派查辦通州糶廠鑲白旗漢軍都統永興奏：四路同知駐劄處所，設廠平糶，業將通倉所存成色米一萬石，糶賣七千七百餘石，市價漸減。但通州連得透雨，正在佈種之時，必仍須米石接濟，庶市價不致頓長。請仍照府尹蔣炳原奏，發給通倉十成米二千石，在通平糶。得旨：著照所請行。咨部知之。（高宗二一七、三二）

（乾隆一三、六、辛巳）諭：目今京師米價漸昂，且多閏月。兵丁支放甲米，雖據部議，展早於七月下旬，但為期尚早。著照乾隆八年之例，將京倉官米給發各旗，並五城米局，減價出糶，以平市價，至開倉之日為止。該部遵諭速行。（高宗三一七、二五）

（乾隆一五、一一、己巳）諭：近來京師米價，較上年冬月稍昂，已降旨八旗米局，停其收買。但市價一時尚未平減，時屆隆冬，小民艱於餬口，著將八旗米局現在收買存貯米石，照時價酌減發糶。如有不敷，著於京倉支領。五城由京倉各領米一千石，照八旗定價，一體設廠平糶。交該御史等嚴行稽查，毋令囤户乘機射利，察出從重治罪。該部即遵諭行。（高宗三七七、三七）

（乾隆一六、二、癸未）諭：……京師現在米價，老米每石一兩六錢五分，秔米、倉米每石一兩五錢五分，老米尚不甚貴，且買食者少，秔米、倉米買食者多，時價稍貴。請照乾隆十三年例，酌減定價，每石老米一兩四錢，秔米、倉米一兩二錢，銀錢兼收，收錢易銀解部。（高宗三八二、一七）

（乾隆一六、三、辛亥）和碩莊親王允祿等奏：前因京師米貴，奏酌減價平糶，並於京外四鄉，分設四廠，各撥米二千石減糶。自二月二十七八等日，分廠開糶，赴買者日千計，市價漸減。四廠存米有限，請每廠再撥米二千石接濟。得旨：王大臣等，請於京外四廠，再撥米二千石，接續出糶。雖據奏米價漸次平減，但較往年，尚覺昂貴。著再加恩，每廠各撥四千石，以資接濟。（高宗三八四、一六）

（乾隆一六、三、己未）和碩莊親王允祿等奏：前因京師米貴，奏明分鄉設廠，撥米減糶。嗣因不敷，復請添米，已於本月初九續糶。鄉民買者甚衆，京米價減一錢。現據監糶各員續報，再撥米石，又將糶完，麥秋尚遠，請每鄉更撥三千石接糶，仍嚴禁奸民買囤。得旨：知道了。又批：是。此弊應嚴查，不然，無益於窮民矣。（高宗三八五、六）

（乾隆一六、三、乙丑）和碩莊親王允祿等奏：京城米貴，自分鄉設廠，並節次撥米減糶，京米減價錢許。復因雨多路濘，京外商販雜糧難到，米價仍增。查京城夏季甲米，經倉場侍郎鶴年等奏准，於四月十五開放，請挪前半月。再內務府、八旗、五城米局，向例每局糶完千石後，交清錢糧領運。計以錢易銀，交部覈算，由部行文倉場撥領，往返守候，恐遲接濟，請令一面易銀交部，一面赴倉領米。得旨：甚好，知道了。（高宗三八五、一九）

（乾隆一六、四、癸未）和碩莊親王允祿等奏：自初一日開倉以來，米價頓減，恐甲米停後，米價又增。臣等酌議，除四鄉米廠仍舊糶賣外，其八旗、內務府、五城之米賣完，暫停支領。俟甲米放竣，如須平糶，令管局大臣，仍照原奏辦理。再四鄉米廠，俱與圓明園西山一帶較遠，工所夫役，買食維艱。請於安河豐益倉內，撥米一萬石，令夫役就近糶買。既省往返，西北廠糶米人數亦可減少。從之。（高宗三八七、三）

（乾隆一六、五、庚子）諭：前因京師米價騰貴，朕經降旨，於京城及四鄉分設廠座，減價平糶。今回鑾至京，聞市價仍復稍昂，目前麥收雖近，尚未登場，正資米石接濟。著再撥米十萬石，照前所辦平糶章程辦理，以裕民食。該部遵諭速行。（高宗三八八、四）

（乾隆一六、七、辛巳）和碩履親王允祹等奏：本月十三四日連日陰雨，京城內外，米價日長。查本年秋季官俸甲米，例於八月開倉支放，爲期已近，請早放數日，俾官兵不與民間爭購。轉瞬秋成，雜糧上市，亦得源源接濟。得旨：甚好，知道了。然必有鋪户居奇之弊，亦應節制。又近日情形若何，速行奏聞。尋奏：自有開倉支放之信，米價頓減。至鋪户居奇，當市價驟昂時，即飭步軍統領及順天府實力稽察。倘有此弊，自當嚴行懲治。得旨：欣悦覽之。（高宗三九五、四）

（乾隆一七、一、甲子）諭：上年因京師米價未平，多方籌畫，屢撥倉貯米石，減價平糶，並賞給八旗兵丁甲米。茲當春令首和，歲功伊始，閭閻日給，爲時正長，應豫籌接濟，使近利者不得居奇。著於京倉撥米四萬石，分給左右翼米局，交該管王大臣等，仿照時價，酌減平糶。務須妥協經理，以副朕惠養兵民之意。（高宗四〇六、二）

（乾隆二四、三、庚寅）諭軍機大臣等：京師現在麥價稍昂，民間日食所需，宜加調劑。河南產麥素多，上年收成豐稔，積麥之家，轉有艱於求售者。現在冬春之交，雨雪應時霑足，價值自必平減。（高宗五八二、二七）

（乾隆二四、三、壬寅）諭：京師現在米價稍昂，著照上年之例，於京倉內撥米五萬石，在五城適中地方，設廠平糶。派侍郎吉慶、劉綸、如松、鄂弼、錢維城會同該城御史等親往督率，妥協辦理。該部即遵諭行。（高宗五八三、一二）

（乾隆二四、四、癸丑）諭軍機大臣等：前令胡寶瑔購買麥十萬石，由水路運京平糶，已傳諭方觀承，令其委員接收，轉運來京。今據胡寶瑔奏到，頭運麥三萬石，已於三月二十八日開運，其餘二三兩運亦接續銜尾前進。此項麥石，自可計日運到。著再傳諭該督，令其嚴飭經過地方官弁，沿途照料，毋任稽延。並令酌量撥留十分之一二，運赴通邑大郡、民居輻輳之地，如保定、天津、涿州等處，設廠平糶。不特京師麥價可平，即近京州縣，亦可無慮麥價騰貴矣。（高宗五八四、六）

（乾隆二四、四、戊辰）諭：據吉慶發等奏，五城各廠原撥米石，將次糶完，請再撥五萬石，分發各廠，減價出糶等語。著照所請行。京城自平糶以來，市價雖漸次平減，但現在雨澤未沛，閭閻正須接濟，不必拘定五萬石之數。此次所撥米石糶竣，即行陸續酌撥，無拘石數。務使民食充裕，普霑實惠。再各廠平糶爲期尚遠，原派之監糶大臣等，亦應輪替督率查辦。著再派錢汝誠、伊祿順、王際華、恩丕、熊學鵬協同辦理，以裨公務。（高宗五八五、二）

（乾隆二四、四、甲戌）諭：京師現在設廠平糶，並將安河橋、清河等處存貯倉米，酌撥減糶，俾郊外居民可以就近買食。通州爲水路總會通衢，商民輻輳，亦宜動撥通倉米石，交與地方官，照五城之例，設廠減糶，以平市價。並著倉場侍郎、巡漕御史等，一體留心稽察，勿使胥役、市儈、旗丁等，從中滋弊。(高宗五八五、八)

(乾隆二四、五、戊申) 諭：京通各倉成色米石，向例陸續發與五城糶賣。今京城內外，發倉平糶，米石充裕，著倉場侍郎查明各倉所有成色米石，交與方觀承，運至良鄉等處平糶，以贍民食。再直隸各屬，現在雨澤未能霑需，近京州縣，平糶常平倉穀，僅照定例每石減銀五分，貧民仍恐買食維艱，並著方觀承酌量地方市價，每石減糶銀二三錢，俾閭閻均沾實惠。該部即遵諭行。(高宗五八七、二六)

(乾隆二四、六、癸丑) 諭：前經降旨，令將京通各倉成色米石，撥交方觀承運至良鄉等處平糶，以贍民食。但此項成色米，每石覈計不過四五成，而輓運脚價反致虛費。朕念切民依，不若竟給通倉好米一萬石運糶，在貧民尤霑實惠，而地方官亦便於接辦。其成色米石，仍就近與京城米廠照例減糶。(高宗五八八、四)

(乾隆二四、九、乙亥) 諭：今歲止近京地方，夏前得雨稍遲，旋即甘霖疊沛，大田仍獲有收，農民得資日用。近聞京城內外米糧價值照常，惟麥麩豆草各項，未能平減，尚須隨時調劑。從前五城平糶麥石，現在餘剩存倉者尚多，而接運進京之麥，又有山東五萬石，江蘇十萬石，將次陸續抵通，足供平糶接濟。其黑豆一項，各倉存貯，除酌量寬裕留備支放需用外，所有餘豆或准官員承買，或發廠一併平糶，俱有益於民用。至南苑羊草繁廡，向來採刈儲備，足敷供用，即量爲發出變價。如令該總管等督率海戶，多爲收割，俾出售數饒，市直自當日減。著各該衙門詳悉查明數目，其麥豆仍交五城及原派之侍郎等督率平糶，草束交總管內務府奉宸院辦理。(高宗五九七、二九)

(乾隆二七、二、壬午) 在京總理事務和碩誠親王允祕等奏：遵旨於京倉內酌撥三色米五萬石，分給五城，設廠平糶，並會同該城御史赴廠稽查。其每石官價，各減市價大制錢一百文，所糶錢交戶部搭放兵餉。報聞。(高宗六五五、五)

(乾隆二七、四、戊辰) 諭軍機大臣等：在京總理王大臣覆奏平糶一摺，據稱，減糶後市價略就平減，較之平日尚屬昂貴，現今市價仍與三月中旬相同等語。市上時價，長落無常，三月中旬之價如此，其爲貴價平價，究難意定，應將上年三月糧價先行較對，方可折中，以定行止。著傳諭在京王大臣，前後比較，如果上年三月較今尚減，則官糶未便即停；倘與現在平糶後價值相等，則市價已平，毋庸再爲減糶。著即查明具奏。尋奏：上年三四月米價較今尚減，官糶未便即停。報聞。（高宗六五八、三）

（乾隆二七、一一、甲戌）諭：今歲京師，夏間雨水稍多，收成致減分數，因降旨分廠平糶，自春徂冬，未嘗少間，以裕民食。復令豫、東二省採買麥石十餘萬運京接濟，並賞給八旗閏月甲米。糧石既多，價值自可無慮昂貴。但現在時近年節，糧價未能即就平減。著將在京三品以下滿漢文武各官，豫支半年俸米，於明後年春秋四季應領俸米内分扣。所有豫支俸米，若令赴通關支，未免更需運費，而米石亦易透漏。並著加恩，即准於京倉内按數支放，則京城米石充裕，市價必平，於民食亦爲有益。仍著步軍統領衙門派員稽察。（高宗六七五、一）

（乾隆二八、六、癸巳）諭軍機大臣等：昨據舒赫德奏，新麥豐收，麥價已日就平減，因降旨阿桂等，將五城各廠平糶，即行停止。今阿桂等奏請酌減麥麪價值，想係未經接奉諭旨，故有此奏。去冬因京師米麥等項價值稍昂，是以設廠平糶，原屬通融調劑之計。現在二麥豐稔，市價自無憂騰踴。著仍遵前旨辦理。可將此傳諭阿桂並監糶大臣等知之。（高宗六八八、九）

（乾隆三二、七、辛亥）諭軍機大臣等：昨據裘曰修等奏，京師米價，因道途泥濘，較前稍昂，高粱穀豆價值漸次平減等語。所奏於情理殊屬未協。高粱穀豆，運販皆自外來，或謂天雨泥濘，馱載維艱，因致價值稍昂，尚屬事之所有。至米石一項，兵丁月糧皆按時於京倉支領，每以所餘售糶市中，米糧多資其益，本無藉於外運，即道路間有泥濘，何至轉增其值？今裘曰修等所奏，似非實在情形。著傳諭裘曰修等，令其查明據實覆奏。（高宗七九一、五）

（乾隆三二、七、癸丑）又諭曰：裘曰修等奏，京師因道塗泥濘，通州交倉餘米，商販等艱於輓運，是以上月米價稍昂，請將八月甲米移前數日開放等語。八月甲米原係官兵等應支之項，今豫爲開放，市價自可就平，於兵民均爲有益。著即將八月甲米，於本月二十五日開倉支放。該部遵諭速行。（高宗七九一、六）

（乾隆三二、七、乙卯）諭軍機大臣等：前據裘曰修等奏，京師米價稍昂，高粱穀豆漸次平減。茲閱舒赫德奏糧價清單，高粱穀豆等價，亦俱比上月稍增。今歲禾稼繁碩，秋成景象，較常倍覺豐稔，況登場在即，糧價應平。雖閏七月初雨水稍多，亦係晴雨相間，不似二十六七年之淫霖也。即道路微有泥濘，於秋田本爲無礙，何以市糶轉致加增？自不無奸商射利居奇之事。著傳諭舒赫德，留心緝訪，如果查有奸商巨販，一二人倡議齊行擡價，勒掯售主者，此等實於民食有關，不可不加嚴究。即當拏獲一二人，重治其罪，庶足懲一儆百。若不過尋常囤積，圖獲微利，即查出亦不過示以薄懲，伊等轉不知畏懼，則又不如聽其自然，俟新穀上市，勢將不禁自平也。至八月分甲米，業已降旨豫放，於老米等項，已足資接濟。九月米石，自可無庸續行早放。將此一併諭令知之。（高實七九一、八）

（乾隆三五、七、丙辰）諭軍機大臣等：前此降旨富明安，令酌量採買麥二三十萬石，運京平糶。今業據該撫前後起運麥已有二十萬石，京師現在開厰平糶，計數已足敷用。況該省商民，亦有載麥由海運至天津售販者，民食更足資接濟，此時可無庸續行買運。著將此傳諭富明安知之。（高宗八六四、二九）

（乾隆三六、四、丁酉）又諭：京城及近畿地方，自春入夏，雨澤較稀，麥收不免歉薄，幸有官麥平糶，市値未致加昂。但現屆青黄不接之時，米價或恐因而增長，此尤小民口食所資，自應豫爲籌畫，以期充裕。著照乾隆二十七年之例，於京倉内撥米石給五城平糶，仍令派原監糶麥廠之大臣，并該城御史，就近經理。其應撥米石若干，及作何酌定章程之處，即著該監糶大臣等，會同該部詳晰妥議速奏。並著步軍統領衙門派委員役，嚴查奸商販買囤積，俾閭閻均霑實惠。（高宗八八三、一七）

（乾隆四〇、五、丁巳）又諭：近日京師糧價，較上年四五月稍增，自因昨秋天津、河間一帶地方歉收所致。現屆青黄不接之時，宜使市糶價平，俾閭閻不虞穀貴。查照向例，於京倉内量撥米石，分給五城，設厰平糶，以裨民食。所有辦理章程，著該部詳悉妥議具奏。（高宗九八二、一六）

（乾隆四〇、閏一〇、丁未）恩賞旗兵閏月甲米。諭：八旗兵丁甲米，閏月例不支放，向雖曾特恩賞給，並非常例。第念京師五方聚集，食指浩繁，兵丁所得甲米，饔飱自給之餘，或將剩米出糶，尚可潤及閭閻，數十萬户，仰資其利。現在正逢閏月，例無應放之米，兵民口食，未免拮据。著加恩賞給閏月甲米，即於本月十五日開放。其十一、十二兩月放米之期，並著移於每月十五日。明歲新正以後，仍循其舊，則禦冬度歲，更得饒裕，市價亦可藉以益平，於兵民生計均有裨益。嗣後凡遇閏月，俱照此一體賞給甲米，俾各永霑實惠，著爲令。該部遵諭速行。（高宗九九四、三）

（乾隆四三、四、癸巳）諭：現在將屆夏令，京師尚未得有透雨，市間糧價，恐未免稍昂，自宜豫爲籌畫，俾民食益加充裕。著照向例，於

五城設廠，酌撥米麥平糶。所有應辦事宜，著該部即速妥議具奏。(高宗一〇五四、四)

(乾隆五一、二、癸未)諭：前經降旨，凡在京文武官員，有降級革職留任者，其應得俸米，俱准照原品支領，原所以體恤臣工，且令京師米石流通，俾民食充裕，糧價亦得平減，實爲兩有裨益。第恐市儈逐利之徒，一聞此信，即暫將米價減落，以遂其賤買壟斷之私，迨販糶入手，又復囤積居奇，米價仍恐不能平減。是朕加惠臣工之舉，轉爲奸商牟利之資，其流弊不可不嚴行禁絶。朕因米糧價值，民食攸關，凡可以設法調劑者，無不豫爲籌畫。且商人亦係四民之一，皆當激發天良，改其壟斷惡習，今流風日下，但知爲利，無怪天時之不和，朕亦愧誠感之不至，道德之未淳。天下之商人，皆當各發其天良，而尤臨民之官所當加之意者也。此次曉諭之後，若仍有奸販賤糶貴糶，其情甚屬可惡者，著交步軍統領、順天府、都察院衙門，嚴密訪拏處治，以示懲儆。其通州近倉處所，商販尤易居積，並著一併嚴查飭禁。此旨著通行各督撫知之。(高宗一二四八、一七)

(乾隆五一、六、甲申)又諭：據吴省欽奏，京城糧價漸增，而米、豆二價尤爲翔貴，請將京員秋俸，先支領十分之六，以冀民食流通等語。所見甚是。京員秋俸，向例以中秋前後起支，今遇閏，又遲一月，米石不能及早流通，價值未免日漸昂貴，自應設法調劑。但該府尹所請先支十分之六，則京員須作兩次支領，多費脚價，非所以示體卹。所有八旗及在京文武各員俸米，俱著移前於閏七月初一日起，一體關支。至所稱黑豆一項，每倉石例價八錢，請於市價現昂時，將此次官豆酌量增作一兩四錢之處，著交户部將現在存倉豆石，通盤籌畫，足敷官用之外，所餘豆石，即照該府尹所定價值，儘數照例官賣，一面奏聞，一面辦理。仍行令盛京買補，運送還倉。並著步軍統領衙門，會同順天府嚴加訪察，如有奸商買囑微員，賤價糶買米豆，囤積居奇，仍復擡價糶賣者，即與莠民無異，當拏爲首之人，從重處治，懲一儆百。務使米豆流通，糧價平減，而市儈無所施其伎倆，官民兩有裨益，方爲妥善。(高宗一二五六、一二)

(乾隆五二、五、戊寅)諭軍機大臣等：據蘇凌阿奏，豫省有應運京麥一萬八百餘石，已全數抵壩，起運收倉。河南、山東等處，商販麥船，到通者已有三萬四千七百餘石。恐通州爲卸載馬頭，奸商乘機壟斷，現在嚴密查拏等語。京城内外糧食價昂，前因步軍統領衙門查出該商等囤積米麥，令該衙門會同五城、順天府官員，酌量價值糶賣，所賣錢文，仍給發該商人收領。今豫省額運麥石，業已全數抵通。而商販麥船，又復源源而來，到通者已有三萬四千餘石，正足以資接濟。但恐奸商乘機截買，私行囤積，俟價昂擡價出售，又不可不防其弊。所有運到商麥，應即出示曉諭該商等，令其全數運京，毋許在通起卸。並著留京王大臣等，於商麥到京後，仍照前次章程，交步軍統領衙門會同五城、順天府官員，比前所定之價，再加酌減價值糶賣，以平市價。仍各一體稽察，毋許各鋪戶囤積居奇。將此傳諭留京王大臣等，並諭蘇凌阿知之。（高宗一二八〇、一九）

（乾隆五二、六、己亥）諭軍機大臣等：……京城米麥，民食攸關，必須先事預籌。朕啓蹕之前，京城三四月間，麥麪價值昂貴，朕即令將倉貯及內務府應用麥石，全行撥出平糶，以濟民食，此係軍機大臣共知者。後因總管內務府大臣查出所存無幾，不敷平糶之用，是以諭令豫省採買五萬石運京。復據畢沅奏，豫省前歲冬間，因歸德一帶賑糧需米，截留漕米三萬一千餘石，應行採買補運京倉，懇一體改買麥石，抵米運京。前後採辦麥石，共有八萬餘石，較爲寬裕。且豫東二省商販運麥，源源而至，將來抵通者甚多，市價自可日就平減。但恐明歲京城青黃不接之時，麥價設又增長，小民不無食貴之虞，不可不豫行籌辦。或於豫省每歲應徵小米等項，令其酌改麥石，或十之三，或十之二，運送到京。朕意於彼時，五城地方，分設官廠平糶，各派大臣一員、御史二員，及步軍統領、順天府等衙門，分派官役，董司其事。如有奸商刁儈，私行糶買，囤積居奇，及偷往他處販運漁利等弊，一經查出，自可隨時嚴行懲治。惟在司事之臣，實心經理。但恐麥石存貯日久，易致黴變，或將麥磨麪存倉，以備價昂時，即將麪勷出糶，以濟民食，亦屬有備無患之一法。但磨麪之後，比較麥石貯倉，是否可以經久之處，著綿恩、阿桂會同戶部及倉場侍郎，悉心酌覈妥議。並將豫省應徵小米等項，如何改折麥石若干之處，一併酌議具奏。（高宗一二八二、三）

（乾隆五二、六、辛亥）留京辦事王大臣永琅等奏酌定平糶章程事宜。查向來五城平糶，皆於內外城適中之地，各設廠一二處，使小民便於糴食。今雖改交商辦，仍應於內外城適中地方，每城選擇殷實鋪戶二家，令其承辦。至倉貯均係粗糧，民間逐日所買無多，勢難自爲舂碾。從前平糶粗米，小民糶買後，兌給碾房，每一升換細米八合。雍正九年，曾將細米平糶，亦以粗米加二覈算。此次若照從前出糶粗米，則輾轉兌換，貧民既未能即時煮食，且恐啓鋪戶及碓房轉買囤積之弊。臣等擬將領出之米，即交該鋪戶舂細，令其按八折交出細米，每細米八斗，仍照粗米一石，比市價酌減平糶，所餘碎米糠粃，儘可抵給舂碾工費。至向來各處報部糧價參差不一，茲據五城等處呈報實在糧價，每粗稉米一倉石，制錢一千五百四十文。今較市價酌減一百文,其糶出細米,即照此以八折覈算。如此後市價再能平減,即將出糶官米,續行遞減。至應糶米五萬石,自應陸續發交。現擬令五日一領,每次領米二千五百石,於本月二十日開糶。先期知會户部,劄知倉場,派定倉口,令五城司坊官親身赴倉支領,與臣等派員,眼同量給各鋪户收賣。至各鋪户所用升斗大小不一,現在臣胡季堂會同户部照依官設倉斗,較準烙印,領取給用。其赴倉領米車價,例按道路遠近覈給。此次係歸商辦,應即於出糶米價内,按部定車脚,隨時給發,不得另行開銷。所有糶出之錢,即照例令司坊官陸續解交户部,搭放兵餉工程處等項之用,以省易銀折耗。至鋪户等,難保無私擡價值、短少升合等弊。臣胡季堂等及派出司員,並步軍統領衙門、順天府、五城御史,人數衆多,若在各鋪逐日稽查,又恐吏胥借端滋擾,臣等惟有會同各衙門,於各鋪户左近地方,另覓寺廟公所,常川親往,密行查察,務使商民兩便。得旨:依議速行。尋諭軍機大臣曰:留京王大臣等奏平糶章程一摺,已依議速行矣。惟摺内稱另覓公所,親往密查一節,斷不可行。此次平糶米石,交於殷實鋪户,不設立官廠,原恐家人吏胥,從中滋弊。今復於各鋪户左近地方,另覓寺廟,大臣等常川稽查,勢仍不能不各帶司員人役,則一切費用,皆無所出,即難保無借端滋擾各鋪情事,是無官廠之名,轉滋勒索之弊。此事祇令派出之監糶大臣、步軍統領、順天府、五城,或五日,或十日,輪流親往各該處抽查,情弊自無難立見。倘於米色升斗價值内,或恐隨時參差不齊,暗中舞弊,不能即時查出,何難密遣親信員役,前往糶買升斗,則米色之純雜,升合之大小,及照官定價有無私自增加之處,無難水落石出矣,又何必另覓寺廟,徒滋擾累耶?將此諭令知之。
(高宗一二八二、二四)

(乾隆五二、八、辛丑)諭軍機大臣等:京師自招商平糶官米以來,已將兩月,五城米價,是否不致仍前昂貴,較前價值大加平減若干,朕心深爲厪念。至本年南糧,全漕抵通,攜帶百貨,自當充集。現在南米貨物自已源源而至,其價值較前有無平減之處,著傳諭綿恩,查明據實覆奏。尋奏京城因有官米平糶,糧價日減。各漕幫所帶貨物,陸續運京,貨值亦平。報聞。
(高宗一二八六、一一)

(乾隆五二、九、壬辰)諭:前因京城米糧市價昂貴,特經降旨,於京倉内撥米五萬石,分給五城地方,發交殷實鋪商,減價平糶。並派監糶大臣,率同五城御史專辦其事,并令會同步軍統領、順天府各衙門嚴密查察,以平市價。自平糶以來,雖覺糧價漸減,但恐糶竣之後,又復漸次加長,非朕軫念民依隨時調劑之意,著再撥發京倉米五萬石,交與五城地方,減價平

糶，俱著照前次章程，妥協經理，俾軍民均霑實惠，以副朕加惠無已至意。（高宗一二八九、一四）

（**乾隆五三、三、乙酉**）又諭：本日據劉峩奏，保定會城及安肅、涿州等處，各得雨一二寸不等，俱未能霑透等語。現在京城雖得澍雨，而近畿一帶，雨澤較稀，今保定所屬及涿州等處，得雨亦不過一二寸，未爲深透。因念京城米麥全藉各處商販，源源運赴，接濟糶售，今京城雖獲甘膏，而畿南各屬，雨澤稍缺，恐商販米石運京較少，市價不免日漸昂貴，自仍應平糶，俾小民口食，益資充裕。所有上年平糶餘存米三萬四千石，即著原派監糶大臣，照舊章程平糶。並著戶部查明各倉現存麥石，除酌留敷用外，其餘儘數發出，交監糶大臣，一併出糶。仍隨時實力稽查，不使奸商囤積壟斷，務期市價平減，民食有資，以副朕惠鮮懷保至意。（高宗一三〇一、二七）

（**乾隆五五、七、乙巳**）諭：本年朕八旬壽辰，各直省文武大吏，齊集京師者多，率土臣民，共伸祝嘏。兼之辦理慶典點綴，商匠雲集，人數實衆，京城米價，不無稍增。現在京倉米數充盈，著發給稅米三萬石，照時價減糶。所有五城監糶事務，著派胡季堂、保成、諾穆親、蔣賜棨、鐵保、吉慶、虔禮寶、姜晟、德成、張若渟，每城二人，妥爲經理。於八月初一日起，開倉平糶，以平市價而裕民食，副朕行慶施惠，有加無已至意。（高宗一三五九、一八）

（**嘉慶六、八、甲寅**）諭內閣：前經倉場侍郎奏，請將今年冬間支放甲米，及明春官員俸米，俱搭放黑豆一摺，已依議行。但近閱順天府所報糧價，黑豆價值，較之各項米價，賤至五錢及二三錢不等。因思八旗兵丁，全賴甲米以資口食，其需用黑豆之處甚少，若將豆石搭放，兵丁等以之轉售，得價較賤，於兵丁甚屬無益。所有本年冬月以後甲米，仍照舊支給，不必搭放黑豆。至官員等俱有馬匹餧養，需用黑豆，明春俸米，著照原議米豆搭放。（仁宗八八、一三）

（**嘉慶一一、三、辛未**）發米麥共十萬石，命五城分設十廠，減價平糶。派吏部尚書德瑛等十員監糶。（仁宗一五八、二六）

（**嘉慶一一、三、乙亥**）諭內閣：昨因京城米價較昂，降旨於五城適中處所，分設廠座，發給米麥共十萬石，平價糶賣，原期嘉惠窮黎，俾得藉資口食。乃聞有牟利奸商，往往於平糶之時，私令人假作貧民，分投赴廠糶買，囤積居奇，而窮黎轉不得均霑實惠，必應嚴行查禁。向來平糶，每廠祇派大臣一員監糶，稽察未能周匝。此次著添派乾清門侍衛孟住、隆福、蘇冲阿、和世泰、慶長、慶惠、玉福，大門侍衛豐紳濟倫、豐紳殷德、明興，此內有管旗各員,即帶本旗弁兵二三人,其不管旗分者,即帶親軍二三人分赴各廠,嚴密稽查。並著提督衙門派令番役一體巡察,如有假冒糶米奸徒,立即嚴拏懲究,毋稍疏縱,亦不得聽從役人等藉端滋擾。(仁宗一五八、三〇)

(嘉慶一三、二、己巳) 又諭:戶部會同八旗滿州都統倉場侍郎議駁,鐵保奏八旗官兵應領米石,於十成中酌折二成銀兩一摺。前據鐵保具奏,朕於披閱時,即覺其事窒礙難行。特以集思廣益,不厭精詳,或該部及各旗大員等,有與鐵保意見符合者,不妨據實直陳,以備採擇,曾諭令各抒所見,毋許面從退言。今戶部及各旗等會同悉心妥議,俱以為應請循照舊例,全放本色,毋庸輕議更張,衆論僉同,所議甚是。京師五方輻輳,商民雲集,本處產糧既少,又無別項販運糧石,專賴官員兵丁等所餘之米,流通糶糴,藉資餬口。是以自王公以及官兵等,應領米糧定額,俱酌量從寬,並非計口授食。即如親王每歲領米萬石,甚屬寬裕,豈為其一身計乎?原以該王公官兵等祿糈所入,既可贍其身家,並可酌糶餘糧,俾稍沾潤,立法至為詳備。若如該督所奏,於官兵應支米石,改給折色二成,不惟於八旗生計恐致拮据,即以每歲少放米五十餘萬石計算,於商民口食之需,亦多未便。況現在市集糧價已較前加增,儻再減放官糧,勢必益形昂貴,而天庾儲蓄,徒令陳陳相因,又安用漕糧源源轉運為耶?鐵保係屬旗員,曾經管理旗務,乃於官兵應領俸糧,並不通盤籌畫,輒請稍為變通,酌給二成折色,實屬妄改舊章,冒昧不合,著傳旨申飭,仍交部議處,為輕改成憲、不知大體者戒。(仁宗一九二、三)

(嘉慶二三、三、甲子) 命撥京倉麥一萬石,給順天府屬大興、宛平二縣減價平糶。(仁宗三四〇、一八)

(嘉慶二三、五、甲辰) 命撥京倉粟米六千石,交順天府於烟郊、夏店、三河、南石槽、懷柔一帶分廠減價平糶。(仁宗三四二、一一)

第二節　食鹽政策和貿易

一、清政府專賣政策下的食鹽貿易

(一) 對沿海產區鹽民的賦役征實

(二) 全國通行招商領引分區運銷海產官鹽的政制

1. 長蘆、山東

(雍正八、一〇、己未) 戶部議覆:巡視長蘆鹽政御史鄭禪寶疏言,山東青、登、萊三府所屬之安邱、蓬萊等十六州縣票鹽，舊係招商辦課，民情未便。嗣後請革除商名，聽民自行領票銷賣。其應納課銀，攤入地糧，徵收造報。應如所請。從之。(世宗九九、二四)

(乾隆一、二、庚午) 戶部議覆：長蘆巡鹽御史三保疏稱，上年東運引目，已照額行銷。各商情願多運。請增引五萬道，收貯運庫。俟有不敷賣銷之州縣，給商行運。應如所請。從之。(高宗一二、九)

(乾隆一、三、乙未) 戶部議准：長蘆巡鹽御史三保疏請，撥益都、萊蕪、淄川三縣鹽額餘票，共二千七百二十九張，歸於新設之博山縣運銷，自乾隆元年為始，按年徵收。從之。(高宗一四、二)

(乾隆五、閏六、戊申) 戶部議覆：查蓬萊等十六州縣票課，於雍正八年，據原任長蘆鹽政鄭禪寶，題請攤入地糧徵收。鹽觔聽從民便，令其自行領票銷賣。其商運州縣鹽觔，俱照例築包。并請於額票之外，每年頒發餘票五萬道，收貯運庫。如額票銷完，不敷民食之處，該州縣據實詳請餘票，運鹽辦課，接濟民食。下存餘票，奏銷繳部。經臣部覆准。今據長蘆鹽政伊拉齊疏稱，屢年以來，生齒浩繁，食鹽日增，又兼私販漸絕，是以餘票五萬張，每年全數領銷。今春雨澤普被，二麥秋成有望，將來票鹽，不敷民食。再請餘票一萬張，自乾隆五年為始，照餘票五萬道之例，頒領貯庫，以備各商請領接濟。應如所請。從之。(高宗一二〇、二八)

(乾隆六、二、戊申) 長蘆鹽政三保遵旨議奏：直、豫兩省各州縣引地，有能銷逾額者，有僅及額者，有一年止可銷二三季者。在能銷之處，必須各州縣積引配運接濟；壅滯之地，全賴能銷之州縣代銷。通融引目，實屬變通良法，未便議停，請仍舊辦理。得旨：允行。(高宗一三六、二九)

(乾隆二七、一二、癸卯) 戶部議准：長蘆鹽政達色奏稱，山東郯城、樂安二縣，地瘠民貧，額鹽不能全銷，請將兩邑額票各撥一千張，令商邱縣商領運銷售。從之。(高宗六七六、二六)

(乾隆二九、三、辛巳) 長蘆鹽政高誠奏：前商人王至德，將所有灤州、遷安、樂亭，並代辦之盧龍、撫寧、昌黎、臨榆七處引地，請退歸公。經內務府奏明，飭查七處敝壞情形，及應如何整頓調劑。查七處皆永平所屬，其敝壞之故，一因賣價不敷，一因私鹽充斥。賣價不敷，甫經奏准增價，從此可期成本無虧。至其私販之多，如灤、樂，地多生城，居民最易私煎，遷安、撫寧等處，逼近邊牆，邊鹽多有夾帶入口。今請申嚴處分，以杜私煎私販，復照雍正十年之例，於口外三十里內，派兵役巡查，絕其私帶，更嚴查邊民囤積。但口外地方，多有奉天、永平犬牙相錯之處，並請勅下奉天將軍、府尹及山海關副都統、古北口提督，一體查辦，整頓不外乎此。至調劑之法，查七處內惟灤、遷、樂三處額引加引，共一萬七千一百餘道，通融定例，止准通出二分，此三處情形，實難行銷八分。請通出四分代銷，如能代銷州縣，再有此盈彼絀，仍准於三處內，通融行銷。得旨：如所請行。（高宗七〇七、二二）

（乾隆三四、七、乙未）戶部議覆：長蘆鹽政高誠奏，州縣拏獲私鹽，例應交商變價，因例內准其減價售賣，是以州縣官不將私鹽交商，任胥役領賣侵漁。請嗣後拏獲私鹽，概照本地官鹽價值，交商變價入官等語。應如所請。從之。（高宗八三八、二八）

（乾隆三五、七、丙寅）諭軍機大臣等：據西寧奏，現在各處引鹽暢銷，請再領餘引十萬道，俾得源源配運一摺，已批該部知道。但其另摺奏稱，六月間連日大雨，河水漲發，低處鹽坨，間有淹損，雖該處所有現貯鹽包，足敷本年及明春配運，而鹽坨既經被水，鹽包間有淹損，今議多添餘引，於商力有無妨礙，不可不為體察熟籌。著傳諭西寧，速將該處鹽坨實在情形，是否足敷添配餘引，商運不致拮据之處，據實詳悉覆奏。尋奏：鹽坨間有被水，而存鹽尚多，覈計足敷明春配運。本年添領餘引，該商等多霑餘利，實不致有拮据之處。報聞。（高宗八六五、一一）

（乾隆三五、一一、癸丑）諭軍機大臣等：戶部議駁西寧奏長蘆引課展限奏銷一摺，所議是，已依議行矣。鹽課奏銷改至每年十一月，較定限已屬展寬，自應如期完納。即今歲六月間，鹽坨偶有被淹之處，該鹽政曾經奏明，各場存鹽足敷酌運，何以迄今四月有餘，未運之鹽，尚有十分之四，而已完之課，竟不及百分之一？是課運兩項，俱已貽誤，直至奏銷屆期，始行冒昧奏請展限，殊屬非是。且各商已運鹽包既有六十餘萬，口岸隨時疏消，完課亦應過半，何竟任其延宕？通計所完僅得三千餘兩，尤非情理。著傳諭西寧，令其明白回奏。（高宗八七二、一五）

（乾隆五一、四、辛丑）山東巡撫明興奏：大清河為東省鹽運必由之路，亦名鹽河。因數十年未經挑濬，河身淤淺，茲商人等捐資建閘，挑疏正河，以深三尺、寬六尺為度，自東阿之魚山下、大橋口、外山口，長清之沙河、門頭，齊河之曹家營、七里閘，歷城之丁家口、褚家窩、花兒莊，共建新閘八座，相距自十里至三四十里不等，或係河形陡直之區，或係支河歸入之處，形勢俱屬相宜，修砌亦皆如法。報聞。（高宗一二五三、二〇）

（乾隆五三、六、辛亥）又諭：據穆騰額奏，上年隨正額領過餘引五萬道，已據各商請領將完。現在正值趲運之時，自應先期豫備，理合循照舊例，再請餘引十萬道，存貯運庫，聽各商陸續領運等語。近來長蘆鹽務，調劑稍有起色，上年所發五萬道餘引，既經各商陸續領銷將次完竣。若再先期豫備，該商等隨時領運，俾鹽引多爲銷售，於國課民食，自屬兩有裨益。但必須正引銷完後，再銷餘引，方爲妥善。若正引未完，即令各商領銷餘引，仍屬有名無實，又若兩淮欠引之弊竇矣。著傳諭穆騰額，即行詳悉查明，此次請發餘引，是否係應銷正項引鹽，將次完竣不致稍有積壓之處，據實覆奏。尋奏：長蘆運鹽情形，與兩淮微有不同。茲乾隆五十二年正額疏銷全完，餘引亦請領將竣。現因澍雨應時，引地河道深通，循例請領餘引十萬道，俾各商隨時領運。如有未盡之引，仍照例繳部查銷，不致積壓。報聞。（高宗一三〇七、一五）

（乾隆五六、六、癸亥）諭軍機大臣曰：穆騰額奏，東省現在產鹽雖足敷春運，將來秋曬豐歉，難以豫定，必須豫籌接濟。應請仍照向例，將蘆屬餘鹽通融撥借等語。鹽觔爲民食所關，東省既因海灘風信不時，潮汐不旺，產鹽恐未能豐足，而長蘆現有存積餘鹽，自應准其籌撥，以資接濟。但此項鹽觔，既經運往東省售買，則應徵引課，是否即係東商完納？其運腳等費，又係出自何省商人？再自天津前赴東省，一水可達，由水路運往，自必省便，若由陸路，則運費較多。是否由陸運水運及於官課有無短絀之處，著傳諭穆騰額，一併查明覆奏。尋奏：東商來津買鹽，水運至德州柘園鎮，發沿河各州縣行銷，所有引課，東商完納，水腳亦係商出，課不短絀。報聞。（高宗一三八一、七）

（乾隆五八、五、戊戌）諭軍機大臣曰：徵瑞奏，東商運鹽，向來雇用民船，既糜腳費，又多稽阻，請暫借庫項，給商造船。鹽運既有船隻，民船即不能居奇。運糧運貨尤覺省便，於商民均屬有益等語。所奏尚是，自應如此辦理。（高宗一四二八、九）

（乾隆五九、一二、戊辰）諭軍機大臣曰：奇豐額奏，江蘇行銷長蘆引鹽之處，與兩淮引地，彼此鹽價不甚懸殊，若將蘆東鹽價驟行加長，必啟淮鹽侵越之弊。惟豐、沛二縣，較睢寧等處淮鹽時價尚少二文，應請每觔加添二文等語。蘆東鹽價，因錢賤未免虧折，經徵瑞奏請，改賣銀兩。朕以商人獲利浮多，致使小民受困，其事斷難准行。現據軍機大臣會同戶部，遵朕指示議奏，免交帑利，其帑本銀兩三年後，分別展限完納，俾商力大紓，而民間又毫無加價之累，業已依議行矣。今奇豐額所奏，江蘇行銷長蘆引地，與兩淮引地毗連，未便加價，致啟淮鹽侵越之弊，所奏尚係實情。至豐、沛二縣酌加二文之處，不特無濟於通綱，且使此二縣民人有加價之累，所奏竟可

不必。該撫接到部文後，自可詳繹朕旨，知朕愛民恤商，恩加調劑之意。將此諭令知之。(高宗一四六六、二三)

（嘉慶一七、八、丁未）諭軍機大臣等：本日御史李仲昭奏，奸商賄增法馬，侵欺國課一摺。據稱長蘆現用法馬，斤兩增重，以致額引之外，多有侵欺，皆緣總商江公源即查有圻，爲通商造謀之首。請旨嚴究等語。現在降旨交留京王大臣等審辦。著祥紹將欽差侍郎景禄比對多出斤兩封請究辦之法馬，迅速派委妥員解京查驗，並將該御史所參之查有圻、内司馮昶、外司樊宗鑑及任秉衡等各綱總，一併押解赴部，以憑訊辦。設此時解部法馬有被人偷換情弊，將來驗明並非原法，則該鹽政獲罪甚重，不能寬貸。再查有圻現在天津充當鹽商，所有該處貲産，並著該鹽政派人密行看守，毋任隱匿寄頓，如審出該商實有營私舞弊等情，再行降旨查抄。將此傳諭知之。(仁宗二六〇、三)

（嘉慶一七、八、甲寅）又諭：長蘆掣鹽法馬，現據留京王大臣等驗明，增多斤兩屬實，顯有弊竇。此項法馬究係部中鑄造時即有弊混，抑係頒發之後，該商等另有私造抵換情弊，著徹底嚴究，務得確情。查有圻、馮昶、樊宗鑑、任秉衡等八綱總，均著解案嚴審，其較兌法馬之工部主事黃遐年，前任户部郎中現任天津府知府張大維，均著解任歸案質訊。(仁宗二六〇、一三)

（嘉慶一七、八、戊辰）諭軍機大臣等：本日朱理奏，遵旨拏問查有圻解部候審一摺。據查有圻在蘇供稱，伊自祖父以來辦理長蘆鹽務，江公源係是引名，並非總商名目。伊向來在京當差，素不習諳鹽務，曾經具呈告退不准，是以託夥友樊宗清、馮昶在天津經辦。現在樊宗清係接充其兄樊宗澄綱總之缺，並非託令代充。所有法馬加重並鹽引數目，伊均不明悉，亦未充當總商，有院司案據可查，所有法馬增重一事，伊何能總攬全綱，造謀爲首等語。查有圻所供各情，自係一面之詞，但御史李仲昭原奏，指查有圻爲通綱造謀之首，稱伊令外司樊宗澄勾通吏役、紊亂權衡、形蹤詭秘、證據難明等語。該御史亦祇係因查有圻家貲富厚，又曾任京官，疑其有造謀勾串之事，多係懸揣之詞，亦未能指有確據。此時鹽法加重一節，已經查明係書吏匠頭受賄改鑄，弊竇顯然。其來京勾串之書吏靳維安已拏獲到案，即向其根究，當日係何商人賄囑，令伊來京串通舞弊，一有確供，即將樊宗清、馮昶及各商總切實嚴訊，無難水落石出。如樊宗清、馮昶當日辦理此事，係聽查有圻主使，或伊等起意，曾與查有圻商謀，皆令一一供吐，舉出實據。若謂伊二人主謀，查有圻並不知情，亦令指出實據。總之此事虛實，不難剖辨。伊等賄囑私鑄法馬之後，其加重鹽斤所獲利銀，係如何侵分，如查有圻每歲分肥得有餘贏，則其知情通謀，毫無疑義，即迅速奏聞，治以重典，伊將何所逃罪？若利銀悉歸樊宗清、馮昶等，而查有圻竟毫無所得，則罪有所歸，亦當據實奏明，按律辦理。查有圻商賈市儈，如情真罪當，國有常刑；若罪狀未明，據御史一人懸揣之詞即將伊籍沒，轉似因伊家產富饒，故入其罪，其何以昭情法之平？此案王大臣等務當一秉至公，勿徇情面，嚴密追究，不可使正犯漏網。亦當詳慎持平，不可胸存成見，致有屈抑，庶定案方成信讞也。將此諭令知之。（仁宗二六〇、二七）

（嘉慶一七、九、辛卯）成親王永瑆等奏會同比兌法馬嚴審定擬一摺。得旨：此案私換加重法馬情節，經王大臣等審明，係綱總樊宗澄起意賄囑舞弊，實為此案罪魁。設該犯尚在，自當從重治罪，現已身故，其家產並已查抄，著無庸議。其長蘆綱總及眾商人，明知偽法加重，夥同侵用餘利，隱漏國課，本應一律照擬治罪，姑念承辦引課，人數眾多，未便一時全易生手。所有各綱總及眾商人，凡曾經侵用餘利者，著將職銜頂帶全行褫革，其應得罪名，俱著加恩寬免，仍責令照舊充商。如再不實力辦公，定當加倍治罪。其應追罰繳銀兩，著照王大臣所議，交長蘆鹽政勒限追繳。查有圻此時亦著暫緩發遣，伊名下各處資產，免其查抄，概無庸看守。責令上緊措繳官項，俟全數完納後，該鹽政再行奏明請旨。餘依議。（仁宗二六一、一九）

（嘉慶二一、一一、壬戌）諭內閣：戶部議駁長蘆半文加價全數歸商一摺。前因蘆東商力疲乏，准其正餘引票官鹽每斤加制錢一文，以一半歸商，俾資成本，一半交官，抵完各商積欠，此係朕特沛恩施。乃自加價以來，該商等歲得一半歸商所加之價，其交官之項，僅於十八年交過一限銀一十九萬二千餘兩，其餘屢經奏請展緩。今該鹽政復奏，懇將交官之半文加價，一併歸商，是該商人貪得無厭，而官欠必致盡歸無著。嵩年甫抵長蘆鹽政之任，即輕聽商人慫恿，率為乞恩，除不准行外，嵩年仍著交內務府議處。（仁宗三二四、一五）

2. 河東、陝甘（蒙古口鹽附）

（順治一、八、戊辰）詹事府通事舍人王國佐，條奏長蘆鹽法十四事：一、復額引以疏壅滯。一、改引部以速引利。一、便引價以壯京圜。一、革防銷以省商費。一、除濫贖以伸商冤。一、除變價以止姦欺。一、清焚溺以杜虛冒。一、止改告以一引鹽。一、疏關禁以通引楫。一、杜擾害以清私販。一、核場竈以清窩囤。一、復兩坨以備譏察。一、免徭助以濟孤商。

一、設賞例以皷富商。部覆：允行。(世祖七、二一)

（**康熙三、二、壬寅**）户部議覆：長蘆巡鹽御史張吉午疏言，請增天津衛鹽引一千二百道。查各州縣行鹽，俱有定例，天津衛議增之引，恐爲民累，應無庸議。從之。(聖祖一一、一〇)

（**康熙三、八、乙酉**）巡視長蘆鹽政御史賈弘祚疏言：長蘆引課因近京就便上納，自順治十五年引發運司，積欠日多，至十八年引歸部納，舊逋始清。今奉部題，仍發運司，固爲淮、浙鹽法一體起見，但蘆商附近京師，自應令其就近赴部交納。章下所司。(聖祖一三、一二)

（**雍正一、八、丁卯**）户部議覆：長蘆巡鹽御史莽鵠立奏言，長蘆六十一年鹽引，因年歲歉收，河水乾淺，引鹽積多運少，所轄一百八十餘州縣，銷引未完者甚多，請展限一年。長蘆産鹽，有南北二場，北場舟行利便，衆商易於買運，南場陸路，脚價稍重，以致運者絶少。請於本年額課内，留銀五萬兩，遴委能員，專司收買，發商行運。其買鹽官本，隨課兼徵。均應如所請。從之。(世宗一〇、二二)

（**雍正七、四、乙未**）户部議覆：欽差刑部左侍郎繆沅等，條奏山東鹽政事宜。一、永阜、永利、濤雒三場，灘廣鹽豐，率皆露積，請設立官鹽垞，將所産鹽勸收貯，編設保甲，互相稽察。一、商人領引行鹽，每多重複透運，請設水程驗單，隨領隨運。一、州縣行鹽殘引，應按期繳銷，如地方官督催不力，請嚴查揭參。一、東省十場，地方遼闊，運同一人，鞭長莫及。請復設膠萊分司運判一員，分任管轄。均應如所請。從之。(世宗八〇、二〇)

（**雍正八、一〇、己未**）户部議覆：巡視長蘆鹽政御史鄭禪寶疏言：山東青、登、萊三府所屬之安邱、蓬萊等十六州縣票鹽，舊係招商辦課，民情未便。嗣後請革除商名，聽民自行領票銷賣，其應納課銀，攤入地糧，徵收造報。應如所請。從之。(世宗九九、二四)

（**乾隆一、九、乙卯**）户部議准：河東鹽政蘇赫臣奏，請於乾隆元年餘引十萬道之外，添給餘引十萬道，接濟民食。從之。(高宗二七、九)

（**乾隆三、一〇、癸未**）增給河東乾隆三年分鹽餘引十萬道，從鹽政定柱請也。(高宗七八、一三)

（**乾隆四、九、癸酉**）[户部]又議覆：河東鹽政定柱，據額引全完商人范天錫等，請於乾隆四年餘引十萬道之外，添給餘引十萬道，接濟民食。應如所請。從之。(高宗一〇一、一八)

（**乾隆五、閏六、戊申**）户部議覆：查蓬萊等十六州縣票課，於雍正八

年，據原任長蘆鹽政鄭禪寶題請，攤入地糧徵收。鹽觔聽從民便，令其自行領票銷賣。……經臣部覆准。(高宗一二〇、二八)

(**乾隆六、七、癸酉**)戶部議准：河東鹽政博啟圖奏請，於乾隆六年，餘引十萬道外，再添給十四萬道，接濟民食。從之。(高宗一四六、二八)

(**乾隆七、六、丁巳**)[戶部等部]又議覆：河東鹽政尚琳疏稱，唐縣引鹽，向係豫省運商公辦。今若照廣西之例，歸官辦理，則該縣距運城一千餘里，騾駄車載，稽察難周。若委官員，不特查驗費繁，更恐兵役作奸。查唐縣所開餘畦，均係商自出貲澆曬，應如原奏，將唐縣引張，責令該商收繳稽察，倘有遺誤，照例治罪。仍募殷商承充，其應用雜費，俟試辦一年後，果屬妥協，在於歸公銀內支給。其稽察之法，亦應如所題。嗣後土販買鹽，務須遵照定例，每引一名，賣銀一百六十六兩，令土販出具賣商並無勒索甘結，投送運同加結，轉報該鹽政查核。其土販運鹽到唐，該縣不時稽察，仍將賣價按季出結，申呈巡撫、鹽政查核。如該商向土販勒價，土販或昂價累民，即嚴挐究治，並將出結不實之員題參。從之。(高宗一六九、二四)

(**乾隆八、八、癸丑**)戶部議准：河東鹽政吉慶疏請，於頒發乾隆八年餘引十萬道外，添給餘引十四萬道，以備各商領運，接濟民食。從之。(高宗一九八、六)

(**乾隆一〇、一二、甲寅**)戶部議覆：署河東鹽政衆神保奏稱，山西夏縣、陝西蒲城，引鹽難銷，請將夏縣減引一千三百十道，蒲城減引一千九百二十九道，俱改歸河南唐縣，作餘引行銷。查餘引一項，每年儘銷，存剩仍行繳部，並無額定考成，若將夏、蒲二縣減引，改作餘引行銷，恐虧正課。應令該鹽政會同河南、山西、陝西各督撫酌議，或即撥歸唐縣，作爲額引，或通查額引不敷之州縣，量爲酌撥。得旨：依議速行。(高宗二五五、七)

(**乾隆一三、八、庚子**)戶部議准：河東鹽政慶恩疏請，本年額引十萬道外，添給十四萬道。從之。(高宗三二三、八)

(**乾隆一五、九、丙辰**)戶部議准：甘肅巡撫鄂昌奏，寧夏道屬土鹽，有礙官引，應將各屬所設稅廠裁徹，仍飭地方文武各官，出示嚴禁，照舊緝私，督銷官鹽。至甘肅鹽務，原係寧、臨二道就近辦理，今土鹽收稅既裁，其總理之員，仍令寧、臨二道督辦。從之。(高宗三七三、三)

(**乾隆一五、一〇、癸未**)戶部議覆：河東鹽政楊作新疏稱，乾隆十五年分，河東額餘鹽引，現在按季請領，請於餘引十萬道之外，添給餘引十四萬道。應如所請。從之。(高宗三七四、一七)

(**乾隆一五、一二、乙未**)諭曰：河東商人營運資本，原非兩淮可比。

歷年餘引，存積既多，自難一時銷售。但向來頒給餘引，本爲廣濟民食起見，例准儘銷儘報，並未責其按數全完，何至領運不前，藉稱商本消乏？或由商人等，以每歲餘引既有額領，則於銷未及額之中，究不敢過爲減少。而司榷政者，因視爲考成所係，雖儘數銷報之項，亦未便任其贏縮懸殊。此鰓鰓過計，所由慮其辦理拮据也。此項既屬餘引，嗣後部臣亦不妨量爲酌准，以示體卹。朕加惠商民，原無二視。著照軍機大臣等所請，令該鹽政會同山西、陝西、河南各該撫，將實在民間行銷，及商人承辦各情形，詳悉熟籌，務使疏引裕商。妥協辦理之處，一一酌議具奏。（高宗三七九、一四）

（乾隆一六、四、丁亥）戶部議准：陝甘總督行川陝事尹繼善疏稱，長壽縣新增水引四十六張，應徵稅銀，自乾隆十五年爲始，按年徵收。從之。（高宗三八七、一一）

（乾隆一六、一一、庚寅）戶部議覆：河東鹽政西寧奏稱，近年商力拮据，鹽引壅滯，請酌量裁減等語。查河東餘引，自雍正三年至乾隆六年，續增至二十四萬道，今既壅積難銷，應如所請，暫減四萬道。從之。（高宗四〇三、二一）

（乾隆二〇、一〇、己巳）河東鹽政監察御史西寧奏：本年池鹽被水歉收，經長蘆鹽政議准，長蘆額餘鹽勷通融接濟。現飭河南、山西商人，備價購買，仍用河東鹽引輸課。報聞。（高宗四九九、四二）

（乾隆二一、閏九、戊戌）[戶部]又議准：河東鹽政西寧疏稱，二十一年餘引十萬道外，請添給餘引十二萬道。從之。（高宗五二二、三）

（乾隆二二、九、戊申）戶部議准：河東鹽政西寧奏：請於乾隆二十二年餘引十二萬道外，續增餘引十二萬道，俾各商領運，接濟民食。從之。（高宗五四七、五）

（乾隆二二、九、己未）山西巡撫塔永寧奏：河東池鹽歲供山、陝、河南三省民食，近來連年缺產，今歲春夏雨多，池鹽倍歉，僅產七百餘石，尚不敷配補上年未銷額引。本年應配鹽五千二十餘石，雖已奉部議，撥長蘆一千五百石，其蘆鹽萬不能運濟者，三省共有八十餘州縣。鹽臣那俊兩經奏請買運蒙古鹽接濟，均奉部駁。臣業與那俊面商，會摺奏懇在案。緣臣既稔悉三省八十餘州縣，民食嗷嗷待哺，非藉買運蒙古鹽，無可接濟。又輓運必由黃河，轉瞬河凍難運，不得不將地方急切情形，據實奏明。得旨：如此，則汝等一面辦理，民間方不至食淡，但無限則不可，俟部議時有旨。（高宗五四七、三一）

（乾隆二二、一〇、壬戌）又諭：前據那俊奏稱，河東池鹽歉收，請買運口外蒙古鹽觔。彼時因未悉池監缺產實在情形，是以兩經部駁未准。今觀塔永寧奏到，監觔實在缺乏，三省八十餘州縣民食攸關，自應亟爲籌畫。若俟部議到日方行辦理，恐不及事。著即一面籌辦買運蒙古鹽觔接濟，一面奏聞。但須令眾商公辦，並應定以限制，或半年或數月之期，并定觔兩各數，方爲妥協。……可將此傳諭塔永寧並那俊知之。（高宗五四八、七）

（乾隆二三、九、丁酉）又諭：河東買運蒙古鹽觔一事，昨據西寧奏稱，各商到歸化城等處，守候已逾九月，而蒙古並無送鹽交售。經部議覆，已有旨令塔永寧前往，督同鄂爾多斯貝勒齊旺班珠爾等，嚴行催辦，並令理藩院司員富鼐，就近督催會辦矣。鄂爾多斯產鹽處所，向屬豐旺，正藉以售賣資生。該貝勒既呈請改定在歸化城等處交易，乃日久仍不運到，此非蒙古不肯售賣內地，必另售賣私販之處，獲利更多，兼有零星小商，在包頭蹬口等地方收買者，從中誘惑，爲之透漏私鹽，潛入內地，蒙古人藉以獲利，是以不願售與官商。該撫到彼，與該貝勒等酌定貿易章程，自當使官商從公交易，勿使蒙古稍受虧累。其透漏私鹽之奸商，尤當實力設法查禁，務盡根株，俾私販之路既絕，則蒙古人等，不必督催，而自樂與官商交易矣。將此傳諭塔永寧等知之。（高宗五七〇、二〇）

（乾隆二四、五、乙酉）又諭：據山西巡撫塔永寧奏稱，晉省現在產鹽，所有購買鄂爾多斯蒙古鹽觔之處，著停止。（高宗五八六、一二）

（乾隆二六、一二、甲午）河東鹽政薩哈岱奏：豫省食河東引鹽，洛陽等十州縣，衝沒鹽一萬七千餘包，請俟明年新鹽贏餘補運。得旨：如所議行。（高宗六五一、一九）

（乾隆三〇、九、丁酉）又諭：據李質穎奏，河東本年收鹽配引足額外，尚存鹽三千二百名有零，令各商加謹收貯，以備將來不敷年分補用等語。鹽觔收貯過夏，易致滷耗，該處池鹽何以獨能久貯，留待將來補用？河東邇年產鹽既旺，照額暢銷之外，尚有贏餘，或可將此項存鹽，仿照淮揚之例，配用餘引，以濟民食，較貯積陳因，不更妥協乎？著傳諭李質穎，確按彼處情形，悉心籌畫，據實奏聞。尋奏：查河東從前鹽歉之時，蒙恩裁減餘引七萬道。現在豐收，存鹽積滯，請先酌復餘引三萬道，自三十年爲始，赴部補領，給商配運。庶免貯積陳因，日久損耗。報聞。（高宗七四五、一四）

（乾隆四二、三、戊辰）戶部議覆：河東鹽政瑞齡奏稱，鹽務倣照兩淮，行鹽引張，分別給驗。曬鹽畦地，責成運商稽查。及稽查私鹽，宜設總巡。應如所請。其滷耗請加，與例不符，不准行。得旨：依議。至該鹽政請仿照兩淮每引量加耗鹽之處，戶部照例議駁。但據該鹽政奏稱，河東鹽觔，陸運易於損耗，又遇夏秋雨水，虧折尤多，自屬實在情形。著加恩准其倣照兩淮，於五、六、七、八等月，酌半加添，每引量加耗鹽五觔，以示體卹。（高宗一〇二八、三）

（乾隆四三、四、丙申）陝甘總督勒爾謹奏：甘省出產官鹽，止有寧夏府屬之花馬、小池及鞏昌府屬之漳縣、西和縣。每年出產，僅敷商人配引行銷，並無餘鹽，並無肩挑背負貧民販賣餘鹽之事。其額銷官引者，止平涼、慶陽、寧夏、鞏昌、秦州、階州等屬，其餘各屬，民間所食，多係土鹽，間有買食夷鹽者。皆因地處邊陲，閭閻貧苦，兼之山路崎嶇，若運銷官引，脚費既重，鹽價倍昂。是以定例聽從民便，積久遵行，並無奸商販囤之事。應仍循舊，毋庸另爲籌議。下部知之。（高宗一〇五四、一〇）

（乾隆四六、一、癸卯）山西巡撫喀寧阿奏：河東鹽務，近年產鹽較旺，而乏商紛紛告退，恐係私販潛售，致官引積壓，遵旨留心查察。其迤北口外鄂爾多斯、阿拉善一帶，已嚴飭員弁查拏。至陝西之花馬池鹽，河南之長蘆鹽，均與河東行鹽地方毗連，難免越境興販，現在督率運司等，切實查禁。得旨：實力爲之，毋爲空言。（高宗一一二三、一九）

（乾隆四七、三、壬子）諭軍機大臣等：本日農起與羅布藏多爾濟，將阿拉善鹽觔，商人不能領運緣由會奏一摺。朕以其事既不可行，當即照常批示。及閱農起另摺所奏，稱大同、朔平等屬，地處沿邊，向係買食口鹽。其平、蒲、澤、潞、解、絳等屬四十四州縣，俱係銷食河東引鹽。太原、汾州、寧武、代、忻等屬，四十四州縣，係刮食土鹽，不經商運。其土鹽不敷之時，民人零星販買蒙古口鹽，以濟土鹽之不足。現因查辦鹽觔一事，體察民情，咸籲請將口鹽弛禁。又稱現在積存口鹽七百餘萬觔。商運雖屬難行，而民販往來，實爲妥便等語。此奏欠明晰，殊不可解。豈有商運難行，而民販反能行之理？商獨非民乎？晉省沿邊各府屬居民，向食口鹽，嗣以商力疲乏，恐官鹽壅運，曾經降旨飭禁。今因商辦仍多拮据，而居民又願食口鹽，是以令農起會同羅布藏多爾濟，悉心籌酌，准各商就地之遠近，將口鹽與官鹽，一例販運行銷。既可便民，亦可通商，原期兩有裨益，且商民一理，未有便於民而獨不便於商者。乃農起輒據該商等，以轉運口鹽，山路崎嶇，所需運本重大，無力承辦爲辭，即將行銷蒙古鹽觔之處，奏請停止。此必係農起新任該省巡撫，於鹽務利弊，未能深悉，偏聽地方各官詳稟，遽行入告。而地方官又未免瞻顧商人，甚或留此簽派充商一節，以爲朘剥富戶地步，是以仍請照例停運口鹽爲便。其於商人運脚成本，究竟如何不便之處，又並未切實指陳。至其另摺所奏，大同、朔平等處一帶民人，准其自行赴口販運，此等民人，商人獨不可雇而用之乎？又稱專食土鹽之處，於官引原無干礙，而口鹽又在所必需，並查詢現在蒙古有積存鹽觔，以蒙古之有餘，補內地之不足，源源接濟，委屬兩有裨益之語。是又爲周旋羅布藏多爾濟起見，若作和事老人者然。殊不知封疆大吏，於地方公事，關係商運民食利病，自應秉公定議，不得存依違兩可之見，調停完事。且口外鹽觔，既聽沿邊一帶及專食土鹽各處居民，自行赴彼販賣，不歸商運，則小民惟利是圖，其銷食河東引鹽之平、蒲等屬四十四州縣，如何設法查禁，不至透漏有妨官引之處，農起亦未逐一詳悉籌畫，分晰奏明。設有不便，將來又如何辦理？著傳諭農起，伊係初任該省巡撫，於此事無可瞻顧迴護，自應一秉天良，徹底通盤籌算，將歷年各屬商民實在情形，及地方官有無簽派富戶充商之事，再口外鹽觔是否可以行銷，并如何設法調劑，不至有礙官引，使商民兩得其便，可以永遠遵行之處，另行秉公據實熟籌妥議，詳悉具奏。到日再降諭旨。（高宗一一五二、一四）

（乾隆五六、七、己丑）陝西巡撫秦承恩奏：榆林縣永樂倉鹽池，濱臨無定河，所產鹽觔，在於榆林、懷遠、神木、府谷、葭州等五州縣行銷，每年徵課銀四百八十八兩零。自乾隆三十二年，河流改道，鹽池被衝，所產鹽觔，不敷五州縣民食。其神木、府谷、葭州東北二鄉，並買食蒙古鹽。鹽戶納課，日形疲乏。懇將榆林、懷遠西南二鄉，一律准食蒙古鹽，即令榆林縣鋪七十四家，倣照各屬牙當領帖行銷，攤徵課銀四百八十八兩，補完永樂倉原額。報聞。（高宗一三八三、五）

（乾隆五七、閏四、己丑）諭軍機大臣曰：馮光熊奏，晉省自鹽課改歸地丁之後，鹽池發販鹽數，自本年二月初一日起，至四月底止，較往年多至加倍有餘等語。向來晉省行銷引課，未能辦理裕如，總以該處鹽池產鹽不能旺盛爲辭。自課歸糧輸，鹽聽民運之後，商販絡繹，兩三月內販運之數，較前竟多至加倍有餘。是鹽池所產鹽觔，本爲旺盛，從前鹽歸官辦，商課不能如期輸納，加以地方官派商勒索，商人視爲畏途，遂以鹽池產鹽不旺，藉詞卸責。今將鹽課改攤地丁，不歸地方經理，該省即以鹽池產鹽旺盛具報。前後情形，是否如此，著馮光熊查明據實覆奏。至此事既已行之有效，利歸於下，自應使鹽觔販運流通，俾閭閻永資利賴。並著該撫隨時督飭嚴查，毋任官吏胥役等，從中滋弊，致有需索阻撓之事，此爲最要。此事所辦，實蔣兆奎之力，已加恩矣。將此諭令知之。（高宗一四〇三、一四）

（乾隆五七、閏四、庚寅）諭：河東鹽務，從前僉商承辦，徒滋地方官勒索之弊，商力屢形疲乏，是以議將鹽課改歸地丁，以期利歸於下，商民交便。但立法之初，朕尚慮未能立時奏效，乃自改定章程以來，晉省業已行之有驗。而河南、陝西二省行銷河東引鹽地方，節經穆和藺、秦承恩奏稱鹽價日減，商民俱獲利益。茲又據馮光熊奏，現在該省鹽池產鹽旺盛，兩三月內發販鹽數，較往年多至加倍有餘等語。是鹽課改歸地丁一事，效驗甚速，竟可永遠遵行，商民均資利賴矣。此議實蔣兆奎所倡，朕不掩人之善，是以自甘肅調彼至山西，俾身任其事，今果始終承辦，已著成效，甚屬可嘉。蔣兆奎著加恩賞戴花翎，以示獎勵。（高宗一四〇三、一七）

（乾隆五七、一一、甲子）山西巡撫覺羅長麟奏：河東運鹽餘引，向例如有滯銷，准令勻撥。查本年鳳臺、南召、南陽等縣存鹽積滯，應將該三縣乾隆五十五六等年餘引五十一名，改撥唐縣銷售，餘利歸公。報聞。（高宗一四一七、二七）

（嘉慶五、三、丁巳）戶部議准：山西巡撫伯麟奏請，定立口鹽、池鹽運行界限。據稱口鹽、池鹽，若不酌定界限，順流而下，勢必混入淮蘆引地。請口鹽至磧口鎮起岸，責成汾州府知府稽覈；池鹽於茅津渡對渡登岸，責成河東道稽覈，併令陝豫撫臣，一體嚴禁。應如所請。從之。（仁宗六一、一一）

（嘉慶五、一一、癸未）諭內閣：戶部議覆，長麟籌辦甘省鹽法章程一摺。各省鹽法，原無設局收稅之例。甘省額引，本屬無多，因私販充斥，官鹽不能暢銷，自當嚴行查禁，設法疏通。若照姜開陽原奏，設局收稅，併弛禁阿拉善鹽斤等事，不特各省鹽務無此辦法，而該處私販一經弛禁，既於該省官引有礙行銷，並恐礙及兩淮引地。戶部照依長麟所奏駁飭甚當。所有蒙古鹽斤及內地私鹽經由各處，責成文武各官嚴緝，併一切浮費分別裁減之處，均著照議辦理。姜開陽冒昧陳奏，著交部議處。（仁宗七六、四）

（嘉慶七、一、辛卯）諭內閣：山西巡撫伯麟奏請，晉鹽行銷地界給票驗放，以杜偷越一摺。晉鹽課歸地丁，原以便民。茲於晉豫關津等處，層層驗票，始令販運，誠恐官吏等從中勒索，致滋弊端，而於稽察私販越境仍無裨益。其如何設法嚴禁越販，又不至擾累商民之處，著該部詳悉妥議具奏。尋議：晉省池鹽，向係行銷豫省，自乾隆五十七年課歸地丁，任聽商販，本以便民。茲恐其偷越楚省，遂欲明立限制，給票稽察，勢有難行，應毋庸議。至向來稽查鹽斤，係於茅津等渡，令其對渡登岸，勿許順流直下，實為查禁私梟要務。應令撫臣責成地方官，會同營汛，於鹽斤到黃河北岸，飭令對渡南岸，不許順流駕船，由黃入洛，由洛入汝，越至楚境。河南南陽府屬之南陽等七州縣，共有水陸要隘三十七處，地方文武員弁稽查私梟越楚，係屬定例，亦應再行申明。惟在各督撫督飭所屬，實力奉行，則販運既難，脚價亦貴，私販無利，其弊自止。從之。(仁宗九三、一六)

(嘉慶八、八、甲戌) 諭軍機大臣等：吳熊光等會籌晉鹽定立章程一摺，已批交戶部議奏矣。又據佶山密奏，晉省民人願食池鹽，祇緣口鹽侵占，以致池鹽不能暢行，若將口鹽禁止水運，可無晉私充斥之虞等語。從前蒙古鹽斤，原不許運入內地，定例綦嚴，迨巡撫農起，以口鹽不通，或致土鹽價貴，議請弛禁。但彼時止准由陸路零星販賣，並不准其水運。嗣經伊桑阿以口鹽陸運，所銷無幾，會同旺沁班巴爾奏准，販運口鹽，由黃河至臨縣磧口鎮起岸，亦曾立有定界，以爲節制。自從課歸地丁以後，聽民自銷，而口鹽水運地界，無人稽察，日久亦俱廢弛。由是口鹽越界行銷，而池鹽轉不能暢行於晉省，遂致私越楚豫，兩淮官引，歷年每有積滯，自應通盤籌畫，以杜弊源。今該鹽政請禁止口鹽水運，祇准由陸運行銷，固屬探本之論，但口鹽准由水運已非一日，是否可以概行禁止，抑祇須嚴定地界，杜絕私越之處，著伯麟察看情形，或與阿拉善王旺沁班巴爾會商，期於內地鹽務有益，而蒙古亦可日久相安，方爲妥善。該撫務須悉心詳議，據實具奏。將此諭令知之。(仁宗一一八、三二)

(嘉慶八、一〇、甲子) 諭內閣：前因晉省行銷蒙古鹽斤，日久漫無限制，諭令伯麟與旺沁班巴爾，會商妥議。茲據籌定章程，查照從前奏案，阿拉善地方每年准造船五百隻，每隻裝鹽四十石，計二萬八千斤，由阿拉善王給與執照，運至山西例食口鹽各地方販賣等語。內地行銷口鹽，原因軫念窮苦蒙古，令其藉沾餘潤，向年由水程運販行之已久，奚忍加之厲禁，頓至窘乏。然不定以限制，則口鹽私販日甚，增添船隻，偷越原定地界，以致官引滯銷，累及內地商民，亦非一視同仁之意。此後著照伯麟所奏，以明年二月爲始，所有蒙古水運鹽斤，照舊例每年用船五百隻，裝載額定鹽斤。均由阿拉善王旺沁班巴爾給發執照，交與地方官並各卡巡委員，驗明放行。其所收執照，俱彙送巡撫衙門，查對數目相符，再行銷燬。此外不得再逾定數，如有越界多販者，即照內地查拏私販之例，一律辦理。該撫仍當隨時留心稽察，勿任官員等稍有騷擾，致滋弊端。至該處鹽斤，經此番立定章程，內地行銷鹽引地方，更無阻滯。該鹽政等，惟當督率商民，妥爲經理，不得再有藉詞墮銷，以副朕柔遠便民，一律施恩至意。(仁宗一二二、三)

(嘉慶九、四、癸未) 諭軍機大臣等：現在阿拉善王旺沁班巴爾，業經身故，伊並無子嗣，將來係伊弟襲爵。因思上年籌議蒙古鹽斤入口事宜，曾經伯麟會晤旺沁班巴爾，商定章程，具奏准行。但晉省鹽務，從前僉商辦理時，曾不聞蒙古鹽斤充斥內地。迨課歸地丁以後，因池鹽聽民間行銷，官無緝私之責，鹽禁日就廢弛。蒙古鹽斤，因而偷越，不特於晉省地方任意行銷，甚至河南、湖北等處口岸，亦均有侵界私銷之事，以致淮北官引，轉有滯銷墮運。此弊言者嘖嘖，於國計關繫甚重，不可不亟為治理。目今口鹽雖已定立船隻鹽斤數目，並於磧口畫界稽查，然蒙古趨利若鶩，而派出稽查之官員胥吏等，亦難保無疏縱賣放等弊，勢必仍有侵越，恐屬有名無實。從前辦理課歸地丁，原因河東僉商一事，竟有富戶出貲求免，輾轉改僉，不肖地方官藉得私肥囊橐，思欲絕其弊源，殊不知改歸地丁，則窮民小戶，轉代殷實之家輸納鹽課，本未平允。況池鹽或有偷漏，其利總在民間，若口鹽侵占，到處行銷，設不杜漸防微，必致閭閻之脂膏，漸為外藩盤剝，殊有關繫。著伯麟率同張師誠，悉心籌畫，如能將晉省鹽務仍歸官辦，按照舊章，使口鹽無從侵越，最為妥善。若實有不能復舊之處，亦著將窒礙情形據實具奏。仍將口鹽酌量情形，或仍照乾隆五十一年以前，祇准陸運不准水運之例辦理。若水運不能遽禁，亦當嚴定地址。聞該處鹽船一至磧口，順流而下，稽察較難。或於未至磧口之前，另擇要隘處所，嚴立界限，庶足以資防範。此時阿拉善王尚未襲爵，機會正屬可辦，伯麟、張師誠不可畏首畏尾，當詳細體察，妥為籌畫，詳議具奏。務使鹺政邊情，兩得其便，經久無弊，方為盡善。將此諭令知之。（仁宗一二八、二二）

（嘉慶九、五、丙申）諭軍機大臣等：伯麟等密奏，增定禁截口鹽章程，並緩籌官辦池鹽一摺。前因晉省鹽務，自改歸地丁以後，池鹽聽民間行銷，官無緝私之責，鹽禁日就廢弛，遂致蒙古鹽斤，得以乘間偷越，於國計民生，大有關繫，是以諭令伯麟等妥為籌辦。今既據查明改商運行，有納課延滯等事，鹽價必致增昂，更恐販運貧民紛紛失業，且檢查僉商舊案，諸弊業生，一時不敢輕議復舊，自係實在情形。調劑各省鹽務，所以便民，朕豈肯輕復河東官鹽，致令晉民稍有不便乎？惟中國自然之利，若任外藩圖占，此則所關非細，自應禁其水運，方可嚴杜偷越。伯麟等此時既未便遽行更張，惟應於磧口上下，另擇要隘地方，添派幹員，會同該管各官，嚴行查禁。儻有無照鹽船私自偷越，即行截拏，按律懲治。至摺內稱，前與旺沁班巴爾會商章程，並無違抗不遵，請於旺沁班巴爾之弟襲封後，再行開導，令其自願改歸陸運，所見亦是。伯麟等應俟該王襲爵之後，乘便會晤，再將停止水運之處，向其商議，看彼是否願從，另行據實密奏。將此密諭知之。（仁宗一二九、六）

（嘉慶一〇、二、己卯）諭軍機大臣等：據方維甸、蔡廷衡覆奏，阿拉善販鹽情形一摺。據稱蒙古鹽斤，自乾隆五十一年以後，旺沁班巴爾妄行干請，准令水運赴晉，改易舊章。五十九年，鹽課改歸地丁，從此運鹽道路，不分疆界，阿拉善營運日廣，勾引奸商，串通吏役漢奸等，惟利是圖，偷越販賣，並有違例販木、販糧、頂買官引、售買私茶等事，實屬牟利無厭，不可不嚴行查禁。從前蒙古鹽斤祇准陸運，定有地界，立法原為周密。自准令水運，漸致偷越。此時相沿日久，固不便遽令停止水運。但船隻鹽斤，定有數目，銷售地方，均有界限。上年經晉撫伯麟議定章程，奏明辦理。現在山西、陝西，均已設卡巡防，其甘肅磴口裝載處所，自應派員驗放。設卡處所，查有逾額鹽斤船隻，不准放行，自無從偷越，亦不必如內地之緝拏私販，紛紛懲治也。至木植以資造船之用，准令購買九千根。糧石為運鹽水手食用，每月准帶二百石。從前定數本屬寬裕，今影射多帶者，轉增至數倍，應飭沿河地方官稽覈，如有多帶，概行截留，並治本商等以應得之罪。其私茶一節，報認茶商，均著申明定籍，嚴禁吏胥勾串，自可漸次清釐。至定例內地人民，原不准外藩私自容留，現在阿拉善勾結漢回奸民，牟利營私，皆係旺沁班巴爾在日之事。現已另降諭旨，交理藩院飭知瑪哈巴拉，令其按名獻出。此等奸民，自應按律懲處，量加遣戍，使之離析，俾絕根株。至本日所降訓飭瑪哈巴拉清字諭旨，並譯出一分，發給方維甸、蔡廷衡閱看。該署督等，惟當妥為籌辦，於申嚴法令之中，仍寓懷柔體卹之意，並當隨時體訪瑪哈巴拉，於接奉此次勅諭後，能否自知儆畏，改革伊兄積習之處，據實奏聞。將此諭令知之。（仁宗一四〇、二七）

（嘉慶一〇、五、壬寅）又諭：方維甸奏，磴口查驗蒙古鹽章程一摺。阿拉善水運鹽斤船隻，均有定數，今造船木料，業因內地木植缺乏，前經降旨減去三千根，成造船隻較少，則運鹽亦當議減。茲據方維甸奏稱，應減運鹽四百萬斤，每月准買隨船口糧二百石，如有逾額多帶別項貨物，均應查禁等語。著照所請行。至磴口係裝鹽馬頭，據稱，於該處設立官局，專派明白廉謹之候補州縣丞倅，或州同州判經歷等官一員，會同寧夏駐劄司員稽查船數鹽數等語。亦自應如此辦理。磴口係發運之始，稽覈較易，必當設局派員嚴密巡查。著該督遴選妥員，專駐該處，會同寧夏司員，責成經理。但恐該委員等奉行稍有不善，弊竇易滋，或縱令家丁差役，籍此需索蒙古，訛詐滋事，否即希圖得利，賣放透漏，均不可不防其漸。仍著該督等，隨時派委該管道府大員，嚴密稽查，如查有此等弊端，即行據實參奏。並諭令該委員等，將稽查鹽斤船隻數目，有無逾額違禁之處，按旬按月詳細稟報該督。仍

著該督於每歲年終彙行報部查覈，以清鹺政。(仁宗一四四、五)

（嘉慶一一、五、甲戌）諭軍機大臣等：本日據同興奏到，籌議河東鹽務招商辦理情形一摺。並據英和、初彭齡奏，查訪阿拉善鹽斤不能挖運，懇照河東現議商運事例，一體招商代辦一摺。看來此二事相爲表裏，河東鹽務，從前原因僉商擾累，改歸地丁，今據同興奏稱，擬先傳舊商之家道殷實者，互保復充。其無人互保之乏商，即令舊商保舉新商更換，俱不經地方官吏之手。但以商招商，勢不能如民間交易私事，聽其自辦。即如認充申報等事，亦必須官爲經理，是所稱不經官吏之手，徒爲虛語。且摺內稱小民難與慮始，可見辦理招商，亦復不易。因思該省民人所以不願充商者，自以池鹽獲利細微，易致賠累之故。今據英和等奏稱，吉蘭泰鹽池產鹽豐旺，蒙古人等性拙耽安，向來不能撈取。自馬君選獲罪後，各處嚴禁內地民人出口，鹽池已廢。爲今之計，莫若將蒙古池鹽、河東池鹽，一併招商承辦，以有餘補不足，庶可行之永久。從前蒙古販運，係屬私鹽，若一體歸商，則毗連地方，皆官引行銷之地，不待多方立禁而私販自無侵越，亦屬一舉兩得。但欲如此辦理，必須於山西、陝、甘適中之地，設立鹽政，專司經理。英和、初彭齡著會同倭什布、方維甸、同興，將山、陝、甘三省鹽務，如何一律招商承辦，應於何處設立鹽政，其屬下應設官若干員，衙署建置、廉俸等項需費若干，其行鹽地界如何分別畫定，每年輸課若干，從前改歸地丁，應行撥還若干，通盤籌畫，妥議章程具奏。再馬君選從前爲蒙古行鹽，伊每年獲利未必盡歸蒙古，著英和等密行訪查馬君選獲利若干，其給與阿拉善王者若干，得有準數，以便將來酌給。至山西、陝、甘各屬，民間均有向食蒙古鹽斤處所。今吉蘭泰鹽池既廢，該民人豈竟淡食，又係何處鹽斤供其食用，亦應訪查明晰，庶可洞曉全局，從長籌議。此一節，著各該督撫查明，先行覆奏。將此各諭令知之。(仁宗一六一、二六)

（嘉慶一一、七、辛未）諭軍機大臣等：本日英和等奏稱，吉蘭泰池鹽，除由黃河水運，可行山西省北、陝西府谷神木等處，聞尚有由甘肅鞏秦一帶，入陝西隴州分途入楚之路。從前私販透漏，侵越淮綱，俱由於此。可否勅下陝甘督撫，體察情形，或即改行口鹽，或應劃分疆界，防其越境侵賣等語。著方維甸查明該一帶向來例食何處之鹽，從前私販到彼，係經由何處州縣販賣入楚。現將吉蘭泰池鹽統歸商運，應否即將該一帶地方，改爲吉蘭泰池鹽口岸，一併派商承辦，爲之劃定疆界，勿令侵越淮綱。著即體察情形，妥議具奏。(仁宗一六四、三四)

（嘉慶一一、一〇、壬辰）諭軍機大臣等：金應琦奏，磴口運至托克托城鹽斤，已委員帶同新商前往試辦一節，與原議章程不符。吉蘭泰鹽斤，原議令河東運商一併承運，蓋以口鹽獲利較贏，庶可以彼之有餘，補潞鹽之不足。今係另行招商，又與潞鹽分爲兩事。究竟該省情形，如何使商民兩便之處，該撫督同藩司悉心妥議具奏。尋據山西巡撫成寧奏，潞鹽口鹽，必應分辦。又甘肅布政使蔡廷衡奏，阿拉善王移請坐商辦理，不敢分界，下部并議。尋議：吉蘭泰鹽池在黃河上游，比鄰寧夏，河東鹽池在黃河下游，地接豫秦，相去三千餘里，口鹽不能越險行銷河東地方，即可無須潞商并辦。且潞商已一家承辦數處引地，自難兼辦口鹽。其河東課引較多，獲利尚厚。口鹽納課有限，獲利未見有餘，亦無庸通融調劑。應如所請，分別招商，分辦引地。至阿拉善鹽池，既已呈獻，所有徛署墩汛及牧放生畜地方，應飭委道員，勘定四至里數疆界，毋礙蒙古游牧，并禁止雇用喀爾喀等處駝隻。從之。(仁宗一六九、九)

（嘉慶一一、一二、辛卯）户部議准：山西巡撫成寧奏河東鹽務章程，一、陝西鳳翔府八屬，向食花馬池鹽，今應改銷潞鹽。邠州并所屬二縣，向行潞鹽，但其地距花馬池較近，應令食花馬池鹽，一、請於巡按河東鹽政監察御史印內，添鑄"吉蘭泰"三字，并鑄頒河東道兼管山西、陝西、河南鹽務關防，陝西鳳邠道、甘肅寧夏道兼管鹽務關防。一、改寧武府同知爲河東監掣同知，仍駐運城，一、陝西花馬池鹽課大使，舊改爲分防縣丞，今應復設大使，原設鹽知事，并歸經歷管理。一、監掣同知、磴口運判、河口批驗所大使，定爲繁難要缺。東場大使，改爲繁缺。西場、中場及新設之磴口、吉蘭泰大使，均定爲簡缺。從之。(仁宗一七二、二四)

（嘉慶一二、六、壬午）改河南桐柏、泌陽二縣引地仍歸河東池商辦運，從巡撫馬慧裕請也。(仁宗一八一、二二)

（嘉慶一三、一〇、甲寅）又諭：據長齡等奏，酌賞阿拉善王銀數一摺。從前吉蘭泰鹽池，准其行銷山西省各廳州縣歲額鹽二萬石，經阿拉善王旺沁班巴爾，交馬君選行運，每石坐收銀四錢，每年叢計銀八千兩。今鹽池既經該王呈獻，官爲辦理，著加恩即照從前八千兩之數，按歲賞給，以示獎勵。(仁宗二〇二、二一)

（嘉慶一七、六、己巳）大學士會同户部議覆：欽差侍郎阮元等奏吉蘭泰鹽務章程。據稱，吉鹽自招商承辦以來，動皆折本虧課。詢據河東商人公稱，近年吉鹽滯銷虧課，半因潞引辦理周密之故。若復大興水運，必致侵壞潞綱，如蒙停止吉鹽水運，情願做照長蘆之例，於河東額餘引外，再加活引八萬七千五百道，自嘉慶十八年爲始，每年得課六萬三千五百八十餘兩等語。復查嘉慶十一年，侍郎英和等，奏請吉蘭泰鹽船，准至磧口起岸。十三年，原任陝甘總督長齡等奏，吉鹽票運至河口而止，河口至磧口相去千里，而磧口則切近河東引地，恐防範稍疏，致累潞綱，應酌中定地，示以限制。請於河口之南三百餘里黃甫川地方爲界，將磧口大使一員，改爲黃甫川大使，移駐該處，專司稽查。所有吉鹽水販，只准至黃甫川而止，其自磧口商運鹽船，仍照舊至河口起卸存倉。至吉蘭泰引地，實因土鹽蒙鹽歉旺不常，未可限額行銷，致使商民並累。應請將吉引改爲活額，不必限以定數。俟此次十七年官引八萬餘引銷完之後，十八年仍歸商辦，先課後鹽，隨運隨徵，無論引數多少，資本若干，皆聽商民自便等語。查嘉慶十一年，晉省潞鹽復引招商，將吉蘭泰鹽池一併收歸官辦，定額行銷，原因從前潞商疲乏，改行民運，彼時吉鹽充斥，晉豫各省私商興販獲利，是以定議吉鹽潞鹽並由河東僉商行運。迨河東復引以來，試行定價，比舊額較增，商人運辦潞鹽尚無苦累，而吉蘭泰鹽斤，則因晉省復商，疆界既清，不能任意侵灌，遂致額引壅滯難銷，商人誤運虧課，招募不前。上年復有官辦之議，奈售銷無地，將來勒派虧挪等弊，勢所不免。查河東鹽務未歸地丁以前，惟有乾隆二十二年、四十七年，因潞地被水，請運蒙鹽接濟，其餘各年所產潞鹽，均敷配運。今吉鹽原定引地，太原、汾州等屬六十四廳州縣，既有本地土鹽及鄂爾多斯等處蒙古鹽，價廉易購，吉鹽道遠值昂，自無人售販。若仍令吉鹽水運直至磧口，既虞侵占各省鹽綱。若如該侍郎等所奏，票運吉鹽以黃甫川爲界，示以限制，仍歸商辦，亦屬有名無實，其改作活引，徵解無常，尤非覈實之道。其吉鹽引額八萬七千五百道，應請照長蘆之例，定爲餘引，以十八年爲始，咨部領引，交商行運。吉鹽引地既歸潞商承辦，無需吉鹽銷販。其吉蘭泰鹽池，應請勒還阿拉善王瑪哈巴拉，仍聽該處人民自行撈運，俾藩屬人等及口外貧戶足資生計。其課銀六萬三千五百八十兩，應如所奏，即由河東商人按年完納。吉鹽既已停運，其阿拉善王瑪哈巴拉賞項，應請停其賞給。從之。（仁宗二五八、二七）

3. 兩淮

（順治一七、二、丁未）兩淮巡鹽御史李贊元，條奏鹽政八款：一、每行見年額引，宜帶積引附銷。一、清釐府州縣私販之源。一、清釐三十鹽場之弊。一嚴飭各道，巡緝各省越販。一、稽核官引，以杜夾帶重複。一、淮北地方，宜併行行鹽。一、鹽引日增，請照長蘆、河東、兩浙例，加課不加引。一、溢斤割沒日重，請照所發印簿實填，以便遵行。下户部議。（世祖一三二、一一）

（康熙三、一一、辛丑）江西總督張朝璘疏言：吉安府向食粵鹽，但距粵千餘里，更有十八灘之險，商賈裹足，民多淡食。請以康熙三年爲始，改食淮鹽，仍照粵額完課。下部知之。(聖祖一三、一五)

（康熙一六、七、己卯）兵部議覆：差往河工吏部侍郎折爾肯等疏言：江南海州雲臺山，自從禁海，遷移居民，地方廢棄，今請改復爲内地，向有徐瀆鹽場及村莊膏腴田畝，應加意招徠竈戶人民，復其舊業。均應如所請。其東海營原設守備、把總等員，亦應復設。從之。(聖祖六八、二)

（康熙一七、二、癸丑）戶部議覆：江西總督董衛國疏言，查江西南、贛、吉安三府，原食淮鹽，後改食粵鹽。康熙五年，兩淮御史黃敬璣題請，將吉安一府，仍食淮鹽，贛、南二府，未經更改。今該督既稱改食淮鹽，官民俱便，應如所請。從之。(聖祖七一、二〇)

（雍正六、七、己巳）戶部議覆：浙江總督兼理兩浙鹽務事李衛，遵旨會議署兩江總督范時繹等，條奏兩淮鹽務七條，一、各竈燒鹽處，令商人公舉幹練殷實者，按其場竈，酌用數人，并設立竈長巡役，查核其鹽觔多寡，盡入商垣，以杜竈丁私賣之弊。一、各場大使，將入垣鹽觔數目，按月册報該御史衙門察核，以杜隱藏偷售之弊。一、凡州縣場司，俱令設立十家保甲，互相稽查。遇有私販，據實首明，將本犯照例治罪，私鹽變價分别賞給。誣者治以反坐之罪，儻有徇隱等情，被旁人告發者，該州縣場司官，照失察私鹽例參處。一、兩淮所轄隔省案件，惟恐呼應不靈。且長途解審，往反滋累。請轉飭湖廣、江西、河南等省各驛鹽道，加意督緝，將鹽務案件就近審理完結。一、兩淮地方遼闊，兼有長江之險，私梟易於盤踞。請令該督、撫、提、鎮、鹽政嚴飭官弁兵役，巡查口岸，實力緝拏。一、場員俱係雜職，且賢愚不等，請令該督撫將所屬場官，確加甄別。如果實有堪用者，仍行留任，其餘應請揀發家道殷實之候補候選同知等員，管理場務。一、貧難小民，許其負鹽四十觔，於不銷官引地方易米度日。如有私相買賣，併於銷引地方公然貨售，及假託肩挑背負，運送窩囮，合成大夥私鹽等弊，該地方官立即嚴拏，照私鹽併數律治罪。以上七條，俱應如所請。從之。(世宗七一、二一)

（乾隆一、二、壬午）[戶部]又議准：兩廣總督鄂彌達疏稱，贛縣良富地方，設有鹽店，與食淮鹽之萬安縣連界。贛、萬二縣，各有塘汛委員盤詰，不致衝賺。粵西全州，界連楚省行銷淮鹽之零陵、東安二邑，向於黃沙河開有子埠鹽店，其地人煙稠密，可無暗結梟徒等弊，均請照舊開設。從之。(高宗一三、九)

（乾隆一、四、癸巳）江南總督趙宏恩、署兩淮鹽政尹會一奏：請將兩淮存餘之垣鹽，運至鎮江府，轉發認運鎮江府屬之浙商，按照浙引行銷，其引課在浙江運庫完繳，以淮鹽之有餘，濟浙鹽之不足，而且鎮江府屬得此接濟，則應運鎮屬之浙鹽，又可轉濟多郡，鹽觔並得寬裕，價值均可平減。得旨：允行。（高宗一七、二三）

（乾隆一、八、癸未）户部覆兩江總督趙宏恩奏：將安東縣食鹽，仍照原題，酌留餘鹽二十四萬斤，聽貧民照例挑賣，以濟民食。該督等仍嚴飭該管官，不時查察。如有藉口貧難，販私窩囤等弊，即行嚴拏，按律究治。又高郵等州縣新增餘引一萬道，應令該督等，自丙辰綱爲始，隨淮南正引，一同請領行銷，其行銷事宜，仍照原題辦理。互課餉銀内，每引應輸紙硃銀，照例按季造入撥餉冊内，送部撥解。其每引應輸請單、呈綱、領引等銀，按年造入鹽課奏銷冊内，具題查核。所有前項應完經解脚費等銀，免其徵收。其鹽斤價值，仍令嚴飭各商，按照成本，隨時減售，以濟民食。又甲寅綱帶運鹽斤，應令該督等，將完過課銀確數，查明報部查核。其新增綱引二萬七千道，自丙辰綱爲始，隨淮南正引附領配運，所有每引應納請單、呈綱、加斤及紙硃等銀，照例辦理。從之。（高宗二五、一〇）

（乾隆一、一〇、戊辰）户部議准：署湖廣總督史貽直疏言，常寧縣蠟園地方，毗連行銷粤鹽之桂陽州，私鹽易於透漏，請添建卡房，並設巡丁二十四名。從之。（高宗二八、一三）

（乾隆一、一二、甲戌）諭總理事務王大臣：朕聞淮南引鹽，自鹽場捆重，由淮陽一帶河路，運至儀所掣挈，方赴江廣口岸分銷。今淮陽運河，於來歲糧船回空後，築壩挑濬，約計半年之期，鹽船不能行走。民食所關，必須先事綢繆，豫爲捆重，運至儀所，以便源源運往，口岸免致缺乏。按月計額，計得豫運鹽七十萬引。但商人行鹽，原係陸續完課，以次轉輸，今既豫運七十萬之引鹽，即須早完七十萬引之正雜錢糧，商力未免竭蹶。查鹽務正雜錢糧，商人向分三次完納，首先完銀，謂之請單；其次完銀，謂之呈綱；最後完銀，課之加觔，此舊例也。今朕寬緩其期，將此豫運之引鹽，所有請單、呈綱兩次應納錢糧，准於加觔時一併完納，俾商力寬舒，得以從容辦課。至淮北引鹽，亦由運河經過，所有豫運鹽觔十萬餘引，亦照此例。著該鹽政遵照諭旨辦理，並通行曉諭衆商知之。（高宗三二、二五）

（乾隆二、四、庚申）諭總理事務王大臣：前因淮揚運河築壩挑濬，計需半年之期，兩淮引鹽，應豫行捆運。所有豫運鹽觔，請單、呈綱，應納錢糧，恐商力不無竭蹶，已降諭旨，令緩至加觔時一并完納。今朕思商人資本，盈絀不同，而豫運與正運一齊趕辦，恐其中仍不免有竭蹙之處，著將淮南丁巳綱正運引鹽，未築壩以前，運到儀所過掣者，其應納請單、呈綱錢糧，各先完納一半，餘聽陸續完納。總限奏銷之時，全數通完，俾商人更得通融辦理。（高宗四〇、二）

（**乾隆二、四、丙子**）工部議題：前任兩淮鹽政尹會一條奏，今冬挑濬淮陽運河，鹽船不能行走，欽奉諭旨，先事綢繆，運鹽勖以濟民食。恐商人辦理竭蹶，特沛殊恩，將請單、呈綱兩次應納錢糧，俱緩至加勖時并納，以事關緊要，復悉心籌酌條呈。一、蓄水濟運，以副辦理。本年丁巳綱，淮南應豫運鹽七十萬引，正運鹽七十餘萬引，又有丙辰綱，應運殘鹽約四十萬引，合計甚鉅，為期又近，竈戶不免乘機攫價，有礙商本，更恐各場產鹽不敷，并商艘轉運不及。查運河東岸邵伯鎮，迤南六閘，請於挑河時，在六閘南北各攔河築壩一道，中留五六里，暫緩挑濬，並將歸江尾閭暫閉，免致水涸，俟興工三月後，再行料理挑濬。臣與河臣高斌面商，據云事屬可行。一、量加滷耗，以免虧折。查豫運鹽勖堆貯儀所鹽垣，閱夏經秋，必多滷耗。今請量加滷耗，六月以前，每引加鹽二十五勖，八月十五以前，加十五勖，八月十五以後，加十勖。商人可無虧折之虞，自必趕運恐後，其正運引鹽，原係隨掣隨運，概不加增滷耗等語。並應如所奏行。一、鹽課呈請二月奏銷，查兩淮鹽課定例，六月奏銷，八月考核。嗣經原任鹽臣噶爾泰題准，九月奏銷，十一月考核。現今挑挖運河，誠恐鹽勖銷售維艱，課餉難於完納。況淮南丁巳綱正運引鹽，未築壩以前運到儀所過掣者，其應納錢糧，欽奉上諭，緩至奏銷全完，所有丁巳一綱鹽課，相應暫准於戊午年二月奏銷，四月考核，後不為例。得旨：依議速行。（高宗四一、九）

（**乾隆二、一〇、癸丑**）兩淮巡鹽御史三保奏：動款收買竈鹽，以杜私販。得旨：甚是之舉也。（高宗五五、一六）

（**乾隆三、一二、壬午**）戶部議准：河南巡撫尹會一疏言，豫省上蔡、西平、遂平等三縣額食淮鹽，因地近長蘆，蘆鹽價賤於淮，小民往往食私。請將該三縣鹽價，每勖酌減一釐。從之。（高宗八二、六）

（**乾隆四、二、庚子**）［戶部］又議准：湖廣總督宗室德沛疏稱，古州新闢苗疆，先經撥發帑鹽，設埠試銷，今已日就疏通，自可招商認引行鹽。請以古州舊埠為總埠，丙妹、永從、三角坔等處為子埠，每年銷引三千八百道，按引輸餉。從之。（高宗八七、九）

（**乾隆四、六、乙酉**）戶部議准：兩淮鹽政三保疏稱，江西饒州一府，地廣人稠，前於乾隆二年，綱鹽不敷銷售，題請暫撥吉安積鹽一萬五千引。

今奉部咨，酌量加增，應請照原撥之數，另增新引，按饒州現行則例，納課一萬六千六百六十五兩零。並擇良商，會同辦運。新增鹽引，照數刷印給發。從之。（高宗九四、一九）

（**乾隆五、一一、辛巳**）大學士等會議：行運楚鹽事宜，先經湖北巡撫張渠奏稱，鹽價高昂，固由成本加多，亦由商運缺誤，請將淮鹽至楚，令各商按月運清，回空船隻，立法催價一摺。奉硃批。張渠此奏，頗中窾要。蓋鹽臣不能督運，地方官不能督銷，而但於成本是論，是舍其本而求其末也。今年議鹽之弊，即坐此病。此奏，著大學士會同該部速議具奏。查楚省行銷淮鹽，每歲正額七十七萬七千四百餘引，每月應銷引六萬四千七百八十餘道，鹽政十日一次，將在儀開行船隻引目清册，咨送該撫查考。今該撫既稱，核計册內，每次率多欠缺，遞運遞欠，以致行銷缺誤，擡價捐賣等語。應如所請。嗣後將鹽政咨册內，先列十日應運引數，次開現運若干，末開缺運若干，後次報册，將前次缺運之數，并作後次應運之款，仍分現運、缺運，登註如前，務於每月下旬册報時，勒限各商，運清一月之額。至所稱，產鹽時候有旺衰，運河水勢有消長，不能按月運清，務於旺產之月，水滿流通之時，預爲多運。再鹽船回空，雖向無催價之例，但儀鹽解包之後，待運乏船，應責令漢鎮同知，俟引鹽到岸，驗卸已竣，即督催開行。具報鹽道，轉報巡撫，亦照十日一咨之例，咨會鹽政查考等語。查旺產易行之月，正可裝載趕運，但恐船隻不能接濟。至抵漢後，回空船隻，即催價赴運，又恐藉口民船，不能速行。其如何設法辦理，應令該撫會同湖廣總督、兩淮鹽政，詳悉議奏。得旨：依議速行。（高宗一三〇、三〇）

（**乾隆六、二、乙丑**）［刑部尚書署湖廣總督那蘇圖］又奏：北南二省食鹽，俱由漢口發行。漢口鹽多價賤，則鹽價俱平，漢口鹽少價昂，則鹽價益貴。淮商舊習，將鹽船沿途停壓，故示鹽少，以期價昂。又虛開價值，寧使暗爲賤賣，不肯明示減少，水販舖户，因得賤買貴賣，民間仍不能受鹽多價減之益。又鹽船灣泊漢口，無棧房堆積，俱於船上發賣。凡買鹽，先至船上看定鹽色，始往商店兑銀交易，買定後，商給領水程，赴船起鹽，船户水手，每包暗偷數兩，又每百包扣留數包，名爲折扣，又每包取錢二文，名爲個子錢，又有開艙發脚等銀。查船户水手，原係各商雇倩，包載包賣，豈容如此勒索。再楚民每於鹽貴時，不待官司查減，輒行爭買。無賴之徒，即借端生釁，種種弊端，現行禁戢。得旨：惟在卿秉公妥辦耳。（高宗一三七、一五）

（**乾隆七、九、丙寅**）户部議覆：兩淮鹽政準泰奏稱，淮北綱鹽未完額引,請援照長蘆引鹽,通融運銷等語。查長蘆引鹽,係奉旨允行,他處未便援引。應令嗣後遇歉收之年,於奏銷後確查,實在不能銷售引數,題明,暫准通融運銷。常年仍遵舊例,各銷各引。得旨:著照所請行。(高宗一七四、二二)

(乾隆八、閏四、壬申)諭軍機大臣等:聞江西私鹽充斥,官引至於難銷,此皆地方官玩忽疏縱之所致。可寄信與巡撫陳宏謀,嚴飭所屬,實力查拏,務使私販杜絕,官引通行,以肅鹽政。(高宗一九一、三)

(乾隆八、一二、戊辰)戶部議覆:貴州總督兼管巡撫事張廣泗疏稱,鎮遠、銅仁二縣,並鎮遠、思州、黎平三府,例應行銷川鹽。但該地人戶,攙雜楚省地界,距川窎遠,民苗就近買食淮鹽,相沿已久,應從民便,改食淮鹽。惟是鎮遠等府,村落零星,夷多漢少,買食不常。其行銷引目,遽難懸定,應令淮商試銷一年,再爲增引定額。應如所請。行令兩淮鹽政,會同各該督撫,將試銷納課各事宜,妥議具題。從之。(高宗二○七、一○)

(乾隆一○、七、乙亥)戶部議覆:署兩淮鹽政吉慶奏稱,鹽引疏銷,必須豫籌接濟。現在辦運之乙丑綱鹽,江西湖廣口岸,銷售疏暢,恐將來民食不敷,請豫提丁卯引目備用等語。查乾隆八、九年癸亥、甲子二綱,因額引不敷,豫提己巳、戊辰綱引運銷。今乙丑綱既稱行銷暢旺,自應照例豫提引目帶運。但原定額引,自庚申綱起至己巳綱止,分作十年帶銷,目下已帶完九綱,止存丙寅一綱。將來帶完之後,更無帶運引目。應令該署鹽政,將如何酌增新引之處,先期覈議具題。從之。(高宗二四四、七)

(乾隆一○、一一、癸酉)戶部議覆:兩江總督尹繼善疏稱,近年場竈,產鹽頗旺,請將淮北加帶餘鹽引二萬七十道,作爲定額,自甲子綱始,彙入奏報。其帶乙引內,加帶餘鹽引二千七道,俟帶行乙卯引目運竣,即行停給。應如所請。惟停給帶乙引內,加帶餘鹽,恐誤民食,未便遽議停給。從之。(高宗二五二、一一)

(乾隆一○、一二、辛酉)諭曰:兩淮鹽政吉慶,因山、清等八州縣食鹽壅滯,屢次奏請通融酌銷,以三分留運本地,以七分撥於綱鹽口岸行銷,戶部照例議以不准。朕思通融撥銷鹽引,自於商人有益,第其夾帶影射之處,該鹽政等,亟當實力稽查,以清弊竇。著暫准其所請行銷。俟一二年後,食鹽疏通之日,該鹽政奏聞,仍照定例辦理。(高宗二五五、二○)

(乾隆一一、四、丁丑)諭曰:兩淮鹽政吉慶,請將寧國等九縣壅積食鹽,派撥淮南綱商,於江廣口岸分年報運融銷。戶部照例議以不准。從前淮北山、清等八州縣,食鹽壅滯,經該鹽政奏請通融酌銷,曾降旨暫准行銷。

今淮南寧國等縣，壅積食鹽通融行銷，事同一例，著准其所請，交與該鹽政，遵照淮北之旨，一體辦理。（高宗二六四、一六）

（**乾隆一一、七、癸亥**）［戶部］又議覆：署兩淮鹽政吉慶奏稱，自定額以來，高郵州甲子、乙丑、丙寅等綱，鹽多壅滯，寶應縣乙丑、丙寅等綱，亦難督銷足額，緣路當孔道，鹽艘往來，貧難老少，多以零星換食，是以民間鮮買官鹽。惟泰興一縣，與場竈隔遠，又非往來大路，民間盡食官鹽，額引不敷銷售。請於高郵額引內撥出六百引，寶應額引內撥出四百引，入泰興縣行銷。應如所請。從之。（高宗二七一、二九）

（**乾隆一三、二、甲戌**）諭：據兩淮鹽政吉慶奏稱，兩淮綱食引鹽，近因蒲草歉產，包索減輕，鹽觔易致虧折，仰請量予加增。俟蒲草廣產，奏聞停止等語。近年淮商，急公輸課，頗為踴躍。今吉慶既有此奏，著加恩於引額之外，每引增給十觔，俾商本不致虧折，民食永資利益。（高宗三〇九、一二）

（**乾隆一五、八、戊戌**）諭：朕明春巡幸江浙，淮揚河路運鹽船隻，未便絡繹往來，現據兩淮鹽政吉慶奏請，於本年十月，將鹽觔豫運四十萬引，以資接濟。朕思該商等先期趕辦，一切起剝掣貯，不無耗費，著加恩將本年冬季到所之辛未綱鹽引，准其每引加耗二十觔，俾商力充裕，自與江廣民食有益。該部即行文該鹽政知之。（高宗三七一、一三）

（**乾隆一六、二、甲申**）諭：……前因兩淮商眾踴躍急公，業已加恩優獎。更念其運綱輸課，接濟民食，恤商斯足以惠民。特行再布殊恩，著將兩淮綱鹽食鹽，於定額外，每引賞加一十觔，不在原定成本之內，俾得永遠霑受實惠。商人當仰體朕博愛敦本至意。風俗雖不必驟更，近一分返樸之心，即遠一分極奢之念。植息毋取其三倍，減一分售鹽之價，即利一分食鹽之人。其有昂值網利，致累閭閻，則深負加恩德意矣。該鹽政其通示商眾知之。（高宗三八三、一）

（**乾隆一六、九、辛未**）刑部議覆：兩淮鹽政吉慶奏稱，兩淮運鹽船戶，偷賣商鹽，并有將船鑿漏，捏報淹銷等弊。倘比照費用受寄財物律，未免情重法輕。嗣請依船戶行竊商民例，分別首從計贓，照常人科斷外，枷號兩月，追贓給主。如無可追，將船變抵。再，鹽船開行，商人遣人押運，名曰商廝，倘有起意通同船戶盜賣，請依奴僕勾引外人，同盜家長財物，計贓加竊盜一等治罪。若非起意，止於通同分贓者，依盜家長財物，同竊盜計贓治罪，追贓給主。再，埠代明知船戶不良，希圖牙用，朦混裝載，并任意剋扣水脚，致船戶沿途乏用，盜賣商鹽，請照寫船保載、恃強代攬、勒索使用、擾累客商例治罪外，枷號一月，令補船戶變賠不足之贓。再，請通飭文武衙門，遇具報淹銷火燬之案，倘勘訊不實，別經發覺，依不行查明給結，罰俸一年例處分。其實係遭風失水，而指索饋遺，及通同受餽而捏結者，亦照定例查參。均應如所請。令該鹽政咨明本省督撫及淮鹽應行各省分，一體遵照，載入律例。從之。(高宗三九八、一五)

(**乾隆二一、閏九、己未**) 諭：據兩淮鹽政普福奏稱，明春南巡，所有淮揚一帶運鹽船隻，於今年十月內，令該商等先期豫運四十餘萬引，堆積儀所，以資來年江廣食用等語。此項鹽觔，先期豫運堆貯，不無滷耗，著加恩照十六年之例，每相加耗二十觔，以裕民食，以紓商力。(高宗五二三、一三)

(**乾隆二三、一、丙辰**) 兩江總督尹繼善等奏：江都屬之芒稻河，為湖、河諸水歸江第一尾閭，閘壩自應起放。但淮南鹽艘，向由此行，啟閘溜急，恐礙鹽運，芒稻閘東，舊有越河，長六百餘丈，挑挖淤淺，可直達金灣北閘。鹽艘改由此運，洩水運鹽，分為兩途，芒稻閘可長啟放，洩水歸江。得旨：甚是之舉。又批：得之矣。(高宗五五五、三九)

(**乾隆二三、三、己酉**) 諭：兩淮綱食引鹽，現多壅積。而今年戊寅綱，又須請領引目。按課輸銷，商本不能轉運，情形未免拮据，是宜酌籌變通，以疏壅滯。著加恩將戊寅一綱提出，停其捆運，以便疏銷積引。所有應徵額課，分作十年帶徵，從此年清年額，則引鹽既無遞壓之虞，而各商轉輸亦得寬裕。倘將來積引疏銷，或有不敷行運之處，該鹽政酌量情形，照前請領餘引，以資接濟。該部即遵諭行。(高宗五五九、八)

(**乾隆二九、一、壬午**) 兩淮鹽政高恆奏：江西一省，廣信則食浙鹽，贛州、南安、寧都三府州，則食粵鹽，其食淮鹽者，惟南昌等府，而其中建昌一府，又與閩鹽接界。向於要隘處，委商巡緝，日久怠生，巡緝視為具文，增卡徒資浮費。今與撫臣輔德商辦，其卡與地方官署相近者，即改為官巡，如仍須商巡者，一卡祇留一商，俾專責成。至淮鹽到西，各處水販舖戶，俱赴南昌省埠轉販運銷，其經手交易之賣商，又不免從中那掩。是以淮商被欠仍多。現飭各賣商，將本身那掩與水販舖戶賒欠呈出，定限勒追，嗣後賒項明立限期。再西省亦有公匣，專代揚商料理應酬等事，亦即裁徹。得旨：好。(高宗七〇三、一八)

(**乾隆三〇、六、癸酉**) 兩淮鹽政高恆奏：淮商中家貲殷厚、才識明幹者，原知長價不如廣銷，惟實力辦運，期於流通獲利。乃有無業之人，專事囤積引窩，日望江廣賣價增長，其窩價亦可驟昂，以致辦運之商，成本加重，口岸賣價，不能不增。私鹽畢集，官引遂至壅滯，實為鹽法大害。又口岸原有疲暢之分，暢岸銷售自易，其疲岸或與鄰鹽接壤，或係淮引通津，其中竊販，亦所不免。但使該岸之商，將鹽照額運赴，加意查緝，民間亦何至舍官店而買私販？無如商人一目之爲疲岸，即安心棄置，而惟趨暢岸以圖易銷。如安徽之安、池、太三府，江西之南昌等八府，人皆百計圖避，群趨湖廣，而其後并湖廣亦不能盡銷。臣於丁丑年到任，查知其弊，於安慶等三府，選派殷商，前往運銷，并飭諭本岸商人，毋許妄爭新舊。現在各府銷售已覺暢順，至於行銷江西之鹽，向來俱於儀所過掣後，始行戳派，以致商人規避。今將各商根窩徹底清查，造送印冊。如在十引以下，免其戳派；十引以上至數萬引者，均按各處額銷之數，於根窩內豫行分定，每綱硃單，照此填給。庶通河商人，知引已戳定，不復再有希冀。得旨：將此章程，詳悉面交後任可也。（高宗七三九、一五）

（**乾隆三〇、六、癸酉**）〔兩淮鹽政高恒〕又奏：鹽商辦引裕民，原貴殷實之户，其無資本而巧取利者，是名鹽蠹。臣上年與運使趙之璧熟籌，定爲四季查銷之法。如首二兩季之鹽，尚未運畢者，即行提比。至四季已竣，而猶有未運之鹽，即係虛滾之引，宜嚴究追出，分給急公商人，以示鼓勵，以清年額。如此按季查銷，則引課皆有著落，而向來無本虛滾名引之人，自無容有藏匿，得旨：好。亦告之後任。（高宗七三九、一七）

（**乾隆三二、八、己巳**）兩淮鹽政普福奏：淮安府屬之山陽、清河、桃源，徐州府屬之邳州、宿遷、睢寧，海州屬之贛榆、沭陽，共八州縣，額行淮北食鹽二萬六千七百一十引。向因地近場、竈、壩、所，小民貪賤買食，貧難老幼背負鹽觔及垺積拋撒泥鹽，以致官引壅滯難銷。經前鹽政吉慶節次奏准，分撥綱地融銷，照綱納課，俟食引疏通日，仍照定例辦理在案。查自甲午綱起至今十有七年，山陽等八州縣，食引仍未暢銷。臣細加訪察，緣認運食岸之商，半多貧乏，無力整頓，且恃有融綱之例，習爲故常，以致私愈盛而引愈滯，日久不得疏通。今臣於淮北總散各商內，擇其才力優裕，能於整頓口岸者，僉點六商，責令分股辦運，并酌覈八州縣口岸情形，請自本年丁亥綱起，以七分留運食岸，盡數行銷，其餘三分仍暫融綱地暢銷，提引納課。并飭各州縣加緊緝私，俾官引日銷，查催儹運二三年後，即可全復原額，綱食攸分，仍照定例辦理。報聞。（高宗七九二、五）

（**乾隆三三、一二、甲申**）是月，兩淮鹽政尤拔世奏：淮北各場現有餘鹽，商人無力收買，請發帑儘收，以濟貧竈。報聞。（高宗八二五、二五）

（**乾隆三四、三、乙巳**）又諭曰：尤拔世奏，淮北食鹽壅滯，請嗣後仍照舊例，五分融綱，五分運食一摺，經户部照例議駁。但新舊食引，積壓難銷，勢不能疏通口岸，於商民均有未便。且自普福奏請復還原額二分之後，甫及一年，積鹽仍然壅滯，該鹽政所奏，自屬實在情形，著照所請行。（高宗八三一、一一）

（乾隆三五、七、乙巳）諭曰：李質穎奏，江都、甘泉二縣，鹽引壅滯，請自庚寅綱起，以五分留運，五分融銷一摺，經戶部照例議駁。但該處口岸官引，節年壅滯，新舊積壓，或實有難以銷售之勢，不得不設法疏通，亦未可定。著高晉、薩載會同李質穎，將該處情形詳悉確查，具奏到日再降諭旨。尋高晉、薩載等會奏：江都、甘泉二縣，食引難銷，仍請自庚寅綱起，以五分留運，五分融銷。得旨：該部議奏。尋奏：據該督等會議，江都、甘泉口岸，戊子綱鹽未銷，己丑綱鹽未運，新舊積壓，難以銷售。請將己丑未運之引，納課統銷。自庚寅綱起，將江甘食引一萬三千餘引，融綱銷售，照綱升課。試行二三年後，如積鹽疏通，再行歸復原額等語。該督、撫、鹽政，身臨其地，似屬實在情形，應如所請。再該督所奏，老幼窮民，掃取泥鹽，例所不禁。至船戶偷鹽易換食物，嗣後責令員弁督率兵役，實力查禁。亦應如所奏辦理。從之。（高宗八六四、一）

（乾隆三五、七、癸亥）戶部議覆：兩江總督高晉等奏稱，吉安引鹽，現在設立公店，僅守一隅，銷售未暢。不若水販分運，多銷官引。惟因從前水販買鹽，銷售行止，得以自由，不免有趨貴避賤之弊。請酌量定議，責成埠商，自招殷實水販，分地銷售，行止由商，積習可除。又奏稱，吉安所屬皂口等五處，除從前原設卡巡，照舊設立，此外凡山僻小徑，要隘處所，多撥兵役，協同巡緝，偷漏水販，有犯必懲。其獲犯兵役獎賞，員弁奏請議敘。倘兵役巡緝不周，有賄縱等弊，分別嚴究。該管官並即嚴參。均應如所請行。從之。（高宗八六五、九）

（乾隆三七、一二、乙亥）諭軍機大臣等：據李質穎奏，金灣閘下至泰壩天池，有運鹽河一道，河底淤墊，重載難行，各商請借鹽課挑濬，分作二年歸款一摺，其事自屬應辦，已如所請行矣。（高宗九二二、三四）

（乾隆三九、九、庚辰）[兩淮鹽政李質穎]又奏：……淮北引鹽，運行四十三州縣。今查淮北堆貯未製鹽四萬九千餘，併引，多被淹浸。又已製裝船鹽二萬五千餘，併引，及由場運淮在途鹽八千餘，併引，亦多漂沒。應俟水退，查明淹消確數，飭商照例補運，以足歲額。得旨：覽奏俱悉。（高宗九六七、八〇）

（乾隆四〇、二、癸巳）戶部議覆：兩淮鹽政李質穎奏稱，江都、甘泉二縣，食引滯銷。乾隆三十五年奏准，自庚寅綱起，於額銷數內，融出五分，在於江西、湖廣行銷，迄今已閱四綱，積鹽帶銷，將及一半，商本已得歸回。其融綱之引，賣給綱商，復得窩價，該商等情願將引價銀兩，自甲午綱起，按年呈繳充公。應如所請。從之。（高宗九七六、三四）

（**乾隆四一、一、壬寅**）兩淮鹽政伊齡阿奏：江蘇通屬各場，及泰屬之富安、安豐、梁垛三場，運鹽河道，上年雨澤稀少，頗多阻塞，須動工挑濬。場運河工，例係商捐辦理。臣於年前勸諭諸商，乘汛未發時，雇夫挑濬。開印後可一律完竣。報聞。（高宗一○○一、二四）

（**乾隆四三、閏六、丙子**）諭軍機大臣等：據伊齡阿奏，湖廣口岸，鹽觔未能暢銷，四十二年較四十一年，少銷鹽觔十萬一千三百餘引，今自四十三年五月比較四十一年五月止，少銷鹽七萬一千四百餘引。年復一年，辦理維艱等語。鹽觔銷滯，關係引課。至湖廣口岸，向俱暢銷，何以四十二年少銷鹽十萬一千餘引，四十三年亦少銷鹽七萬餘引？自係該鹽法道辦理不善，及地方官不為實力緝私，致川廣私鹽充斥，官引因而壅滯。著傳諭三寶、陳輝祖，嚴飭地方文武員弁，督率兵捕，實力查緝私販，以疏積引。並將湖廣口岸，因何不能暢銷鹽引之故，查明具奏。再楚省鹽觔，上年既少銷至十萬餘引，寅著在鹽政任內，何以不行具奏？著寅著 併明白回奏。將此傳諭三寶、陳輝祖、寅著，並諭伊齡阿知之。（高宗一○六一、四）

（**乾隆四三、閏六、己卯**）又諭：今日戶部議，伊齡阿奏增戊戌綱湖廣、江西二省鹽價，請交兩江、湖廣、江西各督撫，會同該鹽政，就各省情形，秉公酌定，務使兩得其平等因一摺，已依議行矣。昨據伊齡阿奏，湖廣口岸鹽觔，四十二年少銷十萬餘引，四十三年五月前少銷七萬餘引，是楚省引鹽未能暢銷，已可概見。此數年中，楚省鹽價如前，尚且行銷不暢，今轉欲每包增價，必更致壅滯難銷，豈伊齡阿竟未計及此耶？著傳諭伊齡阿，令其據實覆奏。又上年七月，曾據寅著奏稱，丙申額鹽已竣，丁酉綱亦運過六十餘萬引，新綱開運之期尚遠，江廣民食，應豫籌接濟。請提戊戌綱引二十萬道，豫派各商領運等語。楚省上年既未銷十萬餘引，何以寅著又請提綱？雖每年商課，現俱無虧，而配引過多，必更至鹽觔積滯，寅著前奏，更不可解。並著諭令寅著，據實具奏。（高宗一○六一、九）

（**乾隆四三、七、丁巳**）諭軍機大臣等：前據伊齡阿奏，湖廣口岸鹽觔未能暢銷，四十二年，少銷鹽十萬一千餘引，四十三年，亦少銷鹽七萬餘引，年復一年，辦理維艱一摺，恐係鹽法道辦理不善，及地方官不實力緝私所致。因傳諭三寶、陳輝祖，令將湖廣口岸因何不能暢銷鹽引之故，查明具奏。今據三寶等奏稱，湖北、湖南二省，向為淮鹽暢銷口岸，查自乾隆三十一年起，四十二年止，惟三十二年、三十八年，銷引至一百餘萬，其餘九年內，亦有銷引八十餘萬者。四十二年，銷至九十一萬三千餘道，並未短少。四十一年，雖少銷鹽七萬一千餘道，而較之三十三四等年，亦屬相同。若將最旺之年一律比較，實有不能一致之勢等語，所奏自屬實在情形。是楚省口岸，並未短銷。伊齡阿止就暢銷之年比較，故覺其少，其意不過欲因此以形寅著之短，此即其取巧高興之一端。試問伊齡阿到任後，能保湖廣口岸年年暢銷鹽引，皆多至一百餘萬道乎？伊齡阿辦事尚能認真，惟性喜見長，是其受病處。昨將其調任鹽政時，曾降旨訓飭，令勿復蹈舊轍。乃甫經到任，即有此奏，恐其故智復萌，不可不痛自湔改。伊齡阿著傳旨申飭，仍令其明白回奏。（高宗一〇六三、二六）

（**乾隆五〇、六、庚寅**）又諭：據全德奏，淮南銷鹽各口岸，雖統計存岸在途引鹽，俱可銷至八九月內，但亦須豫爲籌備。現將淮北引鹽，撥濟淮南，轉瞬糧船過竣，鹽閘啟板，北商仍可趕運，以還原額等語。現在重運銜尾北上，運河水勢，未能充足。各閘閉板，攔蓄濟運，斷不能復行濟鹽。但山東、安徽、淮北等處，已截留漕米數十萬石，今歲漕船較少，刻下諒已陸續過淮。鹽引於民食攸關，亦屬緊要，著傳諭薩載，酌量情形，悉心籌畫，視水勢之盈縮，以時節宣，濟漕兼以濟鹽，固屬妥善。如果不能漕鹽並濟，則在後之江廣重運，尚復不少，所關尤重，應設法蓄水，儘數趕催，俾迅速遄行。多抵通一幫，多受一幫之益。俟糧艘過竣，再行啟板，以濟鹽河之淺阻。該督等，務籌酌緩急，妥協辦理。若實在不能抵通之漕船，當豫先算出，即不必令渡黃，以省往返，亦可省鹽河之水，以濟鹽運。此亦無可奈何之一法。將此由六百里傳諭薩載，並諭全德知之。尋奏：頭進漕船，已全入東境；二進船，現入東境者十五幫，二進尾幫，已過宿遷；三進江廣幫船，上緊渡黃，未進楊莊口門者，僅十餘幫。七月中旬以後，尾船可催過宿遷，距下游鹽河閘，已有二百餘里，鹽閘即可開放，以運河之水，酌濟鹽河，鹽運不致遲誤。得旨：正爲此也，毋又怠而致遲。（高宗一二三二、三八）

（**乾隆五〇、一二、壬午**）兩淮鹽政全德奏：通州鹽河久涸，所有九場鹽運，除呂四、餘東二場暫改江運外，餘七場惟栟茶、角斜、掘港最大，已存鹽二十餘萬引，應先裝運。現將河底抽槽引水，寬二丈，深三尺，計正河二百六十里，栟角二場河一百里，掘港河三十里，業已竣工，可用小船剝運，餘四場即照此興挑。得旨：好。知道了。（高宗一二四四、一〇）

（**乾隆五一、六、丙申**）兩淮鹽政全德奏：淮北鹽務，積引太多，前經奏准，提出丙午綱，免其捆運，以期疏銷。惟是停運一綱，場竈產鹽又復多積，查淮南通泰各場，係煎鹽，與淮北之曬鹽不同，上年被旱歉收，煎熬較少，產鹽不能足額。請酌撥淮北餘鹽，令淮南各商買運，俟漕船過竣，即從海州出鹽閘，一路入運河，至儀徵改捆，北場竃鹽既可得價，南商綱地亦不至缺銷。得旨：嘉獎。（高宗一二五七、一八）

（乾隆五一、一〇、庚申）諭軍機大臣等：據戶部奏，兩淮鹽引，自乾隆四十六年，前任鹽政圖明阿奏請豫提壬寅綱引目二十萬道後，未據該鹽政復請豫提。經部行查，該鹽政以歷年尚有未銷積引，至本年丙午新綱，亦以覈計鹽引有盈無絀，俟暢銷後，再行請領爲辭，殊難憑信，請勅交新任鹽政詳查具奏等語。兩淮鹽課，向來俱於正引之外，豫提下綱引目二十萬至四十萬道不等，分帶疏銷，所以濟民食而裕國課。該處淮南淮北引鹽，本向湖廣、江南等省銷售。上年湖北、安徽等處，年歲歉收，鹽引積壓，未能暢銷，尚屬事之所有。至四十七八九等年，湖廣、安徽收成豐稔，該處引鹽，何至有積年滯銷，不能豫提引目之事？看來係該商等額外夾帶，私行銷售。竟如駱愉所稱加勉重綑，割引歸商等弊，不爲無因矣。否則何以積至四年額引，尚不能暢銷，並未豫提引目。兩淮鹽引，國課所關，即以四十六年豫提鹽引而論，係二十萬道，以一引三兩不等計算，應納課銀六十餘萬兩。若該商等以應提引目之鹽，而於正引內私行夾帶售銷，以無課之鹽，私銷入己，復藉口於引鹽積滯，將提引停歇，是將課賦之羨餘，爲買販肥橐之私計。日復一日，伊於何底？不可不切實查辦。但此事俱非李世傑、徵瑞任內之事，與伊等並無關涉。即該商等果有夾帶私銷情事，亦不過責令賠繳，無所用其瞻顧迴護。著傳諭該督等，務須切實查察，並將駱愉所稱三百六十勉之外私自通同割引加勉等弊，徹底詳查，據實具奏。不可以人廢言。俟查明後，再行降旨酌辦。戶部原摺，並鈔寄閱看，將此諭令知之。由五百里驛寄，仍令先將大概情形速奏。（高宗一二六七、八）

（乾隆五一、一一、壬辰）軍機大臣議覆：兩江總督李世傑、兩淮鹽政徵瑞奏，查商人實無額外夾帶私銷。但提引空至四年，自係前任鹽政鹽道辦理不善，應交部議處。並如所請。自丁未綱爲始，每間一綱，豫提一次，少則二十萬，多則隨時酌增。應完課項，原非本綱正額，准緩至下綱補交。其前四年，未經豫提，即照此例，派提兩年課，飭商補納，分作五年清款造報。得旨：豫提鹽引一事，總以正引暢銷爲主。如正引實在疏銷暢速，即每年豫提一次，自無不可。倘遇額引滯銷，原不妨間一二年，或三四年，再請豫提，亦無不可，無庸拘定年限。惟在該鹽政查察情形，隨時覈實奏請辦理。至前四年，未經豫提年分，派提兩年課項，分作五年補交之處，著加恩

寬免，以紓商力。餘依議。（高宗一二六九、一三）

（**乾隆五三、三、壬午**）諭軍機大臣等：據全德奏，淮南綱鹽，積年遞壓，一時未能運竣。請將丁未綱未行綱引内，提出六十萬道，分作五年帶運。並另片奏，淮北商鹽，亦須調劑，俟確覈情形，再行具奏等語。已批該部議奏矣。商人辦運引鹽，例應年清年款，況兩淮鹽課，爲數尤多，若積年遞壓，伊於何底？該處鹽引，向在漢口分銷，如果楚省官員實力緝私，何至官鹽積滯？此皆由地方官吏平日巡緝不力，以致川省私販充斥。而商人等在彼，一切匪費又復繁重，獲利無多，不能源源轉運，是以綱鹽積壓至一百餘萬之多。舒常兩任湖廣鹽務，是其專管，從前不能實力查察，已難辭咎。今復任總督，若再不認真實力，幫同整頓，致仍有壅滯，必將該督從重治罪。姜晟到任已將一年，亦有緝私之責，並著該撫一體嚴飭所屬，梭織巡查，仍時加察訪，如有奉行不力，仍前弊混者，即據實參奏。至川省與湖廣接壤，雖楚省向有數府例食川鹽者，自不能禁其販運，但亦應嚴清境界，止令於食川鹽州縣地方販售，豈容任意侵銷？著傳諭李世傑，幫同嚴查，除應食川鹽州縣，仍聽其運往外，其餘一概嚴行禁止，庶商販無從夾帶，官鹽自可暢銷，以期積引疏通，新綱速運，年清年款，方爲妥善。（高宗一三〇一、一一）

（**乾隆五三、三、丁亥**）諭軍機大臣等：前據全德奏，淮南綱引積壓，淮北亦須調劑，自有私販充斥，以致官引滯銷，已有旨傳諭舒常等，實力嚴緝矣。昨因伊齡阿久任兩淮，向其詢問積弊。據稱，淮南私鹽惟在鹽政督飭，留心稽察。淮北私鹽，向由督臣派員巡緝，恐日久因循，必須地方州縣，隨時緝拏治罪，庶私銷可以斂跡。又各商配運時，滾總乏人，往往不能及早行運銷售，最爲積弊。其鹽勛運到漢口時，各店商亦不無藉口緝私等事，私議出費，應嚴飭總商等，酌量調劑，並寄字漢口商人，不得任意糜費，致虧成本等語。伊齡阿在兩淮年久，其所稱鹽務弊竇，自屬實在情形，但尚恐不能詳盡。全德係現任鹽政，惟在其隨時籌辦，設法調劑。著傳諭全德，即將伊齡阿指出各條，及此外尚有應行查辦，可以杜絕私販、減省費用之處，即悉心籌酌，妥協辦理，以期綱引暢銷，鹾務日有起色。至兩江總督，本有節制鹽務之責，且於州縣各官，呼應較靈，並著書麟幫同嚴飭各屬，實力查拏。如有奉行不力者，即參奏治罪，以除積弊。至兩淮鹽勛，向在漢口銷售者居多。此次鹽引積壓，即由楚省節年以來，私販充斥，地方官任意勒索，不肯認真查緝所致。舒常久任湖廣，固有應得之咎。即姜晟到任亦將一年，亦不應任其因循廢弛，嗣後務須潔己率屬，實心整頓，協力妥辦，於緝私節費等事，痛加磨濯，實力查察。若既廢馳於前，又復玩誤於

後，將來引鹽仍有滯銷，必將該督撫等，一併從重治罪。所有伊齡阿奏片，並著鈔寄閱看。(高宗一三○一、三○)

（乾隆五三、三、壬辰）諭：戶部議駁兩淮鹽政全德，請將丁未綱未行綱引，提出六十萬道，分年帶運帶徵一摺，固屬照例辦理。但念該處綱引，積壓過多，有占新綱運行地步，若照例徵納，商力不無拮据。著加恩照該鹽政所奏，准將淮南丁未綱未行綱引內，提出六十萬道，分作五年帶運，所有正雜錢糧，亦准其分作五年帶徵，以疏積壓而紓商力。(高宗一三○一、四○)

（乾隆五三、四、甲辰）諭軍機大臣等：據舒常等覆奏，查辦楚岸鹽務情形一摺。內稱，川鹽來路，總由宜昌府屬巴東歸州一帶界卡外，買食川鹽。近因查出囮私案犯，當即申明例禁，出示曉諭，現札宜昌鎮會同該府，多派兵役偵緝，並委幹員不時訪察等語。前因兩淮鹽引，多在漢口分銷，商人等在彼，一切匿費日漸繁重，而川省私販充斥，該督等平日並不飭屬認真巡緝。是以降旨，令舒常等實力整頓。其查緝私鹽，固屬該督等分內應辦之事，但該商等引鹽積滯，總由在楚行銷，浮費繁重，地方道府州縣，往往藉口為商緝私，任意勒索。而督撫等沿習陋規，收受商人公費，恐亦在所不免。即如舒常等前此參奏歸州囮私一案，據劉鼇供出，有向來派出巡緝委官，俱量送盤費，伊與委員勵世求等，因同鄉舊識，送銀一百五十兩等語。可見該省鹽務繁費，實有其事。而商人等出費日重，成本愈虧，以致獲利無多，不能源源轉運。該督等接奉前旨，自應將向來相沿浮費，嚴查飭禁，實力整頓，俾商人可以節省繁費，行銷暢速，方於鹺務有裨。今乃僅以申明禁例，派委緝私為辭，敷衍塞責，止係有名無實，而於該省浮費繁重之處，並未據實查明，立法嚴辦。試思川省私鹽，即有越界銷售者，亦不過在川楚隣近一帶私行銷售，焉能越至武昌？豈派員查緝，即可謂之實心整頓？出示嚴禁，止屬具文，若僅巡緝川私，而武昌一帶淮商私販仍照常充斥，楚岸鹺務，又焉能有起色？乃舒常等竟以此等空言搪塞，並不認真查辦，實屬昧良文過，大不是矣。舒常、姜晟，俱著傳旨嚴行申飭。仍著將該省相沿繁費，如何立法查辦，嚴行裁革之處，據實具奏，毋得再涉顧頇，致干咎戾。(高宗一三○二、二一)

（乾隆五三、四、庚申）諭軍機大臣等：據舒常等覆奏，嚴禁漢口商人匿費，並自請交部嚴加議處一摺。淮商在楚行鹽，私行出費，地方官相沿霑潤，固屬事所不免。但日漸加增，甚至借端剝削，任意婪索，以致商人繁費愈重，成本有虧，不能接濟轉運，引鹽壅滯。而督撫等故為不知，日復一日，鹺務焉能得有起色？自不可不實力嚴辦。今雖據舒常等奏稱，現在立法節費,並飭承緝文武各員,秋毫無染,一律湔除,但恐為日稍久,又復視為相沿陋規,仍前婪取,殊屬有名無實。著該督等,嗣後務先正己率屬,隨時查察,上下力為整頓,俾商力漸紓,疏銷暢速,勿致日久玩生,又蹈前弊。仍著將如何禁絕浮費之處,於年終彙奏一次,倘有陽奉陰違,藉詞婪索者,一經發覺,恐不能再邀寬貸也。將此諭令知之。(高宗一三〇三、二九)

(乾隆五三、五、己丑)諭軍機大臣等:詢據舒常奏稱,兩淮鹽引,向在湖廣行銷,每年正額七十八萬餘道,商人按引捐輸,以備應酬之用,名為匭費。近因漢口店商經理不善,任意開銷,以少報多,浮費日重,商人等不能獲利,配運不前。此次積壓之由,亦因該商等不能按額運到楚省所致。又兩淮向有融銷之例,以別省口岸應銷之引,運至楚省行銷,商人等恃有通融,遂至正額不能運足等語。湖廣匭費,陋習相沿,已非一日。乃不肖官吏,因可從中沾潤,遂至視為利藪,該管道員,既向店商浮開取用,而店商等開與本商時,又復虛增銀數,以肥囊橐,層層朘削,以致商人等虧折成本,配運不前。近年鹽引積壓,即由於此。但湖廣鹽道,本屬鹽政專轄,如果該鹽道經理不善,該鹽政原可具摺參奏,另請簡放。即或楚省督撫竟有從中沾潤情事,該鹽政斷無不知之理,亦何妨據實參奏?乃歷來鹽政從無奏及此事者,外省官官相護惡習,牢不可破,屢經降旨嚴飭。現據舒常奏稱,該省匭費已全行禁革,是商人等不復有虧累情弊,已無可藉口。著傳諭全德,嗣後務飭該商等,將應銷楚岸引鹽,每年依數運到,年清年款。其匭費一項,經此次禁革之後,若該省官員尚有陽奉陰違,藉端需索浮開者,亦即查明嚴參,毋得仍前瞻徇,累商缺配,積壓綱引,致干重戾。至融銷一節,如果楚省口岸暢銷,原定正額不敷售賣,固不妨以他省之引,運至漢口,接濟民食。乃楚省正額尚未能全數運到,轉先銷他省應行之引,以致正引積壓,向來辦理殊未妥協。此後融銷之鹽,應俟楚岸正額銷竣後,始准其銷售,如正額引鹽未經運到,即將融銷之鹽,抵作正額,庶該商等不致因引可通融,借端缺配。並著傳諭全德,即遵照飭辦,仍將從前楚省匭費名目,該鹽政因何未經查參,緣何一任商人先儘融銷,有無弊竇之處,據實查明覆奏。(高宗一三〇五、二三)

(乾隆五三、六、甲午)軍機大臣議奏:淮南綱鹽積壓至一百三十六萬一千餘引,請將歷任鹽政,按照在任年分,罰繳養廉。得旨:淮南綱引積年遞壓至一百餘萬之多,歷任鹽政因循貽誤,僅按各任年分,每年罰繳養廉,則積壓多者所罰轉少,不足以昭平允。自應按照各任內積壓綱引數目,每十萬引以上者,罰繳養廉一年,庶可以懲既往而警將來。至各運使護理鹽政,雖爲日無多，但運使本任，即有專辦鹽課之責，亦應一體示罰。所有歷任運使任內積壓綱引，著軍機大臣行知全德，查明所壓數目，俟覆到日，亦按照每十萬引以上者，罰繳養廉一年，以示懲儆。（高宗一三〇六、八）

（乾隆五三、一〇、庚戌）戶部議覆：兩淮鹽政全德奏稱，本年題奏送楚鹽勧，抵作正額案內，聲明江西及江南所屬安慶、池州、太平等岸額引，向來聽其以綱融綱，隨到隨售。部議以引鹽各有疆界，何以他省鹽引，運至楚省越界銷售？今臣查覆，緣湖廣爲暢銷地面，向於每綱之首，查覈前綱暢滯情形，略爲衰益分派，以期無壅無缺。至兩地通融，若俟滯銷已有成數，始令改運，已在一綱將完之後。是以向來本岸之引過半，即給與融引運楚。其間商力不濟，或有正引未到而融引已到，並非有意先融後正等語。應令該鹽政，嗣後遇正鹽未到，即將已到之融鹽，抵作正額，以清年限而杜影射。至該鹽政又稱，各處行鹽向有定額，緣江西、安徽等處滯岸，未能杜絕鄰私，有妨官運。應如所請，飭交各該督、撫、鹽政，嚴飭所屬文武員弁，實力緝私，以期官引疏銷。從之。（高宗一三一五、二一）

（乾隆五四、四、癸卯）又諭曰：梁肯堂奏，河南息縣鹽務，乏商經理，恐民間淡食，是以官爲撥運。乃該縣陳文衡，於兩淮委員汪良增運到鹽勧後，並不設法速銷，轉藉端搜剔，輾轉捺延，其中不無徇利營私情弊，請將陳文衡解任嚴審等語。兩淮鹽引，因湖廣地方官向商人需索陋規，並不認真緝私，以致滯銷壓課。上年甫經整頓清查，河南尚未聞有此等情事。乃息縣知縣陳文衡，竟敢意存需索，勒掯躭延，此而不徹底根究，即是貪婪之漸，勢必至如湖廣，大爲鹽務之害。梁肯堂參奏甚是，但僅請解任，所辦不足蔽辜。陳文衡著即革職，交與該撫提集案內人證，嚴審定擬具奏。（高宗一三二七、二）

（乾隆五四、五、甲子）諭曰：全德奏，淮北鹽場，向遇黃水盛漲，輒多淤塞，今由六塘河一帶，另開新河，從此可永無淤墊，不致仍前遲滯。惟是遞年積壓未運者，已有三十餘萬引，若不設法疏通，終不能年清年款。請將己酉一綱，免其捆運，其正雜錢糧，分年帶銷等語。著照所請，加恩准將己酉一綱提出，免其捆運。其己酉一綱正雜錢糧，自庚戌爲始，分作五年帶完，俾免一時併納，以紓商力。（高宗一三二八、一三）

（乾隆五四、五、甲子）諭軍機大臣曰：全德奏，湖廣每季應銷十九萬三十餘引，本年春季僅銷十五萬四百餘引。江西每季應銷六萬二千餘引，今亦僅銷三萬一千餘引。各商因口岸滯銷，已皆減價發賣，而銷售情形，仍復遲滯。若每季如此，不惟積引不能疏銷，將額引亦不能銷足。現在嚴飭江西、湖北、湖南各鹽道，督飭地方官實力緝私，以杜侵占等語。淮南鹽引積滯不銷，自係各該省督撫不能督飭地方官實力緝私所致。該省大小各員，歷年得受各商陋規銀兩，累萬盈千，上年查辦之後，本應重治其罪，經朕格外寬宥，僅令將陋規永行禁革。該督撫等，即當感激朕恩，督飭屬員，實力查察，嚴緝私販，俾官引得暢銷無滯，庶可稍贖前愆。地方官吏，本有緝私之責，若因該省陋規禁革，不能從中分潤，遂竟視同膜外，並不認真督率稽查，以致私販充斥，官引不行，又安用督撫爲耶？畢沅、惠齡、浦霖、何裕城，俱著傳旨申飭，仍將此次春季鹽引因何滯銷之處，明白回奏。並著嚴查各屬，如有因不能分受規例，遂敢肆行懈玩，並不挐緝私販，以及仍有藉端勒索商人，任意墮銷情弊，即行秉公嚴參治罪，毋得稍有迴護。倘嗣後該省仍前私販纍纍，致按季應銷引鹽再有積滯，朕必將該督撫等一併治罪，勿謂言之不豫也。將此由四百里傳諭各督撫，並諭全德知之。（高宗一三二八、一五）

（乾隆五四、閏五、辛卯）諭軍機大臣曰：浦霖奏，自五十年十月到任後，因淮鹽抵岸甚少，民間鹽價日昂，川粵私鹽，乘機充斥。當經查明私販出沒之所，不時派委幹員，會同地方各官，分路嚴查。并移會提鎮，選派營員協同巡緝，密加體訪，地方官及派出委員，尚無怠惰。惟私鹽查禁雖嚴，淮鹽轉運不至，楚南額銷之引，總未能如數運足，民間買食維艱等語。……並著將官鹽因何墮銷，私鹽既經飭禁，何以淮鹽不行運去，以致鹽價反昂，民間何從售買，不致食淡之處，據實明白回奏。至所稱楚南額銷之引，不能如數運足，並著傳諭全德，查明淮鹽應行運往湖南額銷數目，何以任其短少，並不督催配運。如係湖南地方官因不能分受規例，遂敢懈玩，不實力緝私，及有藉端勒掯，任意墮銷情弊，即據實指參，毋得稍有迴護。並將湖南省運到官鹽既不能足額，是否因私販充斥，民間不致食淡之處，一併查訪具奏。將此傳諭浦霖，並諭全德知之。尋全德奏：詢據各商，僉稱近接漢口來信，閏五月以來，督撫查緝私鹽甚嚴，鹽引得以暢銷。臣現鼓勵各商，倍加趕運，務使岸鹽充裕，以供楚商販運。得旨：好。勉爲之。浦霖奏：現在督飭屬員，嚴緝私販，兩月以來，據麻陽、湘潭、衡陽等縣報獲私鹽三起，從嚴辦理。并諄飭員弁，留心偵挐，以挐獲私鹽之多寡，分別獎勵，冀收實效。並出示曉諭，廣招水販，俾踴躍轉運，以利疏銷。得旨：以實爲之。毋爲一奏了事。（高宗一三三〇、七）

（乾隆五四、閏五、戊申）諭軍機大臣曰：浦霖奏，湖南界連川粵，水陸皆通，私鹽出沒之所，地方不一，如衡州府所屬，與郴、桂二州接壤，私販多將粵東紅鹽，載出耒陽口及常寧縣招源河口，至潛溪寺等處，煎成白色，另改小包，充作淮鹽販賣。歷經嚴飭道府，督率州縣，於扼要地方，時時偵緝等語。楚省官引滯銷，總由私鹽充斥，地方官不能實力查拏所致。今該撫既稱嚴飭所屬，於水陸要隘之處，分投躧緝，自應私鹽淨絕，官引暢銷，何以私販尚敢偷越境內？可見該撫不過徒託空言，仍未實力緝私，以致官鹽尚不能暢銷。著傳諭浦霖，督率道府各員，明查暗訪，嚴密偵緝，以期私販絕跡，俾淮鹽到岸之引，隨到隨銷，無虞壅積，不可徒事具文，僅以一奏塞責。至楚南與川省接壤，向聞該省私鹽多從四川一路偷漏入境，而粵東產鹽甚少，在本省銷售尚多不能充裕，又豈能運入楚南？今浦霖奏稱，粵東紅鹽，從耒陽河口、常寧等處，改包販賣，自係粵東沿海一帶，必有煎曬私鹽處所，出沒販運。蓋因承辦官鹽，必須按引納課，而私鹽既不納課，又無引額，奸徒私自煎運，在所不免。故粵東官鹽不足，而私鹽有餘，其弊未必不由於此。著傳諭福康安、圖薩布，飭屬於沿海一帶，實力訪拏，毋使奸徒私自煎曬。并粵東紅鹽，是否從耒陽河口載出之處，一併留心查緝，勿任稍有透漏，以杜楚私而裕粵課。（高宗一三三一、一一）

（乾隆五四、六、乙卯朔）諭軍機大臣等．據全德奏，湖南省官鹽從前原係旺銷，今日少一日，若非私鹽佔賣，民間於何處買食，該省私鹽充斥，不問可知。但得私鹽之來路一清，則官引之行銷自暢等語。湖南界連川粵，水陸皆通，為私鹽出沒之地。該撫果能於要隘處所，飭屬躧緝，自必私鹽淨絕，而官鹽暢銷。今全德稱現在漢口存積多鹽，而湖南水販寥寥無幾，非地方官需索，成本有虧，即係得受私販餽送，以致水販裹足不前，二者必出其一。是該撫前奏實力查緝，私梟斂跡之處，不過徒託空言，僅以一奏塞責，殊不可信。除將全德原摺鈔寄該撫閱看外，著傳諭浦霖，即將近年水販何以不赴漢口轉運，並地方官有無需索，及得受私販餽送，以致官引不能暢銷之處，一併詳細查明，據實明白回奏，毋得稍存隱飾，致干咎戾。（高宗一三三二、二）

（乾隆五四、六、丁巳）諭軍機大臣曰：梁肯堂奏，審擬息縣令陳文衡，因兩淮委員借撥引鹽到境，留難圖索情形，從重發往伊犁一摺，亦止可如此定擬，已交軍機大臣，會同行在刑部議奏矣。摺內所稱，汪良增運到官鹽，隔閱一月之久，民間仍不致淡食等語。此項官鹽，既經日久未售，民食又從何出？非食私鹽而何？雖據供向鄰封官店購買，零星售賣，希圖微利，但以數包零星之鹽，何以一月之久，足敷民食？所供究恐尚有不實不盡。著傳諭梁肯堂，即將此情節再行嚴切訊究，毋任稍有隱飾。（高宗一三三二、六）

（乾隆五四、六、壬午）諭軍機大臣曰：浦霖奏，伊在楚年久，向不聞有地方官向水販需索之事等語。水販接買轉售，惟利是圖，非在官承充、家道殷實者可比。伊等見前赴漢口販售官鹽，途遠價貴，不能獲利，而私鹽無課價賤，易於銷售，又可以多為沾潤，則官販即私販之人也。前據全德奏，有近年漢口湖南水販到者寥寥之語。水販既不到漢口接買官鹽，必係去而販私謀利，浦霖何未思及耶？並著浦霖留心嚴查，以期私販斂跡，官引暢銷，不可久而生懈，徒以一奏塞責。將此傳諭浦霖，並諭全德知之。（高宗一三三三、三五）

（乾隆五四、七、乙酉）諭軍機大臣等：據全德奏，詢在揚各商，僉稱近接漢口來信，閏五月以來，湖南水販來者日多，據各水販稱，督撫查緝私鹽，甚為嚴緊，販鹽到彼，可以速銷，是以上緊前來販運等語。湖南官引滯銷已久，自係私鹽未淨，如該督撫等果能飭屬實力緝私，何慮官鹽不行？今自閏五月以來，水販至漢口，日漸增多，可見畢沅、浦霖等，從前並未嚴飭所屬查禁私鹽，以致水販裹足不前，私鹽得以充斥。經朕節次降旨飭查，始行上緊嚴緝私鹽，水販聞風，源源而至。則是私鹽一經禁絕，官引自可暢銷，不致壅滯，其效立見。……再全德摺內稱，湖南鹽觔既可暢銷，則漢口益宜儲積充足。現飭各商倍加趕運，以供各販運買等語。所辦好。自當妥為經理，俾運岸鹽觔充裕，湖南水販得以源源接濟，不致稍有短缺。將此傳諭畢沅、浦霖，並諭全德知之。（高宗一三三四、一）

（乾隆五四、七、丙申）又諭曰：全德奏，護理江西鹽道南昌府知府恆寧，造報本年夏季銷鹽清冊。內開四月下半月，銷鹽一萬八千四百九十三引，提取省店賣帳覈對，則僅銷鹽九千九十八引，與該護道冊報迥殊，明係因銷鹽數少，押令虛報捏飾。業經咨會江西巡撫，另行揀員署理，並請將該員交部嚴加議處等語。各省鹽引疏銷，全在鹽道督率稽查。況正當清釐鹽務之際，尤應實力辦理，乃該護道因鹽數少銷，恐致查詰，輒令該鹽店虛報銷數，殊屬捏飾。恆寧著交部嚴加議處。（高宗一三三四、三六）

（乾隆五四、七、辛丑）又諭：前據全德奏，護理江西鹽道南昌府知府恆寧，造報本年夏季銷鹽清冊，內開四月下半月銷鹽一萬八千四百九十三引，提取省店賣帳覈對，則僅銷鹽九千九十八引，與該護道冊報迥殊。詰之在揚各商，係該護道恐鹽數少銷，有干查詰，押令多報等語。已將虛報捏飾之護鹽道恆寧，交部嚴加議處矣。各商銷售引鹽，按引納課，若以少報多，則虛報之引課又從何而出？今該護道於半月內，押令該商於原銷數目，捏報多至一倍，將來完納課項，必又令該商照虛報之數，按引催徵。倘引多課少，豈有該護道自行賠出之理？是既捏飾於前，恐不能不苛徵於後，在揚各商等，或因此赴訴於該鹽政，稟出實情，亦未可定。著傳諭何裕城、全德，各將該護道捏報多銷之處，是否有此情節，逐一詢訪，據實覆奏。（高宗一三三五、三）

（乾隆五四、七、癸丑）湖南巡撫浦霖奏：楚南毗連川粵，爲私鹽出沒之所，飭屬嚴拏，於衡陽、清泉等縣緝獲三起，從重辦理。得旨：漸有起色，亦不問矣，但不可又怠。（高宗一三三五、三九）

（乾隆五四、八、丁巳）諭軍機大臣等：前因全德參奏護江西鹽道恒寧，虛報捏飾，請旨將恒寧交部議處。嗣又思各商銷售引鹽，按引納課，若以少報多，則虛報之引課，又從何而出？復降旨令何裕城、全德據實具奏。本日據何裕城奏，調查案卷並傳詢商店，僉稱商等因恒護道嚴諭，只得將五月上旬銷數，劃補四月下旬，以副定限。隨後又將五月趕銷足數，並非憑空多報。況鹽與引不離，引與課相隨，有一引之鹽，即有一引之課。如果虛報銷鹽九千餘引，按引納課，應解課銀十一萬兩有零，何人代爲賠納？所有現報銷數，俱係實銷，商等願甘具結等語。所奏又與全德前奏，迥不相符。總之課隨引出，朕前降諭旨甚明。今江西春季夏季之課，既俱如額交納，若其中並無苛繳挪移情弊，則恒寧所辦，尚爲出力奮勉。全德不通盤查明，遽行參奏，殊屬失之冒昧。若何裕城因見全德參奏，心存迴護，通同弊混，竟將別項庫銀於事後挪移作抵，或押令該商，將虛出之數，按引輸交，並勒出甘結，則該撫之咎更大。此事關係甚重。現在睢寧漫工堵築事宜，大局業經籌定，且有蘭第錫、康基田在彼，足資董率辦理。書麟接奉此旨，著即馳赴江西，提齊案卷，並傳集商衆，將此事恒寧究竟有無捏報，是否何裕城爲之墊課袒護，抑係全德前此參奏竟有未當之處，秉公詳悉查明，據實具奏，勿稍瞻徇。將此由五百里諭令知之。（高宗一三三六、六）

（乾隆五四、八、丁巳）湖廣總督畢沅奏：向來水販赴漢商買鹽，漢商給與鹽道印票，名曰水程，水販賣鹽後，即將水程赴該管州縣呈繳，報道查覈。邇來並不隨時呈繳，以致官私不分。臣現令南北二省，將節年水程，盡行查繳清楚，以後俱責令一月一繳。並飭鹽道將水程豫先發交商人，以便水販隨到隨給，不得俟水販買鹽後始發，致令守候。得旨：毋始勤終怠可也。（高宗一三三六、一〇）

（乾隆五四、八、戊辰）又諭曰：全德覆奏，各商行鹽，定例必須先完課稅，然後運鹽到岸，恒寧多報銷數，尚不至累及商人多完引課。但揚商辦鹽，遣人運交省店，省店賣出一引，即須寄回一引之價，若報官既可以少作多,其寄信揚商,又可以多作少,恐啓省店影射牽混之弊,是以據實參奏等語。此事前據何裕城奏,引與課隨,恒寧所多報銷鹽九千餘引,現有課銀十一萬兩有零,並非虛捏。今又據全德奏,課銀係例應先完,惟鹽未實銷,揚商引價無從歸還,恐省店借此停捺那移,所言亦似有理。著將全德原摺,鈔寄何裕城閱看,令其將恒寧所多報銷售鹽數,是否僅完課銀,抑係揚商引價,亦已一併歸還之處,據實具奏,勿稍迴護。書麟到江西後,並著秉公查明奏聞,不可瞻徇。將此傳諭書麟、何裕城,並諭全德知之。(高宗一三三六、二三)

(**乾隆五四、八、丙子**) 諭軍機大臣曰:全德覆奏,恒寧册報四月銷數,與省店寄回報帳,兩不相符,將册帳粘簽進呈。並稱江西本年春夏按照銷數,應賣銀一百五十四萬餘兩,現尚懸七十九萬兩。何裕城摺內所云鹽價十一萬餘兩,或係恒寧於此欠項下通融那墊,且以五月銷數,移入四月,則秋季又可移入夏季,輾轉牽混,何所底止?又今年夏季多一閏月,按月計算,所銷尚未及額,何得援照三月一季之額,將多出者作爲溢銷等語。閱全德所奏,將何裕城摺內罅隙,層層指出,俱爲有理。是此事不特恒寧捏報弊混,情節顯然,即何裕城前奏,竟不免袒護屬員,而臬司額勒春,並不據實查出,亦未免徇庇,俱有應得之咎。計此時書麟業抵江西,自已傳集衆商,調齊案卷,逐一秉公查辦。著將本日全德奏摺,鈔錄一分,並簽出册帳,一併發交該督閱看,令其照全德所奏之處,逐條詳細嚴查。如何裕城、額勒春果有袒庇恒寧情弊,立即據實嚴參。外省督撫於交查事件,每存官官相護之見,想書麟受恩深重,諒不至稍涉瞻徇,自蹈咎戾也。將此由六百里傳諭書麟,仍即速行覆奏,並諭全德知之。(高宗一三三七、二〇)

(**乾隆五四、九、癸巳**) 又諭:軍機大臣覆議書麟奏,查明護江西鹽道恒寧多報四月分銷引數目一摺,已依議行矣。各省銷鹽數目,該管道員,自當按月據實造報,方足以備稽覈而昭功過。今恒寧以四月分銷數較少,將五月分多銷之數劃抵,設五月分又復少銷,勢必復將六月分所銷之數提作五月。如此月復一月,遞相積壓,伊於何底?顯係該員因暫行署任,故那後作前,以見其任內多銷,意存討好,將來設有虧缺,悉歸新任後人之事。此乃取巧,何得謂爲實力督催,尚稱急公奮勉?看來此事,竟係何裕城因恒寧爲其首府,意存袒護,而書麟前往查辦,並不將遞壓情弊,將來如何辦法,向恒寧究詰,據實具奏,以定是非,亦未免意存和事調停,將就完案。該督撫既稱恒寧護理鹽道,辦理尚係認真,何裕城且請將恒寧免其徹回,竟似該省鹽道,非恒寧不足以勝任。恒寧即著照所降之級,留於江西,護理鹽道事務，並令照所定每月銷鹽二萬數千引之數，按月督銷。如銷能足數，俟一年之後，該督撫鹽政據實奏聞，候朕酌量加恩。如不能按月照數疏銷，以致該省應銷引額，稍有缺乏，即將所缺引課，著落該員賠補，仍交部治罪。倘恒寧力不能賠，即著書麟、何裕城代爲賠繳，以爲封疆大臣祖徇屬員，辦事模稜者戒。其四、五兩月所銷鹽價，曾否全數解交揚商，及此後恒寧承辦鹽務有無弊混，並著全德留心查察，如查有情弊，立即參奏，勿稍迴護。(高宗一三三八、一八)

(乾隆五四、九、戊申)軍機大臣等議覆：兩江總督書麟奏稱，江西建昌、饒州二府，爲淮鹽門户，而所屬新城、瀘溪、德興、浮梁、安仁五縣，又爲閩浙私販咽喉。應請於此五縣内，每處由撫臣選派勤幹雜職一員，飭令各該地方官，撥鹽快十名，並令南昌鎮臣選派千總一員，撥兵十名，會同前往，督率該處卡商巡役，於水陸兩途，分投巡緝，半年一次更換。所獲私鹽，交商變價，分賞兵役。其人犯，交地方官審辦。屆半年時，比較獲私鹽之多寡，將該委員咨部，分別議敍議處。應如所奏。從之。(高宗一三三九、二〇)

(乾隆五四、一二、乙丑)諭軍機大臣等：據全德奏，准書麟查明江西春夏二季，共賣鹽價一百五十萬五千餘兩，知會前來，隨交各商查對。自本年正月起，至六月止，所收鹽價，較書麟所報銀數，尚少銀十餘萬兩。查向來省店遇滯銷時，不能賣至定價，恐干駁查，仍復照定價開報，致有賣少報多情事。今銷數彼此不符，是否相沿陋例，抑或有藉端影射之弊，現飭該護道恒寧提取買帳前來，以便覈對等語。前因江西鹽引滯銷，恒寧虛報銷數，書麟等將就完案，復稱其辦理鹽道事務，尚屬認真。是以降旨，將恒寧留於江西，護理鹽道，按月督銷，如稍有缺乏，即著該員賠補，仍行交部治罪。今全德查覈江西銷售鹽引，因辦運迴環轉輸，一時難於劃清。書麟所報四、五兩月鹽價，不能逐月提出另算。惟自本年正月截至六月，春夏兩季所收鹽價，覈之書麟所報一百五十萬五千餘兩之多，尚少銀十餘萬兩，自係恒寧以江西所銷鹽觔，不敷足數，以少報多，希圖掩飾。書麟、何裕城意存袒護，並不確切詳查，率行奏報，以致實銷銀數與報數多寡不符，自應徹底清查，以杜弊混。著傳諭書麟、何裕城，即將該省春夏兩季實在銷引若干，有無賣少報多情弊，據實具奏，毋得再有徇隱。並著全德，提取各商省店底簿，及江西水販鋪户等買賬，逐一覈對，如有虛捏開報，立即奏明查辦。(高宗一三四四、二七)

(乾隆五五、一、甲午)諭軍機大臣等：據書麟奏，江西春夏二季，共銷鹽十一萬四千一百二十一引，按照岸商所開定價計算，共該鹽本銀一百五十萬五千餘兩。今全德覆奏，揚州商人所收鹽價，與書麟所奏銀數，尚少銀十餘萬兩。但查全德摺內，有省店滯銷時，不能賣到定價，恐干駁查，仍係照定價報銷之語。是此項數目不符，由於岸商報數參差，非由銷鹽引數不實，提取鋪戶買帳覈對，定可水落石出等語。前因江西鹽引銷售銀數，全德所奏，與書麟奏報原數，多寡不符。恐書麟等率據恒寧詳報具奏，致有以少報多情弊，自應徹底清查。若商人銷賣鹽觔，價值間有參差不齊之處，開報時仍照額定價值，畫一呈報，按數交課，於官銷鹽引，並無弊混，則是商人等隨時市易，自行通融辦理，原無庸算及錙銖，斤斤較量。今書麟查明原奏銀數，係據經手岸商開報，故以所開之數為準，覈之銷鹽引數，亦無不實。所奏情形，尚屬可信。在何裕城為其親臨上司，且於恒寧提報銷數一事，未經查出，或尚為之徇隱，書麟遠在江寧，自不值扶同具奏，始終袒庇也。看來此案情節，或係全德因從前曾經參奏，欲實前言，有意苛求，復為此奏，亦未可定。前經降旨，令該鹽政提取各商省店底簿，及江西水販鋪戶，逐一覈對，著傳諭全德，即行遵照前旨，秉公查覈具奏，毋得稍有迴護。（高宗一三四六、二五）

（乾隆五五、一、壬寅）又諭：據何裕城奏，江西行銷淮鹽，歷來報道鹽帳價，俱照定價開報，而該商於鹽壅銷滯之候，不得不減價出售，以致按照定價覈算，不無缺少。地方官祇防其昂價以病民，不虞其貶價以牟利。此雖相沿陋例，與課項無關，而於理究有不合。現在覈對帳目，如果別無他弊，即當剳商全德，明定章程，俾各商鋪畫一銷售等語。前因江西鹽引售銀數，全德所奏與書麟奏報原數不符，恐有以少報多情弊，自應徹底清釐。今據該撫查明，商人等隨時市易，價值間有參差，開報時仍照定價呈報，於課項並無短絀。所言尚為有理。況商人銷售引鹽，官為定價，原恐其昂價居奇，有妨民食，若於鹽多銷滯之時，減價速售，希圖廣銷取利，既於官課無虧，又於商民兩便，自應聽其通融辦理。該撫所請定立章程，俾各商鋪畫一銷售之處，殊可不必。看來此案情節，或係全德因曾經參奏於前，欲實前言，復為此奏，亦未可定。該鹽政奉到節次諭旨，迄今未據奏覆，自係有礙難辦理之處，是以遲遲未奏。著傳諭全德，即行詳悉查明，據實具奏，毋得稍有迴護。（高宗一三四七、八）

（乾隆五五、一二、乙丑）又諭曰：全德奏籌辦食鹽口岸滯引一摺。據稱安慶、池州、太平三府，處處瀕江，私鹽最易闌入，官引滯銷日甚。數年以來，又積至六十七萬有餘。其積年遞壓，課帑徒懸，不如攤完課稅，充銷積引，較得年清年款等語。已批交該部速議具奏矣。前因私販充斥，致官鹽不能暢銷，該地方官未能實力查緝，而該鹽政又於各州縣呼應不靈，是以曾降諭旨，令書麟協同辦理。今據全德奏，地方官勤惰不一，仍多視爲具文，以致奸販無所畏憚，官引遞壓。則是各口岸私鹽之多，總由地方官查緝不力所致，於鹺務大有關係。著傳諭孫士毅，嗣後仍須會同全德辦理；並檄飭所屬，嚴查私販出入，隨時留心緝捕，務令根株净盡，官引得按額足銷，方爲妥善。將此並諭全德知之。（高宗一三六九、一一）

（**乾隆五六、二、癸亥**）諭軍機大臣等：據全德彙奏上年銷鹽總數一摺。内稱江西缺銷官鹽雖祇七千八百二十五引，究於定額有虧，將來又恐致新舊遞壓。據護鹽道恒寧禀稱，竟有數日不銷一引官鹽者，該護道親往隘口堵截閩私，始日漸銷官引。其平日地方官並不認真禁緝可知。現咨江西撫臣，再行嚴飭所屬，實力緝私等語。江西省與浙江、閩、粵毗連，鄰省私販鹽勘潛往售賣，官引每不能暢銷。前經降旨嚴飭，並令恒寧護理道篆，暫留一年，覈其銷數多寡，以定功過。乃恒寧於所屬地方緝私怠玩，不能認真督飭，缺銷官鹽七千八百餘引，新舊遞壓，仍恐不能年清年款。著傳諭姚棻，就近督催恒寧，並通飭各該地方官緝拏私販，務使官引暢銷，補足缺額數目。本年三月屆滿時，即行牽算銷數具奏。將來此事，即交與姚棻嚴查妥辦，俟再滿一年時，將該省通年銷數，牽算多寡，如較額引稍有短少，即著據實嚴辦，不得稍存徇隱。並著全德隨時查察覈實具奏。倘該鹽道仍有短缺捏報情弊，則惟該撫是問，以專責成，不得置身局外也。將此各諭令知之。（高宗一三七二、三）

（**乾隆五六、四、庚午**）諭軍機大臣等：昨據孫士毅等奏，酌籌建昌府屬各隘添設卡巡，堵緝私鹽一摺。朕以爲有名無實，交部覈議。據户部議奏，私鹽易售之故，總由舊定銷引之處，距出鹽地方過遠，而私鹽就近販賣，價值較平，民間日食所需，買私勢所必至。雖添設卡座巡丁，堵緝稽察，不能周密，仍屬有名無實，且令商人捐辦，仍不能杜絶私梟，徒令坐糜費用。所奏均毋庸議。仍令該省督撫，遵照新降諭旨，籌議具奏等語。已依部議速行。並著長麟、全德前往其地，詳悉妥議速奏矣。向定銷鹽地方，相隔遼遠，民食不便者，原不止此一處，是以新降諭旨，令各該督撫妥議，就近改撥引課。即如建昌一府，例食淮鹽，距淮南二千餘里，至閩省汀州、邵武等府，不過二三百里，程站近至十倍，鹽價自必懸殊。淮南商人，運鹽至建昌，道路遥遠，水脚盤費，用度較多，鹽價自必倍昂，不能令商人賠本賤賣，此病不惟在民，而且病在商。閩省私鹽，數日可至該處，費省價平，出售自易。轉欲驅令民間舍近求遠，舍賤買貴，不但其勢有所不能，抑且於情理亦未平允。今惟添設卡座，增設丁役，以杜絕販私之弊，並未尋究本源，亦屬徒勞無益。且商人等運鹽路遠，所費已屬不貲，復將新建卡座工料，及巡丁兵役飯食等項，俱令商人捐辦，層層糜費，亦非體恤商人之道。該商等勢不能不將新增費用，仍於鹽價內取齊，則病民益甚，其弊不止病商，於查緝私鹽之事，仍屬有名無實，此不待智者而後知也。朕非固執所降諭旨，欲將銷鹽較遠地方，改歸就近省分，均勻搭配，庶於鹺政有裨，原不誤國課，而且利商。但此事行之已久，另加更定，必須踏勘地方情形，妥議章程，俾民商兩便，方能永遠無弊。長麟現在署理兩江總督，江西乃其所轄，著即帶印前往，與全德一同至彼，會同姚棻悉心妥議，並知會閩省督撫，會商辦理。務使官引暢銷，商民交利，以副朕恤商愛民至意，方為妥善。此事關係鹽務，在全德以兩淮有額定鹽課，未必肯通融將建昌一府劃歸閩省，所謂出納之吝，必致扞格難行，不知省商費而不誤國課，於淮商為有益耳。但恐姚棻不能折服全德，因長麟平日尚屬曉事，是以令其前往。長麟務須確持定見，悉心籌議。此係發令之始，長麟等議到日，各省已可陸續奏到。若江西辦有規則，各省銷鹽地方，即可查明道路遠近，仿照更定。至從前定地銷鹽，分劃疆界，鹽政衙門，必有成案可稽，全德接奉此旨，即查明定例，因何不按遠近定立疆界，又行之已久，何近年方有此弊，商人等行銷納課，是否早經賠累拮据之處，一面先行覆奏，一面會同長麟，起程前往。所有江蘇巡撫印務，長麟起程時，即交奇豐額暫行護理，除常行事件照舊辦理外，如該省及安徽省另有緊要事件，原可札商辦理也。將此由五百里傳諭長麟等，並諭伍拉納等知之。（高宗一三七七、一二）

（乾隆五六、五、癸未）諭軍機大臣等：前據孫士毅等酌籌建昌府屬各隘添設卡巡、堵緝私鹽一事，朕以為有名無實，當即降旨，令長麟、全德前往江西，會同詳悉查勘。並將向定銷鹽地方，何以相距遼遠，於商民均屬不便，且奉行日久，因何不早思變計之處，查明先行覆奏。既又思，若將建昌一府應銷引鹽，劃歸閩省，而私販越過建昌，仍可隨地闌入，則改撥之法，亦屬無益。復降旨傳諭長麟、全德，務須詳妥辦理，不可稍存拘泥遷就之見。本日召見書麟，詢以江西建昌鹽務情形，所奏與新降諭旨大略相同。蓋無知小民，惟利是圖，祇知得尺則尺，得寸則寸。如建昌劃歸閩省，私販即可越過建昌，沿及撫州，雖設卡巡緝，亦恐不能攔截。在商人運鹽道路愈遠，腳費愈增，鹽價自必倍昂。欲令民間舍賤買貴，舍近求遠，不但勢有不能，於情理亦未平允。其商人行銷鹽引，利於就近而憚於遠行，即如建昌行銷淮鹽，書麟亦奏稱，商情多有不願，何以現在又請添設巡卡，堵緝私鹽，轉增多費？或係該商等定地行銷，各護窩本，是以不惜增費，抑係通綱有公攤幫貼，資助辦理之處，殊難懸揣。朕辦理庶務，毋固毋必，惟期利民便商，兩有裨益，從不稍存成見。長麟、全德皆當仰體朕意，據實查辦，不必迴護前旨。此事節經降旨傳諭後，尚未據長麟等查明具奏。想此日正在會同詳悉查勘，若即令書麟前赴兩江之任，則長麟在彼，即須將督篆先行移送，恐諸事呼應不靈。現已令書麟，俟送駕後，再往江南，彼時孫士毅自已到京，長麟等查辦情形，亦可奏到。再令軍機大臣，會同詳晰酌商定議，期臻妥善也。將此由六百里傳諭知之。仍即將實在情形，先行速奏。（高宗一三七八、八）

（乾隆五六、五、甲申）諭：前據姚棻奏，江西建昌府屬，界連閩省之區，路徑較多，堵緝稍難，必須於各要隘添設卡巡一摺。彼時以建昌距淮南二千餘里，離閩省邵武、汀州等府不過二三百里，運鹽程站，較之淮南近至十倍，其鹽價自必貴賤懸殊。欲百姓之舍賤買貴，舍近求遠，於情理亦未平允。何以從前定例時，不將鄰閩府屬，就近行銷？並恐他省亦有似此者，因降旨通諭各省督撫，彼此商酌調劑，使商民交便，以省緝私之繁。嗣據孫士毅等奏，酌籌建昌府屬設卡巡緝章程。朕恐有名無實，且商人行銷鹽引，利於就近而憚於遠行，運鹽道路愈遠，脚費愈增，所費已屬不貲，若又添設巡卡，多增費用，不特病民，而且病商。復令長麟、全德前往該處，察看情形，詳妥辦理。昨又思，無知小民，惟利是圖，祗知得尺則尺，得寸則寸，如建昌劃入閩省，私販即可越過建昌，沿及撫州、南昌，無所底止，恐巡緝亦未能周到。傳諭長麟等，不可迴護前旨，稍存拘泥遷就之見。朕辦理庶務，毋必毋固，惟期利民便商，從不豫存成見。今據全德將前旨所詢數款查明覆奏，所言甚是。其摺內稱，若將建昌一府改食閩鹽，恐撫州等府，漸有私鹽闌入，於通省鹽務有關。是以該處向係減價敵私，合通省綱力，派出公費貼補，與朕昨降諭旨相同，果不出朕之所計。從前酌定行銷引鹽運道，全藉關津山隘，得以稽察遮攔。若舍此久定之界，聽其就便行銷，則平原地面，毫無阻隔，鄰鹽逐漸侵入，必致無所底止。且以通綱之力，資助建昌一府公費，衆擎易舉，於該處商人，並無賠累，況有杉關等隘口，可恃爲門戶，堵截閩私，自應照孫士毅等奏，設立巡卡，增派兵役，嚴密稽查，以絕私販侵越之路。至江西一省情形如此，則他省可知，看來該督撫等酌議到時，亦與全德所奏大略相同。此事竟可不必更張，以悉仍其舊爲是。長麟、全德如未經出境，均可不必前往；如已前赴江西，祗須將各隘口如何設卡巡緝，可期永絕私販之處，會同詳悉履勘，覈定章程，據實具奏，毋庸再議劃歸閩省之事。總之整飭鹾務，全在各地方官實力緝私，認真督察，使各銷各地，毋任鄰境鹽觔絲毫闌入，則官引自必暢銷，私販無利可圖，並可不禁而自止也。（高宗一三七八、一一）

（乾隆五六、一一、庚子）兩淮鹽政全德奏：淮北引鹽行銷廬州者，向由洪澤湖舟運至壽州，另雇牛車陸運一百四十里，方至府城。嗣因洪湖旱淺，奏請全用舟運，由運河出瓜州大江，從裕溪進口到廬。查前陸運時，每年僅銷一萬餘引，自改江運，逐漸多銷，近年銷至二萬餘引。詢之商民等，據稱陸運時，牛戶拉鹽到家，偷竊鹽觔，用沙土攙入，民間不得買食淨鹽，而私販者比官鹽較好，故民間喜食私鹽，以致官引不銷。今鹽船水運到岸，並無攙和，民間得食好鹽，私販無利可圖，不禁自止，故官引暢銷，是江運已有成效，應請永為定例。又滁州及來安縣，亦係食淮北陸運之鹽，該處亦有河可以通江，現令照廬州例，一體江運，以收便民裕課之益。得旨：嘉獎。（高宗一三九一、二五）

（乾隆五七、一、壬辰）湖廣總督畢沅、湖北巡撫福寧奏：楚省額銷淮鹽七十七萬九千餘引，因界聯川粵豫陝，緝私最要，遵旨督飭文武員弁，嚴行躧緝。今總計一年，除足額外，溢銷十萬二千餘引，現仍加緊督緝。得旨：毋久而懈，勉之。（高宗一三九五、七）

（乾隆五七、二、乙卯）諭軍機大臣曰：全德奏上年江廣銷鹽總數一摺，內稱湖廣於歲額外，多銷十萬二千七百六十七引；江西於歲額外，多銷一萬八千九百二十六引等語。江廣額銷鹽觔，前因督撫等皆有積弊，以致私販充斥，官引不能暢銷，引課往往缺額。經朕節次降旨，飭令該督撫嚴定章程，實力去弊緝私。今據全德查明，上年江廣銷鹽總數，於正額外多銷十二萬一千六百餘引。可見各督撫果能潔己，更飭屬上緊緝私，其效立見。但江廣地方鹽務，於積疲之後，甫有起色。該督撫等，尤應各飭所屬，加倍認真，俾官引銷售日暢。不可因上年稍有多銷引額，遂爾心存懈怠，復使私販得以侵銷，官引再有積壓，方為妥善。將此各傳諭知之。（高宗一三九七、一）

（乾隆五七、三、壬申）江西巡撫姚棻奏：江西各府州縣，行銷閩、浙、粵三省引鹽者，計三分之一，且皆居淮引上游，私鹽易於侵越。建昌一府，貼近閩省，尤費稽查。前屢經嚴定章程，并於該府縣城內，設立引店子店五處。嗣據護道恆寧稟稱，建屬各鄉小鋪，多有願領賣官鹽者，因酌量店鋪多寡，由道捐發本銀，歇業時繳還，俾僻遠鄉村俱有官鹽可買，私鹽不禁自除。現在建屬俱已遵辦，擬於撫、饒各屬倣照而行。臣查建屬逐月報銷，頗

屬暢旺，並無紛擾派買等弊，則撫、饒二府，自可一律照辦。得旨：行之以妥，持之以久可也。（高宗一三九八、三）

（**乾隆五八、六、丁卯**）戶部議准：兩淮鹽政巴寧阿疏稱，兩淮官引滯銷，不能足額，原因緝私不力所致。從前調任鹽政全德奏請，如係商鹽短少，即著落該商完繳；如係商鹽充足，地方官督銷不力，則著落地方官賠出。原爲警戒各州縣起見，但淮商運鹽定例，係各按所請之引，將錢糧先行完納。若以未銷之鹽，責令地方官按引賠課，是一引而重納課銀。若以缺銷殘鹽，配作新鹽行運，另請銃銷綱引，以免重納，是以舊抵新，仍屬有名無實。請將賠補課銀之例，即飭停止。查鹽引滯銷，總由地方官緝私不力，則督銷處分，不可不嚴。嗣後請按季將各州縣銷數具奏一次，俟年滿率算，分別開參。如缺銷僅一二三分以上者，仍照舊例辦理；若至四分以上，降二級調用；六分以上，降四級調用；七分以上，革職。從之。（高宗一四三〇、四）

（**乾隆五九、一二、乙丑**）諭軍機大臣曰：御史王城奏，鹽課以兩淮爲重，淮鹽以楚綱爲重。近聞河東販賣鹽觔，私行闌入楚境，官綱不能暢銷。請飭該督撫鹽政會同妥議，於楚豫交界處所，設卡查拏等語。河東鹺務，因該處鹽池不能吐産，商力疲乏，逐年缺銷，經朕加恩將鹽課歸入地丁，連歲以來，該省民無食貴之虞，並免僉商之累，實屬霑益無窮。但各省行鹽，俱有定界，今王城奏，河東現在鹽賤，私行侵銷出境，以致兩淮官引壅積。若果有此情形，於鹺務亦有關係。該管督撫及兩淮鹽政，何以未經奏聞？福寧本係湖北巡撫，今復擢授湖廣總督，於該處綱引行銷，有無侵占，自必早有見聞。即阿精阿雖甫任河南巡撫，但河東鹽觔是否由豫省闌入楚境，亦無難詢訪而知。著傳諭福寧、阿精阿，即將楚豫交界地方有無河東鹽觔侵銷之處，據實覈辦覆奏，毋稍迴護。至蘇凌阿現署兩江總督，有兼管鹽政之責，而全德正署兩任，久在兩淮，鹽務尤其專管。如果湖廣滯銷，由於河東私販入境，該處鹽道及商人，豈有不行稟報之理？全德何以竟未奏及？著傳諭蘇凌阿、全德，即將各實在情形，詳悉覆奏。（高宗一四六六、一九）

（**嘉慶七、二、庚申**）諭軍機大臣等：御史喬遠烘奏請調劑楚省鹺務、以杜積弊一摺。據稱楚省行銷兩淮綱引，近年該管道員，私立封輪之禁，將淮綱先到船隻，查驗號數開售，其後到船隻，均封貯漢河，不准搶賣。奸商得以居奇壟斷，民間有淡食之虞。又將已裁漢商匣費，酌定銀數，並逐漸加增，致該商等暗扣折頭，濫行開支等語。引鹽向無輪售之例，從前該省於鹽船抵漢，均係不論先後，聽商起售，何以近年該管道員，立有封輪名色？是否必應如此辦理，抑係管理鹽務官員私設此例，爲抑勒地步？至匣費久經裁革，該御史摺內所稱，己未、庚申兩年，共派銀八十餘萬及百萬兩不等之處，是否因辦理軍需，添湊支用，抑係該管官員私行派累？並著吳熊光徹底清查，據實奏聞。尋奏：漢鎮岸商，承領揚商引鹽售賣，向來奸猾者，不顧揚商成本，跌價搶賣，是以前任鹽道保定，定有封船輪售之例。並於輪銷之中，凡領帑營運及遇風走漏者，俱准先行提銷，似尚爲顧卹商本起見。臣現飭藩、臬、鹽道，切實查明，另行奏覆。至漢商匣費久奉裁革，前接鹽政書魯來咨，以己未、庚申兩年，共派費銀八十餘萬兩至百萬兩不等，任意浮冒，行提岸商赴揚查辦。查裁存匣費，原爲各岸商房租伙食，暨惠濟乏商，及緝私卡商俸工等用，而元二兩年雇備鄉勇保護漢鎮，前年冬間煮賑飢民，所用之項，亦在引鹽內派費公攤。現在經管岸商業已赴揚，所有己未、庚申兩年派費加增，作何支銷，各官有無染指情弊，請飭新任鹽政佶山，飭提查訊。得旨：著傳諭佶山詳悉查訊，至漢岸銷鹽設立封輪之例，有無抑勒需索及擡價病民之處，佶山務當與吳熊光合籌，妥議具奏。（仁宗九四、一四）

（**嘉慶九、一〇、辛巳**）諭內閣：前因佶山奏，兩淮綱引不能暢銷，請將運豫潞鹽定額給票，以杜侵越。當經降旨，令同興及張師誠悉心體察晉省民情，有無妨礙，妥議速奏。茲據同興奏到辦理情形，殊不明晰。晉省鹽引歸入地丁，久已聽民自運，多省本無定數。若仍照舊額官爲給票，勢必先由產鹽地方專員經理，並分員稽覈，如此仍與官引無異。而同興摺內又稱，多一衙門稽查，恐多一需索之弊，僅交與渡口委員填票，交各商販收執，其無票船隻，一概不准過渡。是鹽船之得渡與否，全憑該委員一人專主，縱放勒索，聽其所爲，其利權過重，欲除弊而弊更增。且由各該管州縣鈐用印信票紙，自必指行銷之各州縣而言，焉有產鹽之區，漫無限制，轉令行銷之處發給印票之理？殊屬含糊。況商船過河，總有先後，若先到者得票放行，而後到者因票已給完，輒行截留，必致易起爭釁，釀成事端。即商船同時俱到，該委員索費入己，即給票放行，其無費者概不准給票，更可高下其手，於杜弊之道，毫無裨益。同興不過爲一時遷就之計，其實私鹽仍不能禁止，徒開委員及胥吏等需索之路而已。所有晉鹽給票一事，仍著交該部再行妥議具奏。尋經戶部議駁，並請仍令該撫等遵照從前奏定章程，於晉省過河之茅津渡，止准鹽船對渡登岸，不許順流直下。其陌底等渡，一概不准停泊。其赴陝鹽斤，亦令地方官於黃河口查禁偷越。並請分飭河南巡撫、兩湖總督等，轉督各屬，於南陽、襄陽交界地方，嚴行巡緝。再湖北宜昌一帶，責成新灘

通判嚴緝，以遏川私。從之。(仁宗一三五、二五)

（嘉慶一二、九、乙巳） 諭內閣：據額勒布奏，淮南通州、泰州等處鹽場，向來辦運引鹽，由各場河運出閘口，入運河轉江達岸。本年場河淺涸，鹽船阻滯，覈查乾隆五十年運行舊案，請將通州之呂四、餘東、掘港三場，泰州之伍佑、新興兩場鹽斤，由海轉江運行，以濟民食等語。鹽船由海運行，風濤險涉，計非萬全，不特鹽斤防有失耗，人命所關，尤應慎重。但現在場河斷溜，鹽船不能達岸，未便缺運多時，致令民間淡食。著姑照所請，准其將呂四、餘東、掘港、伍佑、新興五場引鹽，暫由海轉江運行，該鹽政務飭知各商人，雇覓熟諳海道之舵工水手，小心運載，毋稍疏虞。仍一面將如皋一帶各場河，確勘妥籌，俟河流通順，即奏明仍循舊路經行，以復成規。(仁宗一八五、四)

（嘉慶二三、二、丙子） 諭內閣：孫玉庭等奏湖廣、江西綱引滯銷，請將鹽道懲處一摺。湖廣、江西丁丑綱鹽引，運銷不及十分之一，實屬惰玩，鹽道章廷樑、胡稷，俱著革職留任，摘去頂帶。責令將積引督屬上緊疏銷。如能依限足額，由該督等奏請開復，儻始終怠玩，即參奏離任。至官引滯銷，由於私鹽充斥，該二省行引地界遼闊，所有緝私事宜，並著湖北、江西各督撫，督飭地方文武官員，一體認真查辦。其應如何設法疏通積滯、堵緝鄰私及稽查夾帶偷漏之處，著該督撫鹽政等，會同妥議章程具奏。(仁宗三三九、五)

（嘉慶二三、二、丙申） 諭軍機大臣等：前據孫玉庭等奏，湖廣、江西綱引滯銷，當經降旨，將該鹽道革去頂帶，令該督撫鹽政等，將堵緝鄰私及稽查夾帶偷漏之弊，會同妥議章程具奏。茲據御史吳杰奏稱，巫山大寧一帶鹽埠口岸，素有奸商私造引張，名為墨引，串通土豪，勾引私販各船，到彼捏稱提載，由水路浸入荊州、宜昌等處，陸路則由竈戶出賣，與竹谿、房縣肩挑背負之民，每日不下數百人，聽其販往楚界各鄉村售賣。又聞陝西商南、平利一帶私鹽，即自潞商各店中販來，由漢中順流而下，至襄陽之穀城、德安之安陸，分途暗售。河南私販，即自南陽之李官橋店中販來，亦至穀城、安陸等處。請飭令各督撫查辦等語。私鹽充斥，以致官引滯銷，亟應設法整頓。著孫玉庭、慶保、張映漢、錢臻、阿克當阿會同確查，並將該御史指出開設店鋪興販私鹽各地界，移咨四川、陝西、河南各督撫，一體查明究辦。其應如何設法堵緝稽查之處，歸入會議章程內，一併妥議具奏。將此各諭令知之。(仁宗三三九、二七)

（嘉慶二三、五、丙午） 諭內閣：慶保等奏，湖廣行銷淮引界內，有淮鹽輓運維艱之永州、寶慶二府，請就近改食粵鹽，鄖陽一府，請就近改食潞鹽，宜昌一府，請就近改食川鹽等語。淮鹽行銷地界，係百餘年久定之例，近日楚省地方官不能實力緝私，以致鄰鹽浸灌，額引缺銷，乃輒議將楚省四府淮鹽引地改食鄰鹽，不知私鹽充斥之區，全賴自固藩籬，若退讓一步，必愈致進侵一步，是何異引盜入室、自徹藩籬乎？所奏實屬紕繆，慶保、張映漢俱著交部議處。該督撫惟當督飭地方文武員弁實力緝拏私梟，以護引地。如再不認真查辦，仍前疏縱，定行懲處不貸。並知會孫玉庭、阿克當阿，遵守原定界址，不得輕改舊章，致滋流弊。（仁宗三四二、一二）

（**嘉慶二三、一〇、乙酉**）諭內閣：御史黃中模奏請復鹽價舊規一摺。湖廣、江西鹽價，嘉慶十二年酌議，每引增銀四錢二分，其時降旨令該督撫鹽政等，隨時察看，或將屆三年，或再展三年，俟商力稍裕，即行奏減。迄今已閱十餘年，總未據奏請減價。茲該御史奏請，仍復鹽價舊規，著兩江總督、兩淮鹽政，即行查明湖廣、江西兩省現在行銷淮鹽價值，酌量奏請裁減，以敵私販而裕民食。（仁宗三四八、一六）

（**嘉慶二四、二、甲戌**）又諭：孫玉庭等奏，查明淮鹽現銷價值，請免裁減一摺。前因御史黃中模奏請復鹽價舊規，當交該督等詳查情形，奏請酌減。茲據查明湖廣、江西兩省，行銷淮鹽價值，上年曾將十三年所加一分五釐餘息，奏請停止，祇留十二年所加四錢二分餘息，以資辦運。現在體察該商等運銷成本較前增重，若再行議減，必致商力拮据。自係實在情形。著將前議留存四錢二分餘息，仍准其暫免裁減。該鹽政更不得聽商人慫恿，以轉輸不繼為詞，再議加增，妄行瀆奏，即奏亦斷不准行。（仁宗三五四、一三）

4. 兩浙

（**雍正六、四、庚戌**）戶部議覆：浙江總督兼理兩浙鹽課事務李衛疏言，江南蘇、松、常、鎮四府，民間食鹽，定例行銷浙引。至京口一帶地方，接壤兩淮，僅隔一江，私販易於偷渡，是以從前鎮江閘口，責成文武各員，盤驗搜查。但日久法弛，以致私販潛滋，浙鹽壅滯。請交江常鎮道，就近管理，督同鎮江府海防同知、京口將軍標下副將、鎮江城守參將，輪流分班經管，不論糧艘、兵船、差船，如有夾帶私鹽，許即嚴拏。其水陸一切私鹽，並令查拏。儻有疎縱失察，照例糾參。仍嚴禁官弁兵役，毋得勒掯商民，需索進閘使費。儻該道員不能實力整頓，該督即行指參，照例議處。應如所請。得旨：依議。盤查私鹽，著該管官員實力奉行，並令江南巡察御史不時

訪察。（世宗六八、一七）

（**乾隆一、二、甲申**）諭總理事務王大臣：兩浙鹽務，向來廢弛。自李衛爲浙江總督以來，留心整理，諸事妥協。及李衛離浙，程元章接任，其性辦事迂懦，鹽政漸不如前，是以皇考諭令布政使張若震暫行兼管。前據張若震奏稱，藩司之職，經管通省錢糧，頭緒繁多，難以兼顧鹽務。且緝私全賴官弁協力，未免呼應不靈，恐誤公事等語。張若震准解鹽政之任，俾得專心於職守。大學士嵇曾筠，現爲浙江巡撫、著照從前李衛之例，改爲浙江總督，兼管兩浙鹽政，其管轄地方，節制官弁等事，悉照李衛前例行。嵇曾筠旣爲浙江總督，郝玉麟著以閩浙總督銜，專管福建事務。朕聞浙省濱海之地，向來鹽價每觔不過數文，今加一倍，且有不止一倍者，小民甚爲不便。其如何先賤今昂之故，大學士嵇曾筠可悉心體察，多方調劑，使之平減，俾商民均受其益。又聞官弁兵役捕緝私鹽之時，每遇大梟，不敢過問，往往縱之使去。至於肩挑背負之窮民，資以餬口者，則指爲私販，重加懲處。種種弊端，不可悉數。前降諭旨甚明，尤當加意稽查，實心辦理，以除弊竇。有應具題者，即行具題；有應摺奏者，即行摺奏。（高宗一三、一一）

（**乾隆一、四、丁亥**）大學士管浙江總督嵇曾筠奏：浙鹽現已充裕，前將淮鹽通融接濟，恐奸販影射，請即停止。從之。（高宗一七、一五）

（**乾隆四、三、戊申**）戶部議覆：浙江巡撫兼管鹽政盧焯疏稱，貯備鹽斤，每當出易之時，腳費甚重，取償食戶，商民並受其累。應如所請停止。從之。（高宗八八、二）

（**乾隆四、六、戊子**）戶部議准：浙江巡撫兼管鹽政盧焯疏稱，台州、溫州鎮府營場，及崇明、袋山等處，經領帑銀，收買竈鹽，支放解存各項，按年造册題銷，然盤查之法，未定章程。請自乾隆三年爲始，每年歲底截數，責令文武各官迭爲盤查。從之。（高宗九四、二二）

（**乾隆五、九、丙子**）吏部等部議覆：浙江巡撫兼管鹽政盧焯奏，新設浦東、龍頭、玉泉三場鹽大使，請各照字樣給予印記。至西路分設一場，擬以黃灣命名；三江分設一場，擬以東江命名；曹娥分設一場，擬以金山命名；新設崇明巡鹽一缺，擬名崇明巡鹽大使。以上四員，請一體給予印記。新設各員俸銀，於就近縣分正項內支給，衙署舊有者，止須修葺，原未建署之黃灣、金山二場，請確估建造。應如所請。從之。（高宗一二六、一一）

（**乾隆六、九、己巳**）大學士議准：江南河道總督高斌奏稱，靖江久隸浙界，藩籬爲重，毋庸改食淮鹽。應將崇明餘鹽撥運，以額引三千道，每年分爲六運，常存兩運在廠，以資民食。設崇鹽不敷，即豫撥岱山鹽接濟，每

勷定價七文。仍責令印捕營汛各官，將水陸兩處准私出沒之所，派撥兵役巡查，仍歸該管府廳營督緝。從之。（高宗一五〇、八）

（**乾隆一五、一二、戊戌**）署浙江巡撫永貴奏：明春南巡，杭、嘉、湖等府運河之內，皆需豫爲清蹕。二三月間，係漕艘北上之時，若不催令儹行，必致壅積。經臣勸諭士民，早爲完納，本月初已具報全完，漕船俱已陸續開行。又浙鹽多行銷蘇、松等府，浙商貲本微薄，向例商船過掣後，課費一時不能完納者，鹽船每仍停泊，於沿途經行有礙，且亦民食攸關，不得不設法變通。臣飭將配掣之鹽，概於今冬分別賣地，遠者豫領十分之五，近者豫領十分之三，先行運往。惟是課費，若令一并豫納，恐力有不繼，暫令先納正課，即准領運。所有例輸引雜公費，統於來年四月內，後運一半之鹽，全數扣完。得旨：諸凡甚妥，欣悅覽之。（高宗三七九、一九）

（**乾隆一六、二、壬辰**）戶部等部議覆：署浙江巡撫永貴奏稱，行銷浙鹽之浙屬溫、台、寧波等府，並江南之松江府，經前督李衛，於雍正六年奏令文武官員收買餘鹽，立法未周，應更詳定章程。一、浙省辦銷帑鹽，向聽各鎮協營，自赴道庫支領帑本，給竈收鹽，並無文員監察。請嗣後溫、台二處之黃巖鎮、樂清協、寧海營，俱會同黃巖等各該縣具批，由道詳准，領帑貯庫，俟收鹽給竈時，營員會同各場大使移縣領發。買賣餘鹽，亦令會同該場大使，較準官秤收發。一、黃巖鹽務，向由鎮臣經理。請嗣後委該鎮中軍辦理，聽巡撫節制。其各處司廠，巡緝收鹽之弁，令該副參等，詳明巡撫，給發委牌。一、各處辦理帑鹽、銀鹽，向例歲底文武互盤結報，恐有瞻徇。請嗣後黃巖場協辦之黃巖鎮中營帑鹽，長亭場協辦之寧海營帑鹽，令台州府會同黃巖鎮盤報；長林場協辦之樂清營帑鹽，令溫州府會同溫州鎮盤報；浙江提標中營所辦銀鹽，令兩提督率同寧波府、松江府盤報；台、溫二處，令溫處道、寧紹台道盤報；崇明場令太倉州盤報；仁和場令杭州府盤報；青村、下砂、袁浦三場，令松江府盤報。那移虧空者，將該文武及盤查道府，分別參賠。一、商竈鹽價，借欠未清，請嗣後每商領鹽，以四百引爲率，先納課，後領鹽。實在貧竈，先清前鹽，再領後帑。濫者參處。一、黃巖鎮收發鹽勷，向無專責，請嗣後於大陳、石浦、石塘等處，令該鎮委弁專理，該撫於引鹽餘利內，酌給飯食公費，餘銀統歸帑鹽贏餘造報。一、各處辦鹽地方，失察私鹽，應將副參等照兼轄官例議處；委辦之弁，照專汛官例議處。拏獲私鹽者，按所獲起數議敘。一、各處經費，向聽各員自行收支，並不報部覈銷。請嗣後各府協營，據實開報，虛糜者查刪。均應如所請。惟清理經費一節，俟該撫等查酌刪定，咨部覈議。從之。（高宗三八三、一一）

（乾隆二九、四、丙午）户部議覆：閩浙總督楊廷璋奏稱，兩浙發帑收鹽，盈餘充餉，自乾隆十四年至二十六年，各處陸續積欠未完，實因帑本不敷，不得不將盈餘通融轉運，延欠有因，並無侵那情弊。查此項盈餘，例應入季册報部充餉之項，必須按年歸款。乃歷任承辦各官，拖延十有餘年，並不清完，所請議處。得旨：此項承辦拖延之文武各員，既查無侵那情弊，著加恩免去其議處。向後務須年清年款，入册報部，倘復有似此拖延者，決不再爲寬貸。（高宗七〇九、一一）

（乾隆二九、八、壬辰）諭軍機大臣等：熊學鵬奏，嘉、松二所，本年産鹽不敷接濟，請借撥閩鹽運浙等語。雖引舊例，所見過於拘泥，甚屬不諳事理。嘉、松二所，與揚州地本接壤，一水可通，即其配運蘇、常一帶之用，協濟尤爲近便，自應就近咨商江省督、撫及兩淮鹽政，撥運接濟。乃轉借撥閩鹽，必由海道轉運，種種艱難，其事殊不可解。即如奏中，楊廷璋欲撥及臺灣餘鹽，而熊學鵬亦稱其不必，是亦知其路遠難濟也。行鹽各分地面，原爲尋常配引而言，若當閭閻淡食之時，何必舍近求遠，膠柱鼓瑟若此乎？在該撫不過以浙閩爲一總督，非江督所轄，因而心存畛域，又豈封疆大臣權宜辦公之道。著傳諭尹繼善、莊有恭、曾同高恒，於兩淮鹽勘内，量其有餘，就便協撥應用，即一面辦理，一面奏聞，以濟民食。如閩鹽辦運已有先到者，亦不妨量用少許，餘即取給兩淮。倘尚無成局，則竟行文停止。將此詳悉傳諭該督等及熊學鵬知之。原摺併均鈔寄。或實有不可行之處，不必遵旨，即將實情奏聞。尋尹繼善、莊有恭、熊學鵬、高恒等會奏，查籌撥鹽勘，在臣熊學鵬目擊春夏難産情形，遂不計遠近難易，冒昧具奏。今伏土已覺起旺，秋間雨少，就目前論，似已不至大形艱絀。臣等悉心籌酌，擬先借撥淮鹽一萬引，足敷接濟。將江都、甘泉、上元、江寧、句容五縣已經納課過壩之鹽，即在揚州截留，每勘給錢八文，就近運至行銷杭、嘉引額之常、鎮二府，分配勻銷。賣出後，分别淮、浙課費，應還應納，即以杭、嘉二所應配常、鎮之鹽，就近分撥蘇、松口岸。現在趕辦，不致稽遲，將來旺銷之候，設浙鹽仍有不敷，當彼此計議，或仍撥就近食鹽，或另以場鹽捆運，均不敢少分畛域，有誤民食。報聞。（高宗七一六、一五）

（乾隆二九、九、戊辰）諭軍機大臣等：據熊學鵬奏，撥運淮鹽一事，接尹繼善札稱，淮南淮北各場均無餘鹽可撥等語。前尹繼善、高恒接到兩次傳諭，先後覆奏，江都、甘泉等縣與浙鹽口岸毗連，積有餘鹽，可以就近撥運十萬石，已札商該撫會辦。何以熊學鵬所奏，接到札寄，與尹繼善奏摺迥不相符？殊屬難解。且熊學鵬前已停止閩省撥濟，而忽接尹繼善淮鹽並無存餘之信，絕不慮及接濟之遲誤，猶待逡巡會商，尤為前後矛盾。此時該撫想已赴蘇會辦，可詳悉傳諭尹繼善、熊學鵬等，令其將實在情由，據實即速覆奏。尋熊學鵬奏：鹽在場而商未運者，謂之場鹽，其商人已運到店者，謂之岸鹽。查兩淮場鹽一出塲舍，即入包垣，俱係場商儘買，並無官貯餘鹽。若浙商一旦赴買，恐場商竈戶暗擡價值，不惟買運維艱，亦且緩不濟急。尹繼善所謂無餘鹽可撥者，乃謂在場無官貯之餘鹽，非無鹽也。今臣等已酌議，將江、甘等五縣商人已納課過壩之鹽，即在揚截留四萬石，即非存場竈鹽，亦非到岸商鹽，乃商人已起運而未到岸者，實為省便，現經撥濟在案。再查浙省各場，現在菊土起旺，臣嚴督竭力趕煎，再加此淮鹽四萬石接濟，民食已足，不致遲誤。得旨：此奏始明白矣。（高宗七一九、三）

（乾隆三七、一〇、甲申）戶部議覆：浙江巡撫熊學鵬奏稱，江南松江所，額銷鹽引七萬九千六百三十三道，近因該處私鹽充斥，商力微薄，不能及時行銷。浙江紹所，商力充裕，銷鹽亦廣，請添撥松所二萬引行銷。應如所請。但私鹽充斥，係松所員弁緝拏不力，應飭江南督撫，飭地方官嚴查。如不實力奉行，即行參處。得旨：地方私鹽，承緝不嚴，官引必致壅滯。在江省各屬文武員弁，又以所行乃浙省鹽勵，未免意存歧視，雖有緝私之名，不肯實力從事。而浙省鹽政，又以緝私官弁兵役，皆隔省所轄，呼應不靈。松所鹽務之疲，率由於此。從前李衛以浙江總督兼令節制江南捕盜諸事，是以緝私盡力，鹽法暢銷，然亦間有過當之處。其後歷任巡撫兼管鹽政，未嘗無考覈緝私之責，而令不能行之江省，地方官往往陽奉陰違，因循已非一日。不知行鹽雖在隔境，而銷引同屬辦公，司鹾者，固不便因鹽務所在之區，越俎干與他事，其有關鹽政者，原可隨時覈稽。如果江省地方官，視緝私為具文，不知留心整頓，以致梟徒充斥，則膜視誤公，即當指參一二，予以應得處分，各員弁等，自不敢仍前玩忽干咎。若僅如戶部所議，專責江省大吏督查，恐日久尚成故套，於浙鹽仍無裨益。嗣後松所緝私之事，除交江省督撫董飭各該地方文武，盡力嚴拏外，倘有稍分畛域，不肯實心緝私者，並准浙江巡撫覈實參奏，照例議處。該上司等，亦難辭督率不嚴之咎。如此則江省有司，既無敢膜視卸肩，而松所商人，亦無由推託藉口，方為兩得。餘依議。（高宗九一九、一八）

（乾隆五八、五、丁酉）戶部議覆：浙江鹽政全德疏稱，本年癸丑已屆開綱，而舊引積壓，尚有一百二十八萬餘道，有礙新綱地步。請將積引內銑銷壬子綱引七十萬道，自癸丑綱起，分作五年帶銷，尚有五十餘萬道，一二年內可完。查兩浙年額，應銷引目八十萬五千餘道，今積一百二十八萬餘道，幾逾一年半之額。該鹽政係爲疏通起見，應照所請辦理。但兩浙鹽務，向係年清年額，從無銃銷之案，嗣後不得援以爲例。至前項餘引，除銃銷外，尚有五十餘萬道，摺內既稱一二年內可帶銷完竣，並臚陳餘引既疏，新綱必暢等語。該鹽政調任浙江，係該省專設鹽政之始，一切緝私趲運事宜，是其專責。應令將帶銷年月，勒限呈報，此後倘仍前壅滯，即從重治罪。再查該處既有積引，其歷任兼管鹽政巡撫，及鹽道各官職名，應送部嚴加議處。從之。（高宗一四二八、八）

（**嘉慶七、三、壬辰**）諭軍機大臣等：戶部議駁延豐奏請銃銷辛酉綱正引、並將未銷積引分限帶銷一摺，已依議行矣。兩浙鹽引，自乾隆五十八年查明，節年積壓一百二十餘萬道。經部議准銃銷七十萬道，其餘五十餘萬道，飭令於一二年內埽數全銷。該鹽政等自應實力疏銷，以清積滯。乃距今已及十年，尚有未銷引三十八萬餘道，可見歷任鹽政，並不妥爲調劑，上緊趲銷，實難辭墮誤之咎。況辛酉綱引，例於年底奏銷，今甫經開綱，該鹽政遽將本年鹽引先請銃銷，復將應徵課項分作八年之久，是節年來循例奏銷，竟成虛設，而所謂先課後鹽者，亦不可信。前據延豐奏，兩浙商人續請捐輸，似商力尚屬裕如。今於現年引目，猶不能循例行銷，與其例外輸將，何如將引課實心經理，俾得年清年款，又何用爲此報効虛辭，轉將正課及帶銷積引銃銷展限，豈覈實辦公之道乎？況捐輸款項，仍係運庫墊發，尚須分年帶繳，又爲將來藉口積壓地步，殊屬無謂。延豐著傳旨申飭。該鹽政務當趕緊悉心籌辦，督令商人將本年正引及節年積引，設法疏銷，毋得再有稽滯，致干咎戾。將此傳諭知之。（仁宗九六、一四）

5. 福建

（**乾隆七、二、己未**）署閩浙總督策楞奏：漳浦、海澄、長泰、平和、詔安五縣鹽，經前督臣郝玉麟以招商未集，暫委該縣官運。其運銷盈絀，辦理勤惰，部無從覈，書吏家人，弊混病民。現飭歸商運，俟招足查請定引。得旨：是。查明題請可也。（高宗一六一、一六）

（**乾隆四〇、一二、壬申**）閩浙總督鐘音奏：閩省行鹽商地，內龍巖、霞浦、莆田、南安、龍溪、漳浦、南靖、長泰、平和、詔安、永安、南平、順昌、建陽、澄海等十五州縣，暨寧德、平潭二幫，前因商人疲乏，經臣奏准，暫歸官辦。接部咨，俟試行一二年後，如果欠項清完，幫有起色，即行另招股商行鹽辦課，隨時奏明等因。茲查順昌、建陽二幫，歸官辦運已經一載，積欠俱已清完，察看情形，實有起色。并招有股商閩縣人邵建澤，承辦

順昌幫務，浦城人孟振翔承辦建陽幫務。下部知之。(高宗九九九、三一)

(乾隆四四、三、甲寅)［調任閩浙總督楊景素］又奏：前因閩省鹽商本薄，奏准撥道庫溢額盈餘銀十三萬，分貯道、府庫，發場員養竈收鹽，配商領銷帑本，隨配隨收。奉行以來，商竈兩益。但前奏銀數，係統計一年應發之項，鹽則陸續煎曬，祇按季先發帑收買，當發春季時，夏、秋、冬三季銀即閒貯在庫。請酌借本薄小商，春初動秋應發帑，夏初動冬應發帑，秋初、冬初俱以半年，更番轉運。其借帑，秋季於夏季底繳還，冬季於秋季底繳還，取息一分，爲修倉公用。並於領借時，令眾商具連環保結，一商誤，眾商公完，無保結者，不准借。報聞。(高宗一○七九、二二)

(嘉慶一○、四、甲寅朔) 諭內閣：前因裘行簡條奏，調劑閩浙鹽務一摺，經大學士等議請，勅交閩浙總督詳悉妥議具奏，到日再行覈覆。茲據玉德奏稱，該省鹽埕，係竈丁用本開成，世守恒產，按埕徵輸坵折，並無另有私埕。各路商人，祇有完課領引，赴場向竈買鹽運銷，並不在場曬鹽，亦無民地盡爲商有之事。又稱若將漳泉四府鹽斤，聽民自曬自銷，則鹽埕盡歸民有，不免更起爭奪，且恐私販充斥，有妨鄰省綱地等語。所奏自係實在情形。閩省鹽務，前經疊次辦定章程奉行，已日久相安，此時固不必輕議更張。況議立一法，必須通盤籌畫，行之方無窒礙。閩省毗連省分甚多，即如江西之建昌、撫州等府應食淮鹽地方，現在猶慮閩鹽偷越，不得不減價敵私，設法行銷。若將漳泉等府鹽斤，聽民自曬自銷，則小民趨利若鶩，販負載塗，隨處充斥，查禁益難，必致淮綱大有妨礙。從前晉省鹽務，自改歸地丁之後，私鹽往往侵越淮鹽引地，查緝難周。若閩鹽再有偷漏，則淮綱南北口岸，豈不盡被私販侵占？於鹺課殊有關繫。其餘接壤之浙江、廣東等省，情形均可類推。至海洋盜匪，多係地方無賴，嘯聚爲奸，何至貧民無業，遽致流爲竊劫？是即鹽歸民運，在安分者或資生業，而桀黠愚頑，未必即能盡化爲良。且漳泉一帶，民俗獷悍，利之所在，易起爭端，更不免益滋鬭很，訟獄繁興，尤不可不大爲之防。所有閩省鹽務，仍著循照舊章辦理。該督惟當隨時體察，以期裕課恤商，勿致積欠纍纍，徒使官民受困，方爲妥善。(仁宗一四二、一)

6. 廣東、廣西

(康熙四、八、甲寅朔) 户部議覆：廣西巡撫金光祖疏言，粵西鹽引，舊額一萬三千四百九十有奇，但丁少民貧，無力行銷。請減存四千四百九十一引，以康熙三年分見在丁口，均派定額，俟户口繁盛，再議加增。應如所

請。從之。(聖祖一六、八)

（康熙六、一一、壬子） 先是，湖廣郴州等十一州縣食鹽，取給廣東連韶諸處，例不銷引，後因粵商扳累，分引辦課，楚民苦之。偏沅巡撫周召南疏請仍如舊例，令粵東商人辦課。户部以郴州等州縣，既食粵東之鹽，自宜分銷鹽引，議不准行。得旨：據該撫奏言，郴民既食粵商興販之鹽，是食鹽之民，已寓稅於買鹽之內，而認稅之商，已浮稅於賣鹽之中，兩得其便。又言十一州縣，民困已極，爾部仍議令分銷鹽引，恐窮民愈致苦累。其再詳議。至是，部議仍如舊例，免楚民分銷鹽引。從之。(聖祖二四、一七)

（康熙二二、九、壬辰） 户部議覆：廣東廣西總督吴興祚疏言，舊例廣西南、太、思三府俱食廉鹽，鬱林等處，俱食高鹽，拆運甚便。後因鹽田盡遷，改銷梧引。今高、廉二府鹽田既復，請仍照舊例，改食高、廉之鹽，路近價賤，有便於民。應如所請。從之。(聖祖一一二、一六)

（康熙二五、一、丁亥） 户部議覆：廣東巡撫李士楨疏言，粵東濱海小民，藉鹽資生，從前江西南贛兩府，俱食粵鹽。因康熙元年禁海以來，粵東路阻，改食淮鹽。今粵省平定，請循舊例，令南贛兩府仍食粵鹽銷引。應如所請。從之。(聖祖一二四、九)

（康熙四八、五、壬申） 户部議覆：廣東巡撫范時崇等疏言，廣東連州總鹽額引，原派行銷本州及湖廣之桂陽、臨武、藍山、嘉禾等四州縣。樂昌總鹽額引，原派行銷本縣及湖廣之郴州、宜章、興寧、永興等四州縣。今應將此項引餉作為十分，量地均勻，連州、樂昌二處，行銷十分之三，桂陽、郴州等八州縣，行銷十分之七。又潮州、惠州、贛州三府，俱行銷廣濟橋之鹽，此三府所屬平遠、鎮平、程鄉、興寧、長樂五縣額引，較別州縣獨多，而惠州府屬之龍川、和平、永安三縣及江西贛州府屬十二縣，額引獨少，應將平遠等五縣之引，勻銷於龍川等十五縣。至贛屬十二縣內，信豐、龍南、定南三縣，原食潮鹽，接壤惠州，距潮路遠，轉運維艱，應就近改食惠鹽。又福建汀州府屬八縣額引，內長汀一縣之引，幾居通府之半，應撥長汀縣額引，勻銷於寧化等七縣。廣西全州、灌陽、興安三州縣，鹽引易銷，靈川、陽朔、義寧三縣，鹽引難銷，應撥靈川等三縣額引，勻銷於全州等三州縣。庶於商民，均有裨益。應如所請。從之。(聖祖二三八、一)

（雍正一、一一、甲午） 户部議覆：廣西總督孔毓珣疏言，粵西地方邊遠，商人資本無多，以致誤課、誤鹽，民憂淡食。請動藩庫銀六萬兩，令鹽道委員辦理，官運官銷，行之三年，可以酌減鹽價。從之。(世宗一三、一五)

（雍正二、一〇、甲戌） 户部議覆：兩廣總督孔毓珣條奏鹽政五款。一、竈價水脚宜增，請將埠商所增鹽包羨餘二萬兩，賞給竈丁船户。一、福建汀州府八縣，例食粤鹽，其引課請專責知府，彙總八縣協辦，通融銷售。一、歸善等縣淡水等各場產鹽甚多之處，請擇廉幹之員督收。其實心辦事者，三年保舉議敘，以示獎勵。一、潮州場鹽，例配潮、惠、汀、贛四府屬二十九縣，應有專員經理。請復設運同一員，揀選題補。一、請於兩廣運使衙門，復設經歷一員，以供差遣。均應如所請。從之。（世宗二五、四）

（**乾隆一、三、癸卯**）減廣西鹽價。諭：向來廣西鹽引，因商人無力承辦，以致民間有淡食之苦。於雍正元年，經督臣孔毓珣請官運官銷，借動庫銀爲鹽本，赴廣東納價配鹽，分給各州縣，照部定價值發賣，行之二年，已有贏餘，遂將通省鹽價，照部定之數，每觔減價二釐發賣，百姓稱便。雍正五年，又經孔毓珣奏稱，粤西鹽觔自官運官銷以來，已無鹽缺價貴之虞。應請仍照部定原價，一體銷售，不必裁減二釐，部議准行，至今因之。朕思食鹽乃小民日用之需，部價既多二釐，則民間所費，必不止於二釐，廣西地瘠民貧，通路遙遠，應令鹽價平減，以惠閭閻。自乾隆元年爲始，著照雍正元年原題，每觔減去二釐銷售。（高宗一四、一五）

（**乾隆一、八、乙丑**）户部議准：兩廣總督鄂彌達議覆，粤東場羨加增竈曬鹽價一款。查鹽有貴賤，自應隨時增長，以養竈曬。乃竟以核定價值，出有羨餘，以致竈曬苦累。從前辦理，原未妥協，應如所請，將每年所獲場羨銀五萬兩，出示曉諭，自行銷乾隆元年引鹽爲始，於通省各場每年應收鹽一百萬餘包内，每包加價銀四分，共銀四萬餘兩，以裕竈曬養贍家口之資。從之。（高宗二四、三）

（**乾隆三、一〇、丙午**）户部議覆：江西巡撫岳濬疏言，寧都縣一埠，與連界福建之汀屬，同銷潮鹽，緣配寧之鹽，向多紅黑，居民販食鄰私。請嗣後該埠額鹽，一半撥發海隆白鹽，一半配給招收東界之鹽。其各鄉適中之蕭田寺等處，召募土著商人，開設子埠，以便鄉民買食。應如所請。從之。（高宗七九、一三）

（**乾隆四、五、乙亥**）兩廣總督馬爾泰奏：粤省場竈，收買餘鹽，任其雍積，融化堪虞。請寄貯各埠，鼓勵商人認銷。得旨：如此方是實心任事之道，著照卿所請行。將奉旨處咨部知之。（高宗九三、二八）

（**乾隆四、七、甲戌**）[雲南總督慶復、巡撫張允隨] 又奏：滇省東川等府州，就近奏准買食粤鹽，内有買運各事宜，尚未准到部覆，民食殊難久待，擬於本年霜降後，悉員赴粤，先買鹽一百萬觔，俾民食得以速濟。得旨：如此辦理，亦屬權宜之計。（高宗九七、二九）

（**乾隆七、一二、乙卯**）兩廣總督公慶復奏：分委場柵人員督竈收鹽，以杜私販，頗有成效。惟現在各場收貯鹽觔，日積日多，聞淮、揚竈地被水之後，產鹽稀少，江、廣一路，可否令淮商將粵鹽撥濟疏銷，臣現在訪查另籌。得旨：嘉悅覽之。事若可行，殊屬有益，卿與準泰商之。（高宗一八一、三七）

　　（**乾隆八、五、乙巳**）戶部議覆：署兩廣總督慶復疏請，將粵東埠引難銷之順德、新會……與福建之清流，粵西之博白、陸川等四十二埠，應勻交易銷之和平、連平……湖南之郴州、宜章……江西之龍南……福建之長汀、上杭，廣西之宣化、隆安、永淳等三十六埠代運，共撥引五萬八千一百二十一道。查大庾、崇義、上猶、南康四埠，每引行鹽三百二十二觔，龍南、信豐、定南、安遠、石城、瑞金六埠，每引行鹽二百六十四觔，額餉俱多於東省。但撥出之引，均係每引行鹽二百三十五觔，額餉既輕，不便照受勻之埠加配，應仍照本埠配鹽之數行銷。又實存四、五兩年積引十八萬八千五百九十一道，應統俟三年銷完，毋庸派定每年銷數。從之。（高宗一九三、八）

　　（**乾隆九、四、癸亥**）戶部議覆：廣州將軍前署兩廣總督策楞疏稱，粵東順德等四十二埠額引，共撥出五萬八千一百二十道，勻交和平等三十六埠代運。其額餉除與受勻之埠相等及數不甚懸者不議外，惟歸善、信宜二埠受勻順德、增城引餉，係以課重之引，勻於課輕之埠，受引三千一百七十道，照本埠輕引核算，應減餉五百九十一兩零。其新會等三十三埠及順德勻於信豐等埠，俱係課輕之引，派於課重之埠，應增餉七千九十八兩零。至南安府屬大庾等四埠，贛州府屬龍定等六埠，行鹽既多，額餉更重於東省，應增餉三千三百六十三兩零。共增一萬四百六十一兩零。所減者少，所增者多，似非疏銷本意，應仍照原奏，將每引應納銀數，均照原引額餉辦納，免其加增。今部議既照受勻之埠加餉，又令照勻出之埠行鹽，減其鹽觔，增其餉課，勢必大虧商本。查該署督冊開鹽觔數目，係照原埠配運，原未增添，而餉課數目，係照現埠額則，計鹽升除。餉從地改，銀以鹽計，減其鹽，即減其餉。應令將順德等埠撥出額引，仍照原埠鹽觔配運，其餉課按受勻之埠，計鹽完納。所有應增一萬四百六十一兩零，減五百九十一兩零，准照數完納。從之。（高宗二一五、四）

　　（**乾隆一〇、二、壬申**）兩廣總督那蘇圖奏：交夷內訌，彼處米價必昂，恐有內地奸商，越境販鹽，不特私漏米穀，亦恐擾動邊釁。應分飭兩省文武員弁，於緊要汛地，及山林險峻小路，設兵巡防。惟廣西之鎮安一府，向食夷鹽，今既絕其來路，該府每歲需鹽千餘包，將官鹽如數支發。并沿邊各

屬，有缺少引鹽，尚須撥補者，陸續辦理。得旨：妥酌爲之。（高宗二三五、二一）

（乾隆一三、五、辛卯）户部議覆：兩廣總督策楞疏稱，揭陽、豐順、海陽三埠共引三千五百道，從前撥於嘉應、上杭、石城等處勻銷。查現在揭陽等埠俱可自銷，應仍歸本埠行運，其惠來埠引一千道，原撥瑞金埠勻銷，請改撥石城埠行運。應如所請。從之。（高宗三一四、二一）

（乾隆二三、四、辛未）諭曰：兩廣總督陳宏謀所奏增撥帑本收買場鹽一事，自屬酌量現在情形有難以辦理之處，爲此通融籌畫，該部議覆摺內，所有指駁之處，亦未深悉端委。鹽法攸關，非詳悉查辦，不能妥協。著派侍郎吉慶、裘曰修馳驛前往，會同該督，將粤省鹽務歷年以來，領帑納課、積鹽銷引實在情節，徹底查明，籌酌妥議具奏。（高宗五六一、一）

（乾隆二三、四、辛未）諭軍機大臣等：前據陳宏謀奏，請增發帑本收買場鹽一事，所奏殊未明晰，該部奏覆所有指駁之處，亦不過就所奏逐條議覆，於該省實在情形難以懸揣。已降旨吉慶馳驛前來，同裘曰修前往粤東查辦。吉慶於鹽政事宜素所熟悉，此案必須徹底清查。但恐其意在釐剔，遇事過於吹求，轉至失當。裘曰修向於鹺務雖未經歷，而到彼察看情形，自可得其梗概。所有歷年來帑本課項，出入盈虛及鹽引積銷，應行辦理之處，已令吉慶會同查覈。至此案清理，務得實在情節，毋庸牽涉多人，張皇提解，或致滋擾。此則裘曰修所當秉公持正，會商辦理者。陳宏謀素稱練事，特其秉性未免心存畛域，形迹未化。裘曰修到彼，可當面傳諭該督。此事係歷任相沿，不自陳宏謀始，諒伊甫膺簡任，自不敢稍存迴護之見。俾明曉此意，三人無難開誠相與，悉心稽覈，不爲意見所累。其商酌章程已定，或有目前不能即刻趕辦者，可交該督從容料理，亦不必急邊尅辦，俾邊省人望相安，庶爲得體。著將此明晰傳諭知之。（高宗五六一、二）

（乾隆二三、五、甲寅）兩廣總督陳宏謀奏：惠州府所屬八場，正委官十員，歲產鹽劦將及百萬包。督收緝私各務，向責成知府，該府所轄九縣一州，事務殷繁，請將惠州所屬八場，責令碣石同知督理，一切巡查催趲事宜，俱歸經管。場員所領帑本，皆貯同知庫，倘有虧帑缺收，隨時報參，聽鹽運司稽覈。得旨：如所議行。（高宗五六三、二三）

（乾隆二三、八、乙卯）户部議覆欽差侍郎吉慶清查粤鹽帑本一摺。查前督陳宏謀奏，庫存帑本一萬一千餘兩，與該侍郎奏十萬五千餘兩之數，多寡縣殊，有無庫項未清，應飭查明具奏。得旨：此原係吉慶承辦之事，著吉慶仍回廣東辦理。（高宗五六八、四）

（乾隆二三、八、乙丑）户部議覆：欽差侍郎吉慶覆奏，粵東銷鹽，商人按季隨繳，現存帑十萬五千餘兩，鹽一百三十餘萬包，儘敷接濟，無容增帑。乾隆九年前商欠，業經勒限繳完，惟二十年以來欠項，應行催繳。羨餘一項，前就帑本全數計羨，現按商人領出鹽觔收羨，每年領售之數與前相等，故報羨亦不甚懸殊，並無別項情弊。應如所奏，均無庸議。惟摺內稱，陳宏謀奏存帑一萬一千餘兩，遺漏高、廉、潮三府屬未入，現奏十萬五千餘兩，合高、廉、潮通盤覈算，是以不符等語。查前督陳宏謀請增帑本，將銀數遺漏錯誤，殊屬疏忽，應請交部察議。得旨：陳宏謀請增辦鹽帑本一事，該部所參陳宏謀將存庫銀數遺漏舛錯，請交部察議處，轉不足深咎陳宏謀。疏忽之失，誰則無之？但陳宏謀素以幹練自居，乃自任粵督，諸事尚未設施，而先亟亟請鹽本增帑，為取悅屬員商人之計，且伊解事，非不能如吉慶之徹底查本者也。是其市惠好名痼習不但未知改，而因陞用益甚。此非尋常疏忽可比，陳宏謀著交部嚴加議處。餘依議。（高宗五六八、一八）

（乾隆二四、八、丁未）〔兩廣總督李侍堯〕又奏：廣西臨桂等二十九埠，廣東博羅等八埠引鹽，新議召商承辦。緣兩省各屬，在在毗連場竈，路徑錯雜，奸徒冒險販私，致額引積壓，人人視充商為畏途。經臣剴切示諭，嚴緝私鹽，數月來拏獲巨梟夥販數千觔及萬餘觔之案甚多，里民皆知，遵買引鹽，舊壓二十六萬餘引，將次消清。商人踴躍願充，計兩省已報充三十埠，所存俱係額餉無多之小埠，更易招募。得旨：具見留心，勉為之。（高宗五九五、二二）

（乾隆五二、六、戊申）諭軍機大臣等：據富綱等奏，暫請停辦粵鹽、更定墮銷遲誤處分一摺，已批交該部議奏矣。摺內稱滇省委員辦銅，赴粵領鹽，視粵省委員辦鹽，來滇易銅，多需時日，滇員一次銅易之鹽未到，粵員兩次易銅之鹽已來，遞年積壓。現在粵鹽已存有七百二十萬餘觔，已敷三年行銷之用。請暫停三年，俟積鹽銷竣，銅本歸清，再行奏請，並更定墮銷處分等語。滇粵兩省，銅鹽互易，自應年清年款，方不致積壓墮銷。今粵省易銅之鹽，先後擁至，積存七百餘萬觔，自係滇省辦銅未能依限迅速，而運到之鹽，各屬又不能趕緊行銷，以致陳陳相因，愈積愈多。且粵鹽不能行銷，則民間將食淡乎，抑更有私鹽乎？今既已挨年疊壓，不得不亟為疏通，所有暫停運鹽，及更定墮銷處分，自應聽候部議。但粵省以鹽易銅，行之已久，現在地方官銷售鹽觔，何以遲誤積壓，並致課項懸宕？且粵省運到之鹽，即不能依限報銷，間有存積，亦應於積存之鹽，約計逾年，即奏明設法辦理，何以積至七百餘萬觔,足敷三年行銷之用,始行奏請停運?此等情節,富綱等摺內牽引煩絮,總未詳晰聲敘。著傳諭富綱等,將粵鹽積壓,是否因滇省辦銅遲延,及地方官何以行銷延緩,並該督等何以不及早設法籌辦之處,一併查明,據實覆奏。(高宗一二八二、二〇)

(**乾隆五二、一〇、丙辰**)諭軍機大臣等:本日戶部議覆富綱等奏粵鹽遞年積壓情形,並請將停運三年,應獲羨餘,著落分賠一摺,已依議行矣。但滇省本有產鹽之地,何以又需粵東之鹽運滇接濟?從前既經銅鹽互易,辦理多年,何以復遲誤積壓,並致課項懸宕?且粵東運到之鹽,與滇省本地產鹽,向係如何分銷?粵東之鹽運到後,即不能依限報銷,間有存積,又何至積存七百餘萬觔之多?保無該省私鹽充斥,以致官鹽墮積,疏銷阻滯?粵東運到鹽觔,既多墮積,則滇省之鹽,亦必有滯銷之事。況停運三年,民間食鹽恐不無缺乏,又將如何辦理?著傳諭富綱等,將該省既產鹽觔,何以又向粵東以銅鹽互易,及歷年何以積壓甚多,並停運後,該處食鹽作何籌辦,及有無私鹽充斥之處,分別查明,據實具奏,毋得稍存諱飾。(高宗一二九一、一六)

(**乾隆五四、九、丙午**)又諭:據福康安奏,查禁私販紅鹽一摺。內稱粵東煎曬鹽觔,出於場而散於埠,緣商人等力疲課絀,不能及時收買,各場丁又因一時不能速售,勢必減價售私,以致奸販乘機囤積。現在改笳歸綱,商民等捐輸鹽本,當飭動撥綱本銀一十萬兩,令局商赴場趕緊買運。並於鹽觔出場之後,仍嚴禁夾帶,查緝透漏,場鹽不致壅滯,則私販自無從囤積等語。各省官引暢銷,私販裹足,全在地方文武各官不時嚴緝,則奸商自無由乘機出沒,所謂有治人無治法也。至該督所稱,粵省現在改笳歸綱,商民等捐輸鹽本,業已完繳銀一百餘兩,實貯在庫,當先撥綱本銀一十萬兩,令局商赴場趕緊買運等語。與其動撥十萬兩,收買有限,何不將場內煎曬之鹽,儘數收買,則私販無從得鹽,而場丁等減價私售之弊,亦可永除。且該場丁等並無恆產,全仗煎曬鹽觔,若煎出之後,存積在場,無人收買,則伊等口食無資,必至流而為盜。今若儘數收買,場丁等隨煎隨可獲利,自不至流為奸匪,於地方弭盜安良,亦屬有益。現在改笳歸綱,存庫之銀既已有百餘萬兩之多,則高州府屬,出鹽最旺之電茂博茂等場,自應儘數收買,於該省鹺務更為有裨。至湖南衡州府,例食淮鹽,非如楚之桂陽、臨武、藍山、宜章等八州縣,本係行銷粵鹽可比,因衡州與粵省全州接壤,是以私販易於充斥。著傳諭福康安,嚴飭所屬,於水陸鹽觔經由處所及沿海一帶,並於楚省接壤之區,一體實力緝私,毋使奸徒乘機興販,俾粵鹽不至充賺淮綱,

以期疏引遏私，方爲妥善。將此傳諭福康安，並諭郭世勳、孫永清知之。（高宗一三三九、一二）

（嘉慶一四、九、壬申）諭内閣：百齡奏粵省鹽船請酌改陸運，並查明程途運費均無窒礙，各商民亦俱踴躍樂從，請先行試辦一摺。粵東引鹽其在省河配運者，向由外海運至省河候配，本無不便。近年以來，洋氛未靖，凡運鹽之紅單船隻，涉歷外洋，其中不肖船户或竟私帶水米，濟匪獲利。現在各海口正當嚴密巡防之際，則鹽船出海，自應通盤算計，酌定章程。兹既據該督查明各場引鹽改由陸路輸運，一切脚費程途尚無窒礙，商民均踴躍樂從，而沿海窮民亦得以營趁挑鹽，藉資生計，著即照所請行。如試辦一二年，陸運不致稽遲，商民均屬便利，竟可永遠遵行。（仁宗二一八、一六）

（嘉慶一五、一一、丙子）又諭：百齡等奏，停止鹽斤加價，仍請海陸兼運，並商人願輸師船經費一摺。粵東鹽斤加價，原爲該省捕盗之需。今大小匪幫俱已辦竣，海洋寧謐，所有加價銀兩，即著停止。至巡哨師船，例有動支經費，原無須商人捐輸。但該商等既以海運鹽船往返，悉藉舟師防護，俱願按年備銀八萬餘兩，支應巡洋師船兵丁口糧，情詞懇切，著准其捐輸三年，以後仍在緝捕項下，按數支給，無庸藉用商力。再粵東鹽務，前此百齡等因籌杜接濟，奏改陸運，惟是東西兩江鹽場，濱臨大洋，由海配載較之陸路便捷省費，且全洋寧靜，與上年情形迥不相同，自應准其海陸兼運。如果陸運不便於商，百齡等無須迴護前奏，仍當遵照舊章，由海裝運，以期配銷迅速，俾商力益臻饒裕。（仁宗二三六、二八）

（嘉慶二三、一二、庚寅）又諭：廣東潮橋埠鹽，與省河同時定價，閲今百餘年，人工食物，較前增昂。從前省河鹽價，已據該督奏准加增，現在潮橋各商疲乏情形更甚，據阮元查明，必須量爲調劑。所有潮橋埠鹽，著准其照蔣攸銛前奏，覈定成本，一律加增，以紓商力。（仁宗三五二、一六）

（嘉慶二四、八、辛丑）又諭：阮元奏，潮橋鹽商續有積欠，請酌疏積引一摺。粵東潮橋各疲埠逐年正課銀兩，均係現商代納，其鹽引並未領運拆銷，以致應輸捐雜各款，遞有積欠。除節次展期完繳外，自嘉慶十六年起，又積欠銀二十三萬餘兩。據該督查明，該商等本薄力疲，新舊不能兼顧，懇請設法調劑。著照所請，准其將二十三年正引展至二十五年秋季起，分作六年帶銷。先將積引一千零八十程，於一年内趕緊拆運，統限至二十五年夏季，隨同二十四年正引帶運全完。其積欠隨引價雜捐輸水脚等銀二十三萬八千餘兩，亦著於限内隨運隨解，以清款項而紓商力。如逾限再有拖欠，即將

各商治罪，並將運同運司嚴參，以儆惰玩。(仁宗三六一、一三)

7. 四川

（康熙五三、六、己亥）户部議覆：四川巡撫年羹堯疏言，增引行鹽，原屬裕課便民，查成都所屬犍爲等七州縣竈民，請增水陸鹽引一千一百四十五張，徵稅銀七百三十兩有奇，於康熙五十三年爲始徵收。應如所請。從之。(聖祖二五九、八)

（雍正一三、一二、庚午）户部議覆：四川總督黄廷桂等疏陳川省行鹽事宜。一、井竈鹽斤，宜清釐核實。查樂山等十六縣，坍枯鹽井共四百一十九眼，所有應徵井課銀，七百五十七兩八錢四分一釐，應准豁除。一、變通水陸引目。查洪雅等十三州縣，陸引四千一百二十三張，改水引三百三十五張。犍爲等十州縣衛，水引二百一張，改陸引二千五百一十七張。應准其改給。一、運銷行黔引目。查新津等二十州縣，代銷黔省水引四百二十一張，請改增本省四百二十一張。崇慶等十五州縣，代銷黔省水引三百四十六張，請改增本省陸引四千三百三十張。應准改增。一、川省鹽茶二引，每年俱係頭年十一、十二月印發，以便次年正、二、三月運鹽。今所請引張數目，較原額倍多，請發十分之八，於歲内到川，其十分之二，俟部覆後發。查川省每年於額引之外，給餘引五千張，今前項改增本省水陸鹽引，即於該年餘引内酌發，如不敷用，再行請頒。從之。(高宗八、一一)

（乾隆三、一一、己巳）添給四川雲陽、井研二縣水陸鹽一百七十四引，從巡撫碩色請也。(高宗八一、一一)

（乾隆五、閏六、己酉）[户部]又議准：署四川巡撫方顯疏稱，高縣、墊江、彭水、内江四縣，請增水陸鹽引四百七十七張，應徵稅銀二百六十七兩有奇，自乾隆五年爲始，照數徵收。從之。(高宗一二〇、三七)

（乾隆六、四、己酉）户部議覆：四川巡撫碩色奏稱，利川縣向配萬縣井鹽，嗣因萬縣並無餘鹽，雲陽縣雲安廠增加煎辦，足供運銷。應如所請，改配銷鹽。從之。(高宗一四〇、一九)

（乾隆七、一一、癸酉）户部議准：四川巡撫碩色奏稱，德陽等一十三縣，額鹽俱不敷食，而蓬溪等處水陸鹽引共有二千二百五十一張，商本消耗，無力承辦，又苦滯引難銷，應請就近改撥。倘蒙俞允，即將某處商人，認銷某處各若干，造册送部，照數行銷。從之。(高宗一七九、四)

（乾隆九、三、戊子）户部議覆：四川巡撫紀山疏稱，邛州、酆都二州縣，請增鹽引四十四張，應徵稅銀一百四十九兩有奇。應如所請。從之。

（高宗二一二、一一）

（乾隆一二、九、戊戌）户部議准：四川巡撫紀山疏稱，涪州額引不敷，請增水引二十九張，應徵稅銀，自乾隆十二年爲始，按數徵收。從之。（高宗二九八、一八）

（乾隆二三、六、戊辰）户部議准：四川總督開泰疏稱，大寧縣新增竈座鹽觔，足敷配銷鶴峰州六引二百一十九張，其雲陽縣原配鶴峰州額引，在於萬縣銷售。從之。（高宗五六四、二四）

（乾隆三三、一一、丁亥）增給四川犍爲、綿州二州縣鹽引，從總督阿爾泰請也。（高宗八二二、六）

（乾隆三四、一〇、庚申）增設四川綿州、西充、南部、鹽亭、開縣、雲陽等六州縣水陸鹽引三百五道，從總督阿爾泰請也。（高宗八四四、三六）

（乾隆三四、一一、丙申）增設四川大寧縣水路鹽引一千一百五十二道，從總督阿爾泰請也。（高宗八四七、四）

（乾隆四六、二、丁巳）諭軍機大臣等：户部奏清查各省鹽務一摺。據稱四川鹽課羨餘一項，積欠至二十八萬七千餘兩，曾經行令該督，設法籌辦，迄今半載有餘，尚未咨覆。又該省引目，僅十四萬八千二百餘道，乃未繳殘引，積至五萬三千四百餘引。前經湖廣總督舒常等，以由川入楚船隻，購買食鹽，每船不得過十觔，因私販入楚，有妨該省綱鹽。又四川與雲南接壤，私鹽亦不無偷漏，是川省之殘引，不可任其因循不繳，請一併飭令實力稽查等語。已依議行矣。川省積年欠項，雖係羨餘，然總應歸入鹽課正項，乃積欠至二十八萬七千餘兩之多，經部行查，何以該督至今並未咨覆？至該省所產鹽觔本旺，尚有私販至雲南、湖廣等省，可見並非缺乏，何至四川本省不能銷售，致有拖欠？總由該省地方官，平日不能實力整頓，以致走私偷漏，正課積欠纍纍，若年復一年，將來何所底止？文綬不應有此。著傳諭文綬，嚴飭各屬，設法實力稽查，使影射私販諸弊，日就肅清，歷年積欠剋期完繳，毋致再有稽遲延宕。並將因何積欠如此之多，及經部行查，又因何遲至半年不行咨覆緣由，即行據實速奏。將此由五百里諭令知之。原摺併發交文綬閲看。（高宗一一二四、二二）

（乾隆五六、一、乙巳）四川總督鄂輝奏：……川鹽各分口岸按引配供，惟川東與湖北毗連，該省鶴峰等八州縣又例食川鹽，恐有影射夾帶之弊，分飭巫山等處嚴查透漏，毋致有礙淮綱。其餘未盡事宜，惟有竭盡愚忱，不敢冒昧更張，不敢因循遷就。批：二語得之矣，諸凡勉爲之。（高宗一三七一、二七）

(嘉慶一七、一二、戊申)又諭：大學士會同戶部奏，議駮常明請將川省計引鹽課，改歸地丁完納一摺，所駮甚是。川省鹽務，行商等擡價病民，復慮鹽不暢銷，招集匪徒，妄拏滋事，該省無業之人，聚充私販，漸與官商爲敵。常明係本省總督，既屢有搶奪案件，自當嚴行查辦，免滋弊端。今遽請將鹽課改歸地丁，聽民興販，此議若行，不但該省奸民趨利若鶩，爲害滋甚，且川省與兩湖毘連，私販順流而下，浸灌淮綱，諸多窒礙。常明身任封疆，不爲地方計及久遠，又不通盤籌畫，於鄰省利弊，顯分畛域，除所請不准行外，常明仍著交部議處。(仁宗二六四、八)

8. 雲南

(乾隆一、五、乙巳)命酌劑雲南鹽法。諭曰：朕聞各直省鹽政，辦理之法各異。如雲南所產井鹽，俱係府州縣領銷，派定額數，由各鹽井領運分銷辦課，不許越界販賣，通行已久。但府州縣繁簡不同，民間生齒，多寡不一，凡兩迤衝繁之處，人民輻輳，不難照常銷引，間或缺鹽，借之鄰近州縣協濟。其山僻州縣，鄉村窵遠，居民鮮少，地方官恐蹈墮銷之咎，關礙考成，遂將鹽觔分派里甲，挨戶分食官鹽，按限繳課，名曰烟戶鹽。小民家口多者，可以照數納銀，若貧民家口無多，餘鹽未曾食盡，及期催追，前課未完，後派之鹽又至，輾轉積累，懸欠難償。夫鹽爲小民日用必需之物，慮民遠涉，是以因地制宜，不徒爲銷引計也。乃一則患鹽之不足，一則患鹽之有餘，俱非均平之道。著該督撫酌量變通，悉心妥議，務使官不墮銷，民無偏累，毋得拘於成見。又聞雲南陸涼州地方馬廠等處，濱水低窪，以樹藝陞科未久，其徵收夏糧秋稅有無累民之處，該督撫一併查議具奏。(高宗一八、二三)

(乾隆三、九、己卯)雲南總督慶復奏：滇省嵩明、晉寧、昆陽等州縣，向行黑井鹽，聽民自銷。嗣因舖販居奇專利，改行官銷，各州縣奉行不善，滋弊無窮，轉致民食維艱。現在仍歸民銷，甚爲便利。得旨：此事汝等並未奏明然後辦理也。今既有種種不便，若再存姑息之念，則將來滇省吏治不可問矣。(高宗七七、二三)

(乾隆一六、九、甲子朔)又諭曰：兩廣總督陳大受奏稱，滇省委員永北府知事張彥珩，來粵買兌鹽觔起運，於上年八月、本年三月連報遭風漂沒。至五月內，又於百色城外捏報被燒，當即查驗，並無鹽觔被燒蹤跡，隨盤詰船戶，據供燒係空船，鹽觔已同運官沿途賣去。應聽滇省題參究擬等語。各省委員，運辦鹽觔銅鉛等項，皆公事所需，上關帑項。其間中途盜賣，種種弊竇，皆所不免，向來各省督撫，因非本省屬員，無糾參之責，而委員亦自恃隔屬上司, 不行稽查, 遂肆行侵盜捏飾。即如張彥珩之任意私賣, 屢次捏報, 希圖侵混, 若必俟移咨滇省題參, 則此等貪狡劣員, 益無忌憚。督撫雖有分地, 其運官既已入境, 即伊境內之事, 如果有盜賣捏報情弊, 一經查明確實, 無論隔屬鄰省員弁, 即應嚴參究審。其如何立定章程, 嚴密稽查之處, 該部定議具奏。尋議: 委員採辦鹽銅鉛, 領解日, 將鹽包銅鉛勸數, 一面申報原委督撫, 一面申報沿途督撫, 入某境即報地方官查驗, 出境時, 該地方官具印結, 申報該管上司, 并知會接境, 一體查驗。如在境盜賣, 及捏報遭風失火, 該地方官申報本省督撫參究, 不得諉之原委督撫。其經過地方員弁, 俱照糧船謊報漂失, 汛地文武各官不親確勘例, 革職。再, 地方官申報而督撫不參奏者, 照不揭報劣員例, 降級調用。倘地方藉端勒掯, 致出境稽遲, 督撫亦應查辦, 該管上司照例處分。從之。(高宗三九八、二)

(乾隆三七、一一、壬辰朔) 戶部議覆: 雲南巡撫李湖酌籌鹽井各事宜。一、省城向設總店, 分立大鋪一百二十處, 行銷黑井、安豐井鹽九百一十一萬一千七百六十餘勸。除南寧、霑益、尋甸、平彝、宣威等五州縣, 官運鹽一百七十萬勸, 其餘轉售於迤東之昆明等十六屬民販運銷。原因鄉販挑運食物赴省, 順便帶鹽回銷, 既省腳費, 且免徵解之繁。但各州縣銷無常額, 官無責成, 鹽道既苦耳目難周, 各屬又無引照可驗, 私販滋多, 官鹽壅滯。請將省店裁徹, 改立鹽倉, 除南寧等五州縣向歸官運, 應仍赴省倉領運外, 其未歸官運各州縣, 內昆明縣向有額設官鋪, 每年可銷鹽二百五十四萬勸, 應仍循舊例, 先課後鹽, 督鋪售銷。至附近鹽井之昆陽、晉寧、呈貢、宜良、嵩明、江川、河陽、路南等八州縣, 每年可銷鹽二百六十萬勸, 應令該地方官自雇夫馬, 赴井領運, 即於原定自井至省運腳內, 計程攤給。其距井較遠之馬龍、羅平、陸涼、廣西、彌勒、師宗等六州縣及邱北縣丞, 每年可銷鹽二百二十餘萬勸, 應令該地方官赴省倉領運。其需用腳價店費, 應於原定新增鹽價及加添運腳內, 酌量覈給。以上十四州縣及邱北縣丞, 應完課款, 俱照迤西例, 上月領鹽, 下月解課。再彌勒縣向買粵鹽三十萬勸, 今既銷省鹽, 應將粵鹽停買。一、各井額辦鹽勸, 自數十萬至數百萬不等, 應責成提舉、大使等, 將竈戶逐日煎獲鹽勸, 即令入倉登號封記, 俾家人、書役不得串通商竈, 透漏分肥。至各屬領運後, 即令該州縣嚴飭腳戶, 勒限趕運, 以防折耗借賣之弊。各官奉行不力, 查參著賠。各井有未設鹽倉者, 即行添蓋。一、竈戶煎鹽, 攙和沙土, 應責成提舉、大使等嚴查。向來未有議處明文, 請嗣後井員如有縱容竈戶攙和沙土者, 照白土攙和漕糧, 押運官不行查禁例，革職，失察者降一級調用，兼管井務之府州縣等官，分別議處。若知情受賄，應照枉法贓從重治罪。竈戶即照舵丁攙和漕糧例治罪。承銷州縣徇隱不報者，一併究處著賠。并令各井每年將樣鹽呈送巡撫衙門，驗發鹽道，分給各屬，以憑查驗。一、節年墮誤鹽觔，總由月報不行，應將各井煎鹽額數，於月終彙覈。有餘者，留抵下月收數，不足者，下月補交。仍令提舉、大使等，按月填報鹽道，彙册申送督撫，季終通計一次，將逾限不及趲煎者，分別參處。一、鄰省私販入境，應查明經由津隘，於總路分設巡鹽員弁，酌帶兵役駐劄。如有緝獲，即行通報，解交地方官審辦。至本地私販，在井者責成提舉、大使，在途者責成經由州縣，均令實力查拏。獲犯時，徹底究訊治罪，井員及地方官緝拏不力者，分別參處。一、從前墮運墮銷鹽數，實計五百五十五萬二千三百九十九觔，原奏准分二年帶銷。但各該處墮誤數目，多寡懸殊，概限二年，恐仍有滯積。應將各屬墮運不及三分以內者，限一年銷完；其在應銷年額一半以上者，分限二年；逾於應銷年額者，分限三年；倍於應銷年額者，分限四年，并按限分別完欠，覈實辦理。一、黑井現有墮缺正額鹽二百三十五萬六千二百餘觔，又缺餘鹽二百四十六萬三千一百二十五觔，兩項均應帶煎，恐有那後掩前之弊。應俟墮煎額鹽按限煎完後，再帶煎餘鹽。至安豐井每年停辦餘鹽六十二萬觔，應帶補舊額鹽三百七十六萬一百二十七觔。帶補數多，竈力不免拮据，請將帶補舊額鹽，照停辦餘鹽數補煎。一、滇省自乾隆三十二年至三十四年，各屬承辦軍需，遇差務緊急，未及赴司領項，多係借支鹽課。每新舊交代，將借墊銀數查明抵交，事竣造報。其例應准銷者，由軍需銀內撥還清款，但覈減應追之員，遇有遷調事故，接任之員，不能代繳，遂造入鹽課未完項下，完欠數目易淆，且啟推諉遷延之弊。應將軍需墊用鹽課銀數確覈，即於三十六年鹽課奏銷册內開除，歸入軍需新收項下。如有覈減行追等項，在軍需本案歸結。均應如所請。從之。（高宗九二〇、二）

（乾隆四五、五、戊子） 又諭：前據戶部奏，查辦雲南省未完鹽課二摺，已有旨寄交福康安、劉秉恬閱看，令伊等到滇後，即悉心查覈。至滇省鹽務，墮銷墮運及商民積欠，節經降旨，嚴飭該督撫等實心籌辦。歷年以來，紛紛奏請調劑，至今仍未有起色。昨和珅回京面奏滇省鹽務情形，實緣川省私鹽不無偷漏，又係白鹽，較之滇省所出黑鹽味好而價廉，所以官鹽難銷而正課日虧。惟在川滇二省交界處所實力禁止偷漏，則小民不能淡食，庶幾官鹽易銷，課項無虧等語。所奏較為切實。私鹽盛行，則官引壅滯難銷，自應實力嚴禁。但川省與雲南接壤，私鹽既易偷漏，小民貪賤買食，勢所不免，即出示嚴行曉諭查禁，仍屬有名無實，若多派兵役巡察查拏，又恐徒滋擾累，總之有治人無治法。應揀選能事地方官，責令妥爲籌畫，實力清查，俾閭閻不至食私而鹽務漸期整頓。所謂民可使由之，不可使知之者。著傳諭福康安、文綬等，即遵照此旨派委妥幹員弁，於川滇交界處所，稽查嚴禁，毋託空言。再滇省乾隆四十一年以前鹽運鹽銷各款，前經該督撫等奏明，分限八年帶銷，而四十一、二、三等年鹽課積欠，又有四十餘萬兩。舊欠未完，新欠又加，纍纍增甚，徒有催追之名，究無歸款之實，恐民間又受病日深，辦理愈形竭蹶。朕思該省整飭鹽務之時，首應年清年款，與其催追歷年之舊欠，莫若先清本年之新款。如本年庚子，將應完四十四年課項，先行儘數催交，其全完足數之外，再能催出若干，即以補還從前四十三年舊欠。如此年清年款，如有多餘，遞年向上補還舊欠，俟四十三年舊款已清，即補四十二年之欠。似此逐漸追溯清釐，不必定以年限，俾民力稍紓，而地方官亦不致有那新掩舊之弊，可望積欠漸清，鹽務或有起色。將此諭令福康安等，伊等以爲如何？（高宗一一〇六、二六）

（**乾隆四五、六、庚申**）諭軍機大臣曰：文綬覆奏，籌辦川省私鹽偷漏往滇一事，現在悉心籌酌，專委明幹能事之員，於川滇交界隘口，會同該地方文武員弁，設立卡隘，分路盤查等語。所辦甚好，已於摺內批示，令其實力妥辦矣。川滇地界毗連，自宜一律設卡嚴防，方免鹽觔影射夾帶諸弊。著傳諭福康安等，務一體派委妥員，於交界處所，嚴密稽查。即或非滇引運道所經，而壤地毗連，路徑可通者，亦應加意防範，務使私販絕跡，於滇省行銷引運，方有裨益。文綬摺並鈔寄閱看。（高宗一一〇八、一二）

二、各地的官鹽價格

1. 概況

（**雍正一、九、甲辰**）湖廣總督楊宗仁奏言：百姓食鹽價值，應請欽定，下慰商民仰望。得旨：……夫士農工商雖各異業，皆稱國家子民，理當一視同仁。督撫偏袒百姓，巡鹽御史偏袒商人，可乎？……楊宗仁身爲總督，於此等處並不留意，混行瀆奏。（世宗一一、三五）

（**乾隆一、八、己丑**）總理事務王大臣議覆：大學士朱軾條陳鹽務各款。窮乏竈戶，或有借貸商本，而於買鹽給價，則權衡子母，加倍扣尅，窮竈誠屬難堪。應令各該督撫、鹽政，轉飭該官於掣鹽時，公同酌定價值，無許扣尅短少，務使窮竈得沾利益。至竈戶售私，律有明條，各該督撫鹽政，遇拏獲私販，必根究其買自何地，賣自何人，無使私鹽透漏，以肅鹺政。又商人認引行鹽，自宜老成富厚之人充當，至初本有餘而花銷敗落，仍然充商者，將來勢必有誤引課，自應斥革。而豪強霸占，并私相售賣，無藉之輩，尤應嚴禁。但各處商人甚多，若必一時甄別稽查，不無紛擾，應令各該管鹽督撫鹽政，曉諭衆商，如有前項情弊，許其自退，免其治罪，倘仍隱匿不報，或被該管官察出，旁人首告，嚴拏按律究治。其鹽價酌定中平，毋得過爲增減，致累商民。至鹽觔經過地方，盤驗掛號陋規，久經嚴禁，如有借端需索者，該商據實首告，審實題參，按贓治罪。其經過地方盤驗，所以稽查夾帶私鹽之弊，仍令嚴飭沿邊地方各官隨到隨驗，如有藉詞留難，即行指名題參。倘該督撫等失於覺察，一併交部議處。從之。（高宗二五、二一）

（**乾隆五、四、己亥**）［湖廣總督班第］又奏：各省米糧時價，按月奏報，立法至善。鹽價向無奏報之例，應否令各督撫鹽臣，將產鹽銷引處所，按月附糧價摺內奏報，庶商民利弊可以上達，諸臣亦無所庸其偏庇。得旨：鹽價究非米價可比也。（高宗一一五、三六）

（**乾隆五、閏六、乙巳**）大學士等議覆：河南道監察御史陳其凝奏稱，竊見乾隆元年十月內，因前兩淮鹽臣噶爾泰，將公務薪水銀一十二萬兩，奏准留充公用，每年不能全完，呈請分年帶徵。皇上加恤商人，降旨悉行豁免。又以此等銀兩，在額課之外，永行停止。凡以商人浮費既輕，鹽觔成本自少，雖係恤商，即是惠民。上年淮揚興修水利，兩淮商人呈請捐銀三十萬兩以助大工，經督臣那蘇圖等覆奏，商人捐項重大，若一時按引派納，誠恐力有未紓，於戊午綱鹽課內借支，分年帶完。奉旨允行。查運鹽各河，向例商人自行挑濬，今興大工，准其捐輸，伊等不惟急公，兼且利己，借支帶完，皇上又俯允其請，誠愛恤商力之至意也。而伊等反因以爲利，前見兩淮鹽臣三保摺奏，衆商開呈成本價值，公然以捐賑煮賑挑河，捐項繁多爲名。夫借捐輸之名，增入成本之內，使小民知鹽價之貴由於捐輸，是商人蒙急公之賞，百姓受派累之苦。即上年淮揚歉收，衆商捐賑飢民，民間未嘗不被其惠，若仍算作成本，以濟之民者取之民，何待鹽賈之代賑乎？請勅諭各省督撫及鹽政諸臣，嗣後凡有興修之工，鹽商具呈捐貨，概不許代爲題達。地方偶有偏災，好善樂施之家，捐貨賑救，令其各自捐輸，官爲代理，不許糾結公捐，借名取償。則鹽賈不得借成本爲名，高擡鹽價，以累民生。又稱，興工代賑，必被災之所，人民無以聊生，賑以濟其老稚，工以賑其強壯，此代賑之法宜行也。若本無需代賑，則國用有經，工程宜省。近見各省題修之工甚多，如西寧之建築，河海之隄防，此出於萬不可緩。其餘言挑濬，言修建，揆其情節，事在得已。若不問緩急，任其開銷，勢必有虧國帑。請勅諭各省督撫，凡地方官詳請工程，必細加勘實，萬難稍緩，方准題達。該部亦必詳核，毋得濫准。倘冒昧請帑興修不緊要工程者，照捏報例議處，則工程減省，帑項不致耗費，遇有緊要工程，亦無需商人捐助等語。均應如所奏行。從之。（高宗一二〇、一八）

　　（乾隆三六、一一、丙寅）諭：本年恭逢皇太后八旬萬壽，兩淮、長蘆、浙江等處商人，來京恭辦慶典，踴躍可嘉，業已優加賞賚。並將淮商提引案內應繳銀兩，再行展限，以示體恤。更念該商等一體辦公，而總商甲商，叨恩獨厚，其餘商衆未能遍逮，因傳旨詢問李質頴封等，令就各處情形，查明具奏。今據奏覆，所有兩淮之梁鹽、安鹽二種，成本原自不同，價值不應一例。著淮商之梁鹽，每觔增價二釐，安鹽每觔減價二釐，在物價衰益既以適均，民商亦爲交便。其長蘆商人，應完三十六年引課錢糧，准其分作三年帶徵，以紓商力。山東商人，每年應領額餘引五萬道，准其停領三年，其應完正雜課銀，仍照舊輸納。兩浙商人，准每引加餘鹽五觔，以三年爲限。如此分別加恩，庶總散各商，得以同霑愷澤，共沐慈恩，用廣推仁至意。（高宗八九七、五四）

　　（乾隆三七、一一、丙申）諭：户部議駁三寶等奏請鹽觔增價展限一摺，固屬循例覈辦。但念晉省近歲產鹽雖覺稍旺，而場價未能驟落，且錢價平減，商人易銀完課，不免拮据。該撫等所奏，似屬實在情形。著加恩將從前暫增二釐之價，再行展限三年，俾商力益資寬裕。（高宗九二〇、一二）

　　（嘉慶一四、一、乙丑）諭軍機大臣等：本日據吳璥、托津會同鐵保等奏，籌議南河經費一摺。據稱，查鹽斤一項，乃民間日用所必需，而每口日食不過三錢，請於現行鹽價每斤酌加三釐，統計兩淮、長蘆、山東、河東、兩浙、兩廣、福建、陝西、甘肅九處，約計每年共可得銀四百餘萬兩，似與民生無損，而經費少充，實於要工有裨等語。河防關繫漕運民生，時廑宵旰，遇有應辦各工，原不惜多費帑金，爲一勞永逸之計。惟是近年以來，河患頻仍，如海口運口及高堰隄壩等處要工，層見疊出，需用浩繁，國家經費有常，豈能盡供工用？勢不得不設法調劑。茲據吳璥等奏請酌加鹽價以備工需，朕思鹽斤一項，雖出之於民，而與加賦少異，似與閭閻生計不致大礙。但各省情形亦有不同，自難一概而論。即如兩淮地方濱臨河岸，小民無不藉資保衛，則將官鹽量爲加增，諒所樂從。其兩浙、山東與江境毘連，且每年漕運亦所必經，誼難漠視。他如長蘆、河東以及閩、粵、陝、甘等省，相距較遠，於河防利害實無關涉，若概令按照加價徵課，事理殊覺未協。

著各該督撫、鹽政體察情形，如以爲事尚可行，不必拘定吳璥等酌加三釐之數，或就原額量增一二釐，准其暫行售賣。儻實有礙難辦理之處，亦不妨據實奏聞，惟當悉心籌議，俟奏到時再降諭旨。將此諭令知之。（仁宗二〇六、九）

（嘉慶一四、四、庚戌）諭内閣：前據長蘆鹽政奏，將鹽價每斤議增三文摺内，餘引銷額開報既涉含混，又欲邊加解運巡丁等費，與例未符，當交部議。經部議駁，並降旨令該鹽政伊昌阿明白回奏。旋經奏覆，仍不過敷衍前説，未能聲敘明晰。現又經部臣逐款指駁，所駁甚是。前因南河籌辦要工，吳璥等奏請鹽斤加價，以備經費，朕以事屬因公，諭令各督撫、鹽政於鹽價内酌量情形，是否可行之處，妥議具奏。現在兩淮、浙江等處，俱陸續議增，並未額外增費設巡。今長蘆鹽價，既據察看情形，可以增至三釐，而該鹽政於餘引數目有意報少，爲商人牟利地步。又欲藉加添巡丁等名目，於加價内開銷至十八萬餘兩之多，顯係該商等從中慾漲，故爲此舉。試思加價一事，原爲要工需用起見，並非以之調劑商人。況將來南河要工辦竣，加價即當停止，不過試行二三年。若各口岸遽爾增巡設汛，此等無藉之徒，暫時應募，又將如何安頓？伊昌阿職司鹾務，自應悉心籌畫，即該商等意圖利己，力爲懇請，亦當嚴行駁飭，乃一味袒庇，不以公事爲重，殊屬不合。伊昌阿著徹回鹽政，並交部議處。額勒布著以主事銜巡視長蘆鹽政，即令來京請訓，再赴新任。伊昌阿與額勒布交代清楚，來京聽候部議。所有户部議駁蘆東鹽斤加價二摺，俟額勒布到時交閲，令其於履任後詳細察覈。應如何酌增價值、籌辦盡善之處，妥議另行具奏，再降諭旨。（仁宗二一〇、一二）

（嘉慶一四、七、癸未）又諭：百齡等奏查明粤省現在行鹽情形，量加賣價一摺。據稱按照綱引易銷各埠，分別酌增一二釐，難銷各埠，免其加增等語。所議尚爲平允。著照所請。易銷之連州等三十五埠，照現賣之價酌加二釐。其次昭平等一百二十五埠酌加一釐。其難銷之高明等二十八埠，即可毋庸議加。所增價銀，共計二十萬九百餘兩，准其以嘉慶十四年爲始，隨課交納運庫，另册報部。惟此次鹽務加價，原以接濟南河要工。粤東鹽斤行銷處，所距南河較遠，非兩淮、兩浙、蘆東等處可比，設該省此時別無要需，自當不分畛域，以濟工用。今粤東現有勦捕洋匪事宜，經費正多，若將所加鹽價解赴河工，而該省一切捕費，轉須另爲籌撥，徒多周折。所有此項每年加價銀二十萬九百餘兩，著毋庸解往南河，即留爲本省捕盜之費。前已將該省每年關稅盈餘銀五萬兩留充公用，合之此項加價，每年共有銀二十五萬餘兩，經費甚爲充足，勦捕自益得力。在該省商民，以所加鹽價，爲保護桑梓

之需，自當倍形踴躍，仍俟大幫洋匪辦竣，即行奏明停止。（仁宗二一六、一一）

2. 長蘆

（乾隆二九、二、乙未）軍機大臣會同直隸總督方觀承議奏：近年商力耗乏，遇有請退引地，接替甚難其人，兼以物價脚費各項加增，而鹽價有定，運本實多不敷，應請照雍正十年之例，每觔增價一文。從之。（高宗七〇四、一八）

（乾隆三六、二、己卯）諭：上年夏間，天津等處因雨水過多，被災較重，業經疊降諭旨，動撥銀米，蠲賑頻施，黎民幸無失所。第念長蘆鹽坨，同時亦被淹浸，該商等工本不無稍虧，既仍照常納課，又不能與貧民一體霑恩，未免向隅。今翠華臨莅，深悉該處情形，且諮訪錢價，較前更爲平減，雖去歲曾加鹽價，現在商力仍覺拮据。著加恩每觔再暫加錢一文，以降旨之日爲始，定限一年，仍照舊值行銷，俾資充裕，以副朕因災卹商之意。該部即遵諭行。（高宗八七八、九）

（乾隆三六、三、丁未）又諭．前以長蘆鹽坨，去夏偶被水淹，且詢知今年錢價較前更爲平減，因降旨准將鹽價暫加錢一文，以一年爲限，仍照舊值行銷。茲臨莅山東，聞該處商人，歷年引課無欠，而積鹽仍有未銷。業經降旨，將乾隆三十五年應徵正課，分作八年帶徵。第念東省錢價，亦甚平減，著再加恩，准照長蘆之例，每觔暫加錢一文，以奉旨之日爲始，定限半年，俾商力益資寬裕。該部即遵諭行。（高宗八八〇、八）

（乾隆五三、八、乙卯）戶部議覆：長蘆鹽政穆騰額奏稱，長蘆行鹽各口岸，俱用錢文，而商人則用銀交課。從前銀一兩，需錢八九百文，迨乾隆五十一年，需錢一千文，商衆已苦賠折，上年奏銷，竟需一千一百餘文，又因錢賤物貴，運脚等費，成本倍增，較之五十一年，每引虧銀五六錢。通計長蘆行鹽處所，每年約虧七八十萬，年復一年，靡所底止。請將直隸、山東、河南行運引票，於現行鹽價外，每觔加制錢二文，以補用錢易銀之不足。應如所請。從之。（高宗一三一一、二四）

（乾隆五九、一一、辛丑）又諭曰：戶部議覆長蘆鹽政徵瑞等奏蘆東鹽價改爲賣銀一摺。内稱，現在市集錢價較賤，若如該鹽政等所奏，照依市價，隨時覈算，則較之長蘆現行鹽價，每觔約多賣錢二三文及五六文不等。統計長蘆每年額銷引張，可多賣銀一百數十萬兩，即謂蘆東鹾務，目前量宜變通，亦應覈明該商等每年約賠數目，量出爲入，兩得其平,未可稍存偏重之見,或至累及閭閻,徒飽商槖。請勅下各督撫,會同鹽政,切實詳查,秉公酌議具奏,再行覈辦等語。此事前據徵瑞等奏稱,蘆東商人,以賣鹽錢文,易銀交課,多有賠折。且河南省行銷四省引鹽,惟蘆東專賣錢文,商情不無偏紲,請一體改爲賣銀,以紓商力等語。朕以所奏係爲調劑鹺務,似有所見,因交該部覈議。至其中如何合算增減,一切委折細數,朕豈能析及錙銖。今據部臣覈奏,則稱若如該鹽政等所請,每年額銷引張,竟多賣銀一百數十萬兩。徵瑞等即爲調劑商情起見,計其每年賠折,不過四五十萬兩,亦應酌其賠折之數,量爲變通。何得專事恤商,致令倍蓰得利,此語更近理,朕豈肯因恤商因而令商受利而民反受困乎?其應如何酌中定議,使商民兩便之處,除原議大臣不議外,著交大學士、九卿會同悉心妥議具奏。至徵瑞前奏,係與梁肯堂、福寧會同札商,該督等自必稔悉情形,何以並未將辦理偏重之處,詳悉查覈,率行隨同會銜,令其據實回奏。再蘆東引鹽,行銷直隸、山東、河南、江蘇、安徽五省,其銷售鹽勣,易銀交課,是否實有賠折,應如何量爲調劑,使商力寬紓,民無擾累,兩得其平之處,並著各該督撫,各抒所見,一體秉公覈議,據實迅速具奏,再降諭旨。(高宗一四六五、一)

(嘉慶五、三、戊午)又諭:戶部議覆長蘆鹽政觀豫奏請蘆東鹽斤加價一摺,所駁甚是,已依議行矣。現在軍務尚未蕆事,一切兵餉供支,皆須發帑接濟,固應寬爲籌備,但朕斷不肯因此有累及閭閻之事。教匪何?民也。原因不肖官吏,勒索苦剋,激成此事,至今未能復業,自滋事以來,到處焚掠裹脅,百姓逼於飢困,不得已而從賊。是欲剗平賊匪,必先使吾民各安生業,民安而賊自可平。多安一民,即少一賊,此事理之必然者。若因軍興需費浩繁,遂思朘削百姓之脂膏,冀補國家之帑項,或致生計不足,別滋事端,即言利,則所費豈不更多?爲害更大?朕躬行節儉,永杜貢獻,言利之徒,無所施其伎倆。惟近日臣工,往往藉軍需爲名,在朕前嘗試,巧言利國,實皆利己。此等假公濟私之人,本應加之譴責,但人材不易,豈能遽以一眚遽斥。此時亦第存之於心,不肯宣露,早已薄其爲人矣。即如長蘆加增鹽價一事,雖計其食鹽之人,每日所費不過一二文,似屬有限,而不知鹽斤爲食用所必需,一經議增,則人人均受其累。且私販本因官鹽價昂而起,今再議加增,則私鹽自必更爲充斥,官引墮銷愈多。長蘆鹽價增加,已非一次,即該商積欠各款,節經寬免展限者,亦非一次,恩施不爲不厚,豈得復行干瀆,爲此無厭之求。況鹽價既增之後,即不能復減,累民寧有已時。雖據觀豫奏稱,此次加價,爲清完積欠而設,但加價之後,該商等亦未必能清完國課，徒然病民以裕商，更屬不值。朕寧可使帑項有稽，而斷不肯朘民以益帑。況天下山陬海澨，所有財貨，皆朕之財貨，豈必聚於宮府，踵瓊林大盈之鄙識哉？爲天子者，富有四海，不問有無，藏富於民，周流泉幣，斯得九五福之二曰富大旨矣。昨兩淮、浙江、廣東各商，俱籲懇報效，而長蘆商人，並未呈請出資助餉，更無可藉口，今若允該商等所求，致兩淮等處亦復效尤，紛紛懇請加價，更無所底止矣。朕勤求上理，惟思克己利民，以符損上益下之義。將來軍務完竣，即現開捐例，亦當停止，豈有無故將鹽價加增之理乎。觀豫此摺雖未必爲牟利私己起見，但率聽商人慫恿，遽行瀆請，實屬不合。觀豫著飭行，將朕此旨與諸王及大學士九卿同看，即行覆奏。（仁宗六一、一二）

（嘉慶八、九、壬寅）諭內閣：大學士九卿議駁：顏檢、賽尚阿奏，籌辦水利工程，請加鹽價一摺。此事本屬難行，鹽斤加價，不獨係病民之舉，且官鹽價昂，則私販愈多，滯銷愈甚，於鹽務亦屬無益。若以興修水利籌款爲詞，則該督等所奏，每歲僅將加價銀六十萬餘兩歸入河工，於目前修濬事宜，亦屬緩不濟急。顏檢向來辦事尚屬認真，此奏未必全係該督主見，自係賽尚阿輕聽商人之言，從旁慫恿，而顏檢即會同入告，殊屬非是。顏檢、賽尚阿均著傳旨申飭。至該省河道隄工，數十年來久未修濬，兼以前歲雨水較大，工段率多衝損，自宜及時興修，但水利事關重大，亦非一時所能猝辦。即著顏檢派員履勘，應自某處修起，再接修某處，約幾年可以完竣，統計需銀若干，現在興工即需銀若干，通盤籌畫，妥議具奏。俟奏到時，再降諭旨。其蘆東各商積欠帑項，該鹽政惟應嚴飭各商，遵照定限，上緊完交。若如該御史舒昇阿所奏，於應交積欠項下另籌生息，事屬繁瑣，且商力斷有所不能。朕豈肯因籌辦水利，鰓鰓計及錙銖乎？再前此鹽務加價，多以錢價過賤爲詞。年來錢價甚昂，商人等獲利增倍，而原加之價，既未議減，其所得贏餘，能否如該御史所奏，劃出歸公，仍著該督會同該鹽政體察情形，據實具奏。尋奏：長蘆現行鹽價，委無餘利，其應行歸公之處，請無庸議。下部知之。（仁宗一二〇、一二）

3. 河東

（乾隆一〇、七、辛卯）[戶部]又議准：署河東鹽政衆神保覆奏，山西、陝西、河南三省行銷河東引鹽，山西、陝西兩處秤斗兼用，河南止用觔秤。向係地方官與商民按照秤斗銀錢，酌量售銷，並未議定價報部，相沿行之甚便，即可久遠遵守，毋庸另議貴賤兩價，以滋紛擾。至靈寶縣鹽價，商

人現請量減銷賣，亦應著爲定例，並請減每年公費雜項銀六百八十餘兩，以補商利。從之。（高宗二四五、一一）

（乾隆一六、一〇、己未）山西巡撫阿思哈覆奏：今年五六月間，雨水稍多，池鹽歉收。運鹽之例，二百四十觔爲一引，百二十引爲一名。今每名場價，較乾隆十三年，增至二十餘兩，運商竭蹶。請將本年餘課，緩徵一半。下軍機大臣議行。（高宗四〇一、一八）

（乾隆四〇、一二、戊申）又諭：戶部議駁巴延三等奏，河東暫增二釐鹽價，再請展限三年之處，毋庸議一摺，自屬照例辦理。但念該處場價未平，其小鹽池六處，甫經開採接濟，所得贏餘，未能補足前兩年歉收之數，商力不無拮据。著加恩照該撫等所請，將從前暫增二釐鹽價，再行展限三年，俾轉運益資充裕。（高宗九九八、六）

（乾隆四三、一一、丙辰）山西巡撫覺羅巴延三奏：河東增復鹽價，已屆三年限滿，例應刪減。查現在場價脚費，較前俱昂，商力未能驟復。請將每觔增復二釐鹽價，再予展限三年。下部知之。（高宗一〇七一、四〇）

（乾隆五〇、一二、己丑）諭：戶部議駁伊桑阿奏河東運鹽成本不敷、請將續增二釐作爲定額一摺，固屬照例辦理。第念河東池鹽，全係陸運，需費浩繁。今戶口日增，物價胥貴，則運鹽之食物脚價，較之往年，自必有增無減。該撫既稱現增之價，不致有妨民力，而該商等亦藉得稍爲舒展，著照所請，將續增二釐鹽價，加恩准作定額，以紓商力。（高宗一二四四、一五）

（乾隆五七、二、甲辰）軍機大臣議覆，山西巡撫馮光熊奏稱，河東鹽課改歸地丁各事宜。一、課銀應年清年款，各解本省藩庫，雖遇蠲免地丁之年，不在應蠲之列。……一、行鹽部引毋庸再領，紙硃銀兩應免交納。至內閣等衙門飯食銀兩，仍在山西藩庫鹽課項下按年報解。一、池鹽既歸民運，應聽從民便，毋許地方官禁止及私收稅錢。一、鹽政、運使、運同、經歷、知事、庫大使並三場大使俱請裁。……一、運鹽道路，過渡船隻，應仍其舊。並飭地方官實力稽查，毋許攔阻。……從之。（高宗一三九六、九）

（乾隆五七、三、乙未）諭曰：秦承恩奏陝西辦理鹽務情形一摺。據稱，該省遵照新定章程以來，西安、同州兩府屬鹽價，較往日每觔約減錢二文；興安、商邠等府州屬，程途較遠，鹽價亦有減無增，各糧戶以買鹽所減之錢，完納所增些須之額，課有贏餘等語。覽奏嘉悅。河東鹽課改歸地丁一事，原期商民兩便，利歸於下，使貧富均霑實惠。自改行以來，陝省西安等府州屬鹽價即已減落，可見調劑得宜，其效立應。況鹽觔爲閭閻每日必需之物，價值既減，則小民每日皆有節省。而應攤鹽課每年祗交納一次，以日日節省之數，完一年應攤之課，其贏餘不可勝計。昨經面詢馮光熊、蔣兆奎，僉稱本年晉省自弛鹽禁後，察訪各行鹽處所，價值俱已減落，民間毫無攤課之累，而有食賤之利。今秦承恩所奏陝省情形，又復相同，是鹽課改地丁，洵屬有利無弊。豫省州縣內，亦有行銷河東鹽觔之處，自已一律奉行，何以穆和藺並未將該省情形據實具奏？即前日該撫來行在迎駕，召見時，因加恩寬免展限積欠，未暇問及此事。著穆和藺將豫省鹽價現在如何減落，及商民均有利益之處，確切查明，即行明白奏覆，以慰廑注。（高宗一三九九、一七）

（乾隆五七、四、辛丑）諭曰：秦承恩奏陝省辦理鹽務情形一摺。據稱，該省遵照新定章程以來，西安、同州兩府屬鹽價，較之往日，每觔酌減錢二文；興安、商邠等府州屬，程途較遠，鹽價亦有減無增。各糧戶以買鹽所減之錢，完納所增些微之額，課有贏餘等語。覽奏嘉悅。河東鹽課改歸地丁一事，原期商民兩便，利歸於下，使貧富均霑實惠。自改行以來，陝省西安等府州屬鹽價即已減落，可見調劑得宜，其效立應。況鹽觔為閭閻每日必需之物，價值既減，則小民每日皆有節省。而應攤鹽課，每年祇交納一次，以日日節省之數，完一年應攤之課，其贏餘不可勝計。昨經面詢馮光熊、蔣兆奎，僉稱本年晉省自弛鹽禁後，察訪各行鹽處所，價值俱已減落，民間毫無攤課之累，而有食賤之利。今秦承恩所奏陝省情形，又復相同，且鹽課改歸地丁，洵屬有利無弊。豫省州縣內，亦有行銷河東鹽觔之處，自已一律奉行，何以穆和藺並未將該省情形據實具奏？即前日該撫來行在迎駕，召見時，因加恩寬免展限積欠，未暇問及此事。著穆和藺將豫省鹽價，現在如何減落，及商民均有利益之處，確切查明，即行明白奏覆，以慰廑注。尋奏：河南向食河東引鹽之河南、南陽二府，汝州、陝州，暨許州屬之襄城縣，自本年正月更定章程，鹽觔充斥，價值減落七八文至三四文不等，裨益良非一端。得旨：欣慰覽之。（高宗一四〇〇、四）

（嘉慶一一、七、庚午）大學士慶桂等議覆：侍郎英和等會議山西等省鹽務情形。晉省商人賠累，實緣原議以賤價定為長額。請照乾隆十年以前成例，令該商等按收鹽豐歉、成本重輕，自定賣價。仍令該撫等將各處售賣鹽斤實價，按月造冊報部，俟試行一年，再行酌中定價。又吉蘭泰鹽斤，向用船隻，由黃河運至山西行銷，若定由木商造船轉給運商，難保無掯勒情弊。應令運商自行購造，方足以資輓運。又運商應帶口糧，官為驗放，但出口人數多寡，視該處產鹽旺歉，難於豫定額數，自應隨時造報，不准浮多。又河東鹽政，照舊以山西巡撫兼管。所有河東運使，毋庸復設，應即以河東道兼辦鹽法道事務。其吉蘭泰鹽斤，即令寧夏道兼管鹽法道辦理，並令該督於丞倅中，酌量一員，在該處輪流駐劄，以資查察。其陝西鹽務，仍照舊令鳳邠道兼鹽法道管理，統由山西巡撫覈轉。至所請磴口添設運判一員，吉蘭泰及磴口各設鹽大使一員，河口鎮添設批驗所大使一員，以及派委武職彈壓之處，應如該侍郎等所奏辦理。從之。（仁宗一六四、三三）

4. 兩淮

（雍正一、九、甲辰） 湖廣總督楊宗仁奏言：百姓食鹽價值，應請欽定，下慰商民仰望。得旨：據楊宗仁奏請欽定鹽價，伊並不體察事理，但固執己見，仍照原題具奏。夫士農工商，雖各異業，皆係國家子民，理當一視同仁。督撫偏袒百姓，巡鹽御史偏袒商人，可乎？總督係地方大臣，凡辦理事務，必須平心靜氣，期於合理。楊宗仁身爲總督，於此等處並不留意，混行瀆奏。著黃叔琳、謝賜履前往楚省，會同楊宗仁，將鹽價確議酌定，謝賜履印務，著運使何順暫行署理。（世宗一一、三五）

（雍正一、一〇、壬戌） 諭湖廣總督楊宗仁：凡爲大臣者，身任封疆重寄，必當和平詳慎，曲體人情，虛懷博詢，以求適中，庶於國計民生，俱有裨益。近聞湖廣鹽觔涌貴，良由減價太過所致。在爾意原欲利民，而不期先已病商，乃致商運裹足不前，衆口食淡。是欲利民，而民轉受其困矣。至如楚地本產米之鄉，素爲東南之所仰給，因爾禁米出境，以致川米亦不到楚。不得鄰省價昂，而本省糧價亦致漸長。是爾之遏糴，原欲封殖本境，而本境之民，並未沾毫釐之益也。夫鄰省黔黎，莫非朝廷赤子，大臣體國，當以公溥爲心，似此偏執褊狹，殊屬不諳大體。其速行改圖，務令販運流通，遠近民食有賴。（世宗一二、一四）

（乾隆一、一二、己巳） 户部議覆：署湖廣總督史貽直疏言，四川建始縣，改隸湖北，例銷淮南引鹽，相距漢鎮，水陸二千餘里。淮商成本及水商脚價，每鹽一觔，需銀六七分不等，而相離雲陽縣鹽場，地近價廉。照舊行銷川鹽，商民兩便。應如所請。從之。（高宗三二、一八）

（乾隆五、五、庚申） 諭：湖廣鹽價一案，必須商民兩得其平，始可遵行無弊。是以特降諭旨，令崔紀、三保來京，會同大學士，該部詳妥定議。朕曾向大學士等面降諭旨，商民營運貿易，亦須酌量情理。若執一偏之見，繩之以法，必致有弊。可詳記此旨，俟彼二人到京會議時，傳諭知之。頃聞漢口地方，有擁集多人，向鹽店強行勒買之事，果如此，則是以有益之名，受無益之實，愚民並不靜聽辦理，妄行生事，自取罪戾矣。著總督班第，詳切曉諭，俾各安本分。並將商民現在情形，秉公確查，據實奏聞。（高宗一

一七、七)

(乾隆五、五、戊辰) 兩淮鹽政三保奏：湖北巡撫崔紀，剛愎自用，並不從公計議，將漢口鹽價核減，以致奸民轉販圖利，食鹽缺少，商人受困，諸多掣肘。得旨：知道了。已命班第秉公料理矣。(高宗一一七、二〇)

(乾隆五、五、戊辰) [兩淮鹽政三保]又奏：崔紀刻減楚省鹽價，以致該處地棍群起囤買，聚集數千人，將各商打毀圍困，種種不法情形。得旨：知道了。有旨密查矣。(高宗一一七、二〇)

(乾隆五、六、癸酉) 諭軍機大臣等：湖廣鹽價一案，朕已屢降諭旨。前聞漢口地方，有擁集多人，向鹽店強行勒買之事，又復降旨，令總督班第詳切曉諭，各安分守法，毋自取罪戾，並將商民情形，秉公確查奏聞。今又聞巡撫崔紀，於三月間，飭諭湖北各府，議令暫食鄰私，現有崔紀與各府諭帖為據。朕思為巡撫者，必無有諭令所屬暫食私鹽之理，不知崔紀果有此諭與各府否？如果有之，則不知崔紀何意而為此悖理之言。爾等可作速將伊諭帖抄錄，密寄與班第，令其秉公確查，據實具奏。並將現在鹽務情形如何，一面妥帖辦理，一面速行奏聞。尋據班第查覆：撫臣崔紀，於三月內飭諭各府議食鄰私之處，臣現署撫印，隨調崔紀任內發諭號簿查閱，有三月二十四日，諭令安陸、德安、襄陽三府，查所屬州縣需鹽情形，並未全載事由。詢之書役云，因鹽少價昂，恐州縣民多淡食，令該府確查情形，並有無鄰私可以暫食，原係內署發諭，止令登記號簿，發諭之後，未據各府文覆。或有回稟，無從得知等語。查三府中惟德安最近，隨密札詢問該府，旋據該府王拱垣稟稱，三月間係前署府事荊州府同知張延慶任內之事，並無稿案存房。因問安陸縣知縣杜若甫，據云三月內曾奉署府轉諭此事，當即具稟回覆，不知署府作何轉稟，并將原諭及回稟稿抄到。查所錄原諭，與廷寄諭稿相符，是崔紀因此三府與豫省接壤，令該府等查議，實有其事，至武漢黃已經密查，並無此諭。其餘各府，現在密查，俟覆到另行具奏。得旨：這所奏情節，著崔紀明白回奏。(高宗一一八、六)

(乾隆五、閏六、丁未) 湖北巡撫崔紀遵旨奏覆：前經鹽臣三保，責臣飭減鹽價，因此發鹽之期，不遵定例，故意遲延，鹽價頓長幾倍。且又百計刁難，民間咸有食淡之慮，臣不勝焦切。查雍正元年，督臣楊宗仁，因鹽船不到，有差員至宜昌府接買川鹽一事，臣因此密諭德安、安陸、襄陽三府，商及鄰私接濟之說，亦不過為將來萬不得已之一策，並非即令見諸施行。迨各府稟覆，從無越境鄰私，惟有飭商趕運，尚可接濟等語。皆有檔案可查，此萬不得已之實情。得旨：崔紀回奏情節，著交部一并嚴察議奏。(高宗一

二〇、二八)

(**乾隆五、七、丙子**) 吏部議：湖廣總督班第參奏，湖北巡撫崔紀違例縱私各案。查崔紀濫准崔乃鏞擅動存公銀兩，被參後，復代賠虧缺。種種徇庇，應降三級調用。又委按察司經歷署理州縣印務，應罰俸一年。又密諭各府，令民間暫食私鹽，尤爲狥法溺職，應照例革職。得旨：崔紀袒護崔乃鏞一案，著照部議降三級調用。至令民間暫食私鹽一案，雖悖謬實甚，但事尚未行，遽議革職，未免過重，此案著免其革職，再降五級調用。餘依議。(高宗一二二、一六)

(**乾隆五、七、丁亥**) 大學士等奏：湖廣鹽價一事，奉旨命原任湖北巡撫崔紀、兩淮鹽政三保，來京會議。今據崔紀、三保所開成本價值清單，互有參差，多寡不一，礙難核定。請命大臣一員，會同新任鹽政準泰，將楚鹽價值通盤核算，定議具奏。至湖廣總督班第條奏鹽務各款，一、請核減續增匣費。查楚省匣費，雍正十年額定銀十二萬兩，今每歲又多用十二三萬兩不等，明係夥商浮用，自應永行禁止。仍令該鹽政每年歲底清查一次，造冊報部。一、請禁梁垛、安豐二場，巧分名色。查楚鹽只分梁、安二種。安鹽價值，每包照梁鹽酌減二釐，並無白梁、次梁、白安、黑安等項名目。令該鹽政嚴飭淮商，查明禁止。一、請餘鹽零包，一例開報。查零星鹽觔，向不造報，恐沿途不無盜賣夾帶等弊。應如所請，令該鹽政嚴飭各商，將所行之鹽若干引，共正鹽若干包，零鹽若干包，俱於桅封單內詳載，毋許漏報。一、請水販舖戶一體給發水程。查商販運鹽，赴各處售賣，全賴鹽道水程稽考。應如所請。買鹽不及二引者，給水程一張，將多買零數添明，其不及一引，並附近漢鎮之江、漢二縣水販，俱一例發給水程。一、請較準各店法馬。查商店賣鹽，既用庫平庫銀合算，應如所請，照部頒法馬，將各店一律較準，不得參差。一、請清查引鹽觔數。查鹽船到岸未發之先，例應委員查點，應令遵照定例辦理。至黃州一府，並興國等州縣，俱在漢口之下，爲鹽船所必經。應如所請。令鹽道查明各處額引，豫發水程，俟船到黃境，將鹽提出發賣，到漢扣除。再漢口鹽船，不能抵岸，有自雇小船提剝者，亦應如所請，令鹽道給發印照，到漢時查對，毋任私提盜賣。得旨：依議。著江蘇巡撫徐士林，會同兩淮鹽政準泰，確核定議具奏。(高宗一二三、五)

(**乾隆六、一、癸巳**) 江蘇巡撫徐士林，會同兩淮鹽政準泰奏覆：淮鹽行運湖廣，所有成本，按照每綱銀數及時價貴賤，酌定數目，并請每引酌給餘息銀二三錢。得旨：原議之大臣議奏，地方鹽價之平，惟在鹽臣盡心督運，該督撫加意督銷，則鹽觔自多，而無價昂病民之弊。從前諭旨甚明。至於奸商長價居奇，固不可不爲裁抑，而刁民借端生事，尤不可不加嚴懲。惟在該督撫查禁於平時，訪緝於臨事，則情法均平，商民並受其福。著該部將朕旨行文該督撫、鹽政知之。（高宗一三五、九）

（乾隆六、四、丙申）大學士等議准：江蘇巡撫徐士林奏稱，淮南綱鹽，行運湖廣，年來增貴。今據逐項確查，酌定綱引必須銀數。賤價，每觔一分五釐零，每包一錢二分零，每引五兩三錢零。貴價，每觔一分六釐零，每包一錢三分零，每引五兩七錢零。請自辛酉綱爲始，遵照運銷，并查明年成本之重輕，定鹽價之貴賤，按年造報，咨部查核。從之。（高宗一四〇、二）

（乾隆六、五、癸巳）上馴院卿巡視兩淮鹽政準泰奏：淮南引鹽，出於滷煎，現值暑月，恒多消融，請照向例量加滷耗，以保商本。得旨：此等事，朕不過付之知道了而已。汝在閩省，關稅做得頗巧。汝回任時，朕亦曾訓汝，及至後來無人，復屢次差汝錢糧之任，而總未見汝實心爲上之處。汝所得亦不爲不多矣。見此旨，而知足知悔，猶能保其故吾。若再貪得無厭，巧計彌縫，雖三窟之留，亦不過他人受之而已，汝身能自保乎？海保輩，皆前車之鑒，可不畏哉？（高宗一四三、二六）

（乾隆六、六、壬戌）［江蘇巡撫徐士林］又奏：上年查辦淮鹽運楚成本，較部議稍增，而各款皆現在必須實數，今若不給餘利，恐商情失望，輒生退阻，且漢口到鹽稍有不繼，淮商困而楚民亦困。懇每引給餘息二三錢，俾霑餘利，恤商正以惠民。得旨：著照所請行。該部知道。（高宗一四五、二二）

（乾隆八、六、庚辰）户部右侍郎署湖南巡撫阿里袞奏請：從前鹽價，每觔定銀一分，彼時錢價平賤，每銀一分，約收十文。嗣因錢價昂貴，小民零買用錢，準之銀數，已係一分二三釐。應請以銀數定鹽價，照錢價準銀數，總以時價折算，不得以銀一分收錢十文。再鹽舖所用銀戥，俱名老廣法，比官法馬較重，應請以官法馬爲準。得旨：是。酌中執法辦理可也。（高宗一九五、二七）

（乾隆八、一一、癸未）兩淮鹽政準泰奏：淮鹽運楚成本，於乾隆五年具題，內有湖廣匣費、布稅、充公等三款，每引應派銀一錢九分四釐，聲明俟楚省議定，添入成本。因部中通案駁款未清，至今尚未攤入賣價。而匣費等款，各商已在楚按年扣繳，積至三年，幾虧本四十餘萬。請將前項應派銀數，攤入成本行銷，其各商已繳銀兩，并請於甲子綱起，分作三年帶入成本攤銷。得旨：允行。（高宗二〇四、九）

（乾隆一五、六、己亥）諭軍機大臣等：永興所奏辦理鹽政摺內，禁止擡價，以卹民艱之處。向來楚省督撫於新到時，該地方多以鹽價昂貴爲辭，輒爲出示禁諭，冀以博百姓之稱揚。而奸胥地棍，打點名色，從中取利。督臣專管鹽政，籲請尤亟，竟成習套。此時楚省鹽價，如果係商人有意高擡，致淡食病民，自應力爲禁約，如不過時長時落，則如京師錢價，竟可以不治治之。永興初莅外任，於地方情形，未能盡悉，不可不令知此意。至所稱本年正月至今，遭風鹽船共八隻，淹消鹽二百六十六萬四千二百餘勯之處，當由分銷小商及商斯船戶舞弊所致。蓋口岸行銷如額，則利歸大商，惟捏報淹消沉溺，則可盜賣肥橐，是以半年之間，多至二百六十餘萬。不然，自揚至楚，雖冒涉湖江，究係内地，且歲歲往來，其於風濤平險，進止停泊，榜人舟子，無不熟悉，何至連檣淹損，數盈鉅萬耶？此亦不可不留心設法查辦。併著傳諭該鹽政吉慶，令其實力稽查，妥協辦理，務使民食有資，商力益裕，斯爲兩得。（高宗三六七、一六）

（乾隆一六、二、甲申）諭：朕省方所至，廣沛恩膏。前因兩淮商衆，踴躍急公，業已加恩優獎。更念其運綱輸課，接濟民食，恤商斯足以惠民，特行再布殊恩，著將兩淮綱鹽食鹽，於定額外，每引賞加一十勯，不在原定成本之内，俾得永遠霑受實惠。商人當仰體朕博愛敦本至意，風俗雖不必驟更，近一分返樸之心，即遠一分極奢之念。植息毋取其三倍，減一分售鹽之價，即利一分食鹽之人。其有昂值綱利，致累閭閻，則深負加恩德意矣。該鹽政其通示商衆知之。（高宗三八三、一）

（乾隆一六、閏五、戊辰）大學士等議覆：管理兩淮鹽政吉慶等奏稱，兩淮行運江廣引鹽，價賤虧商，貴則病民。近定議貴賤兩價，照年之豐歉，請自辛未綱始，酌定奏辦。其丁卯、戊辰、己巳三綱概賣之貴價，并免追繳，以恤商力等語。查該處並未報災，而造報引鹽任聽該商昂價，未便免追。所有丁卯、戊辰楚鹽多賣銀九十六萬餘兩，己巳綱，西鹽多賣銀十六萬兩，應追報部。諭曰：兩淮運銷丁卯、戊辰、己巳三綱引鹽，皆照貴價，曾經部駁追繳。今該鹽政吉慶等又復奏請免追，該部仍照例議駁。此雖部例，但向來各省鹽引，原聽其自相交易，無官爲限制之例，長蘆、河東至今尚然。惟兩淮行運江楚鹽引，適因崔紀沽名，三保庇商，兩持異議，始將各商運楚成本，分別定以賤價貴價。然自定價以來，商人總以貴價銷售至今。夫恤民裕商，本屬一事，若任其屢擡時價，日引月增，則於民食有關。然勒令賤賣，則該商等又以成本有虧，不免紛紛籲請。今計各商比年行銷價值，於成本自可無虧，將來即藉口年歲不齊，料亦不過如今之所稱歉年而止耳。嗣後淮商銷售引鹽，即遇應貴之年，亦不得於現在所銷價值外，復議稍有加增，庶可示以限制。至於歲事豐稔，鹽價可以酌量平減，則令各該督撫，會同鹽政等，隨時籌畫妥辦。部臣亦不必固執定例，徒滋駁詰之繁，庶於商民均爲有益。至部議已賣貴價，令商人追繳之處，事理亦屬難行。若云買貴在民，則仍應給還食鹽之户，於勢固有所不能，否則以商人市值所餘而歸之官帑，於政體尤有所不可。總之民間物價本自不齊，秪可隨時調劑，不能概繩以官法。即如人生日用最急者，莫如食米一項，今謂意在恤民而欲官爲立制，務使市價損之又損，閭閻皆得賤食，意則美矣，欲其行之於事，能乎不能乎？國家休養生息百有餘年，户口繁衍，自古希逢之盛會，人庶則用廣，用廣則價昂，此一定之理。經國者要在務持大體，而於事勢通變贏縮之間，爲之補偏救弊，俾庶政皆得其平，即所以嘉惠元元者，不外是矣。因議鹽法，故推類及之，而因時立制之道，實亦不外此。將此詳諭中外知之。（高宗三九〇、五）

（**乾隆二八、七、甲申**）又諭：據李侍堯奏，湖廣今年鹽價，每包賣銀至三錢三四分。自欽差阿永阿等到楚，暨陳宏謀及臣先後抵任，漸次遞減。現在市價每包二錢七八分不等，與高恒奏准定價一錢四分，尚屬加倍。現經札知高恒，飭令漢口總商定價一摺，已令李侍堯將漢口增價累民之商，就近查辦矣。楚省距兩淮尚遠，鹽價陡然增落，或與淮商無涉，但既經奏定價值，豈得任意增加？即運載水脚所需亦爲數無多，何至相懸倍蓰？漢口行鹽，原係兩淮商夥，其歷來銷售鹽勵定價偶有增添，是否隨時關白？及今年楚鹽價值昂貴，淮商有無見聞，其中或係各口岸遥受兩淮意指，通同擡價，抑或夥商捏稱鹽少，而舖户水販又復輾轉加增，致市價日漸騰踊之處，著傳諭高恒，逐一據實查奏。向來鹽政志在銷引裕課，地方官每言價踊病民，彼此牴牾掣肘，勢所不免。此奏出自李侍堯，朕可信其毫無成見，不得不徹底根查，以肅鹺政而蘇民困。並將此旨鈔寄李侍堯知之。（高宗六九一、二六）

（**乾隆二八、七、甲申**）又諭：據李侍堯奏湖廣鹽價昂貴一摺。該省行銷淮鹽，前經高恒奏定，每鹽一包，價銀一錢四分六厘。商人行運，自應遵照出售。即水脚加費，爲數無多。市價或時有低昂，亦何至頓長逾倍？且知有欽差及總督等先後赴楚，始聞風畏懼，遽行遞減。即現在每包二錢七分，較之原定價值尚加一倍，明係奸商貪利無饜，任意居奇。亦由談羽豐平時辦理不善所致。即此一節，楚省積年吏治廢弛，已可概見。至奏稱現經札知高恒，飭令定價之處，往返咨商，徒多紆折。楚省距兩淮千餘里，信息豈能遽達。即就現在鹽價陡落而論，淮商自不及與聞。則前此之肆值騰踊，其爲漢口商人牟利自封，已屬顯然。奸商不遵定價，輒敢額外妄增，致民間有淡食之累，實爲法所難貸。著李侍堯就近查明違例增價之商，盡法懲究，并酌定鹽觔價值，使閭閻日用有資，即行悉心妥辦具奏，並將此旨及原摺鈔寄高恒知之。(高宗六九一、二七)

（乾隆二八、八、壬子）諭軍機大臣等：前據李侍堯奏湖廣鹽價驟增一摺。彼時即以楚省向來吏治廢弛，致商販乘間牟利，高擡市價，淮商相距遼遠，未必與聞。隨諭李侍堯就近查辦，並傳諭高恒，令其將漢口淮販因何輾轉加增之處，逐一據實查奏。今據高恒奏到，漢口發販收價，向由賣商經理，兩淮商衆不能遙爲操縱，或賣商人等，見鹽既暢銷，可以居奇，設計作奸，陡長市價。前已咨行楚省，將盡棍吳美堂等拏究，並札寄李侍堯隨時查察，無使擡價累民，所奏甚屬明晰。楚省地棍敢於把持鹽務，致市價騰踴，民間有食貴之患，皆由地方官平昔不能整頓所致，自當實力根究，示以嚴懲，俾奸蠹共知斂跡。而鹽價長落，尤宜隨時查察，期於市價常平，商民交便。著傳諭李侍堯即速查訊明確，從重究治，以清積弊而肅鹽政。高恒原摺並著鈔寄。(高宗六九三、一一)

（乾隆二八、一〇、甲申）諭軍機大臣等：前因李侍堯奏湖廣鹽價驟增一事，當經傳諭高恒奏覆，以楚省行鹽，一切並由漢口商人經理，是其增價情由，當與淮商無涉。今閱李侍堯摺內，稱漢口賣商繳出淮商公札，有囑令不可賤價輕售之語，則不得專委其過於楚商矣。但所奏春間每包價銀二錢一二分，即謂淮商札致而然，若衛鳳翥等竟行賣至二錢七八分之多，又豈盡淮商敎之耶？看來鹽價之長落，視成本之多寡，物情雖本難齊，而豫定價值，自爲節制商人之常法，此則李侍堯之説終屬優於高恒也。總之高恒在淮言淮，其意以卹商爲重，而李侍堯在楚言楚，亦未免以荏任伊始，汲汲欲爲地方以平價便民，使二人易地而處，亦必更無異説，然此究係意見所爲，非虛公無我之本心也。著傳諭李侍堯等，辦理地方公事，惟在平心靜氣，和衷商搉，酌中妥辦。在漢口不得定價太苛，致商人深苦餘息之慳；在兩淮亦不得藉詞定價無餘，勒掯不往運售，致閭閻重貽淡食之患，斯商民交便，而體制尤爲協宜。將此詳諭知之。(高宗六九六、二)

（乾隆二八、一〇、丙午）諭軍機大臣等：前因湖廣鹽價增長一事，傳諭李侍堯，令其和衷商榷，酌中妥辦。在漢口不得定價太苛，致商人難於生息，而在兩淮亦不得藉詞息少，勒掯不往運售。今據高恒奏到，現在赴楚引鹽，約可銷至明年二三月內。是楚省鹽觔，目前自不至有匱乏之虞。至行銷價值，自當酌計成本，示以節制，固不可聽其任意增長，致閭閻食貴滋累。若過於裁減，或於鹽本不敷，將來運售恐不免拮据。即如米穀價值亦隨時長落，豈能著之禁令，概定石米數錢，而強人以所不能耶？總之辦理鹽務，惟在虛公酌劑，立定章程，俾商民兩無虧擾，不可任情偏聽，致刁民猾商，從中滋事，方爲平允。現在楚省鹽價情形若何，及如何酌中定價之處，著傳諭李侍堯詳悉覆奏。高恒摺并鈔寄閱看。（高宗六九七、八）

（乾隆二九、一、壬申）兩淮鹽政高恒奏：漢口賣商挾制拖欠，以致揚商虧本。嗣後賣商侵蝕濫賒，行店拖欠。請俱責成鹽道，如經揚商控告，照例究處。又江夏、漢陽二縣，向分別大中小鹽舖發給印票，令商人減價售賣，名爲公鹽，而賣商仍以貴價轉售，應將印票公鹽名色曉諭革除。得旨：所辦甚好。（高宗七〇三、八）

（乾隆二九、一、壬申）又奏：淮商向於漢口設立公所，公舉一二人，專司支解應酬等事，名爲匣商，並不經管行銷事宜。如養廉生息，楚省則由賣商於售鹽價內，扣交匣商，以致遲延侵欠，貽累商本，至鹽務應酬，沿濫日甚。查養廉各項，鹽道儘可承辦，應酬例應裁減。現與督臣李侍堯商酌，將一切支解款目，俱交鹽道辦理，裁去匣商，撤其公所。得旨：甚好。（高宗七〇三、八）

（乾隆二九、一、壬申）湖廣總督李侍堯、兩淮鹽政高恒奏楚省鹽價章程：臣高恒赴楚公同體察，緣淮商成本，各綱既不相同，即一綱亦不能畫一。如癸未綱每引實需成本，加以餘息三錢，計每包賣銀二錢三分一釐，應即照此定爲限制。現在各商浮濫費用，詳加釐剔，從此成本輕一分，賣價自減一分。嗣後漢口賣價，總以淮鹽成本爲準。請以甲申綱爲始，每綱於綱首鹽船開江之日，查取商人成本餘息，覈定每包應賣銀若干，移明楚省，飭商遵照。得旨：如所議行。餘有旨諭。諭軍機大臣等：朕前諭高恒赴楚面同李侍堯會議鹽務事宜，今據奏到，所辦甚屬允協，已於摺內批示，如所議行。從前湖廣行鹽之弊，總由不按淮商成本折衷定價。是以漢口賣商，從中意爲低昂，甚至擡價賒欠侵吞，種種作奸，而揚商寫遠阻礙，遂不得不受其挾制。今高恒遵旨前往，李侍堯與之協力清釐，將成本覈定，加以餘息，明立限制，情理皆得其平，鹺政可以永行無弊。且徹去匣商，節減糜費，則商力裕而民食益充。若非朕深究弊源，以會商爲兩省通氣之法，安能得其要領若此？不但該商民等當爲懽忻感切，該督該鹽政公同籌辦，益當踴躍倍常，溢於言表。今覽所奏，似不過就事完事，初不以積弊有年，始得洞中窾要爲喜，豈該督等彼此成見未化，僅藉此調停一局？抑以前此兩兩相持，迄無定奪，尚不足爲鹽法之累耶？著傳諭李侍堯、高恒，令其詳悉覆奏。再長蘆鹽政，原有每年自赴山東嚴查道庫，體察商情之例。楚省距維〔淮〕揚，雖較山東稍遠，然究屬該鹽政統轄之區，現在一經親行，已有明驗。嗣後該鹽政或酌量一二年中，親往巡視一次之處，著一併令其定議奏聞，候朕降旨。尋李侍堯奏：上年奉旨飭高恒赴楚會商，詢明現在成本，加以餘息，酌中定價，從此商力日裕，成本日輕，賣價平減，皆由睿慮周詳，無微不至。乃臣等於從前辦理未當，經奉旨遵照妥辦緣由，並未切實奏明，實屬草率，非敢稍存成見。得旨：覽此奏甚明矣。高恒奏：鹽法兩兩相持，商民並累，幸蒙聖恩教導，與督臣李侍堯協力清釐，得以永行無弊。至鹽臣赴楚巡視年限，查楚省距揚稍遠，請嗣後二年一次，奏明前往。如二年內有必須查辦會商之處，隨時奏請。得旨：知道了。不必定年限，於應去之時請旨可也。（高宗七〇三、一一）

（乾隆四三、一〇、戊辰）諭：本日戶部議覆，薩載、三寶等同鹽政伊齡阿會議酌加江西、湖廣戊戌綱鹽價兩摺。俱稱仍令該督等隨時察訪，嗣後雨水調勻，若無起剝水脚之費，仍覈實辦理，不准加增等語。所議尚未周到。江楚兩省鹽勩，原因本年水淺，輓運維艱，自應暫加價值，不使商本有虧；但不予以限期，該商等一經增價，誰肯復行議減？該督等亦未必能實力稽查。是此時調劑之議增，遂為日後長行之憑藉，究於民食有礙。著各照所定之價，止准暫增一年，過期仍照舊價行銷，以杜流弊。（高宗一〇六八、三四）

（乾隆五三、七、丁亥）戶部議覆：兩淮鹽政全德奏稱，湖廣、江西銷賣商鹽，照舊例停止定價，請交兩江總督等會籌議奏。得旨：阿桂現在派往湖北，辦理隄工撫卹事宜，所有酌定鹽價是否可以停止之處，著阿桂就近會同書麟、畢沅、何裕城、惠齡、全德秉公籌辦，妥議具奏。（高宗一三〇九、四九）

（乾隆五五、二、壬戌）諭：據全德奏；江西鹽價短少緣由，實因省店每遇滯銷，勢不能不跌價出售，而報官不敷定價，恐干駁詰，又不得不以定價具報，是以報價與賣價多有不同，並非該護道押令虛報，省店亦無影射情弊等語。前因全德具奏，江西銷鹽價值不符，朕即以出售銀數較報價短少，而於官引課項並無虧絀，自係該商等通融酌辦，其中似無他弊。嗣據書麟、何裕城查明商人等減價速售，希圖廣銷取利，以致不符定價，具報參差。所言自屬確實，節經傳諭該鹽政秉公詳查，不可因參奏在前，欲實前言，稍存迴護。茲據查明銷售價值不符之處，與書麟等所奏相同，並稱該護道及省店商人，均無影射情弊，果不出朕之所料。從前全德辦理此事，未免過刻，全德著傳旨申飭。（高宗一三四八、二二）

（嘉慶一〇、九、戊寅）諭軍機大臣等：本日百齡奏，岸商擡價病民，劣衿得賄私和，審明定擬一摺。據稱，漢口岸商程啟大等，於淮鹽配運到楚時，藉稱成色工本不一，意爲高下，私將價值加增，並復遞加平色，以致行户水販，輾轉遞增。經該處監生吳家珏等歷次具控，現經審訊定擬等語。淮鹽配運到楚，本有一定例價，今該商等不遵限制，擅價病民，以致衿民藉端挾詐，甚至釀成人命，皆由奸商網利而起。前據佶山奏稱，潞私充斥，官引滯銷。似此官鹽之價，貴於私鹽數倍，小民焉肯棄賤食貴？無怪官引滯銷，私鹽充斥。乃鰓鰓焉惟以緝私爲急，豈非舍本求末乎？吳熊光、托津赴楚省查辦此事，著查明該商等擅擡鹽價，是否私自增添，抑曾經禀明鹽道及佶山，准令伊等辦理，毋任含混。將此諭令知之。（仁宗一五〇、三七）

（嘉慶一〇、一一、甲寅）又諭：本日鐵保奏，查明楚省岸商私自擅價一案。因該省嘉慶九、十兩年官引暢銷，岸商欲彌補八年以前缺額虧累，將梁安等鹽分別增減出售，以致牽扯合算，每包多賣銀數釐。現據該商等請照九、十兩年銷鹽引數計算，將多賣銀二十二萬兩零繳還外，並請照數認賠銀二十二萬兩零，於二年内全數繳完等語。該省鹽價，節經奏定章程，商人等自應恪遵辦理。即因今昔成本不同，應須調劑，亦當據實呈請奏辦。乃黃瀅泰等任聽岸商私自增減售賣，顯違定例，實屬不合。即責令倍罰革退，亦屬咎有應得。第念事關通淮商力，特予格外體卹。著將此項多賣銀二十二萬兩零，即在該商黃瀅泰等名下，照數於二年内繳完，免其革退。其認罰銀二十二萬兩零，著加恩寬免。至佶山久任鹽政，於此案擡價病民之處，毫無覺察，所司何事？佶山著交部議處。運司曾燠亦未查出，著交部察議。此後鹽價，仍遵照五十三年奏准原案辦理，毋許有逾定額。（仁宗一五二、四）

（嘉慶一〇、一二、辛巳）刑部議駁：調任湖廣總督吳熊光等審訊岸商擡價病民、劣衿得賄私和一案。得旨：部駁甚是。此案余理堂於岸商程啟大與吳家珏賄和之後，恐鹽價終不能平，始同廖士琳續控。經司道等審明吳家珏受賄屬實，是余理堂所控並無虛捏，正當理直氣壯，何轉慮及吳家珏懷恨牽污，輒萌短見？且吳家珏並無向余理堂用言恐嚇情事，有何悔慮？況余理堂如果悔慮輕生，亦必當向伊子道及，何以案内又無一字聲敘？看來余理堂難保非被人勒斃，看役等受賄捏供。即其子余楫，或亦有賄囑私和情事，俱未可知。案關人命，不可不切實根究。至該省鹽斤價值，據吳熊光等訊據岸商供稱，梁鹽每包賣銀自三錢二三分及三錢四五分不等，覈之例價每引增至四五錢及一兩五六錢，安鹽每包多賣二三分，每引亦增至一兩二三錢。何以鐵保前奏，衹稱一引多賣銀一錢六分五釐，並稱有少賣之處，彼此聲敘多寡懸殊。此時全保尚未赴楚，著仍交托津會同瑚圖禮，提集原被人證，按照部

駮情節，再行研訊確實，詳細查明，據實具奏。(仁宗一五四、六)

（嘉慶一二、六、庚子）諭內閣：戶部議覆，湖廣、江西兩省行銷淮鹽價值，懇照總督汪志伊所奏，暫援餘息成例，每引酌增銀四錢二分，請旨辦理一摺。鹽斤爲民食攸關，該二省引鹽成本，加價已非一次。若祇爲商人沾潤起見，屢請加增，則卹商轉以病民，不足以昭平允。姑念兩淮場竃連年被災，該商等成本加重，辦理竭蹶，亦屬實在情形。所有湖廣、江西鹽引，著照汪志伊所奏，一體准其援照餘息成例，每引酌增銀四錢二分。此係因商力疲乏，暫爲調劑，該督撫、鹽政等，當隨時留心察看，將屆三年，據實具奏。俟商力稍裕，即行奏減，仍復舊規。如屆期商力尚未寬紓，或再展限三年亦可。但現在所定成本餘息，較之從前原議，已不啻數倍，該督撫、鹽政等，此後再不得瀆請加增，致滋民累。餘俱照戶部所議行。(仁宗一八二、一八)

5. 兩浙、福建

（乾隆一、二、甲申）諭總理事務王大臣：兩浙鹽務，向來廢弛。自李衛爲浙江總督以來，留心整理，諸事妥協。及李衛離浙，程元章接任，其性辦事迂懦，鹽政漸不如前。是以皇考諭令布政使張若震，暫行兼管。前據張若震奏稱，藩司之職，經管通省錢糧，頭緒繁多，難以兼顧鹽務。且緝私全賴官弁協力，未免呼應不靈，恐誤公事等語。張若震准解鹽政之任，俾得專心於職守。大學士嵇曾筠，現爲浙江巡撫，著照前李衛之例，改爲浙江總督，兼管兩浙鹽政。其管轄地方、節制官弁等事，悉照李衛前例行。嵇曾筠既爲浙江總督，郝玉麟著以閩浙總督銜，專管福建事務。朕聞浙省濱海之地，向來鹽價每觔不過數文，今加一倍，且有不止一倍者，小民甚爲不便。其如何先賤今昂之故，大學士嵇曾筠可悉心體察，多方調劑，使之平減，俾商民均受其益。又聞官弁兵役捕緝私鹽之時，每遇大梟，不敢過問，往往縱之使去。至於肩挑背負之窮民，資以餬口者，則指爲私販，重加懲處。種種弊端，不可悉數。前降諭旨甚明。尤當加意稽查，實心辦理，以除弊竇。有應具題者，即行具題。有應摺奏者，即行摺奏。(高宗一三、一一)

（乾隆一、八、乙酉）定浙鹽增觔改引之法。諭：浙江濱海，地皆斥鹵，向來鹽價甚賤，居民稱便。十餘年來，鹽價增長，近則加至二三倍不等。夫以小民日用必須之物，而昂貴若此，朕心深以爲憂，即中外之人，亦無不知兩浙鹽貴之爲累者。朕屢次切諭大學士嵇曾筠，令其悉心經理，乃數月以來，雖據奏報鹽價漸平，然較之十數年前，仍屬昂貴。朕再四圖維，幷留心諮訪，鹽價之貴，固在於場鹽少產，亦由於商本艱難。惟有使商人鹽觔充裕，則鹽價自然平減。今酌定增觔改引之法，將杭、嘉、紹三所引鹽，循照兩淮舊額，每引加增鹽五十觔，連包索共重三百三十五觔。至松江一所，原屬濱海產鹽之區，向因額設季引九萬餘道，分別上、中、下三則，徵收正課公費銀五萬四千餘兩，遂使近場州縣多有鹽貴之苦。今循照沿海溫台等處之例，改行票引九萬餘道，每引給鹽四百觔，令商人設店住賣。如此增觔改引，一為變通，則商本寬裕，轉輸便易，商人不受減價之累，百姓多受減價之益。大學士嵇曾筠再為多方調劑，加意體恤，庶可復還十數年之原價，以便民用。著該部行文大學士嵇曾筠，遵照諭旨辦理。（高宗二五、一五）

（乾隆二、二、戊子）大學士總理浙江海塘、管理總督事務兼管鹽政嵇曾筠奏：松所鹽務，自減定賣價以來，未聞異議。近因直隸督臣李衛摺奏浙鹽事宜，故智復萌，仍希網利，欲復每觔十三四文之舊價。臣遵諭體察，於賣價之外，量給巡費，以資查緝。現今調劑得宜，商情帖服，但恐奸商再行唆使，不能不懲一儆百。得旨：知道了。浙鹽一事，已全俾卿料理，朕從不為浮言所動也。（高宗三七、二一）

（乾隆二、一二、癸丑）［大學士管浙江總督嵇曾筠］又奏食鹽充裕情形。得旨：覽奏。鹽價平減，民無食淡之虞，實可以慰朕懷。至多增課額，非朕所計及也。（高宗五九、二四）

（乾隆四、四、己亥）又諭：數年以來，兩浙鹽價較前平減，仍當加意經理，勿令鹽務廢弛。查江南蘇、松、常、鎮四府及太倉州，皆邊海鄰場，為浙鹺之門戶，更為私鹽之要區。該地方文武官弁，倘或巡緝懈弛，必致有妨引課，而藉端滋擾，又必有累平民。著江南督撫提鎮諸臣，時飭所屬官弁，實心稽查，善於辦理，務期有裨公事，不擾閭閻，勿以為鄰省之鹽政，而淡漠視之。（高宗九一、九）

（乾隆三〇、二、壬戌）諭軍機大臣等：蘇昌奏請增閩省鹽價一摺，經行在戶部議，以是否實在情形，難於懸揣，楊廷璋久任閩督，於鹽務自必熟悉，請交楊廷璋妥議覆奏，已如部議行矣。閩省鹽務果有成本不敷，難於銷售之事，楊廷璋在閩數年，何以未經籌辦？蘇昌到任未久，於地方諸務諒未必即能真知灼見，所奏是否實情，誠難懸斷。定長簡任閩撫有年，於該省現在情形，知之必確。如果商力疲乏，運售維艱，自當熟籌妥辦，但錢價隨時長落，鹽價豈能因之屢為增減？且遽爾增價，於民有無擾累，亦不可不悉心斟酌。著傳諭定長，將商鹽實在情形，及如何辦理妥協之處，即就所知覆奏。或蘇昌意在沽名，急於入告，以博眾商感頌，亦即據實具奏。定長昨因楊廷璋一案畢誤，朕已加恩寬宥。此次交查事件，若稍存瞻徇之見，依違兩可，必不能再爲曲貸矣，將此密諭定長知之。尋奏：閩省鹽務，雍正元年曾將商人裁革，統歸官辦。復經題准，除長樂、福清、晉江、同安等四縣官辦外，餘悉招商行運，先完課銀，後配鹽觔。近年商辦，頗形竭蹶。乾隆二十八年，通商呈請增價，前督楊廷璋，酌准每擔加運耗鹽五觔。上年又僉請續增，經督臣蘇昌將建寧、光澤、邵武三幫准加運耗鹽七觔，不補錢水。其餘各幫，於原定賣價准每錢一文，增補錢水九絲七忽零。今蘇昌奏請加增鹽價，是否於增補錢水外，又請加價，臣無從懸揣。查雍正十一年，題定於各商成本外，每觔准其獲息一文，歷今三十餘年，本費既多，獲息自薄。請按一文之數折半加增，令通省各幫悉照現在賣價，每觔加收五毫，毋庸加給錢水，亦不准加運耗鹽。其泰寧一幫，近因溪河淤塞，民間願加挑運脚費，請每觔加收一文。溪河復通，仍止准加五毫。惟官運四縣，毋庸議增。得旨：所奏甚公。緣係問總督之事，此摺不明發。密令該部酌採議行。（高宗七三一、二）

（乾隆四三、七、丙申）軍機大臣等會同户部議覆：閩浙總督楊景素奏稱，酌籌疲商調劑事宜。一、閩省商力微薄，不能養竈，又收買遲滯，均需自備資本，致有拋棄鹽埕、鬻私圖價諸弊。請照粤省例，於該道溢額盈餘項下，撥銀十三萬餘兩，分貯該道及各府庫，令各場員詳領。責令養竈收鹽，配商轉運。一、鹽觔價雖屢增，而近來錢價日減，經費日增，成本仍有不敷。應照粤省奏准例，遇陰雨過多，場鹽少產年分，總埠量增鹽價一二釐，子埠分別量增。一、寧德縣屬漳灣場，霞浦縣屬淳管場，羅源縣屬鑑江場，行銷細鹽二萬五千餘擔，較曬鹽多費，而柴本較前增逾兩倍。請每擔量加錢一百文。其行銷細鹽之寧德、霞浦、羅源三縣賣價，每觔酌增一文。均應如所奏。從之。（高宗一〇六二、二二）

（嘉慶一四、三、己巳）諭內閣：阿林保奏，籌議閩省鹽價一摺。據稱，閩省內地八府二州鹽務，在省城上游者，謂之西路，在東南沿海者，謂之縣澳。東南縣澳官商積疲，未便遽議加增，惟於西路鹽斤酌加價二釐，共可增銀六萬五千五百五十兩六錢等語。前因吳璥等籌備南河經費，奏請加增鹽價，當降旨令督撫、鹽政體察情形，妥議具奏。昨據兩淮、長蘆、山西等處，俱陸續覆奏加價，已批交部議矣。今閩省鹽課本屬有限，正課尚不能如期完繳。東南縣澳，既未便遽議加增，一省之中，事出兩歧。且西路鹽價驟加，民慮食貴，勢必越境販私，本處額引又將滯積，於事仍屬無益。所有阿林保議加西路鹽斤二釐之處，著不准行。（仁宗二〇八、一二）

6. 兩廣

（雍正一、一一、甲午）戶部議覆，廣西總督孔毓珣奏：粵西地方邊遠，商人資本無多，以致誤課誤鹽，民憂淡食。請動藩庫銀六萬兩，令鹽道委員辦理，官運官銷，行之三年，可以酌減鹽價。應如所請。從之。（世宗一三、一五）

（乾隆一、三、癸卯）減廣西鹽價。諭：向來廣西鹽引，因商人無力承辦，以致民間有淡食之苦。於雍正元年，經督臣孔毓珣題請官運官銷，借動庫銀爲鹽本，赴廣東納價配鹽，分給各州縣，照部定價值發賣。行之二年，已有贏餘，遂將通省鹽價，照部定之數，每斤減價二釐發賣，百姓稱便。雍正五年，又經孔毓珣奏稱，粵西鹽勵，自官運官銷以來，已无鹽缺價貴之虞。應請仍照部定原價，一體銷售，不必裁減二釐，部議准行，至今因之。朕思食鹽乃小民日用之需，部價即多二釐，則民間所費必不止於二釐。廣西地瘠民貧，道路遙遠，應令鹽價平減，以惠閭閻。自乾隆元年爲始，著照雍正元年原題，每勵減去二釐銷售。（高宗一四、一五）

（乾隆一、八、乙丑）戶部議准：兩廣總督鄂彌達議覆，粵東場羨加增竈曬鹽價一款。查鹽有貴賤，自應隨時增長，以養竈曬。乃竟以核定價值，出有羨餘，以致竈曬苦累。從前辦理，原未妥協，應如所請，將每年所獲場羨銀五萬兩，出示曉諭，自行銷乾隆元年引鹽爲始，於通省各場每年應收鹽一百萬餘包內，每包加價銀四分，共銀四萬餘兩，以裕竈曬養贍家口之資。從之。（高宗二四、三）

（嘉慶一四、七、癸未）又諭：百齡等奏，查明粵省現在行鹽情形，量加賣價一摺。據稱，按照綱引易銷各埠，分別酌增一二釐，難銷各埠，免其加增等語。所議尚未平允，著照所請。易銷之連州等三十五埠，照現賣之價，酌加二釐。其次昭平等一百二十五埠，酌加一釐。其難銷之高明等二十八埠，即可毋庸議加。所增價銀，共計二十萬九百餘兩，准其以嘉慶十四年爲始，隨課交納運庫，另冊報部。惟是此次鹽務加價，原以接濟南河要工，粵東鹽斤行銷處所，距南河較遠，非兩淮、兩浙、蘆東等處可比。設該省此時別無要需，自當不分畛域，以濟工用，今粵東現有勦捕洋匪事宜，經費正多，若將所加鹽價解赴河工，而該省一切捕費轉須另爲籌撥，徒多周折。所有此項每年加價銀二十萬九百餘兩，著毋庸解往南河，即留爲本省捕盜之費。前已將該省每年關稅盈餘銀五萬兩，留充公用，合之此項加價，每年共有銀二十五萬餘兩，經費甚爲充足，勦捕自益得力。在該省商民，以所加鹽

價，爲保護桑梓之需，自當倍形踴躍。仍俟大幫洋匪辦竣，即行奏明停止。(仁宗二一六、一一)

7. 雲南

（**雍正五、三、癸巳**）戶部議覆：雲貴總督鄂爾泰疏奏，雲南黑鹽井正額鹽，每百觔請增薪價銀四分二釐八毫。又撥給不敷課款，每鹽百觔增薪價銀二錢。應如所請。其迤東鹽價，每觔再減二釐之處，無庸議。得旨：此事曾經李衛奏聞。朕令鄂爾泰復行查奏。今據鄂爾泰奏請，於定額三分內，每觔再減二釐，以便商民。鄂爾泰、李衛均從地方起見。其出產有舊無而可以新增者，亦有舊有而應當裁減者，若有彼此抵算之項，准其據實奏聞，則事皆核實，而督撫等亦易於辦理。倘止令其增添而不許其裁減，則殊非公平之道，而隱瞞那移之弊，且由此而生。即如貴州礦廠，各處開閉不常，所收賦稅多有隱此補彼者，曾經毛文銓奏明改正。雲南自近年以來，督撫等清查鹽稅等項，約計增銀甚多。著鄂爾泰查明鹽觔內所增銀兩，核算明白，抵補減價增薪之數，定議奏聞。(世宗五四、一〇)

（**乾隆一、三、辛丑**）裁雲南鹽課贏餘。諭：朕聞滇省鹽價昂貴，每百觔自二兩四五錢起，竟有賣至四兩以上者。邊地百姓，物力艱難，僻壤夷民，更爲窮苦。每因鹽價太貴，有終年茹淡之事，朕心深爲軫念。查該省鹽課，除正項外，有增添贏餘以備地方公事之用。朕思贏餘之名，原係出於民食充裕之後。若民食不充，自無仍取贏餘之理。著總督尹繼善悉心妥辦，將贏餘一項，即行裁汰，務令鹽價平減。縱使昂貴，亦只可在三兩以下。若裁去贏餘之後，公用有不敷處，可另行酌議請旨。(高宗一四、一〇)

（**乾隆三六、五、庚申**）戶部遵旨議奏：署雲貴總督彰寶奏稱，該省現今離井較遠各地方，鹽價遵例每百觔不逾三兩。其省城官店，銷售黑白二井鹽觔，俱係附省殷庶之區，每百觔僅定價二兩六錢，較他處爲賤，尚可酌加四錢，即以所加賣價，爲添給薪本運脚之用。查該二井運省鹽價定價二兩六錢，相安已久，未便輕議加增，應將該省署督所奏毋庸議。至所奏該二井墮煎鹽六百十一萬餘觔，分限五年帶煎，恐滷水未充，柴薪昂貴，又滋那後掩前之弊。請將該二井每歲煎辦餘鹽一百二十二萬觔應獲餘息充公銀兩，暫停數年，俟帶煎完竣，再行收買。查此項收買餘鹽，每年應有積餘銀一萬四千七百餘兩，係留充該省經費之項，今若以帶煎舊額暫停收買，則每年經費從何支給？其應如何酌籌調劑，應令該署督妥議具奏。得旨：滇省鹽觔增價一事，該督係就彼地實在情形，隨時調劑，著照所請行。(高宗八八五、一二)

8. 其他地區

（康熙二〇、二、甲午）九卿議覆：奉差盛京查議鹽政户部侍郎達都疏言，盛京地方係招徠安插之民，其烏喇以内居住之人，並新滿洲邊外蒙古等，盡屬窮苦。自康熙十八年，召募商人吕進寅等領引行鹽，徵課無幾，而鹽價騰貴，將及二倍，窮民難以資生。請停止銷引，民人有情愿煎鹽發賣者，聽其自行貿易，不許豪强霸佔。敕奉天將軍并户部侍郎查緝嚴禁。應如所請。從之。（聖祖九四、一四）

（乾隆六、五、壬辰）户部議准：原任兩廣總督馬爾泰奏，貴州古州埠，銷賣引鹽，核算工本息銀，已有贏餘，請每觔減去二釐，以便民食。從之。（高宗一四三、二三）

（乾隆五六、六、乙巳）軍機大臣議覆：暫署兩江總督、江蘇巡撫覺羅長麟等奏稱，請於建昌府簽商，開設總店，所屬四縣各設子店，分銷鹽引。照閩省時價每觔減二文，隨時起落，出示曉諭，私販無利自止。再於各要隘嚴密巡緝，兵役等有能拏獲梟販者，即將所獲鹽、貨、車、船、頭匹全行賞給，其鹽交商店，八折給價。倘有包庇縱私情節，官弁嚴參，兵役與私販一體治罪。應如所請辦理。並咨會閩省督撫，於交界處，委員查堵。得旨：依議速行。（高宗一三八〇、四）

（乾隆五六、八、庚申）軍機大臣等議覆：兩江總督書麟奏，前請於建昌府開設鹽店，減價敵私，經原議大臣以建昌附近之撫州，亦應酌減鹽價，會議具奏。查建昌接壤閩疆，今行令淮鹽於二十八文之内，再減二文，已出示該處居民，并令省店運鹽前往，照價售賣。至撫州一府，額引較多，減價貼補，須銀十九萬三千餘兩，再加建昌減價，現須銀三萬四千餘兩，爲數甚多。且撫州之鹽，向係該處水販到省店轉買。若各府水販知省店獨於撫販減價，皆將冒充撫販，圖買賤鹽，其貼費更無所底止。請將撫州鹽價，免其議減等語，固因卹商起見，但該府情形與建昌略同，恐該處水販亦有增價轉賣之弊。自應將該處現賣時時價若干，較建昌昂貴若干之處，詳晰查明，方可通盤籌畫。應令江西巡撫就近查明，據實聲覆，再將應否減價斟酌定議。從之。（高宗一三八五、三）

三、私鹽：販運和政府緝私

（一）概況

（順治四、六、丙戌）諭户部：興販私鹽，屢經禁約。近聞各处姦民，指稱投充滿洲，率領旗下兵丁，車載驢馱，公然開店發賣，以致官鹽壅滯，殊可痛恨。爾部即出示嚴禁，有仍前私販者，被獲，鞭八十，其鹽觔、銀錢、牲口、車輛等物入官。巡緝員役，縱容不行緝拏者，事發一體治罪。(世祖三二、二〇)

(康熙五六、三、庚申) 諭大学士、学士、九卿等：……江南三江口地方，朕曾駐蹕。此處鹽賊藏於蘆葦之處甚多，地方官並不查拏。至於山東地方鹽賊，於沿村買賣之處，散鹽於百姓，公然勒取重價，以致官鹽壅塞不行，商旅受害。地方官並不查拏，亦不據實申報。此中賊首，旗下逃人甚多，朕差兵百人往拏矣。此等事，必待朕亲聞，差人往拏。地方官職守何事？皆係不實心効力，以至於此。(聖祖二七一、一二)

(雍正二、閏四、庚辰) 停止江寧、浙江、福建駐防滿洲兵丁查拿私鹽，俱交地方官嚴緝，從兩江總督查弼納等請也。(世宗一九、七)

(雍正二、閏四、丙申) 刑部等衙門議覆：漕運總督張大有疏奏請嚴回空糧船夾帶私鹽，及闖閘闖關之例。嗣後如回空糧船，夾帶私鹽，拒捕殺人，將爲首者立決，爲從者邊衛充軍。其闖關闖閘，將船丁舵户枷號充軍，爲從者杖徒，押運等官，不行約束，知情故縱者革職。請著爲令，從之。(世宗一九、一八)

(雍正三、六、丙戌) 諭内閣：天庾積粟，漕運最爲緊要，而通商裕國，關稅亦應留心。朕上年因恐糧船遲滯，曾有旨：船至大江，不可攔阻搜查，致生事端，有誤漕運。今聞各糧船，有於兌糧起運之後，即多包攬貨物，及回空時，又多夾帶私鹽，此皆由經過馬頭處所停留裝卸，而地方官不行嚴查之故也。夫窮丁裝帶些微貨物，情尚可恕，至私鹽，乃大干法紀之事。況斷無沿途零買零賣之理，必有一定地方，其裝卸，亦必非俄頃可辦。若該地方官，果實力稽查，自然弊絕。其如何稽查，如何勸懲，必使裕課通漕，兩得其宜，並行不悖，著總漕張大有、安徽巡撫李成龍，會同虛公詳議具奏。(世宗三三、二三)

(雍正四、四、甲子) 户部又議覆：漕運總督張大有等疏言。一、長蘆兩淮產鹽之處，奸民串通竈丁，私賣私販，伺回空糧船經過，搬運上船，地方官稽查不及。請嚴行禁止。違者官弁、運丁、販賣人等，俱照私鹽例治罪。一、糧船回空時，請於瓜州江口，派委瓜州營，協同廳員搜查，以杜夾帶私鹽之弊。一、運司等官，拏獲夾帶私鹽，請照專管、兼轄等官例議敘。一、隨幫各專管回空，有能拏獲首明私鹽三次，及該幫船三次回空，並無私鹽事故者，該管上司咨部，以千總推用。一、運糧船，每船量帶食鹽四十

勋，多帶者照私鹽例治罪。……俱應如所請。從之。(世宗四三、二)

（**雍正六、一一、壬申**）户部議覆：刑部尚書勵廷儀條奏，禁止販賣私盐四款。一、窩頓私販之家宜究。一、無引私鹽之禁宜嚴。一、獲鹽不獲人，概行免追之例宜明。一、有司拏獲不報及減多報少之罪宜重。均應如所請。從之。(世宗七五、二二)

（**雍正一二、九、辛丑**）諭内閣：各省鹽政，關係國計民生，所當加意整理。而兩淮鹽務之積弊，更在他省之上，此中外所共知者。大約鹽法之行，必以緝私爲首務，兩淮行鹽地方，江西、河南有浙私蘆私之侵越，而湖廣之川私粵私爲害更甚。現今雖於各處隘口，設立巡官巡役，而地方文武官弁，不肯實力奉行，一任兵役人等，避難趨易，罔利營私，以致立法雖嚴，而鄰私之肆行如故。即在江南督臣，亦不過責成所屬地方，至咨會鄰省，即未必有呼輒應，此私販之所以難禁也。年來朕留心訪聞甚確，用是特頒此旨，曉諭湖廣等省督撫等，務矢公心，視鄰省之事爲己事，嚴飭文武官弁，同心協力，家喻户曉，使川粵浙蘆之私鹽，不敢越界横行，則兩淮積引易銷，於國計民生，均有裨益。(世宗一四七、一七)

（**乾隆一、一、乙卯**）禁鹽捕私擾。諭總理事務王大臣曰：私鹽之禁，所以除蠹課害民之弊，大夥私梟，每爲盜賊逋藪，務宜嚴加緝究。然恐其展轉株連，故律載私鹽事發，止理人鹽並獲，其餘獲人不獲鹽、獲鹽不獲人者，概勿追坐。至於失業窮黎，肩挑背負者，易米度日，不上四十觔者，本不在查禁之内。蓋国家於裕商足課之中，而即以寓除奸愛民之道，德意如是其周也。乃近見地方官辦理私鹽案件，每不問人鹽曾否並獲，亦不問販鹽人數多寡，一經捕役汛兵指拏，輒根追嚴究，以至挾怨誣扳，畏刑逼認，干累多人。至於官捕業已繁多，而商人又添私雇之鹽捕，水路又添巡鹽之船隻，州縣毗連之界，四路密布，此種無賴之徒，藐法生事，何所不爲。凡遇奸商夾帶，大梟私販，公然受賄縱放，而窮民擔負無幾，輒行拘執。或鄉民市買食鹽一二十觔者，並以售私拏獲，有司即具文通詳，照擬杖徒。又因此互相扳染，牽連貽害，此弊直省皆然，而江浙尤甚，朕深爲憫惻。著直省督撫嚴飭各府州縣文武官弁，督率差捕，實拏奸商大梟，勿令疎縱。其有愚民販私四十觔以上被獲者，照例速結，不得拖累平人。至貧窮老少男婦挑負四十觔以下者，概不許禁捕。所有商人私雇鹽捕及巡鹽船隻幫捕汛兵，俱嚴查停止，毋得滋擾地方，俾良善窮民，得以安堵。(高宗一一、一一)

（**乾隆一、七、丙申**）諭大學士張廷玉：從來經理鹽政，以緝私爲要，蓋緝私所以懲奸，懲奸所以安良，故必使梟徒斂跡，而民間毫無擾累，方不負國家立法之本意也。江南鎮江瓜洲一帶，爲淮浙引鹽毗連之地，惟恐淮鹽過江，故巡查最爲嚴緊。近聞督撫提鎮等，俱疊檄該地方文武官弁，督率兵役，各路緝捕。而江浙督提等，又專差武職，帶兵會同文員查拏。此在懲治巨梟之道固應如是。但兵役四出，豈能保其盡皆守法奉公？倘約束稍有不嚴，稽查稍有未到，或借端生釁，或恐嚇鄉愚，或賄縱巨奸。而株連良善，或指使詐騙，而貽害富民。大有關於地方民生，不可不防微杜漸也。爾可密寄信與總督趙宏恩、大學士嵇曾筠，令其留心體察，切加約束，務使官弁兵役，實力奉行，不得生事滋擾。並飭巡查各員，隨地隨時，宣朕惠養萬民之意，俾愚頑改惡，良善安居。並令趙宏恩等，將朕此旨密諭蘇州巡撫及該管提鎮等，一體遵行。(高宗二二、五)

(乾隆二、六、丙戌) 吏部覆議：署兩淮鹽政盧見曾奏，兩淮鹽場大使，果能杜絕弊竇，以及私煎私賣，有益鹽務者，准其照浙江之例，停其論俸陞轉，俟三年期滿，該鹽政會同督撫秉公出具考語，據實保題。以應得之缺即用。其知縣以上等官，仍照例給咨赴部，引見、請旨。州同州判以下各員，臣部照伊應得之缺，歸於月分即用。至此內由國子監拔貢揀發借補者，伊等原係應選教職佐貳之員，若准其以知縣保題，實屬過優，應照考職之例，將州同、州判、縣丞等缺，令其兼掣。掣定後，入於即用班內，照例選用。再嗣後浙江兩淮鹽場大使，三年期滿，保題即用各員，俱歸單月，以應得之缺即用。從之。(高宗四五、一〇)

(乾隆八、九、甲午) 兵部等部議覆：山東按察使圖爾炳阿條奏，內稱商人雇募巡役，攜帶鳥鎗，原爲抵禦大梟，並非令輕於施放。夥衆大梟，既不恒有，該巡役遇有百觔左右之私販，及市買食鹽數十觔之人，動輒使鎗，釀成命案。嗣後巡役概不准攜帶，如有大梟，飛報營汛地方，差兵攜帶鳥鎗，協同擒捕。至尋常巡緝，止許執持棍棒等械，勤緊緝拏。應如所請。其鳥鎗，令各該地方官按名照號查收，解該鎮衙門貯庫，俟各營應用，報部撥用。至兩淮、廣東、浙江、河東、長蘆等處行鹽地方，事同一體。其有無攜帶鳥鎗，並應否查收之處，各該督、撫、鹽政，查明辦理報部。(高宗二〇〇、一四)

(乾隆九、六、乙亥) [署廣西巡撫託庸]又奏：……又訪得交趾濱海，產鹽最多，且無私鹽之禁，聽夷人自曬自賣，販賣者納官錢二十文，即儘力挑運。及挑回內地，每觔可得銀一二分至五六分。交趾萬寧州與內地南寧府地方，只隔土名十萬山，沿邊之民，貪利赴販，遇兵役，即恃衆相拒。現在飛飭司道，設法禁止，并使商民均便，不致滋事。得旨：如此留心，據實

陳奏，實可嘉悅。仍應悉心妥辦，以期順民情而革宿弊。酌中爲之可也。（高宗二一九、二二）

（乾隆二九、七、丙辰）户部議准：漕運總督楊錫紱奏，回空糧船夾帶鹽觔，宜立定章程，實力搜查。一、搜查私鹽，宜有一定衙門也。揚州經過回空漕船，既有督、鹽二臣委員搜查，乃復有地方文武各衙門兵役，紛紛滋擾，徒致羈遲，應將揚州鹽廳查鹽，專聽督、鹽二臣委員實力查辦，其淮揚道及揚州將備江甘兩縣簽查兵役，一概停止。仍令此後糧船一到，承委之員，隨即搜查，不得託故他往，致令守候。大幫限一日查畢一幫，小幫限一日查畢兩幫，即促令開行。倘有指稱文武衙門，藉名搜鹽，故爲羈阻，及於查畢後，復稱奉委攔船搜查者，令委員隨時嚴查重處。一、食鹽不應作爲私鹽也。定例每船准帶食鹽四十觔，查鹽時擺列船頭，聽官查驗。乃喜事之員，往往以船頭之鹽爲數稍多，或混以私鹽具報。應請嗣後飭令委員等，除船內查出數石數十石私鹽照例詳報外，至實係擺列船頭查驗，每船或多不過二三觔者，不得以私鹽混報邀賞。一、領運千總宜一體在幫也。向例糧船查出私鹽，如重運千總不在幫內，則專參押空之弁，而重運免議。於是重運之員，往往託故逗留，巧圖規避。應請嗣後領運千總交糧後，除例應引見，及委辦公事不能趕幫者，遇有私鹽事故，仍准免留；其餘託故逗留者，無論在幫與否，一體參處。從之。（高宗七一四、八）

（乾隆五三、四、丁巳）兩淮鹽政全德奏：回空糧船，最易夾帶私鹽，現咨漕臣毓奇，豫飭各幫，無許私帶，並咨行各關，務於回空經過時，一體嚴查。又淮安、揚州設有搜鹽廳二處，淮安由督臣漕臣派員搜查，揚州由督臣鹽政派員搜查，均飭凜遵查緝。其江寧各口岸，亦有滯銷之處，已會同書麟，嚴飭文武各員，設法緝私。如疏懈即指名參處。再淮北鹽務亦應調劑，現訪有經營殷實者，會同督臣簽派領運。並將鹽河淺滯處所疏通。目下揚州各商，聞風踴躍，辦運大有起色。諭軍機大臣曰：回空糧船夾帶私鹽，定例原應嚴禁。即鹽梟等往來私販，經過地方及各關口，俱有稽查之責。若果平時彼此留心，各能嚴加防範，何至有如許弊端，致私鹽充斥，官引不能暢銷？地方文武、鹽政呼應不靈，而漕船非其所管，亦難於稽查周密，現既查有此等積弊，皆係該督等從前廢弛所致。況沿江沿河要隘處所，俱有巡役，原爲緝私而設，聞商人等向有幫費，是既得其津貼，尤不應不代爲查緝。至漕船往來，准其攜帶貨物，已屬加恩體恤，乃從中影射販私，該總漕不能查出，已難辭咎，倘更知而故縱，甚至從中分肥，尤屬不成事體。今姑不究其既往，著傳諭書麟、毓奇，嗣後務宜嚴飭所屬，實力搜查，務將夾帶透漏各弊，防禁肅清，無致官鹽再有稽滯。至兩淮鹽引，在湖廣地方銷售最多，近因川省侵銷，浮費滋重，商人不能獲利，以致引鹽積壓，屢經降旨嚴飭矣。地方官吏，緝私是其分內，乃以此藉口，向商人需索，已大干法紀，而又不為之認真查緝私販，捫心寧不知愧？現經全德奏明，將各項浮費悉行裁減，著再傳諭舒常、姜晟，務宜潔己率屬，實心整頓，協力妥辦。若再因循廢弛，仍蹈陋習，或陽奉陰違，私存匿費之名，累商滯引，一經發覺，恐該督等不能當此重咎也。至全德奏，調劑淮北鹽務，亦祇可如所奏辦理，惟所稱揚州現在辦運各商大有起色之語，恐是虛詞。兩淮鹽務廢弛已久，茲甫經查辦，豈能即有起色？著傳諭全德，於緝私節費等事，總宜時刻留心查察，實力妥辦，不得僅以空言塞責也。(高宗一三○三、二一)

（乾隆五九、九、甲寅）浙江巡撫覺羅吉慶奏：沿海產鹽地方，匪徒設竈私煎，現已拏獲嚴懲，仍派委員弁，添設巡役，以期查拏淨盡。得旨：認真查拏，毋為空言。(高宗一四六一、三七)

（嘉慶一五、七、辛未）諭內閣：嵩年奏查禁軍船夾帶私鹽章程一摺。據稱，杜絕弊端，當禁止官鹽之濫售及搜查軍船之夾帶。現於產鹽處所，設法查緝，其軍船例准買帶食鹽四十斤，應給與印照，以杜影射。並於直隸滄州及山東、江南產鹽之區，委大員認真搜查等語。軍船夾帶私鹽，不獨有礙淮綱，即沿河各引地亦有滯銷之患，自應大加整頓，力為查辦。該鹽政務當督飭場所各官，梭織巡緝，如有私行販賣，即嚴拏究辦。至軍船例應買帶食鹽，若不明立章程，則丁舵水手借端弊混，難以查察。著漕運總督轉飭運弁，於幫船回空之日，如果食鹽短缺，給予該旗丁印照一紙，令其持照赴店照例置買，自不致再有透漏。其直隸、山東、江南逼近灘場處所，鹽價較賤，尤易滋弊，著天津、兗州、徐州各鎮於幫船回空之際，實力巡查。並著該督撫派委道府一員，一體搜查，如有例外多帶鹽斤，一面飭令軍船歸次受兌，一面扣留私帶之人，嚴行懲辦，務使囤戶奸丁，咸知畏法，以清弊源。(仁宗二三二、一八)

（嘉慶一五、九、辛未）諭內閣：嵩年自七月內派令查緝私鹽，督辦認真，屢有緝獲，前已施恩交部議敘。茲據奏又續獲私販十二起，著加恩賞戴花翎，以示獎勵。其委員內實在出力者，並著查明保奏，毋許冒濫。惟查禁糧船夾帶私鹽，其要總在訪拏囤戶私販，先絕其源，再於幫船過境時，毋令泊岸停留，船行迅速，自無買帶裝載之暇。現在軍船回空限期已迫，嵩年不可因奉有恩旨，專於緝私見長，若因盤驗稽留，致軍船有誤回空受兌，仍當加以處分。(仁宗二三四、一九)

（嘉慶二〇、一〇、壬戌）又諭：御史胡承珙奏，請查辦糧船水手丁舵人等販私積弊一摺。回空漕船，向有夾帶私鹽之弊，著漕運總督嚴飭所屬，實力查禁，並著各該督撫，於幫船經過關津處所，督飭地方員弁，實力稽查。如有胥役兵丁得錢包庇，查明嚴懲。其天津產鹽處所及安徽樅陽大通等鎮，有積慣匪徒開設鹽店，窩囤私銷者，並著該管官嚴拏究辦。（仁宗三一一、五）

（嘉慶二二、九、庚午）又諭：御史盛惇大奏，請杜鹽漕積弊一摺。漕船夾帶私鹽及私梟充斥，皆應實力查禁。該御史所奏漕船鬻私、梟徒興販，皆由於場竈之透漏，不遏其源，則其弊不能盡除。著該督撫及漕督鹽政等，各飭所屬，一體嚴行查禁，有犯必懲。如有夾帶興販等事，究明私鹽來歷，一併嚴拏懲辦。並將該管及失察出境入境員弁，照例參處，勿稍徇隱。（仁宗三三四、二四）

（嘉慶二三、四、壬申）諭內閣：朕恭閱皇考高宗純皇帝實錄，內載乾隆元年正月，諭總理事務王大臣：私鹽之禁，所以除蠹課害民之弊，大夥私梟，每爲盜賊逋藪，務宜嚴加緝究。至於失業窮黎，肩挑背負，易米度日，不上四十斤者，本不在查禁之內。乃近見地方官辦理私鹽案件，每不問販鹽人數多寡，商人又添私雇之鹽捕，水路又添巡鹽之船隻，此種無賴之徒，藐法生事，何所不爲？凡遇奸商夾帶，大梟私販，公然受賄縱放，而窮民擔負無幾者，輒行拘執。或鄉民市買一二十斤者，並以售私拏獲。又因此互相扳染，牽連貽害。此弊直省皆然，江浙尤甚，朕深爲憫惻。著直省督撫嚴飭各府州縣文武員弁，督率差捕，實拏奸商大梟，勿令疏縱。其有愚民販私四十斤以上被獲者，照例速結，不得拖累平人。至貧窮老少男婦，挑負四十斤以下者，概不許禁捕。所有商人私雇鹽捕及巡鹽船隻，俱嚴查禁止等因。欽此。仰見我皇考周知民隱，於地方官吏緝捕私鹽之情弊，洞燭無遺。朕以皇考之心爲心，以皇考之政爲政，昨因慶保等奏楚省緝私情形，降旨諭各鄰省督撫協同查緝，不但堵截私鹽，兼可剗除匪類。並令嚴查官役包庇賣放之弊，禁止商夥添雇鹽捕，擾累平民。與皇考從前所降諭旨，悉皆符合。緝私一事，所重者奸商大梟，不特有妨鹺務，且足爲害閭閻。乃地方文武員弁，或受其賄賂，公然包庇賣放，或畏其黨與衆多，強橫拒捕，不認真緝拏，以致私鹽充斥，肆無忌憚。所報獲者，皆係小夥私販，既無賄賂可圖，擒拏又易爲力，兵役每藉以爲冒功塞責之地。此等惡習相沿，已非一日。著該督撫等嚴飭所屬文武員弁，各於要隘地方訪察奸商夾帶，大梟私販，一體實力緝拏，按律懲辦，不得任聽不肖兵役及私設鹽巡，濫拏肩挑背負之人，徒滋擾

累。庶奸民知所畏忌，官引得以暢行，於國課民生均有裨益也。將此通諭知之。(仁宗三四一、三)

（**嘉慶二五、二、辛卯**）諭軍機大臣等：據延豐奏，淮南各口岸，鄰私浸灌，場竈透漏，以致累年銷絀引滯，課懸本擱。楚岸則有四川巫山、大寧一帶鹽埠口岸越境侵銷，一由水路入宜昌、荆州等處，一由陸路入房縣、竹谿等處。其陝西之商南、平利一帶私販，由漢中順流而下，至襄陽、德安等處分售，名曰潞私。河南自南陽之李官橋各鋪，販至穀城等處售賣，名曰豫私。湖南衡州府屬之常寧、耒陽、安化各縣，毘連廣東，永州府屬之江華、永明、零陵、東安各縣，毘連廣西，俱由各該商埠越界浸灌。江西口岸，則有閩浙粵東私鹽，處處可通。粵私陸路由興國縣入吉安府屬之萬安等處，水路由贛縣入下游之吉安、臨江等府。閩私一由崇安縣經過江西之鉛山、弋陽入饒州府屬，一由光澤縣入江西新城縣境，赴建昌、撫州等府銷售。浙私一由廣信府屬之貴溪，入饒州府屬之安仁等縣，一由徽州府屬之祁門、建德等縣，入江西之饒州府屬浮梁、德興等處。至安慶、池州、太平、江寧爲淮南綱食口岸，又爲場鹽偷漏，船戶夾帶，沿途偷賣，侵占引額，請飭各該督撫實力緝私。又疏銷引鹽，爲鹽道專責，向來各省因考覈過嚴，慮干處分，不免有多開輪售、捏報分數之弊等語。近年楚西各口岸私梟充斥，官引滯銷，國課既多虛懸，商力亦虞支絀。現據該鹽政查明私鹽浸灌處所，著該督撫等各飭所屬文武地方官，無分畛域，實力偵緝，務將巨梟窩囤，隨時隨地嚴拏懲辦，不得互相諉卸，或僅將尋常小販緝拏數案，藉以塞責。總期私梟斂戢，俾官引得以暢銷，以裕國課。至各該鹽道，疏銷綱引是其專責，按照分數以定考成，並著該督撫覈實稽查。務令各鹽道將銷售輪鹽實數，按季據實開報，不得以開輪未售之鹽入數作銷，以杜規避。將此各諭令知之。(仁宗三六七、七)

（二）各省私鹽市場

1. 直隸

（**乾隆一、三、丙申**）直隸總督李衛奏：天津私販鹽梟，騷擾不法，現飭嚴究，立規曉諭，咨會鹽臣料理安頓。得旨：向因各省鹽務，辦理未妥，往往縱放大梟，拘拏小販，以致濱海近場之窮民，藉肩販以度日餬口者，皆遭不肖官吏兵役之拖累。是以降旨，特弛肩挑背負之禁，原以恤養貧民，濟其匱乏，並非寬縱匪類，使之作奸犯科也。乃天津一帶無賴棍徒，糾合多人，公然以奉旨爲名，肆行不法。總督李衛未奏之先，朕早已聞知。今據李衛陳奏，種種弊端，與朕所聞無異，是窮民未必沾恩，而法度廢弛，閭閻轉受奸民之擾矣。李衛所奏辦理之處，寬嚴得宜，甚屬妥協。著照所奏行。畿輔之地如此，外省亦必皆然，其閩、粵、山東、江浙等省，如何一體通行之處，著該部即行妥議具奏。李衛此奏，具見實心辦事，甚屬可嘉，著交部議敘。三保職司鹽政，身親其事，何以目覩地方情形，並不奏聞？著伊明白回奏。（高宗一四、三）

（嘉慶一六、一〇、己未）諭軍機大臣等：據步軍統領衙門奏，直隸滄州民人王大有，呈控張自明等毆傷伊父王其祥身死，賄買頂兇，並首出彭姓等鹽店，私賣給湖北三幫糧船鹽一萬八千餘擔，控縣不爲究辦各等情。已明降諭旨，交溫承惠親提審辦矣。天津一帶地方，向有土棍等私販鹽斤，賣給回空漕船。嵩年前在長蘆鹽政任內，派員查拏，緝獲多起。春間溫承惠曾奏及，嵩年查拏私鹽太嚴，於肩挑擔負窮民，均一律搜查，未免過於苛細。嗣嵩年因另案降調，新任鹽政祥紹赴任時，朕曾諭及查拏私鹽一節，須酌量辦理，寬嚴得中。今王大有所控滄州鹽店賣給糧船私鹽一萬八千餘擔，釀成命案，係在八月二十一日，計其月日，已在嵩年離任之後。或係祥紹接任，因有前諭，遂將查緝員役概行裁徹，以致私販公行無忌，亦屬非是。溫承惠、祥紹仍各飭所屬認真查禁，固不可過於苛細，使負販貧民艱於謀食，亦斷不可廢弛怠玩，任其私販夾帶，致令滯銷滋事也。將此諭令知之。（仁宗二四九、一二）

（嘉慶一六、一二、丙寅）又諭：直隸天津一帶，向有私販鹽斤賣給回空糧船之弊。前任鹽政嵩年查緝甚力，惟將肩挑負販之人紛紛查拏，未免苛擾，曾經溫承惠奏及。乃祥紹接任後，又一味因循，任令奸商私售。前經滄州回民王大有呈控命案，首出彭姓等鹽店，私賣給湖北三幫糧船鹽一萬八千餘擔，當飭許兆椿派員截查。茲據該漕督奏稱，將湖北頭二三幫一體搜查，共起出私鹽二十九萬二千餘斤。並訊據丁舵等供稱，所帶私鹽係買自天津一帶常春等店，並非買自滄州彭姓等鹽店。糧船私載鹽斤至二十九萬之多，必非零星擔負所能售給，自係奸商私開店鋪，大起販運，毫無顧忌。鹽政係專管之員，祥紹著交部議處。溫承惠不能查察，著交部察議。所有應行承緝各員，著該督查明參奏，分別議處。現在糧船丁舵等供出情節，與王大有所控不符，經許兆椿咨行該督提訊王大有，及彭姓等，確供私鹽究係賣給何幫，著溫承惠即行訊明覆知該漕督覈辦。儻許兆椿所訊丁舵等續行供出，有與王大有控案相涉，應行質訊者，著即解交直隸歸案辦理。（仁宗二五二、一九）

2. 江蘇、浙江、江西、湖北

（**康熙五七、一〇、甲子**）兵部議覆：兩淮巡鹽御史李煦疏言，揚州府屬三江營地方，惡棍販賣私鹽者甚多。雖有分防汛兵，為數極少，不敷巡防之用。應於京口將軍標下，派兵一百五十名，千總一員，赴三江營地方駐防，聽江寧府江防同知鈐束。應如所請。從之。（聖祖二八一、一四）

（**康熙六〇、一二、丙寅**）諭大學士等：聞江浙私鹽盛行，盡流為盜賊，地方官員明知，並不查拏。應令江寧、杭州、京口將軍等，派出官兵嚴行查拏，著九卿、詹事、科道，會議具奏。（聖祖二九五、一二）

（**康熙六〇、一二、丁丑**）九卿等遵旨議奏：江浙行鹽地方遼闊，應交與江南浙江將軍，每年派協領各一員，佐領防禦等各八員，率領兵丁，嚴拏販賣私鹽匪類。如有能拏獲大夥私販一次者，准紀錄一次，拏獲二次者，准加一級。該地方文武官員，亦應遍行查拏。如所派官兵及地方官，仍如從前怠玩，不行查拏，將該將軍督撫提鎮以下，及地方官員，交與該部嚴加議處。得旨：依議速行。（聖祖二九五、一四）

（**乾隆一、六、甲戌**）戶部議覆：大學士管理浙江總督、兼管兩浙鹽政嵇曾筠疏陳鹽務六條，除請發帑銀四萬兩，分給各場，收買餘鹽，交貧難老少貨賣一條，毋庸議外。將臨海等四縣貧難老少，照黃巖等三縣成規，給牌賣鹽餬口。一、將商人私設商捕，報明地方官，造入卯簿，以便約束。一、緊要隘口，必需巡船地方，令有司會同營汛確查，責商修理，編列字號，造冊通報存案，以備巡緝之用。所獲私鹽船隻，俱變價解抵功績，不必令兵役自備，致滋藉詞需索之端。一、巡鹽兵捕，能拏大號海船，人鹽並獲者，將鹽船入官，私船變價，即於變價銀內，賞給十分之四。船鹽已經拏獲，人被脫逃，或未全獲者，減賞一半。小海船鹽並內河整船載運，及商人假公行私，與大夥挑販，鹽數甚多，拏獲者，私鹽變價，亦於變價內賞給十分之三。獲鹽不獲人，與人未全獲者，減賞一半。人鹽雖獲，鹽數無多者，亦於變價內賞給十分之二。獲鹽不獲人者，賞給十分之一。倘兵捕圖賞，混拏誣指，並見有私梟，不行上前追獲，以及受財賣放，按例究治。一、令本地文武印汛官弁，互相查緝，如奸徒搶奪鹽店及鬨鬧場竈等事，文武官弁獲犯不及一半，或不獲首犯者，照盜案例參處。平時漫無約束，臨事不即擒拏，有意姑息，致長刁風者，題參革職。該管官不行揭報，一併查參。如整飭有方，鹽引疏銷，私販斂跡，一年之內，無應參之案者，紀錄三次，三年者准加一級。遇大計之年，必查明無鹽案參罰，方准卓薦。均應如所請。從

之。（高宗二〇、二〇）

（乾隆一、六、己丑）兩淮鹽政尹會一疏稱：兩淮地方，水陸叢雜，陸路車輛頭匹馱載，販運鹽觔，盈千累百，應與水路之船裝一併嚴禁。其年少婦女，孤行負賣，有關風化，應行禁止。至貧難小民，亦止許各自挑負易賣，不許結隊成群，湊合興販，如過三人以上，仍行查究。至巡船兵役，係緝私所必需，照舊存留。下部議行。（高宗二一、一九）

（乾隆五、六、丁亥）諭軍機大臣等：朕聞江西吉安、饒州二府，私販甚多，皆由地方官疎忽之故。夫私鹽充斥，則官引必至難消，於鹽政甚有關係。可寄信密諭巡撫岳濬，嚴飭文武各官，實力查拏，毋得稍有疎忽。（高宗一一九、四）

（乾隆五、七、戊戌）江西巡撫岳濬奏：吉安、饒州二府，向多私鹽，現添設巡船巡丁，實力查拏，務期官引疏通。得旨：知道了。此在汝時時留心者，豈一摺奏聞，即可謂了事乎？（高宗一二三、二九）

（乾隆八、八、己卯）［署兩江總督協辦河務尹繼善］又奏辦理鹽務情形。查各處興販私鹽，皆由上中下三十鹽場透漏，雖水陸紛歧，而自鹽場抵江口，各有要隘可扼，蹤跡可尋。第地方文武緝拏不力，大梟多致庇縱，若不嚴定責成，鹽政終不能肅清。臣反覆籌畫，以三十場緝私之任，責成三分司，督各場大使力查。竈戶火伏曬掃之鹽，盡交商垣。貧難男婦，遵按名給籌之例，確查造冊存案。每次買鹽，不得過四十觔，止許零賣本邑居民。如不凜遵，或致私鹽透漏出場，惟該分司是問。其毗連鹽場各邑，責成地方文武，查明境內要隘，分派兵役巡拏。私鹽轉運出境，惟該地方官是問。至永豐、大伊、泰州等關壩，乃鎖鑰之地，三江、青山等營汛乃出沒之區，當日專因緝私，設員巡守。又有兩淮額設巡役一千三百餘名，巡船二百餘隻，聯絡哨捕，自裁鹽道後，於乾隆七年議定，責成淮揚道綜理。今淮揚雖專管河工，一應緝私事宜，仍令經管。若江寧、安慶等屬，地方遼闊，或恐淮浙引鹽彼此侵犯，悉照各地方疆界，責成文武，協同承緝，各歸江寧、安徽、常鎮三巡道總理。得旨：好。實力妥協，方得其益也。（高宗一九九、九）

（乾隆二八、一〇、己丑）刑部議覆：兩淮鹽政高恒奏稱，嗣後拏獲販私鹽犯，承審官務究出買自何人何地，及月日數目，並密提竈戶煎鹽火伏簿扇，查審確實，將賣鹽民人及竈戶與本犯按律治罪。若查審無據，即屬虛誣，加三等治罪。承審官不能審出誣扳，照不能審出盜犯誣良例議處。又私鹽不過就近收買，其積慣窩頓家，必不敢賣與不相識人。凡供不知賣主姓名者，實係有心開脫。如在三百觔以上，不據實供出者，將犯於本罪上加一

等；若在三百觔以下，或賣自老幼孤獨，不能供出姓名，仍以本罪科斷。從之。（高宗六九六、五）

（**乾隆三五、一一、壬申**）湖廣總督吳達善等奏：宜昌通判所屬白洋河，川船總匯，凡上游疎縱之私鹽，必由此處經過，現雖設卡，巡役祇十名，距通判一百餘里，鞭長莫及，巡緝最易懈弛。而上游巡役，因該地稽查疎懈，竟可得錢買放。請於該處添巡役二十、巡船四，遴幹員專司其事。倘拏獲私鹽船，查係上游疎縱，即將該卡官嚴參。再巴東、歸州、興山、長陽等縣，地連蜀道，嶺峻灘高，溯流非易，鹽船當夏秋封峽之際，既不能運行，秋冬水落，輓運亦難速捷。請照舊例，如遇不能接濟時，零星食鹽十觔以上，免其緝捕。得旨：著照所請行。（高宗八七三、一七）

（**乾隆三九、六、癸未朔**）吏部議覆：浙江巡撫三寶疏稱：海寧州城西北三十里之長安鎮，居民稠密，爲來往米布貨物聚集之區，又爲私鹽出沒要隘，素多竊匪，巡緝宜嚴。該處雖設有千總一員，專司巡緝私鹽，因係武弁，民人非其所屬。請將該州州判，移駐該鎮，俾其就近彈壓，以資佐理，仍照舊定爲在外請補之缺，並鑄給印信，其倚署即將該州判現在之署，變價移建。應如所請。從之。（高宗九六〇、一）

（**乾隆五一、一〇、甲辰**）又諭：本日軍機大臣具奏，審訊駱愉所呈書策內各條。……至駱愉所供現在商人運鹽，每包每引夾帶多至一百餘觔，鹽院運司俱屬不知，其餘官員都是通氣知道等語。鹽觔弊竇，所關頗大，不可不徹底查究，嚴加整頓，亦著徵瑞將該犯所供夾帶鹽觔等項情弊是否確實，嚴行查察，秉公辦理。以期鹽法肅清。此係前任之事，與徵瑞毫無干涉，不必心存迴護，朕原不以人廢言也。昨據李世傑奏，該處商運尚無情弊等語，殊未可信，徵瑞平日辦事尚屬明白認真，非全德不曉事者可比。此時徵瑞務將兩淮鹽務有無弊端，及駱愉所呈各款是否可行之處，據實查明，即密行覆奏。所有駱愉供詞，並著鈔寄閱看。將此由六百里加緊傳諭知之，仍即將大概情形速行奏聞。（高宗一二六六、二一）

（**乾隆五三、三、壬午**）又諭：淮商辦運引鹽，例應年清年款，乃未消綱引，竟至一百餘萬之多，此皆楚省地方官巡緝不力，私販充斥，而口岸費用又復繁重，商人未能源源轉運所致。現已傳諭該督撫等，實力整頓。至楚省官吏，雖非鹽政所轄，但此項鹽引積年遞壓，地方官於緝私等事，不能實力奉行，已非一日，即使鹽務倚門，呼應不靈，亦應及早奏聞，設法調劑，或據實參辦，乃竟任其積壓，因循觀望，殊屬延玩。所有歷任鹽政，著軍機大臣查明，按其在任年月，分別議罪，以示懲儆。（高宗一三〇一、一二）

（乾隆五四、五、乙酉）諭軍機大臣等：據畢沅等奏，楚岸銷售淮鹽，總以緝私爲務。現在嚴飭州縣將弁，四路堵截。並查歷來私販，四川則由夔州入境，陝西則由漢興入境，業將通省私鹽蹤跡備悉偵知，選派參遊大員，分投南北二省，改裝密緝等語。楚省官引滯銷，總由私鹽充斥，地方官不能實力查拏所致。今既將私鹽經由地方及窩囤處所，詳悉訪聞，該督等自應通飭所屬文武各員，於水陸要隘之處，嚴密躧緝。務使私鹽淨盡，官鹽暢銷，以裨鹺務。其四川、陝西販往楚省私鹽，一由夔州潛至宜昌，一由漢興潛至鄖襄。著李世傑、巴延三嚴飭交界地方各官，查禁偷越，以杜私販之源。至湖南之衡州、寶慶兩府，亦爲私鹽出入之地，並著浦霖一體查拏，毋任疎玩。如此四路堵截，民間無私可買，官引漸次疏通，鹽法自日有起色。惟在該督撫實力奉行，不得徒以空言塞責也。將此各傳諭知之。（高宗一三二九、一九）

（乾隆五六、二、壬子）諭軍機大臣曰：孫士毅奏，淮北私鹽，現飭令述德，設法偵緝，密速擒拏。茲據稟稱，拏獲私鹽大小船十三隻，私販水手三十餘名，約共鹽十餘萬觔。現將解到各犯，親加訊鞫，如供有應拏要犯，再行查拏到案，詳細質訊，徹底究辦等語。兩淮地方，私販出沒，官引不能暢銷，於鹺政大有關係。今拏獲私鹽竟有十餘萬觔，大小鹽船十三隻之多，自應確查來歷，有無水陸窩頓之處，其同夥私販，共有若干，均須逐一切實根究，從嚴辦理。著傳諭孫士毅，會同朱珪，督飭所屬，凡淮南淮北，各令其往來躧緝，以專責成，以淨根株。至此案私鹽，雖經人鹽並獲，爲數甚多，其沿途地方文武各官，如查明一到本境，即經協同緝獲，自可免其議處。若實有留心緝捕，認真出力之員，再咨部議敘。倘經過所管之境，毫無知覺，雖被別處拏獲，其經過失察之該管地方官，仍當照例議處，以示懲儆。並著該督等查明辦理，分別勸懲，庶該地方官各顧考成，益當竭力搜擒，私鹽自可不致透漏。若因此案拏獲多人，該地方官概免議處，轉恐啟伊等倖免之見，以致緝私疎懈也。將此傳諭孫士毅，並諭朱珪知之。（高宗一三七二、一六）

（乾隆五六、三、己亥）署江西巡撫姚棻覆奏：督辦緝私疏引，查南昌等府，與粵浙毗連之處，堵截尚易爲力。惟建昌府屬，界連閩省，路徑較多，堵截稍難，必須於各要隘添設卡巡，廣爲堵截。現經岸商等呈請捐辦，上年缺銷七千八百餘引，誠恐新舊遞壓。現通飭嚴緝私販，以期暢銷，俟恒寧三月底屆滿，即牽算銷數，覈計功過具奏。得旨：此亦無可奈何之法，且行之，或可再酌。（高宗一三七五、二五）

（乾隆五六、三、庚子）諭軍機大臣曰：姚棻奏，粵浙兩省毗連江境之處，堵緝私鹽，尚易爲力。惟建昌府屬，界連閩省之區，路徑較多，堵緝稍難，必須於各要隘添設卡巡，廣爲堵截，方收實效等語。各省行銷官鹽，分疆畫界，各銷各地，原以杜偸漏引課，越境販私之弊，但必須酌覈遠近情形，使民間食鹽，不致舍近求遠，去賤就貴，方爲妥善。即如姚棻所奏，江西建昌界連閩省，該處私鹽多從福建販入，可見建昌一府，雖例食淮鹽，而距淮南二千餘里；閩省邵武汀州等處，不過二三百里，運鹽程站，較之淮南，近至十倍，其鹽價自必貴賤懸殊。欲百姓之舍近賤而食遠貴，原非正道，即禁閩鹽之不入江境，顯屬有名无實，不知从前定例時，何以不將鄰閩府分就近行銷耶？他如湖南之永順，湖北之宜昌等府，與川境毗連，該處私鹽，俱從四川運入。以此類推，各省多有。在鹽政等各有額定引課，所謂出納之吝，不肯通融辦理。殊不知建昌與閩省相近，永順、宜昌等府與川省相近，何妨改食川閩引鹽，所有應徵鹽課，即移至該二省輸納。如此一轉移間，不特便於民食，即私販亦無從影射獲利，其弊自可不禁而止。即直隸、豫、東、江、浙、閩、粵、山、陝、甘肅、雲、貴等省，向定銷引地方，有相離較遠之處，或可改歸就近省分，均勻搭配，庶於民食國課，兩無妨礙。但此事行之既久，一涉更張，恐致滋擾，扞格難行，著傳諭各督撫，酌量情形，悉心覈議。如能不動聲色，與鄰省彼此確商調劑，可省許多緝私之繁者，並著會銜詳議具奏，總以不畏難而又以不滋事爲要。（高宗一三七五、二五）

（乾隆五六、四、辛未）諭軍機大臣曰：孫士毅等酌籌建昌府屬添設卡巡，堵緝私鹽一事，朕以爲有名無實。昨經降旨，令長麟、全德前往江西，會同姚棻詳悉妥議。並將向定銷鹽地方何以定立疆界，相距遼遠，商民既屬不便，因何又奉行日久，不加更定，諭令全德查明先行覆奏。朕思淮南商人，運鹽至建昌，道路遙遠，費用增多，鹽自必倍昂，欲令民間舍賤買貴，舍近求遠，其弊在於病民。若民間貪圖賤價，買食私鹽，官引壅積難銷，勒令商人平價出售，勢必賠本賤賣，運脚無出，則此弊不特病民，抑且病商。不知從前定例時，何以不就近分地行銷，致使道里遠隔，搭配不均，商民交病？且定例不始於近年，何以近年方有此弊？商人等行銷納課，若向有賠累拮据之處，因何不早思變計？以情理揆之，其故殊不可解。或係歷任鹽政以額引均有定課，撥出一府，即少一府鹽課，所謂出納之吝，未肯通融籌辦。不知減淮商一府之課，增閩省一府之課，於國課原無所損也。抑或該處私鹽充斥，查緝不易，即使以建昌劃歸閩省，而私販越過建昌，仍可隨地闌入，延及他府，則改撥之法，亦屬無益，是以不必更張。再或因該商等定地行銷，各有窩本，久已置同產業，不肯撥歸鄰省，商人致捐貲本，是以寧可捐貲添卡添兵，以防私鹽偷漏。種種情形，難以懸揣。朕非欲固執新降諭旨，豫存成見，惟在長麟等踏勘情形，悉心籌議，庶使官引暢銷，商民兩便，方爲妥善。長麟尚稱曉事，全德久任鹽政，自所諳習。此次派令前往，自能詳妥辦理，副朕恤商愛民之意。並著傳諭全德，於起程之前，將從前定地銷鹽例案，據實查明，因何不按遠近勻配，商人有無賠累，格礙之處，一併先行覆奏。（高宗一三七七、二一）

（乾隆六〇、二、癸亥）諭軍機大臣等：本日福寧等奏，楚省銷鹽溢額摺內稱，在襄陽地方督拏，共獲豫省私鹽十餘起。又在宜昌地方，拏獲積慣囤販私鹽之戶，現在提解究辦等語。上年冬間，御史王城，曾經奏及河東鹽賤，闌入楚境，以致兩淮官引滯銷。朕以山西、湖廣並非接壤，中隔河南一省，即係行銷蘆東之鹽。若河東私販闌入楚省，勢不能越過豫省，自必先行侵占蘆東口岸，始能闌入楚省。彼時適徵瑞在京，因令軍機大臣詢問，據稱蘆東行銷河南地方鹽觔，近年按引暢銷，並無河南私鹽闌入等語。今據福寧奏，拏獲豫省私鹽，至十餘起之多，是河南地方，即有私販透漏，以致闌入楚境，何以並未據該撫府等奏及？著傳諭阿精阿、徵瑞，即將此次福寧拏獲豫省私鹽，是否係由河東私販闌入，抑係長蘆私販偷越至楚之處，查明究辦。並著該撫等，於豫省口岸地方，嚴密稽查，督飭地方官，實力巡緝，俾私販不致偷越，官引得以暢銷，方爲妥善。（高宗一四七〇、三九）

（乾隆六〇、二、丁丑）又諭：前因福寧奏，在襄陽地方，拏獲豫省私鹽，降旨令阿精阿、徵瑞將是否係由河東私販闌入，抑係長蘆私販偷越至楚之處，查明究辦。茲據徵瑞奏稱，河南省蘆東引地，均不與湖北接壤，勢難越漏。其行銷晉鹽之南陽府，即爲荊州上游等語。所奏亦未明晰。阿精阿接奉前旨，尚未據查明覆奏，著再傳諭該撫，即將湖北拏獲豫省私鹽，是否係由河東私販闌入，抑係長蘆私販偷越，確切詳查，據實覆奏。（高宗一四七一、一八）

（嘉慶二四、五、辛巳）諭軍機大臣等：御史程伯鑾奏，湖北巴東縣一帶，有借巡查私鹽名目，勒掯下水船隻者。自巴東以下，如八幅亭、小新灘、清灘、平山壩、紅花套以及宜昌屬之白楊等地方，計程僅二百餘里，設立鹽卡七處之多，每處巡船約十餘隻，巡役約數十人。下水船到，必令掛號，先索掛號錢，始行查驗。其有女眷船隻，往往計口索錢，謂之免驗錢。行旅等因有奉旨緝私黃旗，不敢與較，不得不多與錢物，懇其放行，謂之驗放錢。沿河兵弁亦助勢分肥等語。湖北行鹽口岸，設卡巡私，原爲緝拏梟販，止應於要隘地面，認真巡邏，豈容紛紛設立私卡，致胥役等藉端需索，擾累商旅？著慶保等即查明該御史所奏之八幅亭等處鹽卡，是否官應設立，抑係私行添設？如有私設者，即令裁徹。其官設鹽卡，務飭該管文武官嚴督兵役人等，實力查緝私梟，其行旅船隻，概不許藉端需索，查有掛號、免驗等項名目，立即嚴辦示懲，勿稍徇縱。將此諭令知之。(仁宗三五八、一八)

（嘉慶二五、六、辛亥）諭軍機大臣等：御史魯垂紳奏請查辦江西銷鹽分數一摺。據稱鹽道胡稷，性耽安逸，並不認真緝私，間至各府巡查，並未親歷要隘，確勘透私情弊，以致梟徒肆出，私販日多。又建昌撫州一帶，水販歇業，概食閩私。該道所過城鄉市集，明知並無官鹽，並不細加訪察，招募水販，私販充斥，官引滯銷，該道連年詳報暢銷，恐有虛捏通融牽算等語。著孫玉庭、延豐即將該鹽道胡稷連年所報暢銷，是否引課相符，有無通融虛捏情弊，詳晰確查，據實具奏。如該道於緝私督銷諸務，因循怠惰，並不認真辦理，不勝鹽道之任，即行據實參奏，毋稍瞻徇。(仁宗三七二、三〇)

3. 廣東、廣西、雲南

（康熙四四、一〇、癸卯）刑部等衙門議覆：吏部尚書管理直隸巡撫事李光地，疏參革職原任雲南布政使張霖，假稱奉旨，販賣私鹽，得銀一百六十一萬七千八百兩有奇。又縱子張壎、張坦，驕淫不法，肆行無忌。應將張霖擬斬立決，家產入官。張壎、張坦，杖責折贖。應如所請。得旨：張霖著改監候秋後處決。餘依議。(聖祖二二二、一四)

（乾隆一、五、戊戌）諭總理事務王大臣：據兩廣總督鄂彌達奏稱，本年二月內，欽奉上諭，凡行鹽地方，大夥私販，自宜嚴加緝究。其貧窮老少男婦，挑負四十觔以下者，不許禁捕。所有商人私雇鹽捕及巡鹽船隻、幫捕汛兵，悉行停止。臣遵照部文，出示曉諭，各梟徒痛加悛改，勉爲聖世良民。乃省城各處，竟有梟販成群，手執印刷小票，稱係廣東按察司明示，許令販私，不服盤查。及查白映棠告示，竟未遵奉諭旨，分別老幼，混稱貧難百姓，四十觔以下者，不許緝捕，倘敢私自查緝，許被害之人，指名赴本司衙門控告等語。以致强壯奸徒，無不藉口貧民，公然販私，成群結黨，目無法紀。白映棠以刑名之官，攙越鹽政，率意妄行，逞私債事，其咎難逭，理合奏聞。臣今酌定規條，凡有近場實在貧難無可資生之人，如年過五十以外，或在十五以內，及並無倚靠之煢獨老婦，許其挑負四十觔以下，在本境易米度日，不許透越外境，違者以私鹽論。該場埠巡丁如有將貧難合例之人騷擾盤查者，即以誣指平民販私治罪。其有年屬强壯者，即四十勉以下，仍以私鹽究擬。若有人鹽並獲，審非大夥私梟，仍照舊例立即詳結，不得株連。至現設之巡丁、巡船，其界連場地者，必須扼要巡查，不便概行停止。又如廣西銷鹽各埠，以及界連交趾、私鹽衝販之鎮安等處，再福建之長汀、江西之寧都，皆大夥私梟出沒之地，亦難遽行停止。仍請照前設立，惟有責成各地方官隨時稽查，倘有生事擾民者，嚴加懲治等語。朕因各省鹽務向來辦理未妥，不肖官吏，往往縱放大梟，拘拏小販，以致濱海近場之窮民藉肩販以度日餬口者，胥受擾害。是以諭令寬其禁約，毋許苛求，原以惠養貧民，並非縱容匪類，聽其作奸犯科也。豈知無賴之徒，妄稱奉旨，肆行無忌，在直隸則有天津之事，在江南則有鎮江之事，在廣東則有廣州之事，遠近一轍，不約而同，若不速加嚴懲，則各處聞風效尤，將大爲地方之擾害。李衛之嚴密查拏，鄂彌達之據實參奏，此二人辦理，乃深知朕心，而洞悉政體者。若天下督撫皆似此居心，而不存觀望之念，秉公執法，則兇暴咸知斂迹，必無長奸貽患之慮矣。鄂彌達著交部議敍。其鹽務規條，即照所奏行。白映棠職司刑憲，不能禁約私梟，反出示給票，縱民爲匪，甚屬溺職，著解任來京候旨。朕自臨御以來，時時以我皇考愛養百姓之心爲心，凡從前官吏之奉行不善，涉於煩苛者，皆次第革除，務期與民休息。若天下民人體朕此意，改過遷善，化頑爲良，則朕寬大之政，可以永遠施行。此天下臣民之福，即朕之福也。今則不然，即如私鹽一事，朕本欲酌寬其禁，以養恤窮黎，而奸民乘機伺隙，結黨呼群，凡向來之畏法而不敢輕犯者，今則公然肆横，無所憚憚。觀此情形，是奸頑之民，不容朕行寬大之政也。朕爲天下主，惟有執兩用中，期與天下臣民休養生息，以成久道化成之治，豈肯姑息養奸，貽風俗之憂，釀閭閻之患哉？爲此切加曉諭，俾遠近百姓，各自醒悟，洗心滌慮，務爲善良奉公之民，以永受朕恩。著各省督撫，將朕此旨，刊刻頒布，務令遠鄉僻壤，咸共知之。(高宗一八、五)

(乾隆二六、六、丙申) 諭軍機大臣等：熊學鵬奏，查廣西鹽務，現在商辦情形，較前辦理在官時稱便，惟在實力緝私等語。所論極見公明，嗣後該省自應循照新定章程，妥協辦理。(高宗六三九、二〇)

(乾隆三七、三、戊申) 又諭曰：李侍堯奏，據運使秦鑛詳揭，白沙柵候補大使朱廷鈺、惠來柵候補知事張維新、白石場候補知事廖爲霖，缺收鹽觔八千餘包至一萬三千餘包之多，實屬有心怠誤。且各處緝獲私鹽，盈千累萬。該場員顯有縱漏情事，請革職，留粤協收等語。朱廷鈺、張維新、廖爲

霶俱著革職，仍留粤省協同督收，以昭炯戒。（高宗九〇四、三二）

（**乾隆四五、八、甲寅**）諭曰：富勒渾等奏，滇省運銅知州李治，管運銅船十二隻，在東湖縣地方，經巡防兵弁，於船內起獲私鹽八百十七包，訊係船頭蔡大玉所買，其為販私無疑，當批飭嚴訊。運員李治，前既漫無覺察，及經盤獲，始稱移縣查辦，殊屬巧詐，顯有知情故縱情弊，請將李治革職嚴審等語。販運私鹽，例有明條，且以運銅官船，裝載販私，尤干例禁。此風斷不可長。況販運至三萬餘觔之多，自非一時所能私買，何至運員毫無覺察，及湖北弁役等盤獲後，始行移縣查辦，其為知情故縱，分肥入己，情弊顯然，尤不可不徹底審究。李治著革職拏問，交該督等提集案內有名人犯，一併嚴審定擬，毋使稍有支飾。其能盤查之文武員弁，著酌予議敘。至所稱銅鉛船隻，自帶食鹽，應請定例，每船許帶四十觔之處，並著該部議奏。尋議：銅鉛船隻，向例祇准裝載八分，原取其運行便捷。若每船准帶食鹽四十觔，恐不肖官員，及船戶家人等，藉此影射多帶，勢必遲誤鑄務。該督所請准帶食鹽之處，應毋庸議。仍令各該運員，沿途嚴查船戶家人，毋許多買，並令產鹽處所，及地方文武各官，遇此等船隻到境，不時稽查。如有前項夾帶情弊，別經發覺，除將運員船戶參究外，其管理鹽務及地方文武各官，照失察漕船夾帶之例，分別議處。從之。（高宗一一一二、一一）

4. 山西

（**乾隆四三、二、庚申**）山西巡撫巴延三、河東鹽政瑞齡遵旨奏：河東鹽法，向係場商澆曬畦鹽，無餘鹽觔貧之例，大小鹽池，防範周密，不致偷越滋弊。蒙古鹽觔，亦不能越境私售，引地民食，經久相安，毋庸另籌。下部知之。（高宗一〇五一、三四）

（**乾隆四七、四、庚午**）又諭：據農起覆奏，口鹽毋庸交商領運一摺，已批交該部議奏矣。其所稱民人攜本販鹽，苦力經營，始得稍霑餘利，如商人雇用，不但渙散不齊，且多一番雇費，而事非切己，究不能如自食其力之實心經理。故口鹽一項，販之自民，則並行不悖，歸之於商，則顧此失彼等語。所奏自屬實在情形，已面諭戶部堂官，於覈覆時，酌量議准。（高宗一一五四、五）

（**嘉慶九、一二、壬午**）又諭：本日那彥成奏，阿拉善販鹽情形，據實密籌一摺。阿拉善販鹽之事，朕久有所聞，今據那彥成所奏，又有偷販私茶木植之事，實屬牟利無厭，不可不設法查禁。但查禁之法，惟在嚴設卡隘，實力稽查，使販鬻不能來往自如，再嚴禁內地奸民勾引，無人代為營運，則彼之利源自絕。此皆內地應辦之事，儘可嚴密布置，不露形迹，即阿拉善聞之，亦不慮其猜疑。若如那彥成所奏，遽將瑪哈巴拉及其子弟賞給御前乾清門差使，留彼在都，恩出無名，豈不動其疑懼？且其事與前代質子相似，國家誠信待人，不應出此。況將伊等賞給京中差使，該部落中豈無代為管事之人，仍可勾結牟利，又將何以處之？至那彥成又請查明阿拉善地方寬廣若干，令其弟兄伯叔分管，以弱其勢。現在瑪哈巴拉襲職之後，並無不是，忽將其境內地土派分，不特從來無此辦法，設該蒙古因此生心，將來倍難撫馭，所奏皆不可行。前據那彥成奏定章程，在於寧夏各邊口及皋蘭河橋設卡，以禁私鹽來路，於秦州各要路設卡，以禁去路。此時立法伊始，方維甸等正可飭派公正妥員，實力奉行。此外分歧僻路，亦應一體杜絕，毋許因循疏懈，稍有透漏。設阿拉善不遵天朝法度，尚敢招集奸商，偷越販鹽並販賣私茶木植等事，一經拏獲，原可照例懲創，彼既私犯屬禁，亦必理屈詞窮，不敢過問也。至漢奸惟利是圖，實為內地之蠹。那彥成此次所奏回民馬姓，既係阿拉善專管販鹽之人，現在該犯被控有案，即當借此嚴辦，將該犯問擬遠戍，去其羽翼。其餘似此奸民，再有私出冒禁情弊，或隨案懲辦，或設法剗除，該蒙古無指道之人，一切不禁自絕矣。那彥成此時業已起程赴粵，著方維甸督同蔡廷衡詳慎妥辦，並將那彥成原摺抄寄閱看。（仁宗一三八、三二）

（嘉慶一三、六、庚子）又諭：戶部議覆，山西省奏將鄂爾多斯蘇尼特鹽斤，比照老少鹽之例，准令在口內行銷，並聲明可否免稅請旨一摺。向來附近場竈，孤獨殘疾貧民報明註冊後，始准每人每日挑負鹽四十斤，售賣易食，並於經過各關，例皆免其納稅，用示體恤。今鄂爾多斯蘇尼特無引蒙古鹽斤，亦比照老少鹽之例，進口銷售。該處人數眾多，非場竈貧民之向有限制，易於驗查者可比。若聽其自行販賣，漫無稽覈，以一人肩挑背負而計，為數固屬有限，而每日之內影射謀利，紛至沓來，正復不少，勢必至鹽斤充斥，於課引不無阻滯，亦有關繫。至此項挑負之鹽，經過殺虎口地方，每人應完稅銀雖止一分五釐，而積少成多，亦不可不統為覈計。著該撫將鄂爾多斯蘇尼特行銷口內鹽斤每日挑負者，如何酌定人數，設法稽查，其有違犯者應如何懲處，妥議章程。並將酌定人數後，殺虎口應免鹽斤稅銀統計一日共有若干，著一併具奏，再降諭旨。（仁宗一九七、五）

（三）准許孤貧老少領賣餘鹽

（乾隆一、三、甲辰）戶部遵旨議奏：各省防範私販，請照兩浙兩淮現行之例，六十歲以上十五歲以下，及少壯之有殘疾者，婦女年老而孤獨無依者，許其負鹽四十觔，易米度日，於本縣報名，驗實註册，給以印烙腰牌木籌，每日赴場買鹽一次，不許船裝。至因地制宜之處，請令各督撫鹽政，悉心妥議。得旨：依議速行。(高宗一四、一七)

（乾隆一、四、癸巳）兩廣總督鄂彌達奏：酌定鹽務規條。一、近場貧難煢獨，許挑負四十觔以下，在本境易米度日，透越外境，以私鹽論。一、各場埠巡丁巡船，扼要巡查，不便概行停止。得旨：此奏朕嘉是之外，別無可批諭。一一照卿所請行。別有旨諭部。(高宗一七、二五)

（乾隆一〇、七、庚辰）户部議准：長蘆鹽政伊拉齊，會同陞任直隸總督高斌覆奏，長蘆所屬濼州、遷安、樂亭、丰潤、寧河等五州縣引地，自設立老少牌鹽，奸徒收買發販，以致私鹽充斥，官引壅滯難銷。若照閩省之例，折給老少錢文，停其自行負賣，則影射囤積之弊既除，而貧民計日得錢，可資度日，又無負販往來之苦，實屬均有裨益。至各州縣現存老少若干名，務須查驗確實，每名日給大錢二十四文，令商人按月照數捐交。嗣後如有新補貧難老少，一例折給。其滄州、鹽山等州縣，有應照此辦理者，並令查明具題。從之。(高宗二四四、一三)

（乾隆一一、八、辛未）户部議覆：陝西道監察御史湯聘奏稱，查定例貧難軍民，將私鹽挑負，易米度日者，不必禁捕。又貧難小民，年六十以上十五以下，并孤獨廢疾等，於本州縣報明驗實註册，許其挑鹽易米。近聞外省城鄉集鎮商人，俱設有店口，官役私捕，若遇大夥私鹽，人衆勢強，每多畏縮。一遇擔負貧民，輒借私鹽名色，阻撓索詐。稍不如意，即將鹽觔傾撒，或奪歸入己。應請嚴飭地方官，凡官商鹽店，毋許擅用私役巡鹽，其在官兵捕，亦毋許混拏貧民。又奏稱，濱水之民，養魚爲業，居山之民，種樹營生，近聞日久法弛，胥役慫恿長吏，或稱隄岸有妨，或稱行舟有礙，希圖嚇詐，致貧民失業，并請嚴飭究治。均應如所請。從之。(高宗二七二、一五)

（乾隆四三、一、癸酉）直隸總督周元理遵旨奏：天津、静海、青縣、滄州、鹽山、濼州、遷安、樂亭、盧龍、撫寧、昌黎、豐洵、寧河十三州縣，係向有老少餘鹽之處，從前原准日買塲鹽四十觔。嗣因私販藉圖影射，歷經奏准，每名日給制錢二十四文，令商捐交各州縣發給，鹽觔均歸商賣，日久相安，毋庸另籌。報聞。(高宗一〇四八、一七)

（乾隆四三、一、甲戌）山東巡撫國泰奏：東省鹽場老少貧販，惟霑化之永利場，額設二十一名，日照之濤雒場，額設一十三名，計每名日赴場領鹽，可獲利二三十文不等。今既議裁，應仿天津給錢裁販之例，日給制錢二十四文，商捐繳貯縣庫，地方官按月散給，其餘鹽飭商領運。下部議行。（高宗一〇四八、一九）

（**乾隆四三、二、戊戌**）諭軍機大臣等：據寅著奏，查勘淮北場竈情形，並酌擬巡防事宜一摺，所奏殊不明晰。已於摺內批示矣。前因山東拏獲鹽梟，供係在海贛交界之處，零星偷買老少鹽觔，裝車推賣，以老小之利源，變而爲私梟之弊藪。朕意若將各鹽場所出餘鹽，官爲收買，散給貧民，停止肩挑背負，自屬正本清源之道。第各地方場竈情形，未能深悉，是以令各督撫會同各鹽政，斟酌妥善，據實覆奏。并諭令不得因朕有此旨，稍存遷就，所降諭旨甚明。續經直隸總督等覆奏，長蘆向係散給錢文，其肩挑背負之例，久經停止。山東巡撫亦奏請照長蘆例行，是該二省均已通行無礙。即或兩淮老少餘鹽，有不便停止之勢，何妨將實在情形，詳悉直陳，朕豈肯因前旨稍爲迴護。乃寅著摺內，惟稱巡防之嚴密，竈戶之窮苦，隱躍其詞，言外似有老少餘鹽難於停止者。若果難於停止，何妨直陳。至所稱查點磚土鹽池，並無溢額，確訊場商竈丁，曬掃收買素有成規，實不能額外私曬，賣給東省梟販，看來竟係寅著迴護東省私販一事。果如所言，則東省鹽梟所供，自海贛交界偷買餘鹽之語，衆口如一，豈轉不足信乎？抑買自何處乎？寅著此奏，甚屬糊塗不曉事。著傳旨申飭，看來此事，非伊一人所能辦理，著交高晉、薩載，會同該鹽政，悉心查勘，據實在情形，詳悉妥議具奏。將此由四百里諭令知之。（高宗一〇五〇、一一）

（**乾隆四三、二、庚申**）閩浙總督鐘音遵旨奏：閩省鹽場，初奉貧民例准賣鹽之始，慮及梟販滋弊。經前督臣郝玉麟奏定，每名日給制錢十文，不令挑鹽。如福清、赤杞、洪白、江陰、莆田、下里、潯美七處，均於場團錢價盈餘項下動支，按戶散給。嗣羅源、寧德二縣，丙洲、惠安、浯洲三場，相繼倣行。至省會貧戶稍多，歲令商人帶銷餘鹽四千五十擔，其利交閩縣、侯官兩縣貯庫。確查貧戶散給，行之已久，實有成效，現飭各該場、縣，實支實給，按月册報，責成鹽法道稽查，轉報督撫考覈。下部議行。（高宗一〇五一、三三）

（**乾隆四三、五、辛酉**）又諭：戶部議駁，高晉等會議老少鹽觔一摺，所駁甚是。肩挑背負之鹽，向爲私販影射滋弊，不可不清其源。而高晉等議請設立官垣，收買餘鹽，即令貧民赴官垣領買挑販，第不許多觔越境，所辦實未允協。昨已有旨，令高晉明白回奏矣。現今鹽城縣復有鹽梟糾衆販私，持械拒捕，傷斃兵役之案，可見各鹽場積弊甚多，不可不及早釐剔，豈宜因循貽誤？昨諭楊魁馳赴鹽城，查審私梟一案，計日可以到彼。寅著亦先期馳赴該處，現在薩載承辦清口以下黃河嫩淤，業將就緒，且派有道將等上緊經理，毋庸親身督辦。著傳諭薩載，即行前往，會同楊魁、寅著將老少餘鹽一事，另行詳悉妥議具奏。所有原摺並著鈔寄，照摺角處，折令閱看。高晉前往浙省查勘海塘，如已竣事回程，亦著到該處，一併入議。若實有不能行，亦應將實在情形奏聞，並議何以除弊之法，不應勉強牽就，若高晉等前議，非明官立私鹽之廠，而招人販私乎？此旨著由六百里發往，傳諭薩載、楊魁，即速妥辦，並諭高晉知之。（高宗一○五六、七）

（**乾隆四三、五、辛未**）又諭曰：楊魁等奏，拏獲鹽梟首夥要犯，幷現在查辦情形一摺，覽奏已悉。此時高晉亦已前赴鹽城，著即會同嚴審各犯起事情由，並將逸犯上緊緝拏，從重究治，毋任一人漏網。至高晉回奏，前議籌辦老少餘鹽一摺，據稱，兩淮地方情形，與山東、直隸不同，附近場竈州縣，向不行銷官引，海濱村莊零落，全仗肩挑背負零賣，以爲食鹽。而海濱之民，亦藉此以資餬口。又稱向來私鹽多由場竈透漏，並非盡屬老少餘鹽各等語。現據楊魁奏訊鹽城一案，私梟供詞，即稱各向竈戶，及老少鹽擔，買得私鹽二三百觔至四五百觔不等，分貯小船等語。是老少鹽擔，實爲私販弊源，可見高晉等前奏設立官垣，收買餘鹽，令貧民赴垣，交價挑賣之法，不能杜弊，而轉致藉口濟私也。至稱附近場竈州縣，向不行銷官引，全仗買食肩挑背負之鹽。果爾，是向來立法未爲盡善。近場州縣，不令行銷官引，或係鹽法章程，別有防微杜漸之道，然竟明目張膽，買食老少餘鹽，則是以官地而聽私鹽交易，實屬不成事體。如有可以另籌妥善之法，即著高晉等會同妥議具奏。設或實有難於更改之處，轉不妨將實在不能改辦情形，詳晰奏聞，斷不可含糊其說，仍至有名無實。至現在正當議辦老少鹽觔之時，鹽城縣即有梟徒糾衆夥販之案，焉知非奸民知官辦此事，於彼不利，故爲鋌而走險之計？或係去年山東逸犯孫大漢，逃匿在彼，煽誘蠱惑，亦未可定。並著高晉等，將各犯悉心嚴訊，務得實情，一併覆奏。將此由五百里傳諭知之。仍將曾否全行獲犯，及訊辦情形，即速由驛具奏。（高宗一○五六、二二）

（**乾隆四三、六、甲午**）諭：上年因山東拏獲鹽梟，訊係在海贛交界，偸買老少鹽觔販賣，是場竈餘鹽，竟成弊藪，不可不通盤籌辦。因諭各督撫，會同各鹽政，就該處情形，斟酌妥議，據實覆奏。幷諭令不得因朕有此旨，稍存遷就。續經直隷總督等覆奏，長蘆向係散給錢文，山東巡撫亦奏請照長蘆例行，是該二省均已通行無礙。其餘各省，有本無老少鹽觔，毋庸定議者，亦有遵照朕旨，酌量議行者。惟江南，則請設立官垣，收賣餘鹽，令肩挑背負貧民，赴官垣領賣挑販，但不許多觔越境。立法未爲妥善，經部臣議駁，因復諭令高晉等，另行會同詳悉妥議具奏。續據高晉等議設餘引，招商開店，並清釐場竈情形，會摺覆奏。朕復批交部議，尚未議覆。今思若兩淮老少餘鹽，勢實難於停止，高晉等何妨將實在情形，詳悉直陳，而另籌防杜私梟之法。乃始欲設立官垣，及經駁飭，又欲定老少額數，不許續補，仍屬有名無實，而非經久覈實之計，豈伊等恐朕迴護前旨，故爲此勉強遷就耶？朕方切戒諸大臣，不得意存迴護，豈肯躬自蹈之？況前降諭旨甚明，高晉等更不宜如此過慮。現在李侍堯來京陛見，在軍機處行走，伊於外省鹽務情形，素所熟悉，所有兩淮老少餘鹽一摺，著交軍機大臣會同該部，詳悉妥議具奏。(高宗一〇五八、九)

（乾隆四三、閏六、辛酉）諭軍機大臣等：前因兩淮老少鹽觔一事，高晉等所定章程，未能妥協，已令軍機大臣會同戶部，議交該督撫，會同薩載、伊齡阿就該處實在情形，另行確籌妥議矣。昨因桂林奏，請裁廣東老少鹽觔名目，惟嚴禁私鹽，以杜弊源。所見頗爲近理，已敕部覈議，並令查兩淮現在情形若何。茲據查稱，兩淮惟附近場竈之通州等十州縣，並無官引，准令貧難小民，背負鹽觔，易米度日。毋許過四十觔，例不禁捕，亦不納課。乾隆元年，經直隸總督李衛奏，老少鹽觔，定以年歲，給予腰牌，經部覆准通行。嗣據兩淮鹽政尹會一等題請，無庸分別年歲給牌，止許貧難老幼殘疾，於不銷官引地方，負鹽四十觔，易米度日，均係現行成例等語。是此項貧難老幼，所負鹽觔，止在附近場竈，不行官引地方，售賣便民，原可無庸禁止。第恐愚民貪利，挑負鄰境有引州縣售賣，即屬私鹽。而鄰近州縣奸民，其鹽價較官鹽爲賤，私相售賣，遂致流弊相沿，不能禁戢。若酌令將近場十州縣之鄰境行引地方，現定鹽價，酌減數文，則鄰境之民，無利可圖，自不復趨之如鶩。而鄰境居民，計價官私相仿，必不敢違禁售私，自亦防杜之一法。第恐商人見小，以減價恐虧成本，未必樂從，不知私鹽既禁，則商引自必暢銷，零計得價似少，而通計獲利定多，又不可不通盤籌畫也。但其事是否可行，朕亦難以懸定，著高晉等會同伊齡阿，悉心熟籌妥議，即行據實奏聞。至貧民挑負，及場竈零剩鹽觔，向來多有奸民，隱載車船偷買，轉售他處，實爲私梟弊藪。如果地方文武及鹽場各官，實力嚴行查禁，庶可使奸徒斂迹，此尤宜妥定章程者也。此旨著由五百里發往，一併諭令知之，仍著將作何定擬之處，即速行覆奏。(高宗一〇六〇、二)

（乾隆四三、閏六、丙寅）軍機大臣等會議：兩淮鹽政伊齡阿奏，籌備老少餘鹽，酌定章程，一、各場竈盤鏇，原有定數，設遇增減，必須鏇報。

應飭各分司場員，徹底清查，分晰盤冊原額，及增添各數，按季造報，並於年底，將一年產鹽總數報查。至火伏與盤鏾，相為表裏，每場每歲，俱有定額。一火伏出鹽若干，亦有定數，應將稽查之竈頭、竈長甄別揀選充當，由運使給發循環印簿，令場官將煎出鹽數，按日登記，分上下半月送覈，則火伏日期，與盤鏾冊數，可以層層比較，永杜私煎。一、淮北海州分司所屬三場，俱係曬鹽，向來鹽池所鋪池磚及地面大小，俱有塊數丈尺。因奸丁展寬池面，時增磚塊，且偷挖土池，私曬漁利，以致淮北之鹽，漫無稽考。現在嚴飭分司等，逐一履勘，造冊報查，並照淮南之例，發給循環簿，按月具報，即遇旺產之年，其鹽觔亦儘數飭商收買。一、巡緝私販，應將各處所設卡巡，責成牧令及佐雜之銜帶鹽務者，分段管理。某縣之引不銷，即某卡之私不絕，俱可按籍而稽，分上下半年查報。其銷引如額及有增添者，予以獎賞議敘；銷不如額及積引過多者，官則記過參處，役則責革嚴懲各等語，均應如所奏辦理。一、淮南北附近場竈州縣，向食餘鹽，未行片引，請將淮南之通州、泰州、東臺、興化、如皋、阜寧、盐城、淮北之海州、安東等九州縣，俱改為食鹽口岸，量為酌增引額。查該鹽政所奏，仍屬收買餘鹽，轉而售賣，民間豈即能不致食貴。應仍交高晉等，會同伊齡阿，就通州等各州縣地方情形，籌畫定議。至所稱淮北、邳州、山陽等八州縣，向係食鹽口岸，請將各場竈所有餘鹽，量為增引之處，查前因邳州等州縣，食引壅滯，經鹽政尤拔世，奏請將一半融綱，一半運食。今雖地廣民稠，較前繁盛，但驟為增引，豈遂能一律暢銷，不至復虞壅積。應請一併交與高晉等，會同伊齡阿，將該處實在情形，確加體察，再為妥議具奏。一、海濱窮竈，俯仰之資，惟賴於鹽，因停運之時，綱商未能隨時收買，不若肩挑背負之眾，晨夕往來，可以任意交易，故以為便。今飭商收買餘鹽，應確查工本之數，按依時價，源源收買，在竈戶自可不致妄想售私，而商人照挑負買鹽之價收買，即令照本轉輸，亦不得過於攙價。查私梟囤販，悉由影射餘鹽，若但令該商等，按依時價，源源收買，而窮竈之賣給商人，與賣給挑負之民，究無以異，仍恐未能盡杜私售之弊。所有江省現在情形，可否照兩廣之例，將老少鹽名目永遠革除之處，應令妥協籌議。從之。（高宗一○六○、一五）

（**乾隆四三、七、丙午**）户部議准：大學士管兩江總督高晉、江蘇巡撫楊魁、兩淮鹽政伊齡阿會奏稱，附近場竈，不行官引之通州、泰州、海州、東臺、興化、鹽城、阜寧、如皋、安東各州縣，濱海貧民，請仍照例官給號籌，赴場買鹽挑賣。舊有老少鹽名目，概行革除。至山清等八州縣，向係食鹽口岸，臣伊齡阿前奏，令將通州等處銷剩鹽觔，通融銷售，今既歸民挑負，無庸給銷。至不能挑負鹽觔殘廢之人，該州縣自有孤貧口糧，亦無庸商給養贍。又各場煎曬鹽觔，除額銷及本境挑負，如尚有餘，應盡歸商買，俾裕提綱撥補。從之。(高宗一○六三、九)

(嘉慶二四、七、乙丑) 又諭：定例附近場竈地方，貧難小民老幼殘疾及婦女孤獨者，准其挑賣零鹽，原爲體恤貧民之意，其非產鹽處所，不在此例。若以少壯民人及並非產鹽處所，紛紛售賣，即與私鹽無異。其匪棍梟徒，勾雇貧民，分拆零售，甚至擔上插牌書寫奉旨字樣，尤屬逞刁，不可不嚴行飭禁。嗣後附近場竈處所，例准挑賣之人，仍准其挑賣，每日亦祇准一次，不准更番出入，其餘著概行禁止。如有擔上書寫奉旨字樣者，立即查拏，除治其販私之罪，仍將擅寫奉旨加等治罪，以儆刁頑。(仁宗三六○、七)

第三節 清政府對特需商品的購銷、運營

一、對特需農牧產品的購銷運營

(一) 馬政和官需馬匹牲口的補給採買

1. 馬政和官需馬匹牲口的補給價購

(順治三、九、丁酉) 禁民間私自買賣馬、騾、甲、冑、弓、矢、刀、鎗、火礮、鳥鎗等物，以杜盜源。從戶部尚書英俄爾岱請也。(世祖二八、九)

(順治七、二、乙酉) 諭戶、兵二部：自今以後，喀爾喀、厄魯特，從邊外前來，凡章京以下，披甲兵以上，若無駝隻馬匹，有願買者，每一次止准買一匹。有違例多買者，所買之馬入官，問以應得之罪。若有自己不買，包攬他人頂己名買者，二人俱問應得之罪，所買之馬入官。每旗選章京二員，監視買賣，即令此二章京於各旗牛錄，及撥什庫，將買馬人姓名彙造清册，一本送戶部照驗，一本自收備察。賣馬處所，執册呼名放入，不許强占預記，違者，章京照職罰銀，兵丁照例鞭責。一應販子買賣人，及不係披甲者，概不許買喀爾喀、厄魯特駝馬，犯者，鞭一百，駝馬入官。居庸關以內，一應官吏軍民人等，俱不許沿途迎買。著差官役搜察，如有被獲者，即縛解至京，以賊律問罪。所差官役，如有私買及通同縱買者，亦按賊律問罪。著嚴行曉諭。(世祖四七、五)

(順治一二、九、辛卯) 戶部議覆，刑科他赤哈哈番艾穆布疏言，私販馬匹，向有嚴禁，嗣後蒙古賣馬，止許各旗兵丁人役買用。如有馬販私買

者，滿洲責成固山額真、梅勒章京、牛録章京、驍騎校、小撥什庫，漢人責成五城併司坊等官，各嚴行禁緝。如禁緝不嚴，被人捕獲，將所販馬匹，以三分之一給捕獲之人，餘皆入官。其牛録章京、驍騎校、小撥什庫、司坊等官及販主、販人，一併下刑部從重議罪。從之。(世祖九三、七)

（順治一五、一〇、辛卯）江南道御史田六善奏言：近見部議禁馬一款，臣不能無過計焉。在部臣之意，以爲盜賊自此無馬矣，其或有借兵丁旗下牌印而騎乘者，宜如何禁緝？以爲戰馬自此易購矣，其或有不可以戰，止可以耕之馬，宜如何發落？產馬諸國，因馬禁而難售者，宜如何疏通？南服未靖，其姦人乘間以爲利者，宜如何防範？請敕部從長計議。俾上有裨於國計，而下有便於民生。下所司確議。(世祖一二一、一二)

（康熙三、五、戊戌）禁民間私市馬匹。(聖祖一二、一一)

（康熙一五、七、丁亥）諭戶部尚書覺羅勒德洪曰：爾等請旨，遣官往歸化城買馬，此皆爲大軍備用，關係非輕。今宜嚴飭所遣官，務選擇精壯馬匹，如以不堪者塞責，察出治罪，決不姑恕。(聖祖六二、四)

（康熙一八、一一、壬辰）戶部議覆：湖廣巡撫張朝珍疏言，本省起運軍需米豆草束，路經長江，及灘高水急之地，有實在漂沒者，應取有司官印結，准其豁免。又各省派養之馬，瘦病倒斃，難於賠補，請開馬禁，許賣馬人等，將馬數呈明兵部，頒給部單，准赴某地方貿易，以便購買補足，應如所請。從之。(聖祖八六、二)

（康熙二九、九、丙辰）兵部議覆，陞任直隸巡撫于成龍疏言，通州、昌平、順義等州縣，及榆林、土木等驛，係盛京、喜峯及古北、張家、殺虎諸口要道，原設之馬無多，每有大差，必須協濟，久已爲累。請於通州等州縣量增馬五百零八匹，分給各驛。……應如所請。得旨：依議。(聖祖一四八、二一)

（康熙三四、七、乙酉）諭大學士等曰：馬之所係甚重，宜於四十九旗諸地購買，歸化城可二千匹，科爾沁可二千匹，其餘諸旗定額購買，爾等定議以聞。此買馬事，遣部院中曾出差者，副以八旗蒙古護軍參領侍衛各一人，會同該王台吉等，遵諭以行。(聖祖一六七、一四)

（康熙三六、二、己丑）四川陝西總督吳赫疏言：大軍所需駝馬，奉旨於肅州、寧夏等處購買，今甘肅巡撫郭洪與侍郎席密圖等於肅州購買，臣則往寧夏，與副都統阿蘭台公同督買。但思駝馬係大兵急需，一時購買未必足數，請暫借西安八旗及各標營馬八千五百匹，派出官兵送至寧夏，以應大軍之用。其各標營缺馬，令陝西巡撫動支正項錢糧，照時價給與兵丁買補。從

之。(聖祖一八〇、八)

(康熙五四、七、辛亥) 議政大臣等奏：今年運米所需駱駝三千隻，除官駝一千隻外，應派大臣一員，動正項錢糧，前往張家口、殺虎口、鄂爾多斯、歸化城等處購買，令足三千之數，送往湖灘河朔。得旨：著吏部侍郎傅紳前往。(聖祖二六四、一二)

(康熙五四、八、庚午) 議政大臣等議奏：今年用駱駝所運四千八百米石，及明年用騾馬所運一萬二千米石，俱以預備前往推河之右衛黑龍江兵丁及籘牌手等口糧。但明年進兵時，或再須添兵，亦未可定。除前應運米石外，亦須再行多運。其運米惟駱駝行走便利，又不多需人夫，而所載較騾馬又多。查蒿齊忒、蘇尼特等旗分，雖去年被雪，傷損馬匹牛羊，而駱駝未經受損，應差大臣一員，攜帑前赴各旗，購買駝駱四千，帶至大同宣府，交地方官，動用正帑，喂養肥壯，俟明年青草未出之前，送至湖灘河朔，亦交與都統圖思海等，爲運送米石之用。得旨：著兵部尚書殷特布去，餘依議。(聖祖二六五、一)

(康熙五五、一〇、己酉) 諭議政大臣等，江南、杭州、荊州、西安、固原、甘州、寧夏等處，拴養馬駝，如有用處，甚屬有益。著西安兵，拴養馬二千匹，駝一百隻；固原、甘州、寧夏兵各拴養馬一千匹，駝一百隻；江南、杭州、荊州兵各拴养馬一千匹，俱給發價銀，令其購買。(聖祖二七〇、九)

(康熙五七、一〇、丁未) 諭議政大臣等，明歲大兵進剿，將軍富寧安一路，滿洲兵丁頗少，宜再增添，以壯兵勢。著將京城之滿洲兵，每佐領派五名發往，至甘肅等處駐扎，喂養馬匹整備，以便臨時調遣。此派往之人，每佐領派護軍二名，委充護軍一名，披甲二名，除行圍用過馬匹外，其餘佐領下喂養之馬匹，並户部從前所買之馬匹，令其查明，再令户部將庫銀撥十萬兩，購買馬駝應用。(聖祖二八一、一〇)

(雍正一、一一、己亥) 撫遠大將軍年羹堯條奏，進勦青海事宜：……一、購買馬駝。臣在陝西買馬一千匹，甚不敷用。請令在歸化城、張家口採買，或將太僕寺上都打布孫腦兒孳生馬匹，解送三千匹，巴爾庫爾挑送駝二千，再於甘、涼、肅州等處採買一千五百，則兵丁進勦之時，可無貽誤。一、貯備軍糧。臣在西安，慮青海有事，已預買米六萬石，將來自不致有誤。一、精煉火器。請將景山製造之火藥，每駝以一百八十勛計算，賞給一百駝，於明年正月内解送西寧。得旨：總理事務王大臣議政大臣會議具奏。尋議，大將軍年羹堯所奏，進勦賊寇，調遣兵馬，堅守隘口，備足糧餉等款，均應如所請。其所請馬數外，再增一千匹解送。至火藥，於所請額數外，增送一倍。再行文郝玉麟，即由中甸帶兵前往乂木多駐劄。其中甸地方，應令總督高其倬簡選總兵官一員，帶兵五百名，前往駐劄。從之。(世宗一三、一八)

(雍正七、五、戊午) 諭內閣：前因備辦軍需，令直隸、山東、河南、山西等省，採買贏匹，運送糧餉。今直隸、山東解京之贏，俱屬臕壯，則地方官之採買辦理，實心效力可知。著查明各地方官，採辦之多寡，及肥脂之高下，分別等次，交部議敘，以示嘉獎。其解送之員，一併酌量議敘。從前議定每贏一頭，給與官價十二兩，今所解贏匹甚好，諒官價及每日喂養准銷之銀，必不敷用，著據實報明，於本省存公銀兩內給發，但不得借此恩旨，滋浮冒之弊。著該督撫公平辦理，後不為例。其河南、山西二省所辦贏匹，解交陝西者，著岳鍾琪驗看，據實具奏。若能如解京之辦理妥協，亦著一體加恩。(世宗八一、一五)

(雍正七、七、壬戌) 諭內閣：直省各營缺額馬匹，例用朋扣銀兩買補。自康熙十年，山西、河南、陝西、甘肅、湖廣、四川六省營馬缺額，以招中茶馬撥給。所有朋銀，悉行解部。其後四川、湖廣停撥茶馬，動朋銀買補。陝、甘、晉、豫四省，仍領招中茶馬。至康熙四十五年，停止招中，而四省督撫，並未奏請給發朋銀。遂至營馬凡有倒斃，皆各兵買補。前降諭旨，令岳鍾琪將陝甘二省營馬缺額，作何補給之處，定議題覆，現交部議。其山西、河南二省，尚未降旨，又聞河營馬匹，亦係兵丁自行買補，著該部一併查議具奏。尋議：嗣後征勦西藏並安臺回營兵丁，凡實在倒斃馬匹，著該管提鎮核明咨部，照康熙四十五年，西安、甘肅、西寧定價，動支朋銀，給兵買補足額。其陝甘各營倒斃馬匹，並准照直省營馬例開報，不得過十分之三。再，山西、河南二省，以及河營，每年亦應准報十分之三；山西照陝西馬價，河南照該省驛馬價，河標照山東營馬價，各動支朋銀給兵買補。至定例領馬五年，方准免賠，各省應一體遵行。從之。(世宗八三、二八)

(乾隆一、三、庚子) 鎮守奉天將軍那蘇圖奏，奉天所屬徹回雍正七、九、十三年內出征官兵，應交原給馬八千一百六十二匹。請即作為官兵本身之馬，於俸餉內，定價每匹八兩坐扣，倘有需用之處，給發原價。從之。(高宗一四、八)

(乾隆三、三、壬午) 廣州將軍阿爾賽奏：駐廣八旗甲兵例斃馬匹，於前項貯庫馬價銀六萬兩內，支出四千兩，專派協參領各一員買補，仍於各兵名下按數扣還。得旨：此係可行之事也。知道了。(高宗六五、二九)

（**乾隆七、一〇、乙卯**）［甘肅巡撫黃廷桂］又奏：口外地方，多藉牧養爲生。查安西所屬，自沙州、赤金、迤南山等處，距鎮遠城，遠者二百餘里，近或百里、數十里，水草甚多。北則各衛所地方，廣有湖灘，俱可牧放。今安西兵糧，需用浩繁，供支不易，已動項採買羊一萬隻，發五衛所牧養，俟三五年後，孳生蕃息，擇口齒老者，酌量按季搭放兵糧，便可扣存糧石，以資儲備。得旨：甚善之舉。妥協爲之。（高宗一七七、二九）

（**乾隆一一、一二、己巳**）兵部等部議奏：大學士等原議，甘肅提督永常奏稱，甘肅安西等處，應需營馬，請准出口向庫倫、恰克圖採買，所有事宜，做照歸化城例，將馬匹人數，並指定地方提督給照，移咨總督報部。商民每歲止許出口一次，立限一年，通報備案。至採買馬，多係置貨交易，其係營伍者，應令該管衙門酌量馬匹多寡，遴差妥弁兵丁前往，其係商民者，呈明地方官查詢明確，取具保結，各將人數、姓名、貨物、限期，詳註印照，一面移知該管隘口官員，驗實放行。均應如所請辦理。又稱，商民向持大黃易馬，兩有裨益。查西省需馬頗多，營中持票採買，俱有定數，往往不敷，應准其所請。但易回馬匹，務令轉售營伍，充補騎操，不得居奇潛販，仍令該督申明禁約，違者按律治罪。從之。（高宗二八〇、一五）

（**乾隆一二、五、壬辰**）軍機大臣等奏：甘肅所需營馬，原由金塔寺出口，往喀爾喀等處採買。乾隆七年，肅州鎮臣遣人赴額爾得尼昭附近買馬，額駙策凌恐滋事，報部禁止。嗣經總督慶復，議以每年定限給票，不得濫往，並指明地方，甘肅各營，由金塔寺口外行走；安西各營，由布隆吉爾西喇呼魯蘇行走。在北路喀爾喀蒙古庫倫、恰克圖一帶購買。部議覆准：今安西提督李繩武奏，買馬弁兵，經過圖古里克，遇準噶爾脫出蒙古孟克一名等語。查買馬弁兵，擅赴圖古里克，其地在哈密卡外，逼近準夷，應嚴加防範。除甘肅各營出金塔寺口者，仍不得至哈密卡外，其安西各營即在附近西寧一帶採買，不得遠至喀爾喀，其圖古里克一帶，及哈密卡外行走之處，嚴行禁止。從之。（高宗二九〇、三）

（**乾隆一三、二、丁丑**）固原提督瑚寶奏：奉調進剿大金川官兵，馱馬一項，據副將任舉詳稱：由陝入川，道途險遠，馬馱軍裝，難免疲乏，而馬數過多，牽拉亦不便利；若照上年征瞻對、折銀自行雇騾，騾夫畏險不前，亦僅運送川境而止，凱旋雇覓又艱。但負重行遠，騾力爲最，且二騾能任三馬之載。若以所折三馬之價，採買二騾，計可減三分之一，沿途飼餧，仍照三馬之例，支給空草。查以騾代馬，雇不如買，帑項仍無增減，實有裨益。得旨：允行。下部知之。（高宗三〇九、二三）

（**乾隆一三、八、甲辰**）兵部議准：湖南巡撫楊錫紱奏稱，馬匹成群販買，實易藏奸，內地各處，俱應防範。今各省營驛及民間販有川黔之馬，請申明例禁。至騾馬一項，律所不禁，但恐漏稅私售，應併敕查。從之。（高宗三二三、一四）

（**乾隆一四、五、丁巳**）諭軍機大臣等：大學士等會同兵部議覆新柱奏請購買川黔馬匹一摺，所議甚爲妥協。辦理營伍事宜，凡有變通於常例之外者，必須實有裨益，且無窒礙難行之處，方可酌議更改。今楚省營馬，向來俱赴口購買，即浙閩等省，亦皆買用口馬。而新柱乃欲購之川黔，不過輕信屬員一面之辭，輒思更張成例，於事轉多未便。嗣後籌辦諸務，應加意詳審，期於妥協可行，不得任意輕舉。著傳諭知之。（高宗三四〇、二一）

（**乾隆一四、六、辛丑**）四川總督策楞奏：查通省各標鎮協營，額設馬五千五百五十四匹，緣派調金川，及臺站應付，先後倒斃二千四百七匹，未便額缺久懸，而動項購補，又恐糜費。請將本年按季應領報倒馬價，並庚午年馬價項內，豫支銀一萬八千五十兩零，派各營買補足額。統以二年爲期，仍歸入報倒額例分季扣還。得旨：著照所請行。（高宗三四三、二〇）

（**乾隆一四、六、丙午**）兵部議覆：陝甘總督尹繼善奏稱，甘、涼、西、肅一提三鎮，孳生馬廠內，約可得騸馬一千餘匹。請以此項挑補出征缺額，其不敷之數，尚有從前應裁未裁之西路新募馬兵約一千餘名，即以應裁馬一千餘匹撥補，合計二千餘匹。可節省馬價二萬餘兩等語。應如所請。行令該督確實查明，先儘馬廠裁兵等馬撥補，此外尚有應領馬價，仍俟該督妥酌題報，再行補撥。從之。（高宗三四三、二七）

（**乾隆一四、八、戊寅**）諭：軍機大臣議覆山西驛站馬匹一摺，內阿里袞所奏，倒過馬二百九十三匹，照每歲倒斃二分之例除銷外，其餘一百七十七匹，每匹應銀七兩五錢，共需銀一千三百二十七兩五錢，均屬無項可銷。又稱安臺州縣，俱令備養餘馬，原將一歲中倒斃買補銀兩，通融支領，豫養在棚等語。前此軍興之際，山西安臺州縣無多，阿里袞乃將通省州縣各驛之馬協濟，又將一歲中倒斃買補銀兩，通融支領，則州縣之辦理，已寬然有餘，不至賠墊。今復請將額外倒斃之馬，賞給存公銀兩，俾彌補有資，是其措詞已自相矛盾。且冀寧道黃祐，乃朕之所素知，並非幹練之員，派伊往查，則其不能確實可知。阿里袞即據此入告，殊非秉公查覈、據實陳奏之道。著傳旨申飭，摺併發。（高宗三四六、一）

（**乾隆一五、三、壬申**）安西提督永常奏：前經軍機大臣議准哈密總兵張世偉，請由安西撥銀八千兩，移貯哈密，以備準夷求售牲畜之用。查安西奏明現貯銀八萬四千五百兩有奇，已遵奉撥貯哈密銀八千兩。遇有買存準夷牲畜，作速售變歸款，並請嗣後令哈密防鎮，於班滿交代時，照安西標通融銀兩之例，俾鎮臣將前項銀兩交接數目，具報督提咨部。報聞。(高宗三六一、二二)

（乾隆一六、閏五、癸酉）諭：八旗所拴官駝，向有八百餘隻。遇有遠行，每用六七百餘隻不等，雖有盈餘，爲數甚少。若再有行走之處，仍需此駝，無輪流息養之暇，故多瘠瘦。官駝原爲旗人拴養，今每佐領若增添一駝，永遠長拴，既有便於旗人，而各項當差之處，亦屬從容。此增拴駝隻，或用太僕寺所管牧廠駝隻，或應如何增添之處，著八旗都統會同該部議奏。此次增拴後，若不加意餵養，仍致瘠瘦，惟該旗都統是問。尋議：太僕寺所屬三圈駝，每遇應差，尚不敷用。所有八旗應添駝八百八十一隻，請在於歸化城多倫諾爾等處採買，每駝作價銀二十五兩，共需銀二萬二千二十五兩，於戶部支領。并請旨於八旗副都統內欽點二員，帶同通蒙古語之章京，買足解回，分給八旗拴養。從之。(高宗三九〇、一四)

（乾隆一八、九、戊午）諭：各省營驛及駐防標營馬匹，向例俱令出口採買，送部印烙。蓋因口馬善於馳驟，於營伍爲宜。但南省地土卑濕，天氣炎蒸，且飼餧草豆各殊，口馬性不相習，每致倒斃，即有存留，亦不能經久。是於口外馬匹有損，於內地營伍無益，徒滋商販中飽。上年湖廣總督永常，奏請於本省及附近省分購買土馬，業已准行。嗣後除直隸等北五省，仍照舊例出口採買外，其江浙各省營驛需馬，即著就近在本省及鄰省買補。所有購買口馬之例，著停止。其本省馬價，將來應作何分別准銷之處，著該部查明定議具奏。(高宗四四六、二)

（乾隆一九、三、辛亥）〔軍機大臣等〕又奏：北路軍營，本年防秋緊要。遣往兵，應用馬駝，俱宜寬爲豫備。查自張家口至北路軍營，計四千四五百里，應令口外蒙古扎薩克共採買馬二萬匹，分爲四起，以備官兵更換騎用，駝二千隻，以備馱載。再於張家口買馬二千匹，駝三百隻；多倫諾爾買馬三千匹，駝五百隻；歸化城買馬五千匹，駝八百隻；喀爾喀土謝圖汗、扎薩克圖汗部落，買馬五千匹，駝四百隻。伊克昭前有購備軍需存貯馬七千餘匹，即於此內選用五千匹。此次採買，馬價不得過八兩，駝價不得過十八兩，俱令戶部覈計數目，籌撥支發。並行文該大臣及各扎薩克等，將此項採買馬駝，派出賢能官兵，加意牧放。如能妥協無誤，量加賞賚；倘有倒斃疲瘦，將該大臣、扎薩克官兵，一併參處。至軍行沿途需用口糧，查慶豐司三旗牧廠，現有羊二十一萬五千餘隻，達里岡愛牧廠，現有羊八萬三千二百餘隻，應於此內，以三萬隻爲遣往軍營官兵口糧，其七萬隻，派員陸續送赴北路軍營，交將軍成衮扎布等備用。從之。(高宗四五八、二)

（乾隆一九、四、庚寅）[軍機大臣] 又議覆：副都統富德奏請酌定附近臺站蒙古供給烏拉口糧則例。查定例，奉差馳驛大臣官員，例應官給羊爲口糧。騎烏拉者，理藩院給票。所需馬羊，悉由蒙古供用。後因徹兵，每站馬駝仍舊。現今每站備差馬各二三十匹，尋常奉差人員尚敷乘騎。若人數較多，臺馬不足，准令徵調附近蒙古烏拉馬乘用，但不明定規制。臺站人等，或令蒙古加倍豫備，或竟不出臺馬，止用蒙古馬，均未可定。應如所奏。嗣後尋常奉差人員，仍照舊例騎烏拉外，其應馳驛大臣官員，需馬數目，由兵部先期行文該總管，照數預備。其馳遞報匣事件，遇有二三十匹馬數臺站，准用一半，其一半准令馳驛人等騎用。所需若逾此數，再令扣數酌調烏拉馬。再蒙古協濟之烏拉馬，乘騎過站，其馬本人領回，口糧羊亦不准向蒙古取用。所有應馳驛者，止令蒙古協濟烏拉馬，所需口糧羊，均照例官給。其例應騎烏拉者，馬羊仍照例取給蒙古。從之。(高宗四六〇、一四)

（乾隆一九、五、乙酉）又諭：前令由張家口、多倫諾爾、歸化城、伊克昭及喀爾喀之土謝圖汗等部落，採買馬二萬，駝二千。今尚無需，不若暫解軍營，加意牧放，以備應用。著派莫爾渾總理其事。歸化城所買駝馬，即交彼處官兵解往，其張家口、伊克昭、喀爾喀所買駝馬，就近送至何地，及作何分起解往之處，令莫爾渾酌妥。一面移知約會，令各該處大員，統領本地官兵解送。其駝馬解至軍營，交將軍策楞另派官兵，妥爲牧養豫備。原解之官兵，俱令徹回。著寄知莫爾渾，沿途不必急行，務覓豐美水草牧放，緩緩護解前行，勿令疲瘦。再軍營現在需人，莫爾渾到彼時，著在參贊大臣上行走。并寄信策楞、達松阿、惠色等知之。(高宗四六四、一三)

（乾隆一九、五、甲辰）[軍機大臣] 又奏：查明歲所用駝，稍有不敷，請交直、晉、豫省督撫採買商駝，送張家口備用。從之。(高宗四六五、一一)

（乾隆一九、六、丁巳）陝甘總督永常奏：此次進勦準夷，自哈密至伊犁三千餘里，全資馬力。若照廷議，按二萬兵備辦，內綠旗兵八千，需馬一萬六千；滿洲兵例係一兵四馬，需馬四萬八千；加以領兵大員及隨帶餘丁，共約需馬七萬餘。兩省營馬，及駐防各處馬，全調方足此數。若再辦理分站設撥，則兩省驛馬可調者，不過一二千。計潼關至哈密四千六百餘里，併站安設，亦需馬一二萬，僅及十分之一二。請將歸化城、土默特、察哈爾、黑龍江、京城滿洲兵，及新降之厄魯特兵，仍令各騎原馬前來，沿途皆有供支，便於飼餧。騎來之馬，到甘省後，就近分撥各營，以備摘撥之數。得旨：軍機大臣議奏。尋議：臣等現議西路進勦兵二萬名，内察哈爾兵於本年秋起程。新降厄魯特兵及阿拉善兵，俱於明春起程，由口外行走。其西安、涼州、莊浪駐防兵，均騎本營馬，及甘肅、安西綠旗兵俱近在該省，并令料理車騾前往。惟哲哩木兵一千，索倫兵三千，係由直隸、河南、陝甘一路，令照金川之例，每五百名一起，陸續行走。各該省於經由道路，安臺設撥，逐站更替。永常尚未接閱臣等今議，以爲滿洲、蒙古、索倫兵一萬二千，俱由陝甘行走，是以不免周章。今據稱，兩省營馬約四萬餘，驛馬共二千餘。若於明年二月内，將附近馬調集，按站更替撥送，則兵數不過四千，分送僅止八起，料理原屬從容。所有議令各騎原馬之處，應毋庸議。惟是備戰兵丁馬匹，關係緊要。現議西路用兵二萬，約共需馬五萬。臣等原議，於各處採買馬十六萬内，撥給該處馬三萬六千，并於兩省營馬内挑撥二萬四千，共足六萬之數，已極寬裕。應令仍照原議備用。現在料理哲哩木、蒙古、索倫兵，設撥遞送，自明春至四月，時日較寬，可以從容辦理。並於道路寬闊之處添雇車騾，俾按次進發無誤。營驛馬力，盡可節省。再現議於喀爾喀，及内扎薩克等處採買馬匹，恐尚不敷，查青海一帶及附近洮岷莊浪等處各番部落，俱係產馬之地，並令設法購備。從之。（高宗四六六、七）

　　（乾隆一九、六、甲戌）諭軍機大臣等：據舒赫德奏稱，哲布尊丹巴呼圖克圖稟稱，情願將伊沙畢納爾等馬五千匹，駝三百五十隻貢獻，不敢取值等語。呼圖克圖感激朕恩，將馬駝貢獻，甚屬可嘉。但此項馬駝特備軍前之用，朕斷不欲徒取，如再能多得更好。著寄信舒赫德，仍照例折價賞給。并諭呼圖克圖知之。（高宗四六七、九）

　　（乾隆一九、六、甲戌）軍機大臣議覆：署山東巡撫郭一裕等奏稱，東省撫標兗、登二鎮，共馬二千八百餘匹，按數匀派，約可撥七存三。河標可撥一百匹，共足二千之數。兗、登二鎮馬，分作四起，於七月初八、九至十五等日起程。撫、河二標馬並作一起，於七月十六日起程等語。查此項馬，應解往陝西備用。東省由河南大路迤西而行，一河之隔直抵潼關，程途不遠。若如該撫所議，於七月起程，未免限於時日，不及餧養，必致臕分久乏。應令該撫飭各營加意飼餧，兩月内務令足臕。至八九月間，再行酌委弁兵，分程趕送。從之。（高宗四六七、一一）

　　（乾隆一九、七、己亥）軍機大臣等奏：西北兩路需用馬，應將各處採買者酌量分送。西路應豫備馬六萬匹。除由該省營馬，及山東、山西并青海等處採買解送外，應解馬二萬五千匹。伊克昭、烏蘭察布兩處與西路相近，所買馬二萬匹，交該盟長等即派官兵陸續起解西路。餘俟錫林郭勒買得時，於西南交界就近選五千匹,交解送伊克昭馬之扎薩克官兵,送至寧夏、橫城等處交。至駝,該處現有七千餘隻,約已敷用。永常所奏,須用數萬之處,經臣等議駁,應俟永常覆奏到時另議。北路所用馬十萬餘匹,駝一萬隻,除軍營現存馬駝及交額琳沁多爾濟、莫爾渾兩處採買外,現在昭烏達、卓索圖兩處所買馬二萬一千餘匹,并哲哩木所買馬一萬匹,亦令陸續起解北路。其由內扎薩克各處採買駝羊,俱解北路備用。每一會盟處,派扎薩克一員,同官兵加意牧養。如有疲瘦倒斃,責令賠補。若能妥協解送,奏明交部議敘。報聞。(高宗四六九、八)

(乾隆一九、八、庚午) 又諭曰:策楞等奏稱,明歲大兵進勦,令王額琳沁多爾濟、貝勒青滾雜卜等,由四部落購備羊二萬隻,馬一千匹,以供軍需等語。自去年凡軍需所用牲畜,俱給喀爾喀等折價,此項牲畜又何勞喀爾喀等之力,令其購備?著班第等仍照例給價。再策楞等奏稱,合計軍營現存米石及未運到米石,至明年十月放給大兵,大約不過三萬石等語。今運至米糧炒麵已十萬石有餘,明年放給大兵,頗有餘裕。著將給與阿睦爾撒納羊隻內,仍以米搭給,減去羊隻,既可少用喀爾喀等牲畜,亦可微省伊等工力。可寄信班第等,遵旨酌量辦理。(高宗四七一、一二)

(乾隆一九、一〇、乙卯) 諭軍機大臣等:副都統德爾素奏稱,王旺丹多爾濟帕拉木等,呈請於官買馬駝內進馬一千六百五十匹,駝五百七十隻等語。伊等感戴朕恩,呈請各進馬駝,甚屬可嘉。伊等誠心,朕已洞鑒。向例內扎薩克等,採買馬駝,皆賞還價值,此次所進馬駝,亦仍照例給與。著將此旨交德爾素,曉諭各扎薩克等知之。(高宗四七四、九)

(乾隆二〇、一二、戊申) 大學士管陝甘總督黃廷桂奏:臣入山西境,見商人運貨駝甚多。查陝西現赴河南購買,山陝接壤,解送較易。臣商之山西布政使蔣洲,飭員辦理,可買三四百匹。得旨:嘉獎。(高宗五〇二、三二)

(乾隆二一、一一、丁未) 又諭:現在巴里坤馬匹,雖已敷用,但尚須多為豫備,且伊犁或尚有需用馬匹之處。前降旨方觀承,購馬五千匹,今已收槽餧養。著將直隸購買馬匹解往西安,西安馬匹調往甘肅,甘肅馬匹調往巴里坤。逐次更換調撥,可免長途疲瘦之虞,而巴里坤得此馬匹,尤覺應用裕如。現又據黃廷桂奏稱,接四川總督開泰咨稱,川省可撥馬一千匹,解甘備用等語。並著傳諭開泰,即於川省營驛馬內,揀選一千匹,就近委員,解交黃廷桂驗收,以備來春調遣。(高宗五二六、一四)

(乾隆二一、一一、己未) 大學士管陝甘總督黃廷桂奏:前奉旨解馬五千匹,內安西馬一千匹,已於十一月初旬,先後起程,計此時已抵軍營。陝甘兩省滿漢各營馬，尚有四五萬匹，實可挑選三萬匹。已檄飭加緊飼餧，並不時差員查看，務期臕壯適用。但陝省各營，距肅遙遠，按站需五六十日，若趕送又易致疲乏。請將陝省滿漢營馬，先調來甘，陸續行走，到甘後，分撥涼、甘、肅各營，交州縣官加意餧養。陝省摘缺之數，應聽自購。至駝隻，前於歸化城採買一千，經晉撫委員運送。但趕解亦恐疲乏，應令該撫再於晉省各處購二三千隻，每有數百，隨起分解。得旨：甚妥。諭軍機大臣等，黃廷桂奏稱，陝甘滿漢各營，約可調馬三萬匹，檄飭加緊餧養，以備調用等語。現在派調察哈爾、吉林及索倫兵丁，約計四千名，備馬二萬匹，即可敷兵丁乘騎之用。著即照數挑撥，分起陸續解赴巴里坤，約於明春二月內到齊，不致遲誤。至駝隻一項，前令方觀承購買一千隻，又豫備行營駝一千隻，解交明德，轉送陝省，解往巴里坤。並著傳諭明德，再購駝千餘隻，解往備用。（高宗五二七、二三）

（乾隆二一、一二、壬辰）[陝西巡撫陳宏謀]又奏：遵旨購騾一千解肅，現已陸續起解。但民騾與營馬不同，若照營馬委員分解，長途難於照應。今即責成購騾之各州縣，專差家人，雇用長夫解送。得旨：甚妥。（高宗五二九、二七）

（乾隆二二、一、壬戌）[陝西巡撫陳宏謀]又奏：陝省各營摘缺馬匹，例應及時買補，加料秣養。現在督撫兩標及各提鎮協營，皆領價分購。惟連年軍需，各產馬處馬少價昂，額價不敷，兼以各項費用，營中俱無項可動。當據各營所請，借司庫銀四萬三千七百九十餘兩，於官兵俸餉馬乾內按季扣還。報聞。（高宗五三一、二七）

（乾隆二二、三、辛酉）大學士管陝甘總督黃廷桂奏：本年二月甘省滿漢各營，買補摘缺馬數甚多，沿邊覓購艱難。現委員弁前赴張家口、殺虎口一帶出馬處所，廣行購買。聞青海蒙古各部馬尚多，亦札知副都統德爾素照料購辦。得旨：買補馬匹，乃第一要務，當實力督催，不可緩視之。（高宗五三五、二八）

（乾隆二二、六、丁丑）又諭：連年西路用兵，其進剿馬匹皆取給於陝甘二省，採買撥解，長途飼餧，滿漢官兵均恐不無賠累。而各標營摘缺，應行買補者甚多，借動公帑，若必依限扣還，兵力更未免拮据。著總督黃廷桂於回任往後速行查明，將應作何展限加賞之處，據實具奏，候朕降旨加恩，以示體恤邊兵之意。尋奏：查滿漢標營，借墊未還銀共一百二十六萬四千六百十九兩，除乾隆十九年至二十一年二月以前，滿營借墊，在季餉坐扣，未還銀一十五萬九千六百兩零；綠營借墊，在公費名糧扣補，未還銀一十三萬七千三百兩零。應照舊分別查扣外，其自乾隆二十一年二月至今止，滿漢各營共未還借墊銀九十六萬七千六百兩零。請將解送馬匹及兵丁添補衣物等項，借墊未還銀六十萬八千三百兩零，於各兵季餉分年坐扣，將各營買補摘缺，及增添馬價，借墊未還銀三十五萬九千三百兩零，請旨特加恩賞。得旨：有旨諭部。（高宗五四一、二）

（乾隆二二、七、辛亥）軍機大臣議准：署定邊左副將軍車布登扎布奏，烏里雅蘇台以內，喀爾喀二十臺，原未官辦馬駝，惟派撥臺站之馬甲二十二戶，以本身應備馬三匹當差。後私馬不敷，由四部落公派，每臺馬百、駝十，又派兩扎薩克協濟。倒斃疲累，俱自行補換，未免拮据。今差務較少，應將協濟馬駝徹回。其喀爾喀二十臺，照例每臺官辦馬五十、駝二十，於現在馬駝內挑選湊足，按年以馬三駝二銷算，給價買補。從之。（高宗五四三、二六）

（乾隆二二、一○、壬戌）諭：前因陝甘二省滿漢官兵，採買撥解馬匹及各標營摘缺買補，借動公帑，若依限扣還，兵力未免拮据，降旨該督，應作何展限加恩之處，查明具奏。今據黃廷桂奏，陝甘二省滿漢各標營借墊未還銀三十五萬九千三百兩零，其解送馬駝、添補口食盤費等項，除季餉坐扣外，尚未還銀六十萬八千三百兩零等語。此所奏借墊未完之三十五萬餘兩，著加恩免扣，以示優卹，其坐扣未還之六十萬餘兩，著酌量分別年限，按期展扣，以紓兵力。該督撫其善為經理，務俾均霑渥澤，以副朕加惠邊兵至意。該部即遵諭行。（高宗五四八、五）

（乾隆二二、一一、乙巳）大學士管陝甘總督黃廷桂等奏：欽奉恩旨，將陝甘二省滿漢各營採買補缺馬匹，借墊銀三十五萬九千三百兩零，免其扣還，其解送馬駝、添補口食盤費，坐扣未完銀六十萬八千三百兩零，酌量分年展扣，以紓兵力。臣等酌議，各營應支馬乾，具已留為餒馬之用，每歲添製軍裝及差使盤費，俱係該營自行措辦，於季餉內扣還。又有朋扣銀兩，并年底在司庫接濟，及糧貴時豫借銀米，均應於季餉內扣繳。現在朋餒解送，正餘馬一萬三千餘匹。加添料豆、製備衣裝，統須陸續扣還，再加此項坐扣銀六十萬八千餘兩，自應寬以限期，俾季餉扣還之外，各有餘剩。應請自乾隆二十三年春季為始，各於本營季餉內，分六年扣還。得旨：六年內覺限迫，著寬至十年。（高宗五五一、五）

（乾隆二二、一一、丙辰）諭軍機大臣等：陝甘兩省，挑解軍營馬匹，所有摘缺應買補之馬，定價不敷，多借公項墊用，分限扣還，朕已降旨加恩矣。直隸連年挑解馬匹，各標營摘缺買補，或亦有似此借墊者，著方觀承即查明具奏。其動項買補者，不在此例。尋奏：直隷買補馬匹，定價每疋九兩，已足敷用，並未借墊公項，亦無私行那墊之累，與陝甘情形不同。報聞。(高宗五五一、二三)

(乾隆二二、一一、丙辰) 又諭：據塔永寧奏，晉省營伍，有因連年挑解軍需馬匹，額定價值銀八兩，不敷買補，那墊公項，陸續坐扣還款之事，與陝甘兩省情事相同等語。陝甘不敷之項，前已降旨加恩。晉省營伍，若果係因公那墊，此與州縣侵虧者迥別。著交劉統勳就近詳查，據實奏聞，朕自酌量施恩。倘有私自侵用者，亦據實指參，不得稍涉瞻徇。(高宗五五一、二四)

(乾隆二三、一、己丑) 又諭：據黃廷桂奏稱，現在陝甘買補摘缺營馬，官價八兩，實有不敷。及買解巴里坤等處屯田牛隻，請於官價四兩四錢外，添給一兩六錢等語。兩省連年需馬甚多，市價未免昂貴，若拘定成例，誠有不敷。著於定價八兩外，准其加給二兩。至牛隻係本省農民所需用，時屆春耕，不惟官價四兩四錢不足，即增一兩六錢，亦未必充裕。著再加二兩，給以官平足數，採買自屬易集，而閭閻亦無滋累。因此次購辦過多，特加恩格外，以示體卹，後不爲例。(高宗五五四、二)

(乾隆二三、一、己丑) 又諭：晉省辦解兒騾馬一事，現據黃廷桂奏稱，晉省民間，騾駒甚少。其購解者，不過老騾馬，冬月趕解出口，恐多倒斃等語。著傳諭塔永寧，於該省各營，現在挑解備戰馬匹之外，再挑選不堪乘騎之駑騸馬一二千匹，於三四月內，解赴甘省，以備屯種。所有兒騾馬一項，既無裨實用，停其辦解可也。尋奏：購辦騾馬，未奉旨前，已驗解四百匹，未便徹回。至諭挑解各營駑騸馬，晉省現存營馬，因上年挑換陝馬，多老瘦難解。請買民間口輕耕種騸馬三四百匹，或五六百匹，並將原買未全解肅之騾馬，一併挑解。得旨：如所議行。既欲集事，亦不欲累民也。(高宗五五四、四)

(乾隆二三、四、丁丑) 軍機大臣等議奏：明年巡幸索約勒濟，由口外行走，路程較遠，所有扈從官兵等馬匹，沿途若不量加補換，不無疲乏，請豫買馬五六千匹，附近水草牧養。查此次經過地方，多由內扎薩克游牧處所，應令錫林郭勒盟長阿巴噶王索諾木喇布坦、昭烏達盟長翁牛特貝勒朋蘇克等，各買馬三千匹，按八九兩發價，共需銀五萬一千兩，除儘動戶部現存官馬價銀二萬九百兩有奇外，不敷銀三萬餘兩，由銀庫動支，派司官一員馳驛送往。其二處馬匹若於昭烏達一處牧養，恐數過多，水草不敷，應令該盟長等暫於各該處牧養，以備行取更換。報聞。(高宗五六一、一八)

(乾隆二三、六、庚午）又諭：巴里坤一帶，現在墾種地畝甚多，兼有辦理回部之事，均需馬匹，若就陝甘兩省購買，一時恐難足數，應於附近各省分路採辦，自易爲力。直隸著買馬三千五百匹，山西二千五百匹，山東、河南各一千匹，陝西二千匹。可傳諭各該督撫，即派委賢員，上緊購辦，解赴肅州，交總督黃廷桂驗收轉解。務於十月內趕至巴里坤，以備撥用。再此次馬匹，各該省如能及時買足甚善，設或不能趕辦，准於營驛馬匹內，先挑選口輕臕壯者，湊足解往，所有缺額馬匹，限於今年內陸續購補。並傳諭黃廷桂知之。(高宗五六五、三)

(乾隆二三、七、癸丑）是月，直隸總督方觀承奏：宣化各屬倉豆充裕，又值豐收，稻草易辦。現口外商販馬，陸續已到，請照定價，每匹給銀九兩，採買四千匹，交宣鎮各營領豆餧養，以備撥用。得旨：甚好。多多益善。今豈有無用之馬？(高宗五六七、二四)

(乾隆二四、二、癸丑）諭軍機大臣等：據明德奏稱，前任督臣黃廷桂，奏明撥解阿克蘇馬一萬六千匹，辦給西安滿洲兵及達什達瓦兵丁馬七千匹，送馬大臣官兵乘騎三百五十匹，俱挑選齊全。擬交代總督印務後，即馳赴口外，嚴加督察。又阿拉善郡王羅布藏多爾濟，捐輸羊五千隻，送至鎮番縣，業經收領等語。又據巴爾品等奏稱，於鄂爾多斯扎薩克，購得牛三千頭，羊四萬隻，山羊八千隻，貝勒齊旺班珠爾等，捐輸牛一千餘頭，羊五千餘隻，請親身送至寧夏等語。軍營馬匹牲隻，所關緊要，現在得馬二萬三千匹，牛四千餘頭，羊五萬三千餘隻，從前黃廷桂辦解軍需，悉心籌畫，以故屬員奉法，毫無貽誤。可傳諭吳達善等，循照成規加意辦理。永貴、定長等，接辦專解，亦宜一體勤慎。郡王羅布藏多爾濟，未奉購辦之旨，即願捐輸羊隻，著加恩賞給大緞六端，大荷包一對，小荷包六個。齊旺班珠爾，請將採買捐輸牲隻親身解送，著加恩賞戴三眼翎，仍賞大緞四端。伊等捐輸牲隻，俱著給與價值。至所送牲隻，合之運往口糧，及屯田收穫穀石，已足敷軍營官兵一歲之用，毋庸另行籌辦。俱各傳諭知之。(高宗五八〇、三)

(乾隆二四、二、癸亥）諭軍機大臣等：方觀承代購西安滿營補缺馬匹，前經降旨傳諭，令俟松阿哩覆奏到日，再行解往。今據松阿哩奏稱，西安滿營，現尚缺馬二千二百五十匹，請交直隸代爲購買解往等語。著傳諭方觀承，將現在購得之馬一千二百匹，並再爲購買一千零五十匹，如數買足。照從前解馬之例，委員解赴西安，交與將軍松阿哩接收補額。並傳諭松阿哩知之。(高宗五八〇、二一)

(乾隆二四、三、辛卯）諭：著戶部撥銀五萬兩，派戶部司官一員，理

藩院司官一員，解交喀爾喀王桑寨多爾濟，以備採買駝馬之用。（高宗五八二、二八）

（乾隆二四、三、己酉）［陝甘總督吳達善］又奏：口外至哈密一路共二十七塘，每塘馬四十匹，內臕好者尚居大半。但抽換已屆一年，馳遞文報，並欽差乘騎，戈壁數站，馳驟倍勞，故各塘內有疲乏勞傷馬數匹至十餘匹不等。現於口內存營馬酌撥抽換，其換退馬可餧養者，收營補缺，不堪者交地方官變價。得旨：嘉獎。（高宗五八三、三二）

（乾隆二五、四、癸卯）陝甘總督楊應琚奏：查甘省各標營額馬五萬一千餘匹，除征兵乘騎未回五千餘匹，撥缺未補四千三百餘匹，又此次撥赴巴里坤牧放三千匹外，實存四萬三千餘匹，已足供差操之用。所有缺額之馬，自可徐議通融籌辦，無需亟補，向內地採買，致費周章。至新疆經理一切事宜，自當酌量情形，與口外辦事大臣會商妥辦。得旨：覽奏俱悉。（高宗六一一、一七）

（乾隆二五、五、乙卯）又諭：烏嚕木齊市易哈薩克馬一百三十餘匹，現議暫於巴里坤牧放。俟秋季得馬既多，再遣侍衛等前往分群駐牧。此項馬匹，若候解到之日，始派員設立牧場，未免遲誤。著傳諭永瑞等就哈薩克貿易情形，計至秋季得馬若干，先行具奏，以便早派員前往。（高宗六一二、二七）

（乾隆二五、六、己丑）軍機大臣議奏：閩浙總督楊廷璋奏，請撥直省馬五百匹，備來歲南巡浙江差務，其馬價仍解直省歸款。奉旨交臣等行查兵部、八旗馬若干。據覆，八旗傳事馬七百七十六匹，又額馬一萬一千二百六十五匹，其拴餧直隸者四千五百匹，出廠牧放者四千七百六十五匹，交卓索圖牧放者二千匹。臣等酌議，應請於直隸拴餧馬內撥給五百匹，即令直隸總督行文浙省督撫，委員赴領。所有浙省應交馬價，定例每匹價銀十六兩，較之直隸買馬定價，實屬多餘。應照乾隆二十年議准江省撥馬之例，仍留浙省藩庫存貯。其直隸所缺馬五百匹，應令於八月以前，即行買補，如一時不足，即於直隸各標營內量選備用。得旨：依議速行。（高宗六一五、五）

（乾隆二五、九、己酉）諭軍機大臣等：據鍾音奏，陝省沿邊各站，額外增添馬一千八十匹，除已徹五百八十匹外，其尚存五百匹，應盡行裁徹，仍照原價每匹八兩，變價歸款等語。此項額外增添臺馬，從前雖經軍機大臣議令裁徹，但目下陝甘二省馬價，尚在昂貴之時，若照原價變賣，將來倘有需購買之處，轉不免周章。且現今烏嚕木齊等屯田處所，亦皆需馬。是以甘省此項增添臺馬及孳生馬匹，皆令其解赴巴里坤等處，設廠牧放。今陝省應徹臺馬，事同一例，亦莫若照甘省之例辦理。在陝省既免變賣之煩，而出口牧放屯田處所，可就近撥用，亦甚爲有益。著傳諭該撫，令其遴委幹員，妥辦解赴，勿致疲瘦。若業經變價歸款，即不必另行辦理。尋鐘音奏：查陝省馬匹缺額，是以奏明定價八兩採買應用。今裁存五百匹內，各州縣恐糜費草料，於具奏後，已陸續變價過二百八十餘匹，尚存馬二百一十餘匹，遵旨解赴牧放。但長途遠解，且時屆冬令草枯，更虞傷損，請將前項現存馬，分發附近各驛餧養。無庸另支草料。俟各驛有應補倒斃額馬，即以此項補額。得旨：如所議行。（高宗六二〇、八）

（乾隆二五、一二、庚子）［陝甘總督楊應琚］又奏：安西提督議准移駐巴里坤營制汛防，並官署兵房。創建伊始，必得大員經理。請於明春令提臣劉順親赴督率。再該營所需孳生馱運牲畜，亦應乘時籌辦。並請就司庫酌借銀兩，交提臣於明春赴巴里坤時，令該官兵採買。所借銀分四年於該標營應領餉銀內扣還。得旨：如所請行。（高宗六二七、二七）

（乾隆二六、一、戊午）諭軍機大臣等：據五吉等奏稱，巴里坤牧放之馬，已揀選二千匹，解送阿克蘇。至買補缺額，則現在價值頗昂，請於蒙古及商販等馬匹內酌量購辦等語。巴里坤馬價既昂，而烏嚕木齊、伊犂所易哈薩克馬匹甚多。著傳諭五吉，將巴里坤缺額馬匹，停其購辦。仍咨行安泰、阿桂等，將來該處馬匹漸多，即送往巴里坤；再多，則送至內地，以補營伍臺站之缺額，均爲有益。嗣後巴里坤，惟購辦牛羊，以裕駐防屯田之需。（高宗六二九、二）

（乾隆二六、六、丙申）陝甘總督楊應琚奏：巴里坤官廠，備調馬三千匹，請改撥各營驛，以備騎操。現據安西標營，就近願領七百匹，肅州鎮領五百匹，甘提涼鎮各四百匹，涼州滿營三百六十匹，莊浪滿營二百匹，餘三百二十匹，聽附近塘驛領買，俱令照例繳價。得旨：著照所請行。（高宗六三九、二一）

（乾隆二六、七、己亥）軍機大臣等議覆：欽差副都統巴圖濟爾噶勒疏稱，達理剛愛牧廠，現除照額存留外，尚餘羊五萬一百餘隻，馬二千九百六十七匹，駝五百八隻。請將疲瘦羊照時價售賣，馬駝增廠牧放等語。查羊既疲瘦，自應售賣，至馬駝若請增廠，不惟糜費，且無需用處。因思本年木蘭秋獮，及明年隨往南巡兵弁所乘官馬，往返不無損傷，應即以此項餘馬抵補。未抵補之先，暫分各廠牧放。其駝，應委員送至烏里雅蘇台妥協牧放。俟臕力肥壯，陸續解送伊犂。從之。（高宗六四〇、三）

（乾隆二六、一二、丙戌）又諭曰：阿桂等奏稱，烏里雅蘇台送到孳生羊二萬隻，若令兵丁等牧養，或因更換有期，不甚愛惜，請分給居住伊犁之厄魯特回人等，令其加意照管。計羊十隻，每年取孳生三隻，有餘者量加賞賜，不足則令其賠補。其續送牛羊，俱一體派撥等語。辦理甚屬妥協。著照所請行。（高宗六五一、一〇）

（**乾隆二八、五、丙寅**）諭軍機大臣等：永貴等奏稱，喀什噶爾購馬二百七十九匹，用銀二千七百六十三兩有奇，計每匹銀十兩以內等語。伊犁、烏嚕木齊貿易哈薩克馬匹甚多，嗣後各回城有需馬之處，俱著奏請調撥，停其購買馬匹。（高宗六八六、一七）

（**乾隆二八、一一、己卯**）直隸總督方觀承、察哈爾都統巴爾品奏：商都達布遜諾爾太僕寺等牧廠內，騸馬四千餘匹，撥補直隸綠營缺額。查綠營倒馬，多寡無定，應將各標營報倒馬，暫停買補，每季底查明缺額實數，彙填印票，行咨牧群，將現挑馬趕赴張家口外之波羅採吉，由張家口副將會同牧群總管官驗交領回。過關免稅，應支乾銀，於接收日起支。其價照滿樁馬匹，除皮臟銀五錢，每匹實支銀八兩五錢開銷。俟廠馬領抵完日，各標營買補缺額，照舊例辦理。報聞。（高宗六九九、一二）

（**乾隆二九、八、丙申**）調任湖廣總督李侍堯奏：湖南北毗連八省，差使往來，絡繹不絕。所有各州縣額設驛馬，遇有倒斃，向係領票出口採買補額。口馬身高力大，堪以負重致遠。本地土馬小弱，難勝馳載。是以屢禁私購充數。嗣於乾隆十七年，前督臣永常，以赴口採買，路遠費繁，楚地濕熱，口馬土性不習，易於倒斃，奏准將各營馬匹就近採買土馬。又於十八年奉諭旨，嗣後江浙各省營、驛購買口馬之例停止。欽遵各在案。但自奉行辦理以來，兩省有驛各州縣，皆以土馬於驛站未宜，遇緊要差使，每多貽誤。臣自到任，細加體察。口馬初購到楚，若不善餧養，原易倒斃。各驛中俱有素識馬性之人，及額設獸醫，加意調養，一兩月後即可服習。現在驛站中，亦各蓄口馬數匹，應付緊要差使及遞送六百里公文之用，往往經五六年之久。惟土馬倒斃，賠累實多，應請仍准給票赴口買馬。加意節省，現定每匹價銀十六兩，亦足敷用，毋庸再請復原減一兩之價。況兩省各驛，歲需馬不過數百匹，亦無妨於馬政。至營伍購回馬匹，分給各兵，其中未識馬性不善餧養之人，以致倒斃，亦非盡因水土不宜所致。查各營從前例買口馬，必積至一歲之久，始差弁往買一次，其中空曠日多。各兵於馬乾草料，均不能支領，遇操演又缺馬合隊，誠不若就近購買，可以隨時補額。是土馬惟於營伍相宜，而口馬實於郵務有裨。得旨：允行。（高宗七一七、二）

（**乾隆三〇、二、庚辰**）諭軍機大臣等：明瑞等奏稱，伊犁屯田回人所用牲隻頗多，請交成衮扎布等，從烏里雅蘇台購辦孳生牛一千餘隻，乘今秋草茂時解送等語。著傳諭成衮扎布等，烏里雅蘇台如現有牛隻，即照數撥送；或有不足，則喀爾喀四部落，來年應交馬二千餘匹，著照從前改折孳生牛隻，解送伊犁。併傳諭明瑞等知之。(高宗七二八、二)

(乾隆三二、七、乙丑) 諭軍機大臣等：據定長等奏稱，明瑞等咨取馬二千匹，湖南綠營馬匹，揀擇不能足數，因由湖北綠營內一併揀擇，派官兵解送雲南等語。雲南既派滿兵數千名前往，則馬匹需用，自屬多多益善。湖廣地近雲南，定長接得明瑞咨文，自應多撥數千匹。即綠營馬匹不敷，現有荊州滿營馬匹，彼處兵丁並未調撥，其馬正可調用。乃定長不行調用，自以滿營馬匹不便妄調，何其拘執之甚！此次兵丁經過，定長辦理不妥之處甚多。著傳諭定長、永瑞等，由荊州滿營馬匹內，擇其肥壯者選取二千匹，解送雲南。此二千匹馬額，著定長出貲買補。仍著派妥幹官兵，沿途解送，斷不可致有虧傷。此事朕一委之定長，如護送失宜，致倒斃過多，惟定長是問。(高宗七八八、四)

(乾隆三二、七、乙丑) 軍機大臣等議覆：太僕寺卿阜保奏稱，牧場馬匹，數年以來甚屬虧缺，因向無嚴禁蒙古盜賣馬匹之例，是以不肖蒙古等，惟圖目前射利，以致盜賣日多。今除殘廢馬匹，照例官為變賣外，蒙古等有盜賣官馬者，請交察哈爾都統等查拏。其私相售買之人，并著直隸總督、山西巡撫及管關隘官員等，沿邊黏貼告示，嚴禁商人私買官馬。倘經嚴禁之後，違禁私買者，或被拏獲，或經旁人告發，賣主買主，俱照盜賣官馬例治罪外，將馬追出，仍歸原廠。其馬價，在賣主名下追出，一半入官，一半賞給首告之人。其失察之該管官員等，分別議處。應如所請。從之。(高宗七八八、五)

(乾隆三二、八、庚辰) 諭軍機大臣等：據阿桂奏稱，現今伊犁換獲哈薩克馬匹稍多，烏嚕木齊、巴里坤、哈密等處營馬，每年必須添補，請照軍機處原議，在官牧廠揀選臕好馬二千匹，派撥官兵，分起運送烏嚕木齊添補營馬外，其餘馬匹，送往巴里坤、哈密添補彼處營臺馬匹，如尚有餘剩，再轉送內地應用。其如何定價交納之處，請交吳達善酌量辦理等語。烏嚕木齊、巴里坤、哈密等處，每年應補營臺缺額馬匹，從各處購買，長途趕回，不無周章。今阿桂奏請於換獲哈薩克馬匹，揀選二千臕好馬匹，送往烏嚕木齊等處，添補營臺應用，所辦好。著寄信吳達善，俟伊犁送到馬匹時，即添補營臺馬匹。其如何交價並較內地買馬價值節省若干之處，一併奏聞。尋奏：查伊犁換馬價本，頭等每匹價銀四兩八錢，二等三兩六錢，三等二兩五錢，折中覈算，每匹約三兩六錢有奇。加以沿途解送雜費等項，連價本約銀四兩一錢有奇。較買馬一匹定價八兩之例，每匹可省銀三兩八錢以外，其此項添補營臺扣留馬價，存貯司庫撥用。得旨：軍機大臣議奏。（高宗七九三、三）

（乾隆三二、九、己酉）軍機大臣等奏：伊犁換獲哈薩克馬匹，近年爲數漸多。經將軍阿桂奏准，於牧廠內揀選二千匹，運送烏嚕木齊、巴里坤、哈密等處，添補營臺缺馬。如尚有餘剩，再轉送內地甘肅各標營等。因惟是伊犁貿易馬匹，每年逐漸增多，而內地倒缺應補者，正不止於甘肅一省。查與甘肅鄰境之陝西及山西、河南、山東、直隸等省各標營馬，例報倒斃十分之三。除直隸一省，暫停購買，赴張家口牧廠領補外，餘陝西等省，遇有缺額之馬，俱給價在各口買補。今伊犁既有此項餘馬，與其給價購買，不若通融撥補。請嗣後將伊犁貿易馬匹，除將盈餘解送甘省內地外，即由近及遠，遞次充補陝西、山西、河南、山東等省缺額。但查伊犁至陝西等省，道路遙遠，若竟將原馬長途解送，馬力未免疲乏。臣等酌議，如伊犁馬匹，解至甘省，除撥補本省缺額外，所餘之馬，亦全數存留；而於甘省附近陝西營分，就近照數撥往。至由陝西及山西、河南，由山西、河南及山東相承換替，亦均照此例辦理。從之。（高宗七九五、二）

（乾隆三三、一、戊申）軍機大臣等議奏：滇省進勦緬匪，及大功告成凱旋時，需馬甚多，應豫撥解永昌，沿途緩解，馬可不致傷殘，到時如值緊急需用，亦屬得力。查西安、荊州兩處駐防，馬額甚寬。請於荊州滿營內挑撥二千匹，西安滿營內挑撥三千匹，派員分起緩解永昌，交鄂寧餧養備用。其撥解缺額馬，陸續購買補足。報聞。（高宗八○三、七）

（乾隆三三、一、癸丑）兩廣總督李侍堯奏：東西兩粵撥解赴滇軍需馬，正餘共二千匹，均全數解抵永昌。得旨：此時恐未能即行結局，當再辦數千豫備。但毋致聲揚，聞信即能速送爲要。（高宗八○三、一九）

（乾隆三三、一、甲寅）又諭：雲南進勦緬匪，軍行馬匹，現在尚須接濟。除上年川省抽撥馬三千匹業經解滇應用外，該督尚有奏明，駐防馬匹內揀選一千六百匹，加意餧養，聽候調撥。著傳諭阿爾泰，可將前經豫備之馬，再於各營驛內量力通籌，酌撥臕壯堪用之馬，連前共數千匹，豫行選擇飼秣，俟諭旨到日，即行撥解前往。庶辦理既得從容，而馬力亦無虞疲乏。如軍務早竣，無需此項馬匹，撥歸各營，亦屬便易。上年川省曾辦運牛隻赴滇，此次亦須設法購辦數千頭，以備撥用。該督務期慎密悉心經理，毋致稍涉張皇。（高宗八○三、二○）

（乾隆三三、二、己巳）四川總督阿爾泰奏：准雲南撫臣鄂寧，咨調川省上年揀備滿營馬一千六百匹，並令動項辦壯騾一千四百頭，一併解滇。事關軍需，臣即派委弁兵，將揀備馬分起押解，一面採買騾頭，隨有隨解。因同途並運，未免擁擠，若挨次魚貫而進，又恐躭延。酌將滿營馬，由川東之永寧取道貴州畢節，及滇境宣威一路赴永昌。其騾頭由川南之建昌，取道滇境之元謀、趙州一路赴永昌。得旨：恐尚有應用之處，加意購覓，以濟軍需，毋誤。（高宗八〇四、三五）

（乾隆三三、二、庚午） 軍機大臣等議奏：此次豫備雲南進勦馬匹，前議於西安駐防營內撥三千，荊州撥二千。第大兵進討，尚應寬為籌備。查湖廣接壤雲貴，且多係土馬，撥往協濟，程途既便，馬性亦為馴習。荊州駐防營馬四千，前已調撥二千，所餘二千，應請一併撥往。再於兩湖附近大路各營驛內，挑選一二千匹解往。其荊州營馬之缺，於河南附近標營撥補，河南馬缺，於直隸撥補。從之。（高宗八〇四、三六）

（乾隆三三、二、癸酉） 署貴州巡撫良卿、貴州提督李國柱奏：准雲南撫臣鄂寧來咨，於黔省再採買馬二千匹。查下游各府，距滇較遠，惟恐採送稽遲。當飭上游之安順、遵義、南籠三府，各買馬四百，貴陽、大定二府各買三百，平越一府買二百，派員速解備用。報聞。（高宗八〇四、四五）

（乾隆三三、二、甲戌） 諭軍機大臣等：前經揀選西安滿營馬三千，送往永昌備用。今需馬更多，西安近邊，易於購買，除原派三千匹外，尚有二千。著傳諭福祿、明山，令於西安餘馬內，儘數擇臕壯者，分隊差幹員緩程解送永昌，沿途加意餧養，不可稍致傷斃，其缺額馬，照例購覓填補。（高宗八〇五、二）

（乾隆三三、二、乙酉） 又諭：據李侍堯奏，粵東籌辦解滇馬匹，於通省各營及駐防處所，約可得馬三千匹，現在調撥餧養，派委員弁，剋日管解等語。此次調撥粵省匹，為滇省續進官兵之用，最關緊要，務宜悉心經畫，總以多多益善為期。至解往程途，此時又當從容頓置，且餧且行，不得過於催趲，以致馬力疲乏。前已有旨，令該督前赴廣西，會同宋邦綏悉心籌畫，此時當已奉到。李侍堯可即飭令該省官弁，一切妥協辦理，俾士卒乘騎寬裕，庶於軍行有裨。將此傳諭知之。（高宗八〇五、二六）

（乾隆三三、二、丁亥） 湖南巡撫方世儁覆奏：京兵即日赴滇，奉旨將豫備事宜，令臣籌議。查遞送官兵，全賴夫馬。民夫係就本地派雇，尚易集事，惟楚南素不產馬，上年雇備應差，及撥動營驛各馬，已多勞傷倒斃，紛紛購補，民馬益覺短少。現覈計有驛各屬馬，酌量抽撥協濟，并令各屬通融雇備。至楚省辦差章程，向照豫省之例，將添雇夫馬若干，覈明應用各數，除例准開銷外，不敷之數，於通省按糧攤派。今蒙恩賞銀十萬兩，現議暫行存貯，以備官兵經過正項不敷之用。此次所需夫馬幫貼銀兩，請即於恩賞銀內動給。得旨：覽奏俱悉，如所議行。（高宗八〇五、三七）

（乾隆三三、三、己丑）軍機大臣等議覆：河南巡撫阿思哈奏稱，河南撥補荊州駐防馬四千匹，已備二千六百四十六匹，酌籌分別妥辦等語。查荊州駐防撥解雲南馬，業經奉旨，令未起程者，加意餧養，聽候調撥。是此項馬，在荊州既暫緩運解，則豫省毋庸急爲撥補。況現在西安駐防馬經由豫省，已須設站支應，且續派赴滇京兵，又將抵豫。若以撥補荊州馬匹，參雜行走，誠未免辦理周章。應俟京兵過後，先撥二千匹，緩程解送荊州，以補去年缺額，其續撥二千匹，俟荊州解滇後，再行陸續解往。至所稱撥補荊州馬，尚缺一千三百五十四匹，查臣等前議河南缺額馬，令直隸撥補。今直隸亦辦軍需，應俟差竣後，再將應補豫省馬，從容滾運。如尚有短少，該省距口甚近，亦無難隨時購買。得旨：依議速行。（高宗八〇六、二）

（乾隆三三、五、丙辰）雲南巡撫明德覆奏：成都滿兵一千五百名，分作十五起，間日一起，陸續赴永〔昌〕。查自省赴永，有大理府屬之趙州、雲南縣，均可岔路，由蒙化、景東二府，前赴普洱，路平無瘴。現飭前五起成都兵，即由此路前赴普洱。至京兵百名，連官員跟役，需馬一百七八十匹，通計需馬七八千匹，現尚不敷。查前此黔、蜀二省，解到馬騾甚好，且與滇省水草相投，該二省又係產馬之鄉，現擬量加購辦。得旨：諸凡皆妥，勉爲之。（高宗八一一、二〇）

（乾隆三三、六、庚辰）又諭曰：阿爾泰奏，奉到諭旨，於辦就備解騾馬五千匹之外，再行陸續採辦馬三千匹，務期購備足數等語。軍營需用馬匹甚多，川省素稱產馬，又地近滇省，風土尚爲便習。較之北方及他省遠道撥解不能適用者，迥不相同。自應廣爲部署，務期多多益善，以裕軍儲。或因今年購辦已多，急切難以再爲增覓，即俟來春採辦，亦無不可。著傳諭阿爾泰，將所奏三千匹如數辦足之後，仍行留心妥協經理，設法從容購買。但須隨宜熟籌，方爲妥善。至馬匹購自民間，切不可以官勢派買，致令畏難。務須比照市值無虧，并不妨量爲優給。仍嚴飭所屬實力稽查，毋任吏胥人等，從中稍有扣剋、抑勒諸弊。庶有馬之家，聞風踴躍爭先，而分路承辦各官，一切易於措置。倘該督不能留心體察，致各屬辦理不善，藉端滋弊，少累閭閻，惟該撫是問。（高宗八一三、一八）

（乾隆三四、三、壬子）經略大學士公傅恒奏：此次馱載軍糧，令河南、湖廣等省備辦騾頭。臣路見湖北、湖南解送騾頭，大者頗少。陝省本係產騾之區，明山所辦售賣之騾，自必勝於湖廣等省。臣以為現在陝省四千頭，請先令選二千頭送至雲南，亦不必令官兵購買。俟湖廣等省解到時，擇其大者留用，餘俱撥回，以陝西騾頭補額。何省補用幾頭，其原價、盤費、草豆等項，全行折價，著落該省大臣賠還。其餘各省騾頭，不必官辦，聽其買賣。既免官令勒買之煩，官兵仍得購買。至陝省所餘二千頭，仍須用否，俟至永昌，與阿里袞等熟議奏聞。得旨：是。即如此辦理。（高宗八三一、二四）

（**乾隆三四、四、丁卯**）諭軍機大臣等：前以陝西採辦解滇騾頭太多，且沿途飼秣運送，合計需費不貲，恐到滇急難銷售，因降旨將陝西所辦正騾，除已起解二千外，其停解二千，毋庸解往。今據傅恒奏稱，現在滇省牲隻稀少，難以購覓，請將陝西採辦之四千頭，全行解滇。并可否於四千頭外，酌令添解等語。著傳諭文綬，將從前停解之二千頭，仍即派妥幹員弁，迅速解往雲南軍營備用。并飭令解員等，沿途加意餧養，如數解往，無任稍有疲斃遲延。仍將買價及沿途餧養各費，知照雲南，照數合計發售。至陝西所解騾頭，已足敷滇省買補之用，且距進兵之期已近，若續行辦解，亦恐趕運不及，所請額外再行添解之處，毋庸辦理。將此并諭傅恒知之。（高宗八三二、二〇）

（**乾隆三五、二、丁巳**）福建巡撫溫福奏：福州駐防馬缺額時，向就近在黔楚買補。近因軍需，經貴州撫臣奏請，閩省停買鄰省馬匹，遵於口外採買。查所買黔楚馬雖小，肥且無病；蒙古馬雖大，瘦且多病，水草不宜，旋到旋斃，價亦較昂。現已徹兵，請停買口外馬。即一時不足額，亦無急需馬之處，應停給草料銀。得旨：甚是。朕正欲降旨。（高宗八五二、一五）

（**乾隆三七、九、丙午**）諭軍機大臣等：據文綬覆奏，南路運糧，陝騾不習石徑，纍計料草口糧，均多不便。現咨畢沅，將續辦騾二千頭，暫停豫備等語。前以鄂寶奏，西路糧運，用騾馱載，較之人夫背負，運糧多而行站加速。恐南路情形與西路相同，是以令陝省於辦解西路四千頭之外，另備二千頭，聽候南路調用。今文綬既稱南路一帶情勢與西路不同，料草口糧兼多不便，自應停其豫備。此時巴延三諒已到任，著傳諭該撫，除西路辦解之四千騾頭業已在途，毋庸停止外，其豫備南路之二千騾頭，速飭承辦各屬，概行停止。并將此諭令文綬知之。尋巴延三奏：奉諭已停續辦，其西路咨調四千頭，業經畢沅辦齊起送。茲復接四川來咨，本省雇運已多，止須調陝二千應用。現飛飭經過州縣，徹回二千，分給原主，繳還官價，以節糜費。得旨：嘉獎。（高宗九一六、二五）

（**乾隆三八、七、乙丑**）又諭曰：畢沅奏辦京兵馱載，豫備長行騾四千

頭，直送成都，可省站夫數萬名。辦理極爲妥便。(高宗九三八、三二)

（乾隆三八、八、戊子）直隸總督周元理奏：現值軍興之際，調撥軍站及應付官兵過境，差使較繁，應多養餘馬，餧養備用。請於司庫節年地糧項下，豫行借給一季工料銀九萬六千二百餘兩，分撥各驛，豫買草豆，並酌買餘馬，先爲餧養。仍於乾隆三十九年，分作四季扣解歸款。得旨：如所請行。(高宗九四〇、二)

（乾隆四三、四、甲辰）軍機大臣等議覆：荆州將軍興兆、湖廣總督三寶奏稱，向來荆州滿營馬匹倒斃，例無報銷，惟准借公項銀，令本兵自行買補，分月扣還。現在遵照乾隆三十五年戶部酌定之例，每馬一匹，借銀八兩，定爲二十四個月扣還。合之此時馬價，實屬不敷。至修理兵房、製辦軍器等事，每因庫存銀少，不能動借。請於藩庫內，撥銀存旗，并將原定借過三次未經扣完，不准再借之例，稍爲變通等語。應如所請。准其於湖北藩庫內撥銀二萬四千兩，解交荆州將軍，除官兵引見出差、修理兵房、製造軍器等事，仍照舊例借給外，其買補馬匹銀兩，每匹借銀十二兩，分作三十個月扣還，并於借過三次後，如有扣還過三分之一者，仍准再行酌借。從之。(高宗一〇五四、二五)

（乾隆四三、四、甲辰）[軍機大臣等]又議覆：興兆、三寶奏稱，荆州產馬甚少，價值昂貴，兵丁每年借項買補，銀數不敷，日形支絀。且楚省並非產馬之區，間有孳畜，身小力單，僅可供農莊任載，於營伍乘騎，究屬非宜。請嗣後除於本地選骨格壯大者，酌量採買，仍間一年，借動公項，派員赴部領票，出口購買。應如所請。從之。(高宗一〇五四、二五)

（乾隆四四、一、丁未）又諭：據伊勒圖等奏，商民趙良載，售賣馬匹，形跡可疑，隨嚴行究詢。供有從哈薩克購買，亦有賒給幹珠罕等卡上官兵物件，輾轉由哈薩克買馬，償還伊等者。因傳集應詢人等，一一究問，俱經承認，請將防禦德保革職，所有兵民，分別枷號三個月、四個月，卡上章京塔思哈，業已換回，請交部議處等語。伊勒圖等見民人趙良載形跡可疑，即行究出偷買哈薩克馬匹情節，尚屬留心。但向哈薩克偷買偷換馬匹牲畜，以圖微利，向來原難保其必無，然一經發覺，即嚴行治罪，方足以示懲儆。今奸民趙良載等，膽敢向哈薩克偷買馬匹牲畜，且卡上官兵等俱有偷買之事，若不嚴行治罪，日久即與趙鈞瑞等偷買玉石之事相同，殊有關係。伊勒圖等僅將驍騎校塞特、錫伯空藍翎順德、塞克圖革職；披甲伊靈阿、蘇登額、厄魯特閒散海柳並民人張元長等俱枷號三個月；民人趙良載、藍文炳枷號四個月，所擬尚輕，不足以懲戒不肖之徒。除卡上章京德保照所奏革去防禦外，著交伊勒圖等將伊等所定應枷號三個月者，加號六個月；應枷號四個月者，枷號一年。卡上章京塔思哈既已回京，著交軍機大臣辦理。嗣後伊勒圖等，益加留心稽查，並嚴飭各卡，嚴行禁止向哈薩克偷買偷換馬匹牲畜，倘敢復違犯，一經發覺，即從重治罪具奏。（高宗一〇七五、一一）

（乾隆四四、三、甲寅）調任閩浙總督楊景素奏：明年巡幸浙省，應備差馬，請豫動來歲大報馬價銀七千，委員赴宣化、大同、張家口、古北口等處買馬五百匹。差竣，分撥各標營兵，即補該年倒馬應買額，按額銷價清款。報聞。（高宗一〇七九、二一）

（乾隆四四、四、癸未）兩江總督薩載奏：乾隆四十五年，聖駕南巡，扈從人員乘騎馬匹，於江省綠營並駐防八旗馬內，各以四千匹分派江南、江北伺應。八旗馬匹不敷，業經借撥豫馬足額；綠營馬匹不敷，查照上屆借司庫養廉馬價，購買三百匹備用。借項於次年應領各營報價內扣還。報聞。（高宗一〇八一、二四）

（乾隆四七、八、丙寅）［軍機大臣等］又議覆：察哈爾都統常青奏稱，察哈爾三旗達里岡愛牧廠，每年除撥解京城，并避暑山莊牛羊外，所有查閱牧廠出差大臣，皆需騎載駝馬。近年蒙古牲畜較少，每遇官差，皆係雇用，未免拮据。現在口北道庫，貯恩賞蒙古生息銀五萬四千餘兩，本銀早經扣完，所得息銀已足敷用。請於牛廠四十處，羊廠一百八十五處，每廠各設駝一、馬三，共設駝二百二十五、馬六百七十五，以備應差之用。計需價銀八千七百六十五兩，即於此項息銀內動用。再此項駝馬，每年難免倒斃，請照官廠倒斃之數減半，每百匹不准過五匹，用息銀買補，如有額外倒斃者，著該管官賠補。如出差官員，不經心照料，以致倒斃，即著本人賠補。均應如所奏。從之。（高宗一一六二、六）

（乾隆四八、三、庚申）閩浙總督富勒渾奏：來春南巡差務應需馬匹，請照三十年、四十五年例，豫支大報馬價銀，委員赴宣化、大同、張家口、古北口等處購買應用。將來差竣，撥給各標營官兵騎操，即補該年倒馬應買之額。報聞。（高宗一一七七、三一）

（乾隆四八、八、丙子）軍機大臣等議覆：烏嚕木齊都統明亮奏稱，由哈薩克換來牛馬，照伊犁將軍伊勒圖咨到兵丁例斃馬匹數目，截留一千匹，其餘馬二千五百匹，牛五千隻，趕赴巴里坤、哈密等處，酌量截留，其餘趕赴肅州變價。但牛隻過多，恐肅州一時難售。查現在由烏嚕木齊至巴里坤中間，安西、玉門、敦煌等州縣，居民輻輳，必需牲畜，倘有情願收買者，請准其先行變賣，其餘再解肅州。再哈薩克換易牛馬，多有兵丁私用銀兩買用，及濫行增價等弊，嗣後伊犁各部落官兵，購買布匹等物，換易牛馬，請揀派妥員，照官易例，監督換易。又盈餘牛隻，折計羊價，令各部落官兵商衆換買。應如所請。從之。（高宗一一八七、三）

（乾隆四八、九、戊戌）諭軍機大臣等：據保成奏，豫備葉爾羌差務，由喀什噶爾撥馬一百匹，交付阿揚阿等差官，趕令前往等語。回部邊境距伊犁不甚窵遠，伊犁現與哈薩克交易，多餘馬匹，烏什、葉爾羌、喀什噶爾等處驛站卡座，如有所需，即由伊犁取用，於事甚爲妥便。著傳諭伊勒圖，嗣後烏什、葉爾羌、喀什噶爾等處，如有需用馬匹，即按照各處所用數目，由伊犁所換羡餘馬内揀挑，酌量所用，撥往具奏。並傳諭綽克托、阿揚阿、保成等一體遵照辦理。（高宗一一八八、九）

（嘉慶九、三、丙申）伊犁將軍松筠奏：察哈爾額魯特兵丁，每年應交羊隻，請每隻折銀三錢交納。從之。（仁宗一二七、二）

（嘉慶一一、八、癸巳）諭内閣：昨因文寧奏，先後拏獲私買紅單冒領馬匹各犯，已諭交托津、德文提集案犯，嚴審定擬具奏矣。私買紅單一事，由來已久，蓋因買者、賣者及察哈爾交收馬匹之人，均有便利可圖，彼此出於情願，雖明知犯法而不顧，然其弊不可勝言。隨扈官兵，給予紅單領馬乘騎，原以其差使繁重，俾資馳驅之用，係屬我朝舊制。該官兵等，即或自揣不需馬匹，亦不應將紅單私自賣給他人，乃希圖得有價銀，沿途又省餧養之費。迨差竣交馬時，率以疲瘦不堪者充數繳收，否即折交銀兩，亦有交錢者，實不成事。而察哈爾官兵等，因所交之馬多有疲瘦，即交回亦難牧放。莫若將銀折收，易於買補，是以亦所樂從。殊不知此項紅單，一入馬販之手，伊等因緣爲奸，即可遴選好馬，冒領售賣，以遂其牟利之私。試思察哈爾每歲應調馬匹，不下萬數，當點收時，即未必能一一足數，且駑下居多，其較爲良駿者，官員等無由領得，轉爲販夫購取。迨至交馬時，不特盡成羸乏，且又任令折交，短缺更多，以致官馬日少，良馬盡歸馬販。若不徹底查辦，則每遇巡幸一次，官馬即轉賣於民間多匹，是則於馬政殊有關繫。此等弊端，即在收放馬匹之王公大臣等，未必不知，特以積久相沿，不肯任怨，俱思討好，令人感激，因循疲玩，總不查辦。即如上年盛京途次，拏獲包攬換馬紅單之吳二等各犯，經軍機大臣會同行在刑部，徹底審究，嚴行科罪。乃甫經懲創，本年又有拏獲之案，可見官兵人等，竟若視爲故常，無所畏懼，實爲惡習。今積弊既經查出，不可不嚴立章程，力加整頓。著兵部堂官悉心體察，酌覈事理，將隨圍官兵應領馬匹，或按其差使，酌減數目；其領馬時如何不至冒領；設有私賣紅單，及折交銀兩者應如何定以罪名；察哈爾官兵有私收銀兩者，亦應一體科罪，私買之馬販等更當從嚴問擬；其派出驗收驗放之王大臣等，應如何確切稽查，如有知而不舉如何分別懲處之處，妥議章程，奏請定奪。此係積年錮弊，恐非旦夕所能革除。著自明年爲始，官兵領馬交馬，總須按照馬匹實數。如交回之馬，實有過形疲瘦難以牧放者，准令察哈爾都統奏明變價，另行買補，不得再有通融滋弊。尋議：隨圍捷報放馬司員及東三省學獵官兵、杭愛墨爾根養鷹額魯特官兵，應領馬匹，業於嘉慶九年議減。其兵部筆帖式，向係給馬四匹，應各減一匹。領催馬甲及圍場兵役，僅敷乘騎，應毋庸議。此次議減之後，如仍有私賣紅單及折交銀兩者，刑部辦有成案，應照案治罪。察哈爾官兵折收銀兩者，一體科罪，馬販等從嚴問擬。其散給紅單之該管官，並派出驗收驗放之王大臣等，一併議處。再查每年熱河進哨，各處派出隨從官兵，除在京領用馬匹外，其有應行補給及放給後起官兵馬匹，向在石片子地方放給。該處距熱河二百餘里，官兵恐未能親往領騎，易滋弊端。嗣後請將石片子應放馬匹，均於進哨前，在二道河全行放給。從之。（仁宗一六五、二二）

（嘉慶一一、九、戊申）諭內閣：我朝家法，凡遇講武行圍及一切時巡典禮，扈從大臣官員兵丁等，均須馬力馳驅，定制分別給與官馬，俾資乘騎。大臣等祿入較優，故官給之馬爲數較少。至官員兵丁等，則視其差使之繁簡，定馬數之多寡，少者一二匹，多者三四匹。至虎槍處官兵，因其登陟山險，馬力易疲，一人多至五匹，實爲體卹官兵起見。迨差竣旋京，仍將原馬交官，如有倒斃者，將馬耳馬尾呈驗，仍令按價折交。此項馬匹交齊後，仍飭所司加意牧養，俟需用時再行派撥。其收馬放馬時均特派王大臣前往督察，立法至爲詳盡，歷久遵行勿替，乃不知始自何年，官兵等竟有將官給紅單私行售賣之弊，後遂相率效尤，視爲常事。即王大臣明知此弊，並不參辦，以致日久弊深，牢不可破，實屬非是，大有害於馬政。每遇行營，該官兵等或數人合雇一僕役，馱載無多，自揣差使可以無誤，輒將餘馬任意變賣，賺錢花用，回京時將馬價折交。而察哈爾官兵以應交之馬多有贏乏，難於牧放，不若將馬價收回，臨時將下乘充數，較爲易辦，彼此兩便，以致市儈奸販三五成群，隨營朋夥，設法購買紅單，牟利分肥，弊端百出。上年盛京途次，特命步軍統領衙門盤獲兩案，當令查明嚴辦。此次木蘭行圍，復經查獲買單賣單者若干犯，可見積弊已久，群相習慣，幾不知私賣紅單爲違例犯法之事。即上年審辦之案，該官兵等竟尚有憒然不知自蹈禁網者。今此案經特派大臣詳訊定議，復勅令軍機大臣會同在刑部逐加覈議，降旨通行，自是之後，犯者即當照此科罪，不能稍從寬貸。著應領官馬官兵之該管文武各大員，傳到官兵人等，將此旨詳悉宣示，務使家喻戶曉，共知儆畏，庶不致以身試法。現已諭令兵部堂官，將官給領馬紅單數目及一切收放事宜，悉心籌議章程具奏。自明年為始，官兵等領馬一事，均須遵照新定章程辦理。其放馬收馬，仍按舊制，總須實放實收，不得再有通融，致滋弊竇。將此通諭知之。（仁宗一六六、三）

（嘉慶一一、一一、己未）諭內閣：兵部將隨圍官兵應領馬匹數目，及放馬交馬條例，定議具奏，已依議行矣。比因查出兵丁將領馬紅單私賣，均經治罪。推原其故，緣近年察哈爾繳回馬匹，多有疲瘦，該兵丁等不堪騎用，儻有倒斃殘廢，於回圍交馬時，必致賠累，是以將紅單變賣。令將各處應領馬匹數目，酌減一千餘匹，察哈爾解送更屬易辦。況前此又加恩酌定察哈爾官員等於收回馬匹內，准照倒斃五釐報銷，該官兵等自應感恩，實心奮勉辦理。張家口至京城、熱河，皆有數百里之遙，若將羸瘦馬匹解送，必更疲乏，不堪騎用。今酌定隨圍官兵應領馬匹，俱照新定額數給領，如有私賣紅單折收銀兩者，必當治罪。並著交察哈爾都統等，嗣後將應放馬匹，由該處送至京城及熱河時，當選肥壯馬匹，派能幹官員解送，不得將欠膘三分以下之馬充數。再每年派副都統等監牧察哈爾馬匹，如有疲瘦者，一面駁回另換，一面據實具奏。儻不具奏，送到時經特派監放之王大臣等查出，即著據實參奏，將監牧副都統及察哈爾都統等一體治罪，決不輕貸。儻監放王大臣等，如有瞻徇，查出時一併治罪。（仁宗一七一、一）

（嘉慶一二、六、壬午）大學士董誥等奏：遵旨詳議馬政，請將散圍馬匹官兵應扣馬價，暫存戶部，由兵部行文察哈爾都統領銀買補。其隨圍武職六品以下至兵丁人等，應減馬匹，由各該處體察情形，分晰開單，秋圍可減三千八百餘匹，春圍可減一千一百餘匹。至調派馬匹，由兵部通盤覈算均派。嗣後隨圍馬匹有倒斃殘廢者，其馬價不能按季扣餉，應於交馬時如數呈繳。其察哈爾牧放之馬，照例設立牧長、牧副、牧丁，支給餉銀，在每年節存馬乾項下動用。奏入。諭內閣：董誥等奏覆議馬政章程一摺，將覈減馬匹清單進呈。國家定制，凡遇講武行圍及一切時巡典禮，所有扈從之官員兵丁人等，各給官馬乘騎，自一匹二匹以至四五匹不等，按其差使之繁簡，以定馬數之多寡。啟程之時，皆應實領馬匹，迨回京之後，仍應將原馬交官。即間有在途倒斃情事，亦均令呈驗馬耳馬尾，始准折交馬價。從前立法之時，制度本極詳盡，乃日久弊生，官兵等平日拴養空頭，屆當交馬之時，多以銀錢折交，而隨圍該馬之官兵，圖得銀錢，不復照數領馬，迨回圍之日，仍以銀錢折還。即察哈爾官兵，亦有折收馬價之事，該官兵等平日領馬多者，不過將一二匹自行乘騎，其餘紅單概行售賣，即領馬少者，亦往往另覓乘騎，仍將紅單賣去，藉貼補差使爲詞，任意花銷，積習成風，通同弊混，竟已視若泛常，不復知爲違條犯法之事。前年盛京途次，曾經盤獲破案，上年木蘭行圍，又續行拏獲多犯，均經嚴行懲辦。……至官兵等所領馬匹，此時既已分別裁減，更無多餘紅單可以售賣，其隨圍日用之費，亦不得不曲爲計及。著自本年秋圍爲始，按照各該官兵等原領馬數，凡大圍減馬一匹，加恩給銀四兩，小圍減馬一匹，加恩給銀三兩，於現在節省馬乾銀兩隨時動支。如此優加賞給，官兵等起身之時盤費寬裕，而回圍之日，又無庸設措繳還，較之從前干犯國法，私賣紅單，即或儌倖得免，迨於回京之後，仍須竭蹶措繳者，孰爲利益？伊等具有天良，當如何感激恩施，恪遵法度，將所得馬匹實領實交，永除弊混。若再以身試法，致罹憲網，尚得謂之有心人乎？至從前散圈馬匹官兵等，平日拴養空頭，以致一時不能交出，前已特降恩旨免其治罪，追繳馬乾，僅於俸餉内每匹扣銀七兩，交察哈爾買補足數。今思官兵等俸餉，均關繫養贍之需，若坐扣太多，猶恐生計不給。而察哈爾産馬之區，其馬價本賤，每匹計不過三四兩，若給予七兩，價銀未免多至一倍。所有此項官兵應扣銀兩，著加恩每一匹坐扣俸餉五兩，寬免二兩。如此則官兵等扣項較少，生理不致竭蹶，而察哈爾官兵承領買馬，已可霑潤，亦不致有苦累情事，更爲妥協。將此通諭知之，餘俱著照議行。（仁宗一八一、一七）

（嘉慶一六、一二、乙卯）又諭：那彥成等奏，酌定挑變牧廠孳生馬匹價值一摺。古城濟木薩二廠馬匹，前經長齡等奏請挑除變價，屢經部駁，迄今又閱三年，遷延日久，馬匹益形疲損。今那彥成等委員查驗，酌中定價。著照所請，准其將挑出之三等馬每匹定價銀五兩，交地方官承變，四等馬每匹定價銀四兩，交營廠酌量賠補，分別交貯道庫，報撥充餉。嗣後於兩次均齊考成後挑變一次，均著照此辦理。（仁宗二五一、一〇）

2. 官府以實物換取邊區的馬匹牲畜——茶、馬市易

（順治二、七、癸酉）户部奏言：陝西地方，舊例召商茶以易番馬，故向有詔諭、金牌勘合之制。備查故明詔諭，通接西番關隘處所，撥官軍巡守。如有將私茶出境，即拏解赴官治罪。又一款，凡番僧夾帶姦人、併私茶違禁等物，許沿塗官司，盤檢茶貨入官，伴送夾帶人，送官問罪。若番僧所到之處，該衙門不即應付，縱容收買茶貨，及私受餽送、增改關文者，聽巡按御史察究。又一款，進貢番僧，該賞食茶，頒給勘合，行令四川布政司撥發有茶之倉，照數支放，不許於湖廣等處收買私茶，違者盡數入官。仍將伴

送人員通把，依律問罪。此詔諭勘合之舊例，所當曉諭遵行者也。若金牌一項，係明初事例，至永樂十四年，已經停止。今我朝號令一新，各番慕義朝宗，馳貢上馴，雲錦遝來，金牌似不必用。但以茶易馬，務須酌量價值，兩得其平，無失柔遠之義。從之。(世祖一九、二〇)

(**順治三、五、丁卯**) 户部奏言：甘鎮以茶易馬，例有定所，今各番來請中馬，當以現在茶笆，仍於開市處所互市，不容濫入邊內，別生事端。報可。(世祖二六、一三)

(**順治四、七、庚寅**) 遣廣西道監察御史史詒巡視茶馬。(世祖三三、二一)

(**順治四、九、丙辰**) 巡視茶馬御史廖攀龍、西寧道蔣三捷，坐私給蒙古人官茶，革職。(世祖三四、五)

(**順治八、三、丁亥**) 都察院條議巡方事宜。一、按臣之差額宜定。……茶馬一差，……照資序酌用。……從之。(世祖五五、七)

(**順治一八、九、甲寅**) 達賴喇嘛及干都台吉請於北勝州互市，以馬易茶。允之。(聖祖四、九)

(**康熙七、三、己未**) 命停止巡視茶馬差。(聖祖二五、一九)

(**康熙三四、七、癸未**) 户部議覆：刑科給事中裘充珮條奏馬政事緊要，洮岷諸處，額茶三十餘萬箆，可中馬一萬匹，陳茶每年帶銷，又可中馬數萬匹。查茶斤中馬甚有裨益，應將額茶并陳茶中得之馬，給營驛外，其餘馬牧放，每年交秋，將數千匹送至紅城口等處。得旨：茶馬事關緊要，著遣專官管理。(聖祖一六七、一三)

(**康熙三五、九、癸未**) 諭大學士等：陝西以茶易換之馬匹，關係緊要。著學士朱都納帶理藩院司官一員前往，沿途謹護來京。(聖祖一七六、一三)

(**康熙三七、一一、乙酉**) 又諭曰：爾等移文奉差管理茶馬官，所易之馬豫備三千匹，可遣理藩院、户兵二部賢能司官各一員前往，於來年四月青草甫長之時，取道塞外，解送京師。(聖祖一九一、三)

(**康熙三七、一一、丁酉**) 又諭曰：前諭西寧茶馬五千匹，自邊外送三千至京。此地需馬不甚緊要，送二千足矣。聞南省駐防軍士，馬匹甚艱，其餘三千，送至荊州、江寧、杭州三處各一千，給散軍士。此馬由內地行，值稼穡時，必踐踏民田。著及時遣部院賢能官，赴彼領取起行，沿途牧養，盡心護送，各至所派之處，交該將軍。(聖祖一九一、九)

(**乾隆一五、五、辛未**) [四川總督策楞、提督岳鍾琪] 又奏：成都營馬，向係赴松潘口外買茶易換，因無寬闊草廠牧養，復經停止。茲查茂州地多閒曠，每年夏秋二季，例得停操放青。所有督、提兩標應補馬匹，仍照從

前易換之例辦理。按年於小滿後趕赴茂州放青,至九月趕回騎操。報聞。(高宗三六五、三四)

(乾隆二二、九、癸丑)諭:甘肅茶商馬元亨,包攬侵欺,虧缺茶觔一萬七千餘封,照例擬斬,現於秋審情實予勾。但此案內之茶馬大使葉炯、王軔文,係專司茶封之員,乃聽囑受賄,虛出實收,以致該商任意侵虧,則馬元亨之罪,實炯等有以成之,僅照雜犯准徒,不足蔽辜,葉炯、王軔文俱著發往軍臺效力,以示炯戒。(高宗五四七、一五)

(乾隆二二、一一、癸巳)軍機大臣議奏:前因兆惠等奏,阿布賚請將馬赴烏嚕木齊交易。臣等議以途遠,商販難集,請官爲經理,選熟諳交易之人,照商人例,不必顯露官辦形迹。今據該督奏稱,烏嚕木齊交易,運費浩繁,似吐魯番爲便。其明歲交易,止換馬。若哈薩克帶有駝牛羊,亦係軍營需用,請一體收買。其應需緞,若由內府辦解,絲色精良,而官辦後仍必招商,將來恐成色略減,致煩言論。現在陝省採辦各色緞,及巴里坤現存雜色梭布、京莊布,均可敷用。哈密現存茶頗多,運用軍營餘駝,酌量雇覓商駝,添備車輛,遴委道員、同知、副將,酌派備弁兵丁押送等語。查臣等原議,哈薩克交易在烏嚕木齊,因前與阿布賚定約,奉旨允准,似不便更易,致失信遠人。雖費繁,原可增價。至吐魯番近接邊陲,建有城堡,較烏嚕木齊地方空濶,可以隨處開市者不同,恐哈薩克人等,與回民熟習,轉致滋擾,應仍照臣等原議。至收換馬匹,騙馬外,有隨帶騾馬,亦可量收,其他牲隻,亦應一體收買。至疲瘦牲隻,一切雜貨,雖不應交易,但念攜帶遠來,或減價收留,示以節制。其緞疋一項,陝省既可採買,應如所奏辦理。至布、茶,尤哈薩克所必需,今哈密既存有茶,巴里坤亦有購備布,應雇商駝,或添車運送,不必挑用軍營餘駝。其遴委道員、同知、副將等員,并酌帶將弁,挑派兵丁,應需鹽菜口糧,及商民人等願隨前往,購買零星物件,各聽其便。俱應如所奏。再該督奏派兵一百名,係因吐魯番現有屯兵,足資彈壓,今既仍在烏嚕木齊交易,應否添派兵丁,亦聽該督酌量辦理。明歲係初次貿易,自當立定章程,不可遷就。而交易之際,又必示以公平,俾遐荒咸知天朝柔遠之經,方爲妥協。應交該督轉飭道協各員,善爲經理。諭曰:黃廷桂所奏籌辦來年哈薩克貿易事宜一摺,已據軍機大臣議奏。但貿易之事,不過因其輸誠內嚮,俾得懋遷有無,稍資生計,而彼處爲產馬之區,亦可以補內地調撥缺額,並非藉此以示羈縻,亦非利其所有,而欲賤值以取之也。將來交易之際,不可過於繁苛,更不必過於遷就,但以兩得其平爲是。可傳諭黃廷桂,令其善爲經理。至奏內所稱委派道廳等員,看來貿易之事,終不可全以官法行之,能辦政務者,未必熟諳商賈。朕思道員中如范清洪、同知中如范清曠等,伊家原曾承辦軍需及一切貿易,應尚有舊時商夥,習練其事,或可於此二人中,酌調一人,赴甘承辦。是否有益,并著妥議奏聞。(高宗五五○、一○)

(乾隆二三、一二、戊寅) 又諭:現在大兵進勦,需用牛羊,以資軍食。著乾清門侍衛巴爾品、郎中富鼐,馳驛前往鄂爾多斯、阿拉善,會同該扎薩克等,於伊等牧群內牛羊,就所有酌量購辦,給以官價。邇來牲價稍昂,可量為增給,就近於寧夏庫貯銀兩內支領。所購牛羊,亦著寧夏地方官送交督臣駐劄處所,轉送軍營。(高宗五七七、二八)

二、茶葉和絲綢貿易

(一) 茶務

1. 商茶——茶葉在內地各省的招商領引權運分銷

(乾隆一、六、庚午) 四川巡撫楊秘,奏請通江縣原額行茶腹引八百二十張,改撥保順府屬之南充等九州縣。下部議行。(高宗二○、一六)

(乾隆四、一二、壬午) 戶部議覆:甘肅巡撫元展成疏稱,查明甘省商運茶觔,前署撫劉於義,加配舛錯,分別定議。查甘省茶法,每引運茶一百十四觔,內五十觔交官,為官茶;五十觔給商變本,為商茶;其餘十四觔為腳價之費,為附茶。乾隆元年,原署撫劉於義,因西、莊、洮、河、甘五司,庫貯陳茶甚多,題明將五司商辦茶封,自元年始,以官茶五十觔,改徵折色,每引止應運商茶五十觔,其附茶十四觔,亦應減去官茶之腳價七觔,共運商、附茶五十七觔,方符定例。乃劉於義准到折徵部咨,以應運五十七觔之茶,擅增為八十五觔,而元展成,復以康熙四十四年,前甘撫齊世武,題請官茶改折已後,司茶各廳盤驗,俱係一百十四觔,仍請將官茶五十觔,照舊給商配運。查齋世武改折官茶,仍行配運,並無報部之案,即各司盤驗,果係一百一十四觔,亦屬辦理錯誤,何得援以為例?應令該撫遵照,將商、附茶觔,每引以五十七觔行銷辦運。其官茶五十觔,并官茶腳價之七觔,毋得違例擅加,以符定例。至前撫臣德沛,奏明封貯之茶,應作速變價報部。劉於義既據訊無賄屬等弊,已於特參案內革職,應毋庸議。茶商等訊無不合,應予省釋。從之。(高宗一○六、二一)

(乾隆六、五、乙亥) [戶部] 又議覆:四川巡撫碩色奏稱,川省天全州茶引壅滯，經前任撫臣楊祕題請，改撥成都、彭縣、灌縣。該商等認引之時，正松潘修城之後，挑壕修路，番民聚集，尚可行銷。迨領引之後，番民陸續回巢，引茶壅積，官商受累。請將成都等三縣積引四千四十九張，課銀二千四百一十餘兩，一併開除。應如所請。從之。（高宗一四二、一四）

（乾隆六、一二、庚申）〔甘肅巡撫黃廷桂〕又奏：甘省茶課，向例每引一張，配正附茶一百十四觔，以五十觔交官，以五十觔給商自賣，外帶附茶十四觔，亦給商為運腳之費。自乾隆元年，改徵折價，部議每引減去官茶五十觔，附茶七觔，商人不肯領引，曉曉呈訴，歷經督撫疏請，現聽部議，是以乾隆三、四、五、六年俱未承領引納課。臣傳集各商，面加勸諭，責其誤課之非。商等悔悟，情願承領本年引，又帶銷乾隆三年引，一併辦課。臣即照商所請，現在發給前往買茶，兩年引課，統於乾隆壬戌年交納。其每引應配正附茶觔數目，仍俟部議遵行。得旨：所辦甚妥。知道了。（高宗一五七、二八）

（乾隆一三、九、癸酉）戶部議准：原任四川巡撫紀山疏稱，江津縣產餘茶五千斤，請增腹引四十四張，自本年始，領引納稅，於永川、壁山二縣行銷。從之。（高宗三二五、一六）

（乾隆一六、五、戊戌）戶部議准：陝甘總督行川陝事尹繼善疏稱，開縣新增茶引一百四十張，應徵稅銀自乾隆十六年為始。從之。（高宗三八八、三）

（乾隆一九、八、丁卯）吏部尚書管四川總督黃廷桂奏：崇寧、合江、青神、眉州、華陽等五州縣，請增茶引三百七十一張，自十九年為始，照例納課徵稅。下部議行。（高宗四七一、八）

（乾隆二〇、八、丁未）諭軍機大臣等：據陳宏謀奏，甘省茶務項下，歷年積欠官茶二十八萬六千餘封，欠改折銀一十六萬七千餘兩，又欠官禮捐項等銀九萬三千餘兩，共欠銀茶約五十餘萬等語。此項欠課，歷年既久，恐其中不無侵蝕隱射情弊。著傳諭劉統勳、吳達善等，將該省積欠官茶及各項公費，逐年詳細查覈。實在商欠幾何，其中有無官商侵隱，及該欠戶實係貧乏無力，難以清完，并人亡產絕無可催追者，逐細清查，分年列款，詳晰奏聞。毋得因有此旨，或任屬員混開滋弊。（高宗四九四、五）

（乾隆二〇、八、癸亥）戶部議准：大學士管四川總督黃廷桂疏稱，丹稜縣、灌縣請增邊腹茶引，應徵課稅，以乾隆二十年為始。從之。（高宗四九五、九）

（乾隆二〇、一一、己亥）浙江巡撫周人驥奏：茶商金臺，代伊堂兄金文淳，著賠承修直隸城工銀兩，全數繳清，感激天恩，免其革退茶商，願將茶行節省銀，每年繳一千四百兩充公，請准解交藩庫。得旨：此誤矣。弟爲兄贖罪可耳。豈有伊應得之餘息而無故勒令歸公之理？（高宗五〇一、二四）

（乾隆二二、二、乙丑）戶部議覆：四川總督開泰疏稱，名山縣茶引，不敷行銷，請增腹引三百張，自乾隆二十一年爲始，照例榷課。應如所請。從之。（高宗五三二、七）

（乾隆二五、四、丙子）戶部議覆：閩浙總督楊廷璋奏稱，浙省茶引，在內地行銷者，給引時，令引商將各茶客姓名、藉貫並領運某年引若干道，報明地方官，按省分遠近，酌定繳限，知照行茶處所，就近繳部查銷。至行銷口外蒙古地方茶引，過關截角，至崇文門，又復戳去中間，給商隨茶出口，斷不能重複影射。銷後殘引，該商隨手散失，請免追繳。仍將行銷引數，報部查覆。應如所請。從之。（高宗六一〇、三）

（乾隆二九、六、丁亥）戶部議准：戶部侍郎兼順天府府尹錢汝誠等奏稱，浙省乾隆二十三四年，行銷順天茶引，共計一萬九千餘道，查追無著。請嗣後浙省行銷京師茶引，令崇文門於截去中間時，即將所截引心，彙齊送部查覈。其殘引仍給該商，准照行銷口外殘引之例，一體免追。從之。（高宗七一二、七）

（乾隆三二、三、乙酉）戶部議准：四川總督阿爾泰疏稱，川省西充、儀隴、平武、瀘州等屬，產有餘茶，應增腹引八十九張，請於每年額外豫頒茶引內，先行給發。其課銀十一兩有奇，稅銀二十二兩有奇，照例徵收。從之。（高宗七八一、一五）

（乾隆三七、二、丁卯）戶部議准：前任大學士管四川總督阿爾泰奏稱，南川縣產茶茂盛，每年配額引有餘，請自乾隆三十六年始，增茶腹引百張，給商運銷，照例徵課。從之。（高宗九〇二、一二）

（乾隆四一、四、戊申）四川總督文綬奏：川省茶政，設有邊引，商人照額納稅行運。在松潘、打箭鑪、灌縣等處發賣，凡土司蠻商，皆准赴邊起票，聽其買賣。番人進口，零星貿易，皆所不禁。乾隆三十七年，遵旨以償拉促浸，仰給內地茶觔，立法查禁，今番境蕩平，請照舊規，聽其貿易。從之。（高宗一〇〇六、一三）

（乾隆五三、三、戊子）戶部議准：前任四川總督保寧奏稱，新疆五屯，兵民雜處，生齒日繁。現據茶商等請，由懋功廳增給腹引一千張，於灌縣採配茶觔，運至各屯售銷。應徵課銀三百七十餘兩，以乾隆五十二年爲始，照例徵收，並於二道橋、達園二處，各設書巡二名，分卡盤查。從之。（高宗一三〇一、三二）

（乾隆五四、九、乙未）户部議准：四川總督李世傑疏稱，天全州茶株繁盛，額引不敷配銷，請增茶引二千五百張，自乾隆五十四年爲始，照例納課徵稅。從之。（高宗一三三八、二四）

（乾隆五六、三、甲午）户部議覆：署四川總督保寧疏稱，天全州茶樹繁盛，額增之引，仍不敷配。茶商段公泰等，請增茶引二千五百張，配運接濟，於國課民食兩有裨益。并請先將乾隆五十五年分，發川現存茶餘引五百張，全數飭發配行，其不敷引二千張，俟頒五十六年發川餘引動給，按年照例榷課。應如所請。從之。（高宗一三七五、一七）

（乾隆五七、九、辛丑）增給四川卬州茶引二千五百道，從署總督孫士毅請也。（高宗一四一二、一二）

（乾隆五七、一二、己巳）户部議准：大學士署四川總督孫士毅疏稱，卬州茶株繁盛，現查打箭鑪邊岸番民生齒日衆，請增茶邊引一千張，配運濟食。從之。（高宗一四一八、五）

（乾隆六〇、三、乙亥）户部議准：大學士署四川總督孫士毅奏稱，天全州茶樹繁盛，額引仍屬不敷。據該商等請增茶引八百餘張，以乾隆五十九年爲始，配運打箭鑪原岸售銷，共徵收稅課銀四百餘兩。從之。（高宗一四七五、一四）

2. 官茶——對邊區軍民的茶葉的配發和運銷

（乾隆一、一二、乙亥）户部議覆：署川陝總督兼甘肅巡撫劉於義疏言，甘省官茶壅滯，請改徵折色。並將陳茶變價，俟銷至八分，再行酌議。應如所請。從之。（高宗三三、一）

（乾隆三、一二、壬辰）[户部]又議：甘肅巡撫元展成疏言，甘肅庫茶積至二百六十萬封有奇，雖經題明減價變賣，銷售仍屬無幾，請再行分別酌減價值。應如所請，將雍正十一年至乾隆二年庫貯茶封，西、河二司，照現減價值，每封再減二錢，莊、洮、甘三司，每封再減一錢。雍正六年至十年貯茶，西、河二司，每封定價四錢五分，或四錢四分，莊、洮、甘三司，每封定價四錢，或四錢七分。雍正五年以前至康熙六十年，各司每封定價三錢。惟改徵折色，據稱每篦折銀五錢。查商茶五觔爲一封，二封爲一篦，現在變賣陳茶，屢經酌減，最陳每封亦定價三錢。一篦折銀五錢，是每封止折銀二錢五分。新茶價值，較陳茶轉少，應令統以三錢折徵。俟西司陳茶銷至二十萬封，河、莊、洮、甘四司，銷至十餘萬封，再徵本色。從之。（高宗八二、三四）

（乾隆八、二、戊申）户部議覆：甘肅巡撫黄廷桂疏稱，甘省茶政，未能疏通，請准民間以糧易茶，責成州判、縣丞、典史等員經理，各司庫貯茶封，令司茶各員，按年分銷。如各司多寡不均，准其彼此通融銷售。均應如所請。其請設立印票，令商民領運之處，恐滋私茶夾帶之弊，應毋庸議。至乾隆七年以後新茶，應令黄廷桂核價另題。從之。（高宗一八五、一六）

（乾隆一一、三、壬午）户部議准：甘肅巡撫黄廷桂疏稱，庫貯官茶，除蘭州廳所管之甘司，並無番族，本地居民食茶無幾，毋庸易糧外，其西、莊、河三司地方，番民錯處，惟茶是賴。自乾隆八年，奉文以糧易茶，共計用過茶六萬五千五百餘封，易獲雜糧三萬八千一百餘石，試辦已有成效，嗣後遵照辦理。從之。（高宗二六一、二）

（乾隆二三、一〇、癸未）四川總督開泰奏：本年革布什咱各土司，攻擾金川，殺獲甚多，伊等逐一稟報，須分別獎賞，以資駕馭。此等夷務，未便糜費錢糧。查卭、雅、灌、汶等州縣，山民種茶日多，於行銷額引外，尚有餘茶，請借支臣及布政使半年養廉，發鹽茶道購買，擇地行銷，獲價扣還借支，餘備賞土司之用。得旨：調劑得宜，甚可行也。（高宗五七三、二七）

（乾隆二四、一〇、乙酉）又諭曰：吳達善奏，洮河五司積茶甚多，請照康熙年間茶三銀七之例，搭放俸餉一摺。所見非是。庫貯官茶，存積有年，未免成色不足，若以之放俸餉，其於官兵即不能無苦累。設若以茶易銀，尚有利益，則前此商民，自當踴躍請領，又何致陳陳相因，卒難銷售，此情理之所不可解者。且此權宜之計，若在他省，尚屬衆擎易舉，目今甘省官兵，以軍需皆屬勤苦，豈可加以額派？所見更非。況以該撫籌辦茶法全局言之，向以商茶配運不敷，是以負課纍纍，今既增配如額，而舊課竟得清償，其庫貯官茶，又何以難於出變。初不知商茶短配之時，民間食用，何所取給，抑始終均係私茶充斥，迄爲茶政之累，則該撫此時究竟作何設法防禁耶？此摺批交該部議奏。著傳諭該撫，將前後情節，一一詳悉確查，先行奏聞。（高宗五九八、一五）

（乾隆二六、四、癸酉）四川總督開泰等奏：……頭人又稱〔金川土司〕郎卡因莎羅奔之死欲遣人赴藏熬茶，求給路票。臣等復諭以熬茶本係善事，郎卡應遣大頭人虔誠豫備，將隨去人數若干，報知該管地方官，轉稟覈辦。該頭人俱領諾而去。至前此所需犒賞，臣等會同奏請，將總督及布政使養廉各借支半年，於卭、雅、汶、灌等州縣，購買餘茶，酌量行銷。所獲茶價，除歸還借支之數，餘作爲賞需。今除已經動支及扣還借支外，尚餘六七千兩，發交打箭鑪及雜谷兩處各二千兩，購買穀麥青稞，貯倉備用。餘銀仍存

藩庫，以爲夷務之需。報聞。（高宗六三四、六）

（乾隆二七、五、乙卯）諭軍機大臣等：明德奏請減配茶封一摺，已飭部議覆准行。但思茶商等照例完課，何以配運茶封轉願減少？即云近議搭放兵餉，地方行茶日夥，是以不樂多配，而兵丁所支之茶，出售是否果有餘利？兵利贏餘，則官茶不無損價，若官茶但利疏消，又豈能抑派兵丁勉強從事？其中必無兩利俱存之理。且現在庫茶實在積有若干，其最陳者起於何時，近來搭放兵餉之外，是否尚多存積，無可支銷，應行設法調劑之處，著傳諭楊應琚逐一通盤覈計，妥協籌辦，期於公私交有裨益。此時新疆地方，生聚漸繁，米糧蔬果物產，在在豐裕，惟茶觔一項，必取資於内地，各處濟用，自屬多多益善，惟遠運多需脚價，仍屬有名無實。或臺站往來之便，可以量爲攜帶分貯，俾日久積少成多，則不動聲色而其事易集，其利亦普。即今年明瑞所領各處換班兵三千餘名，皆應裹帶鹽菜口糧，或兵丁一路實在需茶，而庫積亦有多剩，可以酌量搭放，俾資日用之處。目下明瑞約已抵肅，楊應琚亦可會同商榷，果於兵丁有益，即一面辦理，一面奏聞。並將此速行，詳悉傳諭知之。（高宗六六一、八）

（乾隆二七、八、壬寅）陝甘總督楊應琚奏：新疆歲需官茶二萬七百餘封，應陸續運貯。令官兵領買，稍加運費，較之買自商人，尚屬減省。將來遇有換班兵，更可酌爲攜帶。現在巴里坤、哈密所有官茶，先行撥運，再由内地運往。下軍機大臣等議行。（高宗六六八、一四）

（乾隆二八、一一、丁丑）又諭：據明瑞奏，内地存貯茶封，現在運送口外，散給官兵，令於應領鹽菜銀兩内坐扣。但伊犁駐劄滿州、索倫、察哈爾既多攜帶家口，此外復有厄魯特回子等，聚處甚多，皆需茶葉應用，若准其一概承買，庶於生計有益。而甘省舊貯茶封，亦可陸續銷售，可否於現送二萬包之外，再行增送數千包等語。前因甘省存積茶封難以銷售，是以酌令運往伊犁，給發官兵，今既需用甚多，自應寬裕運送，以資食用，俾彼地人衆並得承買。著傳諭楊應琚，即行酌量辦理。並將茶封成本，每包計值若干，自甘省運至伊犁，每包需費脚價若干，其給發官兵，復於鹽菜銀兩内坐扣者，是否足敷折扣，俱行詳悉查明，具摺奏聞。尋奏：臣調劑茶務，已於未奉旨之先，添運五千封，連前共二萬五千封。嗣後每年照此數撥運，如此外尚可多銷，臨時酌定。其茶例以五觔爲一封，每封價銀三錢。由肅運至巴里坤，由巴里坤運至伊犁，每封脚價茶本共需一兩二錢零。其由哈密撥運之二萬五千封，每封需銀一兩一錢四分零。如將來由内地運往，自肅州出關，走沙州新路較近，需銀一兩一錢一分。再各省兵應領鹽菜銀兩，均敷抵扣。

報聞。(高宗六九九、九)

（**乾隆二九、二、己酉**）陝甘總督楊應琚奏：臣於上年十二月內，奏覆伊犂茶封，如數運往，其茶價於該處官兵鹽菜銀兩內扣抵一摺，於本年正月十六日，奉到硃批。此係有益官兵之舉，但官項雖多節省，而陳茶變價，較此爲何，所奏尚未明晰也。查向來甘商交納官茶，如遇庫貯過多，即徵折色，每封折價銀三錢，若庫貯無幾，仍徵本色。自乾隆七年議徵本色，至二十四年，積至一百五十餘萬封，陳陳相因，易致黴浥。續經奏准，調劑茶務，或搭放兵餉，或招商售變，亦以三錢爲率。現在新疆需茶甚多，將官茶運往搭支，亦照內地每封扣銀三錢，並將脚價攤入茶本，於官兵鹽菜銀內扣還，較買自商人，實多減省。是官茶運至新疆各處，除應扣脚價外，其應扣茶本，亦係每封作價三錢，與內地搭放售變，均屬一例。但內地係零星銷售，而新疆各處係成總發運，且使遠駐官兵，同霑利益，免受居奇，較內地陳茶變價，大有裨益。報聞。(高宗七〇五、一五)

3. 對茶葉出口和邊區私販的禁止限制

（**乾隆三〇、五、辛丑**）軍機大臣等議覆：直隸總督方觀承疏稱，……張家口舖户，與察哈爾牧丁，長年交易，牧丁所需茶布各項，俱係賒取，指米償還，逐年遞壓，豫賒至數年之後，該舖户於貨則增價，於米則減值，輾轉盤剥，無所底止。是牧丁所領米石，並非藉以食用，而每年籌解，祇爲舖户罔利之端，該丁轉不能實受其益。(高宗七三七、一六)

（**乾隆三七、一〇、辛未**）諭軍機大臣等：昨文綬將金川番人嘉木磋等解京，供稱，金川所需茶葉，全藉內地出產，若無茶葉，甚爲不便等語。茶葉既屬番地必需，自當禁其外出，不令絲毫透漏，俾賊番得資利便。著傳諭文綬，速飭沿途員弁，於附近番境密查，如有奸商偷販出口，即行嚴拏究治。(高宗九一八、二〇)

（**乾隆三八、六、己酉**）户部議准：四川總督劉秉恬等奏稱，嗣後三雜谷等處土司買茶，以千觔爲率。使僅敷自食，不能私行轉售。從之。(高宗九三七、一五)

（**嘉慶二二、七、戊辰**）又諭：蔣攸銛奏請嚴禁茶葉海運一摺。閩皖商人販運武彝松羅茶葉，赴粤省銷售，向由內河行走，自嘉慶十八年，漸由海道販運，近則日益增多。洋面遼闊，漫無稽查，難保不夾帶違禁貨物，私行售賣。從前該二省巡撫並不查禁，殊屬疏懈，念其事屬已往，姑免深究。嗣後著福建、安徽及經由入粵之浙江三省巡撫，嚴飭所屬，廣爲出示曉諭，所有販茶赴粵之商人，俱仍照舊例，令由內河過嶺行走，永禁出洋販運。儻有違禁私出海口者，一經拏獲，將該商人治罪，並將茶葉入官。若不實力禁止，仍聽私運出洋，別經發覺，查明係由何處海口偷漏，除將守口員弁嚴參外，並將該巡撫懲處不貸。漏稅事小，通夷事大，不可不實心實力杜絕弊端也。（仁宗三三二、二二）

（二）絲綢貿易

1. 政府對邊區的絲綢運銷

（**乾隆二三、二、癸未**）諭軍機大臣等：據清馥奏，陝省庫貯存剩緞疋，解赴烏嚕木齊貿易，准黃廷桂咨稱，內有水濕緞一百七十疋，窄小絲鬆緞九百八十五疋，未便接收轉運，仍令委員帶回，另換補運等語。此項緞疋，非解員不能小心照管，即收貯時，庫員不能防護，抑或辦買不能如式。著該督查明確實，係何人辦理不善所致，即令其賠補。如根查無著，除將各緞變價外，所有不敷原價之項，即著辦理不善之督撫等分賠，亦無不可。其變價時，祇可照時價估計，尤不可科派舖戶，致滋擾累。至現在所少緞疋，及嗣後與哈薩克交易所需緞疋，陝省素非出產，恐一時難以購辦。黃廷桂可酌量數目，先期開單奏明，或於內府庫貯撥解，或於各織造處置辦運送，自可照數應用，不必於該省竭蹷措辦也。（高宗五五七、二三）

（**乾隆二三、二、甲午**）大學士管陝甘總督黃廷桂奏：哈薩克本年七月，應在烏嚕木齊等處交易緞布等項，經運赴巴里坤收貯。努三赴京，於前月過肅，詢稱交易人數，不能豫定，內地茶葉，不必備往。粧蟒緞疋等件，亦不必過多。惟各色絨褐、氆毯、白布、印花布等件，宜多購備。已飭陝、甘、各藩司辦運巴里坤，交易有餘，即散給彼處官兵，扣餉歸款。報聞。（高宗五五八、一〇）

（**乾隆二四、八、辛巳**）諭軍機大臣等：昨據滿泰奏，哈薩克貿易人等，有所得緞疋紕薄之語。在伊等貪得無饜，欲以交易官緞，與前歲賞給阿布賚等緞疋相較，固屬妄生冀倖，自當示以節制。但從前議將陝甘緞疋式樣，轉發江浙織造遵辦，或承辦之員，因節省工料，以致成色太減，亦所不免。即如各省辦解內府緞疋，尚不能一律精好，況於應付邊地之用。此亦當留心察覈，以杜朘削之弊，且不使過於紕薄，致有累遠人。著傳諭楊應琚、努三等，即查明貿易緞疋，約有幾種，各取一端，送京覈驗。（高宗五九四、五）

（**乾隆二五、四、丙子**）又諭：據託庸等奏稱，所辦哈薩克貿易緞疋，若將大緞錦緞，減辦十之二三，其價值即可抵辦現添尋常綢緞四千疋之數等語。著傳諭各該織造等，其大緞錦緞等，內庫所儲，儘堪撥用。至尋常綢緞一項，乃貿易所必需，織造時工料雖可照常辦理，不必過於精好。所有每疋尺寸，務須如式寬足，俾製衣材料，不致短少，庶於貿易更爲有益。(高宗六一〇、二)

(乾隆二七、四、辛巳) 諭軍機大臣等：楊應琚奏，伊犁、烏嚕木齊等處，現在貿易接踵，所需綢緞，恐有不敷，請令三處織造，豫先織辦解肅等語。前已降旨三處織造，令其豫備，酌量貿易所需各色綢緞，織造數千疋，以資撥用。著將楊應琚此次所開色樣數目，寄知江寧、杭州、蘇州各織造，即行照數速辦解肅。(高宗六五九、三)

(乾隆二七、八、甲寅) 又諭曰：淑寶等奏，安集延回人前來貿易，內緞疋一項，除原價及運費，每疋增加銀二三錢等語。貿易緞疋，俱由內地遠行運送，自應準照原價及運費，酌量增加，視其情願交易與否，再爲通融減售。乃止議加銀二三錢，此或經手之員售多報少，甚至將自置貨物，開入官項，冀獲羨餘。行之日久，則貿易一事，又爲貪吏繳倖之端，不可不防其漸。著傳諭淑寶等，留心稽查，據實陳奏。(高宗六六九、九)

(乾隆二九、九、辛未) 諭軍機大臣等：楊應琚奏，原任杭州織造赫達色，解到貿易綢緞，內有黴顯二百餘疋，請發回，著落經手承辦人員賠補，並嗣後各織造起發時，俱令委員驗同包裹一摺。所奏甚是。哈薩克久經內屬，貿易緞疋，雖物料稍次，亦不敢過爲爭執。但國家嘉惠遠人，所給之物，自必令其可以適用，斷無一任承辦人員便宜減省，致所入不償所出之理。況前此傳諭不啻再三，該織造自當遵照辦理，何得潦草塞責，以致黴顯二百餘疋之多。此項即著解員帶回，令原辦人員，按數賠補。嗣後各織造所辦綢緞，一面移明督撫，令派出解員，公同點驗封解。其到甘時，該督楊應琚，係總滙之處，務須詳悉查檢。如驗有質地澆薄，丈尺短少，以及黴顯等弊，該督即嚴行駁回，著落承辦人員賠補。並將公同點驗之員，交部議處。如驗係中途水漬擦損，即著落解員賠補還項，以專責成。可將此傳諭各該督撫、織造等知之。(高宗七一九、六)

(乾隆三一、九、甲申) 又諭：據吳達善奏稱，雅爾地方，需用緞疋，須於明歲二月內到彼。請令三處織造，先將應用各種緞疋，於十月內起運，十一月解到等語。此項緞疋，已據該織造等稱，移咨該督，於九月內辦齊，十月內可以起解。是現在已經將次齊全，著再傳諭該織造等，即將此項緞疋內，元青素緞、小花線緞、荊花絹、荊素絹四種，上緊趕辦，先行運送，餘

仍按期解往無誤。(高宗七六九、四)

（**乾隆三一、一二、壬戌**）又諭：據明瑞等奏，從前各織造辦解大緞，絲色鮮明，質厚體重，是以哈薩克等，俱樂於交易。今年蘇州、杭州解到緞疋，較前貨料平常，即如摹本大緞一項，乾隆三十年以前解到者，每疋重四十二三兩不等，三十一年解到者，每疋僅重三十五六兩。請勅交各該織造，將新送緞疋減價，以便辦理等語。此項緞疋，為新疆貿易所需，前此曾經傳諭各該織造，令其慎選物料，加意造辦。並令陝督楊應琚於緞疋解到時，逐一點驗。如有澆薄不堪等弊，即嚴行駁回，著經手人員賠補。今據明瑞等奏，該織造辦理此次緞疋，照上年所運，每疋輕至六七兩不等，而價值則仍照前次十三兩之數，明係草率浮冒，以致物料減惡，何以惠遠人而通貿易？現在此項緞疋，著交與明瑞等，減價發售。其所減之價，即著落各承辦之織造，照數賠補，并將該織造交與內務府大臣議處。再此項緞疋，於何時解至甘肅，該督因何不遵旨點驗，輒將澆薄不堪之緞疋，解送伊犁，并著吳達善明白回奏。(高宗七七五、一九)

（**乾隆三六、一一、丙午**）諭軍機大臣等：尹嘉銓奏，烏什、喀什噶爾兩處，應需各色綢緞六百六十疋，內應織辦南省綢緞四百六十疋，陝省秦紗一百疋，東省繭綢一百疋，請派各該處分辦解送等語。著傳諭徐績、勒爾謹，即將單開需用繭綢、秦紗，如數妥辦，委員解送甘省應用。其應織辦南省綢緞，著江寧、蘇州、杭州三處織造，照該護督單內所需各項，妥協製辦。務使質地厚重，顏色鮮明，毋得輕鬆粗糙，不堪適用，致滋挑駁。並著遴選妥員，沿途小心解送甘省，以資貿易之用。所有原單并著鈔寄。(高宗八九六、一五)

（**乾隆三七、一〇、庚辰**）又諭：據勒爾謹奏，乾隆甲午年，伊犁等處應需貿易綢緞，照例開明各項色樣數目，請勅江寧、蘇州、杭州三處織造，依期解送甘省，以便分運等語。著傳諭寅著、舒文、寅保，即照勒爾謹單內所需各綢緞，妥協製辦，務使質地重厚，顏色鮮明，不得稍有粗率輕減，致滋挑駁干咎。並著遴委妥員，如期解運，以資新疆貿易之用。(高宗九一九、九)

（**乾隆三八、七、庚辰**）諭軍機大臣等：據勒爾謹奏，乾隆乙未年，新疆各處應需貿易綢緞，照例開明各項色樣數目，請勅江寧、蘇州、杭州三織造，暨山東、山西巡撫，依期解送甘省，以便分運等語。著傳諭徐績、巴延三、基厚、舒文、寅著，即照勒爾謹單內所需各綢緞，妥協製辦。務使質地重厚，顏色鮮明，不得稍有粗率輕減，致滋挑駁干咎。並遴委妥員，如期解

運,以資新疆貿易之用。所有勒爾謹原摺清單,俱著鈔寄。(高宗九三九、三八)

　　(**乾隆三九、一○、丙戌**)諭軍機大臣等:據勒爾謹奏,乾隆丙申年新疆各處應需貿易綢緞及澤綢,照例開明各項色樣數目,請勅江寧、蘇州、杭州織造,暨山西巡撫,依期解送甘省分運等語。著傳諭巴延三、基厚、舒文、寅著,即照勒爾謹單內所需各綢緞,如式妥協製辦。務使質地重厚,顏色鮮明,不得稍有粗率輕減,致滋挑駁干咎。並著遴委妥員,如期解運,以資新疆貿易之用。所有勒爾謹原摺清單,俱著鈔寄。(高宗九六八、三一)

　　(**乾隆四一、九、壬辰**)諭軍機大臣等:據勒爾謹奏,乾隆戊戌年新疆各處應需貿易備賞綢緞,開明各項色樣數目,請飭江寧、蘇州織造,暨山東、山西巡撫,照依議定丈尺織辦,解甘分運等語。著傳諭楊景素、巴延三、基厚、舒文、福海,即照勒爾謹單開所需各綢緞,如式妥協製辦。務使質地厚重,顏色鮮明,不得稍有粗糙輕減,致滋挑駁干咎,並著遴委妥員,如期解運,以資貿易之需。至所需秦紗三十匹,著畢沅一併照辦解往。(高宗一○一七、一二)

2. 對絲綢出口的禁止限制

　　(**乾隆二四、閏六、癸卯**)戶部議准:御史李兆鵬奏稱,查絲觔私出外境,律有明禁,邇年江浙等省,因奸商漁利,私販出洋,以致絲價昂貴。請勅下該督撫轉飭濱海地方官,嚴行查禁,違者照販米出洋例究治,該管官分別奏處。從之。(高宗五九一、一三)

　　(**乾隆二四、一二、丁酉**)戶部議奏:據兩廣總督李侍堯咨稱,本年御史李兆鵬奏,請禁絲觔販賣出洋,經部議准在案。至綢緞綿絹,是否應禁?設有私販出洋,應與絲觔一併計算輕重定擬等語。查綢緞等物,總由絲觔所成,自應一體嚴禁。請嗣後綢緞綿絹,如有偷漏私販者,亦按觔兩多寡,分別科罪。失察文武官弁,照例議處。從之。(高宗六○三、一二)

　　(**乾隆二九、二、己丑**)諭軍機大臣等:前因內地絲觔綢緞等物,價值漸昂,經御史李兆鵬等先後條奏,請定出洋絲觔之禁,以裕民用。乃行之日久,而內地絲價,仍未見減,而且更貴者有之,可見生齒繁衍,取多用宏,蓋物情自然之勢。正如從前議免米豆關稅,而糧價如故,可爲明驗。況聞出洋絲觔,本係土絲,及二三蠶粗糙之絲,非腹地綢緞,必須精好物料可比。徒立出洋之禁,則江浙所產粗絲,轉不得利,是無益於外洋,而更有損於民計。又何如照舊弛禁,以天下之物,供天下之用,尤爲通商便民乎。前英咭唎等國，織紝不供，已特旨准其酌帶配用，而伽喇巴等處，近復援例懇請，現勅部臣定議。該督撫等熟悉地方情形，著傳旨令其悉心體察，應否即行開禁，並海洋商船所配粗絲，應否仍酌定章程，及如何設法稽查，以杜影射侵漁等弊之處，俟妥議具奏到日，候朕明降諭旨。（高宗七〇四、一〇）

（**乾隆二九、二、庚寅**）戶部議覆：兩廣總督蘇昌等奏稱，粵省本港商船出洋，請照外洋夷商之例，准其配帶絲觔等語。查夷商配帶絲觔，係出特恩，非商販所得援照，應酌量准其配帶出洋易銅，以資内地鼓鑄，至如何立法辦理，令該督等詳細議奏。從之。（高宗七〇四、一三）

（**乾隆二九、四、丙戌**）軍機大臣等議准：兩江總督尹繼善、閩浙總督楊廷璋、兩廣總督蘇昌等奏，請弛絲觔出洋之禁。江蘇省販銅官商船隻，每隻許配二三蠶糙絲一千二百觔，按照綢緞舊額觔數抵扣，各屬出洋商船攜帶糙絲，准以三百觔爲限。閩浙出洋商船，每船配土絲一千觔，二蠶糙絲一千觔。粵省外洋商船二十三隻，除定例准帶八千觔外，每船再行加帶粗絲二千觔。其頭蠶湖絲緞定，仍照舊禁止。從之。（高宗七〇八、七）

（**乾隆三〇、三、乙巳**）[閩浙總督蘇昌]又會同福建巡撫定長奏：琉球國貢帶土物，自乾隆二十八年，准歲買土絲五千觔，二蠶絲三千觔。茲該國王尚穆，咨請於歲買絲觔數内，量買綢緞二千觔，每綢緞千觔，扣抵絲一千二百觔，請旨施行。得旨：此何不可之有。（高宗七三三、二七）

（**乾隆三〇、七、甲申**）浙江巡撫熊學鵬奏：浙省商船，往南洋咖喇吧等處貿易者，每船准帶土絲、二蠶絲各千觔。其往閩粵内地者，部議未及，請照江蘇省例，每船准帶糙絲三百觔，收稅驗放，俱照洋船定例。從之。（高宗七四〇、一四）

（**乾隆三八、六、丁巳**）是月，兩江總督高晉奏，安南國入貢，由水路進京，往返均由江寧換船，該貢使每次自帶花樣，在舖家定織綢緞，次年自京回至江寧取貨，若貨未齊全，往往逗遛日久。查外藩使臣，置買綢緞，雖無禁例，但私相交易，恐釀事端。請嗣後飭使臣通事人等，將需買各貨，開具清單，呈交地方官，傳集舖戶議價，給與現銀，取舖戶承領限狀，地方官查催，該貢使回寧，即於半月内照數清交，不許私相授受。地方官毋得縱令胥役家人經手，如違參究。得旨：嘉獎。（高宗九三七、四九）

（三）人參交易

1. 官需人參的直接採運和招商經辦

（**順治一、八、癸酉**）攝政和碩睿親王諭户部曰：比因東來之人，借鬻人參名色，擾害地方，特行嚴察究治。但小民恃貿易爲生，未便禁止。惟當設立科條，使之遵守。以後人參止許於南京、揚州、濟寧、臨清四處開肆貿易，一應滿漢人民，或商或賈，各聽其便。儻市易不平，致行搶奪，以及虧直勒買等項，地方官即執送京師治罪。(世祖七、一五)

(順治二、八、辛丑) 諭戶部：近聞東來人等，以賣參爲名，擾害地方，原令嚴察究治，但人民全藉經商爲業，難以禁其貿易。應定例遣人查閱，今後有欲賣參者，著於江寧、揚州、濟寧、臨清四處開肆，公平貿易。至於滿漢販賣，聽從其便，毋得禁止。有不公平交易，擅行搶奪，兩不情願，及虧價強買者，該地方官即將搶奪之人解京治罪。如不將原人解京，無故空行具疏，通政司毋得封進。爾部可即傳知。(世祖二〇、六)

(順治六、一、戊辰) 諭戶部：邇聞各省賣參人役，地方官民商賈，甚受擾害，爾部可傳諭永行禁止，不得仍前遣往各省發賣。止許在京均平市易，永爲定制。違者重罪不宥。其採參人丁，併行酌減。(世祖四二、三)

(乾隆一〇、二、丙午) 戶部議准：奉天將軍達勒當阿奏，開採烏蘇里、綏芬參山人夫，領票出口，於收參時，或缺額脫逃，無可著追。且距盛京路遠，口糧難運。嗣後每票除交官正數外，所有商參六兩，以二兩作辦事官員及設局放卡公用，一兩賞給刨夫保人，餘三兩作開刨資本。將動支奉天銀糧資助之例停止。從之。(高宗二三四、三)

(乾隆四二、一、癸巳) 諭軍機大臣曰：富椿等奏稱，吉林、寧古塔去歲支放薓票，較前共少放二千四百張，均由伊等辦理不善所致，請交部議處等語。從前降旨，吉林人薓所獲若少，惟富椿是問，特令伊等實心辦理，嚴查勒揩偷漏之弊耳，非少放薓票，將伊等議處即可了事也。伊等果能實心辦理，嚴查所屬，不令放票人等，恣意勒揩，并派兵弁於各隘口嚴行緝查，不使偷漏，即不能多獲，亦屬無可如何，於伊何罪？若徒有辦理之名，而不嚴行稽察，任其勒揩，又不派委妥幹兵弁緝查，以致薓票少放，是伊等並非實心辦理矣。即將伊等議處，亦有何益？此事惟出伊等本心，非議處即可了事。朕今并不將伊等交議，惟令伊等各矢天良，加意妥協辦理，倘草草塞責，惟謂將伊等議處，即可了事，則有負朕之諄諄訓飭矣。著傳諭富椿知之。(高宗一〇二五、三七)

(乾隆四四、八、壬戌) 兵部議覆：吉林將軍和隆武奏稱，三姓地方，辦理薓務，請撥吉林備用銀一千五百兩，借給無力刨夫接濟，於秋間交薓時完納。……再每年收納官薓後，內務府止將吉林、寧古塔官員議敘，其各城給放薓票人員，並無勸懲，以致疎怠不力。請將三姓、伯都訥、阿勒楚喀等處，照

原定正票餘票之數，多放者分別議敘，短放者議處。均應如所奏。……從之。（高宗一〇八八、一七）

（乾隆四八、七、辛亥）諭：據慶桂奏拏獲私行挖薓人犯一摺。吉林等處私行挖薓人犯既有如許之多，則盛京等處亦必有此等私挖之人，何不嚴行查拏！永瑋因朕巡幸，辦理供應事宜，是以見未及此，著將慶桂奏摺鈔錄寄永瑋閱看，並著伊即行派委妥幹官兵，於產薓山廠、通衢要隘及山谿僻處，嚴行搜緝查拏。近年封廠停採，原期護養薓苗，令其滋長，今據吉林等處拏獲私挖人犯至百餘名之多，則深山僻隅，兵弁巡查未周，恐尚有私挖之人，是有封閉之名，而無其實，反令不肖之徒得以幸獲，何若仍行放票開採之為愈也。著自明年為始，仍行放票開採。另行降旨飭諭該部外，其放票事宜宜早為辦理。將此寄知永瑋、慶桂，一面嚴行查拏私挖人犯，一面將明年開採事宜妥議具奏。尋永瑋奏：查每年五月即進山採薓，臣即於此時出派鐵嶺城守禦六十七前往產薓山根查訪，本年自六月以來，三次拏獲偷挖薓犯七名，臣以人數無多，照例交盛京刑部審辦，未經奏聞。茲奉諭旨，即添派賢能官兵，協同原派城守禦等，前往通山要隘查拏外，仍遵旨自明年為始，仍放薓票，照舊辦理，別無更張。報聞。又慶桂奏：臣接奉諭旨，即嚴飭巡察吉林所屬大小產薓山場之副都統以及各員，務將私挖各犯查拏净盡，所有要隘，一體加緊實力查拏，勿許少有透漏。臣查自從前拏獲偷挖人犯奏聞後，今又拏獲人犯五十二名，獲薓七兩八錢，薓鬚一兩一錢，俟人犯解到時，審明從重治罪，另行奏聞外，所有明年應放薓票，臣即曉喻吉林旗民人等，並令副都統烏靈阿、協領西德即時招募採薓人夫，妥備器用，查照定額，儘力散放。其寧古塔、三姓、阿勒楚喀副都統等，亦令一體嚴查妥辦。報聞。（高宗一一八五、五）

（乾隆四八、七、壬子）諭：明年盛京吉林等處仍行放給薓票，著交戶部查照向例，即行辦理。（高宗一一八五、九）

（乾隆五九、三、己巳）軍機大臣會同戶部議奏：欽差大學士公福康安等酌定吉林薓務章程。一、向來領票承總攬頭，原不出舖戶民戶之外，但祗宜善為勸諭，若概令務農編戶，領票刨薓，難保不仍滋弊混。應令嗣後將軍、副都統等，於放票時，廣為招徠，毋任官為勒派。一、薓票原額八百張，自五十年以後，漸行少放，致有那移科派等弊。原議請自五十九年為始，每年定以五百張為試放之數，如二三年後，領票增多，再行據實給票復額。查此項薓票，不必拘定五百張之數，如刨夫等情願多領，即不妨酌量加增，以期漸復舊額。其寧古塔薓務，亦令該將軍查照吉林章程辦理。一、近年夫力凋疲，請仍循例借動備用銀三萬兩，及時墊給，一俟刨夫出山之日，即於所得餘蔆變價，按數扣清。如實在交不足數，始准在商捐項下補足，務於刨夫出山兩月限內，全行繳還，以清年款，於年底專案報部查覈。一、商捐一項，名目雖出自商人，實則向刨夫購買餘蔆時，減其價值，仍屬以刨夫之有餘，濟刨夫之不足，應請照舊捐輸，改爲蔆餘銀兩。從前每蔆一兩，收銀八兩至二十三兩不等，亦令量爲限制，每兩不得過二十兩之數，如此酌定，官項自可漸清。每年遇有刨夫出山，力不能完官欠，及實有事故，不能出山，並官蔆交不足數，攬頭無力賠繳者，准用蔆餘銀兩，量爲歸補，仍令承辦局員，隨時報明存案。一、刨夫自五十一年至五十七年，拖欠官項，除完過外，尚欠官銀十二萬三千餘兩，五十八年又增新欠，此等本係無業游民，現雖屢次追比，總屬無完。查此項業將諾穆三、托蒙阿家產抵補，其餘令歷任將軍、副都統等，照數分賠。復將餘蔆銀兩，按年劃補，官項已有著落，應請將五十八年以前夫欠銀兩，全行豁免。倘不知悛改，屢欠官銀，自當勸懲並用，除搜獲藏匿餘蔆，按私蔆本律嚴辦外，仍將負欠最多之刨夫，從重枷責遞藉。一、刨夫出山，應令該將軍等，飭承辦各員，嚴行稽察，毋使有賣放併包之弊，以防偷漏。如有負欠刨夫，通同不負欠之刨夫，攜帶餘蔆出山，及盤獲黑蔆之人，他票刨夫混同滋弊，一經查拏，即照例治罪，併將該管官從嚴議處。一、蔆局借項，必由銀庫給發，銀庫出納，必移戶司備案。從前蔆局協領，往往俱兼三處行走，是以那移支借，無人稽察。嗣後應令三處官員各司其事，互相稽察，如一處滋弊，即將互查各員，以失察議處。以上各條，均應如所奏。至所稱吉林庫貯備用銀兩，尚有節年奏報戶部未經補還銀一萬八千餘兩。請行令蔆局各員，於公用蔆折脚價稅銀二項，及蔆局年例備用銀一萬兩，應繳回三千餘兩款內，共籌銀一千兩，遞年補足報部。查諾穆三等虧短項內，有未經交回公用蔆折及備銀剩一萬七千餘兩，是否即係此項，抑或另有短缺別項，摺內未經聲敘明晰。及所稱五十八年新欠，究係何款，爲數若干，均應行令該將軍等查明覆到再議。得旨：吉林刨挖人蔆，向來刨夫等出山時，於定例交官之外，所得餘蔆，准其同行變賣，俾資餬口。是該夫丁等已可藉霑餘潤，何至動輒需借，逋負纍纍。本應按數著追，第念此事究由該將軍等辦理不善所致，且歷年既久，其中逃亡事故者不少，而該夫丁等本係游民，所欠銀數過多，力難完繳。所有五十八年以前夫欠銀十六萬三千餘兩，著加恩普行豁免。並著該將軍等曉諭各夫丁，此係格外恩施。伊等雖屬小民，亦當具有天良，倍加感奮。嗣後進山，務宜盡力刨挖，毋得藉詞憚遠，拖欠官項。如敢仍前疲玩，必當從重治罪。該將軍等仍宜隨時稽察，分別勸懲，勿任再有拖欠，致滋弊端。至該處滲務，廢弛已久。經此番查辦之後，亟須實力整頓，妥協辦理。新任將軍寶琳，人尚老成，向來辦事，亦屬認真，但於滲務究係生手。秀林曾任吏部司員，擢任副都統，尚能辦事，現在查辦此案，一切利弊，又可深悉。將來滲務事宜，著責成秀林會同妥辦，以期日有起色，不得仍似從前觀望因循，以副委任。餘依議。（高宗一四四八、四）

（嘉慶四、二、己丑）諭軍機大臣等：向來盛京辦理滲票，俱係募夫承領，採取交官，所有餘滲，准其售賣，原爲體恤募夫起見。今據岳起奏，近日辦理此事，竟官爲包攬，並勒派商人出銀交局，代爲採辦，而刨夫領票親自入山者，轉令番役搜查，指爲私滲，賤價截買。……既累商資，並妨民業。著將原摺發交該將軍等，查明向來定例，應如何遵照辦理，使商民不致擾累之處，悉心妥議，據實具奏，毋得稍有隱飾。（仁宗三九、一）

（嘉慶四、四、丙辰）諭內閣：戶部議覆吉林將軍秀林等請減放滲票一事，酌令吉林減票五十張，伯都訥減票二張，阿勒楚喀減票二張，三姓減票三張等語。吉林等處承辦滲票，原因係該處土產，照例採挖呈進，朕從不以此爲重。近年以來，該處出滲較少，自應量爲調劑，以示體恤。因念現在在京臣工等，咸知謹飭守法，自皆謝絕苞苴，專藉所入俸廉，未免稍形支絀，是以本年特將內庫餘滲，賞給王公大臣，減價分買，俾其得霑餘潤。將來滲票既減，交滲較少，則王公大臣領買之數，亦不能不稍減於今。但此事甫經行之一年，多寡數目，本無定額，今因滲斤減票少交，將來賞買時，即爲數較減，在臣工等必無怨心，而商民得受其益，自應如所議辦理。將此通諭知之。（仁宗四三、一五）

（嘉慶一〇、八、己酉）定盛京挖滲夫，每票一人，准帶炊爨人四名，從將軍富俊請也。（仁宗一四九、三二）

（嘉慶一五、二、辛亥）又諭：盛京、吉林、寧古塔一帶，環繞長白山，爲本朝發祥之地，產毓人滲，實爲瑞草。二百年來附近山場刨採日多，必須遠歷深山，方能採獲佳品，亦事理之所有。該處將軍等應將實在情形隨時陳奏，自可酌量辦理。至種滲一項，以僞亂真，殊干例禁。乃近年各該處辦解官滲，竟有攙雜秧滲情事。此等秧滲，形狀雖覺腴潤，而性味實薄，是以每年賞給大臣等售賣之滲，多不得價。因尚未查得確據，未經覈辦。現據內務府參奏，此次驗收官滲，係會同稽察御史，令各該解員眼同拆封，並添傳經紀鋪戶人等認看。盛京票滲四十八斤十二兩，內堪用滲十三斤四兩，泡丁十五斤八兩，外有秧滲十八斤十二兩及帶鉛泡丁一斤四兩。吉林票滲五十九斤七兩五錢，內堪用薘一斤十二兩、泡丁十八斤十五兩三錢，外有秧薘三十七斤十三兩二錢、帶鉛泡丁十五兩。寧古塔票薘十七斤十二兩八錢，內堪用薘八斤十二兩、泡丁六斤十二兩九錢，外有秧薘一斤十四兩九錢、帶鉛泡丁五兩等語。寧古塔秧薘尚祇一斤有餘，盛京已十居其六，吉林竟至好薘轉不及一成。又盛京四等以上薘六斤，內有秧薘二斤，吉林四等以上薘三斤二兩、大枝薘十兩，竟全係秧薘。該將軍等不能認真查察，均有應得之咎。賽沖阿甫經到任，並非伊任內辦理，無庸交議外，所有吉林將軍秀林等、及各該承辦官員，著交部嚴加議處。盛京將軍富俊及各該承辦官員，交部議處。寧古塔副都統富登阿及各該承辦官員，交部察議。其挑出之秧薘及帶鉛泡丁，著交原解官發回，著落該將軍等照數更換補解，如不能足數，即著照兩淮交價之例，分別四五等及泡丁定價解銀歸款。其如何著落分賠之處，著該將軍、副都統等自行酌議辦理。（仁宗二二六、二三）

（嘉慶一五、六、甲午）諭內閣：軍機大臣會同總管內務府大臣具奏，選驗吉林等處商買餘薘，並請將辦理薘務違禁攙雜秧薘之將軍等，再行嚴議各摺。盛京、吉林、寧古塔等處產毓人薘，地靈鍾瑞，豈容以僞亂真？溯查嘉慶七年，秀林在吉林將軍任內，陳奏薘務，即曾將來帶私人進山，及栽種薘苗之事，敘入摺內，以飾其查辦不力之咎。迨八年分，秀林又請歇山培養，欲令攬頭等栽養薘苗，節經部臣議駁，屢降諭旨申飭，成案具在，屬禁綦嚴。乃近年來各該處所進之薘，俱將秧薘攙雜，本年先據內務府參奏，駁回甚多。現復據吉林、寧古塔等處，將商買餘薘解京，通行選驗。寧古塔可用之薘尚多，而秧薘亦所不免。至吉林則秧薘十居八九，好薘竟屬寥寥。閱前日賽沖阿覆奏之摺，即云該處果有移種薘苗之事。現在來京商人，亦皆所共悉，即面詢之秀林，亦奏稱伊在吉林時曾有聞見。是該將軍等於奉旨飭禁之後，並不嚴行杜絕，竟任聽刨夫等作僞營私，明目張膽，豈僅止失察可比？近年山場產薘略少，即不能壯碩如前，原可就其所得真薘呈進備用，即此次揀出之真薘，原不甚小，儘可應用，乃必欲矯揉造作，玉石混淆，不知是何意見。此種情弊，盛京、吉林、寧古塔等處皆有，而吉林爲尤甚。可見秀林前此所奏欲留秧薘，竟係豫占地步，殊不思伊於節年秧薘，即未能查禁，經朕降旨飭諭，並令其一年後將實在情形具奏，寧不當倍加儆凜，乃秀林奉旨後仍不查禁，又不將該處薘務情形如何籌辦據實陳奏，惟以朦混搪塞爲得計，此誠何心？除盛京、寧古塔辦薘不善之處先經議處外，秀林著再交都察院嚴加議處。所有自嘉慶七年至十四年，該處承辦薘務之副都統及官員等，著賽沖阿即速查明，除身故各員外，均即開具職名，一併交部嚴議。至各處駁回秧薓，除現就商薓內揀出抵補外，其餘應賠銀數，本應照兩淮繳價之例罰賠。著施恩姑予寬減，每薓一兩，減去銀五十兩，並量爲寬限，儘明年冬季以前如數歸款。至寧古塔挑出商薓，內除抵補本處官薓外，尚有餘剩，淨折五等薓十二斤三兩有餘，即著留抵吉林駁回官薓。所有該商人貲本，應行給還，以示體卹。著即責令辦理不善之吉林將軍等，查明兩淮變價之例，限於本年十月以前，明數發給該商，不許延緩。(仁宗二三〇、一一)

（嘉慶一六、三、庚戌）諭內閣：慶桂等奏，查覈吉林短放薓票數目不符，請旨飭令覆奏一摺。向來吉林例放薓票五百張，上年經欽差大臣文寧等奏定減放三十五張，以四百六十五張作爲定額，如有短放，交部嚴議。茲據解到薓泡八百一十九兩，照例覈算，吉林實放部票三百四十三張，印照三張，餘薓三錢八分。伯都訥、三姓、阿勒楚喀三處實放部票六十五張，印照二張，餘薓一錢二分。兩項餘薓合爲印票一張，統共放部票四百九張，印照二張。而吉林來文另單內開，動薓餘銀買補未進山票一百一十四張，印照一張，短放部票一百一十九張，燒鍋票七張，印照三張，覈與原定四百六十五張之數不符。又查向例，伯都訥等處官薓，即在吉林官薓額內，今三處所放薓票，如歸於吉林薓額計算，只短放部票五十五張，印照二張。該將軍等於額定薓票既已短放，而單開短放數目又多未符，其動用薓餘買補足額一節，查該處商薓共有三千餘兩，較官薓增倍，此項商薓爲吉林所產，原應先儘交官，官票外有贏餘乃歸商販，何以官票短發，轉須動項向商人買取，顯係辦理有未善之處。況新定章程，松寧即原議之人，該將軍等自宜遵照辦理，多募刨夫，將燒鍋幫辦及薓餘買補相沿陋習，逐漸裁減，乃率照秀林所奏折算銀兩，又所開短放數目軿轕不清，以致成數不能遽定，礙難覈辦。著該將軍等明白回奏。(仁宗二四〇、二)

（嘉慶一六、五、壬辰）又諭：向來吉林動用薓餘，買補額薓，係爲官薓交不足額而設。上年商買餘薓，較官薓多至數倍，是所產未嘗不豐，如果廣募刨夫，何至官薓短絀，轉向商人購買足額？其中即難保無影射情弊。賽沖阿、松寧等辦理不善，咎無可辭，著交部議處。至減票歸公名目，前於嘉慶四年，奏明在抽收薓餘項下劃扣抵充該處官兵俸餉，歷年遵辦有案。是票張雖減，銀款並未裁除，何以該將軍等摺內有減票歸公三十五張、印照三張於現在減票內一併裁去之語？而本年二月內，奏報上年抽收薓餘銀數單內，又未將此項減票歸公銀兩開載，尤屬含混。並著該將軍等明白回奏。所有短放票張之承辦各員，除阿勒楚喀足額外，其吉林、伯都訥、三姓短放票張之應議職名，著該將軍等查明咨部，照例議處。嗣後該將軍等於官薓額數，務

須遵照奏定章程，實心經理，不得恃有薍餘買補，轉致官薍短絀，自干咎戾也。(仁宗二四三、一九)

（嘉慶一六、一一、甲辰）又諭：賽沖阿等奏，向例額薍以薍六泡四分成辦解，本年六月，據內務府咨稱，奏准盛京等處嗣後解交官薍，毋許另分泡丁。經該將軍等遵照曉示，該刨夫僉稱，近年採薍本少，若概交好薍，不准帶交泡丁，實無力賠納等語。盛京等三處交納官薍，分成以薍泡並解，辦理已數十年。茲遽令全交人薍，該刨夫一時力有不給，自係實在情形，但從前薍六泡四，分成定額，亦未免過寬，嗣後盛京、吉林、寧古塔等處應解官薍，著以人薍七成、泡丁三成為準，照數收解。該將軍等務覈實督辦，毋任局員等稍滋弊混，致有短缺。(仁宗二五〇、三〇)

2. 政府對商民私採的禁止和巡緝

（康熙四、七、丁酉）禁止民人私採人參。(聖祖一六、三)

（康熙二一、四、己卯）兵部議覆：寧古塔將軍巴海疏言，巡躧採參官兵，請議給賞定例，以示勸懲。應如所請，視緝獲多寡，分別議敘。得旨：盜採人參，官兵蹤跡緝獲者，視所獲多寡議敘，甚為允當。但恐非係採參之人，妄有拘執，奪其資財，俾子身採捕他物者，無故罹害，亦未可知。嗣後有犯此者，作何處分，爾部再議以聞。尋議：巡踪章京兵丁，誣拏無辜之人，將章京革職，兵丁枷號兩個月，鞭一百。若奪取財物者，將章京革職，交與刑部議罪，兵丁枷號三個月，鞭一百。其打蜂蜜水獺人等，執信票在分內地界行走，如巡蹤章京、兵丁圖功誣拏，奪取財帛等物者，亦照誣拏無辜之人治罪。或無信票，或有信票而不在分內地界行走，往別地界行走，或於信票內人數之外，多帶偷刨人參等行走者，仍照常緝拏。從之。(聖祖一〇二、二)

（康熙三九、一、壬戌）差往盛京審理偷刨人參案，學士滿篤等請訓旨。上曰：凡事皆有為首之人，聞偷採人參者甚眾，若輩皆衣食不贍之徒，一切馬匹、糧米、帳房何能自辦？爾等但詳察源流，能獲其養贍此輩，給發盤費馬匹，收攬人參之為首者，則案即結矣。(聖祖一九七、四)

（雍正一、九、丙午）工科給事中永福條奏：威遠堡等關口六處，地近邊門，請揀選能員查拏私參，並派官兵分守。得旨：威遠堡等六處關口，逃人在彼偷刨人參，甚屬擾亂，著照永福所請行。(世宗一一、三八)

（雍正二、四、壬子）諭刑部：禁止私刨人參，舊例不論已得未得，俱解送刑部，往返拖累，故於盛京刑部監禁，每年差官前往審理。朕思伊等俱係圖利窮民，春夏時被獲，監至九月十月，方得審結，延挨月日，身受寒暑，多致疾病死亡，甚屬可憫。寧古塔有將軍、辦事御史，盛京有將軍、刑部，併副都御史永福，嗣後將各地方所獲者，即行審理，作速完結，年底彙齊具本啟奏。自今將審理偷刨人參之部院衙門堂官，停其遣往。如此，則案內之人，無久禁凍餒之苦累矣。（世宗一八、一三）

（雍正四、一二、辛酉）刑部遵旨議定，私刨人參人犯，若仍發往黑龍江等處，與伊等犯罪之處相近。嗣後偷參發遣之犯，係滿洲、蒙古，發往江寧等處，有滿兵駐防省城當差；係漢人漢軍，發往廣西、雲南等煙瘴地方當差。從之。（世宗五一、四）

（乾隆七、九、壬午）寧古塔將軍鄂彌達奏：臣自接任後，聞寧古塔屬之綏芬、烏蘇里以外，雅蘭西楞，暨南海島嶼地方，偷挖人參與刺字人犯，十數年間，已聚數千人。從前尚漁獵鹿魚，摘食榛子過冬，至春夏間偷挖人參，潛至寧古塔、吉林等處發賣，今則與寧古塔、吉林奸商結夥，每歲由寧古塔、琿春等處運致米糧，協濟伊等，伊等亦漸次開墾地畝，將參抵換各物，漸立微產。查南海并雅蘭西楞地方，與朝鮮相近，而南北俱係赫哲、費雅喀、鄂倫春等野地，不可不查明驅逐。此項匪眾，賴寧古塔、琿春等處協濟米穀，今惟出派官兵，於要隘斷其濟運，不久自然解散。若隱匿既久，立有產業，或該處產參稀少，必至於朝鮮等處滋事，辦理益難為力。臣初詢及寧古塔等處大員，據稱不過一二百人，續詢因公來省之琿春協領朱蘭太，亦稱只百餘人。臣即飭令訪查，嗣據稟稱，訪有千餘人，因相隔較遠，不知確數，此事於地方大有關係。若差人前往，伊等必畏罪抗拒。因於本年四月內，出派舊滿洲那爾布、溫德爾亨二人，於臣養廉內給與銀三百兩，置買布烟馬牛等貨，扮商販前往，將伊等棲止地方，人數路徑，逐一詳查。俟那爾布等稟覆時，再將如何逐散之處，另行奏聞。此案非僅派官兵數人，即可拏獲完結，謹將臣現在辦理情形，奏請訓示。得旨：此奏殊屬非是。將軍乃通省統率之員，如遇此等事件，必須親往查辦，若以二人為可信，屬員反不足信，將何以服眾？汝當以防其滋事為念，切勿輕忽。（高宗一七五、一四）

（乾隆八、三、辛未）議政大臣和碩裕親王廣祿等議覆：寧古塔將軍鄂彌達奏稱，烏蘇里等處出產人參，查有偷採之人，多於山內搭蓋窩鋪過冬，至夏間或留人種地，或入山私採。地方遼闊，恐積久愈多，辦理愈難。請於寧古塔揀派幹員，帶兵三百名，於四月初旬，在烏蘇里等處，擇要隘設卡，遇有齎糧入山接濟者，即行查拏。六七月間進山，遇有私採匪徒，一一拘拏，雪落後徹回。應如所奏辦理。並請勅該將軍嚴飭所派官兵，奮勉出力，務盡根株。或有借端滋事，及私放隱匿等弊，嚴治其罪。官兵徹回時，將所獲人數參數，報部辦理。又稱，近年採參之人，多誆領官票，不行回繳等語。並請勅該將軍等，遇放票之年，須選才幹員弁，上緊查拏，並飭總商必擇十分可信者予票，務絕誆領之弊。從之。（高宗一八七、三）

（乾隆一〇、五、癸未）又諭：昨據奉天將軍達勒當阿奏稱，寧古塔所屬南海德克登伊等處，藏匿偷挖人參之犯甚衆，應行派撥官兵前往查拏之處，請著該將軍與副都統商酌辦理等語。從前雖經將軍鄂彌達奏派官兵查拏，此等人犯，乃並未實力清除。而接任將軍博第、巴靈阿等，亦不以此為事。蓋因與彼處居人，有所掣肘，故止虛應故事。前往一次，不過拏獲數犯，以圖塞責，辦理殊屬草率。立法禁止之地，容此等匪類潛行聚集，不但伊等偷挖人參，希圖獲利，日久恐於地方別滋事端，甚有關係。此次辦理，務期實心釐剔，永靖地方，不得仍前徒務虛名，苟且從事。著曉諭該將軍巴靈阿知之。乾清門二等侍衛庫楚，曾久於琿春副協領之任，深知彼處情形，亦曾巡查過彼處地方。著庫楚馳驛赴寧古塔，交與該將軍巴靈阿，有差遣委用之處，將伊試用，如行走果好，於事有益，著奏聞留於彼處。遇伊應陞協領缺出，即行題補，若行走平常，無甚用處，即行具奏，令其回京。（高宗一四〇、一九）

（乾隆一一、一〇、丙寅）軍機大臣等會議：寧古塔將軍阿蘭泰等，奏請嚴禁偷刨人參，酌定稽查事宜。一、請於穆倫河渡口及和征河口，各添派官二員、兵二十名，放卡，毋庸冰凍後徹回。琿春之蒙古河陸路地方，應長遠設卡，每年揀員，率兵三十名放卡，亦毋庸徹回。至琿春地逼海濱，與朝鮮國僅隔圖墨一江，且與鳳凰城等處水陸相通，偷參者由海運糧接濟。原兵百九十名，除應差外，其沿海色隆吉等十四處，並無稽查，請於三姓地方，抽派官兵三百員名，駕船巡哨，佐領一併移駐。又於琿春另戶閑散滿洲內，添撥披甲十名，足五百名成數。再寧古塔週圍地方，安卡十處，距城三十里至百里不等。因附近屯莊，每與居民通同偷放刨參人駝馱，俱請移駐屯莊窵遠之地。又發票之年，添設堵截之卡四處，相去四五十里至八九十里不等，難以會哨。請將兩處卡座，相去稍遠之地，派撥官兵巡防。仍委員不時稽察，以原設之卡為界。其越界墾地安屯，長遠禁止。此項放卡官兵，一月一換等語。俱應如所請。惟所稱派撥三姓官兵，在琿春海口駕船巡查，其船是否舊設，與朝鮮國有無交涉，并該地色隆吉等十四處，島嶼河港，相距道里，均未分晰，應令繪圖送部另議。一、索倫達呼爾越界至松阿里烏拉，打牲滋事，私將米糧裝船，出黑龍江口貿易，接濟偷刨人等，應嚴行查禁。再鳥鎗例不准出邊口，帶赴參山，亦應禁止。第刨夫入山，防範惡獸，未便概禁，請嗣後領票時，按號注票，回山驗票。不報，察出治罪。應如所請。黑龍江吉林將軍，將私帶米糧出賣之人，照販私鹽律，核計米數銀數定擬。其違例私帶鳥鎗，照商民私造鳥鎗不報官律，杖一百。轉售者，照軍人私賣軍器充軍律減等，杖一百，徒三年。官不查出議處。一、採取官樺皮、打牲烏拉、刨參、催交貂皮，官兵所帶衣糧器用，及赫哲費雅哈人等，至寧古塔進貢貂皮回時，購買物件口糧數目，令報將軍衙門注冊，沿途驗票放行。又三姓、琿春等處，商人官兵，領票赴寧古塔船廠地方購買物件，令呈報該管官，給隨票一張，仍回本處呈驗。倘違禁帶米石物件，賣與偷刨人等，并易換人參者，請照私販鹽觔律治罪。查帶物應視多寡為區別，應將米不及五十石，什物值銀不及五十兩者，照無引私鹽律，杖一百，徒三年；米過五十石，物值過五十兩者，照越境販私鹽三千觔以上例，發附近充軍。官兵知法故違，加民人一等。旗人有犯，罪如之。徇縱失察者，均分別處治。一、過冬偷刨人犯，若僅刺臂，雖解回原籍，不能免其復逃，請將緝獲過冬人等，分別旗民，照例治罪，即刺面遞回原籍。應如所奏。嗣後拏獲過冬偷刨之民人、家奴開戶人等，無論已未得參，一體刺面，民人遞籍，交地方官管束，照竊盜例。不時點查，並將有無脫逃，季報督撫查核。其另戶正身，仍照例免刺，交將軍轉飭管束。再旗下家奴及開戶人犯，若刺字後，仍交原主，不足示懲，應撥發拉林，給移駐種地之滿洲人等為奴。從之。（高宗二七六、五）

（乾隆二三、一二、己未） 諭軍機大臣等：崔應階奏，請嚴偽造假葠之禁一摺。省會地方，商販輻輳，駔儈之作偽必多。造賣假葠，誆騙財物，自屬市肆之蠹。但此等事件，在地方官隨時訪查，嚴行究處，以示懲禁則可。若如崔應階所奏，援照私造假銀之例辦理，則凡肆中假飾之貨，不止一端，又安能一一為之比例，轉恐多立科條，未免易滋煩擾。著傳諭該督撫等，飭令所屬留心查察，遇有此等情弊，即當重加懲治，毋得以律無正條，草率完結，使奸猾之徒，肆行售欺射利，或致偽藥傷人可耳。（高宗五七六、二七）

（乾隆二五、七、己酉） 諭軍機大臣等：據薩喇善奏稱，副都統巴岱，查視挖濠人夫等船，每船人米浮多，因欲添票，伊等不遵，糾合多人，持梃將領催巴善打傷，又糾人數千，赴副都統衙門鬨鬧。巴岱未及清查各船人數，遂給與腰牌，令其起身。經薩喇善派副都統增海，帶領官兵稽查等語。挖濠人夫，皆係內地之民，膽敢不法鬨鬧，情殊可惡。巴岱於起事之初，果能將為首鬨鬧之人擒戮，餘眾必知儆懼，怙然無事。乃不能迅速辦理，反給與腰牌，即令起身，殊屬怯懦不堪。薩喇善身為將軍，既聞此事，理宜親往查辦，乃止遣增海，亦屬不知輕重。巴岱係薩喇善保舉之人，當時誤行薦舉，後來看出，亦即當具奏。乃至此時，始奏伊不能獨辦，姑息已甚。此時挖蔘人夫，已經入山各處挖蔘，著即遣人往捕，勢必驚竄，不如從容俟其採回掩捕，於事有益。但爲首鬨鬧之人，自知罪重，此時潛行逃回，亦未可知。其掩捕訪查之處，著薩喇善妥爲辦理。倘致逸脫，惟薩喇善是問。從前朕謂薩喇善尚有人心，此事看來，竟不堪之極。著再嚴行申飭。（高宗六一六、七）

（乾隆二五、九、丁巳）諭：據明瑞、薩喇善奏稱，擒拏肆行鬨鬧之挖蔘人夫等，明瑞往會薩喇善，將帶往兵丁八百名，潛添各路卡座，俟挖蔘人衆出山後，盡行驅逐。薩喇善潛赴末卡，同明瑞、富僧額在卡座內防範，務期盡數拏獲。至巴岱本應拏問，但案內人犯，尚未捕獲，如先將伊拏問，恐各路挖蔘人衆，聞風竄匿。是以暫行解往寧古塔，俟將鬨鬧之人拏獲後，再將巴岱拏問質審等語。巴岱身爲副都統，於挖蔘人衆持棍毆打領催，復聚集數百人，赴署嚷鬧，伊竟不能辦理，乃反給與牌票，遣之起程，實屬恇懦不堪之至。使彼時巴岱親出拏辦，或可即日完結。即使人衆拒捕被戕，朕又安肯輕貸，自必一一拏獲治罪。……乃今以內地一二刁民，稍行放肆，即畏懼至此，若使其臨陣對敵，尚可望其與賊打仗乎？似此恇懦之人，不可不從重治罪。據伊咨報，其罪狀業已顯然，又何待質審之有？巴岱，著即正法示衆。將此通行曉諭八旗，及各省大臣官員等知之。（高宗六二一、一）

（乾隆二七、一〇、戊午）諭軍機大臣等：據朝銓奏，西堡蔘店民人等偷蔘拒捕，毆縛番役一案。此案衆犯，若因畏罪懼捕，冀圖脫身，猝遇官兵，率行抗拒，尚屬常情。今乃敢綑縛番役，將人蔘給與商人，由店房內放出，實屬目無法紀。若不嚴行拏獲，從重治罪，何以示懲？昨舍圖肯具奏，曾諭令查明此夥人衆共有若干，已獲人內，有伊等夥伴幾人，并將現俱逃往何方之處，逐細研訪。現今安泰、蔣炳正在盛京審案，即著傳諭安泰、蔣炳，會同朝銓等，務將該犯遂一擒拏，嚴審定擬。應正法者，即著正法示衆。（高宗六七三、二二）

（乾隆二七、一一、壬申）又諭：據盛京侍郎朝銓等奏，赫木等處，向來藏匿私蔘。委員帶領番役兵丁前往，查拏躧緝，該犯等輒敢拒捕，綑打番役，不法已極。現在案內業經拏獲各犯，已有旨交該侍郎等嚴行審擬具奏。其脫逃各犯，多係山東、山西之人，此等匪犯，畏罪潛逃，或竄入東三省地方，或仍回本籍，詭跡藏匿，斷不可任其遠颺，倖逃法網。著傳諭山東、山西巡撫，奉天等處將軍，飭屬密速嚴拏務獲，遴委

幹員押赴奉天，一併究擬。將此傳諭知之。并將未獲各犯名單鈔寄。（高宗六七四、二二）

（乾隆二七、一二、甲午）又諭曰：安泰等審擬薀店民人韓五等，拒捕毆差一案，已交三法司覈擬。至梁宗保身爲旗兵，目擊番役被縛，即應協同將兇犯立時擒拏，乃稱並未聞查拏私薀，甚至幫同韓五等，轉將番役指截斥罵，深爲可惡。此等兵丁，理應從重懲治，安泰等僅擬以枷號兩月，殊未允協，已令三法司改擬。將此傳諭知之。（高宗六七六、九）

（乾隆二八、二、甲午）諭：據舍圖肯等奏稱，偷挖私薀兇犯郭衛等，將往捕之領催富昌阿等綑毆脫逃一案，除將該城守尉官忠、防禦額爾格訥革職，及領催察罕，一併拏送京城外，查郭衛等所住賽馬集，係熊岳通判倭陞額所屬地方，請將通判倭陞額，亦交部嚴加查議等語。前因盛京地方，最關緊要，是以將地方官俱改滿洲。凡地方一切盜賊，偷挖私薀等兇犯，地方官理應會同旗員，協力嚴緝，無令脫逃。今偷挖私薀罪犯郭衛等，膽敢拒捕，將領催富昌阿等綑毆脫逃，不法已極。而倭陞額身爲地方官，視同膜外，全不經管，其罪與官忠等何異？官忠既經革職拏解來京治罪，通判倭陞額，亦著革職拏解來京，交刑部治罪。（高宗六八〇、一四）

（乾隆四八、七、辛亥）諭：據慶桂奏，拏獲私行挖薀人犯一摺。吉林等處，私行挖薀人犯既有如許之多，則盛京等處亦必有此等私挖之人，何不嚴行查拏？永瑋因朕巡幸，辦理供應事宜，是以見未及此。著將慶桂奏摺，鈔錄寄永瑋閱看。並著伊即行派委妥幹官兵，於產薀山廠，通衢要隘，及山谿僻處，嚴行搜緝查拏。近年封廠停採，原期護養薀苗，令其滋長，今據吉林等處，拏獲私挖人犯，至百餘名之多，則深山僻隅，兵弁巡查未周，恐尚有私挖之人，是有封閉之名，而無其實，反令不肖之徒，得以幸獲，何若放票開採之爲愈也。著自明年爲始，仍行放票開採，另行降旨飭諭該部外，其放票事宜，宜早爲辦理。將此寄知永瑋、慶桂，一面嚴行查拏私挖人犯，一面將明年開採事宜，妥議具奏。尋永瑋奏：查每年五月即進山採薀，臣即於此時出派鐵嶺城守禦六十七前往產薀山根查訪。本年自六月以來，三次拏獲偷挖薀犯七名。臣以人數無多，照例交盛京刑部審辦，未經奏聞。茲奉諭旨，即添派賢能官兵，協同原派城守禦等前往通山要隘查拏外，仍遵旨自明年爲始，仍放薀票，照舊辦理，別無更張。報聞。又慶桂奏：臣接奉諭旨，即嚴飭巡察吉林所屬大小產薀山場之副都統，以及各員，務將私挖各犯查拏淨盡。所有要隘，一體加緊實力查拏，勿許少有透漏。臣查自從前拏獲偷挖人犯奏聞後，今又拏獲人犯五十二名，獲薀七兩八錢，薀鬚一兩一錢。俟人犯解到時，審明從重治罪，另行奏聞外，所有明年应放薓票，臣即曉喻吉林旗民人等，並令副都統烏靈阿、協領西德，即時招募採薓人夫，妥備器用，查照定額，儘力散放。其寧古塔、三姓、阿勒楚喀副都統等，亦令一體嚴查妥辦。報聞。（高宗一一八五、五）

（乾隆四八、一〇、丙戌）又諭曰：慶桂奏稱，據派往查拏偷挖私薓之副都統阿林等報，拏獲私挖人犯六百餘名，薓幾二百兩等語。所辦好。（高宗一一九一、二八）

（嘉慶四、二、甲午）刑部奏：請弛私賣玉器例禁，並酌定關東私刨人薓除五十兩以上爲首財主照例科罪外，如係隻身潛往，應以得薓多寡，分別杖徒一摺，得旨：……至私刨人薓之案，祇係隻身潛往者，向例不論薓數多寡，概擬滿流，未免無所區別，此後即照所擬計贓論罪，以昭平允。（仁宗三九、八）

（嘉慶七、五、乙亥）諭軍機大臣等：秀林覆奏，查明刨夫夾帶私人，及栽養薓苗各緣由一摺。辦理薓務，總在嚴禁私薓，若該將軍平日能實力查辦，嚴絕偷漏之弊，官薓自無虞缺額。如謂因近年山深路遠，薓苗較前稀少，則私行刨挖之人不能獲利，即不應復有入山偷挖之事。今摺內稱年來已拏獲私挖人犯一百六十餘名之多，可見山內薓苗並不至於稀少。該將軍惟當遵照定例，認真搜拏，禁絕私薓爲要。至另匣呈進大薓一節，從前原無此例，因福康安任吉林將軍，意圖飾觀，揀選大枝薓裝匣進呈，遂致有栽養備交之事。此時山內如果偶獲大枝人薓，自應另備呈進，如無此項大薓，即據實聲明，不必仍前栽養，轉似近於作偽也。其刨夫夾帶私人，俟果勒明阿、額勒亨額搜查回時，再行覈實奏辦。將此諭令知之。（仁宗九八、五）

3. 官吏在參務中的營私舞弊

（康熙五七、七、甲寅）刑部等衙門題：據署理奉天將軍唐保柱疏報，正白旗三太等，控告王秀德等假造私票，多放人數，偷刨人參一案，供連寧古塔副都統麻漆，請遣大臣前往審理。得旨：著禮部侍郎羅瞻、工部侍郎王懿去。（聖祖二八〇、二）

（乾隆四、四、戊戌）諭：據御史倪國璉奏稱，户部認採人參一案，因行賄發覺，株連幾至百人，其畏罪自經者已有二人。當此甘雨未足之時，此案或宜少緩，或非要犯，應令省釋等語。户部認採人參一案，該部官吏受賄作弊，事蹟昭著，國法所在，豈可寬容？所謂雨澤未降而輕減刑罰者，乃尋常案件，可以不必深究之事。令此案干犯國憲，贓証衆多，非質審明確，难成信讞。倪國璉欲廢棄法紀，以爲祈禱雨澤之道，甚屬非理。至稱畏罪自縊者已有二人，此乃伊等身蹈法網，自知無可逃避，情虛自盡，並非株連畏罪而然也。倪國璉又請將伊摺奏留中，朕更不解。此係戶部发覺，例交刑部查審之件，伊奏請留中，竟似究訊此案，出於朕意者，更属悖繆。似此徇私妄奏，若不加以處分，無以儆戒將來。倪國璉著交部嚴察議奏。（高宗九一、七）

（乾隆五九、一、戊戌）諭軍機大臣等：昨據秀林參奏，吉林薓局發票派斂民間銀兩。奏到時，即派福康安等前往審訊。但承辦薓務之協領等，均係案内要犯，聞福康安前往，或改竄帳目，或私填欠款，皆未可定，且恐其屬下舞弊人等，畏罪逃匿，不能迅速質審完結。著傳諭秀林，此際將承辦人員，及一切帳目查封看守，以備福康安等到後，速即訊辦。（高宗一四四四、六）

（乾隆五九、一、己亥）又諭：昨令軍機大臣，詢問吉林送薓協領永保所稱放票收薓、借項扣抵各情節，與都爾嘉所言大約相同。此事歷任將軍，因官薓不足，刨夫又須借項接濟，輒於餘薓變價時，買補扣抵，所借官項，仍不能如數扣清，辦理已屬非是。今恒秀復向無干之民戶，勒派彌補，尤屬無此情理。看來積弊相沿，節年借墊，已非一日。福康安從前在吉林將軍任內，曾與金簡會辦薓票事宜，於該處一切利弊，自所深悉。原定章程及出入檔案帳目，均在該處，福康安等到彼提齊案證，秉公確查，自無難得其底裏。並著將歷任將軍是否遵照原定章程，有無更改抑或陽奉陰違之處，一併詳查具奏。定案之後，福康安等正當乘此次清查，通盤籌畫，因時調劑，妥定章程，俾得永遠遵守，杜絕弊端。福康安等，自能遵照諭旨，悉心籌辦也。至協領永保所稱情節，殊屬閃爍，難以憑信。該處薓局事務，雖據稱係協領諾穆三、托蒙阿總辦，永保並非承總之人，但伊同為協領，亦在薓局當差，兼管銀庫。諾穆三、托蒙阿分以餘潤，伊自必隨同弊混。現因質證無人，意存推卸，顯有不實不盡之處，業將永保摘去頂戴，派刑部漢司員一員，押赴吉林歸案審辦。福康安等，提同諾穆三等面加質訊，毋任遁飾。將此傳諭福康安知之。所有軍機大臣詢問永保奏片，並著發交福康安等閱看。（高宗一四四四、六）

（乾隆五九、一、庚戌）又諭：據秀林奏，遵旨將協領諾穆三、托蒙阿家產賬目查封。該二員家中查出衣飾無多。此外諾穆三名下，有出租房八十餘間，托蒙阿名下，有出租房屋九十餘間，別無田產。至所斂鋪戶銀三萬七千兩，據該協領等稱，彌補庫項二萬兩，蔘局公用一萬二千餘兩，餘剩銀一千餘兩。又賣蔘八十二兩，於臘月彌補庫項九千兩。以上情節，俟福康安到時，交與辦理等語。該處庫項，前據秀林原參，虧缺十四萬兩，今據查明，共彌補二萬九千餘兩，計彌補外，尚應短銀十一萬餘兩。此項虧短之銀，究竟作何支用？若云墊發夫價，尚未歸還，亦不應有十餘萬兩之多。況夫價墊發後，仍可陸續收回，其收回之銀，又現存何處？著福康安等，即將吉林庫項原貯銀若干，每年動用若干，現在實貯若干，虧缺若干，逐款查明，以期水落石出，不得稍任朦混。此事前令軍機大臣詢問都爾嘉，暨協領永保等，僉稱因每年官蔘不足，刨夫須借項接濟，節年墊支，不能如數扣清。今閱秀林所奏，諾穆三等於上年臘月，即賣蔘八十餘兩之多，此項人蔘，又從何而來？非從官蔘内影射侵盜，即係發商時剋扣積存。向年所稱官蔘不足之語，殊難憑信。至諾穆三、托蒙阿皆係吉林殷實之家，且在蔘局侵冒年久，其貨財自必豐厚，前恐該員等聞知秀林參奏之信，豫爲寄頓，因降旨令該副都統先行嚴密查封。今據秀林奏，該員等名下查出衣飾無多，除出租房屋一所外，別無田產，顯係豫先那移隱匿。吉林非內地可比，即有寄頓，不過在附近地方，易於查察。著傳諭福康安等，於行抵該處，即傳旨將諾穆三、托蒙阿二人，革職拏問，提齊案證，嚴切研鞫。並將該二員財產嚴查，備抵虧缺庫項，勿任絲毫隱漏。所有秀林奏到之摺，著鈔錄一分，照朕折角處所，寄與福康安等閱看，令其遵照查辦。福康安等未到之先，仍著秀林留心訪查，如查出該協領等有隱匿情事，即一面先行具奏，一面知會福康安等，一併歸案審辦。至該處蔘局，一切皆係諾穆三、托蒙阿總辦，所有派令舖戶民戶攢湊銀兩一事，必係該二員慫恿恒秀辦理。該處戶民，於蔘務毫無關涉，何得因辦蔘那缺庫項，勒令攢湊攤派，實屬無此情理。恒秀如果明白持正，於協領等稟商時，即當嚴行較斥，據實參奏，何以竟聽信諾穆三等之言，遽行照辦，以致民情騰怨，紛紛控訴。並著福康安等向恒秀面加詰詢，將灘派民戶一節，係何人主見，恒秀因何聽信主張辦理之處，令其據實登答，速行覆奏，毋稍迴護。將此由六百里傳諭福康安等，並諭秀林知之。（高宗一四四五、六）

（**乾隆五九、二、乙丑**）諭軍機大臣曰：福康安等奏，正月二十七日，行抵吉林，盤查庫項尚無虧短，惟蔘局共虧短銀十三萬八千八百餘兩，及行取未還阿勒楚喀、伯都訥兩處，用銀二萬兩，除諾穆三等陸續彌補二萬九千八百兩外，現實虧缺銀十二萬九千餘兩。訊之諾穆三等，亦以節年借墊刨夫銀兩，未能扣還，以致輾轉虧缺，愈積愈多爲詞。並據供稱，乾隆三十二年，吉林原放過民票，遂於五十八年春間，回明恆秀，暫行試放等語。看來此事竟係協領諾穆三、托蒙阿二人挾制恣意所成，欲借彌補爲名，攤派攢湊，希圖從中漁利。各省駐防協領，俱藉俸祿養贍，家有積蓄者甚少，諾穆三等同係協領，何以貲財獨厚？即據現經查出房地外，諾穆三尚有寄存帽鋪銀一千兩，錢鋪銀二千兩，托蒙阿亦有寄存泰來當銀一千兩，雜貨鋪銀五百兩。無論該員等尚有隱匿寄頓，未必止於查出之數，即使果無藏匿，而此項寄存銀兩及家貲，又從何而來，非由溇局内侵漁公項，即係發商時有剋扣情弊。著福康安等向該協領嚴切研鞫，務得實情，定擬具奏，勿任狡飾。至此事總由諾穆三等在溇局年久，盤踞把持，而歷任將軍因輕聽該協領等官溇不足之言，又見借項日多，不敢奏出，遂致爲所挾制，大概不出乎此。從前該將軍等因借款無著，輒向攢頭所得餘溇時，買補扣抵，以致庫項虧那，已有應得之咎。而恆秀竟於無干之民，勒令攢湊攤派，以致衆怨沸騰，紛紛控訴，厥罪尤重。並著福康安於定案時，分別覈辦，毋稍迴護。再諾穆三等所供，三十二年以前，曾有散給鋪戶民戶之例，此次係援照辦理一節。前因恆秀供稱，已令戶部查明，三十二年吉林溇票散給鋪戶民戶之處，並未據奏咨有案，業經降旨令福康安等向恆秀覆訊。該處溇票，如果從前曾經散給辦理，即或未經報部，吉林必有檔案可稽。是何將軍任內之事，福康安等當調齊卷案，逐一查對，如該處並無散給鋪戶民戶舊案，顯屬恆秀及諾穆三等虛詞狡飾，此事最宜明白，亦著訊取確供，一併覆奏。總之此事，福康安等，務當遵照節次諭旨，秉公辦理，據實奏聞。並乘此次清查，將善後事宜，通盤籌畫，妥定章程，俾得永遠遵守，杜絕弊端，以副委任。將此由六百里諭令知之。即速回奏。（高宗一四四六、一六）

（乾隆五九、二、甲申） 諭：昨據福康安等將查審吉林辦理溇務虧缺庫項、勒派民戶一案，分別定擬一摺。此案前經副都統秀林查訊參奏。該管協領諾穆三、托蒙阿，早知此事破露，必干查究，先將檔冊私行改換，並向同案人證及鋪戶等串合供詞，希圖掩飾。迨至福康安到彼傳提訊問，伊等豫經商定，遂爾扶同供認，衆口如一，誰肯首先吐露？福康安等摺內聲稱偏加質對，所供俱屬相符之處，原不足信。諾穆三、托蒙阿，經管溇務有年，溇局一切事宜，係其專辦，乃並不妥協經理，以致刨夫借欠日重，庫項虧缺滋多，又復恣意攤派，累及無干民戶，實爲此案罪魁。茲福康安等將諾穆三問擬斬候，托蒙阿問擬發遣新疆，業屬將就完事。此事因係溇務，近於言利，是以朕不加深究，即照擬完結，該協領等已爲僥倖，乃福康安等另片奏稱，諾穆三等本身雖查抄入官，但有兄弟親族，擬請將該二犯照例監禁，責令將現籌接濟刨夫銀三萬兩，勒限措交，准其減等發落等語。實不免意存開脫，且近言利矣。即如福康安等查出諾穆三家貲內，各有數千兩私銀存店，據該犯等供稱，俱係未虧官項以前，先行入本。及閱福康安等另摺，又稱諾穆三家住寧古塔，置有產業，典當賣產而來，移住吉林等語。試思諾穆三原住寧古塔，久已安居樂業，若非因吉林辦理蔘務，可得贏餘霑潤，人情安土重遷，又豈肯變棄產業，遠去其鄉，至吉林居住？即如兩淮商人在揚州貿易，積有厚貲，又豈肯無故將其鹽產概行變賣，遷住長蘆之理？即此一端而論，可見承辦蔘務之員，顯有從中霑潤之事，其存店私銀，必非盡屬伊等貲本。乃福康安等於此一節並未一語究詰，伊等更事有年，不應如此疏漏。即以此詢之福康安，亦無詞可對。至恒秀身爲將軍，到任後明知蔘局虧短緣由，並未據實參奏，復私派無干民戶，其罪實無可諉。試思各省地方官，如有虧短庫項，私行攤派，累及百姓者，應得何罪，福康安等豈不知之？乃僅將恒秀於托蒙阿流罪上減一等問擬仗徒，又以伊係宗室，押帶赴京，交宗人府照例辦理。顯係福康安與恒秀，誼屬姑表弟兄，有心徇庇，從寬定擬，希圖含混了事。至胡季堂，因其係漢大臣，無可瞻顧，是以派令前往，會同審辦。即云吉林官員，多習清語，伊未能通曉，蔘務亦非所悉。但如諾穆三祖居寧古塔，若非貪圖蔘局霑潤，因何變產移居吉林，此等情節顯然，朕一經披閱，即行看出，胡季堂久辦刑名，豈竟見不及此，乃亦置之不問，是此事胡季堂、松筠不過隨同附和，聯銜入奏，又安用派令伊等前往會辦爲耶？……福康安、胡季堂、松筠著嚴行申飭。至此案昨經福康安等奏到，經朕看出，詳細指斥，即令軍機大臣繕寫飭諭。而軍機大臣亦復意存瞻顧，遷延觀望，並未即日擬旨進呈，現距歸政之期，尚有二年，朕一日臨御，即一日倍加兢業，豈容大臣等顧頇從事？阿桂、和珅、王杰、福長安、董誥，俱著交部議處。（高宗一四四七、一四）

（乾隆五九、三、己巳）軍機大臣會同戶部議奏欽差大學士公福康安等酌定吉林蔘務章程：……以上各條，均應如所奏。至所稱吉林庫貯備用銀兩，尚有節年奏報戶部未經補還銀一萬八千餘兩，請行令蔘局各員於公用蔘折腳價稅銀二項，及蔘局年例備用銀一萬兩，應繳回三千餘兩款內，共籌銀一千兩，遞年補足報部。查諾穆三等虧短項內，有未經交回公用蔘折，及備銀剩一萬七千餘兩，是否即係此項，抑或另有短缺別項，摺內未經聲敘明晰。及所稱五十八年新欠究係何款，爲數若干，均應行令該將軍等查明覆到再議。得旨：……至該處蔘務，廢弛已久，經此番查辦之後，亟須實力整頓，妥協辦理。新任將軍寶琳，人尚老成，向來辦事亦屬認真，但於蔘務究係生手。秀林曾任吏部司員,擢任副都統,尚能辦事,現在查辦此案,一切利弊,又可深悉。將來濛務事宜,著責成秀林會同妥辦,以期日有起色,不得仍似從前觀望因循,以副委任。餘依議。(高宗一四四八、四)

(嘉慶一五、七、癸酉)又諭:吉林等處私種秧濛并多收濛餘銀兩一案,弊竇叢生。秀林在任最久,前經朕召見時,屢次詢問,秀林已自認知情。朕看伊奏對之次,戰慄恐惶,即覺其情虛膽怯,必有通同侵蝕情事。當諭文寧、松寧到彼詳悉根究,務期水落石出。茲據文寧等奏到,查明侵蝕濛餘銀兩各情弊,據實嚴參,并將侵蝕銀數開單進呈。該處歷任將軍、副都統等,無不侵用纍纍,而秀林侵蝕之數為甚,自十二年以後,共侵用銀三萬數千兩之多,伊第四子及家人等亦復乘聞分肥,而此外饋送廢員以及屬員等朋分侵蝕,任意舞弊,無所不至,皆由秀林縱欲營私,通同一氣,其罪甚大,不料其昧良負恩至於此極。著派托津同乾清門侍衛蘇沖阿、玉福即日回京,將秀林傳旨革職拏問。即著蘇沖阿、玉福帶同刑部隸卒等,立時押至行在,交軍機大臣會同刑部嚴審,定擬具奏。沿途押解行走,務須加意嚴管,儻有疏虞,惟蘇沖阿、玉福二人是問。至伊第四子及家人劉姓等,並戶部山東司書辦胡杲,著一併查拏,即派刑部司員另行押送行在,歸案審辦。其秀林家產,著派托津會同祿康嚴密查抄。秀林知此事發覺已久,自必豫防籍沒,必有隱匿寄頓情事,托津到京後,務須與祿康嚴查密訪,無任透漏,如有應向伊家人等根究之處,並著伊二人會同刑部訊辦。伊第四子無論是否分居,著與伊家人劉姓等及書辦胡杲,均一併嚴密查抄。托津於查辦完竣之後,再回行在復命。前任副都統達祿、伊鏗額、前署將軍降調副都統布蘭泰,侵用銀或千餘兩,或數千兩不等。達祿、伊鏗額著革職,即行押赴行在審訊,布蘭泰著革職,交文寧等一併嚴行審訊。其布蘭泰家產,並交文寧等查抄。至該處濛局協領薩音保、錢保,係經手之員,現復供認分用銀兩,著革職拏問,交文寧等審辦。其從前承辦濛局之協領托克通阿、青山亦有質訊之處,並著解任備質。(仁宗二三二、二三)

(嘉慶一五、七、癸酉)又諭:文寧等查奏吉林濛務,將歷任將軍、副都統等侵用銀兩,分晰開單進呈。內有秀林等饋送廢員繃武布、巴寧阿、慶傑銀兩各款,殊為可詫。繃武布等均係獲罪發往,自應派當苦差,効力贖罪。乃秀林將婪索之銀,恣意交結。單內於繃武布名下,有代修造住房、飲助盤費多次,並代為完繳官項,甚至饋送節禮,前後計銀九百八十餘兩。秀林廢朕國法,邀譽遣犯,即此一節,罪在不赦。繃武布在彼,不但不當苦差,而且得任意花銷,度節取樂,全無畏懼,不可不加以懲儆。繃武布前已棄瑕錄用，著即革職，仍行發往吉林効力贖罪。該將軍等不准按期奏請，總俟朕旨。巴寧阿亦經得受盤費銀三百兩，伊前經賞給主事銜食俸，在盛京辦工，亦著革去主事銜，仍留工次効力贖罪，以示懲儆。（仁宗二三二、二五）

（嘉慶一五、八、丙申）諭軍機大臣等：本日文寧等奏，嚴審局員侵蝕銀兩確情，按律定擬并究出秀林捏奏冒銷各緣由一摺。除就近訊問秀林外，薩音保、錢保二犯，著該將軍即遴派妥員解京，交刑部監禁。其已故協領布蘭泰抄產，著交該將軍估變，同現銀一千兩，歸入該處薓務項下備抵。又另摺奏，體察秧薓積弊一摺。吉林等處近年栽種秧薓，肆行無忌，現據文寧等查出者，即有十七處之多。皆由秧薓可以交官，可以販賣，人人視爲利藪，故紛紛作僞，莫可禁止。今經此次查辦之後，真僞不能混淆，無可銷售，孰肯置此違禁之物，徒費工本。數年以來，上自將軍，下至協領人等，通同作弊，上行下效，何怪乎此等無知細民。此時惟當將官員分別懲創，無庸深究伊等。文寧等現將拏獲之二犯，遵旨保釋，自應如此辦理。其後未獲各犯，不必再行查拏。該將軍總當於嗣後挑薓之時，認真留心，仍隨時申明例禁，大張告示。此後官私俱不用秧薓，如尚有載種秧薓者，有犯必懲，并將該處透漏奸薓之路，查明杜絕，則薓務自臻妥協。所有此外有應議章程，著文寧等即會同賽沖阿詳敘周妥具奏，於辦竣後再將寧古塔薓，並伯都訥安插流民二事，次第妥辦可也。將此各傳諭知之。（仁宗二三三、一五）

（嘉慶一五、九、戊午）諭內閣：秀林以將軍大員，經管薓務，乃率先多派商幫銀兩，任意揮霍，自得贓私至三萬餘兩之多。又於大員獲咎遣戍者，徇情廢法，不令其習苦當差，轉多方資助，聽其安享。種種情節，獲罪甚重。秀林著照部議斬監候，入於本年朝審情實，另繕黃冊進呈。薩音保、錢保職分較小，派辦薓局，隨同浮收分潤，所得銀數亦少，應量爲輕減。著照部議斬監候，解交刑部監禁，歸入明年朝審情實。餘依議。（仁宗二三四、五）

（嘉慶一五、九、丙寅）又諭：前據賽沖阿、玉衡奏，局員薩音保等浮收十四年分薓餘銀兩，並捏開刨夫塌欠等款，未能查明參奏。又私裁卡倫，亦未能及早查出。請一併交部嚴議一摺。當經飭交文寧等查明覆奏，再降諭旨。茲據文寧等奏稱，該局員等抽收十四年分薓餘銀四萬五千八百餘兩，內捏開刨夫塌欠銀五千六百二十兩，該將軍未能先行訪出參奏，係於伊等訊供後行查，始據該將軍咨覆，數目相符。又裁徹卡倫一節，因嘉慶二年、四年調撥吉林官兵，前任將軍秀林暫將卡倫裁徹數處，八年官兵凱旋，遂因循未設。經文寧等按例咨查，該將軍始以分派員弁，照舊補設咨覆等語。賽沖阿等失察局員浮收捏報，及前任私裁卡倫，各有應得之咎。除秀林業已按律定罪，無庸再議外，賽沖阿、玉衡均著交部嚴加議處。尋議上。得旨：賽沖阿、玉衡著加恩改爲降四級留任。（仁宗二三四、一五）

（嘉慶一五、一一、壬戌）諭內閣：秀林由吏部司員，仰蒙皇考高宗純皇帝簡擢深恩，用至吉林將軍，迄今在任有十五年之久，朕復加恩用爲吏部尚書，承受兩朝恩遇，至爲優渥。乃因辦理濅務，輒私派商幫銀兩，侵蝕至三萬餘兩之多，以致吉林大小官員，人人效尤，且將該處卡倫，私行徹減，致將真濅透漏，刨夫等私用秧濅，攙雜充數，伊伴爲不知，任聽作僞。一切弊竇，皆係由伊作俑。又於該處發遣官犯，並不遵旨派當苦差，轉私自幫助盤費，饋送節禮，並爲之蓋造房屋，俾令安居。皆由平素侵蝕商幫銀兩，得以任意揮霍，徇私廢公，此即敢法之大者，按律問擬斬候，入於本年朝審情實。伊又無軍功，無可原宥，本應予勾。但思從前辦理魁倫一案，因其在四川總督任內，縱賊匪竄過潼河，戕害生靈，貽誤軍務，按律擬斬。彼時曾經格外加恩，未經在該處正法，追解京後，究念其曾任總督，祇經賜令自盡。秀林廢法營私，雖屬罪無可逭，但其簠簋不飭，由於巧取商餘，尚非朘削民膏。魁倫既經從寬，秀林亦稍可末減。朕法外施仁，於無可寬貸之中，姑原一線。著加恩免其肆市，派軍機大臣托津、刑部侍郎朱理，前往傳旨賜令自盡。其同案問擬斬候之達禄、薩音保、錢保三人，前在吉林舞弊獲罪，皆因秀林首先倡始，今秀林既從寬辦理，所有達禄等三人亦著從寬改爲絞監候，歸入下年情實。（仁宗二三六、一二）

（嘉慶二三、八、壬午）諭軍機大臣等：賽沖阿奏，審訊扎蘭保所控扎呼岱各款，其私出小票，向入海民人索取銀兩一節，已據扎呼岱供認。本年三月初間，因辦放濅票，豫備買補臥票，彌補塌欠，先給入海民人小票，過卡查驗，至秋後回時，每人交銀三兩。是此款業經屬實，所有本年春間珠倫卡倫放出之小票三百十餘張，交銀須俟秋後，贓銀尚未入手。但琿春散放濅票，自十八年至今已越五年，扎呼岱既有私放小票之事，諒不始於今年，其歷年有無科斂需索情事，必應徹底根究。曾共斂銀若干，賠墊濅票若干，入己若干，俱令一一供證明確。至密扎妥起地方，既有墾地收糧之事，是否扎呼岱同伊兄扎克通阿招引漁利；頭道溝等處濅園三座，是否扎呼岱令民人開設栽種，亦應提齊證佐，質對確實，不可任其含混。其扎蘭保，事不干己，非挾有私嫌，何以挺身呈控，現經訊出，本年三月扎蘭保有令伊戚達洪阿、富通阿向扎呼岱索幫銀一千兩之事。扎呼岱著即革職，扎蘭保著解任，先摘去翎頂，如索幫屬實，無庸奏請，亦即革職。訊取確供，分別定擬具奏。松寧失於查察，著先行交部議處。將此諭令知之。(仁宗三四五、一二)

(四) 大黃交易 (黃耆附)

(乾隆五四、二、乙未) 諭：據陽春保奏，葉爾羌回子瑜都克、蘇勒坦默特，販買吐魯番商民老三大黃六百餘觔，行至布古爾地方被獲審明，請將大黃入官，瑜都克等解赴吐魯番，與老三質訊等語。大黃，乃俄羅斯等必需要物，從前停止恰克圖貿易後，因新疆各處奸商謀利，有自內地販赴新疆售賣，即由彼處轉賣與俄羅斯，此與未停止貿易何異？所關甚鉅，是以嚴禁。近據明亮等陸續查出商販大黃數千餘觔，俱已治罪。今葉爾羌回子瑜都克等，仍由吐魯番販買大黃數百餘觔，是商民惟知謀利，違禁妄行，若不嚴治其罪，未足示儆。新疆回子等，如遇他事治罪，尚可從輕，若販賣大黃者，一經拏獲，嚴行治罪。現在拏獲回子瑜都克等所販大黃，著入官，遇便解送內地外，仍將瑜都克等，照從前拏獲尼雅斯和卓等之例，一併解交勒保治罪，以示懲戒。商民老三赴吐魯番販賣大黃數百餘觔，情殊可惡，著交穆和藺，將老三嚴行審訊，併查明現有大黃若干觔，及伊所有物件，一併抄沒入官，遇便解內地。商民老三，著交勒保加重治罪，并通諭駐劄新疆將軍大臣等，嗣後嚴行搜查，如有似此者，即照此次加重辦理。穆和藺係駐劄吐魯番辦事之人，於商民老三販運如許大黃，轉賣與回子瑜都克等情，並未查出，殊屬疎忽。穆和藺，著交部議處。(高宗一三二二、一六)

(乾隆五四、三、乙丑) 又諭：據尚安奏，接准伊桑阿等查出由肅州運販大黃，至烏嚕木齊萬昌號等三處鋪面，並查拏烏嚕木齊開鋪民人文移，即將郭相秦等拏獲，解送勒保等語。又據福崧奏，請將安集延回民喀哈默特等七人，重責逐回本地，其喀什噶爾地方回民愛依特，併賽哩木地方回民邁瑪第敏等，各枷號兩個月重責等語。前因俄羅斯並不遵行兩邊所定舊例，始行禁止恰克圖交易，至大黃乃俄羅斯地方必用要物，從前禁止交易時，俄羅斯不得大黃，頗覺惶恐。今聞新疆地方屢經從貿易回民，並安集延回民內，搜出私販大黃至數千萬觔，特因奸商明知安集延、布嚕特、哈薩克等常在俄羅斯地方貿易，遂貪利自內地將大黃運至新疆，由安集延回民，又轉發俄羅斯地方。今恰克圖雖行禁止交易，由新疆仍通大黃，是與未行禁止無異，故俄羅斯不致窘迫，若不從重治罪，無以示懲。著將此等偷販大黃商民等，即照竊盜偷獲財物數目例治罪，併將尚安拏獲商民郭相秦等審辦之處，俱面交勒保外，仍令新疆各處將軍大臣等，嗣後若係安集延回民，即重責逐回本地，交該伯克頭目等嚴行約束。其喀什噶爾、葉爾羌、烏什、阿克蘇等城回民，皆與內地商民相等。此等地方回民，俱應解送勒保，從重治罪。今即將福崧所奏喀什噶爾地方回民愛依特、賽哩木地方回民邁瑪第敏等解送勒保治罪（高宗一三二四、一九）

（乾隆五四、三、丙子）諭曰：明亮等奏稱，從安集延回民什仔庫勒等六人，喀什噶爾回民博巴克等七人處，查出大黃四千餘觔，請將安集延回民枷號一個月，喀什噶爾回民枷號兩個月等語。所辦殊屬錯謬。喀什噶爾回民等，受朕恩澤，歷有年所，與內地民人無異，非安集延回民可比。今外部落哈薩克、布嚕特、安集延等地方回民，採買大黃，特爲運至俄羅斯地方貴價販賣。喀什噶爾等處回民，受朕恩澤，安居樂業，與內地民人無異，乃竟膽敢求得多利，兌換如許大黃轉販，情屬可惡，若亦照安集延回民，一體枷號治罪，無以示儆。著交明亮等，將安集延回民什仔庫勒、博巴克、朱里拜、丕爾圖穆喇特、阿瓦斯默特、厄布色勒六人，即照明亮等所奏，枷號一個月，杖四十，逐回本地外，將喀什噶爾回民博巴克、遮林、鄂碩爾、邁瑪第敏、佗克佗拜、阿什瑪、邁瑪喇瑪七人，俱解送勒保處，遵朕屢降諭旨治罪。嗣後如有此等人犯，俱照此辦理。至從前在喀什噶爾地方搜獲商民李貴升，係在新疆爲首運販大黃之人，著交勒保，俟尚安解到時，審明李貴升，即行定擬死罪，毋致稍爲輕縱。（高宗一三二五、三）

（乾隆五四、六、甲申）軍機大臣議覆：山西巡撫海寧、陝西巡撫巴延三，同日奏到酌辦查禁私販大黃事宜。海寧奏，大同府沿邊一帶，界連蒙古，與俄羅斯較近之地，所需大黃，各赴內地購買。令其呈明地方官，發給印票，註明觔數，行知經由關口，驗票放行。如私行夾帶及無票之商，即行拏究等語。應如所奏，遵照酌定章程辦理。至巴延三奏，請將內地各省販運大黃通行編給印票，層層咨報，處處照驗等語，誠恐辦理過當，必致胥吏藉端勒索，種種滋弊。所奏應毋庸議。嗣後大黃一種，自應遵奉諭旨，止須於各省沿海口岸，及直隸山海等關口近邊地方，嚴密稽查。即陝甘兩省，止須於嘉峪關、榆林等處密查，毋許偷越，其內地如臺灣、瓊州、崇明等處，地懸海外，仍著各該地方官，酌定限制，給票呈驗，以防私販。其餘各府州縣，均聽照常販運，毋庸給發官票，以免紛擾。從之。（高宗一三三三、四二）

（嘉慶一七、七、乙酉）諭內閣：貢楚克扎布覆奏刨挖黃耆章程一摺。

所議是。察哈爾牧廠等處遊民私挖黃耆，上年甫經議定章程，限以人數斤數，嚴禁聚衆刨採。今若又開領票認採之例，奸民趨利若鶩，勢必多方影射，聚集紛爭，轉致難以稽察。阿勒精阿所奏不可行。著該都統等仍照原議章程督飭所屬，實力查辦，毋得日久生懈。（仁宗二五九、一八）

（五）木植交易

1. 官需木植的採運和買運

（乾隆一一、五、壬子）諭軍機大臣等：段士英等採辦穆納山木植一案，年久未結，皆因從前辦理此案，查核未明，以致往返駁詰，稽遲歲月，使所存木植，愈加朽爛。今該部等議覆，仍令該撫將穆納山、大青山，砍運買運價銀各半均分，及應行扣給賠抵之處，再行確查。並穆納山堆積木植，是否實在朽爛，俱令查明題覆。朕已降旨依議。此案已經十有餘年，至今未結，毋再遷延時日。可傳諭阿里袞，令其留心查察，遴委幹員，詳悉確查，務期此次完結。並將此案始末緣由，具簡明摺奏來。（高宗二六七、二）

（乾隆一二、六、丁亥）諭軍機大臣等：據楊錫紱奏稱，每年額辦桅杉二木，委員有輕價勒買、夾帶逗遛等弊。現在委員親查，至沿途逗遛，請照糧船銅船之例，咨會沿途督撫，飭行地方官催趲出境。如有逗遛，據實揭報等語。運木雖非重大之事，楊錫紱能設法稽查，留心及此，甚屬妥協。若地方緊要事件，俱照此查辦，自於公事有濟。但當遵照原奏，實力奉行，不可以敷陳了事，徒托諸空言。爾等可傳諭楊錫紱知之。（高宗二九三、一六）

（乾隆一三、四、戊午）諭軍機大臣等：各省採辦吉地木植等項，經工部奏請嚴催，朕已降旨依議。此等磚木，關係綦重，自應敬謹採辦，依限解京。乃事經數年，逾限數次，屢行飭催，尚未解齊。揆厥所由，木植等項，本非地方難得之物，祇因該督撫等視爲泛常，一委屬員，聽其辦解，並不留心經理。是以遲延至於如此之久，此乃不知輕重。可傳諭各督撫，悉心嚴查，各飭所屬，務將應辦木植，及東省之臨磚，照依部議，依限全數趲運。並將現在作何採辦催解之處，先行具摺奏聞。川省正值用兵，總督張廣泗有軍務辦理，黃廷桂現在代管川陝二省事務，其川省木植，即著黃廷桂督辦，再有遲延，惟伊是問。（高宗三一二、九）

（乾隆一三、五、丁未）諭軍機大臣等：前因各省採辦吉地木植等項，運送遲延，傳旨詢問。今據楊錫紱參奏，湖南省委運楠木通判韓宗藩，自乾隆十年九月起程，在途二年有餘，尚未抵通。經江南淮宿兩關，查出該員領解木植，有較批文數目短少者，明係在途卸賣；有浮多者，明係夾帶漁利等因，該督撫始將韓宗藩題參究審。向來此等承辦之員，罔顧欽工，惟貪財利，而督撫等舉以屬之委員，一經起運，遂若與己無與，漫不加察，委員無所顧忌，經年屢月，任意逗留。雖云罪在委員，若該督撫等早爲留心體察，委員何至營私遲誤至此？除題參之韓宗藩從重究擬外，所有解到木植，倘或數目短少，圍徑丈尺不足，即著塞楞額等分賠，以爲督撫不實心經理之戒。再楚省如此，他省得無類是？可傳諭承辦木植各該省督撫，令其將委員曾否如數運到之處，悉心嚴查具奏。（高宗三一五、二四）

（乾隆一四、九、壬子）諭：海望、三和奏派內務府員外郎戴文、筆帖式善寶，承辦木蘭木植，經朕巡幸經過，令侍衛及內府司員詳查其砍伐之數與所報之數，率多不符。又復越界探取大木，種種俱未妥協，一任包攬人等採辦，並未親自詳查，全不留心。及傳喚戴文訊問，又復延挨不至。戴文、善寶均係庸劣不堪之員，俱著革職，發交熱河工程効力贖罪，令其自出資斧，不必給與工費。至從前行文內，有不拘奏定地方，別處山場，俱許砍取大木之處，辦理錯誤，明係三和任意行文，甚屬不合。三和著罰俸三年。海望雖與三和有間，但皆伊所經管，亦難辭咎。海望著罰俸一年。現在所有已經砍伐，及伐倒未成木植，並侍衛等所查數目，及戴文等原領運價冊籍，一應款項，俱著派副都統海常、總管實圖、員外郎傅巘、熱河道富勒赫，會同悉心嚴查，將有無弊寶，據實查奏。其大小淨木並已經伐倒各木，已運未運之數徹底清釐，不得稍有瞻徇朦混。所有已辦木植，俱令照料運送至京。完竣之後，木蘭山場，永行封禁，不許開採，再富勒赫查出石片子商人私木，及無票私商等，由圍場借路之處，一併交與海常等確查，有無隱匿各情弊，據實具奏。如稍有瞻徇，一同治罪，斷不姑貸。（高宗三四八、七）

（乾隆一七、四、癸卯）軍機大臣等議奏：麒麟保、富昌、阿思哈等議奏穆納山辦運木植事宜一摺。據稱，蒙古山價，除京工用木無庸議給外，挑剩給商餘木，每料給銀一錢，由內務府移理藩院，轉給該扎薩克具領。現在指定山溝五處，劃清界址，擇八寸以上之木，委員督採，其七寸以上者，不許砍伐，約可取十萬料。令商人乘時砍采，限九月內完竣。再山中八九寸至尺餘成料，應俟京工行文，飭知需木若干，如數運足，即請封禁。其該商等砍得木植全數運京候挑，餘者給商變價，沿途稽察催趲，如有偷漏，拏究。

木植到京，挑選官用外，查明給商數目，照各關額稅銀數於內務府應給價內扣留，移交戶部，歸各關木稅項下銷算。仍先令各關監督，於運木過關時，登驗確數，報內務府，并移知巡撫、將軍核對。至運道，黃河風水，難以剋期，原議五月內運到，未免急促，今勒限六月內頭運到京。所有從前朽爛者，委員督商挑選改削，按數定價，咨部交商承變。如有成料之木，仍運赴京工。再沿河蹬口，有節年拏獲私砍偷運木植板片，共一萬餘件，飭商承領。選適用者先行解運，其零雜給商變價，以償運腳，統以十分之七解京，三分給商，無庸交價，內務府亦無庸發銀，其各關口亦不必再納關稅。酌令先解六千，限五月運到等語。查所奏給山價，劃界址，扣關稅，勒定限，并將存貯朽木乘便改削，及入官木料，先行運工，自屬確按情形，應如是辦理者。但現據商人武璉等具呈，以山價照北口外之例，每株給銀五分，小木妨礙坡道，或貼近大樹者，必須砍伐，五溝之木，辦運需時，請寬限二年。挑剩給商之木，懇於就近水次市賣，以濟運價。應徵關稅，隨過隨納。改削舊木碎小者，一例聽令市賣。否則不敢承辦等語。臣等復傳詢岱文，據稱，山木徑一尺七寸者，亦有徑一尺五六寸者甚多，該處距黃河水次甚近，運京雖屬路遠，而該商等意圖重利，今經定議，不能任意沿途發賣，獲利有限，是以不能承辦等語。臣等查該商惟利是圖，若如麒麟保等所議，勉令承辦，將來儻有貽誤，轉得以具呈在前藉口。且現據該撫摺內，查明武璉、陳廷植等，本非殷實，可無庸令辦。惟山中木植甚多，京工現在需用，既不令該商辦運，未便以封禁虛名，任聽偷砍。臣等酌議麒麟保所奏，自於該商辦公之餘，尚有利益，應請即交與該撫阿思哈等，或就近於晉省召募殷商辦運，或委員官爲辦理，總期依限運京。至陳廷植等，現辦零積舊木六千餘件，據稱已經起運，約六月內到京。所有挑給三成之木，已經朽爛，未敢領變，俟官用者到京時，據實開明運腳，任憑賞給等語。應俟運到時，仍照臣等原議，交該工查明，量給價值。報聞。（高宗四一二、八）

（乾隆三二、一一、乙卯）諭軍機大臣等：昨四川永寧道孟瑞請訓召見，詢及該省採辦木植一事。據稱，阿爾泰於雷波山中，採購大木，自出己力辦運，現已在途，計該處山中大木，尚可購覓等語。天壇內舊建望燈竿，年久已需更換，因圍長丈尺甚大，一時難得合式木植，是以向來部中屢次行文，究未辦得。今雷波山中，如果有良材，自當及時採覓備用。此係壇內所需，自應動正項報銷，毋庸該督自出己資。著傳諭阿爾泰，照發去望燈竿丈尺，籌酌該處情形，妥協辦理。仍行遇便奏聞。尋奏：委員赴雷波山中採辦，獲有長九丈五尺以外之楠木二株，杉木一株，與發單丈尺相符。現已鑲架道

路，由山妥運。得旨：好。按例奏銷，更不可累民。其辦理之員，仍咨部議敘。（高宗七九九、一一）

（嘉慶一〇、五、庚寅）諭內閣：阿拉善蒙古每年製造鹽船，准令於內地購買木植。乾隆五十六年，經理藩院覈議，每年准購木植九千根，維時即欽奉高宗純皇帝諭旨，甘省出木稀少，日久將山場木植用盡，於民用有無缺乏之處，查明據實奏聞。欽此。茲據署陝甘總督方維甸奏稱，甘省產木之平番西寧等處，山場林木無多，本省搭蓋橋梁及民間需用已屬浩繁，又加以外藩頻年購運，現在山產日形缺乏，不敷採用，請將阿拉善歲購木植，酌量裁減等語。阿拉善造船木料在內地購買，原屬格外恩施。今甘省既產木漸稀，民用拮据，自應酌量變通，以阜物產。著照該署督所議，將阿拉善每年購製鹽船木植，酌減三千根，仍准其購買六千根，額定大木一千六百根，小木四千四百根，此外不准逾額多購。並令沿河地方官隨處稽查，如有商販希圖市利，藉端影射，以多報少，以大報小，一經查出，即照例嚴辦示懲。（仁宗一四三、九）

2. 有關商營木植的法令規定

（乾隆一四、五、壬戌）欽差戶部尚書舒赫德奏：臣由黃螂所沿金沙江而行，於黃草坪，見江灘北岸有木紮數筏。查北岸懸崖峭壁，一線可通，皆涼山生苗地界，毗連阿都沙嗎、陸格、陸耀所轄諸夷，與中國隔絕，不應內地民人在此艤筏。隨詢，據稱係江西、湖廣人，領票入山伐木，於水口滾放紮筏出賣。有在內停住一二年者等語。此等商民，深入猂地，年久人多，難保無勾結煽誘情事。查此一帶苗界，係四川建昌所屬，前項停住商人，應作何著令速歸，並嗣後給票採木，查禁私越之處，請勒該總督查酌具奏辦理。奏入，下策楞、岳鍾琪議奏。尋奏：查建昌所屬之雷波衛，地方遼闊，其猡子村等三處，產木最多。乾隆四年，有商民在村貿易松杉，欲由金江運往重慶，必須於渝關上稅，當向藩司衛門請照准砍，即由管理渝關之重慶府給照前往在案。惟該處距涼山生番四百餘里，向未設汛，稽察稍疎，不免滋事，應出示嚴禁，並通飭各該衙門，嗣後概不得給照，行令建昌道，每年巡查一次。得旨：著照所議，實力行之。（高宗三四〇、二五）

（乾隆二四、閏六、丁亥）諭：山西穆納山木植，久經封禁，迺邇來該處奸商，藉此射利，潛行偷砍。是禁之在官，轉爲若輩利藪，而地方不肖官吏，需索勒詐，徒滋弊端。不若竟弛其禁，招商採伐，官爲設口稽察，令其輸納稅課山價，於蒙古地方，亦屬有益。其如何妥協辦理之處，著英廉弛驛

前往，會同塔永寧詳議具奏。（高宗五九〇、八）

（**乾隆二七、八、甲寅**）諭軍機大臣等：山西穆納山木植，前經英廉會同塔永寧議准，奏請開採。自二十五年三月開山以來，已逾二載，並無交官木植。茲因蒙古奏請禁止，命福德前往查勘。今據查奏，該處二年之內，商採木植，已至十二萬餘株，該商等盡將所砍木植，故意改短丈尺，以大斷小，恣其運售等語。此項木植，向緣奸商射利偷砍，官吏需索勒詐，弊竇叢生。是以降旨開禁，招商採伐，令其輸納稅課山價，責成該管官設口稽查，以杜侵隱偷漏之弊。今奸商王建中，將應行解交官項木植，改削短小，不合在京料工丈尺，希圖私行售賣，情理甚屬可惡。其從前招募此商，係何人主持經辦，准其承商，著明德詳細查明。在該地方大員，據呈批准開採，雖未經細加體訪，或不至有不肖情事。其以下經手承辦各員，若無通同侵漏、分肥染指之處，斷不至聽該商等恣意舞弊，漫無覺察若此。該撫甫莅晉省，前任之巡撫司道等如何籌辦，並經手各員有無滋弊，尚未周知，務須詳加查察。如有弊端，即行據實嚴參。若從前英廉等定議時，其開採商人或即由英廉等招定，並著該撫據實陳奏，不得意存瞻徇。其奸商等藐法營私，罪無可逭，所有伊等堆貯砍運木植，查明盡數入官，其家產亦一併查封，以抵運費，即稍有多餘，均著歸公，仍實發三千里，以示懲儆。尋奏：招商一事，英廉並未辦理，塔永寧召充股戶開採，委無情弊，府縣各官，均無賄充情事。報聞。（高宗六六九、八）

（**乾隆二九、三、乙卯**）又諭曰：齊巴克扎布所報穆斯恰等處地方木植，派和爾精額查看，擇其可用者，給與官價運用，其餘照烏蘭布通木植，令民人砍伐作價，以爲窮蒙古生計。（高宗七〇六、七）

（**乾隆五八、七、庚申**）軍機大臣等奏：改擬蘇淩額商同民人，偷砍鳳凰城沿邊木植，頂撞本官一案。得旨：此案蘇淩額身係旗人，膽敢商同民人，偷砍沿邊木植。經本管官拘拏責處，輒敢頂撞，將掛鈕格落，實屬強橫藐法，竟與拒捕無異。該將軍等擬發烏嚕木齊，不足示儆，應照擬改發伊犁，充當苦差，仍重責八十板，於犯事地方枷號一年，滿日發遣，以爲旗人抗橫不法者戒。楊耀先首先起意，糾約多犯，偷砍木植，情殊可惡。該將軍等僅擬滿流，亦屬輕縱，應照擬改發烏嚕木齊給兵丁爲奴。鋪夥屈廷魁、烏雲氣及偷砍木植之旗人康五等三十一名，均應從重照擬杖一百，流二千里。內有在逃之屈禿子等七名，著該將軍等嚴拏務獲，照擬辦理。其私買木植之白老谷，亦照部議，於原擬罪名上加一等，杖一百，徒三年。驍騎校烏音泰，領催音德布，於蘇淩額頂撞逞兇時，並不即時拘拏，轉代爲央求息事，實屬徇情袒庇。烏音泰應革去驍騎校，音德布應革去領催，仍各鞭責一百，加枷號半年示儆。委官阿爾繃阿，雖未將蘇凌額即時捆縛，但蘇凌額頂撞本管官時，究係阿爾繃阿上前拏住，革役已足示懲，即照原擬辦理。至城守尉順德，雖有失察之咎，但此案係其查出，並將所砍木植，查起入官，其咎尚屬可寬，著免其議處。（高宗一四三三、二四）

（嘉慶一〇、二、戊午）諭內閣：軍機大臣議覆，宜興奏清釐邊外木植情形一摺，所駁甚是。高麗溝一帶，奸徒偷砍木植，前經特派策拔克等會同查辦。除酌留應用外，餘俱令該地方官減價招商認買領運，早經降旨准行。上年冬間，復經工部奏稱，該處查出木植細數，遲久未經報部。復諭令宜興親歷清查，該副都統自應遵照妥辦。如果查有影射夾帶情弊，即當徹底根究。宜興此次發摺時，自尚未經接奉部文，但並未查明準數奏報，率請將未經運進木料等件，概行焚燬，不特駭人觀聽，而以有用之材木，付之一炬，亦覺可惜，辦理殊覺未協。著宜興仍遵前旨，一面前赴該處，將策拔克等原查存山木植，實有若干，留用若干，該商等有無偷砍捏報之處，一一查明，據實奏報。其未經運進雜木車軸車輞等三萬餘件應如何設法肅清，或官為運用，或招商認領，並著富俊、薩彬圖會同宜興妥行籌議，具奏辦理，以清山場而杜弊端。該部遵諭速行。（仁宗一四〇、五）

（嘉慶一〇、五、壬寅）又諭：方維甸奏，磴口查驗蒙古鹽章程一摺。阿拉善水運鹽斤船隻，均有定數，今造船木料，業因內地木植缺乏，前經降旨減去三千根，成造船隻較少，則運鹽亦當議減。……（仁宗一四四、五）

（嘉慶一一、七、丁巳）諭內閣：松筠覆奏，詳議伊犁山場設商給票，砍運木植一摺。伊犁南北山場，本係官地，所產木植，自未便任聽私行砍伐，漫無稽覈。今松筠奏請設立商頭，官給驗票並定抽分數目，即藉以管束民人，稽查逃犯。所議自屬可行，著照所請辦理。至此項木植，抽收十月，已有四千八百五十一件。若收至一年，自尚不止此數。該處每年應用若干，餘剩若干，若將餘剩之項，日久積存，豈不以有用之材徒致朽壞？或應留備工需，或應估變價值之處，統俟收過一年後，仍著松筠詳議章程具奏，並另造清冊，咨部存查，其巡檢羅名著、李旭二員，並著照所請，准其再留三年。（仁宗一六四、一四）

（嘉慶一九、九、丙午）又諭：和寧等奏，拏獲偷砍偷運木植各犯，請旨嚴審一摺。此案譚克仁等犯，膽敢雇倩多人，私越邊門，偷砍木植，其船戶張永付等，駕船裝運，私至邊外高麗溝地方，均屬大干法紀。著將現獲各犯,解交盛京刑部嚴審定擬具奏。城守尉宗室福寧,挐獲案犯多名,起出木植有三千四百餘件之多,緝捕奮勉,著加恩賞戴花翎,仍交部議敘,以示鼓勵。(仁宗二九七、一一)

三、對工礦產品的購銷運營

(一) 銅鉛

1. 政府購運章則

(1) 購運內地銅鉛的規定

①官府直接採辦和招商承辦

(**康熙一八、一○、丙寅**) 户部等衙門會議錢法十二條:一、順治錢初重一錢,后改鑄重一錢二分五厘,又改鑄重一錢四分,今應仍鑄一錢四分重之錢行使。二、因銅少以致錢貴,查鹽課與關差一體,應將兩淮、兩浙、長蘆、河東課銀俱交。見出差御史,督各運司官,照部定價,買銅解送。三、各關差官員所辦銅觔,應買廢錢舊器皿等銅解送,或將紅銅六千觔、鉛四十觔折作銅一百觔解送,不許解送燬化版塊之銅。如此,則無燬錢之弊。四、關差官員買銅,應慎選殷實老成人役買辦。五、寶泉、寶源二局鑪頭匠役包攬買交者,枷責,并妻子流上陽堡,官員徇庇者,革職。六、各關官員差滿回部,所欠銅觔,應嚴立限期,限内不完者,革職,所欠銅觔,變產追完。辦銅人役,仍照前定例治罪。七、查户部寶泉局,有滿漢侍郎管理,今亦應令滿漢侍郎,親身帶領監督等,公同秤收發鑄。八、開採銅鉛,凡一切有銅及白、黑鉛處所,有民具呈願採,該地方督撫即選委能員,監管採取。九、查定例,凡民間必用之銅器,五觔以下者,仍許造賣外,其非必用之器,不許製造。應再行嚴禁,照例治罪。十、化錢為銅,已經禁止,定有處分之例,未定有鼓勵挐獲之例。嗣後有出首挐獲者,審實將所獲之銅一半入官,一半給賞。十一、京城錢少價貴,應頒發制錢式樣,行令各省巡撫鼓鑄。十二、寶泉、寶源二局土砂煤炭灰内,有滴流之銅,應專差官會同該監督召人淘取,所得淘取之銅,照部定價收買。從之。(聖祖八五、五)

(**康熙二二、三、戊申**) 户部議覆:臨清關監督户部郎中高拱乾疏言,關差辦銅,多寡不均。今臨清關額税,止二萬四千餘兩,而辦銅銀二萬兩,應請酌減。查太平、贛關二處,額税三萬餘兩,從不辦銅。應減臨

清辦銅額銀一萬兩，分令太平、贛關採辦。從之。（聖祖一〇八、二）

（**康熙五三、八、丁亥**）工部議覆：管理錢法工部侍郎崔徵璧疏稱，解銅之限，不可不嚴；處分之例，不可不定。嗣後每年額銅若干，辦銅商人作何定限，責其完解。逾限不完，作何處分，永爲定例，以便遵守。應如所請。奏銷時，各商照應辦銅鉛額數，以十分爲率，未完不及二分者，免其處分，限一年完足。未完二分至五分以上者，照分數分別治罪。未完六分以上者，照侵欺錢糧例，從重治罪，俱限一年，照欠補完。不能補完者，變產追賠。又稱，直隸各省州縣錢糧，無論有無閏月，俱於次年五月奏銷，是以完欠分明，考成畫一。惟錢法之奏銷，俱論閏月，而滿漢監督，又更換參差。嗣後應照地丁錢糧之例，總以次年五月奏銷。滿漢監督，亦必於奏銷之後更換。如商人之銅觔挂欠，監督之鼓鑄缺額，俱於奏銷時一并查核，分別處分。應如所請。嗣後錢法衙門，俱於次年五月奏銷。滿漢監督，俱於奏銷之後更換，每年鑄錢，定限三十六卯，銅觔不完，責歸商人，銅觔既完，而鼓鑄不足卯數，責在監督。若商人上半年解銅甚少，至下半年始解足者，即鼓鑄不足卯數，咎亦不在監督。統於奏銷疏內聲明，商人完欠，照州縣徵收地丁錢糧未完之例治罪。從之。（聖祖二六〇、三）

（**康熙五七、一二、癸亥**）户部等衙門遵旨会議：鼓鑄制錢，全賴銅觔。先經户部尚書趙申喬奏准，交與江寧等八處督撫採辦。今督撫並不揀選大吏，但委州縣等官塞責，以致逾限不能完納。應行文八處督撫，於道府大員內揀選，令其親身採買。舊例，採買本年應用銅觔，給發本年錢糧。令伊等四月完半，限期太迫，自不能依限完納，以後採買次年銅觔，請於今年即預行動給錢糧。從之。（聖祖二八二、一五）

（**康熙六一、九、戊子**）諭扈從大學士、尚書、侍郎、學士等曰……朕撫御寰區，時以生民爲念。……再從前商人辦買銅觔，錢價尚平。自趙申喬奏請交八省督撫採買，遂致遲誤。部臣將遲誤官題參，朕以採辦銅觔，改交八省。初行之始，若將違限官治罪，似屬冤抑，故暫行寬恕。其後銅觔雖陸續解送，而不能全到，有誤鼓鑄矣。銅觔少，則鼓鑄誤；鼓鑄誤，則錢價自貴。凡事不可執一，須隨時制宜。鼓鑄一事，從前屢經更改，今錢價何故驟貴？如何使之得平，交九卿詹事科道會同確議具奏。可否鼓鑄小制錢與大制錢兼用，其一併議之。（聖祖二九九、三）

（**雍正一一、一一、癸巳**）諭内閣：鼓鑄錢文，專为便民利用。銅重則滋銷燬，本輕則多私鑄，原宜隨時更定，籌畫變通，斯可平錢價而諸弊。順治元年，每文鑄重一錢，二年，改鑄一錢二分，十四年加至一錢四分。康熙二十三年，因銷燬弊多，仍改重一錢。因私鑄競起，於四十一年，仍復一錢四分之制。迨後銅價逐漸加增，以至工本愈重。今寶泉、寶源二局，額鑄錢文，歲計虧折工本，約銀三十萬兩。朕思錢重銅多，徒滋銷燬，且姦民不須重本，便可隨時鎔化，晒緝殊難。若照順治二年之二例，每文鑄重一錢二分，在銷燬者無利，而私鑄者亦難，似屬權衡得中，可以行之久远。再現今五省採辦洋銅，三省採辦滇銅。朕思與其令三省辦銅解部，莫若即令滇省就近鑄錢，運至四川永寧縣，由水路運赴漢口，搭附漕船解京，可省京鑄之半，甚爲便益。至於戶、工兩局需用鉛觔，舊係商辦。聞貴州鉛廠甚旺，如酌給水脚，令該撫委員解京，較之商辦節省尤多。著酌定規條，妥協辦理。（世宗一三七、三）

（乾隆一、三、辛亥）戶部議覆：署江蘇巡撫顧琮條奏採辦銅觔事宜。一、八省採辦洋銅、滇銅，共四百四十三萬餘觔。今戶工兩局鑄錢，每文改重一錢四分，爲一錢二分，兩局現有存銅六百餘萬觔，已足供丁巳年鼓鑄之用。應如所請，減少數十萬觔，每年以四百萬觔爲率，於滇洋分辦。一、海關爲辦銅扼要之地，應如所請，將管關道員，加以兼管銅務職銜。至解銅官員，須揀委府佐，脚價本省支領。一、銅牌磨對，應如所請停止。倘有低潮，責成承辦人員，鑪頭稱手，有低昂情弊，該堂官究治。一、招商承買，應如所請，令該道於洋商內，擇其身家殷實者，吊驗倭照。取連名互結，冊報該撫給價，毋得剋扣，陋規一概革除。一、洋商正銅之外，尚有餘銅。應如所請，正銅解交足額，餘銅聽其售賣，可杜奸民銷毀之弊。從之。（高宗一五、二）

（乾隆七、五、辛未）戶部議准：直隸總督高斌疏稱，滇省解京銅觔，向來長運官抵通，交銅務監督，秤放轉運，即回滇報銷。另有委官在通，守掣批迴。今既令長運官管解進局，抵通時，又經坐糧廳點驗，派經紀轉運，所有銅務監督及雲南委官，應併裁徹。從之。（高宗一六六、二二）

（乾隆八、三、己未）戶部議准：前護理河南巡撫印務布政使趙城奏稱，豫省額辦鉛觔，例派祥符等三十九州縣，該處鄰楚省，易於購辦。其派買數目，請按大中小三等勻派，不致偏累。俟奉部覆，再將派數造報。從之。（高宗一八六、六）

（乾隆八、四、甲辰）戶部議覆：雲南巡撫張允隨疏稱，滇省辦運京銅，自乾隆五年以後，八運並作四運，正運官只府佐州縣一員，不能兼顧。請將正協運官合爲一運，委府佐或州縣一員爲正運，雜職一員爲協運。應如所請。至加運銅觔，亦應照額銅之例，將四運並爲二運，每運亦委二員領運。從之。（高宗一八九、九）

（乾隆一七、二、甲辰）又諭曰：阿思哈奏晉省鼓鑄停鑪緣由一摺。雖據稱現在所鑄錢文，可敷三四年搭放兵餉接濟之用，不致一時缺乏等語。但錢文爲民間日用必需，晉省現在開鑪鼓鑄，雖劉光晟捐辦銅觔，已經用完，自宜即行設法採辦，源源接鑄，以資民用。若遽將鑪座停歇，工匠徹數，不獨錢價漸昂，於閭閻生計無益，即如阿思哈所奏，現在商酌復鑄，將來設局開鑪，未免又多一番糜費。晉省殷實之戶，多於他省。或動官項，俾其領價承辦，陸續運局應用，則所鑄錢文充裕，兵餉得以應期搭放，市價自必日就平減。其應如何定以官價、遴選殷實之人，具領承辦之處，著傳諭阿思哈。令其速行辦理。（高宗四〇八、三〇）

（乾隆二五、五、癸丑）山西巡撫鄂弼奏：晉省局鼓鑄錢文計每歲需銅二十萬觔，向係各商領價辦運，散赴各省採辦。查上屆銅商所運將完，茲據布政使詳稱，有殷商願領承辦，每年運銅二十萬觔，以五年爲限，共運一百萬觔，其運脚照例每百觔給銀一十四兩。於封貯兩淮協餉銀內，每運先發三分之一，交足再找給三分之二。每萬觔帶餘銅千觔，以備折耗。得旨：如所議行。（高宗六一二、二四）

（乾隆三七、七、丙申）戶部議覆：調任廣西巡撫陳輝祖奏稱，各省歲運滇銅，每百觔例帶餘銅一觔。請嗣後委員運回本省，兌足額銅後，將餘銅歸官給價，免其補稅。查委員所帶餘銅，係在滇酌給，備補正項虧折，如果沿途折耗，添補無存，原可無庸置議。倘有存餘，亦屬官項。應飭江西、湖北、廣東、廣西、福建等五省各督撫，嗣後照浙江、江蘇、陝西等三省，將餘銅儘數交局，並不發價之例，一律辦理。從之。（高宗九一二、五）

（乾隆五二、一〇、乙卯）湖北巡撫姜晟奏：寶武局每年鼓鑄額銅，經前撫臣鄭大進奏請，於知府內每年酌委四五員，領價採辦交局。竊思各府分領承買，檄催往返，頭緒紛繁，即倩人赴漢置辦，亦不免侵那糜費等弊。查銅價銀兩，向係鹽法道庫給發，請即飭該道購辦，責令漢陽縣稽查。如有行戶擡價居奇，即行究治。得旨：有治人，無法法，實力行之可也。（高宗一二九一、一四）

（乾隆五四、閏五、庚子）諭軍機大臣等：據諾穆親等奏，雲南辦運京銅，每年正加八運，計得餘銅十數萬觔，向給解員領售。現在局中銅觔短少，請將此項餘銅，即留局備用等語。近年以來，京城錢價平賤，於民間甚爲便益。今若因局中銅觔稍短，不准售賣餘銅，使奸商聞知，希圖乘機牟利，必至錢價遽昂。況銅觔爲器用所必需，而私銷之弊，雖嚴密查禁，尚所難免。茲復將餘銅不准售賣，則民間無處得銅，私銷勢必日多，且委員等向藉售賣餘銅，從中沾潤，以爲回任盤費。若俱留局備用，將來委員等，必不肯運帶到京，於途次先行賣去，亦無從查察。試思每年即無沉溺，所剩餘銅，亦不過十數萬觔，歷來准令出售。戶工二局鼓鑄錢文，並未聞因此缺卯，今即添此十數萬之銅，官銅亦未必驟臻充裕，諾穆親等此奏，名爲調劑局務起見，而未計及滋弊實多。所爲止知其一，不知其二，斷不可行。著將原摺發還，並傳諭該侍郎等，即不動聲色，妥爲辦理，當如無其事者然。即局中短銅之說，亦不可稍有聲張，致啟市儈居奇之漸。將此諭令知之。（高宗一三三〇、二六）

（嘉慶一一、四、丙申）又諭：御史葉紹楏奏籌畫滇省運銅事宜一摺，所奏不爲無見。據稱，滇銅每年八運，其中正運六起、加運二起，正運銅斤數目，較之加運本少二十餘萬斤。請於正運內減去一運，將此運銅七十餘萬斤，分於正運五起均攤，每運各加十四萬餘斤，共祇八十餘萬斤，不過添船一二隻，照料不患難周，其所減一運之應給運脚等項，全數攤給五起運員分領。計攤領項內，可期有餘以補不足等語。此一條著交滇省督撫悉心妥議，如果可行，即將應如何均攤之處，詳議章程具奏。……（仁宗一五九、二〇）

（嘉慶一一、一一、癸亥）戶部議准：雲貴總督伯麟等議奏，滇銅正運六起、加運二起，請將正運六起改爲正運四起分運，每起領運正耗餘銅一百十萬四千四百五十斤。應支水脚雜費，照所增銅數支給。其節省二運養廉銀及滇省公捐八起幫費，俱加給正運、加運六起運員分支。又委員在瀘州兌銅，例限一月，今改六正運爲四正運，應予限四十日。從之。（仁宗一七一、一〇）

（嘉慶一九、八、壬戌）諭內閣：慶保奏，黔省鉛斤請併歸道員經管一摺。據稱，水城通判所屬之福集廠額辦鉛斤，近年支絀日甚，緣該處産鉛不旺，四處購覓子廠地，非該通判所轄，輾轉移商，事多撓阻，共併歸貴西道經理，呼應較靈，可期採辦無誤等語。所奏自係實在情形，著照所請，將水城通判所管之福集廠務，一併改歸貴西道管理。每年正加起運鉛額，責成該道盡心籌辦，毋稍缺誤。（仁宗二九四、九）

②購自廢銅市場與民用銅禁

（康熙五八、一、壬辰）諭大學士等：戶部見今採買器皿舊銅，茲工部又行採買，京城焉有如許器皿舊銅採買？至不得之時，不肖之徒，乘機射利，必致將制錢轉買銷毀。毀錢則錢價必長，甚與民生無益。且伊等局內，每月鑄錢，即將伊匠役工錢，作為採買銅觔所鑄之錢交部，亦未可定。此事不無情弊，爾等詳問九卿具奏。尋大學士等奏：臣等遵旨詢問九卿，據九卿云，戶部已經採買舊銅，工部又行採買，京師無有如許舊銅。恐射利之徒，銷毀制錢，作為廢銅，則錢價必長。且舊銅一時不得，則匠役將自己所得工錢，作為新鑄之錢交納，亦勢所必有。查見今寶源局餘剩銅一萬四千八百觔有奇，又湖南解到銅五萬四千四百觔有奇，湖北解到銅三萬觔有奇，可以不懼鼓鑄。其採買器皿舊銅之處，應不准行。至江寧等八處應解銅觔，行文各該督撫，嚴催作速送至。從之。（聖祖二八三、二〇）

（康熙五六、六、癸巳）又諭曰：見在銅少，錢局收買廢銅，以致鎔毀制錢，作銅賣者甚多。著問九卿具奏。（聖祖二七二、二一）

（康熙五六、六、己亥）大學士、九卿等遵旨議覆：民間私毀小制錢，作銅變賣，當嚴行禁止。上曰：毀壞制錢，原有明禁。特因銅少價昂，部內鑄錢不敷，採買廢銅，以致小民射利，毀小制錢作廢銅變賣。朕辦事五十餘年，屢次更定錢法，皆視民之形勢，從未嚴行禁止。銷毀小制錢，亦屢為寬限。前李光地請將小制錢嚴禁，朕曾下旨，斷不能行。伊後知其不可，始以朕所見為是。總督額倫特請於湖廣省發大制錢二百萬貫通用，將小制錢銷毀，朕以不可之故，分晰下旨，伊始曉然。小制錢私毀如何禁止之處，九卿、詹事、科道會同確議具奏。（聖祖二七二、二三）

（康熙五六、六、壬子）戶部等衙門遵旨議覆：錢局收買舊器皿廢銅，小民圖利，以致將小制錢銷毀，作銅變賣。嗣後止許買舊器皿廢銅解送，不准買新鑄板塊銅。如有銷毀小制錢，作廢銅變賣者，嚴緝治罪。從之。（聖祖二七二、二四）

（雍正四、一、己未）戶部等衙門議覆：陝西道監察御史覺羅勒因特疏奏，欲杜私煅制錢之弊，必先於銅禁加嚴。康熙二十三年，大制錢改鑄重一錢，彼時即有姦民私煅。迨四十一年，每文仍重一錢四分，而錢價益復昂貴，皆由私煅不絕，制錢日少故也。蓋以銀一兩，兌大錢八百四五十文，約重七斤有餘。制造銅器，可賣銀二、三兩。即如烟袋一物，雖屬微小，然用者甚多。燬錢十文，製成烟袋一具，輒值百文有餘。姦民圖十倍之利，安得不燬？請敕步軍統領、五城、順天府嚴行禁止等語。查康熙十八年，已嚴銅器之禁，三十六年，又定失察銷燬制錢處分之例。而弊仍未除者，以但禁未造之銅，其已成者，置之不議也。臣等酌議：欲杜銷燬制錢之源，惟在嚴立黃銅器皿之禁。今請紅白銅器仍照常行用，其黃銅所鑄，除樂器、軍器、天平法馬、戥子、及五斤以下之圓鏡不禁外，其餘不論大小器物，俱不得用黃銅鑄造。其已成者，俱作廢銅交官，估價給值。儻再有置造者，照違例造禁物律治罪。失察官員及買用之人，亦照例議處。則私燬之弊可息，而於錢法亦有裨益。從之。（世宗四〇、二九）

（雍正四、九、丙申）諭內閣：錢文乃民間日用之所必需，向因錢價昂貴，朕悉心籌畫，至再至三。今鼓鑄之錢日增，而錢文不見其多，錢價仍復不減，是必姦民圖利，有銷燬制錢、打造器皿之事。若不禁止銅器，則錢價究不能平。嗣後除三品以上官員，准用銅器外，其餘人等不得用黃銅器皿。定限三年，令將所有黃銅器皿，悉行報出，官給應得之價。如旗人，則於本旗交官領價。漢官民人，則於五城該管之處，交官領價。不論輕重多寡，隨便收買，不許發價之人，絲毫扣尅，違者重治其罪。若三年之後，仍有私藏黃銅器皿者，亦加重處。如此，可永杜燬錢制器之弊，而國寶流通，民用充裕，實爲有益。著九卿確議具奏。（世宗四八、四）

（雍正四、一二、丙子）諭都察院及五城御史等：制錢乃日用之所必需，務使充足流通，始便民間之用。國家開局，年年鼓鑄，而京師錢文不見加增，外省地方，亦未流布。是必有銷燬制錢、製造器皿，以致錢文短少，錢價日昂。朕念切民生，屢降諭旨，而錢價仍未平減，是以禁用黃銅器皿。凡民間所有，俱給價令其交官，以資鼓鑄。此悉心籌畫，專爲民間資生便用起見，並非朕有需用銅斤之處，而廣收民間之銅器於內府也。似此有益於民間之事，即當踴躍急公，欣然交納，使錢文贏餘，日用贍足，尚何待於上官，稽查催進迫耶？況銅器交官，皆如數領受價值，又何樂而不爲？且民間器皿，非必定需黃銅製造，其在有力之家，則白銅、紅銅皆非難得之物。而無力之家，如木盆磁器價廉工省，亦未嘗不適於用，非若錢文为人人所萬不可缺者。與其將黃銅器皿藏匿於家，將來限滿三年，犯禁獲罪，何如彼此相勸，早爲交納？既得價值，而又

受錢價減省之利益乎？著將此旨通行曉諭，其咸體朕意。（世宗五一、二二）

（**雍正五、一、癸巳**）諭八旗官員兵丁等：國用莫要於制錢。制錢充滿，價值日平，始於眾人生計有益。今錢局每年鼓鑄，並未流通外省，乃錢不加多，而價值反覺昂貴。皆因不肖之徒，希圖利息，銷燬制錢，製造器皿，以至如此。朕洞悉此等情弊，爰降諭旨，禁用黃銅器皿，令給官價收納。此特爲爾等生計周詳籌畫，理應欣然踴躍，各將家中所有黃銅器皿，速行交出。聞有經該管人員催促、不肯即行交納者，又有遷移隱匿者，是誠何意？爾等有力之家，白銅、紅銅、鉛、錫俱屬可用。至中人之家，磁器、木器未嘗不適於用，而所需價值又復廉省。爾等將黃銅器皿交納，既可照常得價，而制錢漸漸加多，充滿足用，於爾等生計亦大有裨益。今爾等隱匿家中，將來三年限滿發覺之日，自干罪戾，何如早爲交納，以得官價乎？是以朕復行降旨曉諭。（世宗五二、四）

（**雍正五、四、壬辰**）諭戶部：國家設立寶源寶泉二局，鼓鑄制錢，原期充足流通，以便民用。乃鼓鑄日增，而錢文不見其多，錢價不見其平，必有姦僞之徒，銷燬制錢，造作器皿，以買利害民者。向經九卿會議，凡黃銅器皿，除樂器、鏡面、戥盤外，其餘不准使用，悉令交官，給與價值。朕令先試行於直隸，及各處省城，無非欲杜燬錢之弊，而清其源也。乃立法甚明，而玩法者尚眾。昨步軍統領阿齊圖，現於崇文門外，拏獲銷燬制錢之人。近在輦轂，尚有此輩，則鄉邑偏僻之地可知矣。此弊不除，錢文何以得充？著直隸總督，嚴飭各地方官，密行緝拏。如有疎縱，將該地方官，照溺職例革職。至於銅器交官給價，先試行於直隸，及各處省城；其餘各府州縣地方，一時難於通行，故尚准其使用。然既准其使用，又復任其打造貨賣，則將來仍滋弊端，於事無益。著該督撫通行禁飭，嗣後各處舖戶人等，不得製造黃銅新器，違者照例治罪。（世宗五六、七）

（**雍正五、九、乙卯**）諭各省督撫等：民生日用所需，制錢最爲切要，朕特爲便民起見，屢頒諭旨，嚴禁銷燬制錢；並令京城及各省督撫駐劄之省城，不許鑄造黃銅器皿，三品以下官員及兵民人等不得私用。此朕欲期錢文豐裕，爲小民易於資生，非朕有所需用也。已曾諄切詳諭，不啻再三。京城現今奉行，錢價已覺稍平。乃近聞各處督撫駐劄之省城，銅器店內仍用黃銅鑄造者甚多，此明係各省督撫不實力奉行，徒以告示曉諭，虛文掩飾而已。朕向因錢局鼓鑄日增，而錢文日見短少，即知有銷燬制錢鑄造銅器之弊。嗣於京城內，屢次拏獲銷燬制錢之姦民。而欽差官員至甘肅地方，亦見有燬錢為器者，省會乃督撫駐節之區，耳目最近，政令易行，非若遠鄉僻壤之難於稽察也。若果實心遵奉，甚屬易事。朕為制錢籌畫，宵旰焦勞，各省地方官，辦運銅觔，亦甚費經營跋涉之苦。然後官局得以鼓鑄錢文，以資百姓之用。夫以鑄錢如此之難，而姦棍貪財射利，竟將已成之錢，復行銷燬，故禁用黃銅者，所以杜燬錢之源也。今特再加訓誡，各省督撫務宜實力奉行，儻仍前疎忽，定將督撫嚴加處分。至從前曾斟酌三品以上許用黃銅器皿，今覺濫用者多，嗣後惟一品官員之家，器皿許用黃銅，餘者通行禁止。（世宗六一、一）

（乾隆三、六、戊戌）大學士等會同九卿科道遵旨議覆：湖廣道御史陶正靖條奏，近日錢價轉昂，皆由經紀從中阻撓，兵役搜查擾害，請一切革罷。凡銀錢交易，悉聽民間自相買賣，即各當舖質當錢文，多寡聽便，舟車運載，無庸攔阻，錢價自平，應如所請。至所稱錢貴由於盜銷，而銅禁未宜遽弛，請不必收銅以滋擾。第嚴禁制器以絕盜銷，不知從前禁銅之時，錢價未見甚平，則禁銅亦屬無益。若嚴禁製器而不令官收，則民間仍得使用，奸徒必暗中打造，是禁猶不禁也。至謂民間必需之青銅鏡，專委工部開局鑄造。以國家庀材鳩工之地，為小民鑄造之所，頒發各省，既不免脚運之費，赴部購買，又不無跋涉之勞，既屬非體，事更難行。至左通政李世倬奏稱，黃銅與制錢相表裏，仍請添設銅行經紀，按照錢文觔兩定價。買賣悉憑經紀，不論製器之精粗，概定以三分遞算之工價。所請尤易滋弊，不特貨物貴賤懸殊，致虧商本。且奸民恃有官價，輕價強買，必啟爭端。惟陝西道御史朱鳳英奏稱，錢法必以銅觔為本，而銅必以足民為先，未有民銅貴而官銅得饒者也。今雲南銅雖大旺，然祇足供鼓鑄撥解之用，何能以其餘推曁民間？近聞海關無赴洋買銅之商，而江蘇亦無可收之銅，實因官價與民價懸殊，孰肯冒越風濤，以資本賠墊？請敕該督撫，除洋人自帶銅觔，應照部議平價收貯外，其有商民過洋購來者，聽其售賣，不必官收。一切領照認充、包攬需索等弊，嚴行禁止。如此，則官民銅觔俱足，錢價自平。應如所請。從之。（高宗七一、二）

（嘉慶一七、三、己亥）又諭：御史嵩安奏，請平銅器價值以重錢法一摺。所奏不可行。國家鑄造錢文，以利民用，如有敢將制錢銷燬，或剪錯薄小，取銅求利者，律有明條。地方官果能嚴行查禁，自不致有私鎔等弊。若如該御史所奏，將民間所用銅器，官為酌定價值，勿任擡價居奇，以杜奸商私燬制錢，取銅牟利之弊。無論民間製造銅器，尚需手工火耗等費，工本懸殊，其價值原不能齊，民間日用器具甚多，豈能一一官爲定價？該御史所奏無庸議。（仁宗二五五、三〇）

（**嘉慶二〇、二、乙亥**）諭內閣：給事中黃中傑奏，請復禁銅收銅舊例以裕錢法一摺，所奏甚屬不知政體。國家因時立政，期於便民。自乾隆初年，停止銅禁以來，已八十年，民間無不稱便。而京省各局銅斤，亦並無缺額之虞。昨歲朕曾降旨，停止外省呈進銅鑪火盆以節糜費，而裕鼓鑄，酌盈劑虛，道貴適中。至民間日用所需，安能以數十年弛禁之物，一旦設爲苛令，察及錙銖，從前永祚、楊懌曾節次奏請禁用銅器，皆經戶部議駁。今該給事中復請申嚴銅禁，並請勅令官民家內所存黃銅器皿，概以三年爲限，悉數繳官，如逾限不繳者，查出以違制論罪。此令一出，必致紛紛擾累，胥役訛索，鄰里控訐，訟案煩滋，究與錢法奚裨耶？所奏不可行。著無庸議。（仁宗三〇三、一七）

③采自礦廠抽課和礦產統買

（**乾隆八、二、辛亥**）[戶部]又議覆：貴州總督兼管巡撫張廣泗疏奏，黔省辦解京局鉛觔事宜。……一、蓮花、砂硃等廠，礦砂既薄，食物俱昂，鑪民無利可圖，人散鑪停，出鉛日少。請將每觔一分有零原價，定爲一分五釐，一面收買，一面發運。應暫如所請。如遇產旺鉛多，即據實酌減。一、黔省加運鉛觔，由威寧發運者二十餘萬，運腳維艱，請照滇省題請運銅百觔，每站給運腳一錢二分有零之數，一例發給。查滇撫張允隨所題，經部咨行令確查，尚未題覆，今應令張廣泗一併會議具題，再議。……從之。（高宗一八五、一九）

（**乾隆八、七、庚戌**）戶部議覆：廣西巡撫楊錫紱奏稱，山斗岡銅鉛礦廠，酌定抽取支銷事宜。應如所請。將山斗岡廠民所獲餘銅，照回頭山例，每百觔給價八兩三錢零，收買供鑄。商民所獲餘鉛，聽其自行變賣歸本。所出銀兩，每兩暫抽正課一錢五分。俟出產旺盛，即照定例三七收納，仍將收買餘銅，給過價銀，及抽收各項稅課，造入各礦廠歲底奏銷冊內，送部查覈。至蜜陀僧一項，應令該撫照例一體抽收撒散，留貯備用。其所設官役，該撫既稱現開鉛壠三口、銅壠一口，共設鑪房二座，原議設廠官一員，書記一名，巡役七名，並無浮多，應准。從之。（高宗一九七、一九）

（**乾隆八、一二、辛亥**）戶部議覆：廣西布政使唐綏祖疏稱，粵西恭城縣回頭山銅礦，向例於二八抽課外，餘銅官爲收買，每百觔給價八兩三錢。現在礦口日深，取砂工費，已加數倍，商人以不敷工本，觀望不前，砂課日絀。請照收買客銅渣銅之數，每百觔給價十三兩四錢。又懷集縣將軍山、河池州響水廠，向止給價六兩八錢，亦屬不敷。該處開採，較回頭山稍易，請照回頭山舊例，以八兩三錢收買，查回頭山採礦，商本不敷，自應量加，惟十三兩四錢，未免浮多，應照滇省廠價，每百觔九兩二錢。其將軍山廠、響水廠，准照回頭山舊例支給。從之。（高宗二〇六、三）

（乾隆一〇、一二、癸卯）諭內閣：從前廣西收買餘銅，每百觔給價八兩三錢，前任巡撫楊錫紱、布政使唐綏祖，因商人工本不敷，加價至十三兩，後經部議，令照滇省廠價，每百觔九兩二錢支給。朕聞該省銅價，每百觔實需銀十三兩，部議之數，仍屬不敷。其楊錫紱任內加價銀兩，既無侵蝕情弊，著准其核銷。可傳諭該部知之。（高宗二五四、一〇）

（乾隆一一、三、乙未）戶部議覆：貴州總督張廣泗疏稱，水城運鉛至威寧州屬柞子廠，相距兩大站，運鉛腳價，應照威寧之例，每鉛百觔，每站給銀一錢二分零。再該廠四向壞夷，通判駐劄水城，經理地方，勢難逐日赴廠抽查，應添設協辦坐廠之員，其養廉，照蓮花、砂硃等廠之例，支銀一百二十兩。應如所請。至所稱永寧收兌鉛觔處所，各廠俱設書巡辦理，狽木底廠，應設書巡四名，給予工食等語。查蓮花、砂硃二廠，書巡各一名，今狽木等廠，應照蓮花等廠之例，毋庸多設糜費。從之。（高宗二六一、三〇）

（乾隆一一、閏三、壬戌）戶部議覆：署廣西巡撫託庸奏稱，粵西開鑪以來，銅觔每不能接濟，臣前請三分抽課，七分聽商自賣，仍於商本不敷。今試辦八月，不能有濟，懇將商辦銅觔，仍照加二收課，餘每百觔，給價銀十六兩二錢收買等語。查粵西開採銅觔，前據該署撫奏請三分抽課，餘銅聽商自賣，原冀銅觔充裕。今既無裨益，應如所奏，仍照例加二抽課，餘銅官買供鑄。至收買餘銅，從前每百觔只給價銀六兩八錢，原任布政使唐綏祖奏請加價，臣部議將軍山、响水等廠每百觔給銀八兩三錢，回頭山廠，每百觔給銀九兩二錢，已屬加增。今遽請加至十六兩二錢，與前定價懸殊。應令該署撫另行確覈妥議，具題到日再議。得旨：依議。（高宗二六三、一二）

（乾隆一一、七、癸亥）〔戶部〕又議覆：兩廣總督策楞、署廣西巡撫鄂昌奏稱，粵西銅廠，開採年久，隴路深遠，挖取維艱，工費實繁。若照原定二八抽課外，每餘銅百觔，給價八兩三錢及九兩二錢之數收買，實在不敷。應請即遵諭旨所定十三兩之價，作為定價收買，俟將來礦旺銅裕，即行據實核減。又商人出銅百觔，除抽課外，餘銅八十觔，每百觔給價十三兩，核計祗該價銀十兩零四錢，商民實無餘利。請將餘銅官買一半，其一半給商自賣，獲有餘利，庶踴躍開採。應如所請。從之。（高宗二七一、二九）

（**乾隆一三、一〇、乙未**）工部等部議准：閩浙總督喀爾吉善等奏稱，閩省營伍需用鉛，向係往楚採辦。今楚省鉛價倍昂，官價不敷。查南洋回棹商船，向有黑鉛運廈發賣，請照官價抽買四萬五千餘觔，以供歲需。倘遇閩省配鑄洋銅需用黑鉛之年，亦一併向商抽買。從之。（高宗三二六、三九）

（**乾隆一三、一一、辛未**）戶部議准：原任四川巡撫紀山奏稱，樂山縣之老洞溝，宜賓縣之梅子坳二處銅廠，深僻難挖，商販不通，食物昂貴，採煉費本過多，請每銅百觔給價十兩。從之。（高宗三二九、一九）

（**乾隆一七、二、乙酉**）諭：據四川總督策楞摺奏，老硐溝銅廠採買餘銅，自乾隆十四年以後，請仍照從前題定十兩之價給發等語。該處銅廠，自乾隆十三年以前，採買餘銅，原定價值九兩，續經該督查明。工本實有不敷，題請增給，部議令仍照建昌之例，畫一給價，原係照例辦理。但念該廠讓銅既已革除，工費不無拮据。著照該督所請，乾隆十四年以後，抽買餘銅，准以十兩之價給發，其從前已領價銀，免其追繳，以示卹商之意。（高宗四〇九、三）

（**乾隆一九、四、辛丑**）諭：戶部議駁愛必達等，題請增給湯丹等廠銅價一摺，自屬按例。但該處銅廠，開採日久，硐深礦薄，食物昂貴，該督撫等題請增價，亦係目擊情形，隨宜籌辦。著加恩照請增之數，給與一半，餘廠不得援以為例。（高宗四六一、七）

（**乾隆二二、三、辛酉**）雲南巡撫郭一裕奏：湯丹、大碌等銅廠，向係六月開收春季銅觔，至次年五月底截數造報，以本年之銅作上年之數。辦理既未妥協，錢糧亦多牽混。今屆乾隆二十一年分奏銷，請截至十二月底止，俱歸當年案內，其二十二年以後，即自正月起截至十二月底止，定為年清年款之例。得旨：好。（高宗五三五、三〇）

（**乾隆二五、二、己丑**）戶部議准：雲南巡撫劉藻疏稱，寧台山銅廠，硐路深遠，需費較多，加增價值，辦銅始能充裕。請照日見汛廠例，

每毛銅每百觔，實給價銀五兩一錢五分。從之。（高宗六〇六、二六）

（**乾隆三三、四、癸酉**）雲貴總督暫管巡撫鄂寧奏：滇省舊銅廠，硐深礦薄，其新開子廠甚少，更兼辦理軍務之際，牛馬不敷，油、米、炭等雜項，到廠價昂費倍，廠民竭蹶。請每銅百觔增價銀六錢，以舒廠力，俟大功告成之後，仍照舊定章程辦理。得旨：著照所請行。（高宗八〇九、三）

（**乾隆三五、七、丁未**）諭曰：明德奏滇省暫加銅觔價值，請稍緩停止一摺。經戶部議駁，銅觔加價，本因滇省辦理軍務，牛馬未免缺少，是以設法通融。今軍務告竣，自應仍舊。但該撫既稱各廠物價昂貴，勢不能驟然復舊。自屬實在情形。著加恩准其暫行展限。仍著彰寶、明德留心體察，俟銅廠物價平減時，即行奏明停止。（高宗八六四、八）

（**乾隆三六、四、癸酉**）諭軍機大臣等：據三寶奏酌籌收買廠銅一摺，內稱，該省廠例，每銅百觔，准以一分通商，該商等每得一分銅百觔，可賣銀十四五兩。今擬照黔省辦運滇銅每百觔價腳十四兩之數，扣出運省腳價，實發商課人等銀十二兩三錢八分零，儘數收買配籌，不惟課銅可增，而錢局亦可獲息等語。朕初以其籌辦銅務，業已批交部議，及細加覆閱，所奏殊未妥協。向來商人售賣一分銅觔，每百觔可得銀十四五兩，藉以通融貼補，今欲將餘銅盡數收買，且扣除腳價僅得銀十二兩三錢零，駁之從前獲價短少，商販不能寬裕。商人既無餘利可沾，誰肯急公踴躍，又安望廠務之日有起色？況銅觔爲民間器具所需，倘市中需用無資，勢必滋私銷之弊。是商銅不可不留其有餘，乃理之顯而易明者。至以錢局獲利爲詞，所見尤屬非是。各省設局鼓鑄，原以供搭放兵餉之用，而國寶流通，即藉此裕商便民，所關綦重。黔省兵額不爲甚多，每年所支餉錢有限，若此時辦銅稍覺費力，則酌量足供兵餉外，並不妨將鑪座暫爲停減，以資調劑。若斤斤計較餘息，豈國家經理泉府之本意，成何政體乎。昨薩載奏請酌減鑪卯，籌辦頗爲得宜，業經批示允行。李湖前在江蘇藩司任內，自必與知其事，著即傳諭該撫，將三寶所奏，另行悉心籌酌，妥議具奏。三寶摺無庸交議，並寄李湖閱看。（高宗八八二、五）

（**乾隆三七、七、丙午**）戶部議覆：雲南巡撫李湖奏稱，黔省赴滇採買銅觔，查湯丹、大碌等廠，專供京局，其餘各廠，供本省鼓鑄。及外省採買，第小廠每年祇出銅數千觔至三五萬觔不等。惟金釵一廠，可獲銅一百數十萬，緣成色稍低，每百觔加耗二十三觔，又補餘銅一觔，例與高銅配給各省領運，黔省亦應一體辦理。或鑄錢色黯，可仿福建、廣西等省用白鉛配鑄，錢文一律光潤，無庸另議。提煉，應如所奏。再稱運銅脚費，自廠至省，歸滇報銷；自滇至黔，歸黔報銷。亦應如所奏。再滇省銅廠散處，其中遠廠，應於何處截算分銷，近廠不經省城者，或可無庸在滇給費，應令該撫飭司查辦。從之。（高宗九一二、二四）

（乾隆三八、七、甲子）諭：據彰寶等籌議湯丹等四廠清釐積欠一摺，事屬可行。前因該督撫等，請將將湯丹等廠欠項，在於應領工本內，每百觔扣銀五錢。經戶部議駁，因諭彰寶等另籌妥議具奏。今據稱，新舊各廠出產，通盤覈算，無慮額銅缺少，請以餘銅一分，聽廠民通商自售。仍將多辦銅觔，官爲收買。於東川加卯帶鑄，既可將餘息彌補積欠，而月給工本，多放錢文，以供廠用。於鑪民生計，益得寬紓，自屬調劑之善法，均著照所請行。該督撫務飭各廠員，悉心經理妥辦，並令該道府等，實力稽查，毋任影射滋弊。其官局加卯帶鑄事宜，仍著彰寶等，詳悉妥議具奏。（高宗九三八、二七）

（乾隆四五、五、戊子）又諭［軍機大臣］等：滇省採辦銅觔，近年以來，屢形竭蹷，節經降旨該督撫等，設法調劑，實力籌畫，終無成效。茲據和珅面奏，滇省銅觔，官價輕而私價重，小民趨利，往往有偷漏走私，地方官雖設法嚴禁，無如滇地山多路僻，耳目難周，私銅仍多偷漏。所以京銅缺少，向來定例九成交官，一成通商，不若令將官運之銅，全數交完後，聽其將所剩銅觔，儘數交易，不必拘定一成。或商民知利所在，競相趨赴，丁多銅集，京運不致仍前缺乏等語。銅觔爲百姓器用所必需，所以除鼓鑄官用外，准其一成通商。但滇省各廠開採日久，銅老山深，所費工本較多，定價不敷，商人無利可圖，勢必裹足不前，辦理益形竭蹷。若許其將開採官銅全數交完外，不拘一成之例，聽商賈流通貿易，閭閻既多利便，勢必競相趨赴，百計籌畫，攢湊貲本，躧勘新礪，銅廠可期日旺，此亦調劑之一法也。其是否可行，能使此後各運銅觔，如數全完，源源接濟，以供京外各局鼓鑄，方爲妥善。著傳諭福康安等，悉心籌覈，是否可以永遠無弊，據實具奏。再前據和珅等查奏，滇省私錢盛行，每百不盈一掬，半係鉛砂攙雜，官銅缺少，由私鑄盛行。而私鑄盛行，皆由官局錢文薄小，並將該省所行私錢，另包進呈。昨和珅至行在復命，復經面詢情形，據奏請設法查辦整頓等語。滇省各局設有鑪座，每年所鑄比他省爲數較多。現在正當整飭銅務、清釐錢法之際，豈宜私鑄混行？況有私鑄，必有私銷，制錢改鑄私錢者，更不可不加意查察。其私鑄之細小錢文，宜急收燬，將官局制錢，按照江廣各省從前收買小錢成例，與民間公平收兌，改鑄大錢，但思滇省官局現在所鑄錢文，其分兩自不及京局錢文之重，而以之收買小錢，原亦不必拘泥每串七觔半重之成例，應即以此種局錢，收買小錢。俟小錢收買將次净盡時，再照定例加足分兩，鼓鑄官錢。如此逐漸收繳，如平糶倉糧漸次減價之例辦理。庶錢法漸有起色，於銅務有益。仍將是在如每設法辦理之處，詳悉覆奏。將此由五百里傳諭知之。（高宗一一〇六、一九）

（乾隆四五、七、己卯）又諭［軍機大臣等］：昨據福康安奏到滇省銅鹽等務大概情形之摺。因令刑部堂官，發交李侍堯閱看，訊其何以辦理如此錯謬。今據訊稱，雲南銅觔，緣官價不敷成本，商丁多有偷漏，兼有私鑄，以致辦理竭蹷。採訪輿論，總以加價始可辦理，當經悉心籌畫，若動項加增，則私商亦必增價。是私商散之各處，零星就賣，民間不覺增價之昂，奸商仍可獲利，而於帑項徒至虛糜，究與銅政無益等語。福康安現在滇省整飭銅務，著將李侍堯所供情節，鈔寄閱看，令其留心經理，俾一切張弛，務於銅政實有裨益。將此諭令知之。（高宗一一一〇、九）

（乾隆四六、一〇、己卯）貴州巡撫李本奏：威寧州榨子廠黑鉛，自雍正五年開採，除二成抽課外，餘鉛每百觔給價銀一兩五錢，儘數官買解京供鑄。後因出鉛減少，與湖南各半分辦，乾隆四十年，該廠無鉛可運，經部議，令楚省全數承辦。自停運後，至今所得課餘鉛，除動給各營及解楚豫備各省採買外，存鉛無多。現據知州于良鈞稟稱，近日設法採挖，復得礦引，惟因開採年久，礦遠洞深，又因向例餘鉛全歸官買，價止一兩五錢，廠民竈户，工本難敷，每多裹足不前。查廠民竈户，藉廠營生，榨子廠既復得礦引，自應因時調劑。請將該廠所出黑鉛，嗣後照黔省樂助、新寨、興發等廠白鉛例，每百觔抽課二十觔，官買四十觔，通商四十觔，俾廠竈均霑餘潤，以裕鼓鑄。得旨：著照所請行。該部知道。（高宗一一四二、二二）

（乾隆四七、三、丙寅）貴州布政使孫永清奏：黔省柞子廠，出産黑鉛，向例以二成抽課，餘鉛給價官買，撥供京局鼓鑄。嗣因廠衰鉛少，改歸湖南省解辦，按年撥五萬餘觔運楚，以備直隸、山西兩省之用。偶遇採辦之年，不敷分撥。近日該廠出鉛較旺，嗣後遇解運白鉛赴楚時，即搭撥黑鉛十萬觔，交局存貯，以備採買。得旨：嘉獎。（高宗一一五三、二〇）

（乾隆五三、八、戊午）貴州巡撫李慶棻奏：黔省福集、蓮花二廠，歲供京、楚兩運白鉛六百餘萬觔，每年所產，有一百餘萬觔缺額。自乾隆四十五年始，俱以舊存餘銅湊撥，日形支絀。查廠產不旺之故，實緣開采已久，磠峒日深，且挖取時遇山泉。常需雇工淘水，工費更增。而福集廠每鉛百觔價一兩四錢，蓮花廠價一兩五錢，又每百觔抽課二十觔，計鑪丁得數，每百觔僅獲工本一兩一二錢，自難踴躍赴採。請照滇省加增銅價例，每百觔加價三錢，即於解運京鉛節省水脚銀六萬餘兩內，撥補養廉等項外支給。得旨：如所請行。該部知道。（高宗一三一一、三一）

（乾隆五六、七、辛丑）又諭［軍機大臣等］曰：費淳奏請給價收買商銅以杜私鑄一摺。內稱，滇省辦銅各廠，除抽課交官外，向有一成、二成准令通商之例，商人難保無影射收買、私鑄漁利情弊。應官爲收買，每年可多獲銅一百餘萬觔，以之添撥各省採買及鐵砂折耗，爐店底銅之用等語。此奏雖似爲該省杜絕私鑄起見，其實該藩司以各省採買銅觔及爐店底銅恐有欠缺，故欲將此項商買餘銅歸官，以作抵補之用。祇係一偏之見，未經通盤籌畫，所謂知其一，不知其二也。銅觔爲民間必需之物，不能一日缺少，若將各廠抽課各官所剩餘銅，概行禁止商民售賣，則民間所用之銅，從何而出？即使廠中稍有偷漏，爲數亦屬無多，不特銅價因此昂貴，而小民等需用孔亟，必致將官錢私行銷燬，改鑄銅器，即錢價亦必因之倍增。況現在滇省各廠所產銅觔尚屬旺盛，每年額運各起，俱係依限開幫，並無短絀遲誤。即民間錢價，亦俱年減。本無庸鰓鰓過慮。若如該藩司所奏，是名爲設法調劑，而轉使私銷益甚，弊竇叢生。況杜絕私鑄之弊，惟在地方官實力查禁。今不於此悉心整頓，而以禁止商賈餘銅爲正本清源之計，恐防弊而實以滋弊。且使該處商民知有此事，必將銅觔豫爲擡價居奇。銅價既貴，則錢價自增，於閭閻日用，諸多不便，所關非細。民可使由，不可使知，費淳何見不及此耶？此事當再加詳酌。富綱、譚尚忠久任滇省，於銅務自所熟習，著伊二人會同悉心妥議，據實奏覆。想該督撫意見，亦與朕大略相同也。將此傳諭富綱、譚尚忠知之，並將此旨及原摺發交在京大學士九卿閱看。（高宗一三八三、三一）

④銅鉛運輸路線和耗費

（乾隆三、七、己未）大學士等議覆：雲南巡撫張允隨奏稱，滇省辦運京銅各事宜。一、湯丹廠銅觔，輓運京局，必先運至東川府，然後再運威寧，沿途行走甚難。今查由廠至威寧，另有車路可通，請分作兩路並運。一、張家灣爲銅觔交兌之所，請設立監督一員駐劄，以司稽查。一、自滇至京，程途萬里，辦運官員，養廉盤費，宜分別酌給，其沿途一切費用，俱請於運銅案内照數造銷。一、滇省辦運銅數既多，所有額外加解銅觔，請暫行停運，俟一年之後，酌量增解。均應如所請。至所稱運京錢文，分作三年帶運，雖爲趕運銅觔起見，但京師現在錢價昂貴，應令按期解部，以爲添搭兵餉之用。得旨：依議速行。（高宗七二、一一）

（乾隆四、一、丁丑）雲南總督慶復奏：滇銅運道自東川起，由昭通過鎮雄，直達川屬之永寧，最爲捷徑。施工開闢，便可與咸寧兩路分運，但由昭通過鎮雄境内，有黔省數十里地方，插入滇界，請即撥歸滇省管轄。又自廠至東川，所經小江塘及尋甸一路，尚多阻塞，亦應一例開修。得旨：辦理甚屬妥協，可嘉之至。（高宗八五、一四）

（乾隆五、一一、乙酉）[户部]又議覆：雲南總督公慶復疏稱，滇省額辦京銅，先經巡撫張允隨議，并八運爲四運。查向來運官在東川、尋甸領銅，脚户每不能按限輓運。本年由尋甸、東川兩路，分運至永寧交收，令長運官赴永寧領運。現在辦理無誤，可以經久等語。應如所請，照該撫原議，將八運并爲四運，令長運官俱赴永寧領銅，按限償運。其承運、收發等官，亦准設立所有應給養廉，除承運雇脚之東川、昭通、尋甸、鎮雄等府州，俱照原題支給外，至所請收發官月給百兩之處，查承運官月給養廉，自四十兩至六十兩不等，收發官亦應依照支給。再每運委正協運官三員，領銅一百萬觔，爲數倍多。亦應如所請，將所減正運官一員，月費銀十五兩，加給每員各五兩。從之。（高宗一三一、五）

（乾隆五、一一、丙戌）户部議覆：直隸總督孫嘉淦等疏稱，滇省運銅至京，部議將銅房設於大通橋，由通州五閘轉運，行令妥議具奏。查銅觔向在張家灣起岸，運赴京局，車脚每多未便，今若從通州水運，較張家灣陸運實多節省等語。應如所題。嗣後銅船一過津關，即令坐糧廳約束指引。俟到壩後，會同銅務監督，率委員齊赴壩口，眼同點驗掣秤，令經紀用閘河剥船運抵大通橋，轉運至京。至所請外河派把總巡查，五閘派閘官協查，併該監督等移通居住之處，亦應如所題辦理。得旨：依議速行。（高宗一三一、六）

（乾隆七、二、己未）[雲貴總督張允隨]又奏：金沙江上游六百七十餘里，應修者三十五灘。其自雙佛至蜈蚣嶺，十五灘最險，開鑿後仍須數次盤剝，岸窄難行。查石聖灘南岸，有路繞出碎瓊灘，約百里可開設馬站。銅船至碎瓊起剝，石聖下船，可免險路屢剝，費省工易。已將大灘數處開修，空船可行，餘灘易竣。至下游六百餘里，如凹崖、三腔鑼等十餘險灘，並宜大加疏鑿，現或興工、或勘估未畢。其工銀在銅息內動支，計年餘銅息足用，毋庸撥帑。得旨：知道了。勉力詳酌爲之，而不可欲速也。（高宗一六一、二二）

（乾隆七、九、戊午）戶部議准：雲南巡撫張允隨疏稱，運銅船隻，若用頭號大船，儘量裝載，未免轉掉不靈，十損二三。查有夾鰍禿尾中船，較大船平穩，八分裝載，可以無虞。應令各運官，會同地方官雇募。運官水手，不得夾帶米石貨物。從之。（高宗一七四、四）

（乾隆七、一二、庚子）戶部議覆：四川巡撫碩色奏稱，滇省運銅，應通飭運官，在重慶府地方，協同該管官，雇募堅固船隻。裝載祇以八分爲率，不許過重。如人役附搭客貨者，嚴挐究處，若運官圖利私裝，即揭參。設遇風信不順，江水暴漲，令暫停候，不得貪程冒險。均應如所請。並將停候日期，報部查核。倘借端逗遛，即據實查參。并轉飭地方文武官弁，凡遇滇銅到境，務撥幹練兵役，督同水手人等，防護趲運。如有疎虞，即將失防職名查參。并將無藉遊民，冒充船戶、攬載銅觔之徒，嚴行禁止。從之。（高宗一八〇、二〇）

（乾隆九、五、戊寅朔）戶部議覆：湖北巡撫晏斯盛疏稱，楚省備鑄銅鉛，赴滇採買，較之自川赴滇道路，實有遠近險易之別。原議盤費，府佐月給銀十八兩，隨帶家人、書役五名，人日給銀五分，雜職月給銀十二兩，隨帶家人、書役三名，人日給銀五分，均難核減。查委員盤費，只應按往返月日多寡計算，不應按月加增。且川、楚二省同一採買，未便多寡互異，應令照川省之例支給。至錢局後樓，改爲銅鉛貯庫，所有估修工料，現已移咨工部查核。從之。（高宗二一六、一）

（乾隆九、七、戊戌）［戶部］又覆：雲南總督張允隨奏稱，滇、黔兩省，辦理京銅，皆由滇省之威寧州轉運。嗣經將東川至永寧道路開修，兩路分運銅觔。每年四百四十餘萬觔，後又加運一百八十九萬觔。威寧一路，實運三百一十六萬餘觔，加以辦理黔省黑白鉛四百七十餘萬觔，雇運艱難，日見遲誤。請於板蚌百色一路，官買牛馬，設站分運，并將黔省月亮巖鉛觔，停止鑪民私銷，概歸官買，全由貴陽運至京局。再於水次相離不遠處，查有鉛礦，即行採買解京，庶東、威兩路可免壅擠。

應如所請，將月亮巖鉛觔，概歸官買，全由貴陽轉運，以分東、威銅鉛並運之勞。再查現開金沙江，將滇省銅觔，改由水運，每年可省陸運之半，則威寧及昭通兩路，餘出馬匹，辦運自見敷裕。又據滇、黔兩省督撫，請增脚價，每站一錢二分九釐零。則該處馬匹，亦可雇募敷用。至請板蚌百色一路，安設臺站，需費浩繁，且廣南煙瘴最盛，夫役牛馬，恐致倒斃，未便准行。自後如有遲誤，應將威寧、永寧及委駐承運各員參處，經過之地，該員亦協同雇募船馬，遲延者一例查參。得旨：是。依議行。（高宗二二一、九）

（乾隆九、九、壬辰）戶部議覆：貴州總督兼管巡撫事務張廣泗疏稱，黔省威寧各廠，辦運京局鉛觔，所需脚價，每百觔向給一分五釐。緣馱運艱難，前請量增一錢二分有奇，經部駁，令核實具題。今委員前勘威寧至永寧，共程五百餘里，中分十三站，頓子坎至普市天站，間有坦坡，一日可行五六十里爲一站。其由威寧歷頓子坎，至大灣七站，鳥道崎嶇，盡一日之力，止行四十里，即爲一站，而人馬勞瘁尤甚。所給脚價，於食物草料，實有不敷，議增每百觔一錢二分有奇，萬難核減。應如所請，增給報銷。并飭承辦之員，毋得虛捏侵漁，運解遲誤。從之。（高宗二二五、四）

（乾隆一一、六、甲午）雲南總督兼管巡撫事張允隨奏報：滇省新開金沙江、鹽井渡、羅星渡三處通川河道，所有京銅運道，俱可改陸從水。現據督理銅運之迤東道宋壽圖等稟報，三處水運抵瀘京銅，共計六百五十萬三千五百餘觔，行走甚爲順利。至昭通向苦米貴，自江工告竣，米價平減，民食亦裕。得旨：如此水運，較先前陸運，每年節省幾何，繕簡明摺奏聞。（高宗二六九、四七）

（乾隆一三、六、壬午）雲貴總督張允隨奏：金沙江灘上年因水長停工，臣于九月間，令司道雇募工匠，于水落時興工。江水自正月中旬後漸消漸消，凡各灘水底礙船巨石俱露，至二三兩月，較常年涸至丈餘，凡礙船之石無不鏨鑿，自上年十二月開工，至本年四月，工俱告竣。於二月底開船運銅，至四月中，共運過銅三十二萬二千餘觔，安穩無虞。自蜈蚣嶺至雙佛一帶險灘，盡皆開通。得旨：覽奏俱悉。卿督率有方，成千古未成之鉅工，甚可嘉也。（高宗三一七、三〇）

（乾隆一四、四、丙午）又諭：金沙江一事，現差尚書舒赫德、總督新桂查勘，尚未覆奏。但朕看來，金江巨石層灘，湍流奔激，銅沉船損，難收利濟之功。即所稱節省運費，亦大概有名無實。該督張允隨身當其

任，於建議開工之始不能確見其難成，豫爲力阻，致歷年糜費帑項，咎所難辭。（高宗三三九、三二）

（**乾隆一四、四、丁未**）雲貴總督張允隨覆奏：金江疏鑿以來，川省商船，可直抵上游之濫田壩等處。惟江路一千三百餘里，每年冬春額運銅觔，需船四百五十二隻，若俱從川省瀘州包空雇募，千里遡洄，恐誤嚴限。因於上下游安設站船二百七十隻，往回濟運，較之遠雇川船，力省而運速。至商船回空，仍雇令裝銅，由濫田壩直達瀘州，長站兼運，並非專恃站船。報聞。（高宗三三九、四七）

（**乾隆一四、五、壬申**）戶部議覆：雲貴總督張允隨等疏稱，籌酌銅運限期脚價，並增減吏役各事宜。一、滇省每年辦運銅觔，改由鹽井渡、羅星渡水運瀘州。其奎鄉一路，仍運永寧。每處發運一百五十八萬二千八百六十觔，限三個月運交完楚。長運官前赴永寧、瀘州領運，統限九個月到京。一、東、昭一路銅觔，一半由東川至鹽井渡，陸程十二站半，由威寧至羅星渡，陸程十站。請照東、昭例每百觔，每站支給脚價銀一錢二分九釐零。一、威寧既運銅一半，其委員雖常川駐劄，應於原支養廉內減銀四十兩，書記一名照舊。至瀘州收發金江、鹽井渡等處銅觔，仍係永寧委員兼管，應照舊支給養廉，并書記一名、搬夫八名。一、東川銅觔，半由鹽井渡轉運，半由白布夏過合租江至奎鄉、鎮雄轉運。請於牛欄江酌留渡船水手四名。合租江添設渡船水手四名，又五眼洞、娱彩河兩處水手，應各減半，五眼洞酌留四名，娱彩河酌留二名。至永寧天生橋地方，係鎮雄一帶運道，應仍設巡役二名，其鎮南橋脈闊塘，原設巡役，均應裁。一、鹽井、羅星兩渡，新開河道兩旁瀑布溪流，夏秋盛漲，沙石衝落，並陸路橋梁馬道，每多坍塌。應於節省項內留銀三百兩，作歲修之用，令昭通府大關同知經理。一、銅觔運抵瀘州，仍照例每百觔於長運官襗費項下，支銷所需繩簍銀。均應如所題辦理。從之。（高宗三四一、一八）

（**乾隆一五、三、丙午**）戶部議覆：陞任雲貴總督張允隨奏，新定滇省改運京銅事宜。一、自黃草坪水運至瀘州，需船四百五十二隻，事繁費重。請自黃草坪至新灘，另設站船一百二十隻，每船水手四，自新灘至瀘州、平水三站，另雇大船接運。如黃草坪有貨船米船之便，可長運至瀘，較站船又省。當飭屬隨時酌辦。一、自東川運至黃草坪，請於金沙江沿途各站貯銅內，酌量抵撥。毋用盡由東川起運，以省脚力。一、自東川陸運永寧，原議以金沙江試運銅抵補。今查沿江各站，及運存瀘州貯銅，已敷永寧四年陸運之額。請即以此項撥解京局，暫停永寧陸運。一、黃草坪、鹽井渡兩路，請責成東川府爲承運，至魯甸，昭通府爲接運。半至鹽井渡，半至黃草坪，分交大關同知、永善縣爲轉運，副官村縣丞爲協運，各分別月給養廉。一、向例自東、尋運至永寧，准百觔內耗半觔。今由黃草坪轉運瀘州，請定耗銅如例。一、自黃草坪以至瀘州，遇沉溺，請照川江之例，勘實具結題豁。一、改由黃草坪上船，應抽撥弁兵巡防照管，共安塘幾處。派兵幾名，行昭通鎮府查議。自黃草坪至那比渡，應令普安營撥兵巡防。其酌派徹退之處，移川省查辦，一併報部。一、黃草坪各站，請於分運接運之處，建屋堆貯，各酌設書記銅夫。查所奏各條內，惟沈銅請豁一節，黃草坪至瀘州，水程不過五百餘里，且係新開灘河，站船遞運，非川江大河可比。未便援照題豁。餘均應如所請。從之。（高宗三六〇、六）

　　（乾隆一五、四、丙戌）戶部議准：四川總督策楞疏稱，金沙江水運京銅，改由黃草坪各事宜。一、金沙江水勢洶湧，自敘、瀘一帶赴黃草坪，係逆流而上，趲行需時。應用船若干，須委員豫雇。倘黃草坪有船可雇，或可就近打造，臨時酌辦。一、金沙江護運京銅，向於川省異石灘、象鼻嶺、大霧基、鍋圈崖等處，分設四塘，每塘撥兵五名催儹。今既將上游蜈蚣嶺等改爲陸運，除大霧基、鍋圈崖二塘，仍照舊設，其異石灘、象鼻嶺二塘兵應徹回，於黃草坪對岸之臭水河安設。其自那比渡上至霧基灘、下至虎跳等處，陡崖絕壁，兵無可棲，應令沿江汛弁，督率目兵，於就近水次查催。一、運銅經過地方，自永寧至巫山，則永寧道所轄之敘永廳、瀘州、永寧、納谿、合江等州縣，川東道所轄之重慶府、江津、巴縣、長壽、涪州、忠州、鄷都、夔州府萬縣、雲陽、奉節、巫山等州縣，自黃草坪至瀘州，則永寧道所轄之敘州府、雷波衛、黃螂所、屛山、宜賓、南谿等縣，俱應受雲南節製，以重責成。從之。（高宗三六二、二〇）

　　（乾隆一五、九、己巳）戶部請覆：四川總督策楞奏稱，滇黔運京銅鉛，每有沉溺，請定打撈限期。應如所奏。嗣後如有沉失，酌留協運之員、或運員親屬家人，會同該地方文武員弁，勒限一年打撈，限滿無獲及撈不足數，運員賠補。所沈銅鉛，聽自行打撈，報明照廠價收買，不許私售。至運船頭舵水手，責成地方官雇募，并立定處分之處，亦應如所奏。遇銅鉛到境，即協同運員，雇覓有身家船戶，并熟練頭舵水手，倘因所雇不妥致有沉溺，將該地方官照官員解送匠役，不將良工解運，以不谙之人塞責者，罰俸之個月之例議處。如實係風水驟發，非人力可施者，免議。再一年限內，運員如有升遷事故，仍留在川打撈，俟事竣，分別赴任回籍。該地方文武官，照漕船失風例處分外，仍於限內停其陞轉，協同打撈。獲過半者免議。限滿無獲、或不及半，罰俸一年。至運員於滿後賠補，應照江海挽運漂流米穀例，革職，限一年賠完開復，逾年賠完，免罪不准開復，二年不完，照律治罪嚴追。從之。（高宗三七三、一六）

（乾隆一六、六、甲辰）大學士等議覆：雲南巡撫愛必達疏稱，滇省東、尋兩路，共有逾折銅二十餘萬，現在勒限清交。請嗣後沿途逾折銅，每百觔以八兩爲率，准照廠價六兩繳買，令本員運爐岸收，如過此數，每百觔令繳銀九兩二錢，折給脚費等語。伏思定例，陸運每百觔，止准折耗八兩，此外稍加，即虧正額。若折至八兩，所虧正額實多。查解部京銅，定價每百觔九兩二錢，從前既有逾折銅，即應照依定價，按年追賠，何得積至二十餘萬尚未追繳？且請遽更成例，殊屬未協。應令嗣後如有逾折銅，無論八兩內外，均以每百觔九兩二錢之價賠繳，無庸扣給脚費，并將前欠亦照此例，勒限報部。從之。（高宗三九二、一四）

（乾隆一六、八、甲寅）戶部議覆：雲貴總督碩色奏稱，滇省每年辦解京銅六百三十三萬一千四百餘觔，向來尋甸、東川兩路分運。東川府應運三百十六萬五千七百餘觔，由東川陸運至昭通，計馬程五站半，需脚價銀二萬二千餘兩，雇募民馬二萬餘駄，實屬艱難。既慮遲延，復多賠累，不若安設牛站爲便。并改由東川魯租硝廠河、馬鹿溝、大布戛以抵昭通，計程二百九十里，馬行止四站半。但須於牛欄江建大橋一，硝廠河、腊溪河各建小橋一，沿途修平道路，車可遄行，并節省一站脚費。應以四十里設一站，共分七站，每站安牛八十隻，車八十輛，約計十個月半可運銅三百十五萬觔，較前脚價，每年節省五千六百餘兩。應如所請。其節省銀貯庫，爲辦銅工本。修路建橋、買牛製車，銀一萬三百餘兩，先以舊設脚價墊發，工竣，即以每年所省歸補。從之。（高宗三九七、九）

（乾隆一六、八、壬戌）戶部遵旨議覆：四川總督策楞奏稱，滇黔辦運銅鉛，川江水急灘險，大船轉運不靈。向用夾鰍禿尾中船，恐滿載太重，每船約載七八萬觔，以八分爲度。若改用小船，所載不及此數，而船多雇覓維艱，必致違限，不如照舊爲便。應如所議。仍用夾鰍禿尾中船，運員不得減少船隻，額外裝載，并私帶貨物。經過地方，有司實力

稽查。從之。(高宗三九七、二五)

（乾隆一九、四、己酉）諭軍機大臣等：滇黔等省，委員押運京局銅鉛，所過之處，前令該督撫隨時奏報，自應加意查察。但不肖員役，往往乘機盜賣，飾詞捏報沉溺，不特外江巨浸，即內河曲港，時時有之。地方官未能詳勘，固已不免售其詭計，即使沉溺屬實，而銅鉛採自礦廠，長途轉運，所費甚多，一旦付之水濱，豈不可惜？著傳諭該督撫等，務行嚴飭委員，小心儹運。並督飭經過汛地文武各員，留心查察，毋任盜賣謊報。其有在內河沉溺，必使委員守候打撈足數，不可聽其詭飾。至江湖波濤險惡之區，該督撫或先期酌派員弁，豫爲防護搶救，免致疎虞，尤爲妥協。(高宗四六一、一六)

（乾隆一九、九、乙巳）貴州巡撫定長奏：乾隆十年奏准，動項開通畢節縣之赤水河，直達川省重慶，以便鉛運。嗣因河道險阻，仍多由陸運，又將威寧水城應運鉛，俱運交畢節縣合辦，更屬周章。應請將水運鉛改由白沙以下之魚塘爲口岸，運至新龍灘起剝陸運，至二郎灘下船，直達川省。其畢節應辦之水運鉛，仍令就近辦運。威寧州及水城廳應運之鉛，照向例各由陸路分運永寧水次，就便省費。報聞。(高宗四七三、一九)

（乾隆二一、一〇、己丑）諭軍機大臣等：據吉慶奏，船戶偷盜銅觔，每遷延停泊於無人之處，偷拋水中，揚帆而去，別遣小舟潛撈起賣，盜賣過多，恐致敗露，故將船板鑿破，作爲沉溺，以掩其跡等語。看來此等情弊，在所不免。從前屢降諭旨，遇銅鉛過境，令各督撫實力查察，毋任偷漏，而該督撫等惟以入境出境、遭風停泊日期奏聞，未有能將偷賣弊竇察拏者。船戶沿途盜賣，必有該處牙行舖戶，串通購買，始得速售，地方官果能留心訪查，何難力除積弊？著再傳諭銅鉛經過之直省督撫，責成護送員弁，加意防範，嚴密稽查。仍於奏報時將吉慶摺內所指情弊，據實聲明，不得以具文了事。可通行傳諭知之。(高宗五二五、九)

（乾隆二三、五、戊戌）署理湖北巡撫莊有恭奏：據雲南撫臣劉藻咨稱，滇省歲辦京銅，向分正加六運，每遇川江盛漲，礙難違限，多至沉失。經戶部議以川江水急，惟在五六月間，欲將二運分攤前後五運，以爲避險之計。經滇省議稱正運銅觔，係沿途雇船，加運之銅，係撥船遞運，若將正運派加，未免參差互歧，請將四正運，併爲三運，兩加運，合爲一運。每歲七月開頭運，九月開二運，十一月開三運，次年二月開加運，一切換船等事，可以次第辦理等語。查四五兩月，不特川江盛漲，即楚北歸州一帶，亦皆難行。但每歲漢口換船，係兩湖公應。茲據各司道會議，湖北原存站船五十八隻，湖南船二十四隻，從前滇省加運京銅，頭運到楚，例撥湖北船十二隻，湖南船十隻，二運止派湖北船二十隻，輪流應付。今兩運加銅合爲一運，其兩運站船，亦應併爲一運，計撥湖北船三十二隻，南省船十隻，足敷接運。倘遇船隻拆造之年，若照往例興修，未免有誤，請定於正月具題，二月完工，庶可接運。又滇銅兩運合一，運員酌減，止派正協三員。楚省委員不過照料，亦須南北二省，各派一員，足敷照料，均如所議。從之。（高宗五六二、一八）

（乾隆二七、一、丙午）諭軍機大臣等：據熊學鵬奏，鄰省辦運銅鉛，經過地方，請照運京銅鉛之例，一體稽查，隨時具奏一摺。向來各省於運京銅鉛經過，已降旨令將該境內有無偷漏盜賣情弊，查明具奏。至鄰省銅鉛經過，事同一例。歷來並不奏聞，辦理原未畫一。嗣後凡遇鄰省採辦銅鉛經過，飭各州縣一體實力稽查，如有偷盜沉溺情弊，隨時具摺專奏。若查明並無事故者，祇令於歲底，將某省辦運銅鉛若干，並入境出境日期，彙齊摺奏。各該督撫其留心飭查妥辦，毋得視爲具文。著於各督撫奏事之便，傳諭知之。（高宗六五二、一二）

（乾隆二九、二、辛亥）署貴州巡撫劉藻奏：水城廳、威寧州兩處年辦廠鉛甚多，向由該廳州雇馬馱運永寧縣水次。惟相距各十有餘站，路遠鉛多，馬易疲斃，每於畢節地方另雇接運，而該處非其管轄，呼應不靈。查水城、威寧、畢節皆大定府所屬。請嗣後令水城、威寧，將不能徑達永寧鉛觔運至畢節，交大定府接收雇運，至永局交兌事宜。並在路未到之鉛，統令該府經管督催。得旨：如所議行。（高宗七〇五、二二）

（乾隆三〇、一〇、戊辰）諭軍機大臣等：楊廷璋等奏，萬州知府廖佑齡因漁戶在洋網獲鉛觔，親往試探打撈，計獲白鉛一十九萬九千餘觔，照例變價歸公等語。該州知州於漁人網獲白鉛，聞信即能親往試探，撈獲多觔，尚屬能事。著傳諭楊廷璋，如廖佑齡平日居官尚好，即出具考語，送部引見。（高宗七四七、一五）

（乾隆三四、二、己巳）雲貴總督明德覆奏：運京銅觔，向由東川各廠，陸運至金沙江下船，至四川瀘州收存，委員始行領運。其自東川運至瀘州，均係地方官經理，各有腳戶承攬，久沾其利。近雖馬騾較少，食物較昂，該運戶照常輓送無誤，毋庸議增腳價。報聞。（高宗八二九、四）

（乾隆三六、九、庚申）吏部議准：前署雲貴總督德福等奏稱，滇省土富州分駐佐雜，查有普廳塘地方，係土富州要路，爲運銅必經之所。請將廣南府經歷移駐，催趲銅運，稽查村寨。酌增民壯六名，以供役使。鑄給廣南府分防普廳塘經歷印。從之。（高宗八九三、一四）

（乾隆三七、六、癸巳）户部議覆：湖北巡撫陳輝祖奏稱，川江入陝，由巴東歸州，至東湖縣四百餘里内，灘勢甚險，近年銅鉛船隻，沉溺不一，非用小艇全數起剥，難以避害。查每運滇銅七十餘萬，應剥十分之四，例准銷銀八十八萬兩，若每運再加一百三十餘兩，即可全剥。黔省鉛觔，亦即仿此項增費，援照東川、尋甸等陸運銅百觔搭運五觔之例，節省脚費以充剥項等語。查湖北省新灘空艙峽等處，俱有名險灘，若銅鉛船每運全行起剥，不過增費一百三十餘金，所全實大，應如所奏辦理。但請增剥費援照東川、尋甸例每百觔加添數觔，固屬通融之道。第近年銅鉛各廠所出未旺，請勅下雲貴撫臣，妥協籌備，儻不敷加添，應另法措辦。從之。（高宗九一一、三三）

（乾隆三九、一二、戊申）署四川總督文綬奏：軍營鉛子，最關緊要。上年撥解黔省黑鉛，將次用完，本省所出鉛觔，止敷鼓鑄，請於黔省再撥黑鉛四十萬觔解川。查黔省辦運各省鉛觔，俱由川省永寧縣雇船轉送，因係水陸通衢，向來設局存貯。現咨明黔省，並飭查永寧局存貯黑鉛若干，令其就近動撥。得旨：如所議行。（高宗九七三、三〇）

（乾隆四四、三、甲寅）諭軍機大臣等：户部議覆，李侍堯等奏請停止滇銅逾折之例一摺，自應如此辦理，已依議行矣。銅觔非米麥可比，途中運送，本不應有折耗，且日久漸多，自係不肖之員，盜賣貴價，而以賤價買補，其弊實所不免。可見滇省銅政之病，非但產銅短少，前此各督撫等實有辦理不善之處。今李侍堯既將逾折一項，奏請永行停止，此外或尚有相類者，務須留心體察，剔除積弊。前因李侍堯等覈實覆奏，業將無著欠項，降旨加恩寬免，將來銅務自當日有起色，李侍堯等益當實力整飭。令此後辦銅，務須年清年款，嚴飭廠員等。毋蹈從前故轍，如有弊混侵虧情弊，立即嚴參治罪，毋稍徇縱。將此由四百里傳諭李侍堯、裴宗錫知之。（高宗一〇七九、二〇）

（乾隆四七、六、甲午）雲貴總督富綱等奏：滇省辦銅，半由尋甸州轉運至黔省威寧州，嗣因尋甸與威寧隔遠，經前署督臣圖思德奏請，自宣威至威寧七站，改歸宣威州承運。然仍多阻滯，其故由於牛馬車輛，半資霑益、平彝二州縣，雇募既難尋、宣分運，又多一次秤盤，而宣威至威寧，山路險峻，是以轉形竭蹷。臣與撫臣劉秉恬悉心籌酌，莫若改歸曲靖府承運，則生產牛馬車輛之霑益、平彝二州縣，俱隸該府管轄，呼應較靈。隨令曲靖府知府龍舜琴先行試辦，現在辛丑銅觔，業經全數掃幇。嗣後尋、宣二州分運至威寧之銅，請改歸曲靖府一手承運。報聞。（高宗一一五九、二五）

（乾隆四八、一〇、壬戌）又諭：本日李奉翰奏，滇省委員運京銅觔，在江寧地方有遭風沉溺之事，已另降諭旨，交該督等飭屬再行上緊實力尋撈矣。又據福康安面奏，滇省運京銅鉛，向例在重慶府另行打造船隻，雇備水手，裝載開行，至交卸銅觔後，又將船隻拆卸變價。前在川省、滇省任內時，曾經查詢，但該委員等拘泥成例，多稱裝運銅鉛，必將船身板片加厚，是以須另行打造。川省裝運貨物，大船頗多堅實可用，嗣後只須挑用堅實貨船按照市價雇用，毋庸製造。復行委員往查，再行具奏間，其時適屆卸任，未知此項船隻，現在作何為辦理，請交李世傑酌定具奏等語。福康安所奏，頗切中事理。製造船隻運送銅鉛，既多糜費，而水手又臨時雇備，不特人與船不相習，且沿途碰磕損傷，俱與伊等漠不相關，其各省屢報沉溺銅鉛之故，安知不由於此？若謂裝運銅鉛必須船身堅固，則民間販載貨物之大船，豈皆膠舟而不可用，而所裝之貨，又豈俱係柔細質輕者耶？即一船不敷裝載，何妨多雇數船，以資浮送。但福康安在任時曾經辦有頭緒，李世傑接任後，是否委員查辦，何以並未奏及？著傳諭李世傑詳悉查明，酌覈迅速具奏。（高宗一一九〇、一一）

（乾隆四八、一一、辛卯）諭軍機大臣曰：李世傑覆奏，滇黔運京銅鉛船隻一摺內稱，據川東道沈清任詳稱，重慶大船，實係攬頭造就受雇，並非運員自造船隻，致多糜費。請嗣後每船以七萬觔為率，接到滇省運銅來咨，計用船若干隻，行知江北同知雇備。如有中途失事，將攬頭枷示重懲，永遠不許承攬別載等語。李世傑此奏，止據該道沈清任所稟情形，酌立規條，至該道稟詳，或僅係具文塞責，未必實力詳查，熟籌辦理。滇黔運京銅船，關係京局鼓鑄，一到川省，即係該省應辦要件，自應視為己事，妥協辦理，總以官物為重，不可存此疆彼界之見。今據該督所奏，嚴飭攬頭小心運送，如有中途沉失等事交地方官追出原領工價，並永遠不許承載，亦係補偏救弊之法。即如所奏辦理。但著落江北同知承辦船隻，丞倅微員，究恐呼應不靈，未能經理妥協。此項船隻，既係沈清任查稟，伊又係本道，嗣後川省運銅各船，即著交沈清任率屬實力

妥辦，以專責成。如果料理妥協，必將該道敘功，倘仍前經理不善，亦惟該道是問。將此諭令李世傑知之。（高宗一一九二、六）

（乾隆四九、二、甲戌）戶部議覆，四川總督李世傑奏稱，銅鉛到川應需船隻，遵旨交沈清任率屬妥辦。惟查重慶以上雇船之事，沈清任止能於所轄之重慶地方照料，其自永寧至瀘州、瀘州至重慶皆永寧道專管，應責令該道，督同各該地方官代爲雇備，並用諳練舵水管駕，如有疎虞，即將船戶舵水追價枷示。應如所奏。再查銅鉛過漢口、儀徵兩處，向係運員自行換船裝運，亦應照此辦理。請飭下湖北、江蘇巡撫飭屬妥辦。從之。（高宗一一九九、七）

（乾隆五四、七、辛亥）定沉溺銅觔，每月奏報例。諭：據陳用敷奏報滇省銅船過境日期一摺，內稱雲南委員漆炳文，領運五十三年三運一起京銅，七十六萬一千七百九十三觔，在湖北歸州沉溺銅七萬觔等語。運京銅觔，事關鼓鑄，沿途自應小心運送。今滇省領運之銅，在湖北歸州地方，沉溺至七萬觔之多，殊屬可惜。著傳諭畢沅、惠齡即飭所屬查明，務期撈獲，並諭沿途各督撫，嗣後遇有銅船過境，沉溺若干，撈獲若干，必須每月奏報，以便隨時查驗。庶督撫等實力督率地方官認真查辦，不致視爲具文也。（高宗一三三五、三五）

（乾隆五五、五、己酉）湖廣總督畢沅、湖北巡撫惠齡奏：防範銅運章程。一、銅船應責成永寧道，於雇募時，驗明穩固堅厚，其有現行打造者，亦責令監造官查察，毋許偷工減料。一、向例每船載銅七萬觔，多則私帶，少則盜賣虧短。應責成江北廳逐一過秤。其船身喫水若干尺寸，並船戶頭舵姓名，移知接護州縣，隨時驗明。一、應將宜昌至漢口，一切新舊險灘，刊刻一紙，飭巴東縣交給運員，傳知各船戶水手。並令所過州縣，將險灘名目，標立兩岸，俾知趨避。一、水摸撈費，每獲沉銅百觔，給工價三錢。請嗣後遇水深四丈以外者，每百觔加銀一錢，俾得踴躍從事。一、銅船沉溺處所，應飭運員親屬及沿江州縣丁役，嚴加查察，毋任水摸私放水底，夜間竊取。得旨：有治人，無治法，以實妥爲之。（高宗一三五五、三〇）

（乾隆五六、八、乙巳）四川總督鄂輝，條奏銅運事宜：一、向例裝載銅鉛，每夾鰍船一隻，以七萬觔爲率。但查重慶至宜昌，寸節皆灘，裝載過重，轉掉欠靈。今擬酌裝五萬觔，並飭經過地方官，協同運員嚴查船戶，毋許違例夾帶私貨，仍致笨滯難行。至一入長江，並無灘險，到楚換載，仍以每船七萬觔爲限。一、銅鉛船隻，每年春夏在二、三、

四、五等月，秋冬在八、九、十、十一等月按八個月放行，其六、七、十二、正月，俱停開運。並咨明雲貴督撫，飭令運員豫為料理，查照月份，按起如期到川領運。一、川江重載大船，只能順流而下，不能逆挽上行。是以銅鉛到川，另有包造船隻之人，名曰攬頭。此等人屬江北同知專管，包攬牟利，弊端百出。應飭令江北同知，在各攬頭中慎選殷實老成之人，令其承充，取結造冊，呈報各衙門備查。一得運京起程之信，於此數人中，挨次派令造船承值，造完日，令江北同知就近察驗，如有板薄釘稀，將攬頭責處，並飭改造。頭舵水手，責令按船配雇。如有疎失，照例追出原領腳價，並枷示河干，不許再行攬載，將船隻變價，以充撈費。倘運員到川，或有私用冊內無名攬頭，混同包攬承載，許江北同知查報覈辦。一、各險灘處所，酌募灘師四五名，按所在州縣，捐給工食。令其常川在灘，專放銅鉛船隻，如過灘安穩，聽運員量加犒賞。如有失事，將該灘師革退，枷示河干，仍令各地方官將應行添設灘師之處，及灘師姓名，造冊查報。一、如遇銅鉛失事，即雇水摸打撈。於水摸中選誠實一人，點為水摸頭，專司督率。如一月內全獲，於例給工價外，另賞銀五十兩。限外十日或半月內全獲，以次遞減。三月內全獲者，毋庸獎賞。倘限內撈獲稀少，或逾限不及一半，將水摸頭枷責。如捏報偷摸情弊，加倍治罪。下軍機大臣會部議行。(高宗一三八四、七)

　　(乾隆五八、七、戊申) 又諭曰：惠齡奏二月分撈獲沉溺銅鉛數目一摺，內稱銅鉛價值懸殊，今據報撈獲數目，往往鉛多於銅等語。此非弊而何？銅價此鉛貴至數倍，其為水摸人等因銅觔可得重值，故意少撈以為潛行盜賣地步，情弊更屬顯然。但此等水摸，其潛行撈取銅觔時，不能久伏水中，必須登岸。苟能於濱江一帶嚴密躧緝，無難人銅並獲，況所撈之銅，非向各鋪戶銷售，無由變賣銀錢，但地方官僅向鋪戶查問，亦不能絕其弊端。蓋緣此等水摸偷賣之銅，其價自必較賤，鋪戶方樂為收買，從中漁利，豈肯自行呈首？仍屬有名無實。總在地方官平日留心，密為查訪，倘遇有屢次持銅到鋪戶變賣，形迹可疑者，即行拘獲究辦。若水摸與鋪戶通同一氣，則鋪戶即屬窩家，亦當根究如何潛匿偷撈、及代為銷賣情弊，懲一儆百，其弊自當逐漸斷絕。不思所以杜弊之法，朕豈能向沿江各州縣逐加曉諭，耳提面命乎？著將此傳諭惠齡，並諭沿江督撫知之。(高宗一四三三、三)

　　(乾隆五九、一、癸卯) 諭軍機大臣曰：畢沅奏續獲沉溺銅觔數目，及惠齡奏查看川楚沿江水勢各摺，均已於摺內詳細批示。銅質沉重，沉溺江底，不至隨波衝去，其未能全數撈獲者，由水摸人等將銅觔潛匿水底，希圖過後盜賣牟利。節經降旨，令該督撫等留心查察。茲據畢沅奏，已獲銅四萬四千餘觔，未獲銅五千七百餘觔。計未獲之數雖少，然在盜賣者有此盈千私銅，獲利實多，不可不設法查禁。因思水摸人等偷撈銅觔，必在沿江一帶舖戶銷售，著再傳諭該督撫轉飭沿江地方官，密行曉諭該舖戶，如有無業貧民，而驟持多銅到舖售賣者，即係盜竊之銅無疑，該舖戶當即到官呈首。該地方官一面將盜賣之人究明懲治，一面將呈報之舖戶，優加獎賞。若舖戶串通不報，別經發覺，即與盜賣一併分別治罪。如此剴切詳諭，勸懲並用，該舖戶等尚有身家，又見呈報後可得厚賞，遇有盜賣銅觔之人，自必據實首出，而水摸人等見無銷售之路，亦不敢仍前舞弊。此亦杜絕偷盜之一法，惟在該督撫督飭所屬，實力奉行，方為妥善。（高宗一四四四、一二）

（嘉慶七、三、壬辰）諭內閣：常明奏請將滇銅歸滇省迤東道承運，徑交鎮雄州接運一摺。向來滇銅係由尋甸州起運，經過黔省威寧州屬地方，交鎮雄州轉運，至四川瀘州水次交兌，嗣經改由黔省威寧州接運。今既據奏稱，該州赴滇省請領運費，往返需時諸多不便，著照所請，改歸滇省迤東道承運，徑交鎮雄州接運，以昭簡易。（仁宗九六、一三）

⑤各省經辦購運的數額與時限

（康熙二三、七、丙戌）工部議覆：管理錢法刑部左侍郎佛倫疏言，寶源局每年鼓鑄，用銅六十五萬八千一百觔零，以五萬觔銅為一卯，每月鼓鑄二卯，此六十五萬餘觔之銅，止可鼓鑄六個月有餘，其五個餘月，匠役無事，各歸鄉村。伊等俱賴手藝為生，焉能保其不行私鑄？請將蘆課并各關稅增買銅觔共一百二十萬觔，一年十二月，每月鑄錢二卯，不令匠役出局，可杜匠役盜鑄之弊。查見今蕪湖、龍江、杭州、荊州四關，歲辦銅觔七十一萬九千六百五十四觔，尚不足銅四十八萬三百四十六觔。應將江蘇撫屬蘆課銀內，令其辦銅十七萬觔；安徽撫屬蘆課銀內，令其辦銅六萬觔；湖廣蘆課銀內，令其辦銅一萬觔；江西蘆課銀內，令其辦銅九千五百五十觔；滸墅關辦銅九萬五千觔；蕪、贛二關共辦銅三萬觔；湖口關辦銅一萬四千觔；太平關辦銅四萬觔；鳳陽關辦銅二萬一千七百九十六觔。以康熙二十四年為始，解交寶源局以足鼓鑄。從之。（聖祖一一六、八）

（康熙五八、九、丙子）工部等衙門遵旨議覆：臣等查兩局見貯銅八十三萬餘觔，又各省運到張家灣銅一百六十八萬餘觔，尚有報觔歷年銅二百八十六萬餘觔，今年秋冬、明年春夏，可以不悞鼓鑄。其江寧等八處舊欠未完康熙五十五、六、七三年銅，二百七十二萬八千六百觔有奇，應令各該督撫於文到日，勒限十月，盡數解部。如有遲悞，將辦銅各官，嚴加議處。督催不力之督撫，并承催不力之布政使，俱照承追錢糧之例議處。從之。（聖祖二八五、十三）

（雍正一、五、甲午）戶部議覆：御史單疇書條，安徽、湖廣承辦銅觔，日久未完，恐有借詞故延之弊。請敕戶工二部，清查歷欠銅觔，勒限完解。又從前解官，皆屬微員，易於誤公，宜遴選府佐、家道殷實者，委令領解。均應如所請。令各該督撫，限四個月速催完解，逾限不完，照例參處。並選賢能府佐領解。從之。（世宗七、一二）

（雍正五、六、戊申）戶部議覆：雲貴總督鄂爾泰疏言，滇省採買銅觔，除供鼓鑄一百餘萬觔外，每歲多不過二三十萬觔。今歲銅礦增盛，就現在核算，五年分銅觔，可獲三百數十餘萬。但銅多本少，收買不敷。懇於鹽務盈餘銀兩，酌借五六萬兩，發價收銅，運至鎮江、漢口，令江南、浙江、湖廣辦銅諸省，出價收買，以便還項。查各省承辦銅觔，除廣東、福建從無遲誤，浙江現在開洋，毋庸另購外，其湖南、湖北以採買維艱，每逾定限，而江蘇則辦新不足，舊欠滋多。應如該督所請，將滇省鼓鑄餘銅二百數十餘萬，動用鹽務盈餘銀六萬兩收買，即委滇員運至鎮江、漢口賣價還項。庶滇省餘銅，既得流通，而江蘇及湖南、湖北，承辦亦免遲誤，實於彼此均有裨益。從之。（世宗五八、三四）

（乾隆一、七、辛亥）戶部議覆：江蘇布政使張渠奏，江浙二省海關額辦銅一百萬觔，定限每年六月起解、十二月到部。如逾限不解，承辦之員照例革職留任。該管上司降二級留任，展限四個月戴罪承辦。如限內完至三分之二者，免其革任治罪，再寬限四個月，照數辦足解部。如限滿未完，即將承辦之員革任，交刑部從重治罪，另委賢員接辦。查有虧空，著落家產追賠，該管上司降二級調用，再令分賠完結。如參後六個月內將銅觔交完者，准予開復。如此略為酌更，則於定例之外，再得展限四個月，自可從容辦理。若二參限滿，完不及三分之二者，仍照舊例議處。至江浙二省海關所辦銅觔，既數倍於前，承辦之員能依限全完者，該撫核明報部，臣部咨吏部量加議敘。又各省解部銅觔，每百觔例給水腳銀三兩，前因各省銅觔歸併江浙二省分辦時，據原任蘇撫吳存禮節省銀八錢。嗣於雍正三年，仍歸各省分辦，各省已照舊全支，惟江蘇、浙江尚扣節省，承辦之員，實多賠累。今歸併海關，銅且數倍，運費益多，一員之力，豈能賠墊？應令海關所辦銅觔起解之日，即將所需水腳銀兩，除解部飯銀外，其餘俱照數全支，完解之後，據實報銷，倘有侵隱情弊，指名查參。從之。（高宗二三、四）

（乾隆四、四、乙巳）戶部議准：江西巡撫岳濬奏請，承辦銅觔官員，正額全行完解，應將原參革職留任之案，准其開復。至覈減銅色銀兩，逾限不完，仍照例議處。從之。（高宗九一、一七）

（乾隆五、六、戊戌）雲南總督慶復、巡撫張允隨奏：前閩省請買滇銅二十萬觔，江蘇請買滇銅五十萬觔，查滇省每年辦運京銅，共七百三十餘萬觔，黔省每年辦運京鉛一百八十三萬觔，同路運送，駄腳每苦不敷。今江、閩兩省又共請買銅七十萬觔，實難運濟。查廣南府與粵西接界，由粵西水路至粵東，可以直達福建。閩省所需銅，應於附近廣西之開化府者囊廠銅內撥給，交廣西收貯稅所，俟辦員到日，領運回閩。仍分作兩年，每年十萬觔，方得從容。至江蘇上通楚蜀，應由威寧、鎮雄兩路，運赴永寧，交辦員領運回蘇。但銅觔現在不敷，實不能如江蘇所請原數。請酌減二十萬、給與三十萬亦分作兩年運送。得旨：辦理俱屬妥協。知道了。（高宗一一九、三五）

（乾隆六、七、癸酉）［戶部］又議准：雲南總督兼巡撫慶復奏稱，滇省每年搭解停鑄京錢，原用銅一百八十九萬一千四百四十觔，照依額銅之例，作爲四運，每運委佐雜一員，赴永寧領銅，尾同運解額銅之員，押至漢口，即換裝站船。湖廣等省，委員協運，其佐雜養廉，並陸路腳價銀，悉照辦運額銅之例支給。從之。（高宗一四六、二八）

（乾隆八、二、辛亥）［戶部］又議覆：貴州總督兼管巡撫張廣泗疏奏，黔省辦解京局鉛觔事宜。一、應解寶泉、寶源兩局黑白鉛觔，請分上下兩運，依限解交。於當年十月起解者，於次年三月到部；於當年四月起解者，於九月到部。解員逾限，照例題參。應如所請。一、蓮花、砂硃等廠，礦砂既薄，食物俱昂，鑪民無利可圖，人散鑪停，出鉛日少。請將每觔一分有零原價，定爲一分五釐，一面收買，一面發運。應暫如所請，如遇產旺鉛多，即據實酌減。一、黔省加運鉛觔，由威寧發運者，二十餘萬，運腳維艱。請照滇省題請運銅百觔，每站給運腳一錢二分有零之數，一例給發。查滇撫張允隨題，經部咨行令確查，尚未題覆，今應令張廣泗一併會議具題再議。一、蓮花、砂硃二廠鉛觔，均由威寧一路雇運，因滇銅擁擠，必須陸續起解，額設人役不敷稽查，每有腳戶偷竊等弊。今請於威寧所屬之威家灣，並畢節、永寧二屬共設書役十三名，逐站註單遞交，其工食於水脚節省項下動支。應如所請。一、黔省起運，俱於重慶雇覓大船，載至漢口更換，每有壞船之患，請照運銅之例，製備蔴繩浮楫，以備沈溺標記。應如所請。其繩楫價銀若干，如沿途無用，將來作何報銷之處，均未詳晰聲明，仍令查明報部。一、黔省辦運京鉛，係沿途雇募船隻，每多勒揹耽延等弊。請令各地方官協同雇給，責成行戶具結承保。應如所請。至請將他省黑白鉛觔，題請分解。查廣西產鉛，已題定留供本省鼓鑄，湖南鉛礦，開採多寡，尚難豫定。所有京局需鉛，應仍令張廣泗照數採辦，依限解部。從之。（高宗一八五、一九）

（乾隆一四、五、乙丑）戶部議奏：酌定銅運各款。一、銅觔虧缺宜分賠。查採辦洋銅例內載，銅觔報解後，即分咨沿途催儹。設有盜賣等弊，解官按律究擬，著落追賠，委解各上司分賠等語。請嗣後如沿途盜賣，解官名下不能追賠，亦照例著落委解不慎各上司分賠，并嚴加議處。一、運解宜定限期。查自永寧至漢口，限四個月，已屬寬裕，漢口抵通五個月，係照漕船例。惟在漢口、儀徵換船換簍停留日期，例報地方官轉詳咨部扣除，運官藉詞稽延。嗣後漢口限四十日，儀徵二十日，統核自永抵通，定限十一個月。如逾一月以上，照例查參，領解官革職，委解上司降三級留任。至守風守水，定限已寬，不准扣算。再每運正、協二員，倘沿途有沉溺打撈等事，即令一員前運，如逾限，亦不准扣算。一、加運宜遴員領解。每年四正運，委府佐州縣一員，佐雜一員，二加運，但委佐雜二員。嗣後正加運俱委府佐州縣一員爲正運官，佐雜一員爲協運官。一、辦解鉛錫，與運銅事同一例，應均照例辦理。至運送餉鞘，經由陸路，與運銅不同，按站撥送，定例綦嚴。應再行令各督撫，飭屬詳慎稽查違誤，照例參究。從之。（高宗三四一、七）

（乾隆一九、一、辛未）又諭：據黃廷桂奏稱，川省產銅旺盛，積存甚多，請復設舊鑪增鑄一摺，已交部速議矣。此項銅觔與其積久堆存，誠不如增鑪鼓鑄，以利民用，但所利僅在川省。近來京師錢價較前雖覺漸平，若更增鑄錢文，其用益溥。著傳諭黃廷桂，令其詳悉籌酌，如解銅來京，於運脚不致糜費，可於此項積存銅內酌量撥解運送京局，以供加鑄之用。是否可行，據實即行奏聞。（高宗四五五、七）

（乾隆一九、九、丁丑）戶部等部議：吏部尚書管四川總督黃廷桂題覆，樂山縣老洞溝廠，開採撥運京局事宜。一、解京銅一百四十萬觔，於滇銅過川時，分七次帶運，其存局銅，即供川局鼓鑄。一、解運京銅，即在收買餘銅項下撥運，所加耗餘銅，在抽課耗銅覈給。一、辦運京銅，自老洞溝廠至重慶，所需竹筐水脚，及差役飯食等項，照例支給。一、自重慶運交京局，水脚夫價等項銀，照滇省運銅例支給。一、運銅應解坐糧廳車脚剝載銀，照滇省動給各等語。應如所請。至運銅雜費，該督請照滇省運京之例支給，未免浮多，應照滇省帶運江西截留銅之例開銷。從之。（高宗四七二、二）

（**乾隆二三、四、乙酉**）貴州巡撫周琬奏：黔省各廠出產鉛觔，經前任撫臣愛必達奏准，每年酌撥二百萬觔，運赴漢口售賣，以供江南等九省鼓鑄。嗣據委員稟報，二百萬觔不敷銷售。又經前撫臣定長議於額運外，加運正耗鉛一百八十九萬觔。節年辦理在案。茲查漢口局內，除銷售外，現存積鉛六百五十餘萬觔，已足供兩年銷賣，應將額解楚鉛，停運一年。至湖南省本年需用鉛觔，即令運解京鉛之委員帶運，不致貽誤。報聞。（高宗五六一、三三）

（**乾隆三一、一〇、乙卯**）戶部議覆：署兩廣總督楊廷璋等奏稱，奉准部議，酌定採辦銅鉛限期。查廣東委員運鹽至雲南辦銅回廣東，前請統限二十箇月，以八箇月運鹽，十二箇月運銅。今仍照定限辦理。至採買白鉛，原定限四箇月，今改限一白日。應如所請。從之。（高宗七七一、八）

（**乾隆三一、一〇、乙丑**）戶部議覆：江蘇巡撫明德奏稱，奉准部議，酌定採辦銅鉛限期。請嗣後委員領銀，自江蘇至雲南省城，定限一百八十二日，及領運銅觔，自廣西全州以下至蘇州，應行九十六日等語。應如所請。至委員自雲南領銅，運至剝隘地方酌定限期之處，聽雲貴總督定議外，其自剝隘至百色、百色至全州，先據湖北巡撫定限九十四日，應令該撫遵照辦理。至該省委員，在湖北採買鉛錫運回蘇州，亦應如所奏，定限四十日。其自該省領銀至湖北，亦如之。從之。（高宗七七一、二〇）

（**乾隆三一、一二、庚子**）戶部議覆：大學士管雲貴總督楊應琚等奏稱，各省辦運滇銅，委員解銀到滇，向例隨到隨收，不出三日，或現有存廠銅，即可指撥；或現存無幾，約計將來某廠可以辦給，豫行辦撥，總不出半月以內。仍請照舊辦理，毋庸另立限期。至領給銅觔，如所撥俱係現銅，即可全數給領。若該廠銅數不敷，須就各子廠協撥，即須守候。委員在廠領銅，彈兌查收，並覓雇脚戶，催趲牛馬，均須時日，不能尅定限期。應俟領足銅觔之日，催令陸續發運，即由該廠報明限期。至向來義都、金釵兩廠，辦供外省采賣，應就該兩廠至剝隘道里，覈計程限。查義都廠銅，俱係該廠運至省城，即在省店發給。自省城至剝隘，用牛馬運，按站應限四十日，惟所雇牛馬不能常運，須往返輪流，應加展四十日，沿途或有阻滯，再寬限十日，統計九十日，可運銅十萬觔，至剝隘水次。如辦運至二三四十萬者，每十萬加展三十日。金釵廠銅，在蒙自縣給發。自蒙自縣至剝隘，均係牛運，按站應限三十四日，又輪流轉運，加展三十四日，沿途或有阻滯再寬限七日，統計七十五日，可運銅十萬觔。至剝隘水次，如辦至二三四十萬者，每十萬加展二十五日。至銅數較多，兩官分運者，各照該廠程限，分別扣算。如銅數減少，一官總運者，兩廠分領，仍各照額定限，准其分扣。再馱銅牛馬，俱雇自四鄉；如遇農忙瘴盛，即無牛馬雇運，難以按程遄進。令委員及地方官查報雲南督撫，咨明該省，准其停運展限。均應如所請。從之。（高宗七七四、二）

（乾隆三四、一、乙未）又諭：戶部摺奏，滇省上年額解京銅，據該督咨請展限，現在戶工二局，覈計本年鼓鑄餘銅，爲數無幾。請行令該督，將上年頭運第二起，二運一二起銅觔，務於年底趕運到京。其三運加運銅觔，務於明年二三月到京，方可無誤。仍請飭令將將三十四年應運京銅，務遵定限，委員起程解京，毋再延緩等語。已依議行矣。銅觔關係鼓鑄，自應依限解運，未便稍有遲誤。明德昨歲在京時，曾以辦理銅觔一事，諭令實力妥籌，一切惟彼是問。今雖已擢任總督，而辦銅如終是其專責。且喀寧阿初任巡撫，承辦亦未能諳習。著傳諭該督，此事仍專交伊督辦，務照該部程限，依次催趲運京，毋得以新撫有人，稍存推諉之見。再現在辦理兵差，馬騾牛驢等牲隻，自雖分頭馱運。但或留心設法，雇覓民夫，扛擡背運，亦未始非權宜之策。即所給工值較原定脚價略有加增，亦不妨奏明通融籌酌，期於辦運有裨。并諭該督按照該處情形，悉心經畫，是否可行，即行據實詳議具奏。此摺著一併寄令閱看，不必發鈔。所有案內延玩各員，并著明德查明，用摺參奏，亦毋庸繕疏具題。（高宗八二六、二一）

（乾隆三四、一〇、壬戌）又諭：據戶部議准文綬奏，滇省低銅未到，暫配黑鉛鼓鑄一摺，已依議行矣。陝省委員赴滇採辦銅觔，滇省自應上緊趕辦給發，以資該省鼓鑄之用，何以閱時三載，始據自滇領運，辦理殊屬延緩？且自陝赴滇，運銅往返程期，先經戶部議准四百八十餘日。即在滇守候，亦何至遲逾一年零六個月有餘？陝省因何竟不按限行催？滇省因何不即早行撥給？均難辭咎。著傳諭文綬、明德即將遲誤緣由，查明覆奏，至摺內稱，滇省咨報該委員本年七月內領銅，因瘴盛於十月起運，更不成語，已交軍機大臣，將此語刪節發鈔，滇省即有瘴氣，不過邊外地方，若運銅所經皆係腹內地面，安得以瘴盛爲辭？此乃委員等同逾限已久，藉詞支飾。該撫何得辄爲聽信，據以咨報。殊屬不知事體，嗣後辦理内地事務，概不得以有瘴託詞展限。將此一併傳諭知之。尋陝西巡撫文綬奏：查滇省廠銅不敷，現有貴州、廣西等省採辦在陝西之先，挨次撥給，故至稽遲。但各省辦買滇銅，陝西最遠，嗣後應咨商雲南巡撫，通計地方遠近，先行撥發。報聞。（高宗八四四、三八）

（**乾隆三四、一二、癸壬**）又諭：各省委員赴滇採辦銅觔，往來俱有定限。乃各委員多有託故稽遲，不遵程限者，如浙省王鍈，業經領運起程，遲至二年有餘，尚未回浙，在途何故逗遛？自應查明辦理。向來京局運解銅鉛，各員自滇省開運，及經過省分入境出境日期，皆令各督撫隨時查報，是以不敢遲延。而各省採辦之員，恃無稽覈，往往任意濡滯，曠日玩公，實於鼓鑄有礙。嗣後此等人員，在滇領運開行，即著該督撫具奏。其何時領回本省，有無逾限，亦令該督撫查覈奏聞。至沿途出入省境期程，並照京局解員之例，一體具奏。如有無故停留貽誤者，即行指名參究。將此傳諭採辦滇銅及滇運經由各省督撫知之。（高宗八四九、二二）

（**乾隆三五、七、丁未**）户部議覆：署雲南巡撫明德奏稱，各省採買銅觔，應俟廠員具報，足敷稱發。委員到廠之日起限，援照四川瀘州銅店兌發京銅之例，限五十日。如買銅十萬觔，限以七日兌足，數多者，照此遞加等語。應如所奏。仍令轉飭廠員，於兌足銅觔之日，取具委員實收日期，申報詳咨。倘廠員不即依限稱發，令解員據實揭參。如解員領足銅觔，無故延挨，亦令廠員揭報，分別參處。仍將兌領日期，報部查覈。又奏稱，嗣後先儘陝西委員兌領，其餘擇緊要省分給發。亦應如所請行。至以高銅抵撥低銅，每百觔應補價銀二兩，臣等就採買各省成本覈計，除廣東以銅易鹽，不便抵撥外，其江蘇、江西、湖北、廣西等省，加以補給高銅價值，餘息有餘，均可通融抵辦。至浙江省鼓鑄餘息，本屬無多，福建省尚不敷工本，此二省均應照舊搭辦低銅。仍令該撫於金釵廠附近地方，廣覓子廠，設法開採，俟裕足之日，仍照高低配搭之例，以供各省鼓鑄。得旨：依議速行。（高宗八六四、八）

（**乾隆三六、七、乙丑**）湖北巡撫梁國治奏：黔省每年鉛運漢口，以供採買，旋因黔運愆期，部議撥廣西、湖南鉛協濟。此項關係鼓鑄，向無嚴查遲誤偷盜之例。請嗣後將何時運到若干，何時售賣若干，並於何時運回，查明有無遲誤偷盜等弊，一體彙奏。得旨：是。（高宗八八九、二四）

（**乾隆四〇、六、戊子**）又諭：據巡漕御史邱日榮奏，滇省運員張綏佩委運銅觔抵津，理應於起剥後迅速北上，乃該員因乏運費，任意稽延。除一面移會地方官查照辦理外，應請勅下直隸總督、倉場侍郎細加盤驗，逐一查明具奏等語。著照所請，令周元理、富察善等派委明幹大員，詳查張綏佩在津剝運稽遲緣由。並前領水脚銀兩，是否因公實用，其所運銅觔，有無虧缺，即行據實查辦具奏。並諭邱日榮知之。尋奏：查雲南委員張綏佩，領運乾隆癸巳年二運一起，正銅七十二萬觔，餘銅一萬六千三百觔，於六月十九日全數運抵通州。當經盤驗，正銅無缺，僅少餘銅一千五百餘觔，面詢該員，據稱，係沿途搬運起剝，磕碰零星折耗，似屬實情。又查該員於雲南、湖北、江南三處，共領得水脚銀六千四百八十二兩四錢，爲沿途船戶支領之用，又領有雜費銀九百五十八兩，爲置備筐簍繩索、夫工犒賞等用。至途中起剝、守凍等費，俱應運員墊用，差竣旋滇補領。該員墊銀一千五百餘兩，俱有所在地方官印結爲據。運抵天津，無貲可墊，在津竭力設措，始得開行。查該員自瀘開幫，迄今抵通，其實歷行程，尚在定例十一箇月之內，亦未逾限，是該員並無情弊，請交戶部查覈。下部知之。（高宗九八四、一一）

（乾隆四〇、七、癸酉）戶部議覆：署雲貴總督圖思德咨稱，各省委員採買滇銅，自行赴廠領運。廠地遠近多寡不一，或一員而領數廠之銅，輾轉輓運，以致逐廠分扣限期，殊非省費速運之道。請將出銅較少之大美、香樹坡、馬龍寨等廠，令廠員將銅雇運省城，交雲南府接收轉發。其程站最遠之得勝、白羊、日見汛等廠，令廠員將銅遞行運交大理府收存轉發。各省委員領運，各按銅數，總扣限期，毋須逐廠分扣。至義都、青龍兩處，廠銅較多，及下游銅廠，程站較近，易於雇運者，仍令各省委員赴廠自行領運。所需運費，上游自廠至省歸滇報銷，下游歸各省報銷等語。應如所咨，并飭令各廠員，先期運往存貯。如各省委員已到，該處無銅可兌，即將辦運遲誤之廠員查參，並將各委員守候盤費著賠。至銅多路近各廠，外省委員自行赴領者，仍令該地方官，協同雇募，催趲起程。從之。（高宗九八七、二四）

（乾隆四〇、閏一〇、癸亥）署四川總督文綬奏：滇黔二省，辦運京局銅鉛，攸關鼓鑄，自應實力催趲。查滇銅自瀘店領兌開行，由重慶換船，至四川巫山縣出境，例限九十五日。黔鉛自永寧運至渝局，鎔化換載至四川巫山縣出境，例限六個月零十五日。歷來運船，雖俱依限具報護送，然每多逾限不能迅速遄行。推原其故，大率藉守風守水爲由，地方各官不能切實催趲所致。若不嚴立章程，終恐有名無實。應請嚴定例限，守風不得過四日，守水不得過八日。倘間遇江水異漲，有實在不能依八日之限，冒險開行者，令該道府大員，察驗實在情形，出具印結報查，庶不似從前任意捏混。如運員無故逗留，地方官弁徇情代爲捏飾，隨時嚴參議處，庶幾各有責成，不敢任

意稽緩。得旨：知道了。實力妥行，毋爲空言。(高宗九九五、九)

（乾隆四一、六、辛丑）吏部議准：貴州巡撫裴宗錫疏稱，大定府屬水城通判，管理福集廠鉛運，每年額解二百二十餘萬觔，該廳管轄地方，僅常平、永順二里，本處夫馬不敷。查水城廳外，有隸寧遠州之時豐、歲稔、崇信三里，距州甚遠，請就近撥歸水城通判。夫馬雇覓較易，實於運務有益。該三里額徵秋糧一千九百餘石，應改令赴廳完納。該州舊轄九里，額定進學十五名，今既以三里歸廳，亦應裁州額三名，撥添該廳，附入府學。從之。(高宗一〇一〇、六)

（乾隆四二、一二、甲辰）戶部議奏：江蘇巡撫楊魁奏稱，雲貴等省辦運京局銅鉛錫觔，例有定限。其經過江蘇，應行四十八日五時內，惟清河至桃源，計程七十九里，係屬逆水，統限四日。但清河四閘六壩，溜急水湧，挽運維艱。加以渡黃風信靡常，易致違限。請將該縣遇有必須雇船起剝，及阻守風水等事，仍准道府查實，結報扣展。查黃河遇夏秋汛漲，運船體重，或難冒險，冬春水平，雖係逆流，僅日行二十里，不難依限。嗣後除冬春仍遵原限外，如逢夏秋，有必須起剝、阻守風水等事，該縣即詳該管道府，親查結報。督撫將實應扣展日期，豫行送部查覈。如運員任意逗留，及地方官扶同捏報，該督撫揭參。從之。(高宗一〇四六、二三)

（乾隆四六、三、癸卯）雲貴總督福康安、雲南巡撫劉秉恬奏：前准部咨派委管廠各員，辦銅缺額，至三月以後，不能補交者，即行徹回另委。惟查從前定額，原就一年所獲，按月畫分，計盈絀以定考成。而一年中夏秋雨水，漕硐淹漫，採鑿較難，又或廠衰銅絀，另覓新漕，尤非旦夕可以集事。若以月額不敷，令於一二月內補足，爲期太促。且滇省大小四十餘廠，練才難得，實無多員改委。請嗣後廠員缺額，三月未能補交者，查係水浸廠衰，並非辦理不善，而缺數亦止一二分者，仍令留廠，統限一年繳足，如不能補交，即徹回，入於考成冊內開參。倘實係該員懈廢，又不及時趕補，仍照新例即行參處。得旨：如所議行。(高宗一一二七、二五)

（乾隆四六、六、癸巳）又諭 [軍機大臣]：據福康安等奏，乾隆四十五年分滇省新舊大小各廠，通共辦獲銅一千一百二十七萬餘觔零。覈查各廠年額，應辦銅一千九十五萬餘觔，已多辦銅三十一萬餘觔。又奏：將庚子第二運第一起趲運在途，其後五起，亦已辦竣發運各等語。滇省銅觔旺產，各廠採獲復有盈餘，自系該督等實力辦理，整頓得宜所致。各礦產銅，年產年獲，於每歲應辦之數，稍有盈餘足供轉輸，較前已有起色。至於天地自然之利，要當留其有餘，爲每年採獲之地不可專務目前儘力搜獲，以致辦理太

過，將来採挖，轉有盈絀不齊之處。著將此傳諭知之。（高宗一一三五、一四）

（**乾隆五二、一、戊戌**）貴州巡撫李慶棻奏：黔省每年應辦楚鉛二百五十萬觔，委員解赴湖北漢口鉛局，以供各省採買鼓鑄之用。其銷售鉛價銀兩，向責成湖北漢陽府同知查驗，解交漢陽府庫暫貯，俟委員銷售事竣，領解回黔報銷。請嗣後委員到漢口，採買鉛觔價銀，仍令漢陽府同知查驗，逕解湖北藩庫收存。俟黔省後運委員到楚，立即催令前運交代清楚，給咨領解銀兩，回黔報銷。得旨：允行。下部知之。（高宗一二七三、三四）

（**乾隆五四、六、戊辰**）諭曰：惠齡奏，湖北委員李英、汪景蘇接運已故委員周方炯、呂日永領運乾隆四十一並四十九兩年。鼓鑄滇銅回楚，每百觔煎煉實止得凈銅七十觔，較部定八三成色折算，每百觔計折耗銅十八觔有零，應著落原辦，及接運之員，分股賠補，於任所、原籍分別咨追等語。所奏殊屬不成事體。銅觔關係鼓鑄，何至四十一年應辦之銅，至今始運到楚，相隔十餘年之久？以致委辦各員，相繼病故，輾轉更易遲延。況委員人等，如果有中途盜賣情弊，不特應行著賠，尚當重治其罪，若無盜賣等事，則伊等因辦運官銅，在外多年，中途病故，已爲可憫，復於伊家屬名下追賠，殊非正道。且事隔多年，該員等離任已久，原籍亦未必有力能賠，是官項仍至虛懸。該撫此摺，不過以奏請追賠，見其認真辦理。及咨追無著，將來原籍，可以家貲盡絕，援例豁免。所奏似嚴，而實非正辦，終於姑息而已。該省錢局，既屬鹽道管理，委員赴滇辦銅，守候至十餘年之久，因何並不稟催？而歷任督撫，亦竟置之不問，均難辭咎。所有此項折耗銅觔，業據該撫傳訊接運各員，暨原辦之員家屬，實無盜賣情事，則該員等因奉有遠差，中途病故，情尚可憫。即接運各員，現查無弊實，均無庸著賠，應即令該省歷任督撫，暨該管道員分賠七成。至滇省辦銅各官，雖因先儘京銅，於各省前往採買銅觔，不能即時辦給，其過較楚省爲輕，但亦何至遲逾十餘年之久？而銅觔又不能照部定成色，且滇省各廠，俱有道府經管，亦難辭咎。並應著落滇省承辦銅務廠員，及經管之道府，分賠三分，以示懲儆而昭平允。至各省錢局所辦銅觔，雖不能如戶工二部錢局之年清年款，但不定以限制。似此累歲經年，稽遲守候，致令承辦之州縣等，於本任事務，轉需紛紛委署，不能親身經理。既非慎重地方之道，並恐滇省官員，與委員有所厚薄，可以意爲先後，將後到者徇情早給，而先到者反致守候，亦不可不防其弊。自當按省分之遠近，以到滇之日爲始，酌定年限，如有逾限不將銅觔辦給者，即將廠員議處。其銅觔務令照部定成色，不准攙和低潮。倘有不足，准令該委員稟明另換。如此有所責成，庶廠員等不致任意玩延，運員等亦復無可籍口，其如何按照道里，定立限期之處，著軍機大臣，會同該部詳悉妥議具奏。（高宗一三三二、二一）

（乾隆五四、七、乙酉）定滇省廠員給領銅觔限期。軍機大臣會同戶部遵旨議奏：各省委員採辦滇銅，自起程及運銅回省，均有定限，惟到滇交價以後，至在滇開行以前，例無明文。請嗣後各省辦銅，委員先後到滇者，儘先到之員給發。同時到者，儘遠省之員給發。委員一到滇省，即將應辦銅觔指定廠所，何廠撥銅若干觔，應定限若干日，統計何年月日可兌交委員領運，開單咨部存案。俟奏報開行時，將廠員給領有無逾限，於摺內聲敘，戶部逐運查覈。如廠員逾限不給，照運員在途逾限例議處。兌給銅觔如有低潮，准該委員稟換。若因換銅誤限，亦應將廠員照例議處。若委員並未稟換，至本省驗明不足成色，即將委員查參。從之。（高宗一三三四、七）

（乾隆五四、七、壬寅）調任貴州巡撫郭世勳奏：黔省每年額辦楚鉛二百五十萬觔，運赴湖北漢口，以供各省採買鼓鑄。嗣因漢局鉛多，奏准減半，運鉛一百二十五萬觔。查現在漢局餘鉛無幾，請自本年為始，仍照原額撥運鉛二百五十萬觔。再楚鉛既經復額，廠鉛亦應加買。請自五十五年為始，飭令威寧州於額辦外，加買鉛一百萬觔。報聞。（高宗一三三五、九）

（乾隆五六、二、甲子）諭軍機大臣等：戶部奏，川省各廠出產銅鉛，前據李世傑請照滇省辦銅之例，派員專管，三年更換，覈其獲銅多寡，分別勸懲，業經議准遵行在案。嗣屆三年限滿，節次查催，先後據李世傑、保寧咨稱，毋庸獎勵議處。而孫士毅在任時，造送管廠各員獲銅數目清冊，覈計所獲多少，盈絀不齊，必須明示勸懲，方足以期廠務振作。請飭下該督，仍恪遵原奏辦理等語。川省銅鉛各廠，既據李世傑等請照滇省向例，視所獲之多寡，於三年後分別勸懲，業經定有章程，何以該督等又咨請毋庸獎勵議處？其所稱三年中獲銅較多者，係礦苗偶旺所致，即爲數漸少者，因礦砂將竭，硐老山空，並非有意廢弛，是否係該處實在情形？孫士毅曾任該省總督，必能知其詳細。且該督所造廠員銅數清冊，祇係比較盈絀，並未如李世傑、保寧等，以毋庸優獎議處之處聲明，或亦另有所見。究竟川省廠務，能否照滇省之例，計所獲之多寡，分別等第，按限覈實題奏，以重考成之處，著孫士毅即行覆奏，勿庸代爲迴護也。將此傳諭知之。（高宗一三七三、八）

（乾隆五七、一一、丁未）戶部奏：貴州運京鉛觔，向來運員在廠領運，每毛鉛百觔加耗五觔，至四川重慶，始行募工鎔淨解京。礦砂折耗，勢所不免，遂致解官掛欠。嗣後應令貴州本廠鎔淨，照例五十觔一塊。鏨明廠名觔數，到局驗收。如觔數不足，咎在廠員。塊數不足，咎在運員。各專責成，并可節省耗鉛運脚。得旨：所奏是。依議。（高宗一四一六、一九）

（乾隆五九、八、甲子）諭軍機大臣曰：戶部議覆直隸省減鑄卯錢、改放銀兩一摺，朕詳加披閱，所駁逐條皆是。……又該省鼓鑄，每年由官商辦運洋銅二十五萬觔，既經減鑄卯錢，自應停止採辦，若仍將銅鉛等項照額辦運，不但日積日多，虛擲無用，且運送脚價徒滋糜費。何以該督並未計及？著梁肯堂即照指駁各情節，據實明白回奏。……尋奏：……其採買洋銅鉛錫，俱應停辦。報聞。（高宗一四五八、三〇）

（嘉慶六、八、丙午）又諭：戶部奏，據馬慧裕咨，湖南應辦京局黑鉛，暫歸黔省代辦，請仍勅令湖南照舊運解一摺。湖南省從前應辦黑鉛，原係七十餘萬斤，後經祖之望於該省巡撫任內，奏請將原辦四十餘萬斤酌減，每年空額二十五萬斤。馬慧裕到任，如果相距去數十年之後，尚可藉口今昔情形不同。今馬慧裕即係與祖之望接任之人，何至僅能辦三萬餘斤？該撫到任未久，自未及親行查勘，何得僅據屬員稟報年久砂竭，率行咨部，驟減至三萬餘斤？若再隔數年，豈竟欲全行請免耶？至黔省每年應辦黑鉛，已屬不少，若再將楚省額解黑鉛，統歸黔省辦解，豈不更形竭蹙？現在京師錢價較昂，廷臣動請加卯鼓鑄，若鉛斤短少，豈能敷鼓鑄之用？馬慧裕著傳旨申飭。仍著將該省應辦黑鉛二十五萬斤實力籌辦，照數運解，毋得意存諉卸。（仁宗八六、二）

（嘉慶一一、一〇、丙子）又諭：勒保覆奏，查明范光晉領運乙丑年上運京鉛，在川耽延年餘緣由一摺。據稱，該員於十年四月內埠幫發運，旋值江水泛漲，例不開運。至八月初間，江水稍退，而該員患病沈重，不能起身，直至十一月初九日始痊瘉開行等語。領運京鉛，關繫緊要，總應隨時催趲，無誤京局鼓鑄。范光晉鉛船，先值江漲不能開運，尚屬有因，至患病調理，輒藉辭逗遛至三月之久，實屬有心延宕。若云范光晉患病沈重屬實，即應稟明另行派員接運，該管永寧道，亦當據實稟知該督改委。乃該員自在永寧受兌，以至運出川境，爲期一年有餘。既未改委，又未上緊嚴催，均屬非是。嗣後銅鉛運員到川，務令迅速開行，不得任令藉詞延誤。儻有實係患病者，如爲日無多，尚可俟其病瘉，催令起程，若察看病難速愈，應即行派員接運，以重局務。（仁宗一六八、三）

（嘉慶一六、一二、丙午）諭內閣：桂芳等奏，滇銅成色低潮，請旨飭查一摺。滇省辦運京銅，前經該部奏定，自甲子運爲始，在滇鎔煉純净，不得攙雜潮砂充數，並鏨鑿廠名，以憑稽考。今據戶部查明，滇省運員荆烜、樓錫袞、李成禮解到銅斤內，各有鐵砂潮銅二三萬斤不等。此項低銅係由何廠發運，何員承辦？此次該運員等呈出印冊內，多有舊銅搭配，曾否報部有案？因何不照議鎔煎，並鏨鑿廠名？著伯麟、孫玉廷據實確查，明白回奏。如係廠店及領運之員有通同朦混情弊，該管道府稽察不實，著查明將應行議處罰賠則之處，一併參奏。（仁宗二五一、一）

(2) 購買洋銅的規定

（乾隆六、六、辛丑）户部議覆：蘇州巡撫徐士林、浙江巡撫盧焯、廣東巡撫王安國、管理閩海關福州將軍策楞會奏，前據雲南巡撫張允隨奏稱，浙、閩、江蘇三省皆因錢貴，請買滇銅開鑄。查滇省銅觔，除供京局及本省川黔鼓鑄外，餘剩無多。請於沿海各關，凡商船來自日本長奇烏者，應納稅銀，悉令以銅代稅銀完納等語。據查海關銅稅，歷來徵銀，若改徵銅，事屬創始，必須官無紛擾，商民便易，方可行之經久。今閩海既無銅進口，江浙海關，銅數無幾，與官商未便。江浙等省需用銅觔，現於洋商自本辦回銅內，按數抽買，一應商販船隻，似應照舊徵收，毋庸紛更。應如所請。從之。（高宗一四四、一〇）

（乾隆六、一一、丁丑）九卿議覆：貴州道監察御史孫灝奏稱，銅之為用，在官則供鼓鑄，在民則供器用。今鼓鑄之銅，盡求之滇，器用取給洋銅。洋銅之來，或多或寡，商多空匱，故銅價貴。銅價貴，則私銷之弊興。此各省錢價所以不平也。請將滇廠新舊銅觔，按歲額需用外，每年免撥十分之一，售賣予民，以補洋銅之不足。至浙江海關現在洋銅歲入幾何，倘出販無人，應設法招募。從前停採洋銅，原因清釐積欠，事出權宜，即督臣尹繼善原疏，亦有日後衰旺靡常之慮。洋產既停買收，官銅終缺儲備，公帑久不出洋，商人必漸稀少。應聽江、浙、雲南三省大臣從容詳度等語。查黃銅弛禁以來，民間需用銅器甚多。該御史請將滇銅酌撥售賣，固屬便民之舉。但現在滇廠每年獲銅，額運各聚鼓鑄外，並無多餘。應俟滇銅加旺，官銅有餘，然後定議舉行。至現在江浙海關，每歲俱有洋銅進口，官商分買，賈舶流通。但各商資本有限，出販無多，應如所奏，令江浙督撫，廣為設法招募。從之。（高宗一五五、一）

（乾隆九、一、戊申）〔閩浙總督那蘇圖等〕又奏：閩省鼓鑄錢文，現在需銅。今有遭風商船，願將自本洋銅，抽賣一半，以資鼓鑄。請按數給值，以卹難商。得旨：著照所請行。咨部知之。（高宗二〇九、一六）

（乾隆一〇、一一、丁酉）〔廣東巡撫准泰〕又奏：廣東省本年七月開鑄以來，存銅僅七萬餘觔，赴滇採辦之銅，又須省貯高銅數萬觔配搭。粵省雖開銅礦，尚難懸擬。請將夷商喲閑時載到紅銅一萬九千七百十八觔，免其輸稅，照閩省官賣洋銅例，每百觔給價十七兩，收買配鑄。得旨：知道了。（高宗二五三、二六）

（乾隆三一、八、壬戌）戶部議准：直隸總督方觀承奏稱，採辦鼓鑄銅鉛，酌定限期。洋船銅觔進口，令江蘇巡撫起限，統計蘇州至保定交局，請限三個月十八日，委辦鉛錫。自該省至漢口及運回保定，共限七個月二十八日。如無故逾限一月以上，將領解官革職，戴罪管解，完日開復。從之。（高宗七六七、九）

（乾隆三四、一○、己巳）諭軍機大臣等：高晉奏採辦滇銅一摺，祇知循照舊例，於現在情事，殊未允協。江省向來原用洋銅鼓鑄，歷任撫臣雖曾節次奏買滇銅配用，原因洋銅間有不敷，一時調劑之計。今滇省所產銅觔，供應京局及各省採辦，為數甚多，所餘並不能寬裕。在他省離海窵遠者，不得不取給滇銅。若江南及浙、閩兩廣等省，通洋甚便，自應隨宜經畫，何必遠涉雲南，多需時日？今據議督所奏，三十一年委員，至今未到，又復拘泥三年一次委員之例，徒致往返周章，接濟豈能應手？且不知前此三年未經運到時，江省錢局配鑄，又係作何支應？是其言已未免自相矛盾。著傳諭該督，令其通盤籌覈，將採買洋銅一事，悉心經理，酌劑得宜，不必沿習兼買滇銅舊例，致鼓鑄轉有貽誤。仍將妥議籌辦之處，據實奏聞。尋奏：查寶蘇局本年第十六卯以前，係兼用洋滇二銅配鑄，計成本每百觔需銀十兩四錢零。若專用洋銅，需銀十兩九錢零，未免過費。江省現存收買廢錢二百餘萬觔，付局配鑄，成本較省。合之現在起運滇銅及每年商銅，足供七年之用，滇銅現可停辦。加辦洋銅，亦可緩數年後再行籌議。得旨：好。知道了。又批：此何須慮？一二年後，滇銅自易致矣。（高宗八四五、二二）

（乾隆三四、一○、庚午）諭軍機大臣等：昨據高晉奏委員採辦滇銅一摺，以該省向來原用洋銅鼓鑄，後因間有不敷，兼用滇銅配局，乃係一時調劑之計。現在滇省銅觔，除運京局及各省採辦外，所餘之數，不能甚充。況兼遠赴滇省採買，往返逾時，緩不及事。已降旨高晉，令其隨宜酌辦，不當拘泥成例。今思各省錢局，如果離海窵遠，不能購辦洋銅者，即仰資滇省之銅，自屬正理。至如浙江、福建俱係瀕海之區，何以亦復兼辦滇銅？甚至寶福局每年所用洋銅，僅止三萬餘觔，而滇銅轉有十四萬餘之多。江省亦因距江南不遠，採用洋銅，何亦兼購滇銅三分之一？其參配並用之故，殊不可解。又如廣東，亦在沿海地面，通洋最便，該省未定鹽銅互易之例，從前是否亦用洋銅？其毗連之廣西一省，運自廣東海道，亦不費力，又何以全用滇銅？其中酌盈劑虛，自當因時制宜，不得以向例如此，惟事依樣葫蘆而置遠近難易於不問。著傳諭各該督撫，即將該省現在鼓鑄情形，並如何酌量變通，俾採購不勞跋涉，錢局無誤卯期，而滇省亦免供應紛煩之處，詳悉妥議，據實覆奏。（高宗八四五、二八）

（**乾隆三四、一二、壬申**）軍機大臣等會議大學士陳宏謀奏請停辦洋銅一摺。查洋商每年承辦銅九十六萬餘觔，合之歲産滇銅，分解京局各省，以供鼓鑄。若將洋銅全行停辦，分撥必致不敷。其所慮商人居奇之説，尚係當日情形。現在各商承辦，俱無缺誤，自可毋庸另議。……從之。（高宗八四九、一六）

（**乾隆三九、六、癸巳**）軍機大臣等議覆：江蘇巡撫薩載奏動支耗羨摺内，開有添辦紅銅七千三百餘觔一款，諭令查覈。查製造器皿，向以洋銅質净，較勝滇銅，是以遇有應辦之件，俱取洋銅供用。乾隆二十八年，顔料庫以各省額解紅銅，不敷支用，奏請行令江蘇等省每年添辦七千觔。覈計每年所解，除支用開除外，現在尚存四萬三千三百餘觔。又户部寶泉局從前亦存有洋銅，供造辦等處領用。乾隆三十四年因庫存無多，奏明交江蘇巡撫，於年例額解外，添辦二十萬觔。節年支銷所餘，亦尚存有十四萬八千餘觔。查滇銅雖不及洋銅質净，而鍊至十分足色，亦不甚相懸，麄重器皿，原可即以滇銅陶鍊成造，縱鎔化稍有折耗，亦可照色加補，較之採買價值，尚多節省。今户局及顔料庫二處，既貯有十餘萬觔，足供各處支用。請嗣後將江蘇等省額辦銅觔，一併停止。如遇需用時，令造辦等處覈明，非洋銅不可，即支取洋銅。其餘概用滇銅鍊造，俟該兩處銅觔將次用完，再行奏請辦運。從之。（高宗九六〇、一六）

（**乾隆四四、四、甲戌**）倉場侍郎雅德、蔣賜棨奏：江蘇辦運洋銅，例由張灣雇覓車輛送京。計運銅十萬觔，應用車五六十輛，一時雇覓難齊。若改用船運，較爲迅速。請嗣後改車用船，所有脚價除抵張灣以前，聽該員自行辦理外，其自張灣運局，仍照運銅事例報銷。報聞。（高宗一〇八一、九）

2. 各省購運情況

（1）雲南

（**乾隆五、一、甲寅**）諭軍機大臣等：浙江巡撫盧焯請動庫銀十萬兩，前赴滇省採買銅觔，運浙鼓鑄。該部議以所買銅觔與運京銅鉛，有無阻礙，應令盧焯會同慶復、張允隨妥議具題，到日再議。朕已降旨依議速行。但思浙省錢價昂貴，必因錢文缺少，民間需用孔急，是以盧焯有赴滇買銅之請。若事屬可行，著慶復、張允隨、盧焯等一面即行辦理，一面奏聞。俾得早資鼓鑄，以利民用，不必俟具題交議，多稽時日也。爾等可寄信與該督撫知之。(高宗一〇八、五)

(乾隆五、閏六、丙午) 戶部議覆：雲南巡撫張允隨疏稱，浙省錢價昂貴，請買滇銅開鑄，當竭力籌畫，以濟浙省急需。查京銅全歸滇辦，現用遞運之法，於東川、尋甸兩路運至永寧，其長運之員，直至永寧領銅運京，辦理已有頭緒。今若令浙省辦員，仍赴東川領銅，礙難查考，應令徑至永寧領運。其自東川、尋甸轉運永寧，令承運各地方官分年帶運。今擬以六十萬觔為率，分作兩年。應如所請。從之。(高宗一二〇、二二)

(乾隆七、七、丙子) 江西巡撫陳宏謀奏請截留滇銅，以供鼓鑄，並禁止私錢。得旨：滇省銅觔，運京鼓鑄，關係輦下錢法，甚為緊要，從無外省截留之例。但念江西錢文太少，錢價太昂，較他省為甚，只得為權宜之計。況目下戶工二部，現有餘銅，足供鼓鑄。著照陳宏謀所請，應解戶工二部滇銅，截留五十五萬五千觔，以濟該省之用。該省陸續赴滇採買，仍著解京補項。他省不得援以為例。餘著該部妥議具奏。尋議：據陳宏謀奏，江西久未開鑄，民間俱用小廣錢，又攙搭剪邊、鵝眼、砂板等錢。奸徒貪利私鑄，到處囤販。惟有亟開鼓鑄，制錢日充，私錢可以禁止。擬先行出示曉諭，定以三月之限，令將一應私鑄錢，盡數繳官，給價收買，攙搭鼓鑄。至小廣錢，乃舊鑄之錢，銅質原好，行用已久，仍聽照常行使。而新錢廣行之後，止將小廣錢量為減價，不得與大制錢相等，則新舊大小，原可兼用。應如所請。從之。(高宗一七一、四)

(乾隆九、六、癸酉) 戶部議覆：浙江巡撫常安疏稱，浙省錢價甚昂，滇省新礦甚旺，請勅部行文滇省，准令浙省購銅六十萬觔，以裕鼓鑄。應如所請。從之。(高宗二一九、一三)

(乾隆一〇、六、癸卯) 大學士等議奏：據江西撫臣塞楞額奏稱，該省鑄錢所需銅鉛，請行雲貴兩省代籌接濟。但兩省每年辦解京局銅鉛，為數甚多，且本省及四川等處需用，此外有無餘剩，可供別省之處，應令雲貴督臣通盤核算。有餘即將江西每年額需銅鉛，定議賣給。至兩省議定分賣後，價銀如何解還，銅鉛如何發運，應令該撫自行咨商辦理。得旨：依議即行。(高宗二四二、二)

(乾隆一一、三、戊辰) 戶部議准：署廣西巡撫託庸疏稱，鼓鑄青錢，所需銅觔點錫等項，應遵題定之額配搭。所需耗銅，照依湯丹廠銅之例，每百勸補色八勸，覈算加給，彙入各廠加耗項下動支。再粵西客銅，俱從滇南販來，各商銅本需貲，應照時價，每勸給銀一錢三分，與原議收買餘銅十三兩之價相符，應照數動給。從之。（高宗二六〇、四）

（乾隆一一、一一、己酉）〔戶部〕又議准：兩廣總督策楞、署廣西巡撫鄂昌奏稱，粵西銅廠，不敷鼓鑄，請於滇銅廠內，每年撥十五萬勸。至運費，每百勸多一兩有餘，成本無虧，鼓鑄有益。得旨：依議。但滇粵道路遼遠，往返咨查，稽延時日，未免有妨鼓鑄。著令該督策楞等，一面先行辦理，一面將運脚確數，報部核銷。（高宗二七九、八）

（乾隆一八、一一、丁巳）戶部議覆：雲南巡撫愛必達奏稱，祿勸、廣通等州縣，多寶、金雞各廠出産黑鉛，請動項分別收買，並照例抽課。應如所請。至所稱運省發賣，收息公用，查廠銅既經動項收買，自應交局鼓鑄，歸還成本，無庸加息。如發鑄有餘，再發賣通商，所獲息銀，覈數分晰造報。從之。（高宗四五〇、一〇）

（乾隆二八、一一、壬午）雲南巡撫署貴州巡撫劉藻奏：黔省鼓鑄銅勸，向係威寧州承辦。嗣因移局加鑄，每年採買滇銅四十餘萬勸，又因滇省金釵廠銅成分稍低，適川省商銅正旺，奏准採買川銅。現在川銅來黔日少，價益加昂，恐不能如數賞足，請仍照舊例採買滇銅。報聞。（高宗六九九、二六）

（乾隆三三、二、乙丑）諭軍機大臣等：滇省辦運銅勸，以供各省鼓鑄，所關甚爲緊要。上年冬間，戶部因鄂寧咨，現在辦理軍需，牛馬不能赴廠應用，油米炭到廠亦少，以致辦銅短縮，未能如數應付委員採買，請令各省自行籌畫等語。戶部以各省赴滇采運供鑄未便，貽誤卯期，議令將本年應運京銅暫行緩解一半，撥給各省以資鼓鑄，仍令多方設法調劑，照舊辦買供用。當即照議允行。今閱明山奏陝省第五運銅勸業經委員領項赴滇購買一摺。因思各省採辦滇銅，例有程限，必得源源接濟，方能無誤開鑪。今滇省軍務未能即竣，夫馬米糧，尚須籌畫，但鼓鑄錢文，關係民間日用，未便因軍需緊急而視銅勸爲末務。若不即爲熟籌妥辦，則採辦之員，勢必守候觀延，致各省錢局不能接鑄流通，所係非淺。鄂寧現在永昌綜理軍務，自難分身兼顧，但該處銅廠尚有總辦道員，開採銅勸，乃其專責，自當隨時籌畫，以裕泉流。即或牛馬稍缺，亦當設法通融，或米炭短少價昂，並不妨奏明暫增定值。小民見有利可趨，自必踴躍從事，一切斷不至於掣肘。俟大功告成之後，仍可按照舊定章程。如此，則籌餉辦銅，原可兩不相礙。著傳諭鄂寧，嚴飭委辦道員妥協經理，毋稍稽誤。（高宗八〇四、一四）

（乾隆三四、二、庚午）諭軍機大臣等：據明德覆奏，運解京銅遲誤并歷年短少緣由一摺，辦理甚屬遲緩，已於摺內批示矣。滇省銅觔，關係京局鼓鑄，最爲緊要，自應按運催督，毋任稍有稽延。況該督明德，前已有旨責令專辦，自當加緊妥協籌畫。乃上年既將請撥銅本之數，遲滯具題。而於應運銅觔，復請展限，且不據實具奏，僅以咨部了事，尚得謂非意存推諉乎？今雖以原任道員羅源浩詳委遲誤爲辭，殊不知委解之員，即有錢糧交代，亦應按期催觔，何至任其遷延時日，久羈誤運？至滇省產銅素裕，因何自乾隆三十一年以來，漸次短少，遞成虧缺？現在雖稱本年得銅約可一千餘萬觔，而前此歷年層層缺額，辦理不善者何故，典司貽誤者何人，並不詳悉根查，據實具奏。明德前任甘肅，與黃廷桂同在一處。朕因其辦理諸務，頗能仿佛，是以歷加委任。今所辦各事，竟不能實心盡力，一味漸染外省積習，豈朕倚任該督之本意耶？明德著傳諭申飭，並著將此時作何催運，及從前辦銅短少各情由，一一詳悉覆奏。（高宗八二九、五）

（乾隆三四、一〇、壬戌）又諭：據戶部議准文綬奏，滇省低銅未到，暫配黑鉛鼓鑄一摺，已依議行矣。陝省委員赴滇採辦銅觔，滇省自應上緊趕辦給發，以資該省鼓鑄之用。何以閱時三載，始據自滇領運？辦理殊屬延緩。且自陝赴滇，運銅往返程期，先經戶部議准四百八十餘日，即在滇守候，亦何至遲逾一年零六月有餘？陝省因何竟不按限行催？滇省因何不即早行撥給？均難辭咎。著傳諭文綬、明德，即將遲誤緣由，查明覆奏。至摺內稱，滇省咨報該委員本年七月內領銅，因瘴盛於十月起運，更不成語，已交軍機大臣將此語刪節發鈔。滇省即有瘴氣，不過邊外地方，若運銅所經，皆係腹內地面，安得以瘴盛爲辭？此乃委員等因逾限已久，藉詞支飾，該撫何得輒爲聽信，據以咨報？殊屬不知事體。嗣後辦理內地事務，概不得以有瘴託詞展限，將此一併傳諭知之。尋陝西巡撫文綬奏，查滇省廠銅不敷，現有貴州、廣西等省採辦在陝省之先，挨次撥給，故至稽遲。但各省辦買滇銅，陝西最遠，嗣後應咨商雲南巡撫，通計地方遠近，先行撥發。報聞。（高宗八四四、三八）

（乾隆三四、一二、壬申）［軍機大臣等］又議：調任浙江巡撫永德奏覆籌議浙局停辦滇銅一摺。查滇省各廠，每年產銅一千三百餘萬觔，供應京局及各省配鑄，共需銅一千二百餘萬觔，原屬有餘。向因經理不善，積成虧欠。現在奉旨整飭，自不致有誤採買。該撫因一時銅運未到，遽請停辦，並於搭放一成兵餉內，減半放給，頓改鑄額，有礙錢法。至所稱洋商四分民銅，扣繳二分等語。查各商聽留四分民銅，前經戶部奏准，令其於此項銅內，分年兌交代完欠項。該商所餘無幾，未便再令扣繳。均無庸議。從之。

(高宗八四九、一七)

（**乾隆三四、一二、壬申**）［户部］又議覆：閩浙總督崔應階奏稱，閩省俯近西洋處所，均不產銅。其東洋日本一帶，閩商港路未熟，不能前往購買。寶福局鼓鑄銅觔，仍須照舊例赴滇辦運。應如所請。從之。(高宗八四九、一八)

（**乾隆三四、一二、癸酉**）又諭曰：永德奏浙局銅觔一摺，交軍機大臣會同該部議奏，所駁甚是，已降旨依議矣。浙省錢局需銅，向係滇洋並辦，以一成錢搭放兵餉，相沿已久。昨因滇省運銅稍遲，恐不能如期供鑄，諭令將能否添辦洋銅，以省滇運之處，悉力籌議。該撫既知洋銅之難以添購，即應就實在情形，據實籌畫奏聞，乃欲於洋商四分民銅內，扣繳二分，以濟鼓鑄。所增既屬無多，遽請停辦滇銅減半放餉，是於銅務錢法，均覺有礙，殊爲不曉事體，永德著傳旨申飭。(高宗八四九、二一)

（**乾隆三四、一二、戊寅**）兩廣總督李侍堯等復奏：臣等遵查粵省現在鼓鑄情形，自乾隆三十二年以後，並無洋銅到省。詢據夷商，俱稱西洋向不產銅，惟賀囒國與日本鄰近，間或以貨易銅，轉運內地，因近年價昂，不能販售。查洋銅每百觔。從前定價十七兩，滇銅到粵，買價運脚，共十三兩有零。覈計成本，自以滇銅配鑄爲宜。況滇省歲需粵鹽二百餘萬觔，粵省採辦滇銅，不過十五萬觔，委員順帶甚便，應循照舊例辦理。報聞。(高宗八四九、三四)

（**乾隆三五、一、己丑**）户部議覆：兩江總督局高晉等奏稱，收買小錢二百餘萬觔，抵湊鼓鑄，足敷七年。應令該督等，按每年應用數付局。如將來收買有贏，即遲數年，委員赴滇辦銅亦可。聽其因時制宜，妥協籌辦。從之。(高宗八五〇、二〇)

（**乾隆三五、四、甲戌**）諭軍機大臣等：户部議駁彰寶奏請停止各省採買滇銅，及令各委員暫回任一摺，所議甚是，已依議行矣。各省鼓鑄，原爲搭放兵餉之用，邇年錢價平減，實由官錢廣鑄流通。所有採辦滇銅省分，相沿已久，豈得遽停止，致使供鑄無資。而委員等在滇守候多時，一旦令其素手而歸，不特往返徒滋耗費，且使市儈奸商，聞知此信，以爲滇銅缺少，勢必藉口居奇，頓昂錢價，於錢法甚有關繫。況滇省前此多開子廠，頗有成效。自封禁後，遂致獲銅無多。今彰寶既請添開子廠新廠，則將來採銅，自必日增，何轉至虞其不足？即就現在情形而計，亦當如部臣通盤籌畫，何得僅爲滇省鰓鰓過慮，而置各省鼓鑄於不問。豈封疆大臣爲國實心經畫之道？(高宗八五七、一六)

（乾隆三七、五、甲辰）諭：滇省各銅廠，前因馬騾短少，柴米價昂，每銅百觔，准其暫加價銀六錢，俟軍務竣後停止，嗣復加恩展限一二年。今念該省頻歲雖獲有秋，而米糧柴炭等價值，仍未即能平減。著再加恩展限二年，俾各貲本寬餘，踴躍開採，庶於銅務有裨，而廠民亦得資充裕。該撫仍留心體察，俟廠地物價一平，即行奏明停止。該部即遵諭行。（高宗九〇八、一五）

（乾隆三九、三、壬戌）戶部議准：兩廣總督李侍堯奏稱，粵東寶廣局歲需銅十五萬五千五百餘觔，向係滇粵兩省鹽銅互易，嗣因滇省產銅不旺，採買維艱，奏准以收買古錢，鎔銅九十一萬七千餘觔，通融鼓鑄。惟此項銅，止供四年六個月之需。自丙申年五月以後，仍需滇銅接濟。查滇省新開各子廠，近復旺盛。請仍照鹽銅互易章程，即於本年，委員豫行辦運。從之。（高宗九五四、二〇）

（乾隆四〇、六、甲申）戶部議准：閩浙總督鍾音疏稱，寶福局鑄錢需銅六十萬觔，請委員往滇省採買。從之。（高宗九八四、七）

（乾隆四〇、八、戊戌）諭軍機大臣等：據畢沅奏，寶陝局鼓鑄，應採辦第十運滇銅，共估需銀五萬三千餘兩，派委典史李尚志赴滇領運等語。所辦未妥。採運滇銅，事關鼓鑄，且動用腳價至五萬三千餘兩，爲數甚多，豈可僅委典史微員專司其事？此等微末之員，管辦多金，難保其不垂涎染指，或竟於途中侵盜，浪費花銷，皆所不免。迨事後發覺，即將該員正法嚴追，已屬無補。畢沅何計不及此？著傳諭畢沅，即再派一同知、知縣之類，前往共辦。嗣後凡採辦滇銅，必須選派明幹知縣或能事之同知、通判前往，並須擇其身家殷實者充當此差，方爲允協。雜職中，即有勤愼明白堪任差委者，亦只可令派出丞倅、知縣帶往，以供奔走查催之役。斷不可專派簿尉微員領辦，致滋貽誤。設差委非人，沿途或有侵蝕虧缺等事，惟派委之該督撫藩司是問。仍將此諭令辦銅各督撫一體遵辦。並諭戶工二部堂官知悉。（高宗九八九、一二）

（乾隆四一、四、壬戌）諭軍機大臣等：戶部議覆，海成籌辦滇銅一摺，已依議行矣。江西寶昌錢局，前因專用洋銅，價值過昂，酌用大興廠銅酌鑄。原期均匀率算，本息無虧。嗣因該省積銅甚多，戶部議令數年之後，即行購辦，以期接濟。自應遵照辦理，何以直至滇銅配用將竣，始議採辦？是該撫辦理此事，實屬遲緩。其因何不早籌辦緣由，著海成即行查明，據實明白回奏。（高宗一〇〇七、八）

（乾隆四一、七、壬午）又諭：據圖思德奏，貴州委員永從縣縣丞劉集禧採買滇銅，因脚户杜厚培虧缺，押令將閩省銅觔抵兑，以致杜厚培自刎身死，請將劉集禧革職審究等語。劉集禧著革職，交該督與案内有名人犯，一併嚴審究追，定擬具奏。諭軍機大臣曰：據圖思德奏，已降旨將劉集禧革職，交該督嚴審究擬矣。人雖在滇省，而事則黔省之事，裴宗錫何未奏聞？劉集禧前已呈報，於二月初十日全數掃幫，運出滇境。何以四月二十三日，劉集禧尚在滇省逗留未回？其所解銅觔，曾否報入黔境，有無陸續運到，該撫於該員稟報後曾否行催，此項銅觔現在有無虧缺情弊，並著裴宗錫詳晰查明，據實覆奏。尋奏：劉集禧承運滇銅三十六萬六千三月四十觔，據報二月初十日，掃幫運出滇境。因與脚户覈算運脚，以致躭延。所解銅觔，臣於該員稟報運入黔境後，均經隨時行催，陸續運到，現已全數收局，並無虧缺。除原參之案，聽督臣審斷外，請勅部將臣議處，以儆疎忽。下部議。（高宗一〇一二、一六）

（乾隆四二、三、辛未）諭軍機大臣曰：户部奏，滇省運京年額京銅，開行遲延，節經行查，始終以爐店並無底銅一語抵塞。請將管廠各員並專轄之司道，以及從前奏報不實之督撫職名，查明議處。並請飭交新任督撫，悉心詳籌委議，務使爐店多備底銅，俾各運開行例限，永無貽誤一摺，已依議行矣。銅觔鼓鑄攸關，最爲緊要，自應依限趕運。如果銅廠缺少，亦應據實聲明，豫爲籌辦。乃管廠各員，既不能辦銅足額，專轄之司道，亦不上緊督催，據實詳報。直至各運逾限，節次行催，該撫並未實力查覈，設法調劑足額。徒以紙上空言，希圖塞責，殊屬非是。圖思德著傳旨申飭，令其明白回奏。此後如何籌辦足額，並多備底銅，以期趕赴例限之處，著傳諭李侍堯、裴宗錫悉心詳籌妥議，據實具奏。（高宗一〇二八、八）

（乾隆四二、三、甲戌）諭軍機大臣等：據圖思德奏，自乾隆三十二、三等年辦銅短縮，已不敷額運之數，又將爐店底銅撥給外省，辦理益形拮据。懇將領運京銅，展至次年正月開幫，七月掃幫，俾廠期寬展，得以從容辦理，不致再有貽誤等語。滇省銅運，前據户部奏，額運京銅，開行延緩，請將管廠各員，並專轄之司道，以及從前奏報不實之督撫，查明議處，當經依議允行。並傳旨申飭圖恩德，令其明白回奏，並令李侍堯、裴宗錫妥議具奏矣。今圖恩德復以爐店並無底銅，另請展限，此摺若批交部議，該部必按例議駮。於籌辦銅務全局，不能實有裨益。今李侍堯已赴新任，阿桂亦在滇省，兩人皆能辦事之人。著即傳諭，令其會同悉心通盤籌畫，將此後如何採辦足額，籌備底銅充裕，以期趕赴例限，不致廠運各員，再有短少遲延之處，悉心妥議，據實具奏。再圖思德前所奏得魯蘊等遣緬目孟幹等來關之事，今又隔數日，節蓋等有無來信，亦即據實速奏。況欽差前往之事，亦有關係，何以結局。著將此由六百里傳諭阿桂、李侍堯知之，其圖思德所奏銅運一摺並著鈔寄閱看。（高宗一〇二八、一六）

（乾隆四四、七、壬寅）諭軍機大臣等：據戶部議，滇省承運銅觔，每多逾限，請交該督撫設法調劑一摺，已依議行矣。又據夾片奏稱，京局本年實存現收，共銅二百六十萬餘觔，以每月鑄銅三十餘萬觔覈算，計可鑄至明年二月。又有四十二年三運，及加運三起，一并計算，又可敷至六月。至六月以後之鑄務，便覺棘手。請勅交該督撫詳悉籌畫，另行具奏等語。京局鼓鑄，最關緊要，自應按限開行，銜尾續至，方無貽誤。所有乾隆四十三年頭運兩起京銅，照大學士公阿桂等奏展之限，應於上年十月起運，何以該督等摺內稱，現今尚未開行？逾限已將十月，遲延殊甚。倘至明年六月以前，此項銅觔，未能抵京，局中無銅鼓鑄，尚復成何事體？李侍堯曾任戶部堂官，孫士毅亦由戶部司員出身，銅務素所熟悉，若不悉心籌畫，致誤鼓鑄，恐伊等不能當其咎也。著傳諭李侍堯等，速將上年頭運兩起京銅，即設法上緊趲運，務於明年五月內抵京供鑄。不得仍照尋常期限，致誤鑄務。至沿途加緊催趲之處，另降諭旨。傳知銅船經行之各督撫，一并實力督催，勿稍稽緩。若此項銅觔，稍違所諭之期，致誤鑄務，惟李侍堯等是問。將此由六百里諭令知之。仍將如何籌畫趲辦及何日開行之處，迅速由驛覆奏。戶部奏片，並發寄閱看。（高宗一〇八七、一〇）

（乾隆四四、七、壬寅）又諭：據戶部奏，滇省解運京銅，節年遲誤。所有乾隆四十三年頭運兩起，應於上年十月開幫者，至今未報開行，實屬遲緩。此項銅觔，急需供鑄，不便稽延，已傳諭李侍堯等，設法上緊趲運，令其於明年五月內抵京，非向年運銅期限可比。著傳諭銅船經過之各省督撫，即行豫飭各屬，如此項滇銅到境，即上緊設法，或添雇小船剝載，或多備縴夫輓送，晝夜嚴催，銜尾前進，務于明年五月以前，全數到局，毋得視為泛常。解運倘有稽延，惟遲誤之該省督撫是問。將此由六百里傳諭各督撫知之。（高宗一〇八七、一一）

（乾隆四四、八、壬申）諭軍機大臣等：據李侍堯等覆奏，籌辦運京銅觔一摺。據稱，戊戌頭運一起，覈計程限，明年五月以前，定可抵京。其頭運二起銅觔，已檄迤東道白玠，親赴咸寧一帶，加緊查催。據稟，現在途次銅觔，絡繹赴瀘，約敷數起秤運。開幫當在七八月，約計明年六月以前，應可抵京等語。所辦可謂用心之極，已於摺內批示矣。該督等派委妥員，於寧臺廠試辦長運，已有成效，現又百計籌畫。委員踏勘新漕，期於集少成多，以彌前墮而趲後限，實屬詳悉周到，惟在實力行之，使此後各運銅船，如期速進，源源接濟，以供京局鼓鑄，方爲妥善。至戊戌兩運京銅，現已於瀘州開幫，著傳諭沿途各督撫，即行豫飭各屬，遇銅船到境，即遵照前旨，各派大員，統率稽查，豫雇船隻，以備撥運換船之用。總須上緊催趲，不得僅照尋常期限。其東省閘河以內，五月前正當糧艘重運之時，應令總漕、總河豫定章程，令銅船與糧船，分起相間過閘，勿令銅船守候稽時。務使此兩運銅船，迅速銜尾前進，於明年五月以前，全數抵通，以供鼓鑄。倘有稽延，惟遲誤之該督撫是問。又據稱，銅觔之弊，患在走私，風聞漢口商銅，聚集甚多，實爲滇省走私之據。而瀘州水路，係官銅正運，恐奸商巧儈，即乘此串混夾帶，一水運至漢口售賣，更爲捷徑。現令藩司。於通商銅觔，給以連三印票，以憑查驗。如無印票，即係私銅。請飭湖廣督撫，驗明連三印票，方准售賣。如或不符，及無印票，應嚴究來歷懲治等語，所奏甚是。著傳諭圖思德、鄭大進，照滇省所給連三印票，實力稽查，以杜奸弊。毋得以事屬鄰省，視同膜外，不爲切實整理，致干咎戾。並將作何查辦情形，迅速覆奏。李侍堯摺並著鈔寄閱看。此旨著由五百里傳諭知之。仍各將銅船過境，及籌辦情形，隨時迅速具奏。（高宗一〇八九、一〇）

（乾隆四四、八、甲戌）諭軍機大臣等：前據戶部奏，京局現存京銅，可鑄至明年二月。又有四十二年三運，及加運三起，一并計算，又可敷至六月。以後之鑄務，更覺棘手。請交該督撫，詳悉籌議。當即傳諭李侍堯籌畫趲辦，并諭沿途各督撫，設法嚴催。於明年五月以前，全數抵通。又據金簡等奏，乾隆四十二年三運二起，加運兩起京銅，在途行走遲滯，恐致稽誤，亦已諭令沿途各督撫，上緊催趲。昨據李侍堯等覆奏，戊戌頭運一起銅船，已於本年五月開行，覈計程限，明年五月以前，定可抵京。其頭運二起銅觔，在瀘開幫，當在七八月，約計明年六月以前，亦可抵京等語。復又傳諭沿途督撫，豫爲籌備，勿使稍稽，自可無虞遲誤。至丁酉年三運二起京銅，已於五月中出江蘇境。加運一起，於六月初過安徽境。加運二起，於六月中旬出湖北境。節據各督撫奏到，計算日期，約可於本年九月、十月抵通。本日又據楊景素奏，丁酉年二運二起京銅，於七月初一全數運抵通壩。是銅觔現已源源到局，可供鼓鑄，似不應復有不敷接濟，更須鰓鰓過慮之處。著傳諭金簡等詳悉查明，現在陸續運到銅觔，約可用至何時，是否不虞貽誤，即行據實覆奏。尋金簡等奏：通計實存現收銅觔及在途到之丁酉年三運二起，加運三起，據沿途督撫奏，本年九、十月抵通，足敷至明年六月。今又據李侍堯覆奏，戊戌年頭運三起，約計明年五、六月以前可到。果如期而至，六

月後鑄務，自可接濟無誤。報聞。(高宗一〇八九、一五)

（乾隆四四、九、乙未）又諭：據圖思德等奏，接奉諭旨，查辦漢口私銅，隨密委鹽道張廷化率同府廳，逐細詳查漢口商銅，現存五萬四千餘觔，並提各行戶研訊。據稱近年以來，川陝二省，運到商銅，均約十五六萬觔，除發賣外，現在存銅實係川陝二省商銅，並非滇省販至。此語不實，川陝安得有許多銅出賣？是楚省大小官員，同以買漢銅為難，故為此言耳。伊等又稱，滇省既定三連印票，請敕川陝二省仿照辦理等語，所奏未為妥協。商人運販滇銅，如果有走私之弊，自當查拏重懲，若過於設法嚴防，恐商人畏避，裹足不前，漢銅必日形其絀，非但於該省採買有礙，且恐商銅短少，民間購買不敷，勢必致有私銷之弊，於錢法大有關係，不可不通盤籌畫。圖思德等，所請川陝二省，仿照滇省三連印票之法，斷不可行。朕意即滇省亦可毋庸急辦。李侍堯等但須嚴飭所屬，實力稽查。如有逾額走私之事，立即拏究。其餘通商之銅，仍從其便。務令貿易相安，公私俱益，方為妥善。至圖思德等，所稱漢口之銅買自川陝，而非由滇省，恐未必然。陝省雖新開銅廠，於本省供用，尚屬不敷，安得復有餘銅，供商買運。而川省亦非產銅之所，商人又何以多購？且李侍堯前奏，原因滇銅之走私日甚，漢口現在銅多，因設為三連印票稽覈，若非訪有確據，必不肯率定章程。況滇省現有一分通商之銅，聽其流通利用，今乃云滇銅久未至楚，則此項通商銅觔，又復何往？圖思德等此奏，不過因鄭大進曾奏停買漢口之銅，仍買滇銅，屬員等未免迎合迴護，又恐採買漢口銅觔，價值或有賠累，是以竟云漢口無銅。此事朕不值差人馳往查覈，第以理度之，斷未必然。銅觔鼓鑄攸關，乃國家大計，不特滇省產銅之處，應行籌畫，即各省督撫，亦當視其豐嗇實情，從長計較，不可稍存畛域之見。若各圖一省之利，而不顧全局，尚得謂之公忠體國之大臣乎？況圖思德曾任滇省督撫，該省銅務，尤所深知，更不應存隔膜之見。著傳諭圖思德等，悉心妥辦。并令李侍堯等，詳悉熟籌，務使官銅商販，兩無窒礙。將此由五百里諭令知之。(高宗一〇九〇、一四)

（乾隆四四、九、丁酉）又諭：昨據圖思德等奏，近年漢口運到商銅，約十五六萬觔，均買自川陝二省，並非滇省販至。現在存銅計五萬餘觔等語，所言不實。川陝二省安得有許多銅觔供商販運？而滇省現有一分餘銅通商，又豈能舍漢口而他往？且李侍堯前奏，以漢口銅多，足為走私之據，言之鑿鑿，因而設法稽查，自係探訪確實入奏，必非妄語。今圖思德等乃以漢口之銅買自川陝，久不由滇省販運，趨避之意顯然。蓋因鄭大進，曾有停買，漢口商銅仍買滇銅之奏，欲為迴護，實屬非是。鄭大進前奏，名為每年少得鑄息二千餘兩，其實因購買漢口商銅，價值較昂，承辦之員恐有賠累，不肯擔當，而又不肯明言其故。遂請停購商銅，仍欲赴滇買用，止圖爲楚省辦銅數員卸責，並不知爲滇省銅觔盈縮大局而計，實屬大謬。如漢口定價稍有不敷，何妨據實奏明，量爲增給。若使畏難不辦，遂欲諉卸鄰封，是其視滇省銅觔之能否供用，竟如視秦越人之肥瘠，封疆大臣，豈宜出此？鄭大進心存畛域，而罔顧銅務大計，所見已小。至圖思德曾爲雲南督撫，豈不知漢口之走漏滇銅？乃既至楚省，即不復爲滇銅通盤籌畫，亦與鄭大進扶同入奏。圖思德平日辦事，尚屬誠實，不應漫無主持若此。圖思德、鄭大進並著傳詣申飭。至圖思德等前奏，川陝二省之銅，亦欲照滇省設立三連印票之法，斷不可行。已降旨諭令停止。即滇省三連印票，亦宜緩辦。銅觔除鼓鑄官用外，原有餘銅通商，立法最善。蓋銅觔爲百姓器用所必需，聽商買流通貿易，以便閭井，方爲有利無弊。若持之過嚴，商人無利可圖，不復營運，致民間無銅供用，勢必又生私銷之弊。是欲禁走私，而轉導奸民之銷燬，雖立法甚嚴，私銷者處斬，然獲者百之一二耳，非計之得也。朕以爲欲杜走私，止須滇省嚴飭廠員，實力查察，有犯必懲，毋庸另立科條，徒滋流弊。並著傳諭李侍堯等，再行悉心籌覈具奏。此旨著由五百里一并諭令知之。仍者圖思德等，即行據實覆奏。尋圖思德、鄭大進奏：查滇銅係紫板解殼形式，川陝銅俱平面圓餅，今驗各行户所存，實無紫板蟹殼等銅。據稱，近年滇省產銅漸少，通商之銅，或在本省，或在中途即售，到漢絶少，並非諱匿。旁批：未必。蓋自行户以至大小官吏，皆欲諱此，爾等伎倆，朕豈不知？又奏：臣鄭大進前奏，寶武局需用滇銅，請仍赴滇採買，因近年自漢銅觔，除供山西及本省錢局外，存留民用者甚少，遂爾冒昧呈奏，容將本省鼓鑄所需，并漢口現有銅觔，通盤籌議。又批：若甚無法，亦祗可略減所增鑪座耳。（高宗一〇九一、四）

（乾隆四五、六、戊申朔）諭軍機大臣曰：國泰奏，據雲南委員彌勒縣知縣朱士鰲，領運乾隆四十三年二運二起京銅七十餘萬觔，於本年四月十七日，過山東境，交與直隸接催北上等語。此項銅觔，係四十三年二運正項，乃至今年四月，始過山東，已壓遲二年之久，其三運四運，更不知何時方能解到。滇省現當整飭銅務之時，著傳諭福康安等即上緊設法調劑，務使爐店先有存貯底銅，委員領運迅速起解。即目下底銅存貯尚少，亦應陸續催趲，運往爐店，將來漸次寬餘，即可於次年冬底，將上年各運應解之銅，掃數運到京局。庶望日有起色，勿再仍前稽緩，致銅運遲至兩年之久，尚未到局，有誤鼓鑄。將此由四百里發往，並諭劉秉恬知之。仍各將如何設法籌辦，以

期充餘裕之處，先行據實覆奏。（高宗一一〇八、一）

（乾隆四六、三、丁丑）諭：據福康安等奏，己亥運正加八起京銅，前經奏明，務於四十五年內掃數開幫。今加運二起正耗等銅九十四萬九百餘觔，已經運員張廷泰收清，即於十二月二十八日在瀘開幫，並飭將庚子頭運一起，趕運齊足，定於正月開幫等語。所辦甚好。滇省京銅，歷任各督撫一任廠員觟延玩誤，毫無經畫，以致歷年積壓。今福康安等到滇未久，已將己亥運全數辦竣，將來即可趲復原限。可見督撫等於地方公事，盡一分心力，即有一分功效。福康安、劉秉恬俱著交部議敘，其承辦各員，著福康安等查明覆奏，交部一體議敘。（高宗一一二六、三）

（乾隆四八、六、丁亥）諭曰：富綱等奏報，壬寅京銅，全數依限掃幫一摺。所辦好，已於摺內批示矣。滇省額運京銅，關係緊要，此次壬寅正運加運六起京銅，富綱、劉秉恬嚴飭各廠，上緊趕辦，派委文武大員分路督催，於本年三月，全數掃幫，爲期尤早。辦理甚屬妥速。富綱、劉秉恬著交部議敘。所有在事辦銅各員，并著該督撫查明具奏，交部一併議敘。（高宗一一八三、一五）

（乾隆五一、一二、甲寅）又諭：據巴延三奏，陝省寶陝局鼓鑄錢文，需用銅觔，請敕下滇省督撫，查照向例，趕辦酌撥，以便委員赴領等語。此項銅觔，向係滇省豫爲撥定，咨陝赴領。道路遙遠，亟須鼓鑄，未便稽遲。著傳諭富綱等，即將陝省應買第十五運銅觔，查照向額數目。於近省各廠撥定，迅即咨會陝省，一俟委員到日，即行兌領運回，以資鼓鑄。（高宗一二七〇、二三）

（乾隆五八、一、庚申）户部議准：湖廣總督畢沅等疏稱，湖北省鑄錢，歲需採運雲南銅二十萬觔。現查收買小錢，共鎔銅十四萬四千三百八十觔，外有委員帶買銅六萬觔，足供明年正鑄。請停買滇銅一年。又寶武局，前因採買滇銅遲滯，遞壓五十二三四等年卯錢，題明分十年帶鑄。但現在錢多價平，嗣後照正額鼓鑄，已足敷用。所有遞壓卯錢，請停帶鑄。從之。（高宗一四二一、二二）

（乾隆五八、一、癸亥）貴州巡撫馮光熊奏：黔省大定兩局額鑄，歲需銅三十五萬二百八十九觔，現計收買小錢發局，僅鎔淨銅三萬二千一百五十餘觔，不敷額鑄。應仍赴滇採運。報聞。（高宗一四二一、二五）

(2) 貴州

（乾隆五、七、甲午）兵部等部議覆：貴州總督張廣泗奏，黔省各營儲備鉛彈，統計三年需補貯鉛九萬九千七百餘觔。應如所請。於祚子廠課鉛內，照數動支。至工價銀兩，令該督於公糧內分扣還款。每年操演所需鉛彈，即於備貯之內支用，按年買補，出陳易新，歲底造冊報部。各營將弁，遇有離任接任，照例交代，如有缺少，參處賠補。從之。（高宗一二三、二三）

（乾隆八、一一、庚辰）工部議覆：閩浙總督那蘇圖疏稱，各標鎮協營兵丁需用鉛觔，向例每百觔准銷價銀三兩五錢。此係就價賤之時，與產鉛省分統計折中定價。浙省向不產鉛，又兼商販稀少，現在各鋪每鉛百觔，實需價銀七兩上下，若照原定部價，承辦之員，實多賠累。事關軍需，急宜變通。請將各營需用鉛觔，預備三年之數，每百觔於公項內支價銀四兩八錢，委員赴楚、黔產鉛地方採買運回，分給應用。應如所請。從之。（高宗二○四、五）

（乾隆一○、一二、辛亥）戶部議覆：護江蘇巡撫安寧疏稱，江蘇每年鼓鑄，需用黑白鉛觔，向由楚辦。現聞黔省鉛廠甚旺，請照江西改辦例，亦改由黔省辦買。並酌動錢本銀兩，專員齎解黔省，交該省委辦京鉛之員帶辦，協同蘇省委員，運到儀徵，換船交卸。查黔省黑鉛，於江西改辦時，已據該督咨覆，並無多餘。江蘇鼓鑄需用黑鉛，應令該撫另行籌辦，所需白鉛，准改由黔省辦買。但該護撫所稱，動項委解辦運之處，是否可行，應令貴督酌籌，咨覆蘇撫妥協辦理。從之。（高宗二五四、二四）

（乾隆二四、四、丁丑）湖南巡撫馮鈐奏：郴、桂兩廠向計產鉛十六萬觔，近年出產漸微，倘黔省所帶鉛不能如期運到，即缺鼓鑄。請於例買黔省白鉛二十萬觔外，增帶二十萬觔，併耗鉛統交巴陵秤收，轉解供鑄。需費如例於地丁動用。此次加買黔鉛，所以留備缺乏，嗣後仍抵運常例之鉛，毋庸格外加帶。得旨：允行。（高宗五八五、一八）

（乾隆二五、六、壬寅）貴州巡撫周人驥奏：黔省鼓鑄，向係採買滇銅，因本省咸寧州屬，銅產足敷鼓鑄，是以停買。近勺錄廠山空封閉，各屬新廠礦產微薄，恐將來不敷鼓鑄。除現在仍用黔銅，及積存局銅項下抵補缺額外，請自來年為始，每歲酌買滇銅四十餘萬觔，即可敷用。其銅價運費，俟鑄出局錢歸款。再黔省新河運鉛，現在源源無滯，新報之都勻廠產鉛甚旺，數月間已積至百萬，即飭趲運赴楚，以備各省採買。報聞。（高宗六一五、一八）

（乾隆二六、四、戊戌）[貴州巡撫周人驥]又奏：黔省白鉛，原議每年酌撥二百萬觔，運赴漢口，售供各省鼓鑄之用，自後遞加至三百四十萬觔。

現今漢局鉛觔充裕，請將加運之一百四十萬觔停止，仍照原議，每年撥運二百萬觔，或有不敷，即於新開河道所辦乐助、福集二廠運漢鉛內分銷。報聞。（高宗六三五、二八）

（**乾隆三二、八、甲申**）又諭：戶部奏，鄂寶咨請停漢口鉛觔，不如暫停京局半年鉛運一摺，該部通融酌辦，所奏甚是，已依議行矣。鄂寶於停運鉛觔之事，何以不行奏聞，遽爾咨部，已屬不合。且黔省接送京兵、採辦馬匹，不過暫時籌辦，原可計日就竣，何致張皇竭蹷若此？即如滇省，亦有運解銅觔，並未聞其因承辦軍需難於兼顧，黔省何轉以此藉口，聲張咨部耶？鄂寶著傳旨申飭。（高宗七九三、一一）

（3）四川

（**乾隆一九、一〇、乙亥**）湖北巡撫張若震奏：湖北寶武局鼓鑄，配用洋、滇、漢銅。近年洋銅缺少，漢銅價值昂貴。川省產銅頗旺，價值平減，應酌買川銅，既有節省，而程途較近。得旨：如所議行。（高宗四七五、二七）

（**乾隆二六、九、乙丑**）貴州巡撫周人驥奏：黔省鼓鑄，採買滇銅，定例大興、金釵二廠高低對搭，而金釵廠銅色低薄，難以配鑄。若令滇省全撥高銅，勢又不能。查川省近年銅廠甚旺，商賈多販入黔省威寧一帶售賣。應就近採買，價腳不增，而銅質純淨。試買一年，再行接辦。得旨：照所議行。（高宗六四五、二五）

（**乾隆三二、一一、庚申**）四川總督阿爾泰奏：……再雅州所屬銅鉛廠，頻年不敷鼓鑄，臣相度情形，恐有透漏。遴委丞倅等員監察，並於運銅出山路口，設卡盤查，復將經過府縣倉庫錢糧查驗，均無虧那情弊。得旨：覽奏俱悉。（高宗七九九、二四）

（**乾隆五八、七、庚申**）四川總督惠齡奏：前因川省行用錢文，攙和夾雜，經前督臣設局收買，實力查繳，錢法漸就肅清。但川省各州縣，箐密山深，匪徒易於託足。近年廠銅短絀，難保無奸商透越盜賣。並恐滇省銅船過境，沉溺銅觔，水摸偷竊暗售，爲此輩私鑄之用。現在嚴飭各府州文武員弁，於四境要隘處所，分織稽巡。並飭夔、渝兩關，嚴密查拏，務期有犯即獲。報聞。（高宗一四三三、二六）

（**嘉慶二三、一二、乙亥**）諭軍機大臣等：戶部議覆，伯麟等奏滇省廠銅不敷定額，請收買四川商銅接濟。由川買銅回滇，須另開山路，添買貯銅房屋，多糜帑項，莫若即令四川本省採辦，逕行起運，較爲便捷。該省子廠每年出銅若干，如何開採轉運，請飭四川總督、雲南巡撫會議章程具奏等語。滇省每年應運京銅，並本省局鑄以及各省採買官銅，近年均辦不足額，今川省西昌縣新開子廠，既產銅豐旺，本年已由滇省採買四百萬觔，以有餘補不足，實於銅務有益。惟一切開採發運，必須妥議章程，方足以資經久。蔣攸銛曾任雲南藩司，銅廠情形素所深悉，著會同伯麟、李堯棟悉心籌畫，務當不分畛域，期於國用有裨。如每年能辦足四百萬觔，固屬其善，即爲數稍減，可以行之久遠，亦不爲無補。其應如何派委官員經理開採，及酌定價值，由何路發運較爲省便之處，兩省公同覈計，詳細開單，定議具奏。伯麟等亦不得因川省現有子廠可採，不竭力督辦滇銅，意存諉卸鄰省之見也。將此各諭令知之。（仁宗三五一、一四）

(4) 兩湖

（**乾隆三、二、辛卯**）户部議覆：湖北巡撫張楷疏請，將現存廢銅，轉飭該管之員，作速變價，除歸還原價外，餘銀買社倉穀，接濟民食。應如所請。從之。（高宗六二、一〇）

（**乾隆一〇、九、壬午**）户部議准：貴州總督兼管巡撫事張廣泗疏稱，湖南郴、桂二廠，每年所出鉛，除該省鼓鑄外，尚餘商鉛。請照湖南布政使長柱原議，自乾隆十年爲始，每年在郴、桂二廠收買白銅十萬觔，黑鉛三十萬觔運京。其黔省上下兩運，每次減辦白鉛五萬觔，黑鉛十萬觔。俾威寧一路既得從容辦理，而餘出馱脚，亦可雇給滇省運銅。從之。（高宗二四八、一六）

（**乾隆一四、六、癸卯**）户部議覆：貴州巡撫愛必達疏稱，柞子、新寨等新舊各廠，硐老山空，礦砂淡薄，本省每年應需黑鉛十萬餘觔，承辦不敷，所有運京黑鉛，應請另行籌畫等語。查湖南郴、桂二廠，累年報產黑鉛百餘萬觔，除代辦黔、滇兩省三十萬觔，尚有盈餘。應如所請。行令湖南巡撫於乾隆十四年爲始，再添辦四十萬五百七十餘觔，委員運送至京。從之。（高宗三四三、二一）

（**乾隆二七、一二、戊午**）湖北巡撫署湖南巡撫宋邦綏奏：郴州、桂陽二處，抽收各稅錫，積至十萬四千餘觔。本省鼓鑄，正卯二十鑪，歲僅用錫一萬五千餘觔，郴、桂二廠每年可收二萬觔，儘足敷用。查湖北錢局，鼓鑄正加二卯，歲需錫三萬餘觔，現委員赴漢鎮採買，遇商販不前，價多昂貴。應將南省現存錫，酌留一萬四千觔，其餘九萬觔協撥北省，祇須歸還錫廠運脚，較之採買可節省銀一萬五千餘兩。得旨：如所議行。（高宗六七七、

二四)

(5) 兩廣

(**乾隆七、一〇、庚子**) 戶部議覆：廣西巡撫楊錫紱條奏鼓鑄事宜。一、每年鑄錢約用銅二十三萬餘觔，現在開採之回頭山、將軍山、響水廠三處，約可抽買十二萬觔，其不敷，應收買客銅，照時價給銀十三兩八錢。但客銅多寡，難以懸定，今臨桂、永福、恭城等處，報有銅礦，俟試採有效，即題報抽課，停買客銅。其黑鉛，惟淥泓等廠頗高，計每年抽課四萬餘千觔，應請自乾隆七年起，每年撥一萬五千觔，運省供鑄，餘仍運至南寧，作各標鎮協營彈鉛，如有餘，仍變解充餉。至現開各廠，並無白鉛，應於百色等處收買運省。又賀縣、南丹二處，雖有錫礦，但錫質低潮，課亦無多，應請採買點錫。查該省收買廠銅，每百觔，原給價銀六兩八錢及八兩三錢不等，今收買客銅，給價銀十三兩八錢，殊屬浮多。其係由何處販買，實需工本腳價若干，並令查明酌減報部。餘應如所請行。一、回頭山所出銅礦，除揭煉課餘銅外，有地脚爐渣，猶可鎔煉出洞。向來每百觔，官給銀八兩三錢，商人因不敷工費，棄置不煉。今確估工本銀十三兩，再加運省腳價銀四錢，應仍令其鎔煉，其將軍山、響水廠如有爐渣，一并查辦。查八兩三錢之價，先經題定，已敷各廠工本，今爐渣煉出銅觔，自應照例抽課，並照定價畫一辦理。……從之。(高宗一七六、一九)

(**乾隆二〇、八、丙辰**) 吏部等部會議：兩廣總督楊應琚奏，……又永安、豐順等縣開採黑鉛，實存餘鉛三十萬餘觔，請酌留十萬觔，餘變賣充餉。將來配鑄餘存，積至五萬觔，即照例變價。均應如所請。從之。(高宗四九四、二一)

(**乾隆二八、四、癸巳**) 又諭曰：馮鈐奏，粵西幹、盧二廠，開採年久，出鉛漸少，請令湖南仍買黔鉛，不必赴粵西購運，至粵東一省，需鉛無幾，仍令赴買一摺。各省鼓鑄錢文，並需鉛觔應用。該撫雖因該省廠鉛稀少，奏停湖南採買，而以同一總督所轄之廣東，則又仍聽購運，未免意存畛域。所奏殊未允協。且摺內稱，將楚南二十八年所需白鉛二十萬觔，停其買運。是湖南需鉛，即在本年，此時諒已委員赴粵，又豈可聽其徒手而回，致誤該省鼓鑄耶？著傳諭馮鈐與陳宏謀彼此會商，通融籌辦，將現在所存廠鉛，酌量配給，務令兩省鑄局，均無貽誤。至幹、盧二廠，現在出產無多，或可於該廠之外，再爲相度，設法開採，使鉛觔益加充裕，更爲妥協。並將此傳諭陳宏謀知之。(高宗六八四、八)

（乾隆二八、六、己亥）廣西巡撫馮鈐奏：臣前在湖南任內，奏准停止加鑄，本年正月，湖南採買粵鉛之員甫經運回，是以奏請停辦。今接湖南撫臣陳宏謀札稱，該省尚有積存之鉛，並有可開之礦，此後不需粵鉛等語。至廣東除買廣西鉛外，須至漢口採辦，路遠費繁，仍赴粵西採買爲便。現在廣西宣化縣屬之度樓嶺、蔭苍嶺，并融縣之古丹山，報産鉛砂，已飭各縣督採。報聞。（高宗六八八、二〇）

（乾隆三五、三、甲午）户部議覆：護廣西巡撫布政使淑寶奏稱，粵西省鑄局共存鉛一百七十萬五千餘觔，除粵東西兩省需用外，餘鉛一百一十萬二千餘觔，尚有本年冬季應抽廠課及收買白鉛。應如所請。次第撥百二十萬觔，於三十五年二月，春水發生、灘陡易行時，委員分幫勒限，星運漢口接濟各省，交湖撫傳各委員，按到楚先後，挨次秤交。從之。（高宗八五五、五）

（乾隆三七、四、丁卯）户部議覆：護廣西巡撫布政使淑寶疏稱，先據商人瞿鈊濤呈開融縣馬鞌地方螺塘等山煤礦，採運四頂山白鉛礦砂，就煤煎煉一案，經調任巡撫陳輝祖咨部覆准，試採煎煉有效，即將一切事宜，具題查覈。茲自乾隆三十五年四月建鑪起，至三十六年六月止，每礦砂百觔，約鍊出鉛十九觔，及二十一二觔不等。共鍊出白鉛五十八萬二千一百零。每百觔照例抽正課二十觔，撒散三觔，共抽正課鉛十一萬六千一百零，撒散鉛一萬七千四百零等語。查與該省鉛廠抽課定例相符，應如所題，准其將四頂山白鉛礦砂，運赴螺塘等山，就煤煎鍊。經管官如有侵漏情弊，指名題參。仍將所收鉛觔造冊報部查覈，至所稱正課白鉛，解局供鑄，定價每百觔二兩三錢，撥歸礦廠奏銷。撒散鉛觔，時價每百觔折紋銀二兩六錢六分，按季給商變賣，亦應如所題辦理。其商餘鉛觔，請照冷崗廠例，暫爲收買一半之處，查冷崗廠係隔屬運砂，運費繁重。是以准其分半官買，以紓商力。今該廠情形迥別，未便援照，應令照例全數官爲收買，以供鼓鑄。又疏稱，解運課買白鉛，所需水陸脚費，請照盧架廠五十里爲一站，每鉛一百觔，旱程給銀一錢六分六釐，水程給銀一分零七毫之例，在於鼓鑄工本銀內。動給報銷。應如所請，照該省盧架廠運鉛例辦理。仍將自廠運局用過脚費銀兩，造入鼓鑄奏銷册內報部查覈。又疏稱，馬鞌廠燒鑪二十三架，煤壟十二處，工丁買賣人等漸衆，請設書記、巡攔、巡役共十二名，照盧架例，共月給工食銀十五兩四錢，應如所題，准其照數設立，其應支工食等銀，在抽收撒散鉛觔變價銀內支給。又疏稱，該廠尚未大旺，應令融縣知縣，就近兼管，以省糜費，如將來廠旺，增員彈壓，仍嚴飭該縣督令該商上緊採辦。亦應如所請辦理。

仍令嚴飭該縣實力稽查，督令商丁採辦，照例抽收，毋使透漏。從之。（高宗九〇六、六）

（乾隆三七、六、庚辰）［戶部］又議准：廣西巡撫覺羅永德疏稱，恭城縣屬回頭山、山斗岡二廠，先據調任巡撫陳輝祖，以該二廠年久沙盡，題請封閉，其附近之茅塘、石口子壙及潭江銅砂子壙，仍留採辦。茲查石口廠，每煉毛銅百觔，需砂六百五十觔，鎔淨銅五十五觔。潭江壙，每煉毛銅百觔，需砂六百觔，鎔淨銅七十觔。統計二廠鎔淨銅百觔，覈資本銀一錢三分零。每銅百觔，抽課二十觔，餘銅照例官買一半，每百觔給價十三兩，其餘一半，聽商運賣歸本，將抽獲二分課銅，並收買一半餘銅，照例加耗解供鼓鑄。至運價自廠至省，每百觔水陸給銀四錢，請照例支銷，再各廠工費，除潭江壙，應歸入包蛋廠開銷，俟查明定議。至石口廠巡攔書記及恭城縣經管廠務，每年請酌給一半公費銀三十兩等語。臣部查與回頭山等廠成例，均屬相符。應如所題辦理。從之。（高宗九一一、三）

（乾隆四五、七、乙酉）湖北巡撫鄭大進奏稱：各省鼓鑄，向撥黔鉛應用，嗣因黔省供運不敷，令粵西酌撥鉛觔接濟。今查漢口節年運到黔鉛，合計已有五百五十餘萬觔，足供各省二三年採買之需，而舊存粵鉛一百二十萬餘觔，各省委員以其色低質濁，不願採買。久貯在局，歸價無期，且散寄民房，亦難監驗。請按照時價出售，酌留六十萬觔備用，俟日後黔鉛暢運，存積益多，再行變價報撥。得旨：覽。（高宗一一一〇、一八）

（乾隆五一、六、丙子）廣西巡撫孫永清奏：四頂山廠，向產白鉛，供本省及廣東鼓鑄之用。近因馬鞏、冷岡二廠煤觔漸乏，不敷煎煉，出鉛漸少，部議間年採買，兼買楚鉛補足。查羅城縣屬長安官山，有新產煤礦，鉛商試採，每鑪每日煉砂一百二三十觔，每砂百觔，煉鉛十八九觔，至二十觔不等，計每歲可得鉛七萬觔有奇。除以二分半歸商作本，可抽正課五萬餘觔，兩年可得十萬餘觔。若以此項鉛觔，並收買馬鞏、冷岡三廠餘鉛，湊撥廣東，共有鉛二十餘万觔，足抵舊額。且廣西鉛價，每觔二兩七錢，較之楚鉛四兩二錢，亦屬便宜，於鼓鑄實有裨益。報聞。（高宗一二五六、六）

（嘉慶三、一、甲午）是月，兩廣總督吉慶、廣東巡撫陳大文奏：廣東省局鑄錢，向以粵鹽易換滇銅供鑄。嗣經停運，奉旨以銅六鉛四配鑄，惟存局滇銅，鍊色不過在八成以上。查省城所賣石碌銅，產於瓊州黎地，黎人檢挖，售作顏料。餘剩沙石，架爐煎鍊，每百斤可得銅十五六觔不等，其色十分純足。若以之鑄錢，自必出色。當與司道會商試辦，委係堅亮，覈計腳費，較之滇銅，尚有節省，於錢法實有裨益。下部知之。（仁宗二六、一九）

(6) 其他省份

　　(**乾隆三一、二、丁卯**)［軍機大臣等］又議准：庫車辦事大臣鄂寶奏，庫車、沙雅爾二城回人應交銅觔，向例輪年派採，往往託故推諉。請嗣後不必輪辦，每年庫車派四十名，沙雅爾派二十名，免其應納官糧，專令常川採辦，酌給錢文以爲置備衣服，修理採銅器具之用。並撥給驢隻，庫車八、沙雅爾四，令其馱載銅觔。從之。(高宗七五五、二七)

　　(**乾隆三六、一、丙寅**) 户部議覆：陞任江蘇布政使李湖奏稱，江蘇省額解物料，俱係各行户照市價領辦，覈與准銷部價，節年盈絀無幾，並無弊竇。惟高錫、黃蠟係委員自行辦解，其價時有增減，轉易浮開冒銷。請嗣後一體由行户領辦，委員解部。並請於辦解各項物料之先，令地方官將市價、部價詳查比較，應否酌減，詳明咨部立案。均應如所請。從之。(高宗八七七、六)

　　(**乾隆四四、四、戊午**) 又諭：前經降旨，令楊魁於寶蘇局現存洋銅內，動撥十萬觔，作速解京，以供應用。嗣據該撫奏稱，業經動撥委員起解，於本年正月十六日，自蘇起程，何以至今尚未到京，著傳諭楊魁，即行檄催該委員，上緊督運，解京備用，毋稍遲緩。並著傳諭山東、直隸督撫，飭令沿途催趲，迅速趕運，毋許逗留遲誤。(高宗一〇八〇、六)

3. 政府對購運違章和運輸事故的查處

(1) 查處違章人員

　　(**乾隆一四、四、辛卯**) 諭曰：户部督理錢法侍郎三和等，參奏雲南運銅委員吳興遠、周棶，短少正耗銅共五萬七千餘觔，請交該撫究審勒追。向來運解官物委員，一離本省，輒任意稽遲，或捏報守凍阻風，或假稱疾病損失，多方遷延，以遂營私。鄰省督撫，又以無與己事，漫不關心，及至虧缺，徒事追賠。非僅運銅一事爲然，朕意運解官物，其大者如餉鞘銅鉛之類，該督撫自應於委員起程之初，即分咨沿途各督撫，轉飭地方官，無分水陸，按站催趲，即實係事故躭延，亦當有所稽考，如有盜賣虧欠等弊，立即查究。其如何斟酌定例之處，著該部詳悉議奏。吳興遠、周棶此次短少銅觔，較別案爲數更多，顯有情弊，均著革職，交刑部審擬具奏，其委解不慎之各上司，並取職名查參。(高宗三三八、三八)

　　(**乾隆一四、五、癸酉**) 又諭：刑部議奏參革雲南解銅官吳興遠等虧缺銅一案。該解官等始以漫不經心，致銅觔沈失侵損，迨撈獲纔及得半，輒以全獲報部，復於沿途將銅觔輾轉售賣，玩視官物，一至於此。即此一案，虧銅七萬有餘，其他侵蝕之案，更不知凡幾。向來劣員侵漁之習，大率類是，該上司或明知而姑聽之，俾得任意欺朦，釀成積弊，但已往之事，姑不必問。此案該督撫不能慎選賢員，辦理不善。著傳旨申飭，其所有侵虧銅觔銀兩，部議該管上司按股分賠，著即速勒限完繳，以資鼓鑄，仍將如何分賠抵補之處，具摺奏聞。嗣後運銅事宜，務須加意慎重，其沿途經過各省督撫，朕已傳令其將委員守風守凍。及有無事故之處奏聞。至銅鉛船隻，於雲貴本省起運，何日出境，亦著該督撫隨時摺奏。如仍蹈前轍，濫行差委，致有前項情弊，惟該督撫是問。尋總督張允隨、巡撫圖爾炳阿奏：此案虧短銅觔，應照山西、河南等省分賠侵虧錢糧成案，作十股分賠。所有專管銅務之陞任糧儲道官爾勸，應分賠五股，臣圖爾炳阿，賠三股，臣張允隨賠二股，各出價赴廠採買帶解。報聞。（高宗三四一、二七）

（**乾隆一七、一、癸未**）諭軍機大臣等：漕運總督瑚寶奏報銅船入汛出汛日期一摺。內稱雲南委員黃有德、沈良遇領解乾隆十六年正耗銅九十四萬餘觔，行至歸州叱灘雷門洞、宜昌府黃顙洞等處，損船二隻，共沉溺銅十五萬一千餘觔等語。向來各省委解銅船，中途沉溺有實係遇險遭風者，亦有不肖劣員，沿途盜賣捏報者。此次黃有德等沉溺銅觔至十五萬餘之多，其中似不無情弊。著傳諭碩色，令其嚴行確查，毋任該委員等任意侵盜，以飽私橐。至沿途各督撫雖係隔省，但船隻既在境內，即與有查察之責，前經該部定議通飭在案。嗣後務宜實力稽查，以杜積弊，不得但據委員稟報之詞入奏，視為奉行故事而已。著各督撫奏事之便，一併傳諭知之。（高宗四〇七、三）

（**乾隆二一、一一、甲寅**）直隸總督方觀承奏：雲南銅船在天津關口遭風，沈溺銅十萬二千五百觔。查係船漏被沈，銅包並無遺失。現撈獲八萬五千八百觔，飭將數目逐一登記。如溢原報之數，即係夾帶私銅，報明入官。若撈獲已完，適符所報之數即不許船戶人等再於原處私撈。嗣後俱照此辦理，則借沈溺為偷漏之計者，無所施其狡獪。報聞。（高宗五二七、一〇）

（**乾隆二六、四、庚寅**）諭軍機大臣等：據高晉奏，雲南委員唐思等解運京銅，於清河縣地方沉溺八萬七千觔，經協運委員馬昌業雇募水夫，共撈獲正耗銅八萬八百六十餘觔，其未獲銅觔，照例回滇賠補等語。鉛船偶遭沉溺，地方官自應協同委員督率夫役，打撈凈盡，方為實心辦事之道，此項沉溺之銅，既已撈獲八萬有餘，則此七千餘觔，何以化為無有？難保無夫役乘機偷竊之弊。況委員雇募之夫，呼應既已不靈，當其打撈時，安知不留銅水底，謊報撈完，俟銅船開行之後，逐漸撈出售賣。不然，或係解員船户等已經沿途盜賣，借詞撈失，以少報多，亦未可定。種種弊端，皆情理所有，惟在地方官悉心查辦。如果夫役偷窩，固當設法嚴懲，即解員盜賣，亦應根究著實。若以賠補有例，即據申報了事。設或夫役有弊，何以服解員之心乎？從前吉慶陳奏稽察解員銅船船户一條，朕所降諭旨最爲明晰，若督撫等僅如此辦理，是又屬虛應故事之具文矣。此項未獲銅觔，是否夫役偷匿，抑或解員盜賣，著該督詳細查明具奏。將此傳諭高晉知之。（高宗六三五、一三）

（乾隆三四、七、癸未） 諭：據明德奏，廣西府五嶍通判馬生龍，委管威寧銅店，虧缺應存運脚銀一萬四千兩零，請革職嚴究定擬等語。馬生龍管理銅店，虧缺銀兩至如許之多，殊屬不法。著革職，交與明德，即提拏案内經手家人書役，一併嚴審究追，定擬具奏。（高宗八三八、三）

（乾隆三四、九、庚寅） 又諭：據良卿參奏，承辦銅鉛之威寧州知州劉標，發運鉛觔，短缺百數十萬，挨查多無著落。而已領脚價，應辦省局銅觔，又復託詞稽緩，抗不解交，顯有侵欺支飾情弊。劉標著革職拏問，交與該撫嚴行審究，務得實情，定擬具奏。（高宗八四二、一四）

（乾隆三四、一〇、癸丑） 户部奏：雲南解銅官李整笏短少銅觔一案，訊據該員供稱，因碎銅五千六百餘觔，併裝坐船，遇風沉溺後，未及開報，至換船起剝，零塊亦多脱落等情，應交沿途各督撫查報覈辦。得旨：此項短少銅觔，據該解員稱，因碎銅包簍，恐有遺失，併裝坐船，行至大峰硃灘，遇風沉溺，未敢將多裝之數開報等語，似屬實情。但此外尚短銅六千餘觔，稱係沿途拋散，安知非其長隨家人等，見該員迂拙，不能照料，途中乘間竊偷，亦勢所必至。今該員既有應得處分，而其家人轉得脱然事外，於情理亦未平允。著將該解員隨帶家人等俱交刑部詳悉研訊，有無盜賣無弊確情，據實具奏。李整笏交部質訊。餘依議。（高宗八四四、一八）

（乾隆三四、一〇、丙子） 諭軍機大臣等：據明德奏，審訊馬生龍虧缺銅店運脚銀兩，問擬斬決一摺。初以該犯虧缺帑項，數至累萬，照侵盜律問擬，自屬情罪相當，已批該部覈擬速奏。及細閱供單，則馬生龍第稱辦理不善，虧空累萬，明德亦並不詳加詰究，遽爾定案，豈成信讞？如果馬生龍並未侵蝕入己，而所稱脚户逃亡、重價購馬諸事，俱有確據，則該犯不過庸省無能、辦理不善，輒因其虧數過多，立寘重辟，不但無以服其心，朕亦有所不忍。乃伊所供各情節，俱係游詞支飾，自當逐一根究，務使証據分明，則案情輕重，自可立辦。明德何竟不加嚴鞫，遽憑一面之詞，率爲遷就，思欲顢頇了事乎？如供内稱因辦理兵差，夫馬短少，隨招來脚户，豫發運脚，漸有逃亡無著等語。雇覓腳戶,自有鄉約保正等經手承辦,即所發運腳,亦必有承領之人,何難拘傳訊問?令將何年月日雇夫若干、發價若干兩之處,各爲詳晰指出,其虛實自不能掩。且腳戶得有運腳,則餬口有資,何至受值後轉行竄逸,並至盡數逃亡,皆理之所不可信。明德何以全不加以研求。至所稱重價購買馬匹及雇夫餧養之處,更無難立爲剖晰。馬生龍虧帑至一萬四千餘兩,則購馬當得幾何,亦當問其每馬需價若干,實買多少,買自何人之手,並雇夫餧養需費若干,一一開數覈算,自必水落石出。乃輕信其馬多倒斃一語,又不究其倒斃實在幾何,遽以爲購馬開銷之據,有是理乎?即所云銅店費用較多之語,尤爲易於覈實。乃於此等緊要關鍵不問,僅就其虛浮無據之詞,率定爰書。明德久任封疆,所辦審案不少,曾見有如此模糊影響,遂得謂之準情斷獄乎?至以長隨童陞不行稟阻,擬以杖責,更屬可笑。童陞係馬生龍委令管理銅店之人,若其中果有通同侵蝕情弊,即應審明,計贓定罪,如實在並無染指,即係案內無干之人,并可無庸坐罪。且長隨與家人僮僕無異,其分不過供給使令,並非若胥吏等職司案牘,遇本官有事不合例之處,尚可責其未能稟阻,令明德乃以此責之長隨,則是州縣在外,竟當受長隨鈐制,可以惟所指揮,其爲悖理更甚。明德何竟顛倒若此乎?看來明德近來竟屬昏瞶荒唐,於事理全然不曉,此案非伊所能審辦。著將明德原摺並供單鈔寄彰寶,令其逐一詳加審究,務得實情,另行定擬具奏。(高宗八四五、四八)

(乾隆三四、一一、癸未) 諭軍機大臣等:據戶部奏,參革威寧州知州劉標,差人赴部呈控銅廠賠累及各上司勒索緣由,並呈出用印底簿一件,內方世儁在任勒索之數,多至六千餘兩,殊甚駭異。劉標所控,雖係情急一面之詞,但簿內俱有款證可據,似不盡由該犯之畏罪反噬。方世儁簡任巡撫以來,看其辦事尚屬認真,平日爲人亦頗謹飭。是以由黔調任楚南,不意其勒索屬員,狼藉若此,且公然直索金銀,毫無顧忌,實出情理之外。觀音保於前月二十五日,自直隸起程,此時將入楚境,著於接奉此旨之日,即趲程前赴湖南,署理巡撫印務,即傳諭方世儁令其解任,並面加詢問。察其詞色形跡如何,即行具摺覆奏。一面將方世儁任所貲財嚴密查封,一面將方世儁派人嚴加看守,解往貴州質審,毋致稍有疎虞。所有劉標底簿內開方世儁勒索一款,倂鈔寄觀音保閱看。若方世儁神色坦然,似實無其事,則不必查其任所貲財,但令解往,令人帶赴黔省質對可也。(高宗八四六、九)

(乾隆三四、一一、癸未) 又諭:戶部奏,據革職知州劉標,遣人赴部控告銅廠賠累,及各上司歷年勒索底簿一摺。所開俱有款証可指,似非盡由劉標之畏罪反噬。而其中方世儁需索多至六千餘兩，且有徑索金銀之事，殊甚駭異。現已傳旨觀音保，即將方世儁解任，就近詰訊後，解往貴州質審。著將原呈及印簿交吳達善等，即行按款嚴加究訊，務使水落石出。此時且不必令方世儁聞知。俟將証佐人等審有確據，即一方面奏請將方世儁革職擬罪。其韓極、圖默慎或應解任候訊，或即應革職究審。并著吳達善等，就查出情形，參奏辦理。所有貴州布政使印務，著吳達善酌量委員暫署，附摺奏聞。仍將各案現在如何查審，及曾否得有確情之處，即行據實速奏。（高宗八四六、一〇）

（乾隆三四、一一、庚子）諭：據吳達善等奏，查審威寧州知州劉標虧缺銅本鉛運，及永泰揭報高積等勒索劉標一案，請將按察使高積等革職審擬等語。高積、圖默慎、韓極俱著革職，交與吳達善等嚴審定擬具奏。方世儁亦著解任，押解黔省，聽候質審。（高宗八四七、六）

（乾隆三四、一一、庚子）又諭：據吳達善等審擬革職知州劉標虧空銅一案。……（高宗八四七、八）

（乾隆三四、一一、庚子）又諭：據吳達善等奏，查審劉標虧缺銅本及永泰呈揭高積、良卿需索貪婪一案。……（高宗八四七、九）

（乾隆三四、一二、癸酉）諭：前經降旨令方世儁解任押解黔省審訊，今據吳達善等奏稱，方世儁得受劉標銀一千兩，已據伊家人李四供認不諱。請將方世儁革職嚴審。又劉標之子劉飛熊係捐納通判職銜，在署經管帳目，應行細加根究，並請革審等語。方世儁革職，熊著革去職銜，交與吳達善等一併嚴審定擬具奏。（高宗八四九、一九）

（乾隆三四、一二、癸酉）又諭：據吳達善等奏，審訊劉標虧缺銅觔鉛本一案，究出良卿、方世儁各情節，實出意想之外。良卿前經降旨革任，方世儁現亦降旨革職，交吳達善等嚴行審究矣。此案良卿在黔，歷任藩撫，明知劉標虧帑數逾鉅萬，並不早爲參劾，直見事不可揜，作爲訪聞舉發，已屬有意縱容。乃於劉標私自出借官帑一萬八百餘兩，竟不據實究追，且將其已追出銀六千七十餘兩，批令留抵，私填公項，不行列入查封款內。是其知情故縱，始終隱飾，乃良卿罪案之尤著者。至方世儁身任巡撫，因劉標求開礦廠，輒敢收受銀兩，其爲藐法婪贓，較之所得玉器、朝珠等項，情罪更爲重大。吳達善等，應即將所有各款確情，速行定擬具奏。至良卿本屬旗員，例應解京治罪，而方世儁以封疆大吏，敗檢貪婪，至於如此，亦應解交刑部辦理。吳達善等於審訊定案後，一面奏聞，一面派委妥員，將伊二人鎖解赴京，並飭解員沿途小心防範，毋令乘間自戕。其高積等各犯案，仍即速審明，按律定擬。至摺內所稱劉標胞姪劉煃等，先行紆道帶回行裝，希圖隱匿等語。現已傳諭楊廷璋，就近查拏審辦。其經管帳目之劉飛熊，亦已降旨革去職銜。著該督等即行併案查辦，毋令稍有狡遁。（高宗八四九、二三）

（**乾隆三四、一二、癸亥**）又諭：據吳達善等查審劉標虧缺銅本及隱漏家產一摺。……（高宗八四九、二四）

（**乾隆三五、二、己酉**）又諭：前因良卿在熱河道任，辦事尚知奮勉，是以加恩擢用巡撫。豈意伊志滿意足，又恃地遠或易爲欺，乃於劉標虧空一案發覺後，經永泰等前後揭部控其與臬司高積交結，並勒索餽送各款，因特派吳達善等前往查審。節據訊出良卿，與高積受賄交通，聽其販賣水銀，并任幕友往來無忌，已屬敗檢不法。至劉標積年虧帑侵公，數至二十四萬有餘，良卿既已明知故縱，並授意令人彌補，復請添移錢局，冀爲通融掩覆。及經部駁，知事必敗露，始以一參塞責。又不嚴追虧項，輒批令將出借銀兩，私留作抵，不行列入查封款內，而於平越府之私交兵米折色，侵蝕口袋腳價等項，並不覺察劾究。是其徇縱劣員，毫無顧忌，致通省效尤，罔知檢束，吏治官方，不可復問，良卿負恩若此，實出情理之外。甚至普安州民人吳國治告官吏科派一案，不即嚴行查辦，轉令被控之本州知州陳泉一同會審，致使抑勒勸和，顢頇了局。是其心存消弭，盡喪天良，公行欺罔，並不止於體法婪贓。封疆大吏，敗裂至此，天理國法，尚可復容乎。良卿著依擬處斬。即於貴州省城，令欽差大臣，監視正法，俾各省督撫共知炯戒。至方世儶，在黔撫任內，婪索劉標貨物，並於開礦一事，受賄盈千，其罪亦無可逭。但所犯專在得贓，較之良卿欺君長奸、目無法紀者，尚屬有間。方世儶，著從寬改爲應絞監候，秋後處決。並將此通諭知之。（高宗八五二、一）

（**乾隆三五、二、庚申**）又諭：貴州省劉標虧空銅鉛價本，至二十餘萬之多，自來侵虧帑項犯案，從未有若此之甚者。乃巡撫良卿，明知故縱，授意彌補，並冀爲移局鑄錢，通融掩覆。及經部駁，自知事必敗露，始以一參塞責。經朕察見其中隱弊，特派大臣前往查審，其事始水落石出。並究出良卿負恩徇縱之罪及與高積交通狥法諸弊，並方世儶、永泰等勒索營私各款跡。黔省吏治，狼籍若此，實出情理之外，已降旨將伊等嚴加治罪，以示懲創。（高宗八五二、一八）

（**乾隆三五、三、丙申**）諭軍機大臣等：據吳達善等審明劉標虧缺確數、酌議分賠一摺。請將良卿、方世儶、高積、永泰各任所原籍貲財抵補外，其餘再行按股分攤之處，所辦甚屬非是，已於摺內批飭另議矣。劉標虧空官帑至二十九萬餘兩之多，爲從來侵牟所未有，總由良卿等，欺謾長奸，扶同舞弊，以致狼藉若此。因將伊等重治其罪，以昭炯戒。其所查抄家產，乃以懲良卿等之肵法欺公，非爲代劉標等抵補虧項，此理顯而易曉，吳達善等寧不知而舛謬一至於此？明係因劉標虧項，應著落歷任上司分賠，冀將已入官之貲財作抵，爲衆人攤減應賠分數，一味取悅沽名，而不顧違理背道，是誠何心？吳達善久任封疆，事多閱歷，不應如此大錯，乃深染模棱惡習，故智復萌。而錢維城、富察善奉差數月，急切思家，亦遂附和同聲，希圖完局。伊等皆特派查審侵虧大案之人，自當以整飭懲創爲念，竟全不實心釐覈，思欲顢頇了事，尚得謂具有天良乎？即劉標查出貲產同入官之項，摺內所稱抵補之處，亦屬非是。著將此摺擲還，交吳達善等，另行改議具奏。至劉標家屬藏匿金銀珠飾等物，現在續經搜出，則從前委令查抄之王葆元、德光一任隱匿，咎無可逭，自當嚴究參處。乃轉謂其實無瞻徇情弊，巧爲開脫，僅於另摺附請交議，亦屬有意從寬。吳達善等著傳旨嚴行申飭。（高宗八五五、九）

（**乾隆三五、一二、庚辰**）諭軍機大臣等：據彰寶、宮兆麟奏，署威寧州知州高偉，管理鉛廠，支放廠員工本並不如期給發，以致廠員張祥發所辦新舊白鉛，俱有虧短，又接管王葆元交代，有歷年未完秋糧及採買茇折等米五千一百石零一摺。此事大奇，實出情理之外。上年清查劉標虧空一案，各項積弊自應一一清釐，何得尚有舊欠鉛觔、米石，至支放廠員工本，又何以竟不如期給發？宮兆麟即係承辦前案之人，身在黔省，豈無聞見，何不早爲查奏，直待事隔經年，始與該督會銜參劾。必係宮兆麟查辦時，未能將積弊實力剔除，及聞後任復蹈故轍，恐干疎漏之咎，有意彌縫。茲因彰寶隔省已有風聞，知事難掩飾，始以會參塞責，不然何以辦理遲緩若此？已於摺內批斥，并明降諭旨，將高偉、王葆元、張祥發一併革職，交該署撫嚴審，定擬速奏。仍著傳諭三寶，即將此案密行訪查，務得各犯踵行舞弊緣由，及宮兆麟前此因何延擱不辦，至今始行會參各情節，據實速奏，毋得稍存瞻顧調停，自干咎戾。（高宗八七四、一三）

（**乾隆三五、一二、辛巳**）諭軍機大臣等：昨據彰寶等參奏，署威寧州知州高偉，管理鉛廠，並不如期給發工本，以致新舊白鉛俱有虧短，又接收王葆元交代，有歷年未完秋糧及採買茇折等米五千餘石一摺。此事大奇，實出情理之外，已降旨交三寶嚴行審究矣。上年清查劉標虧空一案，各項積弊自應一一清釐，何將尚有此等情弊？況宮兆麟即係承辦前案之人，在黔豈無聞見。直待彰寶風聞，札知宮兆麟，方始列銜會參。是宮兆麟始既未能徹底釐剔，後有意彌縫，今因彰寶札查，知事難掩飾，恐其舉發，始以會參塞責。則宮兆麟更屬有心文過。著傳諭彰寶即將實在情節，迅速覆奏。毋得稍存徇隱，自干咎戾。著於該督摺報之便，諭令知之。尋奏：查高偉前係貴筑縣令，因威寧州牧王葆元降調，五月委署威寧，先赴新任。後清貴筑交代，八月接撫臣宮兆麟札，業將高偉奏陞威寧，是高偉非暫署可比，尤易滋那新掩舊之弊，隨委貴西道祝忻等，並札知撫臣盤查。嗣據委員等稟稱，威寧鉛廠除廠員張祥發新欠白鉛三四十萬餘觔外，餘歷年舊欠白鉛及未完秋糧採買苲折等米，悉係劉標任內事，前州牧王葆元以為民欠有著，不入劉標虧案內，與署州高偉先後因循朦蔽。至短發工本銀，尚實貯無虧等語。臣尚恐王葆元與高偉自有侵虧捏作舊欠，除會撫臣銜參奏外，俟將來審明，如係劉標任舊欠，則撫臣宮兆麟辦理前案未能徹底清釐，若係新近侵那，則係委署不慎，咎更難辭。報聞。（高宗八七四、一四）

（乾隆三六、五、庚申）又諭：據桂林等奏，滇省派員知州德敏領運京銅七十餘萬零，行至四川雲阳縣磁莊灘及湖北歸州新灘、湖南巴陵縣下反嘴等處，三次沉銅至三十九萬二千餘觔等語。解運銅觔，中途猝遇灘險風暴，人力難施，致遭沉溺，亦屬情理所有。然或一次事出不虞，尚非意料所及，何至接連三次，處處如出一轍？且沉銅如許之多，其中保無沿途盜賣虧缺，捏詞掩飾情弊，不可不徹底根究。著傳諭各該督撫等，各就該省沉溺處所，詳細訪查，有無弊混情由，據實專摺奏聞，毋得稍存瞻徇。尋富明安等奏：德敏領運京銅，上年十二月初九日行至雲阳縣磁莊灘遇風，船挝石梁，將第一號銅船沉溺，除陸續撈獲，未獲銅三萬六千三百餘觔。委無盜賣虧缺、捏報情弊。於本年正月十八日，行抵新灘，一號銅船遇風折斷頭招，將船打至天平石，沉銅四萬二千觔，已撈獲一萬八百觔零，並無沿途盜賣捏飾。於正月二十七日，在岳州府反嘴地方遭風，沉銅三十萬七千八百七十餘觔，撈獲一十五萬七千四百餘觔。查德敏在四川、湖北兩次遭風，心甚著急，適至該地係荊口下流，洞庭湖上游，江面四十餘里，猝遇暴風，不能停泊。臣屢經委員稽查，均無弊混。報聞。（高宗八八五、一一）

（乾隆三九、五、庚申）又諭：本日戶刑二部議駁圖思德奏分賠鑪戶廠欠銀兩，不應節外重攤，徒致有名無實，令該撫通盤籌計，酌籌辦理一摺。所議是，已依議行矣。此項廠欠銀至七萬八千五百餘兩之多，當日豫領工本時，自必實有其人，何至盡歸無著。且各廠鑪戶數甚紛煩，諒不能挨戶遍給，其中必有承總之人，或什或百，分勻經管，自當擇身家殷實者承充，何至盡歸烏有。即如內地辦理工程鍋夥之類，皆有匠頭、夫總經手支發錢糧，豈有銅廠鑪戶，竟全無責成，而令烏合之衆，赴廠自領其理？在當日承辦之員，辦理不善，固屬咎無可辭，而接任承追各員，並不實力嚴查，率以鑪戶逃亡無著爲辭，致追項久懸不結。此皆存具文了事之心。因循不振，殊非覈實辦公之道。著傳諭圖思德確查此項鑪欠，原領共若干戶，其籍貫住址，如何著落，並查當日作何承領，及有無經管承領之人，逐一徹底清查，據實奏覆。至查明後，應如何著追完項之處，並著妥議具奏。（高宗九五八、一四）

（乾隆四〇、一一、庚辰）諭：户部議覆，圖恩德等奏，威寧州知州劉標虧空銅鉛工本案内，攤賠未完銀兩，照滇省議攤未完軍需之例，請在黔省養廉内公攤，統限十三年清繳等語。固屬照例籌辦，但此項虧欠應賠銀兩，皆前任各上司等不能實力體察所致，並非接任各員本分應賠之項，且貴州通省養廉有限，若攤扣過多，未免不足以資辦公。著加恩展作二十年扣繳，俾得從容歸款。（高宗九九六、一〇）

（乾隆四三、七、乙未）又諭曰：鄭大進奏報，陝省銅鉛過境被水情形一摺，所奏殊未明晰。荆紫關下及史家店等處，既撈獲沉溺銅船四隻，且獲銅六十觔，何以並無船户水手，是否溺斃，理應敘明。至白亭地方，查獲銅八十一觔，尖角地方，查獲銅八十七觔，據稱，亦無船户水手，并不言有無沉溺之船，更不可曉。該撫既據淅川縣稟報，即應確查因何並無船户水手，及有銅無船之故，明白聲敘入奏。並應挨查此數項沉溺之銅，係何員領運，於何處被水衝溺、運員何往、其船户水手有無下落，移咨陝省查明辦理，乃僅將撈獲之銅，付便員崔象豫管解，餘皆置之不問。鄭大進何不曉事若此？著傳諭鄭大進，即速詳悉查明，據實覆奏，毋再含糊塞責。尋奏：查據淅川縣報稱，史家店、白亭等地方，撈獲銅觔，均係商南縣衝下頭二幫内船銅，並無船户水手，適運員崔象豫親押四幫銅船到淅川，隨時撈獲銅觔，交收解陝。報聞。（高宗一〇六二、一九）

（乾隆四三、一一、戊子）諭軍機大臣等：據周元理奏，剝運京銅之船户張明安，在香河縣狼二窩地方，鑿漏船隻，偷盜銅觔脱逃一摺。該犯敢於鑿船，竊盜官銅，潛行逃竄，情罪甚爲可惡。該督務須飭屬，迅速嚴密查拏務獲，從重治罪，毋稍稽延疎懈，致令遠颺漏網。至該犯所竊之銅。至三千六百餘觔，且係鑿漏船底，斷非一時即能偷運，自係沉於河底，暗爲記認，俟事後陸續撈取。並著周元理，即派幹員，於鑿船相近處所，細心察探打撈，勿留爲賊匪潛匿。將此傳諭知之。並令將查辦情形，即行覆奏。（高宗一〇七〇、一二）

（乾隆四八、九、丙午）又諭：據管理寶泉局侍郎諾穆親等參奏雲南省趙州知州彭煥，解運京銅，共短省銅二萬二千餘觔一摺。據稱運員心地糊塗，應對茫無頭緒，恐有侵虧盜賣情弊。請將彭煥革職，交刑部審訊。其短少銅觔，行文雲南巡撫，照例補解。並將該督撫及詳委不慎之各上司，交部分別議處等語。朕當面問之福康安，稱該員實係平庸。滇省運京銅觔，事關鼓鑄，該督撫自應遴委明幹妥員，小心領解，方可不致貽誤，乃富綱等率將此等庸劣之員濫行派委，以致短少銅數至二萬二千餘觔之多。除將該督撫等交部分別議處外，富綱、劉秉恬，著傳旨申飭。其趙州知州彭煥，著革職，交刑部審訊辦理。餘俱照該侍郎等所請行。（高宗一一八九、八）

（乾隆四八、一〇、壬戌）又諭曰：李奉翰奏滇省運解京銅出境一摺。內稱，雲南委員駱煒領運正耗餘銅，及帶解運官馬心綏至四川江津縣沉溺撈獲銅七千三百餘觔，運至江寧上元縣地方，遭風壞船，沉銅九萬觔等語。雲南運解京銅，事關鼓鑄，委員等自宜小心運送，即遭風暴壞船，亦應盡力打撈，務期全獲。今四川江津縣地方沉溺銅觔，除撈銅七千三百餘觔外，其餘沉失銅觔，曾否續有撈獲。至委員駱煒所解銅觔，於江寧地方沉溺至九萬餘觔之多，現在撈獲若干，有無毀損，著李世傑、薩載，嚴飭地方官，再行多覓人夫，設法打撈，務須實力督辦，庶多獲一觔，即獲一觔之用。將此傳諭李世傑、薩載並諭李奉翰知之。（高宗一一九〇、一二）

（乾隆五一、一〇、癸卯）諭軍機大臣等：據毓奇奏各省領運銅船過境一摺。內稱雲南委員楊有祐、李達等，領運乾隆乙巳年三運一二起京銅，行至巴東宜都等縣地方，沉溺未獲銅觔頗多等語。各省頒運京銅，沿途沉溺，固不能保其必無，但此次沉溺京銅多至八九萬觔，而撈獲者僅數千至一萬餘觔不等，自係地方官不能督飭丁役水手實力撈獲，而奸民等又復從中圖利，將沉溺銅觔詭稱撈獲無多，俟委員過境後，潛行撈取，私自售賣，俱未可定。此等奸民伎倆，在委員呼應不靈，無從杜其弊竇，且領運限期有定，不能在境坐候撈獲，以致奸民等得行其詐。全在各該督撫實心實力嚴飭各該州縣督率夫役上緊探撈，庶沉溺銅觔，或可多獲，委員亦不致多有賠累。著傳諭沿途各督撫，凡遇銅船過境時，加意護送，如有沉溺銅觔，並責成地方官嚴行督飭人夫竭力撈獲，毋任奸民藉端漁利，方為妥善。（高宗一二六六、一六）

（乾隆五二、一一、癸未）諭軍機大臣等：據譚尚忠題參前任祿勸縣知縣檀萃，虧缺廠銅，請旨革審，並將督撫司道等交部分別議處。該省銅務，甫經大加清理，趕復原限。該廠員等自應從此年清年款，毋致再有遲逾。乃前任祿勸縣知縣檀萃，管理廠銅，虧缺銅觔至一萬五千餘觔之多，以致又不能按限撥運。若似此積壓遲延，日復一日，必致復誤原限，又須大加整頓。且虧缺至一萬五千餘觔，必非一兩月之事。該管督撫司道等，平日所司何事，不可不嚴行懲治。除交部分別議處嚴議外，所有此項虧缺銅觔，如該參員力不能賠，即著該管之督撫，分賠一分。兩司道府等分賠一分歸款。並著該督等，通飭各廠員，務須按限撥運，毋得稍有遲誤虧缺，致干嚴譴。將此諭令知之。（高宗一二九三、九）

（乾隆五四、閏五、癸巳）諭軍機大臣曰：毓奇奏銅船過境一摺。內稱雲南委員張景熠領運戊申年頭起運京銅觔，在東湖、石首二縣，沉溺未獲銅一十四萬一千八百五十觔等語。運京銅觔，事關鼓鑄，沿途自應小心運送，毋使稍有沉溺。今雲南運解京銅，在東湖、石首二縣，沉溺銅至一十四萬一千餘觔之多，豈不可惜。湖廣東湖等處，並非有名險灘，船隻即偶有碰損，何至沉溺如許之多？且銅觔沉重，落水不患漂失，即或少有陷失，亦不應全行沉沒，多至數萬。此必係運員虧缺銅觔，捏稱遭風沉溺。或係船戶水手偷賣，故將船底鑿漏，沉溺銅觔，臨時既可得撈摸之費，而事後又可私赴該處潛取售賣漁利，二者必居一於此。著傳諭沿途各督撫，嚴飭所屬。嗣後遇有銅鉛船隻過境，運員申報沉溺者，務須嚴密查驗，毋任稍有捍飾。……尋湖廣總督畢沅等奏：查東湖縣之沾山硃灘，實係三峽中著名險灘。運員張景熠銅船，前在該處陡遇暴風，將船碰碎，沉銅七萬一千觔。又於石首縣之藕池地方，因迴溜甚急，風狂勢猛，兩船對碰，壞船一隻，沉銅七萬一千觔，並無盜賣捏報、故為鑿漏，及事後潛取等弊。但打撈尚未及十分之一。據稱現因水漲不能興工，俟水稍退，即飭上緊撈取。得旨：地方官如不實力，即行參處。今水退，全撈獲否？（高宗一三三〇、一五）

（乾隆五四、七、戊子）諭軍機大臣等：據劉秉恬奏，雲南委員黃澍領運京銅九十四萬一千九百餘觔，行至四川大湖灘、大黑石灘，暨湖北江陵縣馬家賽地方，三次遭風沉溺。除撈獲外，共計未獲銅二十萬餘觔。該員存費留人，在彼打撈，殊非慎重銅運之道。請嗣後銅鉛錫船過境，遇有沉溺，即令道府大員，馳往確勘，並催令上緊撈獲等語。銅觔沉溺至二十餘萬之多，雖經該委員留人在彼，不過有名無實，安能盡數撈獲？并恐照料不及，或被人潛行盜取，均未可定。且安知非船戶人等串通作弊，尤不可不嚴查確勘。劉秉恬請派大員往驗，所奏尚是。著傳諭李世傑、畢沅等，即派道府一員，前赴大湖灘、馬家賽等處，督率地方官，多雇熟識水性人夫，務將黃澍所報沉溺銅觔，速行全數撈獲。嗣後該督撫等於銅鉛錫船過境，遇有稟報沉溺之事，務須照此辦理，勿任有捏報盜賣等弊。將此并諭劉秉恬知之。（高宗一

三三四、一二）

（**乾隆五五、三、庚子**）又諭：據浦霖奏，護送銅船過境一摺。夾單內稱，湖北委員南漳縣知縣李繼孟，沿途磕碰銅一千七百五十觔；江蘇委員常熟縣知縣何廷鳳，沿途磕碰銅四千七百三十五觔等語，所奏殊不近理。銅觔爲質甚堅，鎔煉時尚費椎鑿，何至如玉器、磁器不耐磕碰？即使銅板四邊澆薄之處偶有擦損，自在船內，尚可隨時檢拾歸數，即稍有遺失，亦不應多至數千餘觔。若銅觔因沿途磕碰，即有損耗，假令各省解送銀兩，數目短絀，亦可藉稱磕碰乎？此必係解銅委員有盜賣遺失情弊，誑報掩飾，所言本不足信。而沿途各省督撫，不加體察，即行據稟入奏，甚屬漫不經心。所有此項磕碰短少銅觔，即著浦霖照數賠補，遇便搭解。委員李繼孟、何廷鳳，俱著交部嚴加議處。嗣後如有解銅官員稟報磕碰數目，督撫中昏憒者遽行轉奏，俱照此辦理，以示懲儆。（高宗一三五一、一〇）

（**乾隆五五、六、丁卯**）諭曰：畢沅等奏，黔省委員桐梓縣知縣吳壽朋領運京鉛，該縣帶有家眷多人，並柴米物件，以致船身加重，於巴東縣等處地方，沉溺船隻鉛觔。請將吳壽朋革職審擬，並著落照數賠繳等語。運京鉛觔，鼓鑄攸關，押運委員，自應小心謹慎。乃吳壽朋攜挈家眷多人，並帶有柴米物件，種種累墜，以致連溺船三隻，沉鉛二十一萬觔之多，殊屬玩誤，迥非遇有險灘風暴失事者可比。吳壽朋著革職，交畢沅等提同船戶人等，秉公查審。該參員有無盜賣鉛觔、捏報沉溺等事，訊明具奏。其沉溺鉛觔，並著照數賠繳。至吳壽朋在黔挈眷同行，本省巡撫何以漫無覺察，亦著查明交部議處。此等押運事務，不過一二年即可差竣，原不必攜帶家眷。嗣後遇有解運銅鉛，及因公奉派押解官物等事，俱不准委員等挈眷同行，以昭慎重。（高宗一三五七、四）

（**乾隆五五、七、丙戌**）諭軍機大臣曰：孫士毅奏續獲銅鉛數目一摺，內稱滇省委員黃澍、黔省委員胡溢在川省境內沉溺銅鉛，未獲之數較多。覈計打撈起至月日，雖已滿一年之限，未便因例得豁免，任其委棄等語。滇黔二省運京銅鉛，在川境大湖等灘沉溺，尚有十五萬七十餘觔未經撈獲。若照著名險灘，遇有風濤沉失，打撈一年限滿，即請豁免之例，停其撈獲，此項沉失銅鉛，爲數甚多，棄之豈不可惜？且秋冬水涸之後，安知水摸等不乘機撈取。並恐舵工水手，通同作弊，遇有險灘故將船隻磕漏，沉溺銅鉛，希圖事後竊獲，亦不可不防其漸。今孫士毅奏請再行展限打撈，所見甚爲周到。此事即著交與保寧嚴飭重慶府知府趙由坤，督率地方官派撥兵役，協同該運員家丁，於沉溺處所小心看守。俟灘水稍退時，將未獲銅鉛，再行多雇水

摸，上緊設法打撈，務期多爲獲取，以歸實用，勿得視爲具文，致滋偸竊之弊。（高宗一三五八、一〇）

（乾隆五五、一一、乙巳）伊犂將軍暫署四川總督保寧奏：京銅攸關鼓鑄，查有寧洱縣知縣蕭霖，領運京銅七十三萬六千餘觔，兩次具報沉溺。現嚴飭各該處文武設法打撈，設有短少，應令該運員照數著賠，不准豁免。得旨：所奏公當之極。即有旨。（高宗一三六七、三一）

（乾隆五五、一二、丙寅）諭曰：保寧奏，雲南委運京銅之寧洱縣蕭霖，在巴縣甘溪口遇風船壞，沉銅六萬觔。嗣據該縣暨運員上緊打撈，業已全數撈獲。行至雲陽縣廟磯灘後，碰沉銅七萬觔。一月之內，兩次沉溺，其爲漫不經心，已可槪見。請將蕭霖交部嚴加議處。沉銅如限滿無獲，不准豁免等語。所奏甚爲公當。滇員運送京銅，最關緊要，不容屢次疎虞。乃該運員蕭霖，於巴縣地方，碰沉銅觔，甫經撈獲，復有沉溺之事，不惟疎於防範，且恐有銅觔短缺，捏報沉溺情弊，蕭霖著交部嚴加議處。所有沉溺銅觔，除撈獲外，餘著該員照數賠補，以示懲儆。保寧係伊犂將軍暫署總督，並不存五日京兆之見，於此等事件，竟能不避嫌怨，嚴參辦理，尚屬可嘉，保寧著交部議敍。（高宗一三六九、一三）

（乾隆五六、三、甲辰）諭曰：額勒春奏，平遠州知州朱昕領運楚鉛，據該員報稱，在楚鎔化，竟短少七萬餘觔，連後幫覈計，共短二十萬觔。查該員在局領兌時，如果低潮，何以並無隻字稟聞？且後幫之鉛，未到未鎔，何以知其短少？顯有情弊。請將朱昕革職，提解回黔，嚴審究擬等語。委員朱昕領運楚鉛，在局領兌時，即無短少，何以在楚鎔化，忽稱短鉛七萬餘觔？且將未到未鎔之鉛，逆料其必有短少。豫留侵冒情弊，居心實屬巧詐，僅予革職審擬，不足蔽辜。朱昕著革職挐問，交該撫嚴審定擬具奏。（高宗一三七五、三一）

（乾隆五六、一〇、癸卯）諭軍機大臣等：據蘇凌阿等奏，貴州委員蕭志翊接運吳壽朋解京鉛觔。吳壽朋押解領運時，在湖北地方，沉溺未獲鉛十七萬八千一百觔。該處地方官是否打撈全獲等語。上年貴州委員吳壽朋，在湖北省之巴東、東湖、江陵三縣地方，沉溺鉛觔，迄今已一年有餘，何以未經該督撫報明撈獲數目？此項沉溺鉛觔，至十七萬八千餘觔之多，若不上緊打撈，任其沉失，豈不可惜。著傳諭該督撫等，嚴飭地方官同該委員親屬，認眞督令水摸，實力打撈，務期全數起獲。並將曾否撈獲若干觔之處，及委員如何治罪，據實覆奏，毋得久而生懈，致沉失鉛觔，終無獲也。尋湖廣總督畢沅奏：黔員吳壽朋沉溺鉛船，經臣參奏，並飭分賠在案。嗣據巴東、江陵縣陸續撈獲四萬四千八百一十觔,尚未獲鉛十三萬一千三百九十觔。現在江水稍涸,勒限打撈,不敢稍懈。得旨:實力爲之。(高宗一三八八、二)

(嘉慶一〇、五、庚子)又諭:瑚圖禮奏,滇省運京銅船遭風沉溺情形一摺。據稱滇省委員程球,領運京銅,在楚省漢陽縣新灘鄧家口地方陡遇狂風,沉溺銅船十隻,並淹斃丁役舵水十二名,沉失銅五十萬八千餘斤,尚未全數撈獲等語。漢陽縣鄧家口地方,係屬著名險灘,該運員領解銅船,駛至該處江面,猝遇狂風巨浪,沉溺船隻,实因人力難施,尚非疏於防護。其丁役舵水等因迎浪搶救,致被淹斃,情殊可憫。著該撫查明給予賞卹埋葬銀兩。所有沉失銅斤,除已撈獲三十七萬餘斤,盤驗起運外,其未獲沉銅十三萬八千餘斤,仍著該撫飭屬上緊打撈務獲,並著官給撈費。至損失船隻及打撈沉銅或有未能足數者,俱加恩免令該員賠償,以示體卹。(仁宗一四四、二)

(2) 豁免沉溺銅鉛

①洪銅

(乾隆三三、八、己卯)豁免雲南運銅因風沉溺銅四萬三千八百八十九觔。(高宗八一七、二二)

(乾隆三四、四、庚辰)豁免雲南運解乾隆三十一年分,第三運第二起,遭風沉失銅五萬八千八百觔有奇。(高宗八三三、四四)

(乾隆三五、二、丁丑)豁免雲南遇風沉沒運京銅四萬九千八十七觔。(高宗八五三、一九)

(乾隆三八、二、戊子)豁免雲南沉溺銅一萬六千五百觔。(高宗九二七、二九)

(乾隆三九、六、丁酉)豁免雲南乾隆三十五年第三運沉溺銅十六萬三千九百六十觔有奇。(高宗九六〇、二一)

(乾隆三九、六、丁未)豁免雲南乾隆三十五年第二運二起沉溺銅一十五萬四百五十觔有奇。(高宗九六一、二五)

(乾隆四〇、二、己亥)豁四川奉節縣地方沉溺雲南委員孫校枝運銅六萬八千觔。(高宗九七七、一五)

(乾隆四〇、三、甲子)豁四川忠州地方沉溺雲南委員王曾厚運銅三萬五千餘觔。(高宗九七九、二)

(乾隆四二、一一、辛卯)豁雲南冬瓜灘沉溺雲南委員李發源運銅二萬

二千觔，並予淹斃船戶水手十二名卹賞如例。（高宗一〇四五、四二）

（**乾隆四二、一二、壬子**）豁湖北巴東縣地方沉溺雲南省委員孫新吉運銅六萬七千二百七十六觔。（高宗一〇四七、八）

（**乾隆四三、二、己酉**）豁雲南省金江沉溺之署雲南永善縣知縣李發源運銅三萬三千觔。（高宗一〇五一、一四）

（**乾隆四三、八、辛酉**）豁雲南沉溺乾隆三十五年分解京銅九萬六千五百觔有奇。（高宗一〇六四、八）

（**乾隆四三、八、戊辰**）豁雲南沉溺乾隆三十八年分解京銅八萬八千七百觔有奇。（高宗一〇六四、二一）

（**乾隆四三、一二、丁巳朔**）豁免遭風沉溺之雲南省運京銅五萬一千五百四千觔有奇。（高宗一〇七二、二）

（**乾隆四九、七、戊辰**）豁免遭風沉溺之浙江委員石永福，運回雲南銅四萬九千五百觔者有奇。（高宗一二一〇、三一）

（**乾隆五〇、九、丁巳**）豁雲南沉溺乾隆四十四年分運京銅六萬六千觔有奇。（高宗一二三八、二四）

（**乾隆五〇、九、壬申**）豁雲南沉溺乾隆四十六年分運京銅四萬四千四百觔有奇。（高宗一二三九、二一）

（**乾隆五二、四、壬子**）豁免雲南委員黃韶音沉失銅六萬九百四十觔有奇。（高宗一二七八、三五）

（**乾隆五二、八、壬戌**）工部議准：雲南巡撫譚尚忠疏稱，滇省領運京銅委員駱煒，因在江南上元縣遭風，沉失銅九萬觔，打撈一年無獲，照例請豁。應如所請。從之。（高宗一二八七、二三）

（**乾隆五三、二、辛酉**）豁雲南沉溺銅六萬三百三十觔有奇。（高宗一二九九、二四）

（**乾隆五三、三、甲戌**）豁雲南沉溺銅十三萬九千九百觔有奇。（高宗一三〇〇、三一）

（**乾隆五三、三、庚辰**）豁雲南沉溺銅五萬六千一百觔有奇。（高宗一三〇一、五）

（**乾隆五三、九、癸酉**）豁雲南委員署琅鹽井提舉參革通判林大本沉銅六萬七百五十觔有奇，祿勸縣參革知縣檀萃，沉銅六萬五千八百觔有奇。（高宗一三一二、四九）

（**乾隆五四、九、庚寅**）豁免雲南運員遭風沉溺銅六萬七千二百一十觔。（高宗一三三八、一一）

（乾隆五五、一二、甲子）豁免雲南解京遭風沉溺銅七萬觔。（高宗一三六九、九）

（乾隆五七、六、庚辰）豁免雲南運京沉失銅四萬四千三十觔有奇。（高宗一四〇六、四〇）

（乾隆五七、一一、甲寅）豁免遭風沉溺雲南運京銅十一萬八千七百七十三觔有奇。（高宗一四一七、一一）

（乾隆五八、六、丁丑）豁免遭風沉溺雲南運京銅二十萬七百三十觔有奇。（高宗一四三一、一）

（乾隆五八、九、丙辰）豁雲南運京乾隆五十一年分沉溺銅一萬七千七百觔有奇。（高宗一四三七、一五）

（乾隆五八、一〇、乙丑）豁雲南運京乾隆五十三年分沉溺銅一萬七千觔有奇。（高宗一四三八、八）

（乾隆五八、一一、壬寅）豁雲南運京乾隆五十三年分沉溺銅六萬四千觔有奇。（高宗一四四〇、一二）

（乾隆五八、一二、乙丑）豁雲南運京乾隆五十一年分沉溺銅四萬六千觔有奇。（高宗一四四二、八）

（乾隆五九、六、乙亥）豁免雲南運京沉溺銅六萬六千九百觔有奇。（高宗一四五五、一四）

（乾隆五九、七、癸巳）豁免雲南運京乾隆五十二年分沉溺銅一萬一千觔。（高宗一四五六、二〇）

②黔鉛

（乾隆二六、一〇、丁丑）豁貴州險灘溺沉乾隆二十四年運京鉛七萬三千觔有奇。（高宗六四六、一七）

（乾隆三六、三、戊午）豁四川雲陽、奉節二縣地方沉灘貴州委員官綺岫、季華鍾運鉛各七萬觔。（高宗八八一、三）

（乾隆四〇、二、丙午）豁湖北歸州大治地方沉溺貴州委員張鳳枝運鉛九萬七千觔。（高宗九七七、二二）

（乾隆四三、七、辛卯）豁貴州沉溺乾隆四十年分解京鉛三千八百觔有奇。（高宗一〇六二、七）

（乾隆五〇、七、庚申）豁貴州沉溺乾隆四十三年分運京鉛八萬六千觔有奇。（高宗一二三四、一五）

（乾隆五〇、九、甲寅）豁貴州沉溺乾隆三十九、四十等年運京銅六萬

二千二百觔有奇。(高宗一二三八、一七)

（**乾隆五〇、一〇、甲辰**）豁免遭風沉溺貴州運京白鉛七萬觔。(高宗一二四一、一六)

（**乾隆五〇、一一、庚戌**）蠲免遭風沉溺貴州運京白鉛七千五十觔。(高宗一二四二、五)

（**乾隆五三、三、庚午**）豁貴州沉溺鉛二萬五千一百五十觔。(高宗一三〇〇、一八)

（**乾隆五三、七、丙戌**）豁貴州委員遵義縣知縣黃朝棟沉鉛十八萬二千觔有奇。(高宗一三〇九、四七)

（**乾隆五四、九、乙酉**）豁免貴州運員遭風沉溺鉛六萬二千一百八十四觔。(高宗一三三八、三)

（**乾隆五六、二、壬申**）豁免貴州運京沉溺未獲鉛六萬三千三百觔。(高宗一三七三、二二)

（**乾隆五六、一〇、辛酉**）豁免貴州運員雷平因風漂溺白鉛七萬觔有奇。(高宗一三八九、二〇)

（**乾隆五六、一二、辛亥**）豁免貴州運員蕭若欽沉溺白鉛四萬九千三百八十觔、黑鉛四千二百七十觔有奇。(高宗一三九二、一七)

（**乾隆五八、四、己丑**）豁免遭風沉溺貴州運京鉛五萬九千一百觔有奇。(高宗一四二七、二三)

（**乾隆五八、九、乙酉**）豁貴州運京乾隆五十八年分沉溺鉛七萬觔。(高宗一四三七、五)

（**乾隆五八、一二、甲子**）豁貴州運京乾隆五十一年分沉溺鉛四萬觔有奇。(高宗一四四二、七)

（**乾隆五八、一二、丁卯**）豁貴州運京乾隆五十二年分沉溺鉛十二萬六千觔有奇。(高宗一四四二、一〇)

（**乾隆五九、六、丙辰**）豁免貴州運京沉溺鉛二十三萬一千二百五十觔。(高宗一四五四、二)

（**乾隆五九、六、己卯**）豁免貴州運京沉溺鉛九萬四千二百觔有奇。(高宗一四五八、二六)

（**乾隆五九、一二、辛未**）豁免貴州運京乾隆五十八年分沉溺鉛一萬二千八百觔。(高宗一四六七、五)

（二）硝磺購運

1. 官辦購運和交商承辦

（**乾隆一六、四、丙申**）兩廣總督陳大受等奏：粵東濱臨海疆，軍火緊要，每年需硝二十餘萬觔。原借司庫銀委員赴廣西採辦，嗣廣西產硝無多，在本省增城、陽山、南海、順德四縣，開煎土硝。現在陽山、南海二縣又稱採土維艱，額需有欠。前經督臣碩色咨詢豫省，有無餘硝可買，准河南撫臣咨覆，豫省每年可得餘硝十七萬觔。經臣飭藩司李錫秦議覆，以西省現於太平府屬等處試採，如果旺盛，自應暫緩赴豫採買。又據廣東藩司石柱詳稱，東省需硝孔亟，請照往例，逐年赴豫買運餘硝十四萬觔，將來西省應需若干，即解價赴東領運，倘無需則全歸東省。得旨：下部知之。（高宗三八七、二五）

（**乾隆一六、七、己丑**）吏部議覆：貴州布政使溫福條奏，黔省應行更復各事宜。……一、採買硝磺，向有定處，前撫臣孫紹武奏准，聽各標營自行採熬。營員不能身親其事，致開偷採之弊，不若照舊辦理為妥。應如所請。……從之。（高宗三九五、二一）

（**乾隆三〇、五、甲辰**）浙江巡撫熊學鵬奏：浙省製造各營火藥，及各縣官匠傾銀火硝，每年赴豫、江二省採辦硝三十六萬觔。近年豫、江二省產硝稀少，委員赴買，俱未足額，除運回先供各營應用，而銀匠傾鎔之硝，每致等待需時。上年十二月內，經司道等會詳，以官匠每年傾鎔餉銀，約需淨硝三萬八千觔，與其候委員辦回繳價給領，停爐等待，請令誠實官匠，備價隨同委員購買，先行運回濟用。至硝觔抵浙，另委妥員秤驗，其所買之硝，仍即在原額三十六萬觔數內扣算，不許額外多買。臣查司道各庫餉銀，例應按卯傾兌，需用硝觔，難以遲緩。今令官匠自行備價赴買運回，應於在省同知、通判內委派一員監督，及時鎔淨，以濟實用。嗣後除營中需給各處硝觔，仍聽杭協設廠監鎔外，其司道庫所需傾課之硝，俱照此隨時派委丞倅辦理。得旨：如所議行。（高宗七三七、二四）

（**乾隆三〇、八、壬戌**）河南巡撫阿思哈奏：各省到豫採買硝觔，原係毛硝，運回本省另行煎提澄淨，方足配用，所出成色，往往高下不等。緣硝土產於斥鹵鹽鹹之地，必須風日晴燥，漸有浮起，始可認明掃刮。若雨水稍多，即產硝不旺，且鹹砂混雜掃取，每有不純。委員貪其價賤，隨意購買充數，提煉後成色自低，不能敷額，勢必勒賠買補，往返諮詢，徒煩案牘。請嗣後責成行戶收買，即飭委員督辦，就豫提净，運費亦多節省。如運回不净，惟該員是問。得旨：甚好。如所議行。（高宗七四三、三）

（**乾隆四〇、四、庚寅**）工部議准：閩浙總督鐘音疏稱，各營操演並傾銷糧餉，需硝十四萬九千八百觔，請委員赴山東省採買。從之。（高宗九八〇、一五）

（**乾隆四三、一一、丙申**）閩浙總督楊景素奏：閩省存局硝觔，不敷支發。前經奏明委員採辦，所有四十二年及本年應辦硝二十五萬餘觔，現俱抵閩無誤。查委員在山東，向與產硝地方官各半認買，恐不免折價短缺等弊，已咨令東省查禁。於辦足時，秤明觔兩，移咨覆覈。得旨：嘉獎。（高宗一〇七〇、四二）

（**乾隆四四、一、癸丑**）戶部等部議准：安徽布政使農起奏稱，安徽各營需用硝觔，向由鳳陽、穎州等屬，按年採辦。磺觔因產自晉省，兩年彙辦一次，例應各營繳價。但火藥要需，俟價繳再辦，恐致遲誤。請借匣費銀給辦，於各營請領時，扣公糧還款，册報部覈。再磺觔兩年彙辦一次，遇產地稍短，委員運遲，即恐缺乏。請嗣後磺觔并硝觔均豫購一年。從之。（高宗一〇七五、二〇）

（**乾隆四八、二、辛卯**）是月，閩浙總督富勒渾奏：閩省各標營歲需硝觔，向於山東辦運。嗣因多有耗缺，經前督臣楊景素奏准，自四十四年始，每年附買一萬一千觔，分十五年買足。現查確數，除滿營足額外，臣標及撫標、福州城守水師各營，缺短自三千三百至五千七百餘觔不等。臺灣各營缺至九萬二千餘觔。詢係赴東採辦，過壩過山，漏滷消耗，及到省混濾足色所致。今酌議再於河南及湖北之來鳳、咸豐二縣採辦十萬觔，分二三年購補。得旨：覽。（高宗一一七五、一八）

（**乾隆五二、二、庚申**）諭：據李世傑、徵瑞奏，查明營伍硝磺缺額，實由采運稽遲。請將三十六年以後辦磺遲延、四十六年以後辦硝遲延之歷任江寧蘇州各藩司，交部嚴加議處一摺。硝磺為軍火要需，我國家武備修明，戎行整飭，凡遇臨敵制勝，尤藉鎗礮為利器。必需平時操演精熟，方能所向無前。即如京師健銳、火器等營，按期每日操演，需費硝磺甚多，而各直省營伍亦皆按期操演。是採辦火藥，為兵丁練習之需，最關緊要，斷無因多費硝磺，逐停止操演之理。且各省俱經委員採辦，未聞缺額，何獨江南遂形短絀？至李世傑前奏硝磺不敷，由於歲需烟盒之語，更無是理。硝磺係自然之利，鋪戶製造花爆售賣者甚多，即如京城，每遇除夕元旦燈節，居民所放花爆，晝夜喧闐，不可勝計。又如江浙等省，商賈輻輳之區，售賣花爆，何止數千百萬。與營伍軍火有何關涉？若果於軍器所儲有礙，朕必早降旨禁止民間花爆矣。況現據李世傑等奏，江蘇通省各營，歲需硝磺八萬九千餘觔，而匠鋪硝磺，每年約需十七八萬或二十餘萬觔不等，其數倍於營伍。可見民間所用花爆，需費硝磺無礙軍火。已與該督前奏，自相矛盾。至兩淮年例，歲進烟盒七架，大小爆竹一萬，所需無幾。前據徵瑞查明，每年採辦，止開銷銀一百一十餘兩，較之通省各營及匠鋪所需硝磺，爲數不及百分之一。即內務府花爆作每歲開銷，僅需硝磺一千餘觔，其數較之江蘇匠鋪，亦不過二十分之一。而謂硝磺不敷，由於烟盒，有是理乎？明係承辦之藩司等採運遲延，創爲此語，以爲卸罪地步，豈能上而欺朕、下而惑衆？而該督不以爲怪，轉以此牽涉聲敘，其過甚大。但該督既有此奏，轉不值以年例所需，致伊等得有藉口。所有兩淮每年例進烟盒爆竹，著即行停止。京成花爆作何所不可？至該藩司等採辦遲延，託詞支飾，李世傑冒昧陳奏，均應重治其罪。但恐外間無識之徒，不知伊等貽誤軍火，妄謂摺內牽涉烟盒聲敘，以致獲咎，是誠全無人心者，不得不反覆剴切曉諭。此案袁鑒係屢經獲罪，加恩錄用之員，乃敢如此巧爲諉卸，最可惡。前經降補知府，尤不足以蔽厥辜。著即革去頂戴，仍留知府之任，三年不准支食廉俸。李世傑本當照部議革任，但念其平日辦理地方事務，尚屬留心，且究因病後精神昏瞀，未能認真查覈所致。著從寬免其革任，亦三年不准支領養廉。至蘇松各營硝磺，既有缺額，操演時又將儲備火藥動用，蘇州藩司亦有遲延。閔鶚元身爲巡撫，豈竟毫無聞見，所司何事？何以並未查辦？著明白回奏。所有三十六年以後辦磺遲延、四十六年以後辦硝遲延之歷任江寧蘇州布政使，著交部嚴加議處外，並著照各營短缺硝磺例價，各令十倍罰賠，以示懲儆。餘俟該督等查送職名到部，一併議處。經此次查辦之後，各營火藥，務須嚴飭委員採買足額，迅速解營，年清年款。若再因循遲玩，朕必照貽誤軍需之例，重治其罪，決不稍爲寬貸也。陳杰據實直奏可嘉，著交部議敘。將此通諭知之。（高宗一二七五、二一）

（乾隆五二、八、丁酉）署湖廣總督舒常奏：湖北宜昌、施南二府屬之長陽、興山、鶴峰、歸州、來鳳、建始等州縣出產硝觔，向係商民自備工本，赴產硝地方採辦解省，交局給價，以供各營歲需之用。現在籌備閩省採買硝五萬觔，若仍照常俟商民採辦，勢必貽誤。應先行動項給發產硝州縣，分飭上緊辦理，勒限解省，一俟閩員到楚，即可給領運回。得旨：嘉獎。（高宗一二八六、五）

2. 政府特許經營，嚴禁私商販運

（**康熙二五、閏四、丁巳**）兵部議覆：四川陝西總督禧佛疏言，川省地廣民稀，土司番蠻雜處，恐有私收軍器禁物，妄意非爲及射利姦徒，勾串賣給等弊，請嚴行禁止，定例處分。應如所請。嗣後土司番蠻交界處，有將軍器禁物販賣者，杖一百，發邊遠充軍。該管官知情故縱者，一例治罪。如失於覺察，州縣官并專汛武職俱降四級調用。府道及兼轄武職官俱降二級，該管總兵官降一級，督、撫、提各罰俸一年。從之。（聖祖一二六、一）

（**雍正五、一、乙巳**）署理湖廣總督福敏等奏言：湖廣苗猺地方，不產硝磺，而各案每以鎗砲傷人，明係奸民販賣，轉入岡寨，臣等正行嚴禁。乃查舊案，參革藩司張聖弼任內，濫給硝磺牌照甚多，以致漢口經紀，公然販賣，至今尚有存貯。前撫臣鄭任鑰，在藩司任內，亦有伊戚林西周販賣，雖經詳明督撫而違禁射利，殊玷官箴，理合奏聞。得旨：鄭任鑰在學政任內，頗有清名，爲巡撫時，聞於應得之項，亦不收受。今觀福敏等所奏，以硝磺違禁之物，且湖廣地方，苗猺雜處，例禁更嚴，而鄭任鑰身爲封疆大臣，縱其私人犯禁取利。是鄭任鑰之爲人，於人所共知之處，則强制不取，以沽清廉之名。而於人所不知之處，則暗中巧取，以遂其營私之實，不知清廉之官，當如是否耶？彼意在於名實兼收，而不知其終歸敗露。又如湖廣社倉一項，楊宗仁殫心經理，勸導百姓，勉力公捐，以裕積貯。而鄭任鑰身爲巡撫，徇庇屬員，聽其侵漁。置之不問以致民間辛苦蓄積之物，皆化爲烏有。但知取悅於屬員，不顧民生之緩急，尚得謂之愛養斯民者乎？鄭任鑰，著革職，在湖廣修理江岸工程處，効力贖罪。（世宗五二、一九）

（**雍正九、三、乙酉**）工部議覆：刑部尚書勵廷儀疏言，天生五材，鐵居其一。用以備軍資而造器物，所係綦重。向例，鐵貨不許私出外境，而廢鐵不在禁例。近聞射利之徒，專收廢鐵鎔化，運至近邊近海地方貨賣，此風漸不可長。請嗣後有將廢鐵潛出邊境，及海洋貨賣者，照越販硝磺之律科斷，以除姦弊。應如所請。從之。（世宗一〇四、一六）

（**雍正一一、一〇、甲寅**）又諭：硝磺爲軍器火藥之用，例禁甚嚴。聞河南地方，有出產焰硝之處，小販經紀，往往以雜物零星易換，赴鄰省售賣。現據湖北各屬，盤獲甚多。朕思河南之硝，既私行於楚北，則其私行於附近各省，更不待言。著該督等飭令各屬，實力查禁，不得仍蹈前轍。（世宗一三六、五）

（**乾隆六、三、戊子**）理藩院奏：鄂爾多斯貝勒瑞羅布扎木素咨稱，欲買補盔甲二副，弓七張，箭千枝，鎗六桿，腰刀三口，撒袋一副，請部給與出口文票。應准其請。嗣後各扎薩克欲買軍器等物，按該旗佐領甲數，查驗具題。如實係不足，應行買補。其盔甲、弓、撒袋、腰刀、鎗等，數過二十，鳥鎗過十桿，硝磺過三十觔，箭過千枝，請旨給與出口文票。若不及此數，由臣院咨兵部給與。其自用之器，惟弓箭腰刀准其購買。餘物悉禁。得旨：所奏甚是。依議。（高宗一三九、一八）

（**乾隆八、一二、丁丑**）諭：硝黃為邊關嚴禁之物，久有定例。聞各省沿邊口隘，奸民嗜利，往往勾通守口兵役，夾帶出口，以圖重利。又聞準噶爾境內，不產硝黃，每令內地往來之番夷喇嘛，私偷夾帶，出重價購買。各督撫提鎮，當時刻留心，嚴飭文武官弁，一體實力搜查，以防偷漏。再遣妥員給各口隘之外，細行訪察，如有出產硝黃之處，作何設法防範，毋得稍有疎忽。該部即行文各省督撫提鎮等知之。（高宗二〇七、二〇）

（**乾隆九、八、辛酉**）工部議覆：河南巡撫碩色奏稱，硝磺嚴禁私販，請地方凡殷實之家，願開官硝店者，如官鹽店例，報官准開。貧民零賣硝觔，聽照時價收買，並設印簿，逐日登填，月底送州縣查覈，庶免偷漏。查設立官店，可杜囤戶私收，應如所請辦理。但恐挾資貿易之人，圖利居奇，難免輕出重入，抑勒價值等弊。且官為給照，易啟胥役需索。應令該撫嚴飭地方官，務令店戶按照時價，不得短價收買。遇採辦官硝及本地匠舖需用，須驗明印批，始行發賣。併嚴禁胥役，毋得需索。歲底將各店戶收發價值及硝觔數目，逐一開明，出具並無偷漏甘結詳報外，仍嚴飭文武員弁，實力稽查，毋致私販出境。從之。（高宗二二三、八）

（**乾隆二八、四、癸卯**）河南巡撫葉存仁覆奏：豫省購磺，向在山西，價值運費，較湖南更輕，毋庸赴楚採買。至產硝之地，向設官店稽查，以供各省採辦，從無貽誤，本屬無弊，不能照湖南磺廠辦理。得旨：允行。（高宗六八五、二）

（**乾隆二九、一、庚午**）兩江總督尹繼善議奏：陞任湖南巡撫陳宏謀條奏硝磺事宜，經部議准，令江省將購自山西磺觔，改買楚磺。至本省產硝，照湖南設廠官收，令隣省齎價赴買，以杜民間私售等語。查江南豐、沛、蕭、碭、邳等州縣，及鳳、潁二府各屬，俱有產硝之處，均請如湖南設廠官收，轉供營匠需用。如遇有窩囤私販，地保不報，一體治罪。並令地方官於要隘處，撥役輪巡。惟近因產薄價昂，請令產硝州縣，動支公項，照時價收買，於營匠硝觔內通融辦理，試行一二年，酌中定價。再產硝既屬無多，其敷本省需用與否，尚在未定，難供鄰省採辦。又江省所購楚磺，既不及西磺

成色，脚價亦較多費，請仍其舊。下部知之。（高宗七〇三、二）

（**乾隆四六、九、戊辰**）軍機大臣等議覆：欽差大學士公阿桂、署理陝甘總督李侍堯奏稱，辦理蘭州軍務善後各事宜……至私販硝磺，該省關係最重。其內地偷售者，應比照附近苗疆五百里內偷售例，計觔數分別軍流。與外地番回交易者，應比照商船夾帶出洋論斬例，從重科罪。從之。（高宗一一四一、二八）

（**乾隆五六、一〇、丁卯**）諭軍機大臣等：據書麟等奏審辦外委地保，賄縱販賣私磺人犯一摺，已交該部議奏矣。案內李言一犯，販賣私磺業經弁兵查拏，輒即乘間逃逸，實屬可惡。該督等務須飭屬嚴拏務獲。該犯原籍山東，並著惠齡一體查拏，務期弋獲，毋任漏網。至該督等所稱民間需用硫磺，若照定例由縣詳府，由府詳司，未免稽延時日。請每年由布政使衙門豫印空數印票，發給州縣，遇有商販請領，查明填發等語。硫磺一項，為民間需用之物，該商販等報明州縣後，輾轉批詳，虛延時日，固屬於民不便，但由布政使衙門豫印空數印票，發給州縣，亦難保胥吏等無藉端勒索等事。惟在該督等隨時留心，嚴加稽察，毋使法立弊生，俾商民兩便，方為妥善。將此諭令知之。（高宗一三八九、二七）

（**嘉慶一、四、丁丑**）諭軍機大臣等：據吉慶奏，嚴拏奸徒偷漏硝黃、並咨明各省一體查禁一摺。硝黃火藥，例干嚴禁。近來海洋盜匪，每遇商船，即放礮為號。海洋非出硝黃之地，此等硝黃，若非奸徒偷賣，盜匪又從何處購覓？是欲杜私販透漏情弊，必先於出產地方嚴行查禁。著傳諭各該督撫，飭令地方官嚴行查察。於官為給照採辦之外，毋許絲毫私售。使奸徒不能販運偷賣，而盜匪即無從接濟。該督撫等務當飭屬嚴禁，毋得日久生懈。（仁宗四、二）

（**嘉慶一一、五、辛酉**）諭內閣：本日工部奏，外省商民販買鐵斤，漫無限制，請勅下各督撫查明各該省實需情形，適中定額一摺。此事前經縕布面奏，以近來商民等領票買鐵，銷售太多，殊失限制，請官為查覈等語。……著令工部堂官各行據實回奏。（仁宗一六〇、一五）

（三）玉石

（**乾隆二五、七、庚午**）又諭曰：海明奏稱，葉爾羌伯克等采玉呈獻，揀選送京。并請諭和闐伯克，有獻美玉者，賞給緞疋等語。朕命大臣等駐劄回城，原以鎮撫新疆，綏徠初附。至揀選玉石，何關緊要？舒赫德尚知此意。著傳諭伊等，嗣後除舊例照常貢玉外，回人等有求售來獻者，酌給價值，不可傳知回眾，令其採辦。至大臣等果能實心辦事，自必優加恩遇，若辦事平常，雖購得美玉，亦復何益？伊等如此，庶識事體之輕重矣。（高宗六一七、三）

（**乾隆三四、一一、丙午**）又諭：據期成額奏，請將每年選剩之玉，交官兵販賣等語。平定回部後，因和闐等處產玉，派人採取，期成額恐奸商私販，請添卡座稽查，尚屬可行。至將該處選剩玉石，賣與官兵，坐扣鹽菜銀兩，成何事體？期成額著傳旨申飭。（高宗八四七、一五）

（**乾隆四三、九、癸丑**）又諭：本日軍機大臣訊據侍衛納蘇圖供稱，庫車辦事之常喜，本年曾拏獲葉爾羌回子等，偷出玉石，送高樸處辦理，高樸以五十勒以下之玉塊向來俱不具奏，因招商變賣，每勒定價一錢等語。此等犯禁偷出之玉石，無論多寡大小，一經盤獲，該處之大臣官員，自應一面具奏，並將玉石送京，一面將偷帶之人，照例治罪。何以轉送葉爾羌覈辦，致高樸得以操縱自如，滋生弊端。常喜所辦，本屬非是，或係相沿如此，他處俱各相同，抑係常喜一人之意？著永貴查明具奏。至五十勒以下之玉向不具奏，及招商變價每勒一錢之例，係何時所定，何人任內所辦，曾否奏明？亦著查明具奏。並著傳諭回疆辦事大臣等，嗣後凡盤獲偷帶玉石之回民商販，即行具奏治罪，并將玉石開明勒重、塊數解京，不得仍前以較小之玉私自變賣完結。如敢故違不遵，別經發覺，定行從重究治。至新疆偷運內地玉石，必進嘉峪關，例應盤詰，勒爾謹向來作何查辦？且並未見有拏獲之案。著勒爾謹，一併查明具奏。將此傳諭知之。（高宗一〇六七、三二）

（**乾隆四三、一一、丁亥**）又諭［軍機大臣等］：據永貴奏到審辦高樸一案情形一摺。其酌定玉價一事，實屬不妥。前此商人等偷玉私販，皆因變賣官玉，借端影射。今高樸勾串奸商，贓私狼籍，雖屬從來所未有，亦實因有此變價而起也。既經盡法懲治，不可不徹底嚴禁，以杜將來。若仍許商人承買官玉，是顯留罅隙，爲奸商作弊之地，斷不宜如此辦理。至所云挑剩之玉，方行發售，如實係質低色青者，誰肯承買，若其中稍有通融，日久又成弊藪。且定價聽商人貿易，則與盛京、吉林之商賣人葠何異。人葠本係藥品，人或藉以治病，且係陪都所產，久經如此流通，尚屬無妨。今玉塊採自回疆，其地爲新闢幅員，若許商人售販，實不成事體。設爲較量錙銖定價，更屬小器，非外域所宜辦。朕意現有之玉，莫如勻作數年，概行解京，不必分定成色，招商承買，及令官兵繳價獲利，并不必賞給回人，致滋流弊。永貴此時如尚未辦及，最爲妥善，如已招商發賣及官兵認買者，仍行撤回。惟已賞給回人者，即不必徹。況既已嚴禁商人賣玉，回人即得有玉石，亦難轉售，嗣後凡採玉回人，量其多少美惡，或騰格或綢緞布匹，量爲給賞，伊等轉得實濟。該處存貯錢文綢布等物，均屬寬餘，儘堪賞用。至官兵更不必賞買，葉爾羌之兵，與喀什噶爾、阿克蘇相同，各處既無此賞資，何獨葉爾羌兵丁予以優卹，亦非平允之道。總之，密爾岱山竟宜永遠封禁，或回人赴山偷採，惟當令守卡兵丁嚴行稽查，一經盤獲，即將人贓一并解送該管大臣處嚴行究治。如果能實力巡查盤詰，私玉自不能偷越，其守卡兵丁回役，亦視其所獲之玉多寡美惡，量爲賞資，官兵回役當益知感奮，於事更屬有益。至和闐之玉，似亦可停止二年，更爲妥協。或恐回人私赴河內撈採，雖禁止亦屬有名無實，則不妨仍舊著永貴悉心籌畫，奏聞辦理。又昨經軍機大臣審訊張鑾，據供伊等向俱在阿克蘇私買玉石，或與回人交手，或內地商人在彼開鋪收買。其地爲回城售賣玉石之地，且滿洲兵丁一城，回人一城，中間相隔即買賣街，玉石皆聚於彼，其地甚屬緊要。且商人路引，皆自烏什總領，在彼臨時給發，該處僅係烏什大臣派遊擊等官一員在彼辦事，來爲妥協。著永貴悉心酌量，如阿克蘇應特派內地大臣一員駐劄稽查，方爲有益，永貴即速奏聞，候朕酌量派往。至高樸家人沈泰，情罪亦甚重大，如尚未正法，即派委妥員嚴押解京處究。沿途小心管押，勿稍疎懈。其抄出高樸書籍，不必在彼變價，即行附便解京查辦。將此由六百里加緊傳諭知之，仍著由六百里覆奏。（高宗一○七○、一七）

（乾隆四三、一一、癸巳）諭：從前各城回衆，於厄魯特時，派喀喇罕前往駐劄，受其種種苦累，復被霍集占兄弟任意擾害，回子等甚屬難堪。朕因憐憫西域群生，特移平定準部之兵，前往平定回部，安撫地方，即於各城分駐官兵，並派欽差大員經理其事。是以回子等賴以得就生理，各安本業。後素誠在烏什，不知愛養回人，且與阿奇木伯克阿布都拉任意滋擾，於私事輒行派累差使，以致回人怨憤激變，復經派兵平定。迄今二十年來，各處辦事大臣均知守法，撫輯地方，頗屬寧謐。不意高樸又與鄂對、阿布都舒庫爾等朋比爲奸，恣意勒索，希圖漁利，私行派撥三千餘人，往密爾岱山採取玉石，夥通奸商，潛赴內地售賣。而鄂對、阿布都舒庫爾等亦冀攜帶伊等私玉，遂告知高樸，復湊派二百餘人，致令回子力不能支，各懷怨恨，實非意料所及，殊堪駭異。幸色提巴爾第感激朕恩，念地方緊要，據實呈告，永貴即秉公參奏，其事始得敗露，徹底查辦，以肅法紀而輯回民。若再遲一二年不辦，安知不又有如烏什從前之事耶？今已將高樸並懲惡附和之伊什罕伯克阿布都舒庫爾等審訊明確，均於彼處正法。並將協同辦事之淑寶，及派往密爾岱山采玉之達三泰，瞻徇未奏之烏什參贊大臣綽克托等，亦俱拏交刑部治罪。其與高樸代赴蘇州販賣玉石之商人張鑾、趙鈞瑞，及高樸家人李福、常永、沈泰，均經查明解京嚴訊，從重辦理，以昭炯戒。並因色提巴爾第據實控告，賞給貝子職銜，永貴秉公參奏，亦仍擢用尚書。又念回子等屢被擾累，甚為可憫，因將高樸所有派累之騰格、普爾，令其於官項內動支，照數撥還。其派出採玉之回子三千餘人，所有明歲應輸錢糧，概行蠲免。今經此番整理，嗣後自無人復敢似此恣意妄行。第恐日久仍有負恩不法，如高樸及鄂對、阿布都舒庫爾者，尚不能保其不滋生事端，必須酌定章程，方可遵行永久，不致稍有流弊。因特降諭旨，將密爾岱山採玉之例，永行禁止，交色提巴爾第管理，以絕滋擾。又將葉爾羌、和闐所采廢玉，停其變價，概行送京，以杜藉端冒濫之弊。此等事之緊要者，節經朕洞鑒酌定，其微細條例，必須相度地方情形，籌畫辦理。其應作何防範偷採玉石、不致擾累，俾回子等各安生理等事，已諭令永貴定議，俟其具奏到時，另降諭旨外，朕辦理庶務，一秉大公，惟視其人之自取，從不肯稍存成見。駐劄各回城辦事大臣官員、伯克等，果能仰體朕愛養回眾之至意，善為撫馭，於伊等應行輸納官賦之外，毫不多為派累，俾新疆回眾，永享昇平，方不失滿洲體面，副朕恩眷。倘有肆行擾累，不知體卹撫育，恣意勒索，致令回子心存怨望，釀生事端，朕必重治其罪，斷不稍為寬宥，高樸即其榜樣也。（高宗一〇七〇、二九）

（乾隆四三、一一、丙申）又諭：昨據畢沅奏，續獲商販玉石雷英等六人，訊明所帶玉石，係在哈密、闢展、阿克蘇等處，有用銀陸續收買者、有將貨物易換者，並非勾通高樸家人，通同販賣。現在咨查口外，照各犯所供，得價賣玉及給玉抵欠各銀數，一併追出解京等語。已諭令該撫將玉石入官，人犯省釋矣。此等販玉牟利之人，既非與高樸家人通同偷賣，自可無庸另行治罪，止須將其玉石入官，亦足蔽辜。至伊等前在哈密等處零星收買，為數甚多，閱時又久，若輾轉根究，波累必多。朕辦事不為已甚，即如張鑾，夥同李福在蘇偷賣私玉，其在張鑾手內買去之人，自應查追，若復經轉售，即諭令毋庸究辦。朕於內地商人，販買玉器者，尚不使輾轉株連，況回疆各處，豈肯追究已往，致滋擾累乎。恐哈密等處接到畢沅咨文，照供查辦，殊覺不成事體，著傳諭景福、伯忠、佛德、松齡等將畢沅行查之案，毋庸辦理。如有已獲得價賣玉之人，亦即遵旨釋放，仍將辦理情形迅即奏聞。其肅州等處，並著勒爾謹遵照辦理。至畢沅前此緝獲常永，訊供顢頇草率，屢經傳諭訓飭，茲於供出口外賣玉之事，思欲稍蓋前愆，所辦又不免矯枉過正，殊屬非是。畢沅著傳旨申飭。（高宗一〇七〇、四〇）

（乾隆四四、四、戊午）軍機大臣等議准：庫車辦事大臣常喜奏稱，葉爾羌等處商販私玉，有自首一項，前經高樸奏准，凡商民回人埋藏隱匿者，如自行首報，一體給與照票，攜帶售賣。聞此項玉石尚多，恐奸商影射漁利，應令葉爾羌大臣查明給過照票若干，勉重塊數若干，如已攜帶起身，傳知口裏口外，於驗票時截留，照票追繳，未起身者，查出入官，俟官玉起解時搭解。從之。（高宗一〇八〇、六）

（乾隆四八、一、丁未）又諭：前因安集延回人阿布拉在葉爾羌私販玉石，拏獲審明擬絞，解京監禁。今該伯克那爾巴圖，感戴朕恩，遣使鄂布勒克色木遠來朝覲，並懇恩請將阿布拉賞還。著加恩將阿布拉寬免，交與來使鄂布勒克色木帶回。著該部通行烏什、葉爾羌、喀什噶爾辦事大臣等一體遵照辦理。（高宗一一七二、二四）

（乾隆五四、九、癸巳）又諭：軍機大臣議覆勒保奏審擬海生蓮私販玉石一案，將該犯等從重擬流，行令該督定地發配一摺。所奏是，依議行。此案海生蓮，係内地回民，膽敢私買玉石，輾轉埋藏，馬成保係明知私玉，因圖得銀兩，代爲設法夾帶，情節俱刁狡可惡，自應從重定擬。何該督於此等偷買玉石案犯，每存姑息，失之寬縱，輒以杖徒完事耶。勒保著傳旨申飭。（高宗一三三八、二〇）

（乾隆六〇、七、甲寅）諭：據宜綿奏，拏獲瑪納斯地方偷採綠玉之王宜修等九人，定擬具奏等語。瑪納斯山内所出綠玉，早經嚴禁，今復拏獲九人，想來内地白玉綠玉皆係由新疆偷採者，不然，從何得來。著交經過地方各大臣等，嚴飭隘口驛站，不時留心搜查，毋得稍有疎漏。（高宗一四八二、一三）

（乾隆六〇、一二、癸巳）又諭：據伊桑阿奏，葉爾羌派解官玉之二等侍衛恒義、護軍校佛津保，擅代商人夾帶玉器，請將恒義、佛津保及隨行人等，解交葉爾羌查辦等語。新疆私帶玉器，事干法紀，一經查出，非嚴辦不足示懲。著伊桑阿即赴葉爾羌，會同明興，將恒義、佛津保革職拏問，提同案内人犯，嚴審定擬具奏。其庫車辦事大臣印務，著穆和藺往署。（高宗一四九三、三）

（乾隆六〇、一二、癸巳）又諭曰：伊桑阿奏，侍衛恒義所帶玉器，據供係江南人戴傳經交伊雇工張昌隨同行走，分交西安省城立昌醬園程姓及肅州興裕魁號鋪户。佛津保係帶至肅州，交山西臨縣人武強、陝西固原人雍達連。現據查出單内所帶玉洗玉瓶等，各有數十件，爲數甚多，是該犯等私販決不止此一次，伊等鋪内寓所，自必尚有舊存私帶物件，不可不嚴行查辦。

著傳諭宜綿不必來京陛見，於何處接奉此旨，即於何處速行轉回，將供出收藏玉器之鋪户等嚴密搜查，務將私存玉器，盡數起出，勿任稍有隱匿。蘇凌阿已回上江，此案著該署督，即會同費淳，查明戴傳經住址地方，有無存留新疆玉器，及平日有無私販等事，嚴行查究，一併據實具奏。其籍隸山西之武强，並著蔣北奎嚴行查辦，亦必來赴千叟宴。（高宗一四九三、四）

（**嘉慶一、七、丙寅**）諭內閣：佛住家人，私代商人夾帶玉器，是以將伊等解任質訊，今訊明佛住實不知情，著加恩將伊所襲世職，仍留本身，前往哈密，協同僧保住辦事，仍罰俸二年，以示懲戒。（仁宗七、一四）

（**嘉慶四、二、甲午**）刑部奏：請弛私賣玉器例禁。……得旨：葉爾羌、和闐等處出產玉石，向聽民間售買，並無例禁明文。因高樸串通商販採買玉石案內，始行定例，凡私赴新疆偷販玉石，即照竊盜例計贓論罪。原非舊例所有，況仍有偷帶貨賣者。今查前案，因此拖累多人，朕心殊爲不忍。著照刑部議，嗣後販賣新疆玉石，無論已未成器者，概免治罪，其從前辦過販玉案內各犯，准其報部覈釋。（仁宗三九、八）

（**嘉慶四、四、丁巳**）和闐辦事大臣徐績、幫辦大臣恩長奏：和闐向來玉禁綦嚴，回民等日用一切什物，俱赴葉爾羌採買。今既弛禁，應將各卡官兵徹回歸伍，免致藉端擾累。更請每年於官玉採竣後，准商民請票出境，互相售買玉石。得旨：所辦甚是。總宜恩養回民，疆宇寧靜，是朕之至願。玉之多少有無，何足輕重耶。（仁宗四三、二〇）

（**嘉慶四、五、甲戌**）軍機王大臣議覆：奇豐額等奏，辦理葉爾羌、和闐販賣玉石請照舊例一摺。查葉爾羌、和闐等處出產玉石，向聽民間自行售買，並無例禁。後經高樸奏請間年一次官爲開採，名爲嚴禁偷漏，實陰便其營私肥橐之心。應如該大臣所奏，嗣後回子得有玉石，准其自行賣與民人，無庸官爲經手，致滋紛擾。惟民人起票進關時，仍應照向例於票內注明，造册移付嘉峪關，以憑查覈。再乾隆四十三年禁止私玉之後，於密爾岱巴爾楚克地方，各添設卡倫一處，原以防私採及夾帶之事。今業奉恩旨，新疆玉石無論已未成器者，概免治罪，是民間玉料既准流通，該處卡倫即成虛設。亦應如所請，一併裁汰。報可。（仁宗四五、二）

第四節　銀錢業與典當業

一、清政府有關錢債利息的法令和"生息錢兩"製

（一）有關錢債利息的法令

（**順治一、一〇、甲子**）是日，上御皇極門，頒即位詔於天下。……所有合行條例，臚列如左。……一、向來勢家土豪，重利放債，折准房地，以致小民傾家蕩產，深可痛恨。今後有司不許聽受賄囑，代爲追比，犯者以違製重論。（世祖九、九）

（**順治五、一一、辛未**）以奉太祖武皇帝配天及追尊四祖考妣帝后尊號禮成，……大赦天下，詔曰：……典禮綦隆，覃恩宜廣，……應行事宜，條列於後。……一、勢豪舉放私債，重利剝民，實屬違禁，以後止許照律每兩三分行利，即至十年，不過照本算利，有例外多索者，依律治罪。（世祖四一、八）

（**雍正七、八、甲辰**）諭兵部：凡兵丁等，承應官差，養贍家口，專於糧餉是賴。乃有射利之舖户土豪人等，交結隊目，廣放營債以取重利。兵丁墮其術中，借銀到手，隨意花費，及至領餉之時，不足以飽債主之谿壑，此實兵丁等暗中耗費以致窘乏之由也。向來旗人有放印子錢各色等弊，今嚴禁之後，兵丁漸覺從容。著通行文武官員，出示曉諭，嗣後不許舖户土豪人等，再放營債，違者從重治罪。其從前已經借給者，著清還本銀，不許收取利息。將此懲債主之貪心，以杜暗蝕兵糧之患。其營伍兵丁，彼此借貸者，除朋情緩急通融外，若有放債圖利，剝削同輩者，著該管官，稽查嚴禁，倘違禁不遵，一經發覺，將該管官一併議處。（世宗八五、一）

（**乾隆二、二、戊子**）[山東巡撫法敏]又遵旨奏明：家人需索門包，實毫無影響之事。至禁當舖三分行息，前任撫臣，歷經示諭有案，當年節之時，不過暫行四十日，以省窮民取贖之費。得旨：知道了。（高宗三七、二一）

（**乾隆五、三、庚午**）河南巡撫雅爾圖奏：現在豫民之累……又豫省每有山西等處民人，及本省富户，專以放債爲事，春間以八折借給，逐月滾算，每至秋收之時，准折糧食，其利竟至加倍有奇，貧民生計日促，種種耗民，難以枚舉。現在力行釐剔，次第禁革。得旨：所辦甚屬妥協，須行之以實，而要之以久，則將來必大有起色矣。（高宗一一三、一六）

(乾隆七、四、壬寅)［大學士等］又會同刑部議覆：刑部左侍郎張照奏稱，例載私放錢債，違禁取利者，笞四十，重者坐贓論，罪止杖一百。雍正年間，因佐領、領催等有指扣兵餉，放印子銀者，世宗憲皇帝特諭禁止，定爲枷號，勒追利銀入官。乃李禧條奏，重利放債，旗民一體治以重罪，並許借債人自首，免罪不償，將放債人治罪，仍追利銀入官。此端一開，提督八旗衙門，首告者紛紛，徒長刁詐。應如該侍郎所奏，嗣後止照律例館定例，如有佐領、驍騎校、領催等盤剝該管兵丁，放印子銀者枷責，仍勒銀入官外，其止係重利放債者，應不論旗民，仍依違禁取利本律治罪。如借債放首告，究訊明確，按照律例定擬。至李禧所奏各條，查係律例館奏明刪除，並條例內不載者，均不得引用。再律例館纂定新書內開，凡有民人違禁，向八旗官兵放轉子、印子、長短錢者，亦照旗人例枷責治罪等語。未經註明，恐滋含混。應請將此例，添註交通領催兵丁，扣取錢糧等字樣，其治罪之處，應照領催枷號七十五日之例減等，枷號四十日。如旗人有舉放重債，勒取兵糧，並不在本佐領下者，亦照民人減等枷責例。從之。(高宗一六四、三四)

　　(乾隆九、四、丁丑)安徽巡撫范璨奏：安省倉儲，原有一百八十五萬二千石，連年歉收，糶借兼行，現實貯僅七十餘萬石。是從入春以來，有贖罪以穀之請，有平糶不宜過減之請，有買麥暫貯通融捐監之請，皆仰體慎重倉儲，足民足食之至意。今歲二麥豐收，無藉平糶，惟查囤戶，例有嚴禁，民因米價易昂，不敢糶盡，而又待用銀錢甚迫，暫行典質，此亦人情之常。遂有一種射利之徒，避囤戶之名，爲典質之舉，先與富戶當戶，講定微息，當出之銀，復行買當，貲本無多，營運甚鉅。坐視市米缺乏，價值大長，始行贖賣取利，不顧民食艱難，視囤戶尤酷。臣現飭行，除農民餘米無多，質押者聽，如數至百十石，概不得質當。得旨：好。甚應查禁者，不謂汝能辦也，勉力以實爲之。(高宗二一五、二三)

　　(乾隆九、七、壬辰)戶部議覆：署涼州將軍黑色奏稱，各省分給鹽當生息銀兩，向例不得過一分五釐。涼州米、布、煤等舖，皆係自行貿易，早晚贏絀不劑，并賃屋租銀，亦係本人情願，均與交商生息者不同，故有二分至三分八釐不等。倘息銀太少，恐不敷賞兵之用。應如所請，通融量加，不必定拘一分五釐舊例。從之。(高宗二二一、二)

　　(乾隆一二、三、甲辰)陝西道監察御史湯聘奏：近聞民間典舖，有收當米穀一事，囤積甚多。在典商不過從中射利，而奸商刁販，恃有典舖通融，無不乘賤收買，隨收隨典，輾轉翻騰，約計一分本銀，非買至四五分銀數之米穀不止。至米價昂貴時，陸續取贖出糶，小民一歲之收，始則賤價歸商，終仍貴價歸民，此弊江浙尤甚，不獨米穀，每年遇蠶絲告成，及棉花成熟，一如收當米穀之法。小民衣食之計，止以供奸商網利之圖。請勅諭直省督撫，嚴飭州縣有司，無論城鄉典舖，如有囤積米穀等貨，尚未糶賣者，諭令首出，照值官爲收買，免其懲治，隱匿不報，一經發覺，即照違制律嚴行治罪。并嗣後每季取具各典舖，並無囤當米穀等項，遵依甘結存案，再犯治罪如律。得旨：所奏是。著各該督撫照所請實力行之。該部知道。（高宗二八六、二四）

（乾隆一四、六、丙午）廣西巡撫舒輅奏：南、太、慶、鎮等府屬世職土官，常有漢奸潛相往來，放債圖利。今查有歸順知州路聲聞，先後借給土田州知州岑宜棟銀兩，經司道楬報題參，應俟審明定擬。并移督提二臣通飭嚴禁，毋任營員違例放債，務期剔除積弊，土境敉寧。得旨：所辦甚是。知道了。（高宗三四三、三一）

（乾隆一四、一一、庚戌）兩江總督黃廷桂奏：江右省城典舖質物，皆用銀不用錢。緣用銀則平色出入，易於巧取。應令一兩以外者仍用銀，一兩以內者均用錢。再典舖多用兩戥，應行禁止。得旨：不如聽民便之爲妥耳。且各省因用錢不用銀，而錢貴矣，今江西又勒令用錢不用銀，則錢不愈貴乎。但禁其兩戥剝利者可也。（高宗三五二、七）

（乾隆一五、四、乙酉）廣西巡撫舒輅奏：審明土田州知州岑宜棟與官民交往借債一案，分別定擬追繳。得旨：內地民人擅入苗地交結往來，例干嚴禁，土田州借債案內，商民陳恒思等，自應照例治罪。但查係積習相沿，小民無知，誤蹈法網，與文武官弁交結土司者有間，著從寬，准其援赦寬減。至土司岑宜棟借久銀兩，應追入官各案，共計六千餘兩，自應照例追繳。姑念邊徼土司，非內地官弁可比，著加恩從寬豁免。餘著該部核擬具奏。（高宗三六二、一七）

（乾隆一八、四、乙卯）［雲貴總督碩色］又奏：麗江府屬女土弁禾志明、頭人王芬、保長和爲貴、催頭和可清等，於改土歸流後仍循夷俗，收各寨山租陋規。又任所管康普猓子，赴狧猺地方放債取利，準折人口，送充規額，殊屬藐法。今該女土弁自首交出狧夷男婦五十八名口，情願出貲送還，姑予免議外，其頭人、保長、催頭等，照例枷責。並出示曉諭，如管下再有放債準折等情，即照紅苗越境搶奪例辦理。報聞。（高宗四三七、一九）

（乾隆二二、四、戊子）又諭：……至［直隸涿州民人］劉崇元狂妄生事，誣告楊國棟，而且爲富不仁，重利放債，逞強悖理之事，衆口如一，現在照議交該督查辦。此等生事不法之人，侵漁細民，厚資囊橐，理宜痛加懲創。該督奉到諭旨，應即嚴查，如果屬實，即行辦理。若因其控告地方官，恐涉嫌疑，稍存瞻顧之見，即非實心任事之道。著將此傳諭方觀承知之。（高宗五三七、三〇）

（**乾隆二二、一二、丁亥**）雲南巡撫劉藻奏：……滇省跬步皆山，平原稀少，鮮陂池塘堰之利，稻穀外多藝雜糧，春間之豆麥，夏秋之菽稗，廣種博［薄］收，實夷民饔飧所賴。年來收成甚豐，而蓋藏未裕，一歲所收，僅供一歲之食，則生之未廣也。省城風氣，稍近惰遊，外似繁華，內實匱乏。吉凶諸事，競爲無益之糜費，則用之無節也。……滇省夷猓散處，種類甚繁，性似詐而實愚，習雖悍而近恵，畏法敬官，極爲恭順。惟聞有劣衿地棍，與江廣遊民，每於夷寨中放債盤剝，遇事訛詐，雖歷經嚴飭，此風尚未盡革。（高宗五五三、四三）

（**乾隆二三、四、癸酉**）户部議覆御史史茂條奏：一、月選各官，借貸赴任，放債之人，乘隙居奇，創立短票名色，七扣八扣，輾轉盤剝，請嚴行禁止等語。應如所奏。交步軍統領衙門、五城御史出示曉諭，凡短票取利，即拏交刑部治罪，銀兩入官，被害之人，許其首免。（高宗五六一、四）

（**乾隆二六、一、壬戌**）吉林將軍恒禄等奏，吉林所屬兵，遇緊急差務，因官項不敷支借，往往貸諸舖户，認息二三分不等，請嗣後遇差而用度不敷者，准於庫貯該年錢糧及地丁雜稅內預行支借。仍令本旗本佐領出具保結，按應得錢糧酌借，年終覈算抵銷。……得旨：著照所奏行。（高宗六二九、七）

（**乾隆三一、五、丙申**）署兩廣總督楊廷璋、廣東巡撫王檢奏：岐黎仇殺客民一案，實因內地及外省客民販買黎崗藤板香貨，間有娶黎婦插居黎邨者，欺黎貧愚，放債盤剝，淩虐難堪，黎圖報復，故釀巨案。現獲首縱各犯，定罪另奏。查瓊州十三州縣，惟文昌一縣絕無黎人，餘皆有客民插居黎邨。臣等酌籌善後事宜：一、民黎雜處滋事，應將客民之居黎地有家室田園廬墓者，使共居一邨，其客民無眷屬插居黎邨者，移往客民邨內，另編保甲管束。其黎邨仍飭該總管、哨管、黎頭稽查，不許黎岐往來民邨，私相借貸，如違該甲長、黎頭稟究。一、從前錢債數目，飭地方官徹底查明，其非違例取息已收一本一利者，將券繳銷，否則仍令請還。如係重利盤剝，將收過一本一利外，餘息追出充公，永禁客民入黎放債，違旨遞解回籍。一、瓊南藤板、香料及雜貨等物，多出黎崗，宜酌籌交易，以資黎人生理。應飭地方官於州縣城外汛地設立墟場兩三處，定以墟期交易，屆期責成該汛巡檢弁兵，督黎頭、保甲彈壓，如藉端索擾，立即參革。一、黎有生熟兩種，生黎深處五指山內，窠居野食，向不納糧，聽其自便，熟黎環居五指山脚，耕種納糧，間亦有薙自附齊民者。應飭黎崗總管、哨管、黎頭諭令熟黎普行薙髮，杜其假冒生黎滋事。一、每年例辦進貢花梨、沉香，向係差票赴黎購買，黎頭挨邨撥夫，送官領價，易滋擾累。應將每年額貢曉示，豫發價值，派總管、哨管、黎頭分辦運赴，免致差役擾累。一、各要隘俱有巡檢汛弁，凡出入黎山崗口人，須盤詰明白，然後放行，如有漢奸及佐雜營弁出票差人入黎者，將員弁參革。州縣催糧及勾攝公事，祇許票差黎頭，不許差役入黎，違旨參處。得旨：如所議行。爾督撫仍應不時查察。（高宗七六一、一四）

（乾隆三二、一〇、癸酉）諭軍機大臣等：邁拉遜奏到，盤查舞陽縣社倉穀石各摺。所辦殊屬過當。社穀一項，本係民間捐貯，自備緩急，非官項倉庫可比。若一一過事吹求，非朕令盤查實在保題侵虧本意。惟摺內所稱，地保李成玢等，送給鄉民盧念先錢四百餘文，算常平穀二石，後遂催繳錢一千五百餘文一節，在鄉保勒借累民，自當按例懲治。而地方官毫無覺察，亦有應得處分，亦難置之不問耳。著傳諭舒赫德會同阿思哈秉公查訊，據實具奏。邁拉孫摺一併鈔寄。（高宗七九六、二一）

（乾隆三七、八、癸亥）諭軍機大臣等：據刑部審擬楊成兒等重利私當軍器一摺，所奏情節，殊未明晰。軍器中，弓箭、腰刀兵丁或得自存備用。至盔甲自官爲製造以來，均於公所存貯，惟遇大閱操演，臨時給發，用後仍即收回，兵丁等何得尚藏有盔甲？其九龍袋一項，係鳥鎗隨用要件，自亦官爲製造，或操演時給撥用之，事後仍須繳回，亦非兵丁等所當家貯之物，何由持以質押？乃刑部於此等緊要關鍵，並未細加根究，即欲草率完案，殊欠精詳。再摺內稱，押當軍器之人，應行文提督衙門查獲等語。似此漫無指據，僅欲憑空緝捕，顢頇了事，更屬非是。各犯等開舖，私押軍器至四百餘件之多，爲時已逾數月。赴舖押當之人，豈得概諉爲不相認識，於情理實不足信。如果細心研鞠，各犯安能不吐實情。即使各犯狡飾支吾，何妨嚴加刑訊？著傳諭刑部堂官，即將以上各情節，逐一詳晰究鞠，務得實情，另行錄供具奏。尋奏：遵旨嚴訊楊成兒等，究出認識之護軍披甲等姓名。據供，散給止操時，官未收回，得押當。現照例擬杖一百，徒三年。至收當軍器，倍利盤剝者，例止徒流，今請從重改發黑龍江等處，給披甲人爲奴。其失察各管官，咨部查議。從之。（高宗九一四、一）

（乾隆五九、一二、甲寅）又諭曰：梁肯堂覆奏蘆東鹽價，改爲賣銀，酌籌辦理情形一摺。據稱……以商人應交正課外，尚有雜課餘引帑利運費等項,纍計商人賠折,實須一百餘萬兩等語。……此項帑銀,原係該商等自行懇請借給者,並非官派其借,出於商人勉強也。且帑利祇係一分起息,爲數甚輕,若商人等於民間自行借貸,焉得如此輕息?是商人已受其利矣。(高宗一四六六、二)

(嘉慶四、六、癸卯)諭內閣:宜興等奏審擬吳縣劣生馬照等。因該縣生員吳三新負欠徽州民人楊敦厚錢債未還,該縣甄輔廷即將吳三新擅責二十板,衆心不服,糾衆喧鬧,現已審明分別辦理,請將甄輔廷交部議處等語。生員吳三新負欠楊敦厚債未還被控,係屬尋常事件,該縣訊明欠債屬實,只須勒限追還,何至輒行責打?即使生員中有恃符抗糧及把持地方等事必應嚴懲者,亦應詳明斥革後,再行辦理,其有未經詳革而擅責者?應將地方官交部議處。今因負欠細故,未褫先責,設遇拖欠官項,又將如何重辦乎?是馬照等心懷不甘,率衆喧鬧,皆由該縣處置乖謬所致。且楊敦厚係徽州富商,在蘇放債,恐該縣竟有受賄偏聽情弊,不可不嚴行究訊。該撫僅請將該縣交部議處完結,殊屬寬縱。甄輔廷著革職,交費淳提集犯證,詳悉研鞫,如果有受賄情事,即定擬治罪奏聞。(仁宗四七、一)

(嘉慶一二、一二、辛巳)諭內閣:值年旗彙奏,八旗兵丁,本年一年內並無私自放借重利債及典賣米石等語。此奏不過虛應故事。本日據刑部審明,鑲藍旗滿洲馬申保祿,向領催平德借貸五分利債,又託平德向開堆房民人林作楷,指米借錢一案。可見八旗查報該管兵丁並無私自放借重利債及典賣銀米,竟屬虛言,俱不可信。該都統等平日並不實心查辦,惟於年終照例咨報值年旗。而值年旗亦照繕歷年奏摺,塞責具奏。不問可知,推原年終彙奏本意,原恐八旗兵丁私向奸民借用重債,典賣米石,以致子母盤剝,生計困乏,不獨爲查禁八旗兵丁私自放借重債、典賣銀米而已。現在八旗兵丁有力放債者甚少,其向奸民借貸重債、私典銀米者,不無其人。著交八旗都統督率該參佐領等,不時認真查禁,儻兵丁等有向民人借重債、典銀米者,一經查出,即行參奏,拏交刑部,照例治罪。勿得仍前並不查禁於平時,惟於年終一奏塞責也。(仁宗一八九、二七)

(嘉慶一八、一〇、壬子)諭內閣:御史李恩繹奏請禁止典當軍器一摺。各營官兵軍器,不特平時操演在所必需,且豫備不虞,尤須取攜便捷。著管理旗營大臣,嚴飭所轄兵丁,勿許將軍器私行典當,仍不時查察,違者重懲。著順天府、五城出示嚴切曉諭鋪户,如有違例收當者,事發一併治罪。(仁宗二七七、八)

(嘉慶二〇、七、丁酉)諭內閣:御史巴齡阿奏請嚴禁私放官債一摺。

候補候選官員，在京借用重利私帳及放債之徒，勒掯盤剥，本干例禁。著步軍統領、順天府、五城各衙門嚴行查禁。如有違例私設帳局者，即行拏究。其潛赴外省官員任所索欠者，該督撫訪聞，一併查參究治。（仁宗三〇八、一二）

（二）"生息銀兩"制

（雍正一、四、戊寅） 命發内庫銀九十萬兩，交與諸王大臣，分派八旗及包衣三旗，令屬下官員，營運生息，以備各旗護軍校、驍騎校、前鋒、護軍、領催、馬甲、步兵等有喜喪之事，俾得永遠霑恩。其應給銀數目，自二十兩至四兩止。令參領以下至各族長，查明具保，該旗都統咨行内務府領取，無得虚冒。有不敷者，酌量加增。於二年正月爲始。（世宗六、二七）

（雍正七、三、戊午） 又諭：朕爲在京八旗兵丁，悉心籌畫。其家若有吉凶之事，需用之費，無所取辦，一時拮据，實爲可憫。特給内庫銀兩，令王大臣等營運生息，以備兵丁一時之用。今思外省駐防之滿洲漢軍兵丁等，亦當一體加恩。江寧、杭州、西安、京口、荆州、廣東、福建、寧夏、右衛共九處，每處賞銀二萬兩。天津、河南、潼關、乍浦、成都共五處，每處賞銀一萬兩，俱著於布政司庫内支給，交與該將軍副都統等，公同存貯，營運生息。如該處駐防兵丁，家有吉凶之事，將息銀酌量賞給，以濟其用。其本銀永遠爲存公生息之項，不令繳還。該將軍副都統等務須盡心辦理，使兵丁均霑實惠。儻該管大臣官員有私自侵蝕那移，或委任非人，以致本利虧缺者，定行從重治罪。仍於該管及委用等官名下，嚴追還項。其營運利息之處，亦必公平辦理。儻指稱官銀名色，或佔奪百姓行業，或重利刻剥閭閻，與商賈小民爭利，擾累地方，著各督撫，不時稽查，即行參奏。儻督撫徇隱不奏，經朕訪聞，必將該督撫一併議處，此項本利銀兩，每年出入之數，交與在京八旗都統、副都統查核。一旗或管一省，或管二省，著怡親王、大學士等酌量派定。每年於歲底，各省該管大臣官員等，造册齎送各該旗查核奏聞。再各省督標、撫標、提標、兵丁等，亦倣此例，每標或給銀一二萬兩，或給銀數千兩，按照兵丁之額數，分別銀兩之多寡。亦著怡親王、大學士等，酌量派定。其銀即交與各該督撫提督委員料理，以惠濟兵丁，一切照駐防之例。其前後接任之時，將此造入交代册内查核。至於各省鎮標兵丁等，一時難以遍及，候朕酌量國用之出入，次第加恩，陸續降旨。（世宗七九、一八）

（雍正七、九、庚寅） 諭兵部：賞給兵丁營運生息銀兩，原係特恩，期於永遠周給有資。若定以數月之限，即行支賞，則生息無多，不能接續，將來恐有不能普遍之勢。著行知各省將軍、督撫、副都統、提督等，見在不必定以賞給限期，俟營運豐裕之日，再行給與。（世宗八六、二三）

（**雍正八、三、庚寅**）諭兵部：各省鎮標兵丁，原欲給與生息銀兩，資其吉凶家事之用。現令各省督撫提鎮公同酌議，俟回回奏到日，再降諭旨。朕念安西一鎮，遠在口外，與他處不同，應先沛恩澤。查鎮標、鎮屬、沙協共兵丁六千四百名，著賞銀二萬兩，為生息之本。（世宗九二、一五）

（**雍正八、七、辛巳**）大學士馬爾賽等遵旨議奏：恩賞各鎮標兵，營運生息備用銀兩，按數酌擬。陝西西寧鎮二萬兩，涼州鎮一萬六千兩。江南蘇松鎮一萬四千兩。陝西寧夏鎮、廣西左江鎮各一萬三千兩。浙江定海鎮、湖廣鎮、篁鎮、彝陵鎮、福建漳州鎮、汀州鎮、陝西延綏鎮、云南曲靖鎮、烏蒙鎮，貴州古州鎮各一萬二千兩。江南狼山鎮、浙江黃巖鎮、溫州鎮、福建臺灣鎮、福寧鎮、山東登州鎮、陝西肅州鎮、廣東左右二翼、碣石鎮、雲南普洱鎮各一萬兩。直隸正定鎮、浙江處州鎮、福建海壇鎮、金門鎮、山西大同鎮、陝西興漢鎮、廣東潮州鎮、雲南鶴麗鎮、永順鎮、楚雄鎮、開化鎮、臨安鎮各九千兩。湖廣襄陽鎮，江西南贛鎮，陝西西大通鎮，廣東高州鎮，雲南永北鎮，四川川北鎮、重慶鎮、松潘鎮、建昌鎮各八千兩。直隸宣化鎮，山東兗州鎮，湖南永州鎮，河南南陽鎮，河北鎮，廣東瓊州鎮，廣西右江鎮，貴州安籠鎮各六千兩。直隸馬蘭鎮、天津鎮，江西南昌鎮，福建南澳鎮左營，廣東南澳鎮右營各五千兩，行令各鎮總兵官，會同督撫提督，於該省藩庫照數支領，料理營運。從之。（世宗九六、一八）

（**雍正九、一一、乙亥**）兵部議覆：雲貴廣西總督鄂爾泰疏言，恩賞各省兵丁營運生息銀兩，督、撫、提、鎮等標業經領訖，至協營兵丁，尚未頒給。雲南省共兵四萬七千九百八十名，督撫提標與各鎮標，共領銀十一萬九千兩，分給協營已屬有餘。貴州省共兵二萬八千六百餘名，今威寧協添兵五百名，都江一帶約須添兵四千名，而古州一鎮，尚未請領賞銀。撫提兩標，安籠一鎮，共止領銀二萬二千兩，現在不敷分給協營。廣西省共兵二萬一千七百餘名，撫、提兩標，左右二江鎮，已共領賞銀四萬一千兩，若分給協營，所少無多。黔粵兵丁，每名賞銀二兩，便足以資營運，所獲生息，儘足濟用。再營運利息之處，必須公平辦理。嗣後各省，如有將營運銀兩，或佔百姓行業，或重利放債與商賈小民爭利者，請將出納官弁照騷擾地方，索詐部民財物例治罪。該上司照失察屬員貪劣例議處，並請通行直省將軍督撫提鎮，一體遵行。應如所請。從之。（世宗一一二、二五）

（**雍正一〇、三、甲申**）諭內閣：各直省督撫提鎮標下之兵丁，朕俱賞給生息銀兩，以濟其緩急之用。而各省協營甚多，一時難以普及，欲俟軍務告竣，國用充裕，再思周遍加恩。從前所頒諭旨，言之詳矣。上年大學士鄂爾泰在雲貴廣西總督任內，奏稱滇省舟楫不通，所有生息銀兩，分派營運則易，聚總生息則難。若督撫提鎮各標賞銀過多，轉致不能營運，漸生弊端。因將各鎮應領銀兩，令與各協營均勻分給，同受國恩。黔粵兩省，亦仿佛照此辦理。此鄂爾泰因地制且，行之於邊遠三省，使兵丁均霑賞齎者。今據廣東總督郝玉麟奏稱，廣東省督撫提鎮各標，蒙賞帑銀共十萬兩，計每年生息，除賞給督撫提鎮標兵外，尚有餘剩銀兩，應照各協營寨兵數多之寡，均勻分給。於雍正癸丑年開賞等語。朕愛養兵丁，一視同仁，本欲令其均霑恩澤，但次第經理，不得不有先後之別。今鄂爾泰、郝玉麟通融辦理，俾協營兵丁，亦有以濟其緩急，深慰朕加惠戎行之至意。著各省督撫等，酌量本地情形，悉心籌運。若可以照此變通辦理，則協營兵丁，可以早受恩賞，誠屬有益。但各省地方之利息輕重不同，餘銀多寡不一。若不能行之省分，不必勉強從事，倣而行之也。（世宗一一六、一七）

（**雍正一二、一一、辛丑**）諭內閣：朕賞各省兵丁生息銀兩，原交與該管大員善為營運，以濟緩急之用。從前有草率從事者，即將此銀借給兵丁，收取利息，以為賞卹。似此辦理，甚不妥協，朕已降旨訓飭，嚴行禁止。近聞仍有無識無能之總兵官，希圖省事，暗中借給兵丁者，又有兵丁假商人借領之名，而其實自用官銀繳利者。朕思兵丁切要用度，莫大於吉凶二事，朕既已賞給官銀，則二事可以粗備。至於尋常衣食之類，無銀則可節省，有銀易至輕費，此乃人情之常。今見有官銀可借，到手甚易，一時用去，將來補償無資，其拮据之苦，仍兵丁身受之，豈朕愛養加惠之本意乎？至於兵丁假借商名領銀繳利，更為不可。兵丁既非殷實之家，又非久慣貿易之人，虧折之後，從何賠補？不但領銀之兵受累於目前，且致將來之兵不能沾國家之恩澤，此顯然可見者。著各該管大員一一清查，若有似此情弊，速行更改。儻官銀不敷營運，不妨據實奏聞，或地僻難於招商，不妨輕減利息。若取兵丁之息銀以為賞卹，是以朕惠兵之心，而成將來累兵之舉。則該管大員經理不善之罪，無可寬貸，除從重議處外，仍將虧欠之項，責令賠補。（世宗一四九、二〇）

（**雍正一三、閏四、甲申**）諭內閣：從前賞給各省駐防兵丁生息銀兩，因兵丁數少之處，無大員管領，難於經理，是以未曾議及。今查保定、太原、德州三處，各駐防兵五百四名，熱河駐防兵八百名，為數雖少，亦應一體加恩，以資吉凶之用。保定、太原、德州三處，各賞銀二千兩，熱河賞銀三千兩。保定、熱河二處銀兩，交與總督李衛，派員管理。太原銀兩交與巡撫石麟，德州銀兩交與巡撫岳濬。務令辦理妥協，俾兵丁等得沾實惠。（世宗一五五、八）

（**雍正一三、一二、乙未**）陝西延綏鎮總兵米國正奏：延綏鎮領辦恩賞息銀，四年來盡皆捏飾，據實陳明，仰懇酌量變通。得旨：此皇考加惠兵丁非常之曠典也，惟是奉行不善，易滋弊端。汝摺中所奏，俱是實情，但朕展轉思維，總無良法，且不悉地方情形。可將此奏及朕旨告之查郎阿、劉於義，令其悉心籌畫。爾等會同定議具奏，勿以加恩兵丁，轉成累兵之舉，或致商民受累，皆萬萬不可者。邊地營運既難，若減少利息，量入爲出，以惠兵丁，可乎？（高宗九、三九）

（**乾隆一、二、壬午**）總理事務王大臣議覆：天津水師營都統阿陽阿奏稱，現在兵丁每月恩賞米石，足敷養贍。其向有買補口糧銀兩一項，請作爲採買馬匹之用，無庸赴部另支。馬乾銀兩，核有餘剩，請入於滋生銀內生息。均應如所請。從之。（高宗一三、八）

（**乾隆一、三、丙午**）兵部議覆：原任四川總督黃廷桂疏稱，雍正十年七月內，分給營運本銀六萬四千四百三十一兩，至雍正十三年十二月，已經三載，息銀充裕。請以乾隆元年正月爲始，遇原營兵丁紅白事，照例賞給，按季報部。應如所請。從之。（高宗一四、二五）

（**乾隆一、三、丁巳**）兵部議：賞給漢軍兵丁生息銀兩，請於每旗漢軍，擬生息本銀二萬五千兩，共銀二十萬兩，息銀存貯內庫。其鑲黃、正黃、正白三旗，每旗月支銀三百兩，其餘五旗，每旗月支銀二百二十兩，賞爲兵丁紅白等事之用。得旨：依議。著照每旗擬定之數，分交現今承辦生息銀兩之王大臣等辦理。（高宗一五、一三）

（**乾隆一、四、戊子**）諭內大臣海望：廣儲司每年所收八旗滋生利息銀兩，往往不能盡用，徒存於庫。此項銀兩，原爲滋生，以助貧窮兵丁緩急之用。今爾等一年之內，所收利息若干，兵丁一年之內，紅白事件需用若干，羨餘若干。按此項羨餘銀兩數目核計，或現在加恩賞給應領恩賞人等，或遇未得錢糧，不應支領恩賞之鰥夫，及無子嗣之孀婦。紅白事件賞賜之處，著內務府總管會同八旗大臣，查明詳議具奏。尋議：內務府八旗滿洲、蒙古、漢軍兵丁先後共支領過滋生銀一百十萬兩，每月應交利息銀一萬一千兩，每年共得利息銀十三萬二千兩。內除漢軍於明年正月起，賞給恩賞銀外，八旗滿洲、蒙古、包衣三旗，約計應需銀七八萬兩，羨餘之銀，仍尚有二萬餘兩。照此數核計，應賞事件十八款，俱予加增定議。俟命下之日，請即由本年交納利息銀兩內動用，年終彙題，八旗照原議支賞銀兩數目奏聞彙題，羨餘銀兩存庫。從之。（高宗一七、一七）

（乾隆一、五、辛酉）諭總理事務王大臣：八旗生齒，日漸繁庶，而生計漸不及前。朕日爲旗人詳細籌畫，於喜喪之事，照常給與恩賞銀兩外，屢次賞賜兵丁錢糧，又降旨查免欠項，仍恐於旗人生計，不能永遠有益。今又飭查官房官地，賞給以爲產業。但旗人甚衆，雖行賞賚，未能週遍。從前禁止放債者，特爲利益旗人起見，但伊等一時緩急，借貸無門，反出重息借用。以家道艱難之人，又出重息，於生計尤爲無益。朕意逐名賞給，不但國家有數之帑金，未能徧及，而於理亦不合。再四思維，從前設立公庫之時，於旗人殊有裨益。後因辦理不善，假冒支領，不能賠補，以致虧空，種種弊生，是以停止。今若仍前設立公庫，於旗人是否有益，及應否設立之處，著總理事務王大臣確議具奏。（高宗一九、二八）

（乾隆一、七、辛酉）大學士仍管川陝總督查郎阿等奏：遵旨酌議陝甘各標營，營運生息五款。一、營運宜變通。無力兵丁，如有急需，即以所存生息銀兩，隨時借給。每人不得過五兩，每月一分起息，於應領餉銀內，分五季扣除。一、生息宜因地。陝甘各提鎮，現分給當商領銀營運，以一分五釐起息。惟延綏地處極邊，應輕減五釐。此外有營運維艱處所，亦應量爲輕減。一、本銀宜畫一。生息分賞，宜均平溥遍。應照雲貴之例，統以每兵一名給銀二兩計算，分散各協各營營運。一、收放宜慎重。生息銀兩，請交地方官貯庫，令該提鎮會同同城之府道公同經管。其營汛在府廳州縣地方，即分貯庫內。如有營運賞給及借放等事，俱會同文員，聯銜報明動支。庶無冒領濫借之弊。一、賞卹宜酌量。應先儘現派駐防哈密、赤靖等處之兵一萬名，喪事賞銀六兩，吉事賞銀四兩。其存營之兵，如果利息豐裕，照防兵減半給賞。得旨：卿等既悉心妥議，朕看來目前亦止應如是辦理。著照所奏行。（高宗二三、二七）

（乾隆一、九、乙卯）兵部議覆：原署奉天將軍覺羅柏修奏，請賞給奉天在家兵丁，吉凶事務滋生銀兩。應如所請。於盛京戶部錢糧內，賞銀二十萬兩，交該將軍，於一年後將所獲滋生利銀，照寧古塔、黑龍江之例，分別開賞。從之。（高宗二七、九）

（乾隆一、一一、癸巳）賞給太平峪駐防兵生息銀一萬兩，泰寧鎮駐防兵生息銀五千兩。（高宗三〇、四）

（乾隆二、八、庚辰）兵部等部議覆：寧古塔將軍吉黨阿奏言，恩賞生息銀兩，原以協濟兵丁婚喪之用。查船廠、白都訥二處，借放本銀稍多，一年息銀，賞給有餘。寧古塔、琿春、阿爾楚喀地方，生息僅足一年賞給。至三姓地方，生息本銀一萬兩零，原係賞給三姓兵丁一千名，後添設八姓兵丁一千名，未添本銀，生息不敷賞給。應將船廠、白都訥二處，撥本銀四千兩，餘剩息銀六千兩，給三姓地方，與原本共二萬兩零收息給賞。應如所請。從之。（高宗四九、六）

（乾隆二、九、乙卯）兵部議覆：山東巡撫法敏疏稱，東省河撫兩標，所有賞兵生息銀兩，敷用有餘。查兗、登二鎮，兵數眾多，兗鎮現存本利銀二萬餘兩，登鎮現存本利銀一萬八千餘兩。每年所獲息銀，不敷賞給。請於河撫兩標各撥出銀三千兩，以五千兩添給登標，以一千兩添給兗標，於乾隆戊午年爲始，照數酌給。應如所請。從之。（高宗五一、二五）

（乾隆三、五、癸丑）大學士仍管川陝總督查郎阿疏稱：陝甘督、撫、提、鎮、協、營均勻分給兵丁生息銀兩，除將本息銀分給外，陝省不敷銀三千三百六十兩有奇。請令布政使照數撥發。甘省餘剩銀九千二百五十兩有奇，請移知陝西藩司，將陝省各營不敷銀兩，就近撥領。至固原、寧夏、河州等營，相距甘凉遙遠，應於領餉時，在司庫給發。又兵丁果有急需，令其報明該管將弁，會同文員借給，每月以一分起息，但不得過五兩，按照五季扣除。其營運未獲息以前，兵丁有紅白事，分別同居、不同居，在司庫地丁項內動支。營運獲息之後，先儘防兵，吉事賞銀四兩，喪事六兩。迨息利豐裕，將存營之兵，減半賞給。下部議行。（高宗六八、四）

（乾隆三、六、癸卯）兵部議准：青州將軍阿思海奏，駐防開檔養子另戶滿洲兵丁，吉凶事件賞給生息銀兩，應照天津、成都原賞營運銀兩數目，准添銀四千兩，併前恩賞銀六千兩，以足一萬兩之數。從之。（高宗七一、一三）

（乾隆三、一二、丁未）戶部右侍郎留保奏：滋生銀兩，一應文移稿案，現俱用禮部關防鈐蓋。請照馬蘭峪永清庫之例，一體設立官庫，擬名廣恩，行文禮部鑄發廣恩庫鈐記一顆。得旨：咨部照例辦理可也。（高宗八三、三四）

（乾隆四、三、甲寅）諭：據大學士查郎阿等奏稱，寧夏鎮標分撥各當舖生息銀兩，自上年地震後，查被災甚重之各當舖，所領生息本銀，共計八千五十七兩零。其雖經被災貨物未致全失之各當舖，所領生息本銀，共計四千五百四十兩零。可否分別加恩寬卹，謹此請旨等語。朕念寧夏此次地震，商民同時受災，深爲憫惻。著將被災甚重各商所領八千五十七兩之本銀併利銀，俱著豁免。其被災稍輕之各商，止令交還所領本銀四千五百四十兩零。所有應交利銀，悉著豁免。至此項豁免銀兩，有關兵丁緩急之需，不便缺少，著在蘭州藩庫內，照數撥補足額，以資生息，俾兵民一體均沾恩澤。（高宗八八、八）

（乾隆四、五、癸酉）軍機大臣議覆：鑲藍旗漢軍都統佛表疏稱，鑲藍旗漢軍都統衙門，由內務府領出滋生銀二萬五千兩分借。指俸、指房、指甲按月納息一分五釐，至本年四月，已屆一年。此項息銀，若不按年奏銷，恐新舊牽扯，完欠不清。請於每年期滿，照例奏銷。應如所請。至所稱指俸借出銀兩，每季應扣本利，請照宗人府之例，由部坐扣，該旗赴部支領。查二十四旗，彼此互借，逐一行查，必須時日。臣等酌議，現在鑲黃旗滿洲、鑲黃旗漢軍、鑲藍旗漢軍三旗分生息銀兩，俱係該旗大臣辦理。嗣後凡有旗員，指俸借領銀兩，應令該旗於領俸之前，將各員應交本利造冊，行令八旗按名坐扣，差送三旗核收。從之。（高宗九三、一九）

（乾隆四、五、癸酉）兵部等部議覆：直隸總督孫嘉淦疏稱，熱河駐防滿兵，原額八百名，向有滋生銀三千兩，營運生息，以爲賞給紅白之用。今添設防兵一千二百名，人數衆多，請量增滋息銀四千兩，其收放賞犒報銷等務，令熱河副都統管理。從之。（高宗九三、一九）

（乾隆四、八、癸未）大學士鄂爾泰等奏：據莊浪副都統色爾固楞奏稱，將賞給生息銀八千兩，除借與兵丁填買倒斃馬額，備用銀一千四百兩外，餘銀六千六百兩，請開設布舖、煤舖、錢舖營生，已移知該將軍烏和圖轉奏矣。謹查莊浪兵丁補還由西安起程，支借錢糧，並補買倒斃馬匹、賑房、鍋釜，已各負私債。請動銀六千八百兩，借給兵丁，每月作利二分五釐，陸續扣還本銀，照原奏入於舖內營生。餘銀一千二百兩，現已開設舖面三座。今據將軍烏和圖，以臣辦理與原奏不符，委員行查前來。臣係另城居住副都統，惟思於兵丁有益，並未咨報將軍。既與原奏不符，請將臣交部議處等語。應將色爾固楞交部查議。該將軍烏和圖既委員行查，請交烏和圖查明借給兵丁銀兩，陸續坐扣，如何作利之處，一併定擬報部。得旨：依議。尋據涼州將軍烏和圖參劾莊浪副都統色爾固楞，將賞兵生息銀兩，並未照依原奏開設舖面，省力辦理，借給兵丁，索取重利。從前色爾固楞挾嫌將佐領三泰非時派往出牧，以致傷損馬匹。辦理兵丁口糧，所報不一，又潛使協領陳世太，告知巡撫元展成。且色爾固楞爲人愚謬，不識文字，不勝緊要封疆副都統之任等語。復經大學士等議以副都統色爾固楞非時出牧，僅參佐領三泰，辦理兵丁口糧，前後不一，乃已往之事。且以米石之事，差人告知巡撫，亦屬因公，並無私弊實據。惟辦理生息銀兩，不照原奏，甚屬非是。此案已將色爾固楞交部議處。烏和圖所參應一併交部查議。再查所有屯戍兵丁，俱係副都統專管，烏和圖既將色爾固楞參劾，未便仍留莊浪一同辦事。請將色爾固楞調取來京，聽候部議。從之。（高宗九八、一六）

（乾隆五、一二、丁巳）兵部議覆：黑龍江將軍博第奏稱，齊齊哈爾、墨爾根、黑龍江三處，自雍正年間，前後賞借生息銀十萬兩，以所得利銀，遇該處官兵等紅白事件一概賞給，並未詳定章程。請嗣後除四品以上官例不支賞外，其五品以下官員、兵丁、拜唐阿等，紅事係本身娶妻、嫁女、娶媳，白事係祖父母、父母、本身妻室，准給賞銀，其別事不得混支。又臣等所屬筆帖式等，因係文職，例不准支。但該員由兵丁閑散選補者居多，請嗣後有品級者，照領催前鋒例支給，無品級者，照拜唐阿例支給。又呼蘭地方，新駐四十個官屯交糧壯丁，向未准給賞銀。但與齊齊哈爾等處官屯壯丁，一體交糧。請嗣後亦准支給。又兵丁拜唐阿等，其有力娶妻者，既准支領賞銀。至貧無產業，并不能聘定者，請俟利銀充足後，查明人數賞給等語。均應如所請。從之。（高宗一三三、一〇）

（乾隆六、二、乙丑）綏遠城建威將軍補熙等奏：上年遵軍機大臣議，將生息銀兩，停止借與官員，開舖生息。現貯息銀，請於明年正月起，遇兵丁白事，賞銀八兩。俟生息再多，紅事亦賞銀六兩。得旨：著照所請行。（高宗一三七、一七）

（乾隆六、四、壬子）豁免京口駐防兵丁未完生息銀兩。諭：查康熙四十六年，經鎮海將軍馬三奇奏請，借給京口駐防兵丁帑銀四萬五千兩，以資生理，按月一分起息，於月餉內扣除。至康熙五十八年，經何天培奏請，以餘利銀九萬一千九十兩，作為帑本，照廣善庫之例，以五釐起息，奉旨允行在案。至乾隆元年，朕又降旨，嗣後免完息銀，立限二十年，照數扣還原項。今又數年矣，尚有未扣完銀六萬七千四百九十兩六錢，朕思此項銀兩，歷年已久，兵丁多有更換，若仍按月扣除應領之餉，未免用度拮据，良可軫念。著將未完銀兩，全行豁免。該部可即行文將軍王鈫等，宣朕此旨。通行曉諭，務令兵丁等均霑實惠，以副朕優卹戎行之至意。（高宗一四一、二）

（乾隆六、五、辛未）諭曰：巡捕三營兵丁，向未給有生息銀兩。查步軍統領衙門，有入官房租一項，除歷年公用外，現存銀一萬餘兩。著以九千兩賞給巡捕三營生息，以為惠濟兵丁之用。其如何派員經管，著步軍統領舒赫德，酌量辦理。尋覆奏：三營額兵五千名，內除養廉公費名糧外，實在當差兵丁四千四百六十餘名，若紅白事概行賞給，恐不敷用。請自今年四月初一日起，兵丁遇有本身父母妻室白事，查照直隸之例，賞銀四兩。其紅事暫行停賞，俟利銀敷用之日，照例賞給二兩。從之。（高宗一四二、六）

（乾隆七、一、庚寅）[山東巡撫朱定元]又奏：東省給兵生息銀，交州縣發商，州縣事繁，散給不時。請令各弁具狀豫領貯營，歲底報銷。捏冒侵扣，及扶同徇隱者並參，可否各省一體辦理？得旨：汝先試行於汝省可也。（高宗一五九、一五）

（乾隆七、四、庚子）吏部左侍郎暫管刑部侍郎事務蔣溥奏：臣見近奉恩旨，賞借八旗兵丁資生銀百餘萬兩，在兵丁多係兌錢用度。乃舖戶乘機射利，錢價騰貴，每兩虧折二分有餘。固已受其剝削，而各項市販肩挑，亦不無苦累。請飭步軍統領及順天府尹、五城御史曉諭查禁。得旨：著照所請速行。（高宗一六四、二九）

（乾隆七、四、壬寅）大學士等遵旨議奏：生息銀兩一項，蒙世宗憲皇帝軫念兵丁貧苦，酌撥帑金，分定各該標營，營運生息，俾緩急有賴，兼以利濟商民。請嗣後每年所得息銀，除賞給外，餘剩存貯司庫，不准復行作本生息。其直隸、山西、湖廣三省之外屬協營，未及徧賞。及河南之外屬各營兵丁，未曾賞給者。查四省皆有以息作本之銀，已經充裕，應令該督撫提鎮等，量為通融，一體分給。再各省滋生銀兩利息，約以一分為準，不得過一分五釐，著為例。如違例將息作本，并私取重利者，將該管官指參。從之。（高宗一六四、三四）

（乾隆七、五、丁亥）河南巡撫雅爾圖奏：豫省各府州分防兵丁，久未訓練。現於所屬，每營挑選數名送省，親加考驗，留標學習。俟有造就，仍發回各營，酌量以千、把、外委、拔補。即令教習、兵丁並動公項銀四千兩生息，分給各兵作衣裝之用。得旨：此不過一時權宜之計則可，日久未必有益，三四年後，可不必矣。（高宗一六七、二四）

（乾隆七、一二、己酉）兵部議准：寧古塔將軍鄂彌達等奏稱，前奏准動支庫銀生息，俟移駐滿洲到時，遇紅白事賞給。今查船廠地方，開設大舖商人甚多，臣選派殷實之協領、佐領、騎都尉等五員，將庫貯銀動支一萬兩，酌借商人收取利息，俟移駐滿洲到日，將本利銀一并交與該副都統生息。遇有紅事賞銀四兩，白事賞銀十兩。俟五年後，滿洲等習於耕作，立有產業時，停其賞給。每年餘剩利銀，遇豐收之年，將滿洲等所獲餘糧，給時價採買存倉。積至萬石，將陳穀內每年撥出三千石，運至黑龍江所屬呼蘭等處糶賣，所得利銀，於拉林副都統衙門庫內存貯，俟豐裕時，仍將本銀先行繳還。從之。（高宗一八一、一六）

（乾隆八、五、甲申）［大學士等］又議奏：滋生銀兩，原以惠濟兵丁，必兵民兩便，方可垂之永久。查此項本銀，有從內庫頒發者，亦有從部庫藩庫頒發者。節年以來，惟天津、京口、青州、河南、廣州、成都六處駐防，已將原本全數交庫，其餘或未經繳足，或全未歸還，自應陸續歸還，以清帑項。至贏餘利息，非原領本銀可比，若貯司庫，轉非流通滋息，存濟兵丁之意。但查各省駐防，及綠旗兵丁，既有應領糧餉，足資家口養贍，遇吉凶等事，又得賞卹，此項贏餘利息，似毋庸再爲賞給。請將此項息銀，除陸續歸還原本外，如有贏餘，即歸入現在營本內，一體營運。再於一分及一分五釐息銀內，酌量減輕。從之。（高宗一九二、八）

（乾隆八、一〇、壬申）工部議覆：湖廣總督阿爾賽疏稱，荊門州屬，有沙洋關廟官隄一道，上自荊門之沙洋，下至潛江縣之石界，計長二十餘里，地處上游，最爲緊要。隄外逼臨襄江，水勢極猛，稍有疏虞，則下游之江陵、監利、潛江、沔陽四州縣屬，均受其患。應於頂衝處添建石磯十座，並將一帶大隄，加高培厚。又每歲伏秋大汛後，尚應勘驗歲修。該處歲徵隄費銀三百兩，實屬不敷，應請發銀一萬兩，分給荊、安二府屬州縣，交商營運，以一分五釐取息，按季呈繳，息銀存安陸附庫備工。應如所請。從之。（高宗二〇三、一〇）

（乾隆八、一一、丙午）諭：盛京所有原賞生息銀二十萬兩，於賞兵丁紅白事，不敷應用，經將軍額爾圖奏請，又施恩加賞銀二十萬兩，俱已分別借給官兵。但今年因朕前往盛京，官兵各設立馬匹橐鞬器械，粘補衣服，豫備公務等項，需用甚多，諒俱於所借銀兩內費用。朕雖降旨展其扣限，至將來坐扣時，於伊等生計，仍不免難窘。此次該處官兵，於一切官差，俱各竭誠奮勉，爲此特加恩，將此二十萬銀兩，即賞給伊等，照此數再賞銀二十萬兩，交與該將軍生息，以爲賞項之用。（高宗二〇五、一五）

（乾隆八、一一、丙午）大學士鄂爾泰等議覆：鑲藍旗漢軍都統弘瞪等奏稱，臣旗於乾隆三年，由內務府領銀二萬五千兩，照宗人府例一分五釐起息，借給八旗官員生息，賞給兵丁。復於乾隆七年，將滋生銀兩本利覈明，陸續交納原本，其扣留奏明以三萬兩爲準。今於本年五月，奉有減輕利息之旨。查現在借出之銀，雖三萬六千兩有奇，恐將來扣存三萬，本少利微，難以滋息，請扣留三萬五千兩，減以一分起息，所有贏餘，仍陸續交本清帑。應如所請。從之。（高宗二〇五、一八）

（乾隆九、七、丙子）鑲黃旗滿洲副都統嵩阿禮等奏：本旗於乾隆三年，奉旨於廣儲司領本銀十萬兩，營運生息，自一分二三釐至二分不等，以爲恩賞兵丁之項。借給旗員，則以一分五釐起息。今年久，本既充足，而滋生銀，於給賞外，尚有贏餘。嗣後旗員指俸支借，請照鑲藍旗蒙古漢軍例，概以一分起息。從之。（高宗二二〇、二）

（乾隆九、七、甲辰）兵部議覆：福建福州將軍兼管閩海關事務新柱奏稱，福州駐防四旗兵丁，軍裝器械修葺之資，向無公項，懇於庫貯扣存減半拴養馬價內，借銀一萬兩，發商營運，以一分五釐生息，為歲修之費。應如所請。三年後將本銀還庫，即以息銀作本營運，以備歲修，令該將軍遴選賢員辦理。倘有侵蝕那移及違例累民等弊，即行參處。從之。（高宗二二一、二九）

（乾隆九、九、癸巳）諭：奉天地方，原賞生息銀二十萬兩，嗣因所得利息，不敷賞賚之用，復加賞銀二十萬兩。奉天為商賈輻湊之區，果能以本銀四十萬兩，妥為調劑，足敷使用，何至仍有不敷？皆由從前辦理不善所致。著傳諭將軍達勒當阿，另行詳悉籌酌，妥協辦理奏聞。（高宗二二五、五）

（乾隆九、一一、丙申）工部議覆：署湖廣總督荊州將軍鄂彌達奏稱，武昌城西南，保安門外，金沙洲之左偏，為莜麥灣，緊臨大江，向有老隄，為府城保障。緣江流衝激，日漸坍卸，須退入灣灣裏，築大隄一道，約需銀一二萬兩。安陸府屬之沙洋，最為漢江險工，現在動帑修築，第漢水日就南滾，設遇暴漲，人力難支，須添築月隄，約需銀三四萬兩。請借帑銀四萬兩，合前督臣阿爾賽題請，歲修借帑，本一萬兩，共五萬兩，分交武、漢行舖，按照每月一五生息，每年可得息銀九千兩。三五年間，兩處大工，次第克舉，陸續歸還成本，臨期酌量留存，以為逐年歲修之資。又襄陽府之老龍石隄，舊有子隄，已多坍裂，每年僅歲修銀三百餘兩，實不敷用。查該府庫內，有積貯軍需銀二萬兩，請撥銀五千兩，交襄屬當舖生息，每歲可得息銀九百兩，合歲修銀共千餘兩，以充歲修隄工之用。均應如所請。從之。（高宗二二九、八）

（乾隆一〇、一一、癸巳）湖廣總督鄂彌達奏：洞庭湖舵桿洲石臺，功成時，節省銀三萬餘兩，交商生息，為歲修之用。嗣經前督阿爾賽，以石臺無用，奏停歲修，將節省銀，別充公用。查舵桿洲，接滇、黔兩省，冬春賈船絡繹，遇風俱泊臺邊。且現在石臺，安有岳營龍協水師塘汛，若歲修竟停，則石臺必圮。無論前功盡棄，撥兵亦必盡徹，恐藏奸匪。請即於節省銀兩，酌撥五千兩，作一分生息，為石臺歲修之資。得旨：著照所請行。（高宗二五三、二一）

（乾隆一二、四、辛未）大學士等議覆：據直隸總督那蘇圖等奏稱，上年十一月内，侍郎玉保奏請獨石口等處添給生息銀一案，内稱，查各省駐防兵，俱蒙賞滋生銀，惟直隸各小城及各邊口，内除鄭家莊向有房租銀外，餘山海關等處，未蒙恩賞。各處兵數，自八百名至四十名不等，若按地方分給本銀，未免難於辦理，請將天津第年賞賸利銀内酌給。其各處每年應需數目，並如何撥給存貯備賞之處，交直隸總督天津都統定議具奏等因。查山海關冷口、羅文峪、喜峰口、獨石口、張家口、古北口、昌平州、千家店、雄縣、盧龍、三河、寶坻、玉田、東安、固安、霸州、采育營、順義、良鄉等處駐防兵，共二千六百四十名，驍騎校共四十五員，每官兵百名，酌撥息銀八十兩，每歲共應撥天津餘息銀二千一百四十八兩，分給，貯附近該管衙門備賞。查各省駐防遠近不齊，兵多寡不一，應請按照兵數，將歲需派出賞項，先令該駐防統轄之員，出具印領，差弁赴臣富昌等衙門領貯，試辦一年，如有餘，統於歲底查明，存作下年賞數，仍於次年歲首，接續具領。其歲底册報之法，查冷口、羅文峪、喜峰口三處，均由山海關副都統管轄，獨石口、張家口、古北口、昌平州、千家店五處，均請照鄭家莊之例，由本管大員造册請銷，其各小口，聽管領之員，隨旗造册，送部覈銷。所有赴領盤費，各照遠近，公項動給等語，均應如所奏行。再查各省駐防生息銀，俱係各該將軍副都統等造册，咨送各該承查旗分覈銷，惟鄭家莊係房租銀兩，由該管副都統自行奏銷。現在山海關等處撥給銀，雖由各該處賞給，均係天津餘息，且爲數無多，若如該督等所請，紛煩難稽。應令各該管副都統造册，仍報承查天津生息銀兩之正藍各旗，總覈奏銷。從之。（高宗二八八、二六）

（乾隆一二、七、戊午）綏遠城將軍補熙覆奏：兵丁滋生銀，向在各扎薩克地方及多倫諾爾等處，購買駝馬牛羊，以便貿易。本年六月内，據協領七德哩等呈稱，本處商人，俱赴喀爾台密等處貿易，請派佐領素爾芳阿，攜帶生息銀兩，隨同商人，赴該處購買馬匹牲畜，臣一時冒昧，遂派令前往，並無借端影射等弊。得旨：知道了。既有商人，即可交伊等貿易，今因貪利，特派官兵，殊失大體。（高宗二九五、二六）

（乾隆一二、八、辛巳）諭軍機大臣等：據額駙策凌奏稱，綏遠城將軍補熙等，遣佐領素爾芳阿，前來軍營買馬。經臣告知遣員，汝等齎來俱係官帑，途間萬一遇有賊盜，關係非小，不比客商。既經遠來，可到鄂爾昆買得牲畜，即便回歸，嗣後不可爲例等語。此事額駙策凌，尚能籌及，告知遣員，補熙等辦理疎忽，不知大體，甚屬不合，滋生銀兩，雖應籌辦，或在他處貿易，或交商人領辦，皆無不可，特差官兵，持銀遠赴軍營貿易，不特事理不宜，設途中遇有宵小竊發，更於大體攸關。補熙等傳旨申飭，該副都統等，曾否與之商議，究竟出自何人之意，並著伊等明白回奏。（高宗二九七、九）

（乾隆一二、一一、丙辰）是月，直隸總督那蘇圖奏：薊、永、昌、河四協營，前於提標餘息內，分撥營運。查四處，除原給本銀外，共積存利銀四千五十餘兩，請將薊、永、河三協，原本及積存利銀，交典商營運。昌平營原開米糧店舖本利銀兩，仍照舊營運，俱照提標例，二分起息，俟取息日豐開賞。得旨：知道了。（高宗三〇三、一六）

（乾隆一三、九、乙卯）直隸總督那蘇圖奏：宣化鎮屬蔚州、懷來、永寧、龍門四路並長安嶺，向未設生息銀兩，現於臣標及宣化鎮標，共撥賞剩息銀三千兩，交商生息備用。報聞。（高宗三二四、九）

（乾隆一五、二、己丑）軍機大臣等議覆：陝甘總督尹繼善奏稱，肅州鎮屬協營，暨西寧鎮屬之碾伯、老鴉、冰溝、西大通、擺羊絨、巴暖、甘都堂、歸德、康家寨等營堡，俱邊地商店，本少，營運維艱，所有滋生銀，請照西寧鎮標之例，將額本銀借給兵丁，仍以一釐五毫起息等語。查滋生銀原以惠濟兵丁，若定議兵借，則各視爲應借之項，不知緩急，概行借用，一遇扣還，輾轉爲難，甚至滋事。即商少承領乏人，地方文武員弁，豈不能設法酌辦。應請飭交該督另籌。又稱，滋生一項，並以息作本銀，前經部議，交商二年後，營息豐裕，減息辦理。第自乾隆十年，甫交商奉行，即調派金川征兵，賞項滋多，各營通融撥補，尚有不敷，至今息並未裕，則以息作本一項，請仍一體營運，統俟息銀足敷全賞，此外餘息歸本，如再贏餘，照例減息等語。應如所請奏。從之。（高宗三五九、四）

（乾隆一六、八、癸亥）湖廣總督阿里袞奏：據鄖陽副將詳稱，該協原領生息本銀二千兩，歲獲息銀三百五十兩。（高宗三九七、三一）

（乾隆一六、八、癸亥）陝甘總督黃廷桂議奏：陝省生息銀兩，如督撫二標，固提所屬及興漢各營，現俱交商領運，以一分五釐取息。惟延綏鎮本息銀二萬二千一百餘兩，該鎮地處極邊，商賈罕至，承領乏人，又不便令營中自行開當，致啓官兵私借及以賤質貴等弊。查西安省會，商賈駢集，請將延綏本息銀撥給西安屬之咸寧、長安、咸陽、富平、涇陽、三原等縣，募商領運，以一分二釐取息，按季解司，以備兵丁賞需。得旨：如所議行。（高宗三九七、三二）

（乾隆一七、四、乙巳）户部奏：借給八旗滿洲、蒙古、漢軍并上三旗包衣、兵丁等庫銀，除交過本銀，并寬免病故及移往外省坐扣外，實存利銀二十八萬七千九十九兩零。得旨：八旗隨圍兵丁，借過幫銀，未完十萬二千餘兩，著加恩即於存庫利銀內抵補，免其坐扣交還。(高宗四一二、一五)

（乾隆一七、六、乙卯）諭軍機大臣等：各省生息銀兩，原爲兵丁紅白賞卹而設，前因各標營所領原本未歸繳，令其善爲料理，漸次歸足。原恐該將弁等經理失宜，藉端延緩耳，今總兵丁大業，乃欲於兵丁賞卹銀兩內，減省原定條款，以歸足原本，甚屬謬誤。已據巡撫定長咨駁，並傳旨申飭矣。但恐各省中或有似此錯會者，亦未可定。著於奏事之便，傳諭知之。(高宗四一七、一五)

（乾隆一七、九、甲子）又諭曰：鄂容安所奏，東省生息銀兩一摺，請仍照舊一分五釐行息，自因每年需用不敷起見。但原降諭旨，乃因有無贏餘歸還原本，通行詢問，該省減作一分起息，既有不敷，自應另行專摺奏明，照舊行息，不應敘入歸還原本之旨。今若將此奏交部，則無知者轉似因欲歸還原本，將已減之息，復加增照舊，殊與原降諭旨之意不符。著將此諭鄂容安知之。(高宗四二二、一一)

（乾隆一七、一〇、己亥）諭軍機大臣等：阿里袞所奏籌辦生息銀兩一摺，所辦非是。前因各處生息銀兩，多未歸還原本，降旨傳諭，令其善爲料理，俾得漸次歸足。原以此項本銀，發出多年，恐承辦員弁，經手胥役，辦理不善，致有侵蝕懸宕之弊，並非爲急於歸本起見。而各省督、撫、提、鎮中乃有以節省賞需，加增利息，冀得速歸原本爲請者，業經屢次傳旨曉諭。今阿里袞奏內，將商人領過運腳，同正價餘利，一併繳庫湊歸原本，誤會諭旨本意矣。著傳旨申飭。(高宗四二四、二〇)

（乾隆一七、一二、乙巳）諭軍機大臣等：據黃廷桂奏稱，陝甘各標營生息銀兩，飭令極力招商領運，其無商僻遠營分，將本銀提至省城，設法代運。如此經理，庶四五年之內，原本可以全繳等語。此又誤會朕旨矣。綠營生息，原爲惠濟兵丁而設，所撥本銀，皆係庫項，原議利息充裕之後，即將原本陸續歸款。乃各省辦理不善，經管弁役，不免從中侵蝕挪掩之弊，以致原本懸宕，能歸全者甚屬寥寥。是以降旨傳諭，令其善爲料理，亦欲釐剔積弊，使原本可以漸次歸足。而此後以息作本，源源生息，仍不失惠濟兵下之本意，並非專爲歸本起見也。乃督撫提鎮中，竟惟以急圖歸本爲事，或請酌減賞需，或請增添利息，種種舛謬，不一而足。業經傳旨通飭。黃廷桂豈尚未經奉到耶？然黃廷桂久任督撫，似亦不應誤會若此，可再行傳諭知之。(高宗四二九、一〇)

（乾隆一九、五、甲辰）軍機大臣議覆：直隸提督吳進義奏稱，各處交商營運銀，每月一分及一分五釐起息不等。惟古北標營，原本銀一萬兩，兵丁紅白二事較多，息銀若僅照各處，不敷恩賞，是以二分起息。今閱年已久，現除偏賞外，尚餘息銀四千餘兩，合本銀共一萬四千餘兩。請照各處交商例，每年一分五釐起息等語。查原本既多於前，即稍減息銀，每年所入，足敷賞資。應如所請。從之。（高宗四六五、一一）

（乾隆二一、三、甲申）軍機大臣等議奏：移駐拉林滿洲，賞給紅白銀兩，議定於吉林庫存備銀一萬兩，滋息動支，五年期滿。節奉恩旨展限十年，復蒙展五年減半賞給。茲據該處將軍額勒登等，以現在息銀只敷舊有及新移一千五百戶賞，明歲陸續將二千五百戶，全行移駐，即不敷用，請於陞任將軍傳森奏借十萬兩滋息銀內動支。應如所請。從之。（高宗五〇九、三）

（乾隆二一、七、丙申）山西巡撫明德奏：晉省兵丁紅白賞項，原領帑本一萬九千兩，所得息銀，惟臣標兩營、太大二鎮標六營、蒲州一協、太原平陽二營已經賞給，其餘大小一百一十營，均未開賞。查晉省當商頗多，亦善營運，司庫現存閒款，請動借八萬兩交商一分生息，至六年後，除歸新舊帑本外，可存息本銀七萬餘兩，每年生息八萬六千餘兩，足敷通省惠兵之用。並請嗣後酌定賞銀，紅事三兩，白事五兩。再太原城守尉原領賞帑，息不敷用，亦請於綠營息銀內通融支給。得旨：允行。（高宗五一七、二一）

（乾隆二三、四、丁卯）軍機大臣等議奏：直省各標營生息銀，現已遍行開賞，惟直隸大沽等十八營，山西殺虎協等四十二營，尚未開賞。其開賞各營內，已歸還原本者，湖廣、貴州等省。而以息作本賞用存剩者，惟貴州獨多。其餘有全未歸本、有歸還過半并未及一半者。黔省此項銀，與其存貯無用，莫若撥鄰省作本生息，代歸原本後，再交未經遍賞省分，生息開賞，實屬兩便。查雲南省現在未歸本銀九萬五百餘兩，應請即以貴州存剩銀五萬八百兩零作本生息，代繳原本，俟滇省清還後，此項應如何分撥之處，臨時酌辦。其他各省有數年歸還原本者，再有存剩，即照此辦理。從之。（高宗五六〇、二二）

（乾隆二三、九、癸丑）雲貴總督愛必達奏：奉部議，滇省生息銀未歸本者，九萬五百餘兩，即撥黔省存息五萬八百餘兩，歸滇得息，代滇還本。查黔省年賞兵所需，以一萬二三千為率，需本銀七萬數千，生息以供支用。若邊將存息撥滇，僅存以息作本五萬餘兩，獲息不敷所用。請先將二萬九千兩解滇，餘仍留黔營運。嗣後黔省本銀以八萬為定額，每年餘息再行撥滇。得旨：甚妥。（高宗五七一、三八）

（乾隆二四、三、辛巳朔）又諭：據塔永寧奏，地方官有將公項銀兩，詳明交商生息，爲書院義學等項經費者，雖事屬因公，易啟官商結納之漸。請嗣後各省凡有以息作本，營運生息之案，非經奏明交商領運者，永行禁止等語。營運生息之名，本非政體所應有，是以直省營伍，雖藉以賞卹兵丁，而終爲權宜，徒以事屬久行，欲罷不能，非朕本意。前已降旨，將八旗生息銀兩即行停罷，以鹽務餘款充賞。至綠營兵眾用繁，倘一概議停生息而不籌一經久充賞之策，或致因噎廢食。著傳諭各該督撫等，各就本省情形，悉心籌畫，詳議具奏，到日候朕再降諭旨。摺內所奏書院義學諸費，地方官自行交商生息，乃其節目之小者，然有司陋習相仍，其中不無借肥私橐情弊，即應一併定議飭禁，以防濫觴。（高宗五八二、二）

（**乾隆二四、八、丁未**）陝甘總督楊應琚覆奏：陝省賞卹兵丁，交商營運銀八萬三千六百餘兩，甘省十七萬六千四百餘兩，每年各商應交息銀，係計本輸將，相安已久，分之各邑，爲數無多，無由即啟官商結納之漸。且陝甘各商，恒以三分取息，今極重者，不過二分，商有餘利，無不樂於領運，應請毋庸議停。得旨：竟如所議，咨部存案可也。（高宗五九五、二二）

（**乾隆二四、一一、丙子**）是月，兩江總督伊繼善奏：江寧、京口駐防八旗生息銀，現存八萬五千兩，計歲賞祇需九千兩，以七萬五千兩，一分起息，足敷，尚餘銀一萬兩。查京口兵，有奏准酌借免息銀，請以此項銀。並前貯鎮江府庫餘息銀九千八百餘兩，關收米舖，應繳銀千二百餘兩，除奏撥綠營歸本銀千九百餘兩外，共得萬九千餘兩，存江寧旗庫。遇八旗官兵勢不得已事，酌量借給。從之。（高宗六〇一、三四）

（**乾隆二六、七、壬寅**）軍機大臣等議覆：綏遠城將軍如松疏稱，右衛滋生銀兩所得利息，不敷官兵紅白事宜，請再撥銀作本等語。查該處原有滋生銀一萬兩，應再於房租及公庫項內撥銀一萬，令作本滋生。從之。（高宗六四〇、五）

（**乾隆二八、二、己丑**）兵部議准：兩江總督尹繼善奏稱，江南、江西營運銀十五萬千一百餘兩，生息備每年兵賞，乾隆十四年奉聖諭，營運生息，本非政體所宜有，臣查兩江內地與沿邊情形不同，分防兵可酌裁，以兵丁空餘糧爲惠濟兵丁用，無容另籌公帑。應如所請。於該省裁將軍標、守兵三百名，督標、步兵五十名，守兵五十名，漕標、守兵百五十名，提標、守兵三百名，安撫標、守兵五十名，江西撫標、守兵百名，南昌鎮標、守兵五十名，贛州鎮標、守兵百名。遇缺出即裁扣，扣足日，前存銀徹回司庫。江西省所扣數不敷，准於江南撥給。賞銀有餘，歲報戶部。從之。（高宗六八〇、二）

（乾隆二九、一二、丙午）是月，大學士管兩江總督尹繼善奏：江蘇城垣，向於匿費内每年撥銀二萬兩修理，而各屬城工浩瀚，所撥不敷。若不設法籌畫，恐未修各城，年復一年，愈致坍頹。查江南綠營八旗，賞卹兵丁生息銀兩，原領本銀，早已歸清。現以息作本，綠營銀十二萬九千六百餘兩，八旗銀七萬五千兩，經臣先後奏准裁汰兵丁，俟裁扣完日，將生息銀兩繳回司庫。請仍以一分起息，暫行營運。查綠營生息銀兩，蘇撫標原買田畝銀五千二百五十一兩零，經撫臣莊有恭奏請，變價交庫充公，并以餘銀建造營房，及賞緝匪辦公之用。除去此項，實存銀十九萬九千餘兩，以之營運每年可得息銀二萬三千餘兩，以爲添補修城之用。俟通省城工修竣，再行徹回司庫。得旨：甚好，如所議行。（高宗七二五、二六）

（乾隆三〇、一、壬子）諭軍機大臣等：尹繼善奏，江蘇應修城工需費甚多，所有賞卹兵丁生息銀兩一項，前經奏准，俟裁扣完日徹回司庫。現在各處裁汰兵丁，將次完竣。請將此項生息銀兩暫行照舊行運，以濟修城工用等語。所辦甚好，已降旨如所議行矣。直隸裁汰兵丁，曾否如數完竣，所有賞卹之費，已有裁扣名糧，足敷支給。此項滋生銀兩是否照舊營運，抑或徹回司庫？直屬應修城垣亦復不少，若倣照江蘇之例，仍行生息，協濟城工，甚爲有益。著傳諭方觀承將前項生息銀兩，現在作何辦理，及如何籌畫以濟城工之處，一併詳悉查明具奏。尹繼善摺並鈔寄閱看。（高宗七二六、七）

（乾隆三〇、五、辛丑）［軍機大臣等］又議覆：河南巡撫阿思哈疏稱，直省各標營生息銀，原爲兵賞需用，乾隆二十四年奉旨，以其名非政體，飭令各該督撫就本省情形籌畫議奏。嗣經直隸、山西、江南等省俱請裁兵扣餉充賞，而豫省生息原本久經歸清，其現存以息作本銀三萬六千餘兩，經前撫臣胡寶瑔奏請照舊存留，交鹽當商領運生息充賞在案。今各屬鹽當商，每年向有規禮，多寡不同。乾隆五年，撫臣雅爾圖奏明，府廳州縣，如數在三百兩以下者，仍留在本官工費之用，逾額者提存司庫，以充賞卹，計每年約有六千餘兩。除賞捕工會外，頗有存餘，以之賞兵，既與政體合宜，並可久遠遵行等語。查此項銀兩，雖亦出自商人，但久經充公，即與公帑撫異。應如所請。將各營生息銀，截至三十年底概行停止營運，定限一年，將本銀繳回，俟收齊請旨撥解。其各標營每年賞卹通共需銀三千四五百兩，即於三十一年始，於鹽當規禮項下，按季赴司動支，隨時查賞。從之。（高宗七三七、一七）

（乾隆三一、三、己亥）［河南巡撫阿思哈］又奏：夏邑縣彭家屏入官貲產銀兩，交商生息，爲豐樂等河歲修用。查各省賞兵生息銀，業已議停，現

在豐樂等河已屬深通，朱仙鎮、太康縣兩處橋工，需銀有限，應請停息，同地畝變價銀貯庫。得旨：如所議行。（高宗七五七、二三）

（**乾隆三一、一一、辛未**）四川成都副都統託雲奏：川省滋生銀現存四萬七千兩，請酌留三萬生息，已敷賞用。餘銀一萬七千餘兩，應交庫存貯。於內動支銀七千兩採買豆石，按月分給兵丁餧養馬匹，照原價扣銀彙貯，乘時再買，每年照此辦理。得旨：著照所奏行。（高宗七七二、九）

（**乾隆三二、四、丙辰**）軍機大臣等議奏：尚書新桂等奏天津水師營官兵分駐各事宜。……一、另記檔案，願改綠營兵三百三十四名，請撥直隸督、提及各鎮標營，於馬戰守兵缺出頂補。一、營內滋生銀五萬六千五百五兩，覈與原數相符。所有現存本利銀數，請仍交長蘆鹽政生息。內有官兵未完及舖架估變二項，未能即時完繳。向來山海關兵賞，取給於此，請於藩庫酌撥閒款，先交鹽政生息。兵欠，令分駐處所，按月餉坐扣，舖架著落地方官估變，均交藩庫歸款。一、滋生銀內另記檔案准予出旗之兵，未完銀一千五百八十五兩，又現隨分駐革職協領伍靈阿等十四員未完銀三百八十五兩，無項可扣，請一併豁免。……應如所請。……從之。（高宗七八三、一二）

（**乾隆三二、一一、庚申**）諭軍機大臣等：前以各省駐防綠營，俱有生息銀兩，爲兵丁等紅白賞卹之用。雖事屬久行，終非政體所應有。曾令督撫等各就本省情形，酌量籌畫，以次抽撥停止。乃自二十四年降旨以後，駐防兵丁惟保定、河南、太原三處，綠營兵丁惟直隸、河南、江西、山西、陝西五處，業經議停，其餘現在生息者尚多。即如江南一省，雖以裁糧充賞，而城工未畢，生息猶在暫留，亦宜一體盡徹。今查覈已停各省中，或以裁兵扣餉，作爲賞卹，或以朋扣馬價及鹽當規禮充撥，辦理均有端緒。其未停各處，豈必竟無別款可以通融調劑，正當詳悉措置，使恩賞有資，而此等生息名目，一切蠲除，於營伍體製並爲允協。著即傳諭將軍、督撫等，是否尚有兵糧可裁，及有無別款可以動用經理，使此項銀兩通行永停之處，悉心詳議，據實奏聞。（高宗七九九、一九）

（**乾隆三三、二、丙寅**）又諭：圓明園八旗滋生銀兩，向來均以一分生息，乃於正借之外，復有以二分取息出借者，其辦理起自何年，曾否奏明，著軍機大臣會同管理圓明園旗務大臣，查明具奏。（高宗八〇四、二五）

（**乾隆三三、二、丙寅**）又諭：據高晉奏，將江南省駐防綠營生息本銀，盡行徹回，報部撥用等語。現在雲南辦理緬匪，以此撥項應用，尤爲便捷。著傳諭高晉，即將此項銀兩，委員解送永昌，存貯備用。（高宗八〇四、二九）

（**乾隆三三、四、戊辰**）軍機大臣等議覆：奉天將軍明福奏稱，奉天地方於乾隆二十五年起，留銀三十五萬兩，作本生息，現在既經停止，自應以次收徹，但其中如布、錢、估衣、雜貨、糧石等局及當舖皆易清結，請以一年爲限，惟官兵、旗民、舖戶人等借欠之項，多寡貧富不齊，一時難以歸結，請限年歸款等語。查所定限期三年至五年均屬太寬，請交與該將軍等，再行察覈妥議。又稱，生息銀既停，其兵丁紅白賞項，請於旗地租銀內動撥。查旗民餘地每年共徵銀十一萬兩有零，除常用外，每年尚餘銀七萬餘兩。應如所奏，即於此項內撥用。又稱，廣寧縣修理橋道，向有生息之項，應請一例徹除等語。但該處橋道工程經費作何辦理，亦請交與該將軍等悉心籌酌。得旨：依議速行。（高宗八〇八、二二）

（**乾隆三三、五、庚戌**）軍機大臣等議奏：奉天將軍明福等覆稱，該處官舖賒出貨賬，共銀七千四百餘兩，爲數無多，請限以六個月收完歸本。其借欠之官兵旗民人數太多，款項紛繁，現在派員清查，俟查封明確，再行奏聞。至廣寧縣橋道，向於官舖內撥銀生息，以爲修理之資，今除歷年用過外，尚存利銀三千二百餘兩，請將原本徹回，其餘剩利銀交廣寧縣借用等語。查前項生息銀，其官舖賒出貨銀七千四百餘兩，應令如限催完，至借貸之項，頭緒紛繁，該將軍等既經派員查辦，應令徹底清查，如限催繳。其廣寧縣橋道工程所需，所有原本銀五千兩及息銀三千餘兩，均係不應生息之項，應一併徹回貯庫。該縣如遇雨水過多之年，橋道有應修處，即勘估請修，應費若干，移咨部庫支給。得旨：此項生息銀兩，雖頭緒繁雜，何至經久不能清釐？著定限三個月，將款項徹底查清具奏。仍酌定年限歸款，並派雅德、朝銓會同該將軍等，上緊催辦，不得再有遲逾。（高宗八一一、九）

（**乾隆三三、一二、癸亥**）軍機大臣等議奏：各省綠營生息銀，前經定議全徹，令各將軍、督、撫，另籌別款，以資賞項。今據先後奏覆，直隸、山東、山西、廣東等省，酌用裁減冗糧。湖廣、陝西等省，以節省馬乾餘剩馬價應用。浙江、福建等省，以鹽課盈餘、房地租銀撥給。甘肅、廣西等省，請於改馬爲步，改戰爲守項內湊支。悉按照地方情形，酌籌可行永久。均應如所奏辦理。至熱河、吉林、黑龍江、成都等處，所請照舊滋生，及改賞爲借各款，覈其所辦情節，俱於事理未協。應令熱河於節剩賞項，吉林、黑龍江於餘地租銀，成都於鼓鑄餘項，通融支給。其荊州駐防有出征滇兵借款，據該督定長奏，請扣限五年完交，應准其展限，俾得從容還項。雲貴二省綠營，俟軍務全竣日查辦。從之。（高宗八二四、二〇）

（**乾隆三五、六、壬辰**）諭：據色布騰巴勒珠爾奏，火器營請每翼添放正翼長各一員,其營總八員內,添派委翼長二員,仍兼營總。所有正委翼長,穿黃馬褂,營總護軍校等,穿鑲白邊黃馬褂;兵丁仍穿鑲白邊藍馬褂。再所建營房,距城不遠,其官兵移居銀六萬二千六百一十兩,毋需賞給。請再添賞銀三萬七千三百九十兩,共合銀十萬兩生息,爲一切犒賞之需等語。著照所請。應添翼長,交該營大臣等,於現在八員營總內揀選帶領引見。至正翼長應給關防各項,照健銳營翼長例給予。官兵移居銀六萬二千六百一十兩,仍行賞給。再加恩添賞銀三萬七千三百九十兩,共合銀十萬兩,交該營大臣等妥籌生息,以爲該營獎賞等項需用。(高宗八六三、七)

(**乾隆三六、二、己卯**)兵部議覆:署雲貴總督彰寶奏稱,黔省各標鎭協營步守兵,防禦有餘,請於每百內酌裁二名,共可裁兵六百一十九名,節省銀米,足敷每歲賞項。從前生息銀,即行停徹。應如所請。從之。(高宗八七八、一〇)

(**乾隆三六、三、丙辰**)兵部議覆:署雲貴總督彰寶奏稱,滇省步守兵內,因糧缺稍多,致有老弱充數。請於每百名內裁四,共可裁兵八百九十六名。節省銀米,足資賞項。其原領生息本銀,即徹歸原款。應如所請。從之。(高宗八八〇、一八)

(**乾隆四〇、三、戊辰**)又諭:伊犁、烏嚕木齊等處,駐防滿兵,現俱開設官鋪,分派貿易,殊失防守邊疆之意。且滿州兵丁,自幼勳專習騎射,不諳生理,日久必至生弊,尤關風化。其如何辦理盡善之處,著軍機大臣悉心妥議具奏。尋奏:伊犁等處開設鋪戶,雖兵丁滋生利息起見,久之恐效漢人,好逸惡勞,技藝轉致荒廢,自應嚴行禁止。但該處開鋪已久,一時未便盡徹,應飭令伊勒圖、索諾木策凌,於烏嚕木齊、巴里坤、哈密等處,招募殷實商民貿易,每年所得利息,仍可分給兵丁,俾資養贍。從之。(高宗九七九、一二)

(**乾隆四一、八、丙辰**)軍機大臣等議准:察哈爾都統常青等奏稱,達里剛愛牧場,地方寒冷,差使亦多,應照商都達布遜諾爾等處之例,酌籌滋生銀兩,以爲官兵一切差使之用。查太僕寺右翼牧場田租,每歲得銀八千餘兩,現積存銀三萬五千兩,請撥出三萬兩,作爲本銀,每年生息銀三千兩,給與官兵,其本銀於官兵俸餉內,分作六年扣還。從之。(高宗一〇一五、二)

(**乾隆四六、八、壬午**)諭軍機大臣等:據阿桂等奏,請酌復惠濟銀兩以裨營伍一摺,固爲兵丁需費起見,添兵自當添賞卹,然總屬無多。且現在所有兵丁,其賞卹本即動用正項也。其果有不敷之處,以致不行賞卹乎?著奏聞。國家賞兵之費，藉商營運支給，其名究屬不美。況現在戶部庫項充盈，即陝甘二省添設兵丁，所需紅白賞卹，費用較多，原當開銷正帑。著傳諭阿桂、李侍堯、畢沅，所有此次添兵之費，及將來陝某二省兵丁紅白賞卹事件，俱著動用正項開報。（高宗一一三八、二六）

（乾隆四六、八、乙酉）諭：朝廷設兵衛民，簡閱軍實，期於行伍整齊，兵額充足。如兵丁等紅白事件，從前設有生息惠濟銀兩，以資賞卹。後因生息各色，有關國體，特飭停止。昨據阿桂等奏，陝西添兵案內，籌及賞卹，聲請酌復惠濟銀兩。朕以國家賞兵之費，藉商生息支給，究屬非宜，已傳諭阿桂等，令其動用正項開銷矣。茲袁守侗、海祿前赴行在，令軍機大臣傳旨，詢問直隸、雲南賞兵銀兩支銷款項。據稱，直隸裁扣公糧銀二萬兩，雲南裁扣公糧銀一萬六千餘兩，以備賞用等語。看來各省大都如此。兵丁紅白銀兩，原係加惠營伍，格外施恩，若因此裁扣名糧，致兵額不足，殊非覈實營伍之道。況今戶部帑項豐盈，各省藩庫積存充裕，即現在京營添兵四千九百餘名，陝甘二省各營添兵一萬二千九百餘名，其馬步糧餉，合之各省兵丁賞卹紅白銀兩，約算歲支不及百萬，國家何靳此費，不令開銷正帑？而各省乃紛紛裁扣名糧，又且請復生息，甚無謂也。朕臨御四十六年以來，惟事事以敬天勤民為念，凡三次普免天下地丁錢糧，兩次普蠲各省漕糧，以及遇災即賑，總計何啻萬萬，又並未加增賦稅，仰荷上蒼嘉佑，開拓邊陲，府藏殷實，國用充饒，朕又豈肯稍存靳惜，致令有司開聚斂剋扣之端乎？所有各省營伍賞卹兵丁紅白銀兩，自乾隆四十七年始，俱著於正項支給，造冊報部覈銷。至各省提鎮以下武職員弁，俱有應得坐糧馬乾等項，前於六月內業經降旨通諭各省督撫，將各該省武職所得公項，逐一查明覆奏，俟奏報到齊，令軍機大臣會同該部覈辦，照文員之例，議給養廉。其所扣兵餉，即可挑補實額，覈計添給養廉，歲支亦不及二百萬兩，官員既無拮据，而各省又增添兵力，於營伍大有裨益。朕御極之初，戶部庫項不過三千萬兩，今已增至七千餘萬，復有何不足而不加惠天下，散財以得民乎。所有辦理添兵補額紅白賞卹銀兩，及裁添名糧養廉緣由，明晰曉諭中外知之。（高宗一一三八、三一）

（乾隆四六、九、丙辰）諭軍機大臣等：前據阿桂等奏，請酌復惠濟銀兩一摺。據稱，前在雲貴，知該省自停止生息銀兩後，所有兵丁紅白事件，俱係裁減兵額，節省銀數充賞。查滇黔等處俱係邊陲，兵力亦不宜單弱，若將生息銀復舊，即所裁兵額仍可補足。其他四川閩廣，亦關緊要，容俟回京後請旨辦理等語。朕以各省兵丁賞需，應動正項，若藉商營運支給，究屬非體，已明降諭旨，均著於正項支給，報部覈銷。其各省提鎮以下公費名糧，亦改照文員之例，議給養廉。所扣兵餉，即可挑補實額，並將辦理緣由，傳諭阿桂，令覈計所費。自京營及陝甘添補滿漢兵，約二萬名，又各省添補綠營兵糧實額，亦不下數萬名，加以改給養廉紅白賞卹等項，每歲所需不過三百萬兩。至從前阿桂所奏，原爲節省經費起見，但現在府庫豐裕，儘足從支。朕今如此辦理，武職既實得養廉，營伍無虛存名目，更無須藉商生息，爲贍卹兵丁之用。與阿桂意見若何，著將此傳諭阿桂，并令就所見即行覆奏。（高宗一一四一、五）

（乾隆四八、三、戊戌）又諭：據舒常奏，湖南平糶穀價贏餘銀兩，經前撫臣顏希深奏請，撥借銀四萬兩，交長沙府屬典商生息。又經前撫臣劉墉奏，將此項銀兩，仍應提回，爲買之用，另將社穀息銀，撥出四萬兩，交商息。但前項銀兩，尚未提回，若不將社穀息銀交商，各商均有不欲承領之意，而經手各員，亦虞多撥，以致日後虧折。請將現存司庫社息銀兩，停撥典商等語。各省存公款項，交典商生息，名色本不應有，但聞商人等向俱樂於承借官項，以其輕於民間之三分利息也。今湖南省典商，何以有不欲承領之意，而經手各員，又虞多撥以致虧折？是否實係商力疲乏，不願領銀，抑係經手之員，意存那借，是以詳請停撥耶？該督所奏，尚未明晰，著傳諭舒常等，查覈實在情形，逐一詳晰覆奏。所有交軍機大臣等詢問劉墉覆奏情節，並鈔寄閱看。尋奏：查係商力單薄，不能兩項並運，恐致停擱，是以請免給撥。又查社穀息銀，現存司庫，無經手那移情弊。得旨：覽。（高宗一一七六、一三）

（乾隆五一、四、甲戌）欽差戶部尚書曹文埴等奏：查勘柴石兩塘情形，自章家庵西至范公塘一帶，計工二千一百一十丈，其間十段至十三段，更當頂衝受水最重，餘亦迴溜直逼塘根，尤非石塘不能永固，應列爲急工。其外衝之柴工，更須透過石塘工尾，往西接築二三百丈，並於塘外添建挑水壩一座。其范公塘西至烏龍廟一帶，原砌石工二千九百三十丈，查該處土塘一道，高五尺至八尺，底寬二丈五尺至三丈五尺不等，頗爲堅固。塘外沙塗，由烏龍廟起漲沙已寬至四百餘丈，其迤東如三官塘等處，舊漲熟地七百餘丈，子沙又二百餘丈，桑麻廬舍，彌望相連，爲潮沙所不能到，應列爲緩工，暫行停修。再新建石塘，若照老鹽倉以東舊有石塘一律修建坦水，所需工料價銀，不下一百數十萬兩，未免過多。應俟石工告竣之後，即以柴工爲坦水，無須另建。惟是老鹽倉西石塘坦水，舊有歲修之例，則作爲坦水之柴塘，亦應一律籌辦。此項銀兩，即於該省餘存項下銀六十萬兩內，撥出五十萬兩，酌借商人，一分行息，歲可得銀六萬兩，專作老鹽倉西新舊柴塘歲修經費。再上年議准石料厚薄，面石厚一尺，餘配搭成砌，俱以八九寸爲率，今石料寬窄，應與厚薄一例辦理。得旨：所議是。如所請行。該部知道。（高宗一二五二、三）

（**乾隆五一、一二、戊午**）又諭：據寶琳奏，杭州滿洲駐防兵丁，生齒日繁，艱於生理。請將現在庫內存貯銀二萬兩，交鹽道令其生息，每月所得利銀，於貧乏成丁之閑散內挑取二百名，每人給與銀一兩，令其行走當差，遇有挑取甲缺者，再另行挑人充補等語。滋生利息一項，原不成事體。但念杭州駐防滿洲兵丁，生齒日繁，既艱於生理，又不得不代爲籌畫。寶琳所奏交鹽道銀二萬兩，著不必交與鹽道，琅玕係兼營鹽務之人，即以此項銀兩，交琅玕會同寶琳妥協辦理。（高宗一二七一、五）

（**乾隆五三、二、壬子**）兩江總督書麟奏：安徽藩庫原存社倉息穀價銀，經前撫臣奏准，留爲各屬農田水利工程之用。十餘年來，節次開銷，存貯漸少，工程歲所常有，仍應豫爲籌備。請將現存銀十萬兩，撥給典商等，以一分行息，俟十年後，掣回原本，仍以息銀給商營運。並請嗣後工程，如係借項，即用掣回本款，係動項，應於息銀內放給。得旨：如所議行。（高宗一二九九、五）

（**乾隆五四、四、庚寅**）軍機大臣議准：浙江巡撫覺羅琅玕奏，老鹽倉迤西一帶，前經撥帑築建魚鱗石塘，所有料物加貼銀兩，奏明加增一倍有餘，始敷辦理。今東塘應修石工，及西塘歲修柴工，與魚鱗石塘事例相符，請一體加貼。至加貼銀兩，請於海塘費內，賞借銀五十萬兩，給商生息，每年可得息銀六萬兩，以爲分貼歲修塘工之用。從之。（高宗一三二六、五）

（**乾隆五四、六、戊辰**）又諭：據軍機大臣等議駁，旺沁班巴爾具奏寧夏滿兵孤寡，請將庫存餘銀支取養贍，已奉旨依議外，但寧夏庫存節年用剩銀五千餘兩，此項銀數年間用完之後，尚須動用正項，如將此生息辦理，以每年所得息銀，養贍孤寡，似屬有益。著傳諭勒保、旺沁班巴爾等，將現在寧夏所存此項銀五千餘兩，交商生息，以每年所得息銀養贍孤寡之處，令伊等熟籌妥議，務期長久可行，兩有裨益。（高宗一三三二、二四）

（**乾隆五八、三、壬戌**）湖廣總督畢沅奏：湖北襄陽城舊老龍隄，原額設歲修銀四百兩。乾隆九年，因費不敷，經前督鄂彌達奏撥銀五千兩，交典商生息九百兩，增作歲修費。五十四年，臣因該處頂衝險要，奏添石磯四座，修費不敷，請於充餘之江夏縣蕎麥灣隄工款內，撥銀五千兩，交襄陽府屬典商，以一分五釐生息，添濟工用。得旨：此等事祇可如此。然易於滋

弊，應常留心查察。（高宗一四二五、一九）

（**乾隆五八、六、辛卯**）伊犁將軍保寧奏：從前移駐伊犁之錫伯索倫察哈爾兵丁，業經三十年，戶口滋生，倍加往昔。其察哈爾索倫兵丁等，均有賞給滋生銀兩。惟錫伯僅存鹽菜銀滋息，不敷支用，請將餘存節年糧米二萬二千餘石，除留一年口糧外，趁價變賣，可得銀一萬兩，著落本處同知，交殷實商人作爲滋生銀兩。得旨：甚是。（高宗一四三一、二〇）

（**乾隆五九、一、壬寅**）諭軍機大臣曰：保寧奏，伊犁察哈爾兵丁生計稍艱，請借給三年錢糧，共計六萬餘兩，分作十五年扣還。如蒙允准，即照伊犁滿營存公馬價之例辦理，交與陝甘總督，轉解陝西、山西、河南，發商一分生息等語。已另降清字諭旨，竟行賞給，不必借支扣還矣。此項銀兩，若由伊犁運至内地解送，既不免勞費，且爲數多，陝甘省分，儘可發商生息，不必轉解河南、山西等省，徒滋繁擾。甘肅地方清苦，陝西殷實商人甚多。著傳諭勒保、秦承恩，即於西安藩庫内動支銀六萬四千八百兩，發商一分生息，將所得利銀，每年於撥解餉銀時搭解前往，以爲貼補伊犁察哈爾兵丁公用。該督撫務須妥協經理，俾商人藉霑餘潤，而兵丁生計，益資寬裕。將此並諭保寧知之。（高宗一四四四、九）

（**乾隆五九、一二、壬申**）兩廣總督覺羅長麟奏：定例沿海水師營兵，赴海協捕，本汛應食錢糧，留贍家口，該兵丁未免枵腹從公。查調兵協捕，應日給口糧銀，弁八分，兵五分。請於藩庫現存田房稅羨閒款銀兩内，撥借二十萬兩，交商營運，作爲巡洋兵丁口糧，及燂洗船隻添補繩纜之用。下部知之。（高宗一四六七、七）

（**乾隆六〇、閏二、辛亥**）兩廣總督覺羅長麟奏：粤東沿海水師各營，向設艚艔拖風等船，前因船身笨重，駕駛未能得力，奏准改造新船九十三隻，分撥小營各四五隻，大營各八九隻不等。惟洋面寬長，賊匪合夥連艅，有多至十餘船者，捕緝時，不得不調撥別營兵船。但一經調派，往返動至月餘，其原食錢糧，勢須留贍家口，而本兵弁礙難枵腹從事。請於藩庫現存田房稅契閒款銀内，酌借二十萬兩，發商營運，以一分起息，即將息銀作爲巡洋口糧，仍按向調每弁一名，日給口糧銀八分，兵一分日給銀五分，統於年底造報。下部知之。（高宗一四七三、二二）

（**乾隆六〇、八、甲申**）軍機大臣等議覆：署閩浙總督長麟等奏稱，……弁兵奉差出洋，所需口糧，浙省每年有奉裁馬乾銀二萬餘兩可以動用，閩省無項可支，請於藩庫酌撥銀二十萬兩發商行息，每年可得息銀二萬四千餘兩，以爲出洋兵弁口糧之用。亦應如所請。……得旨：依議速行。（高宗一

四八四、一二）

（乾隆六〇、九、丁丑）是月，浙江巡撫覺羅吉慶奏：水師官兵出洋捕匪，因營船過大，駕駛不甚便利，向係添雇同安商船協緝。但遇商船稀少之時，雇募不能應手，恐致貽延。臣上年仿照同安船式，捐造四十隻，交營駕駛，頗爲靈便。本年復趕辦二十隻，共船六十隻，分給溫、定、黃三鎮各二十隻。查此船隻，每年油艙，更換篷索槓具等項，每隻需銀六十兩，計六十隻，共需銀三千六百兩，並將來屆應修造，均須豫籌經費。浙省現無閒款可支，請於藩庫内借銀十萬兩，交商一分生息，歲輸銀一萬兩，由鹽運司收交藩庫，爲按年收造之用。年底造具收支册結，報部覈銷。得旨：可行。知道了。又稱，雇募商船，船户以船爲業，多自愛護，遇見盜船，恐被打壞船隻，不免斜駛退避，未肯冒險直前，於緝捕亦難得力。批：此雖實情而可惡。（高宗一四八七、三三）

（乾隆六〇、一〇、乙巳）兵部等部議覆：山東巡撫玉德奏稱，……又水師弁兵出洋巡哨，遇風不順，在島嶼寄椗，需用口糧，無款可撥。亦請照閩省例，於藩庫撥銀三萬兩，發商一分生息。計每年得銀三千六百兩，爲寄椗口糧，並添雇船隻之用。均應如所請。得旨：依議速行。（高宗一四八九、三七）

（嘉慶三、五、辛卯）伊犁利將軍保寧奏：請於伊犁庫存綠營歷年積貯抽分等項銀兩內，動支一萬兩。按月生息，以爲綠營鰥寡孤獨養贍之資。從之。（仁宗三〇、一四）

（嘉慶四、二、甲辰）吏部尚書烏嚕木齊都統書麟奏：請於庫貯兵丁馬價銀兩内動用二萬兩交商生息，作爲養贍鰥寡孤獨之項。從之。（仁宗三九、二〇）

（嘉慶八、八、丙子）諭内閣：德楞泰奏，成都滿營兵丁，操練賞項及出差幫貼，向於兵餉内撥給。請賞借銀兩生息，作爲操練賞項等語。成都滿營操練兵丁獎賞及出差幫貼銀兩，向由兵餉内坐扣，兵丁生計，未免拮据。著加恩照德楞泰所請。於四川藩庫存貯滿兵馬價銀二萬餘兩項下，賞借銀五千兩生息，作爲獎賞幫貼等費。其收支數目，著於年終造册報部覈銷。（仁宗一一八、三五）

（嘉慶一〇、七、辛未）先是山東巡撫陳大文奏准，東省挑河津貼，在撫藩臬道養廉內坐扣三成。尋據巡撫全保奏稱，各項津貼不敷動支，請將城工餘存項下撥銀生息，以裕工用。得旨：依議。此項河工歲料所需，既於城工項下撥銀生息，每年計得息銀六萬兩，已足敷用。嗣後該省巡撫司道等按年

坐扣三成養廉之處，著加恩免其扣交。(仁宗一四七、一八)

（**嘉慶一一、一一、壬申**）命增八旗養育兵額。諭內閣：近來八旗生計維艱，朕所深悉，每思所以贍養生全，悁悁不能釋念。近日恭讀皇考高宗純皇帝聖訓，內載乾隆三年十月，欽奉上諭，八旗生齒，日見其繁，若於每佐領下各添兵額，則食糧者加增於原數，而閒曠者自少，似爲贍養旗人之本計。其如何辦理妥協之處，著軍機大臣，會同議政大臣、八旗大臣，詳加妥議具奏。此朕格外加恩之舉，旗人等當思朝廷曠典，不可屢邀，惟有謹身節用，崇儉去奢，以爲仰事俯畜之道。欽此。仰見皇考高宗純皇帝於八旗生計，隨時酌量，辦理盡善。今閱數十餘年，八旗戶口，又益加增，自應再籌辦理。因思從前天津曾設有滿營，續經裁徹。目前或可仍復舊製，酌添駐防官兵，或於順義、寶坻等九處，量添滿兵額數，俾八旗人等分駐，食糧當差，不至坐食家居，情殷待哺。抑或倣照乾隆三年，加添八旗旗護軍領催馬甲，及養育兵諭旨，將八旗再量添護軍領催馬甲並養育若干名，使旗人藉資養贍，共享盈寧。其應如何斟酌妥辦之處，著大學士會同各該部及滿洲八旗都統，將以上數條，酌依某條辦理，悉心詳覈妥議具奏。俟奏上時，再降恩旨。尋奏：國家經費有常，請俟河工辦竣後，再籌閒款銀兩辦理。上以八旗宜添養育兵，亟應籌款，撥廣儲司造辦處銀各十萬兩，并命戶部籌撥銀五十萬兩，交商生息，其每年息銀可添養育兵若干名，仍令戶兵二部八旗都統議奏。尋議：每年共得息銀八萬四千兩，除漢軍旗分毋庸添設養育兵外，應於八旗滿洲、蒙古、圓明園、內外火器營、健銳營，共增設月給一兩五錢餉銀無米養育兵四千七十六名，歲需銀七萬三千二百九十六兩，年終賞項需銀六千一百八兩，餘銀四千五百九十六兩。再於內務府三旗及圓明園包衣三旗，共增設月給一兩餉銀無米養育兵三百二十四名，歲需餉銀及年終賞項共銀四千二百十二兩，均在此項生息銀內動支。從之。(仁宗一七一、二二)

（**嘉慶一二、四、庚辰**）諭內閣：興奎奏，兵丁戶口繁多，懇請量爲通融，以資養贍一摺。寧夏滿營兵丁，因生齒日繁，頗形拮据，自應量爲調劑，俾臻寬裕。著照所請，在於滿營庫貯馬價銀內，動撥銀一萬五千兩，並於庫存養贍孤寡等項即年積剩銀內，動撥銀五千兩，交陝甘總督，飭令地方官分給商民一分生息，所得利銀，擇其實在人口衆多之閒散弓馬嫺熟者，每名每月賞給銀五錢，其餘銀兩，按年歸還馬價。如此通融接濟，庶使養贍有資，於生計操防，均有裨益。(仁宗一七七、一一)

（**嘉慶一三、一二、乙卯**）諭內閣：據勒保奏，川省督標舊有馬廠租息一項，曾經提銀一萬兩，交商生息，添補軍提城守三標營馬兵飼秣之用。除按名應給外，盈餘者歸督標修製軍裝。今查督標雖有存項貼補，仍不敷用，至其餘各標營均係自行製備，更形拮据。可否將積存銀兩內另提一萬兩，交商生息，為省城十一營添補修製軍裝等語。軍裝一項，兵丁等出差操演，在所必需，現在川省各兵丁名下，因屢次出征，多有例扣之項，再責令自行添製，未免生計倍艱，自應量為調劑。著加恩再於前項積存馬廠租銀內，賞提一萬兩，交商按月一分生息，自嘉慶十四年為始，專為軍標、督標、提標、城守十一營兵丁添補修製軍裝之用，以示體卹。(仁宗二〇五、九)

（嘉慶一五、一、丙子）諭內閣：慶溥等奏，廣州駐防漢軍，丁口繁多，議請借項生息養育一摺。漢軍旗丁糧少人多，謀生計絀，自應亟為調劑，量籌養育之道。著照所請，加恩於八旗馬價穀價兩項內，現存藩庫銀四萬六千二百餘兩，借支生息。即於漢軍閒散中挑設無米養育兵一千一百餘名，每名月給銀五錢，仍與甲兵等一體訓練，以次挑補，俾餘丁得資養贍，於生計操防兩有裨益。(仁宗二二四、二一)

（嘉慶一六、一二、戊辰）諭內閣：李亨特奏請籌給河標兵丁辦公生息銀兩一摺。河東河標兵丁，於本營操防外，尚有撥派護送及催趲重運回空等差，沿途往返，自應量給差費。著照所請，將河標積年存剩朋扣皮臟銀款內，動撥銀四千兩，由藩司交商按月一分生息，所得息銀，自嘉慶十七年春季為始，分給四營添補差費，以示體卹。(仁宗二五二、二一)

（嘉慶一七、三、癸酉）成都將軍豐紳等奏：成都滿營兵需用柴薪，向於接濟項下支銀，官為採買，由嘉定江口水路運營分給，照價扣銀歸款。今採買地方漸遠，運價日增，較就近自買之價，轉多一倍。應請將官辦柴薪停止，聽兵丁自買，實為便益。原款銀兩，請發商生息，作為滿營辦公筆墨紙張之費。從之。(仁宗二五五、一)

（嘉慶一八、八、乙未朔）諭內閣：衡齡奏，滿營駐防兵丁公費，請籌款接濟一摺。太原駐防兵丁每年實需公費銀八百二十四兩零，遇閏之年，應加增銀六十八兩零，係公用必需之項。據該撫查明，該省藩庫，有社義息穀變價銀款可以動撥。著照所請，於此項銀數內撥銀二萬兩，發交典當生息，所收息銀，按月支放滿營應需公費，以資接濟。其支剩息銀，覈計五年後可得銀八千餘兩，仍著發商生息，所得息銀支放公費，即將原撥本銀二萬兩提還歸款。(仁宗二七二、一)

（嘉慶二〇、三、己亥）諭內閣：祥保等奏，軍臺續添口分羊隻，請由口北道庫餘存利銀內撥給一摺。著照所請。阿爾泰軍站續添口分羊隻,每年應撥價銀五百兩,准其照數支給。俟太僕寺扣還牛羊群息銀足敷一萬兩後,仍交口北道發商生息,以備撥用。(仁宗三〇四、一一)

(嘉慶二〇、一〇、壬戌)諭內閣:恒寧奏調劑駐防兵丁一摺。荊州駐防八旗,除現有甲糧及幼丁外,尚有閒散大丁二千一百餘名,額定名糧不敷挑補,加恩著照所請,准其於發商生息馬價,現經徵存息銀四萬一千四百餘兩內,提出銀四萬兩,再行發商,仍以一分生息,同原經發商生息銀五萬六千兩,共九萬六千兩,將每月所得息銀九百六十兩,隨餉撥解滿營,交該將軍等在於駐防八旗閒散大丁內,挑選材堪造者九百六十名,作爲餘兵,每名每月各賞支銀一兩,以資養贍。其餘存息銀,著該督撫查明實在數目,造册報部查覈,仍貯該省藩庫備用。(仁宗三一一、四)

二、官營與民營的銀錢典當業

(一) 官營的銀錢典當業

(乾隆六、一、乙未)寧夏將軍都賚等奏:前因地震,弁兵所借滋生銀兩,已由甘肅司庫內扣還,暫借與八旗官兵,照例起息。但此項例宜交與行商,不便久存兵弁,應將俸糧坐扣,官自上年秋季起,作三季扣完,兵自上年十月起,作二十個月扣完,庶養贍仍不至窘迫。所扣銀兩,先於滿城內,開設官當生息。得旨:所辦好。知道了。(高宗一三五、一八)

(乾隆九、一〇、壬子)大學士鄂爾泰等奏:京師近年以來,錢價昂貴,實由耗散多端,若不官爲查禁,設法疏通,則弊端難杜,錢亦無由充裕。謹據現在情形,公同酌議八條。……一、京城各當舖,宜酌量借給貲本銀,收錢發市流轉。查京城內外,官民大小當舖共六七百座,錢文出入最多。現在平減錢價,各當舖如得官借貲本,收錢上市發賣,在當舖改多添貲本,而在市逐日又多添錢文發賣,兩有裨益。應將京城各當舖無論官民,每大當貲本豐厚,應派給銀三千兩,聽其營運。將所領銀兩,存留作本。每一日交制錢二十四串運送官局,上市發賣,每制錢一串,加錢十文爲局費。其賣出銀仍交各當舖收回作本。至於小當貲本,原有多寡不等,有情願借銀者,准赴局具呈,查明現有架本,酌量借給。所繳錢文,並賣錢易回銀兩,俱照大當一例辦理。再借給大小當舖貲本,約銀五六十萬兩,核算每日可收數千串,須設公局收貯,派員經理。查有正陽門外布巷官房一所,地安門外鼓樓東官房一所，應作爲錢局，至收錢、发銀、造册、交票，俱用順天府治中印信爲憑。其局内書算人等，令管局官挑補，所有市上原賣錢文，每制錢一串内少腰串錢二文，以爲局内官役飯食紙張等項之用。俟一年后，如果錢價平減，將管錢局官交部議敍，倘有侵尅虧那［挪］，-據實查參。……一、京城各當舖現在積錢，宜酌錢數送局，一并發市。查京城當舖六七百座，每於秋冬之际，存貯錢最多。此項雖係各當舖營運之貲本，以濟小民一時之緩急，但堆積過多，未能流通，轉於民用不便。現在錢價昂貴，議開官錢局平價，而開設之始，錢不能充裕。在各當舖時冬令，正值閒貯之際，應將京城内外大小當舖，無論官民，每大當一，徹出制錢三百串，小當一，徹出制錢一百串，俱自行運送官局，交局員發賣，陸續易銀給還，如運局錢賣將及半，各當舖陸續運送補足。倘小當一時不能如數，令將一百串之數，陸續送足交局，如已經領借官局貲本，前項錢免交。一、錢市經紀宜歸併一處，官爲稽查，以杜擡價。查錢市向設經紀十二名，各舖户有高擡錢價者，責成紀理嚴諭平減，不許壟斷，但該經紀等散居各處，早晚時價，艱歸畫一，向無專員約束，或與錢舖通同勒索。查正陽門外，爲商賈雲集之地，應令經紀等聚集一處，每日上市，招集買賣舖户商人，遵照官定市價，公平交易，以杜私買私賣之弊。……查錢糧乃户部所司，稽查禁約乃步軍統領專責，一切舖户商民，則府尹所屬。應請專交兼管户部事務尚書公納親、户部尚書海望、步軍統領舒赫德，并令順天府府尹蔣炳協同辦理。從之。(高宗二二六、八)

（乾隆九、一〇、癸酉）是月，奉天將軍達勒當阿奏：准盛京刑部侍郎兆惠，面交奏摺一件，奉旨交臣議奏。查奉天各屬兵丁，於春秋俸餉難以接濟之時，向本管佐領、驍騎校、領催等告貸，該管官不能週給，往往借取舖户，因有官賬舖之名。誠如該侍郎所奏，以有限之錢糧，飽奸商之漁利，實由從前各官辦理不善，竟成數十年陋習。今若遽行嚴禁，復恐兵丁猝遇緊急差徭，束手無策，必致貽誤。現在寒冬，兵丁領餉必待來春，又恐仍向借取，臣已另摺奏懇，豫借乙丑年正、二兩月餉銀，使之應差度日。將來如何長遠有益之處，容臣與各副都統公商妥協，再行具奏。至該侍郎所稱，於滋生銀兩項内，動撥資濟，旗人生齒日繁，紅白諸事費用甚廣，礙難辦理，應毋庸議。得旨：著依議行。(高宗二二七、一五)

（乾隆一五、六、戊子）諭王大臣等：從前皇考曾施恩動支帑項，交王等從輕資息，以備賞賜使用。因王等辦理維艱，朕改令都統等核辦。都統等理合籌置產業，或開設當舖，或典買房地取租，而伊等竟無深計，止圖省事，俱借給八旗人等。即取息於旗人，而又賞給旗人，不惟終無裨益，久之子母相權，反無補於生計。旗人只圖目下得銀，指一人之俸，借數項之銀，以致少得全俸之人。滿洲人等所賴者俸餉，俸餉不得，何以度日，且於國體亦有不合。此後著停止借放資息，遇有八旗紅白事件，特施恩於長蘆、兩淮鹽課銀內，動支賞給。但恐停止借放後，又未免重息借貸。著將宗人府資生銀，如何限額借給，已經借放本銀，如何展限陸續收交，及所得當舖房地租息，如何辦理之處，宗人府八旗王大臣等詳議具奏。再管理旗務之王大臣等，俱有教養旗人之責，宜體會朕意，各諭所屬，凡事務崇簡約，循分安常，將飲酒賭博重息放借等事，嚴行查緝，務期實效，竭力辦理，以仰副朕體卹旗人生計至意。尋議：八旗官員，借出未完滋生銀停息，本銀展限坐扣，應一季交者，展爲二季，於十月內陸續全完。再指房地支借銀，與指俸銀支借者無異，亦著將本銀展季坐扣，至交納時，應由承辦滋生銀旗分，將欠銀官員等職名銀數，咨送名該旗，造册咨部，按季在俸檔內察扣，交廣儲司歸項。若革職留任停俸者，將養廉餉銀坐扣，病故暨年老有疾革職者，除家有可扣俸餉之人外，倘無子嗣，原保官又故，將此項交該都統，由參佐領驍騎校等具結，咨察豁免。外省官員咨行任所，若調補京職，或告退回旗，仍照現定限期扣算。現將二十五萬餘兩本銀，開設當舖七座，典置取租房屋，仍交承辦處管理取租。但房地係旗人產業，若情願回贖，照承買例限五年交本，租銀開除。其在旗存貯未放本銀，暨所交餘剩利銀，俱交廣儲司。鑲黃等上三旗侍衞，隨圍幫銀路費，即由房地租銀內賞給。倘房地被原人贖回，租銀不足需用，將當舖利銀添用。八旗大臣官員等，遇白事借給俸銀六個月，紅事借給四個月。宗人府放借滋生銀兩，一、二品大臣三百兩，三、四、五品官員二百兩，六、七、八、九品官員一百兩，借給後，作爲五年十季，將本利銀入册，於戶部坐扣。從之。（高宗三六七、二）

（乾隆一六、六、甲子）［閩陝總督喀爾吉善等］又奏：本年五月間，省城錢價，庫平銀每兩僅易錢八百一二十文，較常時短至三四十文，將節年積存局錢二萬二千餘串內，酌撥數千串，平價出易，照折中價值，每庫平一兩，換得局錢八百五十文，發給錢舖，每兩准扣辛工錢十文，以八百四十文出易，易銀歸入司庫錢本項。報聞。（高宗三九三、二二）

（乾隆一六、九、癸巳）雲南開化鎮總兵張凌霄奏：……開化設有生息當舖二處，因原定以錢一千一百文，作銀一兩，出入之數，與市價高低不一，恐有虧折，概不當錢，兵民不樂赴當，遂至生息不敷。現搭換制錢二千餘串，銀出銀入，錢當錢贖，原本無礙，賞資亦敷。……報聞。（高宗三九九、二七）

（乾隆一七、一、辛卯）雲貴總督碩色議奏：開化鎮總兵張凌霞具奏營伍情形，酌議更革二摺。一稱開化鎮各營書識占食步糧二十八九分之多，雖因邊地夷多漢少，難得通曉文義之人入伍，兼營中公費不敷，以致私給伙糧，實屬違例。查滇省公費名糧，向係每兵百名，扣存名糧二分，上年已奉文加給一分公費，何得又私給伙糧？今該鎮既將營中菜地清出招租，以租銀爲書識工食，毋須動支公費，更與營伍有裨。現已批令照議辦理。一稱開化鎮兵丁糧缺，動經屢月，始行招補。今徹底清查，遇有糧缺，即以頂補。又該鎮兵餉，向係按季全放，間有截存銀米，爲數無多，或留修理衙署，亦非私扣肥已。查向來招補遲延，皆由季首放餉，其銀米已豫爲事故兵丁支領所致。今止須將兵餉按月散放，則兵缺可隨出隨補，不至截曠存留，一切捏報私扣之弊，自可永杜。一稱生息銀兩，開化設有當舖二處，因原定以錢作銀，與市價高低不一，恐有虧折，遂概不當錢，致兵民俱不願赴當。查設當生息，例應銀錢兼當，以便兵民。今該鎮改令銀錢兼當，事屬應行，已批令照議辦理。一稱總兵衙門，所需柴炭草料及土產食物，竟令各夷民上納，名雖給鹽兌換，實有勒索壓派之弊，今一概禁革。查邊地夷猓，自應撫卹，豈容派擾？緣開化原係土司地方，自康熙六年始改土歸流，其時各衙門日用薪蔬，盡係夷人供應，後雖革除，因開化鹽觔俱係官運官銷，夷猓艱於得鹽，願將柴炭蔬豆等項換易，以致相沿成習。近年開化行銷粵鹽，鹽廣價賤，夷民以物易鹽者漸少，而陋習尚未盡除，且官民交易，亦屬非體。該鎮查明禁革，事屬應行。（高宗四〇七、二〇）

（乾隆二四、八、丁未）廣西巡撫鄂寶奏：廣西賞卹兵丁營運銀四萬一千兩，緣邊地無可營運，是以分派各營，專委弁目，開張典當，定以二分取息，均勻撥給。行之三十餘載，兵民均霑實惠，若一旦議停，實無餘款可以抵補，應仍循舊製。得旨：如所議行。（高宗五九五、二三）

（乾隆四二、六、癸卯）諭軍機大臣等：據王進泰奏，提標營領餧京馬一項，自乾隆二十八年至四十一年分，歷任提督任内，共陸續積存銀一萬四千四百餘兩。除前經奏明存留開設當舖銀六千兩，並留辦草料銀二千餘兩外，再留銀一千三百二十餘兩，添補每年豫買麩豆草束之需。下存銀五千兩，可否解交內務府廣儲司庫，或解交熱河道庫之處，伏候訓示等語。直隸提標餧馬，既有積存銀兩，其督標各鎮領餧京馬，是否如此辦理，及有無銀兩積存，著周元理即行查明，據實覆奏。至此項銀兩，原係兵丁等分内應得之數，官爲妥辦，得有餘存，自應即留該處，量爲滋生，期於兵丁有益，毋庸解交廣儲司及熱河道庫。其應作何經理妥善之處，

著王進泰悉心詳議具奏。將此傳諭周元理、王進泰知之。(高宗一〇三四、一〇)

(**乾隆四二、六、庚戌**)直隸提督王進泰覆奏：普恩當本，近年不敷，請於提標餧馬積存銀五千兩內，添撥三千兩生息，兵丁差費益裕，再撥二千兩，添備秋收出口買米。兵不關米時，每月支放二三斗，扣餉歸款。得旨：允行。(高宗一〇三五、一)

(**乾隆五一、一一、癸巳**)又諭：據弘謙等奏，查出虧空官當鋪銀兩，該承辦章京畏懼，窺隙自行扎傷身死，請將此項銀兩，照數分賠等語。弘謙等因平日並不留心管理，以致該承辦章京，膽敢作弊，虧空官銀，且一經察出，又不派妥人看守，以致該章京佟保柱自戕。此皆由弘謙等，不以事爲事，怠忽所致。除將弘謙等申飭外，其虧空銀兩，即照伊等所奏，分賠完結，以示懲戒。(高宗一二六九、一五)

(二) 民營的銀錢典當業

(**乾隆一〇、一二、甲子**)諭軍機大臣等：直隸總督那蘇圖成效摺內，奏稱宛平縣富戶，廣放印子錢，重利盤剝，甚爲民害。今止許取息三分，漸知禁製等語。現在步軍統領衙門，訪有宛平縣居住民人侯有躬兄弟，放債剝民，竟至加三利息者，重利如此，安得謂之漸知禁制？那蘇圖所奏成效，第一條內，即無實際，則其餘款條，大抵皆屬空言。詎朕令督撫覆奏成效之本意。爾等可寄信與伊，嗣後務須實力奉行，毋得仍事空言，以爲粉飾。(高宗二五五、二二)

(**乾隆一六、閏五、辛巳**)又諭：據黃廷桂奏稱，上元縣進興典舖被焚，地鄰鄭三等，從中包攬，立局賠償，後因剋減錢文，致被典戶人等將掌櫃之陳自申等，鞭打押禁，並拆毀鄭三等房屋一案。現飭該府縣，將爲首各犯，逐一查拏，按律嚴審究擬等語。此等案件，亦祇可如此辦理。但摺內止稱據江寧巡道周承勃所稟。高晉身爲藩司，且兼江寧織造，乃屬通省大員，該督既赴常會審，伊現駐劄省城，則地方一切事務，皆其專責，自應一面嚴飭府縣查拏，一面具摺奏聞方是。乃止聽巡道一人具稟該督，而伊竟若置身事外者，殊不可解。或因有畏懼黃廷桂之意，以致遲迴觀望，亦未可定。可傳旨詢問高晉，令其據實覆奏。尋奏：上元縣進興當舖一案，臣以上江藩司，駐劄下江地方，江寧非所管轄，一切事件，地方官向不呈稟。嗣據巡役稟報，隨傳詢該府起釁之由，查拏首犯。適黃廷桂回省，當將此事口稟，經督臣奏明，不復重瀆，並非畏懼黃廷桂之意。得旨：覽。(高宗三九一、四)

（乾隆三九、九、甲戌）又諭：刑部查審監生錢慕福、陶振聲、余益控告元吉號、沈旭初等，欠伊上庫銀兩一案，尚未審結。詢之該部，據稱，此案中城御史，僅將店夥楊宏名送部，訊供開銀號之沈旭初、沈浩，係浙江仁和縣人，商夥王治功，係順天府人，俱聞差查拏，逃避無蹤，隨行文各犯原籍查緝等語。該犯等開設銀號，膽敢詭騙上庫銀兩至七千之多，情殊可惡，豈容潛逃漏網。雖經刑部行文查捕，恐該省視爲通緝具文，仍不能剋期就獲。除飭順天府，就近查拏王治功外，著傳諭三寶即嚴飭該地方官，密速訪查沈旭初、沈浩蹤跡，勒緝務獲，解送刑部收審，勿致奸徒聞風遠颺，并不得任該有司虛詞卸責。（高宗九六七、四〇）

（乾隆四〇、九、壬子）諭軍機大臣等：據阿思哈奏，查審參革承德縣知縣福綱，勒借鋪户銀兩一案。緣福綱在京，補授承德縣時，即託素識之候補吏目李康寧，説合立票，借寇姓、李姓、郭姓等人扣銀三千五百餘兩。福綱到任後，六月初間，李姓、郭姓持票至承德縣索取，福綱無銀償還，遂向鋪户勒借清還等語。福綱甫爲縣令，即揭借多金，以致勒索部民財物，其罪實無可逭。除交阿思哈審明定罪外，所有福綱在旗家產，著英廉會同該旗一併查抄，毋使隱匿寄頓。至李康寧、寇姓、李姓、郭姓等，膽敢在京重利放債，并直至承德署，肆意逼索，情實可惡。著英廉即將李康寧、寇姓、李姓、郭姓等一併拏交刑部，審明按律究擬，以示懲創。將此諭令知之。（高宗九九〇、一〇）

（乾隆四〇、九、壬子）又諭曰：福綱甫爲縣令，乃於出京時，即揭借重利銀，至三千五百餘兩之多，則其人不能安分謹飭，蓄意到任後，肆行婪索，已可概見，不可不嚴訊定擬，以儆官方。其寇姓等，違禁重利放債，亦屬可惡，已另有旨，交英廉查辦矣。至德風以侍郎兼管府尹，於所屬知縣勒借部民銀兩，漫無覺察，已有應得之咎。今訊出德風，因添建署內房屋，輒交福綱，代派各鋪户取用物料，其事後發價與否，俱不足信。總之身爲上司，欲修建房屋，理應自辦，但經派令屬員經手，即屬非是，其罪并不止於失察矣。已於摺內詳悉批示。著阿思哈於審明定案時，將德風一併參劾，照例定擬具奏。將此由四百里傳諭知之。（高宗九九〇、一一）

（乾隆四〇、九、癸丑）諭軍機大臣等：昨據阿思哈奏，查審承德縣知縣福綱，索借鋪户銀兩一案，請將福綱任所貲財及在旗財產，一併查抄，已有旨交英廉會同該旗查辦矣。今思福綱索借所部銀兩，固有應得之罪，但究係揭借私債，與侵挪官項者不同，其財產可以無庸查抄。所有勒借鋪户等銀兩，著於福綱及從中分肥之各犯名下追出，給還原主。再於福綱名下照數追出一分入官。至放債之寇姓等，以八當十，重利盤剝，甚屬可惡。著傳諭英廉，即照伊等立票銀數，加倍追罰入官，以爲違禁漁利者戒。著將此由三百里諭令英廉、阿思哈知之。(高宗九九〇、一三)

(**乾隆四四、八、己巳**) 又諭：據英廉奏，拏獲富新倉花戶李老等，向關米領催，多索錢文，及民人楊老等，在倉門口重利放帳一摺，已交刑部審究矣。該犯等於關放甲米之時，膽敢以放給好米爲詞，向各領催等嚇詐，多索錢文，每米一石，於例給四十文之外，多索錢至一百六七十文，情節甚屬可惡。至民人楊老等，即於倉門放帳盤剝，自朝至暮，獲利加一，亦屬不法。均應從重懲治，俾奸徒稍知斂跡。著傳諭刑部堂官，即提集各犯，嚴加訊究，從重定擬具奏。并將各犯等，於應得罪名外，仍枷示倉門數月，俾衆共知懲儆。尋奏：花戶李老、陳大藉詞放給好米，詐索多贓，回民楊老、楊六、康七乘各領催關米需用，重利盤剝，均屬目無法紀，俱應從重發往烏嚕木齊，給種地兵丁爲奴，先行枷號四個月，遊示各倉，懲一儆百，滿日發遣。從之。(高宗一〇八九、五)

(**乾隆五〇、二、乙酉**) 諭軍機大臣等：據特成額奏，黃陂縣典史任朝恩，因借山西人劉姓、李姓銀兩，在署坐索，情急自縊斃命。現在嚴飭各屬，實力追拏，並飛咨九門提督，就近查拏辦理等語。此案已經提督衙門將劉姓之同夥尚孝，拏獲解楚審辦矣。重利盤剝，本干例禁，乃該犯等甚至以三扣取利，在署坐索，逼斃職官，情尤可惡，必應嚴審治罪。並將各該犯家私，籍沒入官，方足以示懲儆。劉姓等或尚在楚省竄匿，或潛回山西原籍，俱未可定，著傳諭特成額、農起，嚴飭各屬，一體實力緝拏務獲，歸案審辦，從重定擬具奏。(高宗一二二四、五)

(**乾隆五〇、三、癸亥**) 諭：前因山西民人劉姓等，重扣放債、索欠逼斃黃陂縣典史任朝恩一案，已降旨將劉姓等嚴究辦理矣。前聞康熙、雍正年間，外官借債即有以八當十之事，已覺甚奇，今竟至有三扣四扣者，尤出情理之外。且向來文武官員，出京赴任，均有在部借支養廉之例，自道府副參，以至微末員弁，准借銀數，自千兩至百十兩不等，已屬優厚。此項銀兩，因恐需次人員資斧缺乏，是以准其借支，原係格外體卹，在各該員果能自行撙節，已足敷用，若任意花費，正復何所底止。而市井牟利之徒，因得以重扣挾製，甚至隨赴任所，肆意索償，逼斃官吏，似此已非一案，實屬不成事體，嗣後赴任各官，務宜各知自愛，謹守節用，勿墮市儈奸計之中。若有不肖之員，不知節儉，甘爲所愚，仍向若輩借用銀兩，亦難禁止，但總不准放債之人，隨往任所。並令各該督撫，嚴行查察，如有潛赴該員任所追索者，准該員即行呈明上司，按律究辦。倘隱忍不言，即致被逼索，釀成事端，亦不官爲辦理。庶可杜市儈刁風，而不肖無恥之員，亦知所儆戒。(高宗一二二六、一三)

(乾隆五五、七、戊申) 山東巡撫覺羅麟奏報：收買小錢，令民間各赴錢店當鋪售賣，該商店以大錢五文，易民間小錢十文，彙總交官。小錢十文，官給大錢六文，在小民得以無用之錢，易爲有用之資，在商店亦得以五文收買之本，即獲一文之利，無不踴躍交納。得旨：久而毋懈可也。(高宗一三五九、三二)

(乾隆六〇、二、庚申) 諭軍機大臣等：據刁玉成奏，現在收繳小錢，雖經剴切曉示，而小民惟利是圖，呈繳終屬寥寥。應責成地方官，令錢鋪出具不敢攙和小錢甘結。……著傳諭各督撫酌量情形辦理。(高宗一四七〇、三一)

(嘉慶一五、二、壬辰) 又諭：本日御史西琅阿奏，訪聞專典八旗兵丁錢糧之山東民人，請旨嚴禁一摺。向來民人向八旗兵丁施放轉子、印子等錢，扣取錢糧，例禁綦嚴。今據該御史所稱，竟有山東民人在八旗各衙門左近，託開店鋪，潛身放債，名曰典錢糧，以一月之期，取倍蓰之利。每月屆兵丁等支領錢糧，該民人即在該衙門首攔去扣算，該兵丁於本月養贍不敷，勢不能不將次月錢糧逐月遞典，致被層層盤剝，受虧無窮。似此設計取利，較施放轉子、印子等錢尤爲刁惡，於八旗兵丁生計大有關繫。著步軍統領衙門嚴密查拏，勿令潛蹤。又給事中何學林請禁奸商一摺，據稱，京城錢鋪與錢市通同一氣，兌換錢文，每千多有短少，往往換錢之人向爭不理，並有狡猾鋪戶多出錢票，陡然關鋪逃匿，致民人多受欺騙等語。亦著步軍統領衙門及順天府、五城實力查禁，並照該御史所請，嚴立章程。開張錢鋪者，必令五家互出保結，遇有關鋪潛逃之事，即令保結之家照票分賠。其換出錢文，除照向例錢市與鋪家准各扣底四文外，如有任意短少，許換錢之人扭稟地方官隨時究治，以儆奸欺而便民業。(仁宗二二五、一三)

(嘉慶一五、五、丁巳) 諭內閣：五城錢鋪五家互保之事，既據該御史等議奏，舊有各鋪多至三百五十餘家，礙難紛紛查辦，致滋擾累。著照所請，將從前舊有錢鋪免其取保。嗣後陸續新開之鋪，仍遵前旨取具五家互保，以備稽覈，而杜奸欺。(仁宗二二九、二)

(嘉慶二〇、一、庚戌) 諭軍機大臣等：給事中辛從益奏嚴禁重利盤剝以甦丁困一摺。據稱，浙江漕船二十一幫，運丁債累至五六十萬兩。有紹興各酒商藉裝帶土宜爲名，坐放幫帳，有南帳北帳之號，其利皆在四分以上。

如孫汝堅、鍾師山、阮紹豐、鍾仲鯉等酒號，各坐放幫銀，近來各丁疲乏，不能清還，該酒商等即令幫丁稟請應領公款銀兩，並串通糧道書吏周履泰，將銀扣抵私帳。如台州前幫於十三年欠孫汝堅尾利銀兩，將十三、四、五等年津租銀扣抵，利上加利，在八分以上，一幫如此，他幫可知。孫汝堅等並在杭州省城設立官帳房，又在通設立堆房，扣除幫帳等語。漕運轉輸，最須顧惜丁力，今奸商等巧爲盤剝，有南帳北帳之號，並串通書吏，勒將公款扣抵，自應嚴行查禁。著李奕疇、顏檢即查明孫汝堅等重利盤算幫船，並糧道書吏周履泰串抵公款各情，如果屬實，即按律分別懲辦。至該給事中復稱，運丁等挪借無自，亦恐不敷辦公，更形竭蹷，奸商仍得居奇。不如受貸於官，設法通融，酌借官項，仍於該幫丁每年應領銀內扣還，或量加一分之息等語。此事是否可行，著交李奕疇會同有漕省分督撫，各酌量該省幫丁情形，如此官借官扣，有無閒款銀兩可以動用，於疲乏幫丁有無裨益，行之日久，有無弊端，熟籌妥議具奏。將此傳諭李奕疇、顏檢，並諭兩江、湖廣總督，江蘇、安徽、江西、湖北、湖南各巡撫知之。（仁宗三〇二、二六）

（**嘉慶二一、四、丙戌**）諭內閣：御史王維鈺奏，嚴禁錢鋪短數並查緝逃騙一摺。京城市廛稠密，錢鋪衆多，其每日交易錢文短少數目，豈能概令官爲查察，此事太涉苛細。如有假票詐騙，經被累之人首告者，著步軍統領、順天府、五城各衙門查挐究辦，有犯必懲，以儆奸儈。（仁宗三一八、一五）